譯註 禮記集說大全
祭義

編　陳澔(元)

附　正義・訓纂・集解

譯註 禮記集說大全 祭義

編　陳澔 (元)

附　正義 · 訓纂 · 集解

鄭秉燮 譯

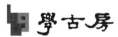

역자서문

『예기』「제의(祭義)」편은 제사의 의미를 기술한 문헌이다. 주요 내용은 효(孝)와 경(敬)을 제사와 연결하여, 제사를 지내는 자의 행동거지와 마음가짐을 강조하고 있다. 본문 중에는 증자(曾子) 및 악정자춘(樂正子春)과 관련된 효의 기록들이 다수 기록되어 있다. 따라서 이 문헌은 이전부터 『효경(孝經)』을 편집한 증자문하에서 나왔을 것이라고 추정되었다. 그런데 한 가지 주목해야 할 것은 「제의」편의 편명에 '의(義)'자가 붙어있다는 점이다. 본래 『예기』의 기록은 『의례』에 대한 해설서로 나타난 것인데, 그런 측면에서 본다면 『예기』 후반부에 포함된 「관의(冠義)」, 「혼의(昏義)」, 「향음주의(鄕飮酒義)」편 등은 『예기』의 본래 모습에 가깝다. 이러한 편들의 공통점은 『의례』에 수록된 「사관례(士冠禮)」, 「사혼례(士昏禮)」, 「향음주례(鄕飮酒禮)」편 등의 내용을 기술하고, 각 절차에 숨어있는 의미를 해석하며, 각 편명에 '의'자를 붙여서 기록했다는 점이다. 이러한 측면에서 '제의(祭義)'편에 '의'자가 붙었다면, 이 문헌은 본래 현재는 망실된 고대 『의례』의 특정 편을 해설한 문헌일 가능성도 있다. 그러나 내용들을 총괄해보면 내용들이 특정 제사에 한정되지 않고, 각종 제사들을 그 대상으로 하고 있으며, 제사의 각 절차에 대한 해설에 있어서도 특정한 영역에 국한되어 있지 않고 광범위한 해설을 하고 있다. 따라서 『의례』의 특정 편을 해설한 기록이라고 추정하기는 어렵다. 왜냐하면『의례』각 편들의 내용은 특정 제사나 특정 의례에 한정되어 있기 때문이다. 따라서 이 문헌은『예기』를 편찬할 당시 제사의 의미를 기술한 기록들을 수집하여, '제의'라는 편명을 임의로 붙였을 가능성이 높다. 즉 내용상 특정 의례들을 해설한 '의'자가 붙은 편들과 유사하므로, '제의'라는 편명을 정했을 것으로 추정된다.

「제의」편을 출판하며, 그동안 해왔던 수많은 다짐과 변명들이 공허하게 들린다. 이런저런 말을 할 필요 없이, 본 역서에 나온 오역은 결국 역자의 실력이 부족함에서 비롯된다. 다만 이 책을 발판으로 더 좋은 번역서와 연구서가 나왔으면 하는 바람이며, 오역과 역자의 부족함에 대해 일갈을 해주실 분들이 있다면, bbaja@nate.com 으로 연락을 주시거나 출판사에 제 연락처를 문의하셔서 가르침을 주신다면, 부족한 실력이지만 가르침을 받도록 최선을 다할 것이다.

역자는 성균관 대학교에서 유교철학(儒敎哲學)을 전공했으며, 예악학(禮樂學) 전공으로 박사논문을 작성했다. 역자가 처음『예기』를 접한 것은 경서연구회(經書硏究會)의 오경강독을 통해서이다. 이 모임을 만들어 후배들에게 경전에 대한 이해를 넓혀주신 임옥균 선생님, 경서연구회 역대 회장님인 김동민, 원용준, 김종석, 길훈섭 선배님께도 감사를 드리고, 현재 함께 경서연구회를 하고 있는 김회숙, 손정민, 김아랑, 임용균, 박대성 회원님께도 감사를 드린다. 끝으로 「제의」편을 출판할 수 있도록 허락해주신 학고방의 하운근 사장님께도 감사를 전한다.

일러두기 ≫

1. 본 책은 역주서(譯註書)로써, 『예기집설대전(禮記集說大全)』의 「제의(祭義)」편을 완역하고, 자세한 주석을 첨부했다. 송대(宋代) 이전의 주석을 포함하고자 하여, 『예기정의 (禮記正義)』를 함께 수록하였다. 그리고 송대 이후의 주석인 청대(淸代)의 주석을 포함하고자 하여 『예기훈찬(禮記訓纂)』과 『예기집해(禮記集解)』를 함께 수록하였다.

2. 『예기』 경문(經文)의 경우, 의역으로만 번역하면 문장을 번역한 방식을 확인하기 어렵고, 보충 설명 없이 직역으로만 번역하면 내용을 이해하기 힘들다. 따라서 경문에 한하여 직역과 의역을 함께 수록하였다. 나머지 주석들에 대해서는 의역을 위주로 번역하였다.

3. 『예기』 경문에 대한 해석은 진호의 『예기집설』 주석에 근거하였다. 경문 해석에 있어서, 『예기정의』, 『예기훈찬』, 『예기집해』마다 이견(異見)이 많다. 『예기집섭대전』의 소주(小註) 또한 진호의 주장과 이견을 보이는 곳이 있고, 소주 사이에도 이견이 많다. 따라서 『예기』 경문 해석의 표준은 진호의 『예기집설』 주석에 근거했으며, 진호가 설명하지 않은 부분들은 『대전』의 소주를 참고하였다. 또한 경문 해석에 있어서 『예기정의』, 『예기훈찬』, 『예기집해』에 나타나는 이견들은 특별한 경우를 제외하고는 각각의 문장을 읽어보면, 경문에 대한 이견을 알 수 있기 때문에, 이러한 경우에는 주석처리를 하지 않았다.

4. 본 역서가 저본으로 삼은 책은 다음과 같다.
 - 『禮記』, 서울 : 保景文化社, 초판 1984 (5판 1995)
 - 『禮記正義』 1~4(전4권, 『十三經注疏 整理本』 12~15), 北京 : 北京大學出版社, 초판 2000
 - 朱彬 撰, 『禮記訓纂』 上·下(전2권), 北京 : 中華書局, 초판 1996 (2쇄 1998)
 - 孫希旦 撰, 『禮記集解』 上·中·下(전3권), 北京 : 中華書局, 초판 1989 (4쇄 2007)

5. 본 책은 『예기』의 경문, 진호의 『집설』, 호광 등이 찬정한 『대전』의 세주, 정현의 주, 육덕명의 『경전석문』, 공영달의 소, 주빈(朱彬)의 『훈찬』, 손희단(孫希旦)의 『집해』 순으로 번역하였다.

6. 본래 『예기』「제의」편은 목차가 없으며, 내용 구분에 있어서도 학자들마다 의견차이가 있다. 또한 내용의 연관성으로 인하여, 장과 절을 나누기가 애매한 부분이 많다. 본 책의 목차는 역자가 임의대로 나눈 것이며, 세세하게 분절하여, 독자들이 관련내용들을 찾아보기 쉽게 하였다.

7. 본 책의 뒷부분에는 《祭義 人名 및 用語 辭典》을 수록하였다. 본문에 처음으로 등장하는 용어 및 인명에 대해서는 주석처리를 하였다. 이후에 같은 용어가 등장할 때마다 동일한 주석처리를 할 수 없어서, 뒷부분에 사전으로 수록한 것이다. 가나다순으로 기록하여, 번역문을 읽는 도중 앞부분에서 설명했던 고유명사나 인명 등에 대해서 쉽게 찾아볼 수 있도록 하였다.

【553b】

祭不欲數, 數則煩, 煩則不敬.

【553b】 등과 같이 【 】 안에 숫자가 기입되어 있는 것은 『예기』의 '경문'을 뜻한다. '553'은 보경문화사(保景文化社)판본의 페이지를 말한다. 'b'는 b단에 기록되어 있다는 표시이다. 밑의 그림은 보경문화사판본의 한 페이지 단락을 구분한 표시이다.

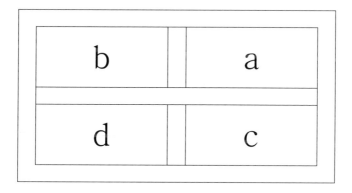

◆ **集說** 王制言天子諸侯宗廟之祭, 春礿, 夏禘, 秋嘗, 冬烝.

"**集說**"로 표시된 것은 진호(陳澔)의 『예기집설(禮記集說)』 주석을 뜻한다.

◆ **大全** 毗陵慕容氏曰: 數則煩, 爲無敬. 怠則忘, 爲無愛.

"**大全**"으로 표시된 것은 호광(胡廣) 등이 찬정(撰定)한 『예기집설대전』의 세주(細註)를 뜻한다.

◆ **鄭注** 忘與不敬, 違禮莫大焉.

"**鄭注**"로 표시된 것은 『예기정의(禮記正義)』에 수록된 정현(鄭玄)의 주(注)를 뜻한다.

◆ **釋文** 數, 色角反, 下同. 怠, 大改反.

"**釋文**"으로 표시된 것은 『예기정의』에 수록된 육덕명(陸德明)의 『경전석문(經典釋文)』을 뜻한다. 『경전석문』의 내용은 글자들의 음을 설명하고, 간략한 풀이를 한 것인데, 육덕명 당시의 음가로 기록이 되었기 때문에, 현재의 음과는 맞지 않는 부분이 많다. 단순히 참고만 하기 바란다.

◆ **孔疏** ●"致齊"至"齊者". ○正義曰: 此一節明祭前齊日之事.

"**孔疏**"로 표시된 것은 『예기정의』에 수록된 공영달(孔穎達)의 소(疏)를 뜻한다. 공영달의 주석은 경문과 정현의 주에 대해서 세분화하여 기록되어 있다. 따라서 '●'으로 표시된 부분은 공영달이 경문에 대해 주석을 한 부분이고, '◎'으로 표시된 부분은 정현의 주에 대해 주석을 한 부분이다. 한편 'O'으로 표시된 부분은 공영달의 주석 부분이다.

◆ **訓纂** 趙氏良澍曰: 此擧一祭之始終而言, 故以入室出戶該之.

"**訓纂**"으로 표시된 것은 『예기훈찬(禮記訓纂)』에 수록된 주석이다. 『예기훈찬』 또한 기존 주석들을 종합한 책이므로, 『예기집설대전』 및 『예기정의』와 중복되는 부분은 생략하였다.

◆ **集解** 入室, 謂始祭時也. 優然, 髣髴有見之貌.

"**集解**"로 표시된 것은 『예기집해(禮記集解)』에 수록된 주석이다. 『예기집해』 또한 기존 주석들을 종합한 책이므로, 『예기집설대전』 및 『예기정의』와 중복되는 부분은 생략하였다.

◆ 원문 및 번역문 중 '▼'로 표시된 부분은 한글로 표기할 수 없는 한자를

기록한 부분이다. 예를 들어 '▼(𥃭/皿)'의 경우 맹(盟)자의 이체자인데, '明'자 대신 '𥃭'자가 들어간 한자를 프로그램상 삽입할 수가 없어서, '▼(𥃭/皿)'으로 표시한 것이다. 즉 '▼(A/B)'의 형식으로 기록된 경우, A에 해당하는 글자가 한 글자의 상단 부분에 해당하고, B에 해당하는 글자가 한 글자의 하단 부분에 해당한다는 표시이다. 또한 '▼(A+B)'의 형식으로 기록된 경우, A에 해당하는 글자가 한 글자의 좌측 부분에 해당하고, B에 해당하는 글자가 한 글자의 우측 부분에 해당한다는 표시이다. 또한 '▼((A-B)/C)'의 형식으로 기록된 경우, A에 해당하는 글자에서 B 부분을 뺀 글자가 한 글자의 상단 부분에 해당하고, C에 해당하는 글자가 한 글자의 하단 부분에 해당한다는 표시이다.

목차

그림목차

경문목차

【553a】

祭義 第二十四 /「제의」제24편

大全 嚴陵方氏曰: 陳乎外者, 祭之法. 存乎中者, 祭之義. 君子之於祭, 豈徒拘法之末爲哉? 亦以其有義存焉爾. 郊特牲曰, 禮之所尊, 尊其義也, 非謂是歟? 此篇言祭則以義爲主, 故以是名之. 若冠昏射燕聘與鄉飮酒皆言義者, 亦此意.

번역 엄릉방씨1)가 말하길, 밖으로 나타내는 것은 제사의 법도이며, 안으로 보존하는 것은 제사의 도의이다. 군자가 제사에 대해서 어찌 법도의 말단만을 가지고 할 수 있겠는가? 또한 도의를 보존함에 따를 뿐이다.『예기』「교특생(郊特牲)」편에서 "예(禮)가 존귀한 것은 그 의(義)를 존귀하게 여기기 때문이다."2)라고 했는데, 바로 이러한 뜻을 말하는 것이 아니겠는가?「제의」편에서 제사[祭]를 말한 것은 도의[義]를 위주로 하기 때문에, '제의(祭義)'로 편명을 정한 것이다.『예기』「관의(冠義)」·「혼의(昏義)」·「사의(射義)」·「연의(燕義)」·「빙의(聘義)」및「향음주의(鄉飮酒義)」편에서 모두 '의(義)'자를 붙여서 말한 것 또한 이러한 뜻에 해당한다.

孔疏 陸曰: 鄭云"名祭義者, 以其記齋戒薦羞之義."

번역 육덕명3)이 말하길, 정현4)은 "편명을 '제의(祭義)'라고 정한 것은

---

1) 엄릉방씨(嚴陵方氏, ?~?) : =방각(方慤)·방씨(方氏)·방성부(方性夫). 송대(宋代)의 유학자이다. 이름은 각(慤)이다. 자(字)는 성부(性夫)이다.『예기집해(禮記集解)』를 지었고,『예기집설대전(禮記集說大全)』에는 그의 주장이 많이 인용되고 있다.

2) 『예기』「교특생(郊特牲)」【337a】: 禮之所尊, 尊其義也. 失其義, 陳其數, 祝史之事也. 故其數可陳也, 其義難知也. 知其義而敬守之, 天子之所以治天下也.

3) 육덕명(陸德明, A.D.550~A.D.630) : =육원랑(陸元朗). 당대(唐代)의 경학자이다. 이름은 원랑(元朗)이고, 자(字)는 덕명(德明)이다. 훈고학에 뛰어났으며,『경전석문(經典釋文)』등을 남겼다.

4) 정현(鄭玄, A.D.127~A.D.200) : =정강성(鄭康成)·정씨(鄭氏). 한대(漢代)의

재계를 하고 제수를 차려내는 뜻을 기록했기 때문이다."라고 했다.

孔疏 正義曰: 按鄭目錄云, "名曰祭義者, 以其記祭祀齊戒薦羞之義也. 此於別錄屬祭祀."

번역 『정의』5)에서 말하길, 정현의 『목록』6)을 살펴보면, "편명을 '제의(祭義)'라고 정한 것은 재계를 하고 제수를 차려내는 뜻을 기록했기 때문이다. 「제의」편을 『별록』7)에서는 '제사(祭祀)' 항목에 포함시켰다."라고 했다.

訓纂 吳幼淸曰: 凡儀禮經中有其禮者, 後人釋其經而謂之義, 若冠義·昏義·燕義·聘義等篇, 是也. 此篇雖名祭義, 然是總說天子諸侯以下之祭, 非引儀禮經文而釋之.

번역 오유청8)이 말하길, 무릇 『의례』의 경문에는 해당하는 의례들이 기록되어 있는데, 후대 사람들이 경문을 해석하여, 그 기록에 '의(義)'자를 붙

유학자이다. 자(字)는 강성(康成)이다. 『주역(周易)』, 『상서(尙書)』, 『모시(毛詩)』, 『주례(周禮)』, 『의례(儀禮)』, 『예기(禮記)』, 『논어(論語)』, 『효경(孝經)』 등에 주석을 하였다.

5) 『정의(正義)』는 『예기정의(禮記正義)』 또는 『예기주소(禮記注疏)』를 뜻한다. 당(唐)나라 때에는 태종(太宗)이 공영달(孔穎達) 등을 시켜서 『오경정의(五經正義)』를 편찬하였는데, 이때 『예기정의』에는 정현(鄭玄)의 주(注)와 공영달의 소(疏)가 수록되었다. 송대(宋代)에는 『오경정의』와 다른 경전(經典)에 대한 주석서를 포함한 『십삼경주소(十三經注疏)』가 편찬되어, 『예기주소』라는 명칭이 되었다.

6) 『목록(目錄)』은 정현이 찬술했다고 전해지는 『삼례목록(三禮目錄)』을 가리킨다. 『십삼경주소(十三經注疏)』에서 인용되고 있지만, 이 책은 『수서(隋書)』가 편찬될 당시에 이미 일실되어 존재하지 않았다. 『수서』「경적지(經籍志)」편에는 "三禮目錄一卷, 鄭玄撰, 梁有陶弘景注一卷, 亡."이라는 기록이 있다.

7) 『별록(別錄)』은 후한(後漢) 때 유향(劉向)이 찬(撰)했다고 전해지는 책이다. 현재는 일실되어 존재하지 않으며, 『한서(漢書)』「예문지(藝文志)」편을 통해서 대략적인 내용만을 추측해볼 수 있다.

8) 오징(吳澄, A.D.1249~A.D.1333): =임천오씨(臨川吳氏)·오유청(吳幼淸). 송원대(宋元代)의 유학자이다. 이름은 징(澄)이다. 자(字)는 유청(幼淸)이다. 저서로 『예기해(禮記解)』가 있다.

여서 불렀으니, 『예기』의 「관의(冠義)」·「혼의(昏義)」·「연의(燕義)」·「빙의(聘義)」 등의 편들이 여기에 해당한다. 「제의」편은 비록 '제의(祭義)'라고 편명을 정했지만, 이것은 천자와 제후로부터 그 이하의 계층이 지내는 제사에 대해서 총괄적으로 설명한 것이며, 『의례』의 경문을 인용하여 해석한 글은 아니다.

集解 愚謂: 此篇自篇首至"公桑蠶室"章, 皆明祭祀之義. 次言禮樂之養人, 次言孝親之道, 次言尙齒之義. 篇末又專以祭祀言之. 蓋事死事生, 其道一也, 故因祭而言孝. 事父事兄, 其道一也, 而敬老之義卽因事兄之心而推之者, 故又因孝親而言尙齒. 獨其言禮樂者, 於前後不相比附, 而本見於樂記, 疑樂記重出之文而錯在此篇耳.

번역 내가 생각하기에, 「제의」편은 편의 첫 머리부터 '공상잠실(公桑蠶室)'9)이라는 문단까지는 모두 제사의 도의를 나타내고 있다. 그 다음에는 예악(禮樂)이 사람을 기른다는 뜻을 나타내었고, 그 다음에는 부모에게 효도하는 도의를 나타내었으며, 그 다음에는 나이를 숭상하는 도의를 나타내었다. 그리고 편의 끝에서는 또한 전적으로 제사에 대해서만 언급했다. 무릇 죽은 자를 섬기고 살아있는 자를 섬길 때 그 도의는 동일하다. 그렇기 때문에 제사를 통해서 효에 대해서도 언급한 것이다. 부친을 섬기고 형을 섬길 때 그 도의는 동일하고, 노인을 공경하는 도의는 곧 형을 섬기는 마음을 확장한 것이다. 그렇기 때문에 또한 부모에 대해 효도하는 것에 따라서 나이든 자를 숭상한다고 말한 것이다. 다만 예악(禮樂)에 대해서 언급한 부분은 앞뒤 문맥과 서로 연결되지 않고, 본래 『예기』「악기(樂記)」편에 나오는 문장이므로, 아마도 「악기」편의 중복된 문장이 착간되어 이곳 「제의」편에 포함된 것일 뿐이다.

---

9) 『예기』「제의」【564b】: 古者天子諸侯必有公桑蠶室, 近川而爲之, 築宮仞有三尺, 棘牆而外閉之. 及大昕之朝, 君皮弁素積, 卜三宮之夫人·世婦之吉者, 使入蠶于蠶室, 奉種浴于川, 桑于公桑, 風戾以食之.

• 제 1 절 •

제사를 지내는 의미

【553b】

> 祭不欲數, 數則煩, 煩則不敬. 祭不欲疏, 疏則怠, 怠則忘.
> 是故君子合諸天道, 春禘秋嘗. 霜露旣降, 君子履之, 必有悽
> 愴之心, 非其寒之謂也. 春, 雨露旣濡, 君子履之, 必有怵惕
> 之心, 如將見之. 樂以迎來, 哀以送往, 故禘有樂而嘗無樂.

직역 祭는 數을 不欲하니, 數하면 煩하고, 煩하면 不敬한다. 祭는 疏를 不欲하
니, 疏하면 怠하고, 怠하면 忘한다. 是故로 君子는 天道에 合하여, 春에는 **禘**하고
秋에는 嘗한다. 霜露가 旣히 降하여, 君子가 履하면, 必히 悽愴의 心이 有하니, 그
寒을 謂함이 非라. 春에 雨露가 旣히 濡하여, 君子가 履하면, 必히 **怵惕**의 心이
有하니, 將히 見함과 如라. 樂하여 來를 迎하고, 哀하여 往을 送하니, 故로 **禘**에는
樂이 有이나 嘗에는 樂이 無라.

의역 제사는 자주 지내고자 하지 않으니, 자주 지내게 된다면 번잡하게 되고,
번잡해지면 공경스럽지 못하다. 제사는 너무 뜸하게 지내고자 하지 않으니, 뜸하게
지내면 태만하게 되고, 태만해지면 부모에 대한 마음을 잊는다. 그렇기 때문에 군
자는 천도에 합치시켜서, 봄에는 체(禘)제사를 지내고 가을에는 상(嘗)제사를 지낸
다. 가을에 서리와 이슬이 내렸는데, 군자가 그것을 밟게 되면 반드시 슬프고 애달
픈 마음이 들게 되니, 그것은 추위 때문이 아니며, 부모의 혼령이 떠나가게 됨을
생각해서이다. 또 봄에 비와 이슬이 내려 땅을 적셨는데, 군자가 그것을 밟게 되면
반드시 조심스러운 마음이 들게 되니, 그것은 따뜻함 때문이 아니며, 부모의 혼령
을 보게 됨을 생각해서이다. 따라서 봄에는 즐거운 마음으로 혼령이 찾아오는 것을
맞이하고, 가을에는 슬픈 마음으로 혼령이 떠나는 것을 전송한다. 그렇기 때문에

체(禘)제사에서는 음악을 사용하지만, 상(嘗)제사에서는 음악을 사용하지 않는 것
이다.

集說 王制言天子諸侯宗廟之祭, 春礿, 夏禘, 秋嘗, 冬烝. 註云, "夏殷之祭
名. 周則春祠·夏禴·秋嘗·冬烝也." 郊特牲饗禘有樂而食嘗無樂. 禘, 讀爲
禴. 然則此章二禘字, 亦皆當讀爲禴也. 但祭統言"大嘗禘, 升歌淸廟, 下管象",
與那詩言"庸鼓有斁, 萬舞有奕", 下云"顧予烝嘗", 是殷周秋冬之祭, 不可言
無樂也. 此與郊特牲皆云無樂, 未詳.

번역 『예기』「왕제(王制)」편에서는 "천자와 제후의 종묘 제사는 봄에 지
내는 것을 '약(礿)'이라 부르고, 여름에 지내는 것을 '체(禘)'라 부르며, 가을
에 지내는 것을 '상(嘗)'이라 부르고, 겨울에 지내는 것을 '증(烝)'이라 부른
다."[1]고 했다. 그리고 정현의 주에서는 "이것은 하나라나 은나라 때의 제사
명칭이다. 주나라의 경우라면 봄제사를 '사(祠)'라고 불렀고, 여름제사를
'약(禴)'이라고 불렀으며, 가을제사를 '상(嘗)'이라고 불렀고, 겨울제사를
'증(烝)'이라고 불렀다."라고 했다. 『예기』「교특생(郊特牲)」편에서는 "봄에
고아들에게 향연을 베풀거나 체(禘)제사를 지낼 때에는 음악이 포함되고,
가을에 노인들에게 밥을 대접하거나 상(嘗)제사를 지낼 때에는 음악이 포
함되지 않는다."[2]라고 했다. '체(禘)'자는 '약(禴)'자로 풀이한다. 그렇다면
이곳에서 말하는 2개의 '체(禘)'자 또한 모두 '약(禴)'자로 풀이해야 한다.
다만 『예기』「제통(祭統)」편에서는 "성대한 상(嘗)과 체(禘)제사 때에는 악
공들이 당상(堂上)으로 올라가서 청묘(淸廟)라는 시가를 노래 부르고, 당하
(堂下)에서는 관악기로 상(象)의 시가를 연주한다."[3]라고 했고, 『시』「나

---

1) 『예기』「왕제(王制)」【160c】: 天子諸侯宗廟之祭, 春曰礿, 夏曰禘, 秋曰嘗, 冬
曰烝.
2) 『예기』「교특생(郊特牲)」【318c~d】: 饗禘有樂, 而食嘗無樂, 陰陽之義也. 凡
飮, 養陽氣也. 凡食, 養陰氣也. 故春禘而秋嘗, 春饗孤子, 秋食耆老, 其義一也.
而食嘗無樂, 飮養陽氣也, 故有樂; 食養陰氣也, 故無聲. 凡聲, 陽也.
3) 『예기』「제통(祭統)」【587b】: 昔者周公旦有勳勞於天下, 周公旣沒, 成王康王
追念周公之所以勳勞者而欲尊魯, 故賜之以重祭, 外祭則郊社是也, 內祭則大嘗

(那)」편에서는 "징과 북이 성대하게 울려 퍼지고 만무(萬舞)[4]가 질서정연하구나."라고 했으며, 그 뒤에서는 "내 증(烝)제사와 상(嘗)제사를 돌아본다."라고 했는데,[5] 여기에서 말하는 제사들은 은나라와 주나라 때 가을과 겨울에 지낸 제사를 뜻하므로, 음악이 없다고 말할 수 없다. 하지만 이곳 기록과 「교특생」편에서는 모두 음악이 없다고 했으니, 그 이유를 모르겠다.

集說 鄭氏曰: 迎來而樂, 樂親之將來也; 送去而哀, 哀其享否不可知也.

번역 정현이 말하길, 찾아오는 것을 맞이하며 즐거워하는 것은 부모의 혼령이 도래하게 됨을 즐거워하는 것이다. 떠나가는 것을 전송하며 슬퍼하는 것은 흠향을 했는지 아닌지를 알 수 없다는 사실을 슬퍼하는 것이다.

集說 方氏曰: 於雨露言春, 則知霜露之爲秋矣; 霜露言非其寒, 則雨露爲非其溫之謂矣; 雨露言如將見之, 則霜露爲如將失之矣. 蓋春夏所以迎其來, 秋冬所以送其往也.

번역 방씨가 말하길, 비와 이슬에 대해서는 봄이라고 말했으니, 서리와 이슬이 가을을 뜻함을 알 수 있다. 서리와 이슬에 대해서 추위 때문이 아니라고 했으니, 비와 이슬의 경우에 있어서도 따뜻함 때문이 아니다. 비와 이슬에 대해서 장차 보게 되는 것과 같다고 했다면, 서리와 이슬에 대해서도 장차 보이지 않게 됨과 같다. 무릇 봄과 여름에는 혼령이 찾아오는 것을 맞이하는 것이고, 가을과 겨울에는 혼령이 떠나는 것을 전송하는 것이다.

禘是也, 夫大嘗禘升歌淸廟, 下而管象, 朱干玉戚以舞大武, 八佾以舞大夏, 此天子之樂也, 康周公, 故以賜魯也, 子孫纂之, 至于今不廢, 所以明周公之德, 而又以重其國也.

4) 만무(萬舞)는 고대의 악무(樂舞) 명칭이다. 먼저 무용수들은 손에 병장기를 들고 무무(武舞)를 추고, 이후에 깃털과 악기 등을 들고 문무(文舞)를 춘다. '만무'는 또한 악무를 범칭하는 용어로도 사용되었다.

5) 『시』「주송(周頌)・나(那)」: 庸鼓有斁, 萬舞有奕. 我有嘉客, 亦不夷懌. 自古在昔, 先民有作. 溫恭朝夕, 執事有恪. 顧予烝嘗, 湯孫之將.

大全 毗陵慕容氏曰: 數則煩, 爲無敬. 怠則忘, 爲無愛. 愛敬忘於中, 動而僞爲, 無所不至矣. 先王以愛敬出於誠心, 非可以僞爲也. 故因天道之自然, 而行禘嘗之禮. 疏數之宜, 非出於人爲, 故能盡祭之義.

번역 비릉모용씨[6]가 말하길, 자주하면 번잡하게 되어 공경함이 없게 된다. 태만하면 잊게 되어 친애함이 없게 된다. 친애함과 공경함을 마음에서 잊어버리고 행동하여 거짓되게 시행하면 이르지 못할 것이 없게 된다. 선왕은 친애함과 공경함이 진실된 마음에서 비롯되며, 거짓되게 시행할 수 있는 것이 아니라고 여겼기 때문에, 천도의 자연법칙에 따라서 체(禘)와 상(嘗) 등의 제례를 시행하였다. 따라서 너무 뜸하지 않고 그렇다고 너무 자주하지 않는 마땅함은 인위적인 것에서 비롯된 것이 아니다. 그러므로 제사의 도의를 다할 수 있다.

大全 延平黃氏曰: 雨露旣濡, 則萬物感陽以生, 霜露旣降, 則萬物感陰以死. 萬物以生之時, 君子不忍致死於其親, 且謂其與物而來矣, 故樂以迎之. 萬物以死之時, 君子不敢致生於其親, 且謂其與物而往矣, 故哀以送之. 孝子之祭, 有送往之哀, 而不及樂, 是謂弗仁. 有迎來之樂, 而不及哀, 是謂弗智.

번역 연평황씨[7]가 말하길, 비와 서리가 내려서 대지를 적시게 되면 만물은 양기에 감응하여 생겨나고, 서리와 이슬이 내리게 되면 만물은 음기에 감응하여 죽게 된다. 만물이 생장해야 할 때 군자는 차마 그의 부모에 대해서 죽은 자로만 섬길 수 없고, 또 만물과 함께 도래한다고 생각하였기 때문에 즐거워하며 맞이한다. 만물이 죽어야 할 때 군자는 차마 그의 부모에 대해서 산 자로만 섬길 수 없고, 또 만물과 함께 떠나간다고 생각하였기

---

6) 비릉모용씨(毗陵慕容氏, ?~?): =모용언달(慕容彦達)·모용숙우(慕容叔遇). 이름은 언달(彦達)이고, 자(字)는 숙우(叔遇)이다. 자세한 이력은 남아있지 않다.

7) 황상(黃裳, A.D.1044~A.D.1130): =연평황씨(延平黃氏)·황면중(黃冕仲). 북송(北宋) 때의 학자이다. 자(字)는 도부(道夫)·면중(冕仲)이다. 저서로는 『연산선생문집(演山先生文集)』 등이 있다.

때문에 슬퍼하며 전송한다. 자식이 제사를 지낼 때, 떠나감을 전송하며 슬
픈 마음이 들고 즐거움에 이르지 않는 것은 이른바 '불인(弗仁)'에 해당한
다. 찾아옴을 맞이하며 즐거운 마음이 들고 슬픔에 이르지 않는 것은 이른
바 '부지(弗智)'에 해당한다.

鄭注 忘與不敬, 違禮莫大焉. 合於天道, 因四時之變化, 孝子感時念親, 則
以此祭之也. 春禘者, 夏・殷禮也. 周以禘爲殷祭, 更名春祭曰祠. 非其寒之謂,
謂淒愴及怵惕, 皆爲感時念親也. 霜露旣降, 禮說在秋, 此無秋字, 蓋脫爾. 迎
來而樂, 樂親之將來也. 送去而哀, 哀其享否不可知也. 小言之, 則爲一祭之
間, 孝子不知鬼神之期; 推而廣之, 放其去來於陰陽.

번역 잊는 것과 공경스럽지 못한 것은 예법을 어김이 이보다 큰 것이
없다. 천도에 합하는 것은 사계절의 변화에 따르는 것이니, 자식이 각 계절
에 감응하여 부모를 그리워하게 되면, 이 때문에 제사를 지낸다는 뜻이다.
봄의 제사를 '체(禘)'라고 부르는 것은 하나라와 은나라 때의 예법이다. 주
나라 때에는 체(禘)제사를 은제(殷祭)[8]로 삼았고, 명칭을 고쳐서 봄제사를
'사(祠)'라고 불렀다. "추위를 뜻함이 아니다."라는 말은 애달프고 조심스러
운 마음이 드는 것은 모두 각 계절의 기운에 감응하여 부모를 그리워하기
때문이라는 뜻이다. 서리와 이슬이 내리는 것은 『예설』에 따르면 가을에
해당하는데, 이곳 문장에 '추(秋)'자가 없는 것은 아마도 누락되었기 때문이
다. "도래하는 것을 맞이하며 즐거워한다."는 것은 부모의 혼령이 도래하게
됨을 즐거워하는 것이다. "떠나감을 전송하며 슬퍼한다."는 것은 흠향을 했
는지 아닌지를 알 수 없다는 사실에 슬퍼하는 것이다. 범위를 축소해서 말
을 한다면, 한 차례의 제사를 지낼 때, 자식은 귀신이 찾아오고 떠나는 시점
을 알 수 없지만, 확대해서 살펴보면, 음양에 따라서 떠나가고 찾아옴을

---

8) 은제(殷祭)는 성대한 제사를 뜻한다. 3년마다 지내는 협(祫)제사와 5년마다
지내는 체(禘)제사 등을 '은제'라고 부른다. 『예기』「증자문(曾子問)」편에는
"孔子曰, 有君喪服於身, 不敢私服, 又何除焉. 於是乎有過時, 而弗除也. 君之喪
服除, 而后殷祭, 禮也."라는 용례가 있다.

헤아린다.

釋文 數, 色角反, 下同. 怠, 大改反. 祠, 嗣思反. 凄音妻. 愴, 初亮反. ▼(氵+((寫-宀)+一)), 本亦作濡, 音儒. 怵, 敕律反. 惕, 他歷反. 爲, 于僞反, 下文“見所爲”幷注同. 放, 方往反.

번역 ‘數’자는 ‘色(색)’자와 ‘角(각)’자의 반절음이며, 아래문장에 나오는 글자도 그 음이 이와 같다. ‘怠’자는 ‘大(대)’자와 ‘改(개)’자의 반절음이다. ‘祠’자는 ‘嗣(사)’자와 ‘思(사)’자의 반절음이다. ‘凄’자의 음은 ‘妻(처)’이다. ‘愴’자는 ‘初(초)’자와 ‘亮(량)’자의 반절음이다. ‘▼(氵+((寫-宀)+一))’자는 판본에 따라서 또한 ‘濡’자로도 기록하는데, 그 음은 ‘儒(유)’이다. ‘怵’자는 ‘敕(칙)’자와 ‘律(율)’자의 반절음이다. ‘惕’자는 ‘他(타)’자와 ‘歷(력)’자의 반절음이다. ‘爲’자는 ‘于(우)’자와 ‘僞(위)’자의 반절음이며, 아래문장에 나오는 ‘見所爲’에서의 ‘爲’자와 정현의 주에 나오는 글자도 모두 그 음이 이와 같다. ‘放’자는 ‘方(방)’자와 ‘往(왕)’자의 반절음이다.

孔疏 ●“祭不欲數, 數則煩, 煩則不敬. 祭不欲疏, 疏則怠”至“無樂”. ○正義曰: 此一節總論祭祀. 其事旣雜, 義相附者結爲一節, 各隨文解之. 此一節明孝子感時念親, 所以四時設祭之意.

번역 ●經文: “祭不欲數, 數則煩, 煩則不敬. 祭不欲疏, 疏則怠”~“無樂”. ○이곳 문단은 제사의 뜻을 총괄적으로 논의하고 있다. 그 사안 자체가 복잡하지만 의미가 서로 결부되어 있으니, 이곳 문단에서 총괄적으로 결론을 내린 것이므로, 각각의 문장에 따라서 풀이하겠다. 이곳 문단은 자식이 계절의 기운에 감응하여 부모를 그리워하게 되어, 사계절마다 제사를 지낸다는 뜻을 나타내었다.

孔疏 ●“合諸天道”者, 諸, 於也. 禘者, 陽之盛也; 嘗者, 陰之盛也. 陰陽氣盛, 孝子感而思念其親, 故君子制禮, 合於天道.

번역 ●經文: "合諸天道". ○'저(諸)'자는 '어(於)'자의 뜻이다. '체(禘)'는 양(陽)이 융성한 것이며, '상(嘗)'은 음(陰)이 융성한 것이다. 음양의 기운이 융성하게 되면 자식은 기운에 감응하여 부모를 그리워하게 된다. 그렇기 때문에 군자는 예법을 제정함에 천도에 합치시켰다.

孔疏 ●"春禘秋嘗"者, 擧春·秋, 冬·夏可知.

번역 ●經文: "春禘秋嘗". ○봄과 가을을 거론했으니, 겨울과 여름에 대해서도 동일하게 제사를 지냈음을 알 수 있다.

孔疏 ●"非其寒之謂也"者, 言孝子於秋霜露旣降, 有淒愴之心者, 非是寒之, 謂有此淒愴者, 爲感時念親也.

번역 ●經文: "非其寒之謂也". ○자식은 가을에 서리와 이슬이 내리게 되면 애달픈 마음이 들게 되니, 이것은 추위 때문이 아니라는 뜻이다. 즉 애달픈 마음이 드는 것은 계절의 기운에 감응하여 부모를 그리워하기 때문이라는 의미이다.

孔疏 ●"如將見之"者, 言孝子於春雨露之時, 必有怵惕之心焉. 意想念親, 如似得見親也. 春·秋二時, 於文相互. 上云"淒愴", 下云"非其寒之謂", 此"怵惕之心", 下宜云"非其暖之謂". 今"怵惕之心", 下"如將見之", 則"淒愴之心", 下亦宜云"如將見之", 是其互也. 但作記以秋是物去, 寒爲甚, 故不云"如將見之", 但言寒也. 春是物來, 暖輕於寒, 故云"如將見之", 故不言暖之謂也. 先秋後春, 以涼淒愴之甚, 故先言之.

번역 ●經文: "如將見之". ○자식은 봄에 비와 이슬이 내릴 때, 반드시 조심스러운 마음이 든다는 뜻이다. 뜻에 부모를 그리워하는 생각이 드는 것은 마치 부모를 볼 수 있을 것만 같기 때문이다. 봄과 가을 두 시기는 그 문장이 상호 호환된다. 앞에서는 '처창(淒愴)'이라고 말했고, 그 뒤에서

는 "추위 때문이 아니다."라고 했으며, 이곳에서는 '출척지심(怵惕之心)'이
라고 했으니, 그 뒤에서는 마땅히 "따뜻함 때문이 아니다."라고 말해야 한
다. 또 이곳에서는 '출척지심(怵惕之心)'이라고 말했고, 그 뒤에서는 "마치
볼 수 있을 것과 같다."라고 했으니, '처창지심(凄愴之心)'이라고 말한 구문
뒤에는 마땅히 "마치 볼 수 있을 것과 같다."라고 말해야 하므로, 이 또한
상호 호환이 된다. 다만 『예기』를 기록한 자는 가을에는 만물이 떠나가게
되는데, 추위가 심하기 때문에 "마치 볼 수 있을 것과 같다."라고 말하지
않고, 단지 추위에 대해서만 언급한 것이다. 그리고 봄에는 만물이 도래하
게 되는데, 따뜻함은 추위보다 상대적으로 덜하기 때문에 "마치 볼 수 있을
것과 같다."라고 했다. 그러므로 따뜻함 때문이라는 등의 말을 하지 않았다.
먼저 가을에 대해 언급하고 이후에 봄에 대해 언급한 것은 처량하고 애달
픈 마음이 심하기 때문에, 먼저 언급한 것이다.

孔疏 ◎注"春禘者, 夏·殷禮也. 周以禘爲殷祭, 更名春祭"至"曰祠". ○正
義曰: 按王制云: "春礿夏禘." 周禮·大宗伯: "春祠夏禴." 今云"春禘", 故云
"夏·殷禮". 按王制春曰礿, 此云"春禘爲夏·殷禮"者, 郊特牲以注"禘當爲
礿", 則此春禘亦當爲礿, 於郊特牲已注而破之, 故此不言也.

번역 ◎鄭注: "春禘者, 夏·殷禮也. 周以禘爲殷祭, 更名春祭"～"曰祠".
○『예기』「왕제(王制)」편을 살펴보면, "봄제사는 약(礿)이며, 여름제사는
체(禘)이다."라고 했고, 『주례』「대종백(大宗伯)」편에서는 "봄제사는 사
(祠)이며 여름제사는 약(禴)이다."[9]라고 했다. 이곳 문장에서는 "봄제사는
체(禘)이다."라고 했다. 그렇기 때문에 정현이 "하나라와 은나라 때의 예법
이다."라고 말한 것이다. 「왕제」편을 살펴보면 봄제사는 '약(礿)'이라고 부
르는데, 이곳의 주석에서 "봄제사를 체(禘)라고 부르는 것은 하나라와 은나
라 때의 예법이다."라고 했다. 그 이유에 대해 『예기』「교특생(郊特牲)」편에
대한 주에서는 "체(禘)자는 마땅히 '약(礿)'자가 되어야 한다."라고 했으므

---

9) 『주례』「춘관(春官)·대종백(大宗伯)」: 以肆獻祼享先王, 以饋食享先王, 以祠
春享先王, 以禴夏享先王, 以嘗秋享先王, 以烝冬享先王.

로, 이곳에서 봄제사를 체(禘)라고 부른다고 했을 때의 '체(禘)'자 또한 마땅히 '약(礿)'자가 되어야 하며, 「교특생」편의 주에서 이미 이 부분을 설명하였기 때문에, 이곳에서는 언급하지 않은 것이다.

孔疏 ◎注"迎來"至"陰陽". ○正義曰: 云"小言之, 則爲一祭之間, 孝子不知鬼神之期"者, 解經"樂以迎來, 哀以送往"之二句, 謂一祭之間也, 一祭比於一年, 其事爲小, 故云"小言之", 爲一祭之間, 旣不知鬼神來去期節, 故祭初似若來, 故樂, 祭末似去, 故哀. 據孝子之心, 雖春有樂及鍾鼓送尸, 孝子之心, 祭末猶哀也. 云"推而廣之, 放其去來於陰陽"者, 解經云"故禘有樂而嘗無樂"二句也. 言推此一祭, 而廣論一年, 放神之去來似於陰陽二氣, 但陽主生長, 春・夏陽來, 似神之來, 故春・夏祭之有樂; 秋・冬陰, 象神之去, 故秋・冬之祭無樂. 然周禮四時之祭皆有樂, 殷則烝・嘗之祭亦有樂, 故邢詩云"庸鼓有斁, 萬舞有奕", 下云"顧予烝・嘗", 則殷秋・冬亦有樂者. 熊氏云: "殷秋・冬但有管弦之樂." 又云: "烝・嘗全無樂." 其義已具郊特牲.

번역 ◎鄭注: "迎來"~"陰陽". ○정현이 "범위를 축소해서 말을 한다면, 한 차례의 제사를 지낼 때, 자식은 귀신이 찾아오고 떠나는 시점을 알 수 없다."라고 했는데, 이것은 경문에서 "즐거움으로 도래하는 것을 맞이하고, 슬퍼함으로 떠나는 것을 전송한다."라고 했던 두 구문을 풀이한 것이니, 한 차례의 제사를 의미하며, 한 차례의 제사를 1년이라는 기간과 비교해보면, 그 사안은 상대적으로 작다. 그렇기 때문에 "축소해서 말한다."라고 말한 것이니, 한 차례의 제사를 지낼 때, 이미 귀신이 찾아오고 떠나는 시점을 알 수 없다. 그렇기 때문에 제사를 지내는 초반부에는 마치 찾아온 것처럼 지내므로 즐거워하고, 제사를 지내는 말미에는 마치 떠나간 것처럼 지내므로 슬퍼한다. 자식의 마음에 근거해보면, 비록 봄에는 음악이 포함되어 종이나 북을 울려서 시동을 전송하지만, 자식의 마음은 제사 말미에 여전히 슬퍼하게 된다. 정현이 "확대해서 살펴보면, 음양에 따라서 떠나가고 찾아옴을 헤아린다."라고 했는데, 이것은 경문에서 "그러므로 체(禘)제사를 지낼 때에는 음악이 포함되지만, 상(嘗)제사를 지낼 때에는 음악이 포함되지 않는다."라고 한 말을 풀이한 것이다. 즉 한 차례의 제사를 미루어서 1년이라는 기간으로 폭넓게 논의해보면, 귀신이 떠나고 찾아오는 것은 음양의 두 기운이 작용하는 것과 유사하다. 다만 양기는 생장함을 위주로 하고 봄과 여름에는 양기가 도래하여, 마치 신이 도래하는 것과 같다. 그렇기 때문에 봄과 여름에 지내는 제사에는 음악이 포함된다. 반면 가을과 겨울은 음기에 해당하며 신이 떠나감을 상징한다. 그렇기 때문에 가을과 겨울에 지내는 제사에는 음악이 포함되지 않는다. 그러나 『주례』의 기록을 살펴보면, 사계절의 제사에서 모두 음악을 사용하고, 은나라 때의 제도에서도 증(烝)과 상(嘗)의 제사 때 음악이 포함된다. 그렇기 때문에 『시』「나(那)」편에서는 "징과 북이 성대하게 울려 퍼지고 만무(萬舞)가 질서정연하구나."라고 했고, 그 뒤에서는 "내 증(烝)제사와 상(嘗)제사를 돌아본다."라고 했던 것이니, 이것은 은나라에서 가을과 겨울에 지냈던 제사에도 음악이 포함된다는 사실을 나타낸다. 이 문제에 대해서 웅안생10)은 "은나라 때에는 가을과 겨울에 단지 관악기와 현악기만 사용했다."라고 했고, 또 "증(烝)과 상(嘗)제사에서는 음악을 전혀 사용하지 않았다."라고 했다. 그 의미에 대해서는 이미 『예기』「교특생(郊特牲)」편에서 설명하였다.

訓纂 說文: 愴, 傷也.

번역 『설문』11)에서 말하길, '창(愴)'자는 "근심하다[傷]."는 뜻이다.

集解 按: "禘"字當讀爲䄜, 下同.

---

10) 웅안생(熊安生, ?~A.D.578) : =웅씨(熊氏). 북조(北朝) 때의 경학자이다. 자(字)는 식지(植之)이다. 『주례(周禮)』, 『예기(禮記)』, 『효경(孝經)』 등 많은 전적에 의소(義疏)를 남겼지만, 모두 산일되어 남아 있지 않다. 현재 마국한(馬國翰)의 『옥함산방집일서(玉函山房輯佚書)』에 『예기웅씨의소(禮記熊氏義疏)』 4권이 남아 있다.

11) 『설문해자(說文解字)』는 후한(後漢) 때의 학자인 허신(許愼)이 찬(撰)했다고 전해지는 자서(字書)이다. 『설문(說文)』이라고도 칭해진다. A.D.100년경에 완성되었다고 전해진다. 글자의 형태, 뜻, 음운(音韻)을 수록하고 있다.

[번역] 살펴보니, '체(禘)'자는 마땅히 '약(禴)'자로 풀이해야 하며, 아래문 장도 마찬가지이다.

[集解] 方氏慤曰: 數·疏言其時, 煩·怠言其事. 不敬與忘言其心.

[번역] 방각이 말하길, '삭(數)'과 '소(疏)'는 그 시기를 뜻하고, '번(煩)'과 '태(怠)'는 그 사안을 뜻하며, '불경(不敬)'과 '망(忘)'은 그 마음을 뜻한다.

[集解] 愚謂: 禘當作"禴", 諸侯春祭之名也. 四時皆祭, 言春秋則該冬夏矣. 天道每時一變, 而孝子思親之心因之, 故一歲四祭者, 不疏不數之節也.

[번역] 내가 생각하기에, '체(禘)'자는 마땅히 '약(禴)'자로 기록해야 하니, 제후가 봄에 지내는 제사 명칭이다. 사계절마다 모두 제사를 지내는데, 봄 과 가을만 말했다면 겨울과 여름까지도 포함하는 것이다. 하늘의 도는 매 계절마다 한 차례 변화하고, 자식이 부모를 그리워하는 마음 또한 그에 따 른다. 그렇기 때문에 1년 동안 4차례 제사를 지내는 것으로, 드물게 지내지 않고 자주 지내지 않는 절도로 삼은 것이다.

[集解] 愚謂: 春者, 陽氣之至而申者也, 故其祭也, 所以迎乎親之來; 秋者, 陰氣之反而屈者也, 故其祭也, 所以送乎親之往. 樂其來, 故有樂; 哀其往, 故 無樂. 然天子四時祭皆用樂, 嘗祭無樂, 蓋諸侯之禮也. 說已見郊特牲.

[번역] 내가 생각하기에, 봄은 양기가 도래하여 펴지는 시기이다. 그렇기 때문에 봄의 제사에서는 부모의 혼령이 찾아오는 것을 맞이한다. 가을은 음기가 되돌아와서 굽히는 시기이다. 그렇기 때문에 가을의 제사에서는 부 모의 혼령이 떠나는 것을 전송한다. 도래하는 것을 즐거워하기 때문에 음 악이 포함되고, 떠나는 것을 슬퍼하기 때문에 음악이 포함되지 않는다. 그 러나 천자는 사계절마다의 제사에서 모두 음악을 사용하니, 상(嘗)의 제사 때 음악을 사용하지 않는다는 것은 아마도 제후의 예법에 해당할 것이다. 이 부분에 대한 설명은 『예기』「교특생(郊特牲)」편에 나온다.

구　분	봄	여름	가을	겨울
『예기』「제의(祭義)」	禘		嘗	
『예기』「왕제(王制)」	礿	禘	嘗	烝
『예기』「명당위(明堂位)」		礿	嘗	烝
『예기』「교특생(郊特牲)」	禘		嘗	
『예기』「제통(祭統)」	礿	禘	嘗	烝
『주례』「대종백(大宗伯)」	祠	禴	嘗	烝
『주례』「사존이(司尊彝)」	祠	禴	嘗	烝
『이아』「석천(釋天)」	祠	礿	嘗	烝
『춘추공양전』「환공(桓公) 8년」	祠	礿	嘗	烝
『춘추번로』「사제(四祭)」	祠	礿	嘗	蒸

• 제 2 절 •

재계를 시행하는 의미

【553d~554a】

> 致齊於內, 散齊於外, 齊之日, 思其居處, 思其笑語, 思其志
> 意, 思其所樂, 思其所嗜. 齊三日, 乃見其所爲齊者.

직역 內에서 齊를 致하고, 外에서 齊를 散하니, 齊의 日에, 그 居處를 思하고, 그 笑語를 思하며, 그 志意를 思하고, 그 樂한 所를 思하며, 그 嗜한 所를 思한다. 齊를 三日하면, 그 齊를 爲한 所의 者를 見한다.

의역 내적으로는 치제(致齊)[1]를 하고, 외적으로는 산제(散齊)[2]를 하니, 재계를 하는 기간에는 부모가 거처하던 모습을 떠올리고, 부모가 웃고 말하던 것을 떠올리며, 부모가 생각했던 뜻을 떠올리고, 부모가 좋아하던 것을 떠올리며, 부모가 즐기던 것을 떠올린다. 따라서 재계를 3일 동안 지속하게 되면, 재계를 올리는 대상이 눈앞에 아른거린다.

---

1) 치제(致齊)는 치재(致齋)라고도 부른다. '치제'는 제사를 지내기 이전 3일 동안 몸과 마음을 정숙하게 재계하는 의식이다. '치제' 이전에는 '산제(散齊)'를 하여 7일 동안 정숙하게 한다. '치제'는 그 이후 3일 동안 몸과 마음을 더욱 정숙하게 재계하여, 신과 소통할 수 있도록 준비하는 것이다. 『예기』「제통(祭統)」편에는 "故散齊七日以定之, 致齊三日以齊之. 定之之謂齊, 齊者精明之至也, 然後可以交于神明也."라는 기록이 있다.
2) 산제(散齊)는 산재(散齋)라고도 부른다. '산제'는 제사를 지낼 때 제사보다 앞서 7일 동안 수레도 몰지 않고, 음악도 연주하지 않으며, 조문도 하지 않으면서, 재계를 하는 것이다. 『예기』「제의(祭義)」편에는 "致齊於內, 散齊於外."라는 기록이 있고, 이에 대한 정현의 주에서는 "散齊, 七日不御不樂不弔耳."라고 풀이했다. 또한 『예기』「제통(祭統)」편에도 "散齊七日以定之, 致齊三日以齊之."라는 기록이 있다.

集說 五其字, 及下文所爲, 皆指親而言.

번역 다섯 개의 '기(其)'자 및 아래문장에서 '소위(所爲)'라고 한 말은 모두 부모를 가리켜서 한 말이다.

集說 疏曰: 先思其粗, 漸思其精, 故居處在前, 樂嗜居後.

번역 공영달[3]의 소에서 말하길, 먼저 범범한 것을 생각하고, 점진적으로 세부적인 것을 생각한다. 그렇기 때문에 거처에 대한 것이 앞에 있고, 좋아하고 즐기던 것이 뒤에 있다.

大全 嚴陵方氏曰: 齊於內, 所以愼其心. 齊於外, 所以防其物. 散齊, 若所謂不飮酒不茹葷之類. 齊三日, 則致齊而已. 必致齊, 然後見其所爲齊者, 思之至故也.

번역 엄릉방씨가 말하길, 내적으로 재계를 하는 것은 마음을 신중히 하는 것이다. 외적으로 재계를 하는 것은 외부 사물에 대해서 방비하는 것이다. '산제(散齊)'는 마치 술을 마시지 않고 생강이나 마늘 등을 먹지 않는 부류를 뜻한다. 재계를 3일 동안 지속하는 것은 치제(致齊)를 한다는 뜻일 뿐이다. 반드시 치제를 한 뒤에야 재계를 올리는 대상을 보게 되는 것은 생각이 지극해지기 때문이다.

大全 毗陵慕容氏曰: 心之官曰思. 思有所至, 則無所不達. 夫不以欲惡哀樂二其心, 而致一於其所祭, 故無形之中, 視有所見, 無聲之中, 聽有所聞, 皆其思之所能達. 親之居處‧笑語‧志意‧樂嗜, 往而不反, 非有實也, 夫豈形體之所能交哉? 思之所至, 足以通之矣. 齊之三日, 乃見其所爲齊者, 言思之至, 雖親之不可見者, 如見其存, 微之顯, 誠之不可揜也如此.

---

3) 공영달(孔穎達, A.D.574~A.D.648): =공씨(孔氏). 당대(唐代)의 경학자이다. 자(字)는 중달(仲達)이고, 시호(諡號)는 헌공(憲公)이다. 『오경정의(五經正義)』를 찬정(撰定)하는데 중심적인 역할을 했다.

번역 비릉모용씨가 말하길, 마음의 기능을 '생각[思]'이라고 부른다.[4] 생각에 지극한 점이 있다면 도달하지 못하는 곳이 없다. 무릇 욕망·미워함·슬픔·즐거움 등의 감정으로 그 마음을 분산시키지 않고 제사를 지내는 대상에 대해서만 한결같이 하기 때문에, 형체가 없는 속에서도 봄에 보이는 것이 있고, 소리가 없는 속에서도 들음에 들리는 것이 있으니, 이 모두는 부모에 대한 생각을 통해 도달할 수 있는 것이다. 부모가 거처하고, 웃고 말하며, 뜻하고 생각하며, 좋아하고 즐기는 것들은 이미 떠나서 돌아오지 않았으니, 실체가 있는 것은 아닌데, 어찌 형체를 통해서 교감할 수 있겠는가? 생각이 지각하면 통할 수 있다. 재계를 하여 3일 동안 지속되면 재계를 올리는 대상을 볼 수 있다는 말은 생각을 지극히 하면 비록 부모의 실제 모습은 볼 수 없지만, 마치 실제로 살아계셨을 때의 모습을 보는 것처럼 되어, 은미함이 드러나니, 이처럼 진실됨은 가릴 수 없다.

鄭注 致齊思此五者也, 散齊七日不御·不樂·不弔耳. 見所爲齊者, 思之熟也. 所嗜, 素所欲飮食也. 春秋傳曰: "屈到嗜芰."

번역 치제(致齊)를 하며 이러한 다섯 가지를 생각하고, 산제(散齊)를 할 때에는 7일 동안 수레를 몰지 않고, 음악을 연주하지 않으며, 조문을 하지 않을 따름이다. 재계를 올리는 대상을 본다는 것은 생각이 지극해졌기 때문이다. 즐기던 것은 평소에 자주 드시던 음식을 뜻한다. 『춘추전』에서는 "굴도(屈到)는 마름을 즐겨 먹었다."[5]라고 했다.

釋文 齊, 側皆反, 後不出者同. 散, 悉但反, 注同. 所樂音岳, 又五岳反. 嗜, 市志反, 注及下並同. 屈, 居勿反. 屈到, 楚莫敖. 芰, 其寄反.

번역 '齊'자는 '側(측)'자와 '皆(개)'자의 반절음이며, 이후에 다시 설명하

---

4) 『맹자』「고자상(告子上)」: 耳目之官不思, 而蔽於物. 物交物. 則引之而已矣. 心之官則思, 思則得之, 不思則不得也. 此天之所與我者.
5) 『국어(國語)』「초어상(楚語上)」: 屈到嗜芰. 有疾, 召其宗老而屬之.

지 않은 것은 그 음이 이와 같다. '散'자는 '悉(실)'자와 '但(단)'자의 반절음 이며, 정현의 주에 나오는 글자도 그 음이 이와 같다. '所樂'에서의 '樂'자는 그 음이 '岳(악)'이며, 또한 '五(오)'자와 '岳(악)'자의 반절음도 된다. '嗜'자 는 '市(시)'자와 '志(지)'자의 반절음이며, 정현의 주 및 아래문장에 나오는 글자도 그 음이 모두 이와 같다. '屈'자는 '居(거)'자와 '勿(물)'자의 반절음이 다. '굴도(屈到)'는 초(楚)나라의 막오(莫敖)이다. '芰'자는 '其(기)'자와 '寄 (기)'자의 반절음이다.

孔疏 ●"致齊"至"齊者". ○正義曰: 此一節明祭前齊日之事.

번역 ●經文: "致齊"~"齊者". ○이곳 문단은 제사를 지내기 전에 재계 를 치르는 사안을 나타내고 있다.

孔疏 ●"思其居處"者, 謂祭致齊之日也, 思其居處以下五事, 謂孝子思念 親存之五事也. 先思其麤, 漸思其精, 故居處在前, 樂·嗜居後.

번역 ●經文: "思其居處". ○제사를 치르기 위해 치제(致齊)를 지내는 기간을 뜻하니, 그 기간에는 "부모가 거처하던 것을 생각한다."로부터 그 이하의 다섯 가지를 떠올리게 된다. 즉 자식은 부모가 생존해 계셨을 때 시행했던 다섯 가지 사안에 대해서 떠올린다는 의미이다. 먼저 범범한 것 을 생각하고 점진적으로 세부적인 것을 생각한다. 그렇기 때문에 거처에 대한 것이 앞에 있고, 좋아하고 즐기던 것이 뒤에 있다.

孔疏 ●"齊三日, 乃見其所爲齊"者, 謂致齊思念其親, 精意純熟, 目想之若 見其所爲齊之親也.

번역 ●經文: "齊三日, 乃見其所爲齊". ○치제(致齊)를 치르며 부모를 떠올리고 그 생각이 무르익게 되면 목전에 아른거리니, 마치 재계를 올리 는 대상인 부모가 눈앞에 나타난 것처럼 된다는 뜻이다.

孔疏 ◎注"春秋傳曰: 屈到嗜芰". ○正義曰: 楚語云: "屈到嗜芰. 有疾, 召
其宗老而屬之曰: '祭我, 必有芰.'"

번역 ◎鄭注: "春秋傳曰: 屈到嗜芰". ○『국어』「초어(楚語)」편에서는
"굴도(屈到)는 마름을 좋아하였다. 질병에 걸리자 가신을 불러서 유언을
남기며, '나에게 제사를 지낼 때에는 반드시 마름을 올리거라.'"라고 했다.

集解 愚謂: 致齊於內, 專其內之所思也. 散齊於外, 防其外之所感也. 所樂,
所樂爲之事也. 所嗜, 所嗜飮食之物也. 齊三日, 必見所爲齊者, 由其專精之至也.

번역 내가 생각하기에, "내적으로 치제(致齊)를 한다."는 말은 내적으로
생각하는 것을 전일하게 한다는 뜻이다. "외적으로 산제(散齊)를 한다."는
말은 외적으로 느끼는 것들을 방비한다는 뜻이다. '소락(所樂)'은 즐겨 시행
하던 일을 뜻한다. '소기(所嗜)'는 즐겨 먹던 음식을 뜻한다. "재계를 3일
동안 하면 반드시 재계를 올리는 대상을 보게 된다."는 말은 생각을 전일하
고 정밀히 했기 때문이다.

• 제 3 절 •

제사 당일 부모에 대한 생각

【554a~b】

祭之日, 入室, 優然必有見乎其位; 周還出戶, 肅然必有聞乎
其容聲; 出戶而聽, 愾然必有聞乎其歎息之聲.

직역 祭의 日에, 室에 入하면, **優然**히 必히 그 位에서 見함이 有하고; 周還하여 戶를 出하면, **肅然**히 必히 그 容聲을 聞함이 有하며; 戶를 出하여 聽하면, **愾然**히 必히 그 歎息의 聲을 聞함이 有하다.

의역 제사를 지내는 당일 묘실(廟室)로 들어서면, 신주의 자리에 부모가 있는 것을 어렴풋하게 보게 된다. 또 음식을 올리고 술잔을 바칠 때 간혹 방문 밖으로 나가게 되는데, 그 시기에는 부모가 움직일 때 나는 소리를 엄숙한 가운데 듣게 된다. 또 방문 밖으로 나가서 안에서 들리는 소리에 귀를 기울이면, 크게 탄식하게 되어 부모가 탄식하는 소리를 듣게 된다.

集說 入室, 入廟室也. 優然, 彷彿之貌. 見乎其位, 如見親之在神位也. 周旋出戶, 謂薦俎酌獻之時, 行步周旋之間, 或自戶內而出也. 肅然, 儆惕之貌. 容聲, 擧動容止之聲也. 愾然, 太息之聲也.

번역 '입실(入室)'은 묘실(廟室)로 들어간다는 뜻이다. '애연(優然)'은 어렴풋한 모습을 뜻한다. '견호기위(見乎其位)'는 부모가 신주의 자리에 있는 것을 보는 것과 같다는 뜻이다. '주선출호(周旋出戶)'는 도마에 음식을 올리고 술을 따라서 바칠 때, 행동하며 몸을 돌리는 중간에 간혹 방문 안쪽으로부터 밖으로 나가게 되는 것을 뜻한다. '숙연(肅然)'은 조심하고 두려워하는 모습을 뜻한다. '용성(容聲)'은 행동을 취할 때 나는 소리이다. '개연(愾然)'은 크게 탄식하는 소리이다.

大全 張子曰: 優然見乎其位, 愾然聞乎其歎息, 齊之至則祭之日自然如此.

번역 장자[1]가 말하길, 신주의 자리에 부모가 있는 것을 어렴풋하게 보게 되고, 크게 탄식하는 소리를 듣게 되는데, 재계를 지극히 하면 제사를 지내는 당일 자연스럽게 이처럼 된다.

大全 馬氏曰: 入廟而升堂, 則優然見乎其位, 薦腥而出戶, 則肅然必有聞乎其容聲, 已薦出戶而聽, 則愾然必有聞乎其嘆息之聲, 此祭之序也. 優然, 言其貌, 肅然, 言其容, 愾然, 言其氣.

번역 마씨[2]가 말하길, 묘(廟)로 들어가서 당상(堂上)에 오르게 되면 어렴풋하게 신주의 자리에 있는 모습을 보게 되고, 희생물을 바치고 방문 밖으로 나가게 되면 숙연한 가운데 부모가 행동할 때 나는 소리를 듣게 되며, 제수를 모두 바치고 방문 밖으로 빠져나가서 듣게 되면 크게 탄식하는 소리를 듣게 되니, 이것은 제사의 절차에 따른 순서이다. '애연(優然)'은 그 모습을 뜻하며, '숙연(肅然)'은 그 행동을 뜻하고, '개연(愾然)'은 그 기운을 뜻한다.

鄭注 周還出戶, 謂薦設時也. 無尸者, 闔戶若食間, 則有出戶而聽之.

번역 '주환출호(周還出戶)'는 제수를 바치는 때를 뜻한다. 시동이 없는

---

1) 장재(張載, A.D.1020~A.D.1077) : =장자(張子)·장횡거(張橫渠). 북송(北宋) 때의 유학자이다. 북송오자(北宋五子) 중 한 사람으로 칭해진다. 자(字)는 자후(子厚)이다. 횡거진(橫渠鎭) 출신으로, 이곳에서 장기간 강학을 했기 때문에 횡거선생(橫渠先生)으로 일컬어지기도 한다.
2) 마희맹(馬晞孟, ?~?) : =마씨(馬氏)·마언순(馬彦醇). 자(字)는 언순(彦醇)이다. 『예기해(禮記解)』를 찬술했다.

경우에는 방문을 닫아서 마치 식간(食間)3)을 하는 것처럼 하니, 방문 밖으로 빠져나가서 듣게 된다.

釋文 優音愛, 微見貌. 還音旋, 本亦作旋, 注同. 愾, 開代反. 闔, 戶獵反.

번역 '優'자의 음은 '愛(애)'이며, 은미하게 드러나는 모습을 뜻한다. '還'자의 음은 '旋(선)'이며, 판본에 따라서는 또한 '旋'자로도 기록하는데, 정현의 주에 나오는 글자도 이와 같다. '愾'자는 '開(개)'자와 '代(대)'자의 반절음이다. '闔'자는 '戶(호)'자와 '獵(렵)'자의 반절음이다.

孔疏 ●"祭之"至"之聲". ○正義曰: 此一經明祭之日, 孝子想念其親.

번역 ●經文: "祭之"~"之聲". ○이곳 경문은 제사를 지내는 당일에 자식이 부모를 생각하는 사안을 나타내고 있다.

孔疏 ●"入室, 僾然必有見乎其位"者, 謂祭之日朝初入廟室時也. 初入室陰厭時, 孝子當想象僾僾髣髴見也. 詩云: "愛而不見." 見, 如見親之在神位也. 故論語云"祭如在".

번역 ●經文: "入室, 僾然必有見乎其位". ○제사를 지내는 날 아침에 최초 묘실(廟室)로 들어간 때를 뜻한다. 최초 묘실로 들어가서 음염(陰厭)4)을

---

3) 식간(食間)은 식사를 하는데 걸리는 시간을 뜻한다. 구체적으로 말하자면, 제사 때 시동이 한 차례 식사를 하면서 수저를 뜨는 횟수를 뜻하는데, 수저를 뜨는 횟수는 각 계급에 따라 차이가 있었다. 그 중 사(士) 계급에 해당하는 예법에서는 시동이 한 차례 식사를 하면서 아홉 번 수저를 뜨게 되는데, '사' 계급에 대한 내용을 대표적인 기준으로 삼아서, 이러한 예법을 진행하면서 걸리는 시간을 '식간'이라고 부르게 되었다.

4) 음염(陰厭)은 본래 염제(厭祭)의 절차 중 하나이다. '염제'는 정규 제사를 진행하는 절차인데, 정규 제사의 본격적인 의식은 시동을 통해 진행된다. '염제'는 시동을 이용하지 않고, 본식 이전과 이후에 간략히 지내는 제사를 뜻한다. '염(厭)'자는 신을 흠향시킨다는 뜻이다. '염제'에는 '음염'과 양염(陽厭)이 있다. '음염'은 시동을 맞이하기 이전에 축관이 술을 따라서 바치고, 그 술

할 때, 자식은 마땅히 부모의 모습을 생각하게 되어 어렴풋하게 나타난다. 『시』에서는 "사랑하되 보지 못한다."[5]라고 했는데, '견(見)'은 부모가 신주의 자리에 있는 것을 보게 되는 것과 같다는 뜻이다. 그렇기 때문에『논어』에서는 "제사를 지낼 때에는 실제로 계신 듯이 지냈다."[6]라고 했다.

孔疏 ●"周還出戶, 肅然必有聞乎其容聲"者, 謂薦饌時也. 孝子薦俎酌獻, 行步周旋, 或出戶. 當此之時, 必有悚息肅肅然, 如聞親擧動容止之聲.

번역 ●經文: "周還出戶, 肅然必有聞乎其容聲". ○음식을 올리는 때를 뜻한다. 자식이 도마에 음식을 담아 올리고 술을 따라서 바칠 때, 움직이게 되어 간혹 방문 밖으로 나가게 된다. 이러한 시기에는 반드시 조심하고 엄숙하게 되어, 마치 부모가 움직일 때 나는 소리가 들리는 것처럼 된다.

孔疏 ●"出戶而聽, 愾然"者, 謂祭此人爲無尸之時, 設薦已畢, 孝子出戶而靜聽, 愾愾然也, 必有聞乎其歎息之聲也.

번역 ●經文: "出戶而聽, 愾然". ○이러한 대상에게 제사를 지내며 시동이 없을 때를 뜻하니, 음식 차리는 일이 모두 끝나면 자식은 방문 밖으로 나가서 조용히 귀를 기울이니, 마치 크게 탄식하는 것처럼 되어 반드시 부모가 탄식하는 소리를 듣게 된다.

孔疏 ◎注"周還"至"聽之". ○正義曰: "出戶, 謂薦設時也"者, 若特牲·少牢主婦設豆及佑食設俎之屬是也. 云"無尸者, 闔戶若食間, 則有出戶而聽之"者, 按士虞禮云: "無尸, 則禮及薦饌皆如初, 主人哭, 出復位, 祝闔牖戶如食間." 注云: "如尸一食九飯之頃." 彼謂虞祭無孫行爲尸者, 則吉祭亦當然也.

잔을 올려서 신을 흠향하게 만드는 것이다. 또한 적장자가 아직 성년이 되지 않은 상태에서 죽었을 때, 그에 대한 제사는 종묘(宗廟)의 그윽하고 음(陰)한 장소에서 간략하게 치르게 되는데, 이것을 '음염'이라고 부른다.

5) 『시』「패풍(邶風)·정녀(靜女)」: 靜女其姝, 俟我於城隅. 愛而不見, 搔首踟躕.
6) 『논어』「팔일(八佾)」: 祭如在, 祭神如神在. 子曰, "吾不與祭, 如不祭."

此鄭云闔戶若食間, 見如正祭九飯之間也. 而皇氏謂尸謖之後, 陽厭之時, 又云無尸謂之陰厭, 尸未入前, 其義並非也.

번역 ◎鄭注: "周還"~"聽之". ○정현이 "'출호(出戶)'는 제수를 바치는 때를 뜻한다."라고 했는데, 『의례』「특생궤식례(特牲饋食禮)」편과 「소뢰궤식례(少牢饋食禮)」편에서 주부가 두(豆)를 진설하고, 좌식(佐食)[7]이 도마[俎]를 진설하는 부류와 같다. 정현이 "시동이 없는 경우에는 방문을 닫아서 마치 식간(食間)을 하는 것처럼 하니, 방문 밖으로 빠져나가서 듣게 된다."라고 했는데, 『의례』「사우례(士虞禮)」편을 살펴보면, "시동이 없다면 시행하는 예법 및 올리는 제수를 모두 처음처럼 한다. 주인이 곡(哭)을 하고 밖으로 나가서 자신의 자리로 돌아가면, 축관은 들창과 방문을 닫아서 식간처럼 한다."[8]라고 했고, 정현의 주에서는 "마치 시동이 한 차례 식사를 하면서 아홉 차례 수저를 뜨는데 걸리는 시간과 같다."라고 했다. 「사우례」편의 기록은 우제(虞祭)[9]를 치를 때 손자 항렬 중 시동으로 삼을 자가 없는 경우를 뜻하니, 길제(吉祭)[10]를 치를 때에도 또한 마땅히 이처럼 한다. 이곳 주석에서 정현은 "방문을 닫아서 마치 식간을 하는 것처럼 한다."라고 했는데, 살피는 것이 정규 제사를 치르며 아홉 차례 수저를 뜨는 기간과 같다는 뜻이다. 그런데 황간[11]은 시동이 일어나서 나간 이후 양염(陽厭)[12]

---

7) 좌식(佐食)은 제사를 지낼 때, 시동의 옆에서 시동이 제사 음식을 흠향할 수 있도록 시중을 드는 사람이다. 『의례』「특생궤식례(特牲饋食禮)」편에는 "佐食北面, 立於中庭."이라는 기록이 있는데, 이에 대한 정현의 주에서는 "佐食, 賓佐尸食者."라고 풀이했다.

8) 『의례』「사우례(士虞禮)」: 無尸, 則禮及薦饌皆如初. 既饗・祭于苴・祝祝卒, 不綏祭, 無泰羹涪・胾・從獻. 主人哭, 出復位. 祝闔牖戶, 降, 復位于門西. 男女拾踊三. 如食間.

9) 우제(虞祭)는 장례(葬禮)를 치르고 난 뒤에 지내는 제사를 뜻한다.

10) 길제(吉祭)는 상례(喪禮)의 단계를 뜻한다. 우제(虞祭)를 지낸 뒤, 졸곡(卒哭)을 하며 제사를 지내게 되는데, 이 단계부터 지내는 제사를 '길제'라고 부른다. 상(喪)은 흉사(凶事)에 해당하는데, 그 이전까지는 슬픔에서 벗어나기 힘들기 때문에 흉제(凶祭) 또는 상제(喪祭)라고 부르며, 이 단계부터는 평상시처럼 길(吉)한 대로 접어들기 때문에 '길제'라고 부른다. 『예기』「단궁하(檀弓下)」편에는 "是月也, 以虞易奠, 卒哭曰成事. 是日也, 以吉祭易喪祭."라는 기록이 있다. 또한 평상시 정규적으로 지내는 제사를 '길제'라고도 부른다.

을 치르는 때를 뜻한다고 했고, 또 시동이 없다는 것은 음염(陰厭)의 때이니, 시동이 아직 들어오기 이전이라고 했는데, 그 주장은 모두 잘못되었다.

訓纂 說文: 僾, 倣佛也. 詩曰, "僾而不見."

번역 『설문』에서 말하길, '애(僾)'자는 어렴풋하다는 뜻이다. 『시』에서는 "어렴풋하여 보지 못한다."라고 했다.

訓纂 說文: 愾, 大息貌.

번역 『설문』에서 말하길, '개(愾)'자는 크게 탄식하는 모습이다.

訓纂 趙氏良澍曰: 此擧一祭之始終而言, 故以入室出戶該之. 特牲"祝先入, 主人從, 西面于戶內", 卽此入室之時, 尸猶未入, 而如在其上, 彷彿見之, 下文所謂"致愛則存"也. 自是迎尸門外, 饋食室中, 禮成三獻, 卽周還也. 出戶者, 特牲"主人特立于戶外西南", 是也. 當其時, 尸謖祝前, 主人降, 寂乎其聲, 如將聞之, 下文所謂"致愨則著"也. 迨佐食徹俎敦, 改設于西北隅, 扉几筵, 闔牖戶, 室虛無人矣. 而往送之, 心如聞歎息, 所謂"聽于無聲"也. 必兩言"出戶"者, 以祭畢而出, 有祝告利成, 佐食設饌兩事, 故重言之. 僾然者, 愛也. 肅然者, 敬也. 愾然者, 哀也. 一事而兼三義, 蓋本其致齊之誠, 通微合漠, 故能與神明交, 而所見所聞俱有可必也.

번역 조량주[13]가 말하길, 이곳에서는 한 차례 지내는 제사의 전체를 제

---

11) 황간(皇侃, A.D.488~A.D.545): =황씨(皇氏). 남조(南朝) 때 양(梁)나라의 경학자이다. 『주례(周禮)』, 『의례(儀禮)』, 『예기(禮記)』 등에 해박하여, 『상복문구의소(喪服文句義疏)』, 『예기의소(禮記義疏)』, 『예기강소(禮記講疏)』 등을 지었지만, 현재는 전해지지 않는다. 그 일부가 마국한(馬國翰)의 『옥함산방집일서(玉函山房輯佚書)』에 수록되어 있다.

12) 양염(陽厭)은 염제(厭祭)의 절차 중 하나이다. '염제'에는 음염(陰厭)과 '양염'이 있다. '양염'은 시동이 묘실(廟室)을 빠져 나간 이후에, 시동에게 바쳤던 조(俎)와 돈(敦) 등을 거둬들여서, 서북쪽 모퉁이에 다시 진설을 하는 것이다.

시해서 말한 것이다. 그렇기 때문에 묘실(廟室)에 들어가거나 방문 밖으로
나온다는 말로 풀이했다. 『의례』 「특생궤식례(特牲饋食禮)」편에서는 "축관
이 먼저 들어가고 주인이 뒤따라서 방문 안에서 서쪽을 바라본다."[14]라고
했는데, 이것은 묘실로 들어가는 때에 해당하며, 시동은 아직 묘실로 들어
오지 않았는데, 마치 신주의 자리에 있는 것과 같아서 어렴풋하게 나타나
는 것이니, 아래문장에서 "친애함을 지극히 하면 계신다."라고 한 말에 해
당한다. 그리고 문밖에서 시동을 맞이하는 것으로부터 묘실 안에 음식을
차리게 되면 예법에 따라 세 차례 술을 바쳐서 절차를 완성하게 되니, 이것
은 곧 '주환(周還)'에 해당한다. '출호(出戶)'는 「특생궤식례」편에서 "주인
은 홀로 방문 밖의 서남쪽에 서 있다."라고 한 말에 해당한다. 그 시기가
되면 시동은 자리에서 일어나 축관의 앞으로 나아가고, 주인이 내려와서
소리에 대해 숨죽여 귀를 기울이니, 마치 들리는 것과 같다. 이것은 아래문
장에서 "진심을 다하면 드러난다."라고 한 말에 해당한다.[15] 좌식이 도마와
돈(敦)을 치우고서 서남쪽 모퉁이에 음식을 다시 차려내고, 안석과 대자리
를 구석진 곳에 설치하며, 들창과 방문을 닫아서 묘실은 비어 사람이 없게
된다. 그러나 떠남을 전송할 때 마음에는 깊은 탄식을 들은 것과 같으니,
"소리가 없는 곳에서도 듣는다."는 뜻에 해당한다. 기어코 두 군데에서 '출
호(出戶)'라고 말한 것은 제사를 끝내고 밖으로 나가면 축관이 봉양의 의식
이 끝났다고 아뢰게 되고, 좌식은 음식을 두 차례 차려내게 된다. 그렇기
때문에 중복해서 말한 것이다. '애연(僾然)'은 친애함을 뜻한다. '숙연(肅
然)'은 공경함을 뜻한다. '개연(愾然)'은 슬퍼함을 뜻한다. 한 가지 사안을
시행하면서도 이러한 세 가지 의미를 겸하고 있으니, 무릇 치제(致齊)의
정성스러움에 근본하여 은미한 곳에서도 통하고 광대한 곳에서도 합치게
된다. 그렇기 때문에 신명과 교감할 수 있고, 보고 듣는 것이 모두 가능한

---

13) 조량주(趙良澍, ?~?) : 청(淸)나라 때의 학자이다. 저서로는 『독예기(讀禮記)』
   가 있다.

14) 『의례』 「특생궤식례(特牲饋食禮)」 : 主人及祝升. 祝先入, 主人從, 西面于戶內.

15) 『예기』 「제의」 【554b~c】 : 是故先王之孝也, 色不忘乎目, 聲不絶乎耳, 心志嗜
   欲不忘乎心; <u>致愛則存, 致慤則著</u>, 著存不忘乎心, 夫安得不敬乎? 君子生則敬養,
   死則敬享, 思終身弗辱也.

것이다.

集解 入室, 謂始祭時也. 優然, 髣髴有見之貌. 周還出戶, 謂朝事之時, 出戶而事尸於堂也. 出戶而聽, 謂祭畢, 尸將謖而主人出戶也. 特牲禮"主人出立于戶外, 西面, 祝東面, 告利成, 尸謖." 少牢禮"主人出立于阼階上, 西面, 祝出立于西階上, 告利成. 祝入, 主人降立于阼階東, 西面, 尸謖." 祭畢而送之, 故如聞乎其嘆息之聲. 蓋人子之於祖・考, 以送其往爲哀, 則祖・考之心亦必以其往爲哀, 故宜有嘆息之聲也.

번역 '입실(入室)'은 처음 제사를 시작하는 때를 뜻한다. '애연(優然)'은 어렴풋하게 드러나는 모습을 뜻한다. '주환출호(周還出戶)'는 조사(朝事)[16]를 시행하는 때, 방문 밖으로 나와서 당상(堂上)에서 시동을 섬긴다는 뜻이다. '출호이청(出戶而聽)'은 제사가 끝나면 시동은 자리에서 일어나게 되어 주인이 방문 밖으로 나간다는 뜻이다. 『의례』「특생궤식례(特牲饋食禮)」편에서는 "주인은 방문 밖으로 나가서 서 있으며 서쪽을 바라본다. 축관은 동쪽을 바라보고, 봉양의 의식이 끝났음을 아뢰면, 시동이 자리에서 일어난다."[17]라고 했다. 그리고 『의례』「소뢰궤식례(少牢饋食禮)」편에서는 "주인이 밖으로 나가서 동쪽 계단 위에 서서 서쪽을 바라보고, 축관은 밖으로 나와서 서쪽 계단 위에 서서 봉양의 의식이 끝났다고 아뢴다. 축관이 들어가면 주인은 내려와서 동쪽 계단의 동쪽에 서서 서쪽을 바라보면, 시동이 자리에서 일어난다."[18]라고 했다. 따라서 제사가 끝나면 전송을 하게 된다. 그러므로 탄식의 소리가 들리는 것 같다. 무릇 자식은 조부와 부친에 대해

---

16) 조사(朝事)는 종묘(宗廟)에서 새벽에 지내는 제사를 가리킨다. 『예기』「제의(祭義)」편에는 "建設朝事, 燔燎羶薌."이라는 기록이 있고, 이에 대한 진호(陳澔)의 『집설(集說)』에서는 "朝事, 謂祭之日, 早朝而行之事也."라고 풀이했다.

17) 『의례』「특생궤식례(特牲饋食禮)」: 主人出, 立于戶外, 西面. 祝東面告, "利成." 尸謖. 祝前. 主人降. 祝反, 及主人入, 復位, 命佐食徹尸俎. 俎出于廟門. 徹庶羞, 設于西序下.

18) 『의례』「소뢰궤식례(少牢饋食禮)」: 主人出, 立于阼階上, 西面. 祝出, 立于西階上, 東面. 祝告曰, "利成." 祝入, 尸謖. 主人降, 立于阼階東, 西面. 祝先, 尸從, 遂出于廟門.

신령의 떠남을 전송하는 것을 슬픔으로 삼으니, 조부와 부친의 마음에도 반드시 떠남을 슬픔으로 여긴다. 그렇기 때문에 마땅히 탄식하는 소리가 있게 된다.

그림 3-1 ■ 두(豆)

※ **출처:** 상좌-『육경도(六經圖)』 6권; 상우-『삼례도(三禮圖)』 4권
    하좌-『삼례도집주(三禮圖集注)』 13권; 하우-『삼재도회(三才圖會)』「기용
    (器用)」 1권

그림 3-2   ■ 조(俎)

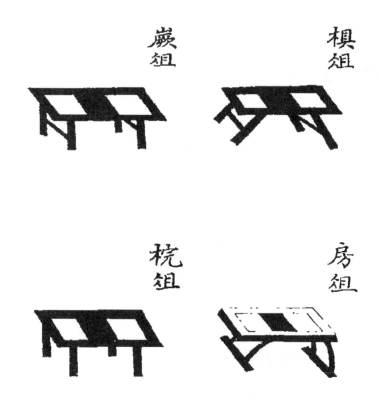

※ 출처: 『삼례도집주(三禮圖集注)』 13권

그림 3-3 ▣ 돈(敦)

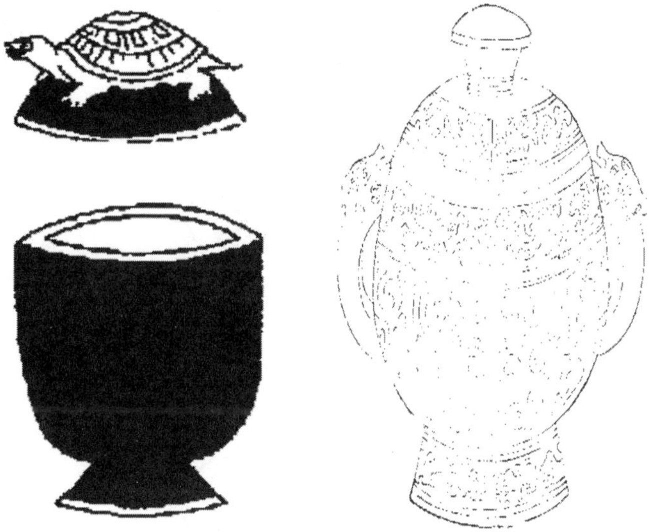

※ **출처**: 좌-『삼례도집주(三禮圖集注)』 13권
우-『삼재도회(三才圖會)』「기용(器用)」 1권

그림 3-4 ◼ 궤(几)

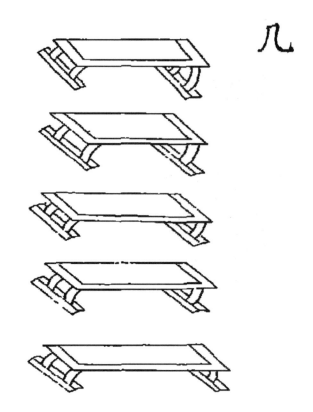

※ **출처**:『삼례도집주(三禮圖集注)』8권

그림 3-5 ■ 연(筵)

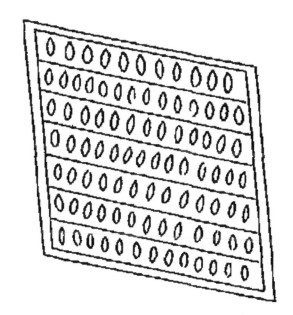

※ **출처**: 『삼례도집주(三禮圖集注)』 8권

• 제 **4**절 •

제사와 효(孝)

【554b~c】

是故先王之孝也, 色不忘乎目, 聲不絕乎耳, 心志嗜欲不忘乎心; 致愛則存, 致慤則著, 著存不忘乎心, 夫安得不敬乎? 君子生則敬養, 死則敬享, 思終身弗辱也.

직역 是故로 先王의 孝는 色을 目에서 不忘하고, 聲을 耳에서 不絶하며, 心志와 嗜欲을 心에서 不忘하니; 愛를 致하면 存하고, 慤을 致하면 著하여, 著存을 心에서 不忘한데, 夫히 安히 不敬을 得이리오? 君子는 生에는 敬히 養하고, 死에는 敬히 享하니, 終身토록 弗辱함을 思한다.

의역 이러한 까닭으로 선왕의 효라는 것은 부모의 얼굴이 눈에서 사라지지 않고, 부모의 음성이 귀에서 떠나지 않으며, 부모의 마음과 뜻 즐기고 바라는 것들을 마음에서 잊지 않는 것이다. 그러므로 친애하는 마음을 지극히 하면 이러한 것들이 보존되고, 정성을 다하면 부모의 모습과 소리가 드러나게 되니, 부모의 모습이 드러나고 부모에 대한 생각을 보존하여 마음에서 잊지 않고 있는데, 어떻게 공경스럽게 치르지 않을 수 있겠는가? 따라서 군자는 부모가 생존해 계실 때에는 공경스럽게 봉양하고, 부모가 돌아가시게 되면 공경스럽게 흠향을 드리니, 종신토록 부모를 욕되지 않게 함을 항상 염두에 두어야 한다.

集說 致愛, 極其愛親之心也. 致慤, 極其敬親之誠也. 存, 以上文三者不忘而言. 著, 以上文見乎其位以下三者而言. 不能敬, 則養與享, 祗以辱親而已.

번역 '치애(致愛)'는 부모를 친애하는 마음을 지극히 한다는 뜻이다. '치

각(致愨)'은 부모를 공경하는 정성을 지극히 한다는 뜻이다. '존(存)'은 앞에
나온 세 가지 사안에 대해서 잊지 않는다는 뜻으로 한 말이다. '저(著)'는
앞에서 "그 신위에 나타난다."라고 한 구문으로부터 그 이하의 세 사안을
기준으로 한 말이다. 공경하게 치를 수 없다면, 봉양과 흠향을 하더라도
그것은 단지 부모를 욕되게 하는 것일 뿐이다.

大全 嚴陵方氏曰: 色不忘乎目, 常若承顔之際也. 聲不絶乎耳, 常若聽命
之際也. 愛, 言追念之思, 愨, 言想見之誠. 致其愛矣, 親雖亡而猶存, 致其愨
矣, 神雖微而猶著. 孔子曰, 祭如在, 祭神如神在, 非謂是歟?

번역 엄릉방씨가 말하길, "부모의 안색이 눈에서 사라지지 않는다."는
말은 항상 부모를 뵐 때처럼 한다는 뜻이다. "부모의 음성이 귀에서 떠나지
않는다."는 말은 항상 부모의 명령을 받을 때처럼 한다는 뜻이다. '애(愛)'는
추념하는 생각을 말한다. '각(愨)'은 떠올리는 정성을 말한다. 친애함을 지
극히 한다면, 부모가 비록 돌아가셨더라도 여전히 생존해 계신 것과 같고,
정성을 지극히 한다면 신령이 비록 은미하더라도 여전히 눈앞에 드러나는
것과 같다. 공자는 "조상에게 제사를 지낼 때에는 신령이 계신 듯이 지내고,
신에게 제사를 지낼 때에는 신이 계신 듯이 지낸다."[1]라고 했는데, 바로
이러한 뜻을 말하는 것이 아니겠는가?

大全 慶源輔氏曰: 天地之性, 人爲貴, 人之行, 莫大於孝, 乃人之心也. 先
王能存其心, 故父母之容色, 自不忘於目, 父母之聲音, 自不絶於耳, 父母之心
志嗜欲, 自不忘乎心, 此固非勉强矯拂之所能然也, 亦致吾心之愛與敬而已,
故曰, 致愛則存, 致愨則著. 愛則心也, 故曰存, 愨則誠也, 故曰著. 存雖若存於
內, 著雖若著於外, 然誠不可以內外言, 故終之以著存不忘於心. 著存不忘乎
心, 則洋洋乎如在其上, 如在其左右, 不可度思, 矧可射思, 夫安得不敬乎? 又
曰: 一息不敬, 則絶于理, 絶于理, 則辱其親矣, 故生則敬養, 死則敬享, 是乃思

---

1) 『논어』「팔일(八佾)」: <u>祭如在, 祭神如神在</u>. 子曰, "吾不與祭, 如不祭."

終身弗辱也.

번역 경원보씨[2]가 말하길, 천지 사이의 생명체 중에서 사람이 가장 존귀하며, 사람의 행실 중에는 효보다 큰 것이 없으니, 이것은 곧 사람의 마음에 해당한다. 선왕은 그 마음을 보존시킬 수 있었기 때문에 부모의 모습이 저절로 눈앞에서 사라지지 않았고, 부모의 음성이 저절로 귀에서 떠나지 않았으며, 부모의 마음과 뜻 및 즐기고 바라는 것들이 저절로 마음에서 잊혀지지 않았으니, 이것은 진실로 억지로 할 수 있는 것이 아니며, 또한 내 마음에 있는 친애함과 공경함을 지극히 한 것일 뿐이다. 그렇기 때문에 "친애함을 다하면 보존되고 정성을 다하면 드러난다."고 하였다. 친애함은 마음에 해당한다. 그렇기 때문에 "보존한다[存]."고 하였다. 정성은 진실됨에 해당한다. 그렇기 때문에 "드러난다[著]."고 하였다. 보존하는 것은 비록 내적으로 보존하는 것처럼 보이고, 드러남은 비록 외적으로 드러나는 것처럼 보이지만, 진실로 내외를 구분하여 말할 수 없다. 그렇기 때문에 끝에서는 드러남과 보존됨을 마음에서 잊지 않는다고 결론을 맺었다. 드러남과 보존됨을 마음에서 잊지 않는다면, 충만하게 그 위에 있는 듯하고 그 좌우에 있는 듯하며, 도래함을 헤아릴 수 없는데 하물며 꺼려할 수 있겠느냐고 했는데,[3] 어찌 공경스럽게 하지 않을 수 있겠는가? 또 말하길, 잠시라도 공경스럽게 하지 않는다면 이치가 끊어지고, 이치가 끊어지면 부모를 욕보이게 된다. 그렇기 때문에 부모가 생존해 계실 때에는 공경스럽게 봉양하고, 부모가 돌아가시게 되면 공경스럽게 흠향을 드리니, 이것이 곧 종신토록 부모를 욕되게 하지 않음을 생각하는 것이다.

鄭注 存・著則謂其思念也. 享, 猶祭也, 饗也.

---

2) 경원보씨(慶源輔氏, ?~?) : =보광(輔廣)・보한경(輔漢卿). 남송(南宋) 때의 학자이다. 자(字)는 한경(漢卿)이고, 호(號)는 잠암(潛庵)・전이(傳貽)이다. 여조겸(呂祖謙)과 주자(朱子)에게서 학문을 배웠다. 저서로는『사서찬소(四書纂疏)』,『육경집해(六經集解)』등이 있다.

3)『중용』「16장」: 使天下之人齊明盛服以承祭祀, <u>洋洋乎如在其上, 如在其左右</u>. 詩曰, "<u>神之格思</u>, <u>不可度思, 矧可射思</u>." 夫微之顯誠之不可揜如此夫.

번역 존재함과 드러남은 곧 부모에 대해 그리워하고 생각함을 뜻한다. '향(享)'자는 "제사를 지낸다[祭]."는 뜻이며, "흠향을 드린다[饗]."는 뜻이다.

釋文 愨, 苦角反. 養, 羊尙反. 鄕也, 許亮反, 下文"鄕也" · "鄕之" · 注"鄕" 並同.

번역 '愨'자는 '苦(고)'자와 '角(각)'자의 반절음이다. '養'자는 '羊(양)'자와 '尙(상)'자의 반절음이다. '鄕也'에서의 '鄕'자는 '許(허)'자와 '亮(량)'자의 반절음이며, 아래문장의 '鄕也'과 '鄕之'에서의 '鄕'자와 정현의 주에 나오는 '鄕'자도 모두 그 음이 이와 같다.

孔疏 ●"是故"至"敬乎". ○正義曰: 此一經覆說孝子祭時念親之事.

번역 ●經文: "是故"~"敬乎". ○이곳 경문은 자식이 제사를 지낼 때 부모를 그리워한다는 사안을 재차 풀이하였다.

孔疏 ●"致愛則存"者, 謂孝子致極愛親之心, 則若親之存, 以嗜欲不忘於親故也.

번역 ●經文: "致愛則存". ○자식이 부모를 친애하는 마음을 지극히 나타낸다면, 마치 부모가 생존해 계신 것과 같으니, 부모가 즐기고 바라는 것들을 통해 부모에 대한 생각을 잊지 않기 때문이다.

孔疏 ●"致愨則著"者, 謂孝子致其端愨敬親之心, 則若親之顯著, 以色不忘於目 · 聲不忘於耳故也.

번역 ●經文: "致愨則著". ○자식이 부모에 대해 정성스럽고 공경하는 마음을 지극히 한다면, 마치 부모의 모습이 나타나는 것처럼 된다는 뜻으로, 부모의 안색이 눈에서 사라지지 않고, 부모의 음성이 귀에서 떠나지 않기 때문이다.

孔疏 ●"著·存不忘乎心"者, 言如親之存在, 恒想見之, 不忘於心. 旣思念如此, 何得不敬乎!

번역 ●經文: "著·存不忘乎心". ○마치 부모가 생존해 계신 것과 같아서 항상 떠올리며 살펴서 마음에서 잊지 않는다는 뜻이다. 이미 부모를 그리워하는 마음이 이와 같은데, 어떻게 공경스럽지 않게 할 수 있겠는가!

訓纂 說文: 亯, 獻也. 從高省, 曰, 象進孰物形. 孝經曰, "祭則鬼享之."

번역 『설문』에서 말하길, '향(亯)'자는 "바친다[獻]."는 뜻이다. '고(高)'자의 생략된 형태를 따르고, '왈(曰)'자는 익힌 음식을 바치는 모습을 형상한다. 『효경』에서는 "제사를 지내면 귀신이 되어 흠향한다."[4]라고 했다.

訓纂 方性夫曰: 生事之以禮, 所謂敬養也. 死祭之以禮, 所謂敬享也. 然猶未也. 父母旣沒, 愼行其身, 不遺父母惡名, 可謂能終矣, 故曰"思終身弗辱也". 然則終身者, 非終父母之身, 終其身也.

번역 방성부가 말하길, 생존해 계실 때 예(禮)에 따라 섬기는 것이 '경양(敬養)'이다. 돌아가셨을 때 예에 따라 제사를 지내는 것이 '경향(敬享)'이다.[5] 그러나 여전히 미진하다. 부모가 돌아가셨더라도, 자신의 몸가짐을 신중히 하여 부모에게 오명을 끼치지 않아야만 잘 끝마쳤다고 할 수 있다. 그렇기 때문에 "종신토록 욕되게 하지 않음을 생각한다."라고 말한 것이다. 그러므로 '종신(終身)'이라는 말은 부모가 돌아가실 때까지를 뜻하는 말이 아니며, 본인이 죽을 때까지를 뜻한다.

集解 愚謂: 先王事死如生, 事亡如存, 故其耳目之所接, 心之所念, 無時不

---

4) 『효경』「효치장(孝治章)」: 夫然, 故生則親安之, 祭則鬼享之.
5) 『논어』「위정(爲政)」: 孟懿子問孝. 子曰, "無違." 樊遲御, 子告之曰, "孟孫問孝於我, 我對曰, 無違." 樊遲曰, "何謂也?" 子曰, "生事之以禮, 死葬之以禮, 祭之以禮."

在於親, 非特祭祀之時而已也. 致其愛親之心, 則雖亡如存; 致其誠慤之意, 則雖幽而著. 著・存不忘乎心者, 言其愛・慤無時而或怠也. 如此, 則安得有斯須之不敬者乎? 思終身弗辱者, 敬養・敬享之心無時而或忘, 而思以守其身者孝其親也.

번역 내가 생각하기에, 선왕은 돌아가신 부모를 섬길 때 생존해 계실 때 섬기던 것처럼 하고, 이미 돌아가시고 없는 부모를 섬기며 생존해 계실 때처럼 하였다. 그렇기 때문에 귀와 눈이 항상 부모의 소리와 모습을 접하게 되고, 마음으로 떠올리는 것에 있어서도 부모에 대한 것이 아닌 때가 없으니, 단지 제사를 지낼 때일 뿐만이 아니다. 부모를 친애하는 마음을 지극히 한다면 비록 부모가 돌아가셨더라도 여전히 생존해 계실 때처럼 되고, 정성스러운 뜻을 지극히 한다면 비록 그윽한 저 세상에 계시지만 밝은 인간 세상에 나타나게 된다. 나타나고 생존해 계신다는 것을 마음에서 잊지 않는다는 말은 친애함과 정성됨에 있어서 잠시라도 태만하게 구는 때가 없다는 뜻이다. 이처럼 한다면 어떻게 잠시라도 공경스럽지 못하게 행동할 수 있겠는가? "종신토록 욕되게 하지 않음을 생각한다."라고 했는데, 공경스럽게 봉양하고 공경스럽게 흠향을 시키는 마음을 잠시라도 잊는 경우가 없고, 자신의 몸가짐을 단속하고 부모에게 효도를 한다는 것을 항상 생각한다는 뜻이다.

• 제5절 •

부모의 기일(忌日)과 자식의 마음

【554d】

> 君子有終身之喪, 忌日之謂也. 忌日不用, 非不祥也, 言夫日
> 志有所至, 而不敢盡其私也.

직역 君子는 身을 終하는 喪이 有하니, 忌日을 謂한다. 忌日에는 不用하니, 不祥이 非이며, 夫日에는 志에 至한 所가 有하여, 그 私를 盡함을 不敢함을 言한다.

의역 군자에게는 자신의 생이 끝날 때까지 치르는 상사가 있으니, 바로 부모의 기일(忌日)을 뜻한다. 부모의 기일에는 다른 일을 하지 않는데, 그것은 부모가 돌아가신 날을 상서롭지 않다고 여겨서가 아니며, 그 날에는 마음이 부모에 대한 생각으로 가득하여, 감히 사적인 일에 마음을 쏟을 수 없기 때문이다.

集說 忌日, 親之死日也. 不用, 不以此日爲他事也. 非不祥, 言非以死爲不祥而避之也. 夫日, 猶此日也. 志有所至者, 此心極於念親也. 不敢盡其私, 此私字, 如不有私財之私, 言不敢盡心於己之私事也.

번역 '기일(忌日)'은 부모가 돌아가신 날을 뜻한다. '불용(不用)'은 이러한 날에 다른 일을 하지 않는다는 뜻이다. '비불상(非不祥)'은 돌아가신 것이 상서롭지 못하다고 여겨 피한다는 뜻이 아니라는 의미이다. '부일(夫日)'은 '이러한 날[此日]'이라는 뜻이다. 뜻에 지극한 바가 있다는 것은 그 마음은 부모를 그리워하는데 지극하다는 뜻이다. "감히 사적인 것을 다하지 않는다."라고 했는데, 이때의 '사(私)'자는 "사사롭게 재물을 축적하지 않는다."[1]라고 할 때의 '사(私)'자와 같으니, 감히 자기 개인적인 일에 마음을 다할 수 없다는 뜻이다.

鄭注 忌日, 親亡之日. 忌日者, 不用擧他事, 如有時日之禁也. 祥, 善也. 志有所至, 至於親以此日亡, 其哀心如喪時.

번역 '기일(忌日)'은 부모가 돌아가신 날을 뜻한다. 기일에는 다른 일을 시행하지 않으니, 마치 시간과 날짜에 대한 금령이 있는 것처럼 한다. '상(祥)'자는 "좋다[善]."는 뜻이다. '지유소지(志有所至)'는 그 날에 돌아가셨기 때문에 부모에 대한 마음을 지극히 하니, 그때의 애통한 마음은 부모가 돌아가셨을 때와 같다.

釋文 言夫日, 音扶, 本或作言夫忌日.

번역 '言夫日'에서의 '夫'자는 그 음이 '扶(부)'이며, 판본에 따라서는 또한 '言夫忌日'이라고도 기록한다.

孔疏 ●"君子"至"私也". ○正義曰: 此一節明孝子終身念親不忘之事.

번역 ●經文: "君子"~"私也". ○이곳 경문은 자식이 평생토록 부모를 그리워하며 잊지 않는다는 사안을 나타내고 있다.

孔疏 ●"忌日不用, 非不祥也"者, 謂忌日不用擧作他事者, 何? 非謂此日不善, 別有禁忌, 不擧事也.

번역 ●經文: "忌日不用, 非不祥也". ○기일(忌日)에 다른 일을 하지 않는다는 뜻인데, 어째서인가? 그 날이 좋지 않기 때문이라는 뜻이 아니며, 별도로 금기를 두어서 다른 일을 시행하지 않는 것이다.

---

1) 『예기』「곡례상(曲禮上)」 【16a】 : 父母存, 不許友以死, 不有私財.

孔疏 ●"言夫日志有所至, 而不敢盡其私也"者, 所以不擧者, 言夫忌日, 謂
孝子志意有所至, 極思念親, 不敢盡其私情而營他事, 故不擧也.

번역 ●經文: "言夫日志有所至, 而不敢盡其私也". ○다른 일을 시행하
지 않는다고 했는데, 이것은 기일(忌日)에는 자식의 마음에 지극히 하는
점이 있어서 부모에 대한 생각을 지극히 하니, 사적인 정감을 다하여 감히
다른 일을 시행할 수 없다는 뜻이다. 그렇기 때문에 시행하지 않는다.

集解 愚謂: 旣言君子有終身之敬, 又言君子有終身之哀. 忌日, 親之死日,
不用, 不以爲他事也. 夫日, 此日也. 志有所至, 言志極於念親也. 不敢盡其私,
不敢盡其心於私事也.

번역 내가 생각하기에, 이미 군자에게는 종신토록 공경함이 있어야 한
다고 했는데, 재차 군자에게는 종신토록 지녀야 하는 슬픔이 있다고 했다.
'기일(忌日)'은 부모가 돌아가신 날이다. '불용(不用)'은 다른 일을 하지 않
는다는 뜻이다. '부일(夫日)'은 '이러한 날[此日]'이라는 뜻이다. 뜻에 지극
한 점이 있다는 말은 그 뜻이 부모를 그리워하는데 지극하다는 의미이다.
감히 사적인 것을 다하지 않는다는 말은 그 마음을 감히 사적인 일에 다하
지 않는다는 뜻이다.

제사와 흠향

【555a】

唯聖人爲能饗帝, 孝子爲能饗親. 饗者, 鄕也, 鄕之然後能饗焉. 是故孝子臨尸而不怍. 君牽牲, 夫人奠盎; 君獻尸, 夫人薦豆; 卿大夫相君, 命婦相夫人. 齊齊乎其敬也, 愉愉乎其忠也, 勿勿諸其欲其饗之也.

직역 唯히 聖人만이 能히 帝를 饗함을 爲하고, 孝子만이 能히 親을 饗함을 爲한다. 饗者는 鄕이니, 鄕한 然後에야 能히 饗한다. 是故로 孝子는 尸에 臨해서도 不怍한다. 君은 牲을 牽하고, 夫人은 盎을 奠하며; 君은 尸에게 獻하고, 夫人은 豆를 獻하며; 卿과 大夫는 君을 相하고, 命婦는 夫人을 相한다. 齊齊乎히 그 敬함이며, 愉愉乎히 그 忠함이며, 勿勿諸히 그 饗함을 欲함이다.

의역 오직 성인만이 상제(上帝)에게 제사를 지내 흠향을 드릴 수 있고, 효자만이 부모에게 제사를 지내 흠향을 드릴 수 있다. 이러한 까닭으로 자식은 시동을 대하고도 꺼려하지 않는다. 군주는 직접 희생물을 끌고 오고 군주의 부인은 술동이를 설치한다. 군주가 시동에게 술잔을 바치고 부인은 두(豆)에 음식을 담아 바친다. 경과 대부는 군주를 돕고, 경과 대부의 부인들은 군주의 부인을 돕는다. 정숙하구나 공경함이여, 화락하고 온순하구나 진실됨이여, 간절하게 흠향하시길 바라는구나.

集說 臨尸不怍, 則其鄕親之心, 致愛致慤可知矣. 奠盎, 設盎齊之奠也. 齊齊, 整肅之貌. 愉愉其忠, 有和順之實也. 勿勿, 猶切切也. 諸, 語辭, 猶然也.

번역 시동을 대하고도 거리낌이 없다면 부모를 향한 마음이 친애함을 지극히 하고 정성을 지극히 한다는 사실을 알 수 있다. '전앙(奠盎)'은 앙제(盎齊)[1] 등을 담은 술동이를 진설한다는 뜻이다. '제제(齊齊)'는 정숙한 모습을 뜻한다. '유유기충(愉愉其忠)'은 화락하고 온순한 진실됨이 있다는 뜻이다. '물물(勿勿)'은 간절함[切切]을 뜻한다. '저(諸)'자는 어조사이니, '연(然)'자와 같다.

大全 石林葉氏曰: 聖人具天道, 其德同乎帝, 故饗帝, 帝必有天也. 孝子具人道, 其仁篤於親, 故饗親, 親必有祖也. 推其祖以配天, 推其親以配上帝, 亦孝子之事. 離而言之則異, 故曰聖人之德, 無以加於孝乎? 志之所鄉, 然後能饗, 故聖人推其尊尊之義以向乎天, 孝子推其親親之仁以向乎親.

번역 석림섭씨[2]가 말하길, 성인은 천도를 갖추고 있고 그의 덕은 상제와 동일하기 때문에 상제에게 흠향을 드리니, 상제에는 반드시 하늘이 포함된다. 효자는 인도를 갖추고 있고 그의 인함은 부모에게 독실하기 때문에 부모에게 흠향을 드리니, 부모에는 반드시 조상이 포함된다. 조상을 추존하여 하늘에 배향하고 부모를 추존하여 상제에게 배향하는 일 또한 자식이 해야 할 일이다. 구분하여 말을 한다면 차이를 보인다. 그렇기 때문에 "성인의 덕 중에는 효보다 나은 것이 없습니까?"[3]라고 말한 것이다. 뜻이 향하게 된 이후에야 흠향을 드릴 수 있기 때문에, 성인은 존귀한 자를 존귀하게 여기는 의(義)를 미루어서 하늘을 지향하고, 효자는 친근한 자를 친근하게 대하는 인(仁)을 미루어서 부모를 지향한다.

---

1) 앙제(盎齊)는 오제(五齊) 중 하나이다. '오제'는 술의 맑고 탁한 정도에 따라서 다섯 가지 등급으로 분류한 술로, 주로 제사 때 사용한다. '앙제'는 오제 중에서도 중간에 해당하는 술로, '앙제'부터 맑은 술이 된다. '앙제'는 술이 익고 나서 새파란 빛깔을 보이는 것으로 찬백(酇白)과 같은 술이다.

2) 석림섭씨(石林葉氏, ?~A.D.1148) : =섭몽득(葉夢得)・섭소온(葉少蘊). 남송(南宋) 때의 유학자이다. 자(字)는 소온(少蘊)이고, 호(號)는 몽득(夢得)이다. 박학다식했다고 전해지며, 『춘추(春秋)』에 대한 조예가 깊었다.

3) 『효경』「성치장(聖治章)」 : 曾子曰, 敢問聖人之德, 無以加於孝乎?

大全 江陵項氏曰: 以人而交於神, 非惻怛純至與之俱化者, 不能達也, 故曰, 唯聖人爲能享帝, 孝子爲能饗親. 仁人之心與天地爲一體, 孝子之心與父母爲一人.

번역 강릉항씨4)가 말하길, 사람이면서 신과 교감하니 슬퍼함이 순일하여 그와 함께 감화되지 않는 자라면 도달할 수 없다. 그렇기 때문에 "오직 성인만이 상제에게 흠향을 드릴 수 있고, 효자만이 부모에게 흠향을 드릴 수 있다."라고 했다. 인(仁)한 자의 마음은 천지와 일체이고, 효자의 마음은 부모와 일체이다.

鄭注 謂祭之能使之饗也. 帝, 天也. 言中心鄉之, 乃能使其祭見饗也. 上饗, 或爲相. 色不和曰怍. 奠盎, 設盎齊之奠也. 此時君牽牲, 將薦毛血. 君獻尸而夫人薦豆, 謂繹日也. 儐尸, 主人獻尸, 主婦自東房薦韭·菹·醓. 勿勿, 猶勉勉也, 慇愛之貌.

번역 제사를 지내서 그 대상으로 하여금 흠향을 시킬 수 있다는 뜻이다. '제(帝)'는 하늘을 뜻한다. 한결같은 마음이 그 대상을 향하게 된다면 제사를 지내며 흠향을 시킬 수 있다는 뜻이다. '향자향야(饗者鄉也)'에서의 '향(饗)'자를 다른 판본에서는 '상(相)'자로 기록하기도 한다. 얼굴빛이 온화하지 않은 것을 '작(怍)'이라고 부른다. '전앙(奠盎)'은 앙제(盎齊) 등을 담은 술동이를 진설한다는 뜻이다. 이 시기에 군주는 희생물을 끌고 와서 희생물의 털과 피를 바치게 된다. 군주는 시동에게 술을 따라서 바치고 군주의 부인은 두(豆)에 음식을 담아 바치니, 역제(繹祭)5)를 지내는 날을 뜻한다.

---

4) 강릉항씨(江陵項氏, A.D.1129~A.D.1208) : =항씨(項氏)·항안세(項安世)·항평보(項平父)·항평보(項平甫). 남송(南宋) 때의 학자이다. 자(字)는 평보(平甫)이다. 세간에서는 평암선생(平菴先生)이라고도 칭해졌다. 『역(易)』에 조예가 깊었다. 저서로는 『주역완사(周易玩辭)』, 『항씨가설(項氏家說)』 등이 있다.

5) 역제(繹祭)는 일종의 제례 의식 중 하나이다. 정규 제사를 지낸 다음날 지내는 제사이다.

시동을 인도하면 주인은 시동에게 술을 따라서 바치고, 주부는 동쪽 방으로부터 부추·절임·육장 등을 바친다. '물물(勿勿)'은 열심히 노력한다는 뜻이니, 정성스럽고 친애하는 모습을 의미한다.

釋文 相, 息亮反, 下文同. 咋, 才各反. 盎, 烏浪反. 齊齊, 如字, 舊子禮反. 愉, 羊朱反. 盎齊, 才細反. 繹音亦. 儐音賓.

번역 '相'자는 '息(식)'자와 '亮(량)'자의 반절음이며, 아래문장에 나오는 글자도 그 음이 이와 같다. '咋'자는 '才(재)'자와 '各(각)'자의 반절음이다. '盎'자는 '烏(오)'자와 '浪(랑)'자의 반절음이다. '齊齊'는 글자대로 읽는데, 구음(舊音)은 '子(자)'자와 '禮(례)'자의 반절음이다. '愉'자는 '羊(양)'자와 '朱(주)'자의 반절음이다. '盎齊'에서의 '齊'자는 '才(재)'자와 '細(세)'자의 반절음이다. '繹'자의 음은 '亦(역)'이다. '儐'자의 음은 '賓(빈)'이다.

孔疏 ●"唯聖"至"之也". ○正義曰: 此一節明孝子祭祀欲親歆饗之意.

번역 ●經文: "唯聖"~"之也". ○이곳 문단은 자식이 제사를 치르며 부모를 흠향시키고자 하는 뜻을 나타내고 있다.

孔疏 ●"唯聖人爲能饗帝"者, 以饗帝爲難, 故聖人能之. 饗親不易, 故孝子能之. 欲饗親與饗帝同, 故以饗帝比饗親, 言饗親難也. 此本爲饗親而發, 故下文專論饗親之事.

번역 ●經文: "唯聖人爲能饗帝". ○상제에게 흠향을 시키는 일은 어렵다. 그렇기 때문에 성인만이 할 수 있다. 부모에게 흠향을 시키는 일도 쉽지 않다. 그렇기 때문에 효자만이 할 수 있다. 부모를 흠향시키고 상제를 흠향시키고자 하는 것은 동일하다. 그렇기 때문에 상제를 흠향시키는 것으로 부모를 흠향시키는 것을 비교하였으니, 부모를 흠향시키는 일이 어렵다는 사실을 뜻한다. 이곳 기록은 본래 부모를 흠향시킨다는 뜻을 위해 기록한 것이다. 그렇기 때문에 아래문장에서는 전적으로 부모를 흠향시키는 사안에 대해서만 논의하였다.

孔疏 ●"饗者, 鄕也"者, 言神之所以饗者, 由孝子之所歸鄕也, 鄕之故然後能使神靈歆饗焉.

번역 ●經文: "饗者, 鄕也". ○신이 흠향하는 것은 자식의 지향하는 마음에서 비롯된다. 따라서 마음이 지향을 하기 때문에, 그 뒤에야 신령이 흠향을 하도록 만들 수 있다.

孔疏 ●"是故孝子臨尸而不怍"者, 怍, 謂顔色不和悅. 以祭祀須饗尸, 故孝子臨對尸前, 不得顔色不和.

번역 ●經文: "是故孝子臨尸而不怍". ○'작(怍)'자는 안색이 온화하거나 기뻐하는 기색이 나타나지 않는다는 뜻이다. 제사를 지낼 때에는 시동을 향하게 된다. 그렇기 때문에 자식이 그 제사에 임하여 시동 앞에서 마주하게 되면, 안색을 온화하게 짓지 않을 수 없다.

孔疏 ●"君牽牲, 夫人奠盎"者, 熊氏云: "此謂繹祭. 君當牽牲之時, 夫人奠設盎齊之奠."

번역 ●經文: "君牽牲, 夫人奠盎". ○웅안생은 "이것은 역제(繹祭)에 대한 내용이다. 군주가 희생물을 끌고 와야 할 때, 군주의 부인은 앙제(盎齊)를 담은 술동이를 진설한다."라고 했다.

孔疏 ●"君獻尸, 夫人薦豆"者, 繹祭, 故先獻後薦.

번역 ●經文: "君獻尸, 夫人薦豆". ○역제(繹祭)를 치르기 때문에 먼저 술을 따라서 바치고 이후에 음식을 바치는 것이다.

孔疏 ●"齊齊乎其敬也"者, 卿大夫相君, 命婦相夫人, 皆齊齊乎其恭敬. 齊齊, 謂整齊之貌, 故玉藻云"廟中齊齊".

[번역] ●經文: "齊齊乎其敬也". ○경과 대부는 군주를 돕고 경과 대부의 부인들은 군주의 부인을 도우니, 모든 사람들이 엄숙하고 단정하게 공경함을 나타낸다. '제제(齊齊)'는 엄숙하고 단정한 모습을 뜻한다. 그렇기 때문에 『예기』「옥조(玉藻)」편에서는 "묘(廟) 안에서는 엄숙하고 단정해야 한다."6)라고 했다.

[孔疏] ●"愉愉乎其忠也"者, 愉愉, 和悅之貌, 忠, 謂忠心, 言孝子顏色愉愉然和悅盡忠心.

[번역] ●經文: "愉愉乎其忠也". ○'유유(愉愉)'는 온화하고 기뻐하는 모습이며, '충(忠)'은 한결같은 마음을 뜻하니, 자식의 안색이 온화하고 기뻐하며 한결같은 마음을 다한다는 의미이다.

[孔疏] ●"勿勿諸其欲其饗之也"者, 勿勿, 猶勉勉也. 言孝子之心與貌勉勉然, 欲得親之歆饗也. 其, 皆語助.

[번역] ●經文: "勿勿諸其欲其饗之也". ○'물물(勿勿)'은 열심히 노력한다는 뜻이다. 즉 자식의 마음과 행동이 열심히 노력하여 부모가 흠향하게끔 할 수 있다는 의미이다. '기(其)'자는 모두 어조사이다.

[孔疏] ◎注"色不"至"之貌". ○正義曰: 按曲禮云"容毋怍", 怍謂顏色變, 卽不和之意. 云"奠盎, 設盎齊之奠也"者, 此謂繹祭, 故牽牲之時, 夫人預設盎齊之尊. 假令正祭牽牲時, 夫人設奠盎之尊, 至君親制祭, 夫人酌盎齊以獻尸, 義無妨也. 皇氏怪此奠盎在牽牲之時, 於事大早, 以奠盎爲洗牲. 勘諸經傳, 無洗牲以酒之文. 皇氏文無所據, 其義非也. 云"謂繹日也"者, 以其先云"君獻尸", 後云"夫人薦豆", 故知繹日也. 云"儐尸, 主人獻尸, 主婦自東房薦韭·菹·醢"

---

6) 『예기』「옥조(玉藻)」【394c】: <u>廟中齊齊</u>, 朝廷濟濟翔翔.

者, 此是有司徹文. 引之者, 證儐尸之時, 先獻後薦, 上大夫儐尸, 卽天子 · 諸侯之繹也.

번역 ◎鄭注: "色不"~"之貌". ○『예기』「곡례(曲禮)」편을 살펴보면, "행동거지는 온화하지 않음이 없도록 해라."[7]라고 했으니, '작(怍)'자는 안색이 변한다는 의미로, 곧 온화하지 않다는 뜻이다. 정현이 "'전앙(奠盎)'은 앙제(盎齊) 등을 담은 술동이를 진설한다는 뜻이다."라고 했는데, 여기에서 말한 상황은 역제(繹祭)를 치르는 때이다. 그렇기 때문에 희생물을 끌고 올 때, 군주의 부인은 미리 앙제를 담은 술동이를 진설한다. 가령 정규 제사에서 희생물을 끌고 오는 때라면, 군주의 부인은 앙제를 담은 술동이를 진설하는데, 군주가 직접 제제(制祭)[8]를 할 때, 부인은 앙제를 따라서 시동에게 바치니, 이처럼 보아도 의미상 무방하다. 황간은 이곳에서 앙제의 술동이를 진설한다고 한 것이 희생물을 끌고 오는 때에 기록된 것을 괴이하게 여겼고, 그 사안을 시행하는 때가 너무 이르므로, 앙제를 통해서 희생물을 씻는다고 여겼다. 그러나 경문과 전문들을 살펴보니 술을 이용해서 희생물을 씻는다는 기록이 없다. 따라서 황간의 기록은 근거가 없는 말이므로 그 주장은 잘못되었다. 정현이 "역제를 지내는 날을 뜻한다."라고 했는데, 먼저 "군주가 시동에게 술을 따라서 바친다."라고 했고, 그 이후에 "부인이 두(豆)에 음식을 담아서 바친다."라고 했다. 그렇기 때문에 역제를 치르는 날임을 알 수 있다. 정현이 "시동을 인도하면 주인은 시동에게 술을 따라서 바치고, 주부는 동쪽 방으로부터 부추 · 절임 · 육장 등을 바친다."라고 했는데, 이것은 『의례』「유사철(有司徹)」편의 문장이다.[9] 정현이 이 문장을 인

---

7) 『예기』「곡례상(曲禮上)」, 【20c】: 將卽席, <u>容毋怍</u>. 兩手摳衣去齊尺. 衣毋撥, 足毋蹶.

8) 제제(制祭)는 울창주로 희생물의 간장을 씻어서 굽고, 이것을 신주 앞에서 손질을 하는 등의 절차를 뜻한다. 『예기』「예운(禮運)」편에는 "故玄酒在室, 醴醆在戶, 粢醍在堂, 澄酒在下, 陳其犧牲, 備其鼎俎, 列其琴瑟管磬鐘鼓, 脩其祝嘏, 以降上神與其先祖, 以正君臣, 以篤父子, 以睦兄弟, 以齊上下, 夫婦有所, 是謂承天之祜."라는 기록이 있는데, 이에 대한 공영달(孔穎達)의 소(疏)에서는 "王乃洗肝於鬱鬯而燔之, 以制於主前, 所謂制祭."라고 풀이했다.

9) 『의례』「유사철(有司徹)」 : 主人坐取爵, 酌獻尸. 尸北面拜受爵. 主人東楹東,

용한 것은 시동을 인도할 때, 우선적으로 술을 따르고 그 이후에 음식을 바친다는 사실을 증명하기 위해서인데, 상대부가 시동을 인도한다면, 천자와 제후가 지내는 역제에 해당한다.

集解 馬氏晞孟曰: 饗帝·饗親, 致其誠而已. 蓋德不足以與之對, 則亦非鄕之之盡也. 聖人盡天道者也, 孝子盡人道者也.

번역 마희맹이 말하길, 상제에게 흠향을 드리고 부모에게 흠향을 드리는 것은 진실됨을 지극히 할 따름이다. 무릇 제사를 지내는 자의 덕이 그 대상을 상대하기에 부족하다면, 이것은 또한 그에 대한 지향을 다함이 아니다. 성인은 천도를 모조리 발휘하는 자이고, 효자는 인도를 모조리 발휘하는 자이다.

集解 愚謂: 色不和而有所變動曰作. 臨尸而不作者, 惟其誠於鄕之而已. 祭祀之禮, 主人·主婦獻尸, 尸皆親受之, 不奠也. 奠當作"薦", 禮器曰, "君親牽牲, 大夫贊幣而從, 君制祭, 夫人薦盎", 是也. 注疏以此所言爲繹祭, 又以奠盎爲設盎齊之尊, 蓋亦以"奠盎"之文爲疑, 而欲曲通之, 然其說益無據矣. 祭禮先薦豆, 次君獻尸, 次夫人獻尸. 此於三事乃逆陳之者, 蓋於君·夫人各以一事相對言之, 故不以先後爲序也. 齊齊乎其敬者, 言其敬容之齊一也. 愉愉乎其忠者, 言其和順之發於誠也. 勿勿者, 勸勉之意, 詩"黽勉從事", 劉向引之, 作"密勿從事", 是也. 勿勿諸其欲其饗之者, 言其欲神之饗之, 勉勉而不敢懈也.

번역 내가 생각하기에, 얼굴이 온화하지 못하고 급작스럽게 변화됨이 나타나는 것을 '작(作)'이라고 부른다. 시동을 대하며 작(作)을 하지 않는다는 것은 오직 그를 향할 때 진실됨을 다할 따름이라는 뜻이다. 제사를 지내는 예법에서는 주인과 주부가 시동에게 술을 따라서 바치고, 시동은 둘 모두에 대해서 직접 그 술잔을 받으며 밑에 내려놓지 않는다. '전(奠)'자는 마땅히 '천(薦)'자가 되어야 하니, 『예기』「예기(禮器)」편에서는 "군주는 직

北面拜送爵. 主婦自東房薦韭菹·醢, 坐奠于筵前, 菹在西方.

접 희생물을 이끌고 묘문(廟門) 안으로 들어오고, 대부(大夫)는 군주를 보좌하여 폐물을 들고서 뒤따른다. 그리고 군주는 직접 희생물의 간(肝)을 도려내서 그것으로 제사를 지내고, 부인(夫人)은 앙제(盎齊)를 술잔에 따라서 바친다.")10)라고 했다. 정현의 주와 공영달의 소에서는 이곳에서 언급한 내용이 역제(繹祭)에 해당한다고 했고, 또 '전앙(奠盎)'을 앙제를 담은 술동이를 진설한다고 했는데, 아마도 여기에서 '전앙(奠盎)'이라고 한 문장이 의문스러웠지만, 뜻을 억지로라도 통하게 하고자 했기 때문에 이처럼 풀이한 것이다. 그러나 그 주장에는 아무런 근거가 없다. 제례에서는 먼저 두(豆)에 음식을 담아서 바치고, 그 다음에는 군주가 시동에게 술을 따라서 바치며, 그 다음에는 부인이 시동에게 술을 따라서 바친다. 이곳에서 이 세 사안에 대해 거꾸로 기술한 것은 아마도 군주와 부인에 대해 각각 한 가지 사안을 통해 상대적으로 표현했기 때문이다. 그래서 선후의 순서로 기술하지 않았다. '제제호기경(齊齊乎其敬)'은 공경스러운 행동거지가 단정하고 가지런하다는 뜻이다. '유유호기충(愉愉乎其忠)'은 온화함과 순종함이 정성스러운 마음에서 나타난다는 뜻이다. '물물(勿勿)'은 열심히 노력한다는 뜻이니, 『시』에서는 "억지로 힘을 써서 일에 종사한다."11)라고 했는데, 유향12)은 이 문장을 인용하며 '밀물종사(密勿從事)'라고 기록한 것이 그 증거이다. '물물저기욕기향지(勿勿諸其欲其饗之)'라는 말은 신이 흠향하기를 바라여, 열심히 노력하며 감히 게을리 하지 않는다는 뜻이다.

---

10) 『예기』「예기(禮器)」【312d】：大廟之內敬矣, <u>君親牽牲, 大夫贊幣而從; 君親制祭, 夫人薦盎</u>; 君親割牲, 夫人薦酒.

11) 『시』「소아(小雅)·십월지교(十月之交)」：<u>黽勉從事</u>, 不敢告勞. 無罪無辜, 讒口囂囂. 下民之孽, 匪降自天. 噂沓背憎, 職競由人.

12) 유향(劉向, B.C77~A.D.6) : 전한(前漢) 때의 학자이다. 자(字)는 자정(子政)이다. 유흠(劉歆)의 부친이다. 비서성(秘書省)에서 고서들을 정리하였다. 저서로는 『설원(說苑)』·『신서(新序)』·『열녀전(列女傳)』·『별록(別錄)』 등이 있다.

문왕(文王)이 지낸 제사의 일화

【555b~c】

文王之祭也, 事死者如事生, 思死者如不欲生, 忌日必哀, 稱
諱如見親, 祀之忠也. 如見親之所愛, 如欲色然, 其文王與.
詩云, "明發不寐, 有懷二人." 文王之詩也. 祭之明日, 明發
不寐, 饗而致之, 又從而思之. 祭之日, 樂與哀半, 饗之必樂,
已至必哀.

직역 文王이 祭함에는 死者를 事함에 生을 事함과 如하고, 死者를 思하여 生을
不欲함과 如하며, 忌日에는 必히 哀하여, 諱를 稱함에 親을 見함과 如하니, 祀의
忠함이라. 親이 愛한 所를 見함과 如하며, 色을 欲함과 然히 如함은 그 文王일 것이
다. 詩에서는 云, "明發토록 不寐하니, 二人을 懷함이 有라." 文王의 詩라. 祭의
明日에, 明發토록 不寐하며, 饗하여 致하고, 又히 從하여 思라. 祭의 日에, 樂과
哀는 半이니, 饗하면 必히 樂하고, 已히 至하면 必히 哀라.

의역 문왕(文王)이 제사를 지낼 때에는 돌아가신 부모를 섬길 때 마치 살아계
셨을 때 섬기는 것처럼 했고, 돌아가신 부모를 끊임없이 생각하여 마치 부모를 따
라 죽고 싶어 하는 것과 같았으며, 부모의 기일에는 반드시 슬퍼하였고, 피휘의
글자를 입에 담을 때에는 마치 부모를 직접 뵙는 것처럼 했으니, 이것은 문왕이
제사를 지낼 때 나타났던 한결같은 마음이다. 부모가 평소에 아끼던 대상을 볼 때
에는 마치 부모가 그것을 원하는 표정을 직접 본 것처럼 하니, 이처럼 할 수 있는
자는 문왕일 것이다. 『시』에서는 "동이 틀 때까지 잠을 이루지 못하여, 부모 두
분을 생각하는구나."라고 했는데, 이것은 문왕의 덕을 기리기에 충분한 시이다. 제
사를 지낸 다음날에도 동이 틀 때까지 잠을 이루지 못하고, 다시 흠향을 드리며

혼령이 찾아오도록 하고, 또 그에 따라 부모를 생각한다. 제사를 지내는 당일에는 즐거움과 슬픔이 반반이 되니, 흠향을 드리게 되면 혼령이 찾아오므로 반드시 즐겁게 되지만, 이미 찾아왔다면 앞으로 떠나가게 되니 반드시 슬프게 된다.

集說 如不欲生, 似欲隨之死也. 宗廟之禮, 上不諱下, 故有稱諱之時, 如祭高祖, 則不諱曾祖以下也. 如欲色然, 言其想像親平生所愛之物, 如見親有欲之之色也. 詩, 小雅小宛之篇. 明發, 自夜至光明開發之時也, 詩本謂宣王永懷文王·武王之功烈, 此借以喻文王念父母之勤耳. 文王之詩, 言此詩足以咏文王也. 饗之必樂, 迎其來也. 已至而禮畢則往矣, 故哀也.

번역 "마치 살고 싶지 않는 것 같다."는 말은 부모를 따라서 죽고 싶어 하는 것과 같다는 뜻이다. 종묘의 예법에서 윗사람은 아랫사람에 대해서 피휘를 하지 않는다.[1] 그렇기 때문에 피휘한 글자를 부를 때가 있는 것이니, 예를 들어 고조부에게 제사를 지내게 되면 증조부로부터 그 이하의 선조에 대해서는 피휘를 하지 않는다. '여욕색연(如欲色然)'은 부모가 평소에 아끼던 대상을 생각하며, 마치 부모가 그것을 바라는 안색을 실제로 보는 것처럼 한다는 뜻이다. '시(詩)'는 『시』「소아(小雅)·소완(小宛)」[2]편이다. '명발(明發)'은 밤부터 동이 터오를 때까지를 뜻하니, 『시』의 내용은 본래 선왕(宣王)이 문왕과 무왕의 공적을 오래도록 생각한다는 뜻인데, 이곳에서는 그 내용을 빌려와서 문왕이 부모에 대해 열심히 사모했던 것을 비유했을 따름이다. '문왕지시(文王之詩)'는 이 시는 문왕을 찬미하기에 충분하다는 뜻이다. "흠향을 드리면 반드시 기뻐하게 된다."는 말은 혼령이 찾아오는 것을 맞이하기 때문이다. 이미 찾아왔으나 해당 의례가 끝나게 되면 떠나게 된다. 그렇기 때문에 슬퍼한다.

---

1) 『예기』「곡례상(曲禮上)」【41c】: 廟中不諱. / 『예기』「옥조(玉藻)」【387d】: 於大夫所有公諱, 無私諱. 凡祭不諱, <u>廟中不諱</u>, 敎學臨文不諱.

2) 『시』「소아(小雅)·소완(小宛)」: 宛彼鳴鳩, 翰飛戾天. 我心憂傷, 念昔先人. <u>明發不寐, 有懷二人.</u>

大全 嚴陵方氏曰: 事死如事生, 所謂祭如在也. 思死如不欲生, 所謂至痛極也. 忌日必哀, 所謂有終身之喪也. 稱諱如見親, 所謂聞名心瞿也. 明發者, 自夜至光明開發時也. 祭之明日, 猶且如此, 而況祭之正日乎? 於將祭而齊焉, 則逆思其所以去, 故曰饗而致之, 又從而思之. 祭之日, 樂與哀半者, 以其饗之必樂, 已至必哀故也. 饗之必樂, 則樂致其來, 已至必哀, 則哀思其去. 前經言樂以迎來, 哀以送往, 正謂是矣.

번역 엄릉방씨가 말하길, "돌아가신 부모를 섬기길 살아계셨을 때처럼 섬겼다."는 말은 "제사를 지낼 때 실제로 계신 것처럼 지냈다."[3]는 뜻이다. "돌아가신 부모를 생각하며 마치 다시 살고 싶어 하지 않는 것처럼 했다."는 말은 "지극한 애통함이 극심하다."[4]는 뜻이다. "부모의 기일(忌日)에는 반드시 슬퍼했다."는 말은 "종신토록 치르는 상이 있다."는 뜻이다. "피휘의 글자를 칭할 때 마치 부모를 뵙는 것처럼 했다."는 말은 "어떤 자가 이름 부르는 것을 들었는데, 그것이 자신의 부모 이름과 같다면, 마음이 깜짝 놀라 허둥댄다."[5]는 뜻이다. '명발(明發)'은 밤부터 동이 틀 때까지를 뜻한다. 제사를 지낸 다음날에도 오히려 이처럼 하는데, 하물며 제사를 지내는 당일에는 어떻겠는가? 앞으로 제사를 지내려고 하여 재계를 하게 된다면, 부모가 떠나가신 것을 거슬러 생각한다. 그렇기 때문에 "흠향을 올려서 오시도록 하고 또 그에 따라 생각한다."라고 말했다. "제사를 지내는 당일에는 즐거운 마음과 슬픈 마음이 반반이다."라고 했는데, 흠향을 드리기 때문에 반드시 즐겁게 되고, 이미 찾아왔다면 다시 떠나기 때문에 반드시 슬퍼하게 된다. 흠향을 드려서 반드시 기뻐하는 것은 혼령이 찾아오도록 한 것을 즐거워하는 것이며, 이미 찾아와서 반드시 슬퍼하는 것은 떠나가게 됨

---

3) 『논어』「팔일(八佾)」: <u>祭如在</u>, 祭神如神在. 子曰, "吾不與祭, 如不祭."

4) 『예기』「삼년문(三年問)」【669d】: 三年之喪何也? 曰, "稱情而立文, 因以飾群, 別親疏貴賤之節, 而弗可損益也. 故曰無易之道也." 創鉅者其日久, 痛甚者其愈遲. 三年者, 稱情而立文, 所以爲<u>至痛極</u>也.

5) 『예기』「잡기하(雜記下)」【510d】: 免喪之外行於道路, 見似目瞿, <u>聞名心瞿</u>, 弔死而問疾, 顔色戚容必有以異於人也. 如此而后可以服三年之喪, 其餘則直道而行之是也.

을 슬퍼하는 것이다. 앞의 경문에서 "즐겁게 찾아오는 것을 맞이하고, 슬프게 떠나는 것을 전송한다."라고 한 말은 바로 이러한 뜻을 나타낸다.

大全 長樂陳氏曰: 君子之於親, 生事之以禮, 故事之之日, 喜與懼半, 所謂父母之年, 不可不知, 一則以喜, 一則以懼, 是也. 死祭之以禮, 故祭之之日, 樂與哀半, 所謂享之必樂, 已至必哀, 是也. 已至必哀, 原其始也, 哀以送往, 要其終也.

번역 장락진씨6)가 말하길, 군자는 부모에 대해서 살아계셨을 때에는 예(禮)에 따라 섬긴다. 그렇기 때문에 섬기는 시기에는 기쁜 마음과 두려운 마음이 반반이 되니, "부모의 나이는 몰라서는 안 되니, 한편으로는 기쁘고 한편으로는 두렵다."7)는 뜻에 해당한다. 또 부모가 돌아가셨을 때에는 예에 따라 섬긴다. 그렇기 때문에 제사를 지내는 시기에 즐거운 마음과 슬픈 마음이 반반이 되니, "흠향을 드리기 때문에 반드시 즐겁게 되고, 이미 찾아왔다면 반드시 슬프게 된다."는 뜻에 해당한다. "이미 찾아왔다면 반드시 슬프게 된다."는 말은 제사를 지내는 초반부에 근원하며, "슬픔으로써 떠나는 것을 전송한다."는 말은 제사의 끝부분을 요약한 것이다.

鄭注 思死者如不欲生, 言思親之深也. 如欲色者, 以時人於色厚假以喻之. 明發不寐, 謂夜至旦也. 祭之明日, 謂繹日也. 言繹之夜不寐也. 二人, 謂父·母, 容尸侑也.

번역 "돌아가신 부모를 생각함에 마치 살고 싶어 하지 않는 것처럼 했다."는 말은 부모를 그리워함이 매우 깊다는 뜻이다. '여욕색(如欲色)'은 당

---

6) 진상도(陳祥道, A.D.1159~A.D.1223) : =장락진씨(長樂陳氏)·진씨(陳氏)·진용지(陳用之). 북송대(北宋代)의 유학자이다. 자(字)는 용지(用之)이다. 장락(長樂) 지역 출신으로, 1067년에 과거에 급제하여 태상박사(太常博士) 등을 지냈다. 왕안석(王安石)의 제자로, 그의 학문을 전파하는데 공헌하였다. 저서에는 『예서(禮書)』, 『논어전해(論語全解)』 등이 있다.

7) 『논어』「이인(里仁)」 : 子曰, "父母之年, 不可不知也. 一則以喜, 一則以懼."

시 사람들이 여색을 밝혔기 때문에, 그 사안을 빌려서 비유를 든 것이다. '명발불매(明發不寐)'라고 했는데, 명발(明發)은 밤부터 그 다음날 아침까지를 뜻한다. '제지명일(祭之明日)'은 역제(繹祭)를 치르는 날을 뜻한다. 역제를 치르기 전날 밤에 잠을 이루지 못한다는 뜻이다. '이인(二人)'은 부친과 모친을 뜻하며, 시동과 권유하는 자까지도 포함한다.

釋文 忠, 如字, 謂盡中心. 與音餘. 樂與音洛, 下同. 侑音又

번역 '忠'자는 글자대로 읽는데, 한결같은 마음을 다한다는 뜻이다. '與'자의 음은 '餘(여)'이다. '樂與'에서의 '樂'자는 그 음이 '洛(낙)'이며, 아래문장에 나오는 글자도 그 음이 이와 같다. '侑'자의 음은 '又(우)'이다.

孔疏 ●"文王"至"必哀節". ○正義曰: 此一節明文王祭思親忠敬之甚.

번역 ●經文: "文王"~"必哀節". ○이곳 문단은 문왕이 제사를 지낼 때 부모를 그리워하고 한결같은 마음과 공경스러운 태도가 매우 깊었다는 사실을 나타낸다.

孔疏 ●"思死者如不欲生"者, 言文王思念死者, 意欲臨之而死, 如似不復欲生.

번역 ●經文: "思死者如不欲生". ○문왕은 돌아가신 부모를 그리워하여, 그의 뜻이 그 일에 임해 죽고 싶어 하니, 마치 다시 살고 싶어 하지 않는 것과 같다는 뜻이다.

孔疏 ●"稱諱如見親"者, 言文王8)在廟中, 上不諱下, 於祖廟稱親之諱, 如

---

8) '왕(王)'자에 대하여. '왕'자는 본래 없던 글자인데, 완원(阮元)의 『교감기(校勘記)』에서는 "혜동(惠棟)의 『교송본(校宋本)』에는 '문(文)'자 뒤에 '왕'자가 기록되어 있다."라고 했다.

似見親也.

번역 ●經文: "稱諱如見親". ○문왕이 묘실(廟室)에 있었던 상황을 뜻하는데, 이러한 경우에 윗사람은 아랫사람에게 피휘를 하지 않으니, 조부의 묘에 있을 때에는 부친의 피휘 글자를 지칭하여, 마치 부모를 직접 뵐 때처럼 한다는 뜻이다.

孔疏 ●"祀之忠"者, 言文王祭祀之盡忠誠也.

번역 ●經文: "祀之忠". ○문왕은 제사를 지내며 한결같은 마음과 정성을 다했다는 뜻이다.

孔疏 ●"如見親之所愛, 如欲色然"者, 解祀之忠敬之事, 言齊時思念親之平生嗜欲, 如似眞見親所愛在於目前, 又思念親之所愛之甚, 如似凡人貪欲女色然也.

번역 ●經文: "如見親之所愛, 如欲色然". ○제사에서 한결같은 마음과 공경스러움을 다하는 일을 풀이한 것이니, 재계를 할 때에는 부모가 평소에 즐기고 원했던 것들을 떠올려서, 마치 부모가 좋아하던 것이 바로 눈앞에 있는 것처럼 하고, 또 부모가 몹시 아껴하던 것들을 떠올릴 때에는 마치 일반인들이 여색을 깊이 탐하는 것처럼 한다는 뜻이다.

孔疏 ●"其文王與"者, 唯文王能如此與. 與, 是不執定之辭. 王肅然解"欲色, 如欲見父母之顔色, 鄭何得比父母於女色!" 馬昭申云: "孔子曰'吾未見好德如好色'者, 如此, 亦比色於德." 張融: "亦如好色, 取其甚也. 於文無妨."

번역 ●經文: "其文王與". ○문왕만이 이처럼 할 수 있다는 뜻이다. '여(與)'자는 확정하지 않을 때 쓰는 말이다. 왕숙[9]은 '연(然)'자에 대해서, "욕

---

9) 왕숙(王肅, A.D.195~A.D.256) : =왕자옹(王子雍). 위진남북조(魏晉南北朝) 때의 위(魏)나라 경학자이다. 자(字)는 자옹(子雍)이다. 출신지는 동해(東海)

색(欲色)은 마치 부모의 안색을 직접 보고 싶어 하는 것과 같다는 뜻인데, 정현은 어찌하여 부모에 대한 내용을 여색에 비유한단 말인가!"라고 풀이 했다. 마소는 변론을 하며, "공자는 '나는 덕을 좋아하는 것을 여색을 좋아 하는 것처럼 하는 자를 아직 보지 못했다.'10)라고 했으니, 이와 같은 경우에 도 덕을 여색에 비유하였다."라고 했고, 장융은 "이 또한 여색을 좋아하는 것처럼 한다는 의미로, 매우 깊다는 의미에서 그 뜻을 취한 것이다. 따라서 이처럼 보아도 문맥상 지장이 없다."라고 했다.

孔疏 ●"文王之詩也"者, 此幽王小雅 · 小宛之篇, 而云文王詩也"者, 記者 引詩, 斷章取義; 且詩人陳文王之德, 以刺幽王, 亦得爲文王之詩也.

번역 ●經文: "文王之詩也". ○이것은 유왕(幽王)에 대한 시인『시』「소 아(小雅) · 소완(小宛)」편인데, "문왕의 시이다."라고 말한 것은『예기』를 기록한 자가『시』를 인용하며 단장취의한 것이다. 또 그것이 아니라면 이 시를 지은 자는 문왕의 덕을 진술하여 이를 통해 유왕을 비판한 것이니, 이 또한 문왕의 시가 될 수 있다.

孔疏 ●"祭之明日, 明發不寐"者, 謂正祭明日繹祭之時, 祭旣訖, 得其夜 發, 夕至明而不寐.

번역 ●經文: "祭之明日, 明發不寐". ○정규 제사를 지낸 다음날 역제 (繹祭)를 치르는 시기를 뜻하니, 제사를 이미 끝냈음에도 밤에 잠을 이룰 수 없었던 것으로, 저녁부터 아침까지 잠을 이루지 못한 것이다.

孔疏 ●"饗而致之, 又從而思之"者, 申明發之意. 旣設繹祭之饗而致於神,

이다. 부친 왕랑(王朗)으로부터 금문학(今文學)을 공부했으나, 고문학(古文 學)의 고증적인 해석을 따랐다.『상서(尙書)』,『시경(詩經)』,『좌전(左傳)』,『논 어(論語)』및 삼례(三禮)에 대한 주석을 남겼다.
10)『논어』「자한(子罕)」: 子曰, "吾未見好德如好色者也."

其夜又從而思之也.

번역 ●經文: "饗而致之, 又從而思之". ○'명발(明發)'의 뜻을 거듭 풀이한 말이다. 이미 역제(繹祭)를 올려서 흠향을 시켜 신이 찾아오게 했지만, 그날 밤에는 또한 그에 따라 부모를 그리워하게 된다는 뜻이다.

孔疏 ●"饗之必樂, 已至必哀"者, 孝子想神之歆饗, 故必樂; 又想及饗已至之後必分離, 故必哀也.

번역 ●經文: "饗之必樂, 已至必哀". ○자식은 부모의 신령이 흠향하는 것을 상상하기 때문에 반드시 즐겁게 된다. 또 흠향이 끝나면 그 이후에는 반드시 떠나게 됨까지도 상상이 미치기 때문에 반드시 슬퍼하게 된다.

孔疏 ◎注"祭之"至"侑也". ○正義曰: 知"祭之明日, 謂繹日也"者, 按宣八年"六月辛巳, 有事于大廟, 仲遂卒于垂, 壬午猶繹", 是祭之明日爲繹也. 云"二人, 謂父母, 容尸侑也"者, 祭有念親, 故二人謂父母. 按有司徹"上大夫儐尸, 別立一人爲侑, 以助尸", 似鄕飮酒禮, 介之副賓也. 繹祭與儐尸同, 故知二人, 容尸與侑11)也.

번역 ◎鄭注: "祭之"~"侑也". ○정현이 "'제지명일(祭之明日)'은 역제(繹祭)를 치르는 날을 뜻한다."라고 했는데, 이 말이 사실임을 알 수 있는 이유는 선공(宣公) 8년에 대한 기록을 살펴보면, "6월 신사(辛巳)일에 태묘에서 제사를 지냈는데, 중수(仲遂)가 수(垂)에서 죽었고, 임오(壬午)일에 오히려 역제를 지냈다."12)라고 했으니, 이것은 제사를 지낸 다음날 역제를 지내게 됨을 나타낸다. 정현이 "'이인(二人)'은 부친과 모친을 뜻하며, 시동

---

11) '유(侑)'자에 대하여. '유'자 뒤에는 본래 '유(侑)'자가 기록되어 있었는데, 완원(阮元)의 『교감기(校勘記)』에서는 "이곳 판본에는 '유'자가 잘못하여 중복 기록된 것이다."라고 했다.

12) 『춘추』「선공(宣公) 8년」: 夏, 六月, 公子遂如齊, 至黃乃復. 辛巳, 有事于大廟, 仲遂卒于垂. 壬午, 猶繹, 萬入去籥.

과 권유하는 자까지도 포함한다."라고 했는데, 제사를 지낼 때에는 부모를 그리워하게 된다. 그렇기 때문에 이인(二人)은 부친과 모친을 뜻한다. 『의례』「유사철(有司徹)」편을 살펴보면, "상대부는 시동을 인도하고, 별도로 한 사람을 두어서 권유하는 자로 삼아 그를 통해 시동을 돕는다."라고 했으니, 『의례』「향음주례(鄕飮酒禮)」편에서 개(介)가 빈객의 부관 역할을 하는 것과 유사하다. 역제(繹祭)를 치르고 시동을 인도하여 노고를 위로하는 것은 동일하다. 그렇기 때문에 '이인(二人)'이 곧 시동과 권유하는 자를 포함한다는 사실을 알 수 있다.

訓纂 釋詁: 從, 重也.

번역 『이아』「석고(釋詁)」편에서 말하길, '종(從)'자는 "중시하다[重]."는 뜻이다.13)

訓纂 王氏念孫曰: 文王之詩也, 詩當作謂. 鄭於此句無注, 則所見本必作 "文王之謂", 若作"文王之詩", 則與詩義不合, 不得無注. 家語哀公問政篇, "詩云'明發不寐, 有懷二人', 則文王之謂與." 王肅注曰, "假此詩以喩文王", 是肅所見本尙不誤.

번역 왕념손14)이 말하길, '문왕지시야(文王之詩也)'라고 했는데, 이때의 '시(詩)'자는 마땅히 '위(謂)'자로 기록해야 한다. 정현은 이 구문에 대해서 주석을 달지 않았으니, 그가 참고 했던 판본에도 분명 '문왕지위(文王之謂)'라고 기록되어 있었던 것이며, 만약 '문왕지시(文王之詩)'라고 기록했다면, 『시』에 나타난 뜻과는 합치되지 않으므로, 주석을 달지 않을 수 없다. 『공자가어』「애공문정(哀公問政)」편에서는 "『시』에서는 '동이 틀 때까지

---

13) 『이아』「석고(釋詁)」: <u>從</u>·申·神·加·弼·崇, <u>重也</u>.

14) 왕념손(王念孫, A.D.1744~A.D.1832): 청(淸)나라 때의 학자이다. 자(字)는 회조(懷租)이고, 호(號)는 석구(石臞)이다. 부친은 왕안국(王安國)이고, 아들은 왕인지(王引之)이다. 대진(戴震)에게 학문을 배웠다. 저서로는 『독서잡지(讀書雜志)』 등이 있다.

잠을 이루지 못하여, 부모 두 분을 생각하는구나.'라고 했으니, 문왕을 뜻할 것이다."15)라고 했고, 왕숙의 주에서는 "이 시의 내용을 빌려서 문왕을 비유하였다."라고 했으니, 왕숙이 참고했던 판본이 오히려 잘못되지 않은 기록이다.

集解 愚謂: 欲色, 謂有欲得之色也. 大戴禮文王官人篇, "欲色嫗然以愉." 蓋致齊之時, 思親之所樂·嗜, 故祭之日如見親之所愛, 若有欲得之色然也. 詩, 小雅小宛之篇. 明發, 謂將旦而光明開發也. 二人, 謂父母也. 祭之明日, 明發不寐者, 謂祭畢之夕, 思念父母不寐, 以至於明日之旦也. 饗而致之者, 謂祭時如見其親也. 又從而思之者, 旣祭而又明發不寐以思之也. 樂與哀半, 樂其來格, 而哀其將往也. 樂以迎來, 哀以送往, 此以一歲之來往爲哀樂者也. 饗之必樂, 已至必哀, 此以一祭之始終爲哀樂者也. 上章言唯"仁人爲能饗帝, 孝子爲能饗親", 此又言文王之祭如此, 蓋必仁孝如文王, 然後以之饗帝·饗親而無不盡也.

번역 내가 생각하기에, '욕색(欲色)'은 무언가를 원하여 얻었을 때의 안색이 나타난다는 뜻이다. 『대대례기』「문왕관인(文王官人)」편에서는 "바라는 안색은 기쁜 듯이 기뻐하였다."16)라고 했다. 무릇 치제(致齊)를 시행할 때, 부모가 즐거워하고 즐겨하던 것을 떠올리기 때문에 제사를 지내는 날 부모가 아껴하던 것을 보게 되면, 마치 무언가를 원하여 얻었을 때의 안색처럼 나타난다는 뜻이다. 인용한 시는 『시』「소아(小雅)·소완(小宛)」편이다. '명발(明發)'은 아침이 되어 동이 터 오르려고 한다는 뜻이다. '이인(二人)'은 부친과 모친을 뜻한다. "제사를 지낸 다음날 동이 터 오를 때까지 잠을 자지 못한다."는 말은 제사를 끝낸 저녁에 부모에 대한 그리움으로 잠을 이루지 못하여, 다음날 아침까지 지속된다는 뜻이다. '향이치지(饗而

---

15) 『공자가어(孔子家語)』「애공문정(哀公問政)」 : 詩云, "明發不寐, 有懷二人", 則文王之謂與.

16) 『대대례기(大戴禮記)』「문왕관인(文王官人)」 : 喜色由然以生, 怒色拂然以侮, 欲色嫗然以愉, 懼色薄然以下, 憂悲之色纍然而靜.

致之)'는 제사를 지낼 때에는 부모를 직접 본 것처럼 한다는 뜻이다. '우종이사지(又從而思之)'는 제사를 끝내고 또 그 다음날 아침까지 잠을 자지 못하며 부모를 그리워한다는 뜻이다. "즐거운 마음과 슬픈 마음이 반반이다."라고 했는데, 부모의 신령이 찾아옴을 즐거워하지만, 떠나가게 됨을 슬퍼한다는 뜻이다. 즐거운 마음으로 찾아오는 것을 맞이하고, 슬픈 마음으로 떠나는 것을 전송한다고 했는데, 이것은 1년의 주기 동안 찾아오고 떠나는 것을 슬픔과 즐거움으로 삼은 것이다. "흠향을 드리면 반드시 즐거워하고, 이미 도달하면 반드시 슬퍼한다."는 말은 한 차례의 제사에서 시작과 끝을 슬픔과 즐거움으로 삼은 것이다. 앞에서는 단지 "인(仁)한 자만이 상제에게 흠향을 드릴 수 있고, 효자만이 부모에게 흠향을 드릴 수 있다."라고 했고, 이곳에서는 또한 문왕이 이처럼 제사를 지냈다고 했으니, 무릇 반드시 문왕처럼 인(仁)과 효(孝)를 갖춘 뒤에야 상제에게 흠향을 드리고 부모에게 흠향을 드리며 다하지 않음이 없게 된다는 뜻이다.

참고 『시』「소아(小雅)・소완(小宛)」

經文 宛彼鳴鳩, 翰飛戾天.

번역 작은 저 명구여, 높이 날아올라 하늘에 이르는구나.

鄭箋 興也. 宛, 小貌. 鳴鳩, 鶻鵰. 翰, 高. 戾, 至也. 行小人之道, 責高明之功, 終不可得.

번역 흥(興)에 해당한다. '완(宛)'자는 작은 모양을 뜻한다. '명구(鳴鳩)'는 골조라는 새이다. '한(翰)'자는 높다는 뜻이다. '여(戾)'자는 이른다는 뜻이다. 소인의 도를 시행하는데, 높고 밝은 공덕의 책무를 지었으니, 끝내 얻을 수 없다.

釋文 翰, 胡旦反. 鶻音骨. 鵰, 陟交反, 何音彫, 字林作"鵰", 云: "骨鵰, 小種鳩也." 草木疏云: "鳴鳩, 班鳩也."

번역 '翰'자는 '胡(호)'자와 '旦(단)'자의 반절음이다. '鶻'자의 음은 '骨(골)'이다. '鶙'자는 '陟(척)'자와 '交(교)'자의 반절음이며, 하음(何音)은 '彫(조)'이며, 『자림』에서는 '주(鵃)'라고 기록하고, "골주(骨鵃)는 몸집이 작은 비둘기이다."라고 했다. 한편 『초목』의 소에서는 "명구(鳴鳩)는 반구(班鳩)라는 새이다."라고 했다.

孔疏 ◎傳"宛小"至"可得". ○正義曰: 以鳩是小鳥, 又篇名小宛, 故知宛爲小. 定本及集本皆云"鳴鳩, 鶻鶵也".

번역 ◎傳: "宛小"~"可得". ○구(鳩)를 작은 새로 여겼고, 또 편명을 '소완(小宛)'이라고 했기 때문에 완(宛)자가 작다는 뜻이 됨을 알 수 있다. 『정본』과 『집본』에서는 모두 "명구(鳴鳩)는 골조(鶻鶵)라는 새이다."라고 했다.

經文 我心憂傷, 念昔先人.

번역 내 마음이 슬퍼하고 근심하여, 옛 선인을 생각하노라.

鄭箋 先人, 文 · 武也.

번역 '선인(先人)'은 문왕과 무왕을 뜻한다.

孔疏 ◎傳"先人, 文 · 武". ○正義曰: 知者, 以王無德, 而念其先人. 又云"有懷二人", 則所念二人而已. 周之先世, 二人有聖德定天位者, 唯文 · 武爲然. 明以文 · 武有天下, 今慮其亡滅, 故念之也.

번역 ◎傳: "先人, 文 · 武". ○이러한 사실을 알 수 있는 이유는 천자에게 덕이 없어서 선인들을 떠올리기 때문이다. 또 경문에서 "두 사람을 생각하노라."라고 했다면, 떠올리는 자는 두 사람일 뿐이다. 주나라 선대에 있어서 성인의 덕을 가지고 천자의 지위를 확고하게 만들었던 두 사람은 오직 문왕과 무왕만이 그렇게 했을 뿐이다. 따라서 이것은 문왕과 무왕이 천하를 소유했는데, 현재는 왕조가 멸명하게 될 것을 우려하기 때문에, 그들을 떠올리게 됨을 나타낸다.

經文 明發不寐, 有懷二人.

번역 날이 밝도록 잠을 이루지 못하여 두 사람을 생각하노라.

鄭箋 明發, 發夕至明.

번역 '명발(明發)'은 전날 저녁부터 다음날 아침까지를 뜻한다.

孔疏 ◎傳"明發, 發夕至明". ○正義曰: 夜地而闇, 至旦而明, 明地開發, 故謂之明發也. 人之道, 夜則當寐. 言明發以來不寐, 以此故知從夕至旦常不寐也.

번역 ◎傳: "明發, 發夕至明". ○밤이 되어 어두웠다가 다음날 아침이 되어 밝아지니, 밝음이 비춰지기 때문에 '명발(明發)'이라고 했다. 사람이 따르는 도리에 있어서, 밤이 되면 마땅히 잠을 이루어야 한다. 따라서 다음날 아침이 될 때까지 잠을 이루지 못했다고 한 것은 이러한 까닭으로 인해 전날 저녁부터 다음날 아침까지 잠을 이루지 못했다는 것을 뜻한다.

孔疏 ●"宛彼"至"二人". ○毛以爲, 言宛然翅小者, 是彼鳴鳩之鳥也. 而欲使之高飛至天, 必不可得也. 興才智小者, 幽王身也. 而欲使之行化致治, 亦不可得也. 王旣才智褊小, 將顚覆祖業, 故我心爲之憂傷, 追念在昔之先人文王・武王也. 以文・武創業垂統, 有此天下. 今將亡滅, 故憂之也. 又言憂念之狀, 我從夕至明開發以來, 不能寢寐. 有所思者, 唯此文・武二人. 將喪其業, 故思念之甚.

번역 ●經文: "宛彼"~"二人". ○모씨는 다음과 같이 여겼다. 작고 날개도 작은 것은 저 명구라는 새이다. 그런데 그것으로 하여금 높이 날아올라 하늘까지 도달하게 만들고자 한다면 반드시 이루지 못한다. 재질과 지모가 작은 것을 비유한 것인데, 유왕(幽王) 본인을 뜻한다. 그런데도 그로 하여금 정치와 교화를 시행하게 만들고자 한다면 이 또한 이루지 못한다. 천자의 재질과 지모가 이미 협소하여 선조의 업적을 뒤엎으려고 하기 때문에 내 마음은 그로 인해 슬퍼하고 근심하게 되며, 예전 선인이었던 문왕과 무왕을 떠올리게 된다. 문왕과 무왕은 과업을 이루어 계통을 드리워서 천하를 소유하였다. 현재 멸망하려고 하기 때문에 근심하는 것이다. 또 슬퍼하고 근심하는 모습을 언급하여, 내가 저녁부터 다음날 아침이 될 때까지 잠을 이루지 못한다고 한 것이다. 떠올리게 되는 자는 오직 문왕과 무왕 두 사람뿐이다. 그 대업을 잃어버리려고 하기 때문에 깊이 떠올리는 것이다.

孔疏 ○鄭唯"刺厲王"爲異.

번역 ○정현만이 유독 "여왕(厲王)을 풍자한 것이다."라고 하여 차이를 보인다.

經文 人之齊聖, 飮酒溫克.

번역 바르고 성스러운 자는 술을 마시더라도 온화하게 이겨내는구나.

鄭箋 齊, 正. 克, 勝也. 箋云: 中正通知之人, 飮酒雖醉, 猶能溫藉自持以勝.

번역 '제(齊)'자는 바르다는 뜻이다. '극(克)'자는 이긴다는 뜻이다. 전문에서 말하길, 알맞고 바르며 지모가 두루 달통한 사람은 술을 마셔서 비록 취하더라도 온화하게 스스로를 다잡아서 이겨낼 수 있다.

經文 溫, 王如字, 柔也. 鄭於運反, 蘊藉也. 藉, 在夜反, 又慈夜反.

번역 '溫'자의 왕음(王音)은 글자대로 읽으니 부드럽다는 뜻이다. 정현은 '於(어)'자와 '運(운)'자의 반절음이라고 했으니, 관대하게 포용함을 뜻한다. '藉'자는 '在(재)'자와 '夜(야)'자의 반절음이며, 또한 '慈(자)'자와 '夜(야)'자의 반절음도 된다.

孔疏 ◎箋"中正"至"以勝". ○正義曰: 中正謂齊, 通智謂聖. 聖者, 通也. 大司徒注云: "聖, 通而先識", 是也. 此經與下相對, 齊爲中正, 則童昏者邪僻而不正. 以聖對不知, 是聖者通智也. "蘊藉"者, 定本及箋作"溫"字. 舒瑗云: "苞裹曰蘊." 謂蘊藉自持含容之義. 經中作"溫"者, 蓋古字通用. 內則說子事父母云: "柔色以溫之", 鄭亦以溫爲藉義.

번역 ◎箋: "中正"~"以勝". ○알맞고 바르다는 말은 '제(齊)'자를 뜻하며, 지모가 두루 달통했다는 말은 '성(聖)'자를 뜻한다. '성(聖)'자는 두루 통한다는 뜻이다.『주례』「대사도(大司徒)」편에 대한 정현의 주에서는 "성(聖)은 두루 달통하여 앞서 안다는 뜻이다."[17]라고 했다. 이곳 경문은 아래의 문장과 서로 대비가 되는데, 제(齊)자가 알맞고 바르다는 뜻이라면, '동혼(童昏)'은 사벽하며 바르지 못하다는 뜻이다. 그리고 성(聖)을 무지한 것과 대비를 했으니, 성(聖)자가 지모가 두루 달통했음을 뜻한다는 사실을 나타낸다. '온자(蘊藉)'에 대해서『정본』과 전문에서는 '온(溫)'자로 기록했다. 서원은 "포용해서 감싸는 것을 '온(蘊)'이라고 부른다."라고 했으니, 온자(蘊藉)라는 것은 스스로를 단속하고 수용한다는 뜻이 된다. 경문에서 '온(溫)'이라고 기록한 것은 아마도 고자에서는 통용해서 썼기 때문일 것이다. 『예기』「내칙(內則)」편에서는 자식이 부모를 섬기는 일을 설명하며, "부드러운 낯빛으로 받든다."[18]라고 했고, 정현은 또한 온(溫)자를 받든다[藉]는 뜻으로 여겼다.

---

17) 이 문장은『주례』「지관(地官)·대사도(大司徒)」편의 "以鄉三物敎萬民而賓興之: 一曰六德, 知·仁·聖·義·忠·和; 二曰六行, 孝·友·睦·姻·任·恤; 三曰六藝, 禮·樂·射·御·書·數."라는 기록에 대한 정현의 주이다.

18) 『예기』「내칙(內則)」【346d~347a】: 及所, 下氣怡聲, 問衣燠寒, 疾痛苛癢, 而敬抑搔之. 出入, 則或先或後而敬扶持之. 進盥, 少者奉槃, 長者奉水, 請沃盥, 盥卒授巾, 問所欲而敬進之, 柔色以溫之.

經文 彼昏不知, 壹醉日富.

번역 저 어리석고 무지한 자는 술만 마시면 취하고 날로 심해지는구나.

鄭箋 醉日而富矣. 箋云: 童昏無知之人, 飮酒一醉, 自謂日益富, 夸淫自恣, 以財驕人.

번역 취함이 날마다 반복되어 심해진다는 뜻이다. 전문에서 말하길, 어리석고 무지한 사람은 술을 마시면 취하기만 하는데, 스스로 날마다 더욱 풍요롭게 된다고 하며 과시하고 음란한 짓거리를 벌이면서도 스스로 주체를 못하니, 재물로 남을 경시한다.

經文 各敬爾儀, 天命不又.

번역 각각 너의 행동거지를 공경스럽게 할지니, 천명은 다시 돌아오지 않기 때문이다.

鄭箋 又, 復也. 箋云: 今女君臣, 各敬愼威儀, 天命所去, 不復來也.

번역 '우(又)'자는 다시[復]라는 뜻이다. 전문에서 말하길, 현재 너희 군주와 신하들은 각각 위엄스러운 거동에 공경을 다하고 신중을 다해야 하니, 천명이 떠나간 곳에는 다시 도래하지 않기 때문이다.

釋文 復, 扶又反, 下同.

번역 '復'자는 '扶(부)'자와 '又(우)'자의 반절음이며, 아래문장에 나오는 글자도 그 음이 이와같다.

經文 中原有菽, 庶民采之.

번역 들판에서 자라난 콩은 힘써 노력하는 사람이라면 얻을 수 있다.

鄭箋 中原, 原中也. 菽, 藿也, 力采者則得之. 箋云: 藿生原中, 非有主也, 以喩王位無常家也, 勤於德者則得之.

번역 '중원(中原)'은 들판 가운데를 뜻한다. '숙(菽)'자는 콩을 뜻하니, 힘써 채취하는 자라면 얻을 수 있다. 전문에서 말하길, 콩이 들판에서 자라나면 누구의 소유도 아니니, 이를 통해 천자의 지위는 고정된 왕조에서만 차지할 수 없고, 덕을 닦는데 노력하는 자라면 얻을 수 있음을 비유하였다.

釋文 菽音叔. 藿, 火郭反.

번역 '菽'자의 음은 '叔(숙)'이다. '藿'자는 '火(화)'자와 '郭(곽)'자의 반절음이다.

孔疏 ◎傳"菽, 藿". ○正義曰: 菽者大豆, 故禮記稱"啜菽飲水". 菽葉謂之藿. 公食禮云"鉶羹牛用藿", 是也. 此經言有菽, 箋·傳皆以爲藿者, 以言"采之", 明采取其葉, 故言藿也.

번역 ◎傳: "菽, 藿". ○'숙(菽)'은 대두이다. 그렇기 때문에 『예기』에서는 "콩을 씹어 먹고 맹물을 마신다."[19]라고 말한 것이다. 콩잎을 '곽(藿)'이라고 부른다. 『의례』「공사대부례(公食大夫禮)」편에서는 "형(鉶)에 담는 국에는 소고기에 콩잎을 섞어서 끓인다."[20]라고 했다. 이곳 경문에서는 '유숙(有菽)'이라고 했는데, 전(箋)과 전(傳)에서는 모두 콩잎으로 여겼으므로, "채취한다."라고 말한 것이니, 그 잎을 채취한다는 뜻을 나타내기 때문에 '곽(藿)'이라고 한 것이다.

孔疏 ◎箋"王位無常家". ○正義曰: 集注·定本皆作"家". 俗本作"處", 誤.

---

19) 『예기』「단궁하(檀弓下)」【125a】: 子路曰: "傷哉貧也! 生無以爲養, 死無以爲禮也." 孔子曰: "啜菽飲水盡其歡, 斯之謂孝; 斂首足形, 還葬而無槨, 稱其財, 斯之謂禮."
20) 『의례』「공사대부례(公食大夫禮)」: 鉶芼, 牛藿, 羊苦, 豕薇, 皆有滑.

번역 ◎箋: "王位無常家". ○『집주』와『정본』에서는 모두 '가(家)'자로 기록했다. 『속본』에서 '처(處)'자로 기록한 것은 잘못 표기한 것이다.

經文 螟蛉有子, 蜾蠃負之.

번역 명령이 자식을 품었으나, 과라가 그것을 짊어지고 가는구나.

鄭箋 螟蛉, 桑蟲也. 蜾蠃, 蒲盧也. 負, 持也. 箋云: 蒲盧取桑蟲之子, 負持而去, 煦嫗養之, 以成其子. 喩有萬民不能治, 則能治者將得之.

번역 '명령(螟蛉)'은 뽕나무벌레를 뜻한다. '과라(蜾蠃)'는 포로라는 벌레이다. '부(負)'자는 지닌다는 뜻이다. 전문에서 말하길, 포로는 뽕나무벌레의 새끼를 취하여 짊어지고 떠나 잘 양육하여 자신의 새끼로 만든다. 이것은 백성들을 제대로 다스릴 수 없다면, 잘 다스릴 수 있는 자가 백성들의 마음을 얻게 됨을 비유한 것이다.

釋文 螟, 亡丁反. 蛉音零, 俗謂之桑蝝, 一名戎女. 蝝音萬. 蜾音果. 蠃, 力果反, 卽細腰蜂, 俗呼蠮螉, 是也. 蠮, 於髻反. 螉音翁. 煦, 況甫反, 又況具反. 嫗, 紆甫反, 又紆具反. 鄭注禮記云: "以氣曰煦. 以體曰嫗."

번역 '螟'자는 '亡(망)'자와 '丁(정)'자의 반절음이다. '蛉'자의 음은 '零(령)'이며, 세속에서는 상만(桑蝝)이라고 하며, 융녀(戎女)라고도 부른다. '蝝'자의 음은 '萬(만)'이다. '蜾'자의 음은 '果(과)'이다. '蠃'자는 '力(력)'자와 '果(과)'자의 반절음이며, 나나니벌을 뜻하며, 세속에서 열옹(蠮螉)이라고 부르는 것이 바로 이것이다. '蠮'자는 '於(어)'자와 '髻(계)'자의 반절음이다. '螉'자의 음은 '翁(옹)'이다. '煦'자는 '況(황)'자와 '甫(보)'자의 반절음이며, 또한 '況(황)'자와 '具(구)'자의 반절음도 된다. '嫗'자는 '紆(우)'자와 '甫(보)'자의 반절음이고, 또한 '紆(우)'자와 '具(구)'자의 반절음도 된다. 『예기』에 대한 정현의 주에서는 "기운으로 하는 것은 후(煦)라고 부른다. 몸으로 하는 것은 구(嫗)라고 부른다."[21]라고 했다.

孔疏 ◎傳“螟蛉”至“蒲盧”. ○正義曰: 皆釋蟲文. 郭璞曰: “蒲盧卽細腰蜂也. 俗呼爲蠮螉. 桑蟲俗謂之桑蟃, 亦呼爲戎女. 鄭中庸注以蒲盧爲土蜂.” 陸機云: “螟蛉者, 桑上小靑蟲也, 似步屈, 其色靑而細小. 或在草萊上. 蜾蠃, 土蜂也, 似蜂而小腰, 取桑蟲負之於木空中, 七日而化爲其子.”

번역 ◎傳: “螟蛉”~“蒲盧”. ○이 모두는 『이아』「석충(釋蟲)」편의 문장이다.[22] 곽박[23]은 “포로는 나나니벌이다. 세속에서는 열옹(蠮螉)이라고 부른다. 뽕나무벌레를 세속에서는 상만(桑蟃)이라고 부르고 또 융녀(戎女)라고도 부른다. 『예기』「중용(中庸)」편에 대한 정현의 주에서는 포로(蒲盧)를 땅벌이라고 여겼다.[24]”라고 했다. 육기[25]는 “명령(螟蛉)은 뽕나무에 살며 작고 청색을 띄는 벌레인데, 자벌레[步屈]와 유사하지만 그 색깔이 청색이고 매우 작다. 혹은 황폐한 땅에 살기도 한다. 과라(蜾蠃)는 땅벌이니, 벌과 유사하지만 허리가 잘록하며, 뽕나무벌레의 새끼를 나무에서 취해오며, 7일이 지나면 자신의 자식으로 변화시킨다.”라고 했다.

孔疏 ◎箋“蒲盧”至“其子”. ○正義曰: 中庸云: “政也者, 蒲盧”, 卽此是也. 樂記注云: “以體曰嫗. 以氣曰姁”, 謂負而以體, 暖之以氣, 煦之而令變爲己子也. 此螟蛉非不能養子, 而喩王有萬民不能治者, 喩取一邊耳.

번역 ◎箋: “蒲盧”~“其子”. ○『예기』「중용(中庸)」편에서 “정(政)이란

---

21) 이 문장은 『예기』「악기(樂記)」【476d】의 “是故大人擧禮樂, 則天地將爲昭焉. 天地訢合, 陰陽相得, 煦嫗覆育萬物, 然後草木茂, 區萌達, 羽翼奮, 角觡生, 蟄蟲昭蘇, 羽者嫗伏, 毛者孕鬻, 胎生者不殰, 而卵生者不殈, 則樂之道歸焉耳.”라는 기록에 대한 정현의 주이다.

22) 『이아』「석충(釋蟲)」: 果蠃, 蒲盧. 螟蛉, 桑蟲.

23) 곽박(郭璞, A.D.276~A.D.324): =곽경순(郭景純). 진(晉)나라 때의 학자이다. 자(字)는 경순(景純)이다. 저서로는 『이아주(爾雅注)』, 『방언주(方言注)』, 『산해경주(山海經注)』 등이 있다.

24) 이 문장은 『예기』「중용(中庸)」편의 “夫政也者, 蒲盧也.”라는 기록에 대한 정현의 주이다.

25) 육기(陸機, A.D.261~A.D.303): 서진(西晉) 때의 학자이다. 자(字)는 사형(士衡)이다. 저서로는 『변망론(辯亡論)』·『육사형집(陸士衡集)』 등이 있다.

포로(蒲盧)이다."라고 한 말이 여기에 해당한다. 『예기』「악기(樂記)」편에 대한 주에서는 "몸으로 하는 것은 구(嫗)라고 부르고, 기로 하는 것은 후(煦)라고 부른다."라고 했으니, 짊어지는 것은 몸으로 하는 것이고 따뜻하게 해주는 것은 기로 하니, 따뜻하게 품어주어 자신의 새끼로 변화시킨다는 의미이다. 이것은 명령이 자신의 새끼를 양육하지 못한다는 뜻이 아니며, 천자가 백성들을 다스릴 수 없다는 뜻을 비유한 것이니, 한 측면에서 그 비유를 취한 것일 뿐이다.

經文 敎誨爾子, 式穀似之.

번역 너의 자식들을 가르쳐서 선함을 사용하니 포로와 유사하도다.

鄭箋 箋云: 式, 用. 穀, 善也. 今有敎誨女之萬民用善道者, 亦似蒲盧, 言將得而子也

번역 전문에서 말하길, '식(式)'은 사용한다는 뜻이다. '곡(穀)'은 선함을 뜻한다. 현재 너의 백성들을 가르치며 선한 도를 사용하는 자가 있으니, 이 또한 포로(蒲盧)의 경우와 유사한 것으로, 장차 백성을 얻어 자신의 자식으로 만든다는 의미이다.

孔疏 ●"中原"至"似之". ○毛以爲, 旣言天命將去, 故告幽王以王位無常. 言原田之中有菽藿, 衆民能力采之者則得食之. 以興域中之有王位, 有德能勤治之者則得處之. 藿生原中, 非有主; 位在域中, 非有常也. 所以爲無常者, 桑蟲自有子, 而蒲盧負而養之, 以成己子. 若有聖德者, 能敎誨爾之萬民用善道則似之矣. 言此蒲盧養取桑蟲之子以爲己子, 似有德者敎取王民以爲己民, 是王位無常也. 王何不修德以固位乎? 實敎誨萬民, 而言子者, 王肅云: 王者作民父母, 故以民爲子.

번역 ●經文: "中原"~"似之". ○모씨는 다음과 같이 여겼다. 이미 천명이 떠나갈 것이라고 했기 때문에 유왕(幽王)에게 천자의 지위는 고정되어 있지 않다고 알린 것이다. 즉 들판에 생겨난 콩잎은 백성들 중 힘써 채집하는 자라면 그것을 취하여 먹을 수 있다는 의미이다. 즉 영토에 속한 천자의 지위는 유덕한 자 중 열심히 다스릴 수 있는 자가 있다면 지위를 얻어 천자에 오른다는 사실을 비유하였다. 들판에 생겨난 콩잎은 누구의 소유도 아니며, 영토에 속한 천자의 지위도 고정된 것이 아니다. 고정되어 있지 않은 것은 뽕나무벌레가 자식을 낳았지만 포로가 그것을 짊어지고 떠나 양육하여 자신의 자식으로 만들기 때문이다. 마치 성인의 덕을 갖춘 자가 너의 백성들을 가르치며 선한 도를 사용할 수 있다면, 그와 유사하게 된다는 의미이다. 즉 이러한 포로가 뽕나무벌레의 자식을 가져다가 자신의 자식으로 만들 듯이 덕을 갖춘 자가 천자의 백성들을 데려다가 자신의 백성으로 만드는 것과 유사하니, 이것은 천자의 지위가 고정되어 있지 않다는 사실을 나타낸다. 그러므로 천자는 어찌하여 덕을 갈고 닦아서 지위를 확고히 하지 않는가? 진실로 백성들을 잘 가르쳐야 하는데 자식이라고 말한 것에 대해, 왕숙은 "천자는 백성들의 부모가 되기 때문에 백성을 자식으로 여긴 것이다."라고 했다.

孔疏 ○鄭唯"刺厲王"爲異.

번역 ○정현만이 유독 "여왕(厲王)을 풍자한 것이다."라고 하여 차이를 보인다.

經文 題彼脊令, 載飛載鳴.

번역 저 척령이라는 새를 보니 끊임없이 날고 울부짖는구나.

鄭箋 題, 視也. 脊令不能自舍, 君子有取節爾. 箋云: 題之爲言視睇也. 載之言則也. 則飛則鳴, 翼也口也, 不有止息

번역 '제(題)'자는 본다는 뜻이다. 척령(脊令)이라는 새는 제 스스로 머물러 있을 수 없는데, 군자는 그것을 보고 절도로 취한 점이 있다. 전문에서 말하길, '제(題)'자는 곁눈질한다는 뜻이다. '재(載)'자는 즉(則)자를 뜻한다. 곧 날고 곧 우는 것은 날개와 입이 잠시라도 그치지 않는 것이다.

釋文 題, 大計反. 令音零, 本亦作"鴒", 注同. 舍音捨. 睼, 大計反.

번역 '題'자는 '大(대)'자와 '計(계)'자의 반절음이다. '令'자의 음은 '零(령)'이며, 판본에 따라서 또한 '鴒'자로도 기록하고, 정현의 주에 나온 글자도 그 음이 이와 같다. '舍'자의 음은 '捨(사)'이다. '睼'자는 '大(대)'자와 '計(계)'자의 반절음이다.

孔疏 ◎箋"題之"至"止息". ○正義曰: 傳已訓題爲視, 此又言視睼者, 以取之爲節, 當取傍視爲義. 曲禮注: "淫視, 睼盼也." 說文云: "睼, 小邪視也." 鳥皆飛鳴, 而此及常棣獨云"雝渠"者, 此鳥自有不能止舍之性, 故取爲喻也. 正以飛鳴無止息爲興者, 亦欲取飛以喩其行事, 鳴以喩其議也, 故云口也翼也, 無肯止息時也.

번역 ◎箋: "題之"~"止息". ○전문에서 이미 제(題)자를 본다는 뜻으로 풀이했는데, 이곳에서는 재차 시제(視睼)라고 풀이했다. 그 이유는 그것을 취하여 절도로 삼았으니, 마땅히 곁눈질한다는 것을 뜻으로 삼아야 하기 때문이다. 『예기』「곡례(曲禮)」편에 대한 주에서는 "음시(淫視)는 곁눈질한다는 뜻이다."[26)라고 했다. 『설문』에서는 "제(睼)는 조금 비스듬히 보는 것이다."라고 했다. 새는 모두 날고 울부짖는데, 이곳 기록과 『시』「상체(常棣)」편에서 유독 '옹거(雝渠)'를 말한 것은 이 새는 제 스스로 머물러 있을 수 없는 성질을 가지고 있기 때문에 그 뜻을 취하여 비유를 들었다. 즉 날고 울부짖으며 그치지 않는다는 것으로 비유를 한 것이니, 이 또한 난다는 것을 통해서 일을 시행한다는 의미를 비유하였고, 운다는 것을 통해서 논의함을 비유하였다. 그래서 입과 날개는 그치는 때가 없다고 말한 것이다.

---

26) 이 문장은 『예기』「곡례상(曲禮上)」【22c】의 "毋側聽, 毋噭應, 毋淫視, 毋怠荒."이라는 기록에 대한 정현의 주이다.

經文 我日斯邁, 而月斯征.

번역 우리 천자는 날마다 이처럼 시행하고 달마다 이처럼 시행하는구나.

鄭箋 箋云: 我, 我王也. 邁·征皆行也. 王日此行, 謂日視朝也. 而月此行, 謂月視朔也. 先王制此禮, 使君與群臣議政事, 日有所決, 月有所行, 亦無時止息

번역 전문에서 말하길, '아(我)'자는 우리 천자를 뜻한다. '매(邁)'자와 '정(征)'자는 모두 시행한다는 뜻이다. 천자가 날마다 이처럼 시행한다는 말은 날마다 조정에 참관한다는 뜻이다. 달마다 이처럼 시행한다는 말은 달마다 시삭(視朔)을 한다는 뜻이다. 선왕이 이러한 예법을 제정하여, 군주와 뭇 신하들이 정사를 의론하도록 하여, 날마다 결정을 하고 달마다 시행하도록 했으니, 이 또한 그치는 때가 없다는 의미이다.

釋文 日, 而乙反, 下同. 朝, 直遙反.

번역 '日'자는 '而(이)'자와 '乙(을)'자의 반절음이며, 아래문장에 나오는 글자도 그 음이 이와 같다. '朝'자는 '直(직)'자와 '遙(요)'자의 반절음이다.

孔疏 ◎箋"我我"至"止息". ○正義曰: 以此上承不能自舍, 而云日月此行, 故爲我王. 王於政事所行, 唯有日視朝, 月視朔耳. 又解令王視朝及視朔意, 以先王制此禮, 欲使君與群臣行之, 以議政事, 日有所決斷, 月有所施行, 亦無止息時. 先王制禮意如此, 所以今欲令我王有所成決也.

번역 ◎箋: "我我"~"止息". ○이를 통해 앞에서 스스로 머물지 않는다는 뜻을 이어서, 날마다 또 달마다 이러한 것들을 시행하기 때문에 우리 천자가 될 수 있다고 한 것이다. 천자는 정사를 시행하는 것에 대해, 단지 날마다 조정에 참관하고 달마다 시삭(視朔)을 할 따름이다. 또 천자가 조정에 참관하고 시삭을 하는 의미를 풀이하여, 선왕이 이러한 예법을 제정한 것은 군주와 뭇 신하들로 하여금 시행토록 해서 정사를 의론하게 하며, 날마다 결정하고 달마다 두루 시행하도록 만든 것이니, 이 또한 그치는 때가 없다는 의미이다. 선왕이 예법을 제정한 의미가 이와 같으니, 현재 우리 천자로 하여금 이루고 결정하는 것이 있게끔 만들고자 해서이다.

經文 夙興夜寐, 毋忝爾所生.

번역 일찍 일어나고 밤늦게 자서 너를 낳아주신 분을 욕되게 하지 말지어다.

鄭箋 忝, 辱也.

번역 '첨(忝)'자는 욕보인다는 뜻이다.

釋文 毋忝, 上音無, 下他簟反, 字林他念反.

번역 '毋忝'에서의 '毋'자는 그 음이 '無(무)'이고, '忝'은 '他(타)'자와 '簟(점)'자의 반절음이며, 『자림』에서는 '他(타)'자와 '念(념)'자의 반절음이라고 했다.

孔疏 ●"題彼"至"所生". ○毛以爲, 旣王位無常, 須自勤於政, 故告幽王. 言視彼脊令之鳥, 尚則飛則鳴, 旣飛以翼, 又鳴以口, 翼也口也, 無有止息之時. 況人之處世, 其可自舍! 視此脊令, 以爲喩節, 故我王當日此行, 行視朝之禮; 又而月此行, 行視朔之政, 與群臣議政事, 日有所決, 月有所行, 亦如脊令無肯止息時也. 故當早起夜臥行之, 無辱汝所生之父祖已.

번역 ●經文: "題彼"~"所生". ○모씨는 다음과 같이 여겼다. 이미 천자의 지위는 고정되어 있지 않으므로, 스스로 정사에 대해 열심히 노력해야 하기 때문에, 유왕(幽王)에게 이 사실을 알린 것이다. 즉 저 척령(脊令)이라는 새를 살펴보면, 항상 날아다니고 울부짖는데, 나는 것은 날개를 통해 날고 울부짖는 것은 입을 통해 울부짖는다. 따라서 날개와 입이라는 것이 잠시라도 그치는 때가 없다. 하물며 사람이 세상에 처해서 스스로 가만히 있을 수 있겠는가! 이러한 척령이라는 새를 보고 절도로 삼는 것을 비유하였다. 그러므로 우리 천자는 마땅히 날마다 이러한 일을 시행하니, 곧 조정에 참관하는 예법을 시행하는 것이며, 또 달마다 이러한 일을 시행하니, 곧 시삭(視朔)의 정무를 시행하는 것으로, 뭇 신하들과 정사를 의론하여, 날마다 결정을 내리고 달마다 시행함을 둔다. 이 또한 척령이 잠시도 그치는 때가 없다는 것과 같다. 그러므로 마땅히 일찍 일어나고 밤늦게 자며 이러한 일들을 시행하여, 너를 낳아주신 부모와 조상을 욕되게 해서는 안 될 따름이다.

孔疏 ○鄭唯"刺厲王"爲異.

번역 ○정현만이 유독 "여왕(厲王)을 풍자한 것이다."라고 하여 차이를 보인다.

經文 交交桑扈, 率場啄粟.

번역 저 작디작은 상호여, 마당을 돌아다니며 곡식을 쪼아대는구나.

鄭箋 交交, 小貌. 桑扈, 竊脂也. 言上爲亂政, 而求下之治, 終不可得也. 箋云: 竊脂肉食, 今無肉而循場啄粟, 失其天性, 不能以自活

번역 '교교(交交)'는 작은 모습을 뜻한다. '상호(桑扈)'는 절지(竊脂)라는 새이다. 즉 위에서 정사를 어지럽히고 아래에서 다스려지기를 바란다면 끝내 얻을 수 없다는 사실을 뜻한다. 전문에서 말하길, 절지는 육식을 하는 새인데, 현재 고기가 없어서 마당을 돌아다니며 곡식을 쪼아대니, 이것은 자신의 천성을 잃은 것으로 스스로 살아갈 수 없다.

釋文 扈音戶. 場, 大良反. 啄, 陟角反. 竊音切. 治, 直吏反.

번역 '扈'자의 음은 '戶(호)'이다. '場'자는 '大(대)'자와 '良(량)'자의 반절음이다. '啄'자는 '陟(척)'자와 '角(각)'자의 반절음이다. '竊'자의 음은 '切(절)'이다. '治'자는 '直(직)'자와 '吏(리)'자의 반절음이다.

孔疏 ◎傳"桑扈"至"可得". ○正義曰: "桑扈, 竊脂", 釋鳥文. 郭璞曰: "俗呼靑雀, 觜曲, 食肉, 喜盜脂膏食之, 因以名云." 陸機云: "靑雀也. 好竊人脯肉脂及膏, 故曰竊脂也." 桑扈食肉之鳥, 而啄粟, 求活不可得. 以喩上爲亂政, 而求下治, 亦不可得也.

번역 ◎傳: "桑扈"~"可得". ○"'상호(桑扈)'는 절지(竊脂)라는 새이다."라고 했는데, 이것은 『이아』「석조(釋鳥)」편의 문장이다.[27] 곽박은 "세속에서는 청작(靑雀)이라고 부르니 부리가 굽어 있고 고기를 먹으며, 지방을 훔쳐서 먹기를 즐겨하여 이러한 이름으로 부른다."라고 했다. 육기는 "청작(靑雀)이라는 새이다. 남의 고기나 지방을 몰래 훔쳐가길 좋아하기 때문에 '절지(竊脂)'라고 부른다."라고 했다. 상호는 고기를 먹는 새인데, 곡식을 쪼고 있으니, 살려고 하더라도 살 수 없다. 이를 통해 위에서 정사를 어지럽히고 아래에서 다스려지기를 구한다면 이 또한 이룰 수 없다는 뜻을 비유하였다.

經文 哀我塡寡, 宜岸宜獄. 握粟出卜, 自何能穀?

번역 애달프구나! 우리 재물을 탕진한 사람이여, 이에 송사의 일이 벌어졌도다. 알곡 한 움큼을 쥐고 나와서 점을 치니, 어디로부터 살아날 수 있겠는가?

鄭箋 塡, 盡. 岸, 訟也. 箋云: 仍得曰宜. 自, 從. 穀, 生也. 可哀哉! 我窮盡寡

---

27) 『이아』「석조(釋鳥)」: 桑扈, 竊脂.

財之人, 仍有獄訟之事, 無可以自救, 但持粟行卜, 求其勝負, 從何能得生?

번역 '전(塡)'자는 다하다는 뜻이다. '안(岸)'자는 송사를 뜻한다. 전문에서 말하길, 이에 따라 얻는 것을 '의(宜)'라고 부른다. '자(自)'자는 '~로부터'라는 뜻이다. '곡(穀)'자는 산다는 뜻이다. 애달프구나! 우리 재물을 탕진한 사람이여, 이에 옥사와 송사의 일이 벌어졌는데, 스스로 구원할 수가 없고 단지 알곡을 가지고서 점을 치며 승패를 가늠하니, 어디로부터 살아날 수 있겠는가?

釋文 塡, 徒典反, 韓詩作"疹". 疹, 苦也. 岸如字, 韋昭注漢書同, 韓詩作"犴", 音同, 云: "鄕亭之繫曰犴, 朝廷曰獄." 握, 於角反.

번역 '塡'자는 '徒(도)'자와 '典(전)'자의 반절음이며, 『한시』에서는 '疹'자로 기록했다. '疹'자는 고달프다는 뜻이다. '岸'자는 글자대로 읽는데, 『한서』에 대한 위소[28]의 주에서도 동일하게 기록했으며, 『한시』에서는 '犴'자로 기록했는데, 그 음은 동일하며, "향리에 연루된 것을 '안(犴)'이라고 부르며, 조정에 연루된 것을 '옥(獄)'이라고 부른다."라고 했다. '握'자는 '於(어)'자와 '角(각)'자의 반절음이다.

孔疏 ◎箋"仍得"至"得生". ○正義曰: 時政苛虐, 民多枉濫. 此人數遭之, 在上以爲此實有罪, 宜其當然. 由其仍得, 故曰宜也. 箋以寡財者, 以衰亂之世, 政以賄成. 史記曰: "百金之子, 不死於市." 是貧者無財自救, 但持粟以求卜者, 問得勝負. 世必無從得活, 故可哀也.

번역 ◎箋: "仍得"~"得生". ○당시 정치가 포악하여 백성들이 대부분 사특하고 남의 것을 탐하게 되었다. 이러한 사람은 자주 이들을 접하는데, 위정자는 이들에게 죄가 있다고 여기고, 그것을 당연하다고 여긴다. 그에

---

28) 위소(韋昭, A.D.204~A.D.273) : 삼국시대(三國時代) 때 오(吳)나라의 학자이다. 자(字)는 홍사(弘嗣)이다. 사마소(司馬昭)의 이름을 피휘하여, 요(曜)로 고쳤다. 저서로는 『국어주(國語注)』 등이 있다.

따라 얻기 때문에 '의(宜)'라고 했다. 전문에서는 재물을 탕진한 것이라고 여긴 것은 쇠락하고 혼란한 세상에서 정치를 시행하며 뇌물로 이루었기 때문이다. 『사기』에서는 "백금을 가진 자의 자식은 시장에서 죽임을 당하지 않는다."[29]라고 했으니, 이것은 가난한 자는 재물을 통해 스스로 구원할 수 없고, 단지 알곡을 가지고 점을 쳐서 승패의 여부를 묻게 된다는 사실을 뜻한다. 이러한 세상에서는 반드시 무언가를 통해서 살아날 수 있는 방도가 없기 때문에 슬퍼할만 하다.

孔疏 ●"交交"至"能穀". ○毛以爲, 交交然小者, 是桑扈之鳥也. 鳥自求生活, 當應肉食. 今旣無肉, 循場啄粟而食之, 失其天性. 以此求活, 將必不能. 以興王者欲求治國, 當行善教. 今無善教施布, 亂政以治之, 失其常法. 以此求治, 終不可得. 政旣亂, 可哀哉, 我窮盡寡財之人, 濫被繫禁. 在上謂之宜有此訟, 宜有此獄. 在位不矜愍, 在身無以自救, 但手握其粟, 出卜其勝負. 貧困如此, 竟從何而能生活乎? 是尤可哀也.

번역 ●"交交"至"能穀". ○모씨는 다음과 같이 여겼다. 작디작다는 것은 상호(桑扈)라는 새를 뜻한다. 새가 스스로 살아날 길을 구한다면 마땅히 고기를 먹어야 한다. 현재 고기가 없는 상태이므로, 마당을 돌며 곡식을 쪼아서 먹으니, 본성을 잃어버린 것이다. 이를 통해 살아나고자 한다면, 반드시 이룰 수 없게 된다. 이를 통해 천자가 나라를 다스리고자 한다면 마땅히 선한 정교를 시행해야 함을 비유하였다. 그러나 현재 선한 정교를 시행하지 않고, 정치를 문란하게 하여 다스리니, 이것은 항상된 법도를 잃어버린 것이다. 이를 통해 다스려지기를 구한다면 끝내 이룰 수 없다. 정치가 이미 문란하게 되었으니, 슬퍼할만 하구나! 우리 재물을 탕진한 자는 감금되었도다. 위에 있는 자는 이에 이러한 상소가 있어야 하고, 이에 이러한 옥사가 있어야 한다고 한다. 제위에 있는 자가 가엾게 여기지 않아서, 본인에게 있어서도 스스로 구원할 방책이 없어, 단지 손으로 알곡을 움켜쥐고

---

29) 『사기(史記)』「화식열전(貨殖列傳)」: 諺曰, "千金之子, 不死於市." 此非空言也.

밖으로 나와 승패를 점쳐본다. 빈곤이 이와 같다면 결국 어디를 통해 살아
날 수 있겠는가? 이것은 더욱 더 슬퍼할만 한 일이다.

孔疏 ○鄭唯"刺厲王"爲異.

번역 ○정현만이 유독 "여왕(厲王)을 풍자한 것이다."라고 하여 차이를
보인다.

經文 溫溫恭人,

번역 화락하고 유순한 공손한 사람이여,

鄭箋 溫溫, 和柔貌.

번역 '온온(溫溫)'은 화락하고 유순한 모습을 뜻한다.

經文 如集于木.

번역 나무에 운집한 것 같도다.

鄭箋 恐隊也.

번역 떨어질 것을 염려한 것이다.

經文 惴惴小心, 如臨于谷.

번역 두려워 벌벌 떠는 소심한 사람이여, 계곡에 임한 것 같도다.

鄭箋 恐隕也.

번역 빠질 것을 염려한 것이다.

釋文 惴, 之瑞反. 恐隕, 上丘勇反, 下于敏反.

번역 '惴'자는 '之(지)'자와 '瑞(서)'자의 반절음이다. '恐隕'에서의 '恐'자
는 '丘(구)'자와 '勇(용)'자의 반절음이며, '隕'자는 '于(우)'자와 '敏(민)'자의
반절음이다.

經文 戰戰兢兢, 如履薄冰.

번역 전전긍긍하여, 살얼음을 걷는 것 같도다.

鄭箋 箋云: 衰亂之世, 賢人君子雖無罪猶恐懼.

번역 전문에서 말하길, 쇠락하고 혼란한 세상에서 현명한 사람과 군자
는 비록 죄가 없더라도 조심하고 두려워한다.

毛序 小宛, 大夫刺宣王也.

번역 「소완」편은 대부가 선왕(宣王)을 풍자한 시이다.

鄭箋 亦當爲刺厲王.

번역 이 또한 마땅히 여왕(厲王)을 풍자한 시이다.

孔疏 毛以作小宛詩者, 大夫刺幽王也. 政教爲小, 故曰"小宛". 宛是小貌,
刺宣王政教狹小宛然. 經云"宛彼鳴鳩", 不言名曰"小宛"者, 王才智卑小似小
鳥然. 傳曰"小鳥", 是也.

번역 모씨는 「소완」의 시를 지은 것은 대부가 유왕(幽王)을 풍자한 것
이라고 했다. 정교가 작기 때문에 '소완(小宛)'이라고 했다. '완(宛)'자는 작
은 모습을 뜻하니, 선왕의 정교가 협소하고 작다는 것을 풍자한 것이다.
경문에서 '완피명구(宛彼鳴鳩)'라고 하여, '소완(小宛)'이라고 부르지 않았

는데, 천자의 재질과 지모가 낮고 작아서 마치 작은 새와 같기 때문이다. 전에서 '소조(小鳥)'라고 한 말이 바로 이러한 사실을 나타낸다.

孔疏 ○鄭"刺厲王"爲異.

번역 ○정현은 "여왕(厲王)을 풍자한 것이다."라고 하여 차이를 보인다.

그림 7-1 ◼ 주(周)나라 문왕(文王)

王　文　周

※ **출처:**『삼재도회(三才圖會)』「인물(人物)」1권

그림 7-2 ◼ 주(周)나라 세계도(世系圖) Ⅰ

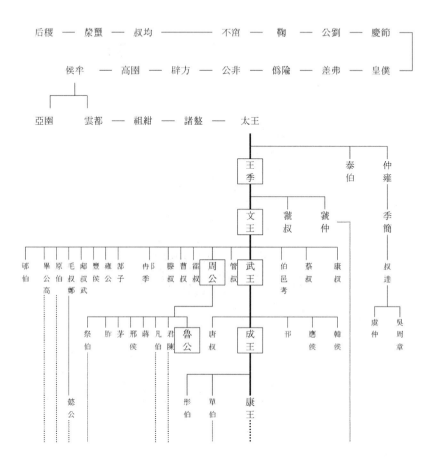

※ **출처**: 『역사(繹史)』 1권 「역사세계도(繹史世系圖)」

그림 7-3 ◼ 주(周)나라 세계도(世系圖) Ⅱ

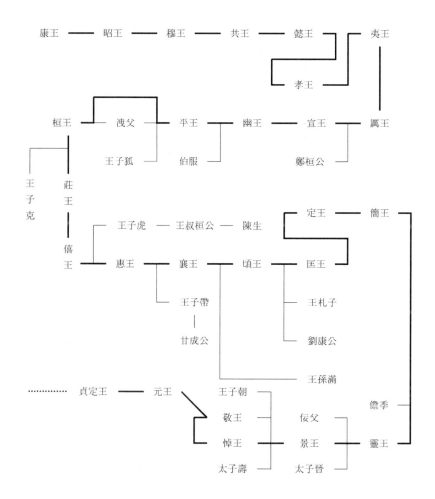

※ **출처**: 『역사(繹史)』 1권 「역사세계도(繹史世系圖)」

그림 7-4   ◉ 주(周)나라 세계도(世系圖) Ⅲ

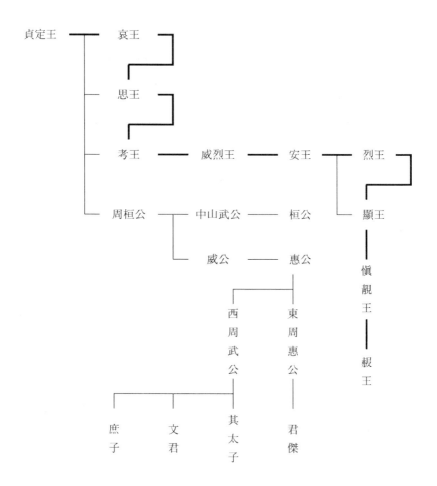

※ 출처: 『역사(繹史)』 1권 「역사세계도(繹史世系圖)」

그림 7-5 ■ 형(鉶)

※ **출처**: 좌-『삼례도집주(三禮圖集注)』13권
　　　　우-『삼재도회(三才圖會)』「기용(器用)」2권

• 제 8 절 •

공자(孔子)가 지낸 제사의 일화

【555d~556a】

仲尼嘗奉薦而進, 其親也慤, 其行也趨趨以數. 已祭, 子贛問曰, "子之言 '祭, 濟濟漆漆然', 今子之祭, 無濟濟漆漆, 何也?" 子曰, "濟濟者, 容也, 遠也; 漆漆者, 容也, 自反也. 容以遠, 若容以自反也, 夫何神明之及交? 夫何濟濟漆漆之有乎? 反饋樂成, 薦其薦俎, 序其禮樂, 備其百官, 君子致其濟濟漆漆, 夫何恍惚之有乎? 夫言豈一端而已? 夫各有所當也."

직역 仲尼가 嘗함에 薦을 奉하고 進한데, 그 親은 慤이나 그 行은 趨趨하여 數라. 已히 祭함에, 子贛이 問하여 曰, "子의 言에 '祭에는 濟濟하고 漆漆然이라', 今에 子의 祭함에, 濟濟함과 漆漆함이 無함은 何오?" 子가 曰, "濟濟者는 容이며, 遠이고; 漆漆者는 容이며, 自히 反이라. 容하여 遠하고, 容하여 自히 反함에, 夫히 何히 神明이 交에 及하리오? 夫히 何히 濟濟함과 漆漆함이 有리오? 反하여 饋하고 樂을 成하며, 그 薦俎를 薦하고, 그 禮樂을 序하며, 그 百官을 備함에, 君子는 그 濟濟함과 漆漆함을 致하니, 夫히 何히 恍惚함이 有리오? 夫히 言에 豈히 一端일 뿐이리오? 夫히 各히 當한 所가 有라."

의역 공자(孔子)는 자신의 종묘에서 가을 제사를 지내며, 음식을 받들고 시동에게 나아갔는데, 직접 그 일을 처리함에는 전일하고 조심스러웠지만 행동에 있어서는 걸음이 급하여 발을 빈번하게 들어 올렸다. 제사가 끝나자 자공은 "선생님께서는 이전에 '제사를 치를 때에는 융성하고 장엄하며 전일하고 지극한 모습을 취해야 한다.'라고 하셨습니다. 그런데 현재 선생님께서 제사를 지내는 모습을 보니 그러한 모습이 나타나지 않는데, 어찌된 일입니까?"라고 물었다. 공자는 "융성하고 장엄하다는 것은 행동거지를 뜻하는데, 이것은 제사에 참여한 빈객들처럼 제사 대상과 관계가 소원한 자들이 취하는 태도이다. 또 전일하고 지극하다는 것도 행동거지를 뜻하는데, 스스로 가다듬고 정돈하는 것이다. 이러한 행동거지를 통해 소원하게 대하고 스스로 정돈하게 된다면 어찌 신명이 교감할 수 있겠는가? 따라서 자신이 직접 제사를 지낼 때 어찌 융성하고 장엄하며 전일하고 지극한 행동거지를 취할 수 있겠는가? 시동이 묘실로 되돌아가서 음식을 바치고 음악을 연주하여 절차를 완성하면, 주인은 궤식의 음식들과 희생물을 담은 도마를 바치고, 예악을 질서정연하게 시행하고, 또 모든 관리들이 참여하도록 하니, 이처럼 제사에 참여해서 돕는 군자들은 융성하고 장엄하며 전일하고 행동거지를 지극히 하게 되는데, 어찌 이들에게서 그리움에 사무쳐 멍하게 있는 모습이 있을 수 있겠는가? 따라서 말에 어찌 한 측면만 있겠는가? 말에는 각각 해당하는 것들이 있다."라고 대답했다.

集說 嘗, 秋祭也. 奉薦而進, 進於尸也. 親, 身自執事也. 愨, 專謹貌. 趨趨, 讀爲促促, 行步迫狹也; 數, 擧足頻也, 皆不事威儀之貌. 子貢待祭畢, 以夫子所嘗言者爲問, 蓋怪其今所行與昔所言異也. 夫子言濟濟者, 衆盛之容也, 遠也, 言非所以接親親也. 漆漆者, 專致之容也. 自反, 猶言自修整也. 若, 及也. 容之疏遠及容之自反者, 夫何能交及於神明乎? 我之自祭, 何可有濟濟漆漆乎? 言以誠愨爲貴也. 若言天子諸侯之祭, 尸初在室, 後出在堂, 更反入而設饋作樂旣成, 主人薦其饋食之豆與牲體之俎, 先時則致敬以交於神明, 至此則序禮樂, 備百官, 獻酬往復, 凡助祭之君子, 各以威儀相尙, 而致其濟濟漆漆之容, 當此之際, 何能有思念慌惚交神之心乎? 各有所當, 言各有所主, 謂濟濟漆漆, 乃宗廟中賓客之容, 非主人之容也; 主人之事親, 宜愨而趨數也.

번역 '상(嘗)'[1]자는 가을 제사를 뜻한다. "음식을 받들고 나아간다."는

---

1) 상제(嘗祭)는 가을에 종묘(宗廟)에서 지내는 제사를 뜻한다. 『이아』「석천(釋天)」편에는 "春祭曰祠, 夏祭曰礿, <u>秋祭曰嘗</u>, 冬祭曰烝."이라는 기록이 있다. 즉 봄에 지내는 제사를 '사(祠)'라고 부르며, 여름에 지내는 제사를 '약(礿)'이라고 부르고, 가을에 지내는 제사를 '상(嘗)'이라고 부르며, 겨울에 지내는 제사를 '증(烝)'이라고 부른다. 한편 '상'제사는 성대한 규모로 거행하였기 때문

말은 시동에게 나아간다는 뜻이다. '친(親)'자는 자신이 직접 그 일을 처리한다는 뜻이다. '각(慤)'자는 전일하며 조심하는 모습을 뜻한다. '추추(趨趨)'는 촉촉(促促)으로 풀이하니, 걸음걸이가 급하고 폭이 좁다는 뜻이고, '삭(數)'은 발을 자주 들어 올린다는 뜻이니, 모두 위엄스러운 행동거지로 일을 처리하는 것이 아니다. 자공은 제사가 끝날 때까지 기다린 뒤에 공자가 평상시 자주 하던 말로 질문을 했으니, 현재 공자가 시행한 행동이 이전에 한 말과 차이를 보이는 것을 괴이하게 여겼기 때문이다. 공자는 다음과 같이 대답했다. '제제(濟濟)'라는 것은 여럿이 융성하게 행동하는 모습이며, 관계가 소원한 경우에 해당한다는 뜻이니, 친근한 자를 친근하게 대하는 방법이 아니라는 뜻이다. 그리고 '칠칠(漆漆)'은 전일하고 지극한 모습이다. '자반(自反)'은 스스로 가다듬고 정돈한다는 뜻이다. '약(若)'자는 '~과[及]'라는 뜻이다. 소원하게 대하는 모습과 스스로 정돈하는 모습을 취한다면, 어떻게 신명과 교감할 수 있겠는가? 본인이 직접 제사를 지내면서 어떻게 관계를 소원하게 대하며 스스로 정돈하는 모습을 취할 수 있겠는가? 즉 진실하고 전일한 것을 존귀하게 여긴다는 뜻이다. 만약 천자와 제후의 제사로 말한다면, 시동은 최초 묘실(廟室)에 있고, 이후에 밖으로 나와서 당상(堂上)에 있으며, 재차 되돌아가 묘실로 들어가며, 음식을 차리고 음악을 연주하여 절차를 완성하면, 주인은 궤식(饋食)[2]에 사용하는 두(豆)와 희생물의 몸체를 담은 도마[俎]를 바치고, 앞선 시기에는 공경함을 지극히 하여 신명과 교감하고, 이 시기에 이르게 되면 예악을 차례대로 갖추고, 모든

에, '대상(大嘗)'이라고도 불렀으며, 가을에 지낸다는 뜻에서, '추상(秋嘗)'이라고도 불렀다. 또한 『춘추번로(春秋繁露)』「사제(四祭)」편에서는 "四祭者, 因四時之所生孰而祭其先祖父母也. 故春曰祠, 夏曰礿, 秋曰嘗, 冬曰烝. …… 嘗者, 以七月嘗黍稷也."이라고 하여, 가을 제사인 상(嘗)제사는 7월에 시행하며, 서직(黍稷)을 흠향하도록 지낸다는 뜻에서 맛본다는 뜻의 '상'자를 붙였다고 설명한다.

2) 궤식(饋食)은 음식을 바친다는 뜻이다. 고대에는 천자 및 제후들이 매월 초하루마다 종묘(宗廟)에서 음식을 바치는 의식을 치렀는데, 이것을 '궤식'이라고도 부른다. 『주례』「춘관(春官)·대종백(大宗伯)」편에는 "以饋食享先王."이라는 기록이 있다. 한편 조사(朝事)를 시행할 때, 조천(朝踐)을 끝낸 뒤, 생고기를 삶아서 재차 바치는 의식을 가리키기도 한다.

관리들을 참여시켜서, 술을 바치고 주고받는 것을 반복하니, 무릇 제사를 돕는 군자들은 각각 위엄을 갖춘 행동거지를 숭상하여, 융성하고 정돈된 모습을 지극히 나타내니, 이러한 시기에 어떻게 그리워하는 마음에 멍하게 있으며 신과 교감하려는 마음을 가질 수 있겠는가? '각유소당(各有所當)'은 각각 위주로 하는 것이 있다는 뜻으로, 제제(濟濟)와 칠칠(漆漆)이라는 것은 곧 종묘 안에서 빈객들이 취하는 행동거지이지 주인이 취하는 행동거지가 아니라는 의미이니, 주인이 부모의 제사를 치를 때에는 마땅히 전일하고 조심하며 걸음걸이가 급하고 발을 자주 들어 올리게 된다.

大全 延平周氏曰: 濟濟之容遠也, 而漆漆之容自反也. 遠而自反, 非主祭容, 特其助祭者之容耳. 故孔子之言祭則濟濟漆漆, 而親奉祭則愨而趨數者, 蓋言之各有所當也.

번역 연평주씨3)가 말하길, 제제(濟濟)라는 행동거지는 소원하게 대하는 것이며, 칠칠(漆漆)이라는 행동거지는 스스로를 가다듬는 것이다. 소원하게 대하고 스스로를 가다듬는 것은 제사를 주관하는 자의 행동거지가 아니며, 단지 제사를 돕는 자들의 행동거지일 따름이다. 그렇기 때문에 공자가 제사에 대해 말했을 때에는 제제하고 칠칠하게 행동해야 한다고 했고, 직접 제사를 시행할 때에는 전일하고 조심스럽고 걸음이 급하여 발을 자주 들어 올렸던 것이니, 무릇 말에는 각각 해당하는 것이 있다는 뜻이다.

鄭注 嘗, 秋祭也. 親, 謂身親執事時也. 愨與趨趨, 言少威儀也, 趨讀如促. 數之言速也. 漆漆, 讀如朋友切切. 自反, 猶言自脩整也. 容以遠, 言非所以接親親也. 容以自反, 言非孝子所以事親也. 及, 與也. 此皆非與神明交之道. 天子諸侯之祭, 或從血·腥始, 至反饋, 是進熟也. 薦俎, 豆與俎也. 慌惚, 思念益深之時也. 言祭事既備, 使百官助己祭, 然而見其容而自反, 是無慌惚之思念.

---

3) 연평주씨(延平周氏, ?~?) : =주서(周諝)·주희성(周希聖). 송(宋)나라 때의 유학자이다. 이름은 서(諝)이다. 자(字)는 희성(希聖)이다. 『예기설(禮記說)』 등의 저서가 있다.

豈一端, 言不可以一槩也, 禮各有所當. 行祭宗廟者, 賓客濟濟漆漆, 主人愨而趨趨.

번역 '상(嘗)'자는 가을 제사를 뜻한다. '친(親)'자는 자신이 직접 일을 집행하는 때를 뜻한다. 각(愨)과 추추(趨趨)는 위엄에 맞는 행동거지가 적다는 뜻이며, '추(趨)'자는 '촉(促)'자로 풀이한다. '삭(數)'자는 "급하다[速]."는 뜻이다. '칠칠(漆漆)'은 "벗 사이에서는 간절하다."[4]라고 할 때의 '절절(切切)'처럼 풀이한다. '자반(自反)'은 스스로 가다듬고 정돈한다는 말과 같다. '용이원(容以遠)'은 친근한 자를 친근하게 대하는 태도가 아니라는 뜻이다. '용이자반(容以自反)'은 자식이 부모를 섬기는 태도가 아니라는 뜻이다. '급(及)'자는 '~과[與]'라는 뜻이다. 이러한 행동거지는 모두 신명과 교감하는 도리가 아니라는 뜻이다. 천자와 제후의 제사에서는 간혹 희생물의 피와 생고기를 바치는 것으로부터 시작하여 시동이 되돌아가 음식을 바치는 것까지는 바로 익힌 음식을 진설하는 때에 해당한다. '천조(薦俎)'는 두(豆)와 도마에 음식을 올려서 바치는 것이다. '황홀(慌惚)'은 그리움에 깊이 잠겨 있는 때를 뜻한다. 즉 제사의 절차들이 모두 갖춰져 있고 모든 관리들로 하여금 자신의 제사를 돕게 하지만, 장엄한 용모를 드러내고 스스로를 정돈하는 태도에는 부모를 깊게 그리워하는 마음이 없다는 뜻이다. '기일단(豈一端)'은 한 가지로만 볼 수 없으니, 예법에는 각각 해당하는 것들이 있다는 뜻이다. 종묘에서 제사를 시행할 때, 빈객들은 제제와 칠칠의 행동거지를 취하지만, 주인은 전일하게 조심하며 걸음걸이가 급하게 된다.

釋文 仲尼嘗, 絶句. 嘗, 秋祭. 奉薦而進, 絶句. 其親也愨, 絶句. 趨音促, 注及下注皆同. 數, 色角反, 徐音速, 注同. 贛音貢. 濟, 子禮反, 下同. 漆, 依注音切, 下同. 客也, 口白反, 賓客也, 下"客以遠"同. 容也, 羊凶反, 儀容也, 下"若容以自反"同. 樂成, 音岳, 又五敎反. 慌, 況往反, 注及下同; 一音荒. 惚音忽, 注及下同; 本又作忽. 當, 丁浪反. 槩, 古代反.

---

4) 『논어』「자로(子路)」: 子路問曰, "何如斯可謂之士矣?" 子曰, "切切偲偲, 怡怡如也, 可謂士矣. <u>朋友切切偲偲</u>, 兄弟怡怡."

번역 '仲尼嘗'에서 구문을 끊는다. '嘗'은 가을 제사를 뜻한다. '奉薦而進'에서 구문을 끊는다. '其親也慤'에서 구문을 끊는다. '趣'자의 음은 '促(촉)'이며, 정현의 주 및 아래문장의 주에 나오는 글자도 모두 그 음이 이와 같다. '數'자는 '色(색)'자와 '角(각)'자의 반절음이며, 서음(徐音)은 '速(속)'이고, 정현의 주에 나오는 글자도 이와 같다. '贛'자의 음은 '貢(공)'이다. '濟'자는 '子(자)'자와 '禮(례)'자의 반절음이며, 아래문장에 나오는 글자도 그 음이 이와 같다. '漆'자는 정현의 주에 따르면 그 음은 '切(절)'이며, 아래문장에 나오는 글자도 그 음이 이와 같다. '客也'에서의 '客'자는 '口(구)'자와 '白(백)'자의 반절음이며, 빈객을 뜻하고, 아래문장 중 '客以遠'에서의 '客'자도 이와 같다. '容也'에서의 '容'자는 '羊(양)'자와 '凶(흉)'자의 반절음이며, 위엄을 갖춘 행동거지를 뜻하고, 아래문장 중 '若容以自反'에서의 '容'자도 이와 같다. '樂成'에서의 '樂'자는 그 음이 '岳(악)'이며, 또한 '五(오)'자와 '教(교)'자의 반절음도 된다. '慌'자는 '況(황)'자와 '往(왕)'자의 반절음이고, 정현의 주 및 아래문장에 나오는 글자도 그 음이 이와 같고, 다른 음은 '荒(황)'이다. '惚'자의 음은 '忽(홀)'이며, 정현의 주 및 아래문장에 나오는 글자도 그 음이 이와 같고, 판본에 따라서는 또한 '忽'자로도 기록한다. '當'자는 '丁(정)'자와 '浪(랑)'자의 반절음이다. '槩'자는 '古(고)'자와 '代(대)'자의 반절음이다.

孔疏 ●"仲尼"至"當也". ○正義曰: 此一節記仲尼嘗祭之儀.

번역 ●經文: "仲尼"~"當也". ○이곳 문단은 공자가 상(嘗)제사를 지냈던 행동거지를 기록하고 있다.

孔疏 ●"奉薦而進, 其親也慤"者, 慤, 謂質慤, 謂仲尼奉薦進尸之時, 其身執事, 其形貌慤質, 少威儀.

번역 ●經文: "奉薦而進, 其親也慤". ○'각(慤)'자는 질박하고 진실하다는 뜻이니, 공자가 음식을 받들고 시동에게 나아갔을 때, 본인이 직접 그 일을 처리하였는데, 그 모습이 진실되고 질박하여 위엄을 갖춘 행동거지가 적었다는 뜻이다.

孔疏 ●"其行也趨趨以數"者, 其行步促促, 速疾少威儀, 舉足而數也.

번역 ●經文: "其行也趨趨以數". ○걸음걸이가 촉촉(促促)한 것이니, 급하고 빠르며 위엄을 갖춘 행동거지가 적어서, 발을 자주 들어 올린다는 뜻이다.

孔疏 ●"今子之祭, 無濟濟漆漆何也"者, 子贛先聞夫子說祭事威儀, 須濟濟漆漆然也. 今子之爲祭無濟濟漆漆者, 何也? 子曰濟濟者, 何也?

번역 ●經文: "今子之祭, 無濟濟漆漆何也". ○공자는 제사를 지낼 때에는 위엄을 갖춘 행동거지를 해야 해서, 제제(濟濟)와 칠칠(漆漆)처럼 해야 한다고 말했는데, 자공이 이전에 그 말을 들은 것이다. 그런데 현재 공자가 제사를 지내며 제제와 칠칠의 행동거지가 없는 것은 어째서인가? 즉 공자가 "제제(濟濟)해야 한다."라고 말한 것은 어째서냐는 뜻이다.

孔疏 ●"遠也", 夫子爲子贛說濟濟之義, 言濟濟者, 是容貌自疏遠.

번역 ●經文: "遠也". ○공자는 자공을 위해 제제(濟濟)의 뜻을 설명했으니, '제제(濟濟)'라는 것은 용모를 갖추어 스스로 상대를 소원하게 대하는 태도라는 뜻이다.

孔疏 ●"漆漆者, 容也, 自反也", 謂容貌自反覆而脩正也.

번역 ●經文: "漆漆者, 容也, 自反也". ○용모를 갖추어 스스로 반복하며 가다듬고 단정하게 한다는 뜻이다.

孔疏 ●"容以遠, 若容以自反也"者, 覆結上文, 言孝子若容貌以疏遠, 若容貌以自脩正, 此乃賓客之事.

번역 ●經文: "容以遠, 若容以自反也". ○앞의 문장을 재차 결론 맺은 말이니, 즉 자식이 용모를 갖춰서 제사의 대상을 소원하게 대하거나 스스로 가다듬고 단정하게만 한다면, 이것은 빈객이 시행해야 할 일이라는 뜻이다.

孔疏 ●"夫何神明之及交"者, 及, 與也. 言孝子若作賓客之容, 何得神明之與交? 言不得與神明交也.

번역 ●經文: "夫何神明之及交". ○'급(及)'자는 '~과[與]'라는 뜻이다. 자식이 만약 빈객이 갖춰야 할 태도를 취하게 된다면 어떻게 신명과 교감할 수 있겠느냐는 뜻이다. 즉 신명과 교감할 수 없다는 의미이다.

孔疏 ●"夫何濟濟漆漆之有乎"者, 更覆結之5). 云夫孝子何得濟濟漆漆之有乎, 言不得也. 其"容也, 遠也", 王肅以容爲客, 皇氏用王肅以客有其容之義, 其義亦通, 但於文勢不便, 至注更具詳.

번역 ●經文: "夫何濟濟漆漆之有乎". ○재차 결론을 맺은 말이다. 즉 자식이 어떻게 제제(濟濟)와 칠칠(漆漆)의 태도를 갖출 수 있느냐는 의미이니, 갖출 수 없다는 뜻이다. '용야(容也)'와 '원야(遠也)'에 대해서 왕숙은 '용(容)'자를 '객(客)'자로 여겼고, 황간은 왕숙의 주장에 따라서 빈객이 이러한 행동거지를 갖춘다는 뜻이라고 했는데, 그 의미 또한 통용된다. 다만 문맥상 불편하므로, 정현의 주에 대한 설명에서 다시 상세히 풀이하겠다.

---

5) '지(之)'자에 대하여. '지'자 앞에는 본래 '상(上)'자가 기록되어 있었는데, 완원(阮元)의 『교감기(校勘記)』에서는 "이곳 판본에는 '지'자 앞에 연문으로 '상'자가 기록되어 있고, 『민본(閩本)』도 이와 동일하게 기록되어 있다. 『감본(監本)』과 『모본(毛本)』에서는 '결지(結之)'라는 글자를 '결상문(結上文)'으로 잘못 기록했다."라고 했다.

孔疏 ●"反饋樂成"者, 此天子·諸侯之祭, 血腥而始, 及至進是設饌進孰, 合樂成畢. 定本"反饋"作"及"字, 至注更釋.

번역 ●經文: "反饋樂成". ○이것은 천자와 제후의 제사 때 희생물의 피와 생고기를 바치면서 제사를 시작하여, 음식을 진설하고 익힌 고기를 바치는 시기가 되면, 음악을 합주하여 그 절차를 완성한다는 뜻이다. 『정본』에는 '반궤(反饋)'를 '급(及)'자로 기록했는데, 정현의 주에 대한 설명해서 다시 풀이하겠다.

孔疏 ●"薦俎"者, 謂薦孰之時, 薦其饋食之豆并牲體之俎.

번역 ●經文: "薦俎". ○익힌 고기를 바칠 때를 의미하니, 궤식(饋食)에 사용되는 두(豆)와 희생물의 몸체를 올린 도마를 바친다는 뜻이다.

孔疏 ●"序其禮樂, 備其百官"者, 進饋之前與神明而交, 貴其誠敬. 進饋之後, 人事之盛, 故序其禮樂, 備其百官.

번역 ●經文: "序其禮樂, 備其百官". ○궤식(饋食)을 하기 이전에 신명과 교감할 때에는 진실됨과 공경함을 존귀하게 여긴다. 궤식을 한 이후에는 사람이 시행해야 할 일들이 융성하게 된다. 그렇기 때문에 예악을 질서에 맞게 시행하고, 모든 관리들을 참여시킨다.

孔疏 ●"君子致其濟濟漆漆"者, 言於此之時, 君子·助祭之人致其濟濟漆漆賓客之事.

번역 ●經文: "君子致其濟濟漆漆". ○이러한 시기에 군자와 제사를 돕는 사람들은 제제(濟濟)와 칠칠(漆漆)처럼 빈객이 시행해야 할 일들을 지극히 한다는 뜻이다.

孔疏 ●"夫何慌惚之有乎"者, 此一句覆結前文子貢問之. 若孝子自濟濟漆漆, 何得慌惚思念之有乎! 言無念親之意也.

번역 ●經文: "夫何慌惚之有乎". ○이 구문은 앞에서 자공이 물어본 내용에 대해 재차 결론을 맺은 것이다. 만약 자식이 제 스스로 제제(濟濟)와 칠칠(漆漆)의 행동거지를 보인다면, 어떻게 멍하게 있으며 부모를 그리워하는 마음을 갖출 수 있겠는가! 즉 부모를 그리워하는 뜻이 없다는 의미이다.

孔疏 ●"夫言豈一端而已"者, 夫子答子貢, 云一端, 猶一槩也. 凡言語豈一槩而已? 言不可以一槩, 所屬各異.

번역 ●經文: "夫言豈一端而已". ○공자가 자공에게 대답한 말이니, '일단(一端)'은 일괄[一槩]이라는 의미이다. 즉 말을 어떻게 일괄적으로 적용할 수 있겠는가? 말은 일괄적으로 적용해서는 안 되니, 각각 해당하는 것이 다르다는 의미이다.

孔疏 ●"夫各有所當也"者, 謂其言語各有所當, 若愍而趨, 當孝子也. 濟濟漆漆, 當賓客也.

번역 ●經文: "夫各有所當也". ○말에는 각각 해당하는 것들이 있는데, 만약 정성을 다하고 다급하게 행동하는 것들이라면, 자식이 시행해야 할 행동거지에 해당한다. 반면 제제(濟濟)와 칠칠(漆漆)의 행동거지는 빈객이 시행해야 할 일에 해당한다.

孔疏 ◎注"漆漆"至"之道". ○正義曰: 云"漆漆, 讀如朋友切切"者, 以漆漆非形貌之狀, 漆音近切. "朋友切切偲偲"語, 子路文也. 云"自反, 猶言自修整也"者, 凡脩整之人, 必自反覆顧省, 故云"自反, 猶言自修整". 云"容以遠, 言非所以接親親也"者, 凡接親親, 不事容貌, 又相附近. 今旣事容貌, 又相疏遠, 故云"非所以接親親". 言親親, 對孝子之辭. 或容爲客字, 則是義遠. 何須云"容以遠", 又"容以自反"與"容以遠"相對, 一字爲容, 一字爲客, 未之有也. 又王肅爲客字破鄭義, 明鄭義"容"字也.

번역 ◎鄭注: "漆漆"~"之道". ○정현이 "'칠칠(漆漆)'은 '벗 사이에서는 간절하다.'라고 할 때의 '절절(切切)'처럼 풀이한다."라고 했는데, '칠칠(漆漆)'은 행동거지를 묘사하는 말이 아니고, '칠(漆)'자의 음은 '절(切)'자에 가깝다. "벗 사이에서는 간절하다."라고 한 말은 『논어』「자로(子路)」편의 문장이다. 정현이 "'자반(自反)'은 스스로 가다듬고 정돈한다는 말과 같다."라고 했는데, 무릇 자신을 가다듬고 정돈하는 사람이라면 반드시 제 스스로 반복해서 자신을 살펴본다. 그렇기 때문에 "'자반(自反)'은 스스로 가다듬고 정돈한다는 말과 같다."라고 말한 것이다. 정현이 "'용이원(容以遠)'은 친근한 자를 친근하게 대하는 태도가 아니라는 뜻이다."라고 했는데, 무릇 친근한 자를 친근하게 대하게 된다면, 섬김에 용모를 꾸미지 않고 또한 서로 친근하게 대한다. 현재는 이미 섬기면서 용모를 꾸미고 있고 또 서로 소원하게 대하고 있다. 그렇기 때문에 "친근한 자를 친근하게 대하는 태도가 아니라는 뜻이다."라고 말한 것이다. 즉 친근한 자를 친근하게 대한다는 말은 자식에 대해 한 말이다. 다른 판본에서는 '용(容)'자를 '객(客)'자로 기록하기도 하는데, 이처럼 풀이한다면 그 의미가 우원하게 된다. 그렇다면 어찌하여 '용이원(容以遠)'이라고 말해야 하는가? 또한 '용이자반(容以自反)'이라는 구문과 '용이원(容以遠)'이라는 구문은 서로 대비가 되니, 하나의 글자만 '용(容)'이라고 하고, 다른 글자를 '객(客)'이라고 한 경우는 없다. 또 왕숙은 '객(客)'자라고 여겨서 정현의 주장을 반박하였으니, 이것은 정현이 '용(容)'자로 여겼음을 나타낸다.

孔疏 ◎注"天子"至"思念". ○正義曰: "天子·諸侯之祭, 或從血·腥始"者, 謂以卿大夫從饋執始, 故云"天子諸侯或從血·腥始", 言或者不盡然, 故三獻爓, 一獻孰, 是不從血·腥始. 云"至反饋, 是進孰也"者, 旣以血·腥爲始, 至於反饋之時, 是進孰也. 但"至"與"反"字, 於文爲煩, 定本又爲"及"字, 故皇氏云"初祭, 尸入於室, 後出在堂門, 尸更反入而設饋". 故云"反6)饋", 義當然也.

번역 ◎鄭注: "天子"~"思念". ○정현이 "천자와 제후의 제사에서는 간혹 희생물의 피와 생고기를 바치는 것으로부터 시작한다."라고 했는데, 이 것은 경과 대부가 군주를 따라 익힌 음식을 바치는 것을 시작점으로 삼는 다는 뜻이다. 그렇기 때문에 "천자와 제후의 제사에서는 간혹 희생물의 피와 생고기를 바치는 것으로부터 시작한다."라고 말한 것이며, '혹(或)'이라고 말한 것은 모두 그렇지는 않다는 뜻이다. 그렇기 때문에 삼헌(三獻)에 해당하는 제사를 지낼 때에는 희생물의 피와 생고기뿐만 아니라, 데친 고기[爓] 또한 함께 진설하고, 일헌(一獻)에 해당하는 제사를 지낼 때에는 단지 삶은 고기[孰]만을 진설하게 되니,7) 이것은 희생물의 피와 생고기를 바치는 것을 시작점으로 삼지 않은 경우이다. 정현이 "시동이 되돌아가 음식을 바치는 것까지는 바로 익힌 음식을 진설하는 때에 해당한다."라고 했는데, 이미 희생물의 피와 생고기를 바치는 것을 시작점으로 삼았다면, 반궤(反饋)의 시기가 이르는 것은 곧 익힌 음식을 진설하는 시기에 해당한다. 다만 '지(至)'자와 '반(反)'자는 문맥상 번잡하고, 『정본』에서는 또한 '급(及)'자로 기록했다. 그렇기 때문에 황간은 "최초 제사를 지낼 때, 시동이 묘실로 들어가고, 이후에 밖으로 나와서 당의 문에 있게 되면, 시동은 재차 되돌아가 묘실로 들어가고, 음식을 진설한다."라고 했다. 그러므로 '반궤(反饋)'라고 했다고 했는데, 그 주장은 합당하다.

訓纂 釋詁: 薦, 陳也.

번역 『이아』「석고(釋詁)」편에서 말하길, '천(薦)'자는 진설한다는 뜻이다.8)

---

6) '반(反)'자에 대하여. 『십삼경주소(十三經注疏)』북경대 출판본에서는 "'반'자는 본래 '급(及)'자로 기록되어 있었는데, 앞뒤 문맥 및 『예기훈찬(禮記訓纂)』의 기록에 따라 글자를 수정하였다."라고 했다.

7) 『예기』「예기(禮器)」【307d】: 君子曰: 禮之近人情者, 非其至者也. 郊血, 大饗腥, 三獻爓, 一獻孰.

8) 『이아』「석고(釋詁)」: 矢·雉·引·延·順·薦·劉·繹·尸·旅, 陳也.

集解 按: 容也遠也, 容以遠, 王肅本及釋文並作"客", 今從鄭作"容". 反饋, 孔疏以"及, 至"釋之, 是孔氏本作"及饋". 又疏云, "定本作反." 按反義爲長, 今從定本.

번역 살펴보니, '용야원야(容也遠也)'라고 했고, '용이원(容以遠)'이라고 했는데,『왕숙본』및『석문』에서는 모두 '용(容)'자를 '객(客)'자로 기록했지만, 현재는 정현의 주장에 따라서 '용(容)'자로 기록한다. '반궤(反饋)'에 대해서 공영달의 소에서는 "급(及)자는 지(至)자이다."라는 말로 풀이를 했는데, 이것은 공영달이 참고했던 판본에서는 '급궤(及饋)'라고 기록했다는 것을 나타낸다. 또 공영달의 소에서는 "『정본』에서는 '반(反)'자로 기록한다."라고 했다. 살펴보니 '반(反)'자의 의미가 더 낫기 때문에, 이곳에서는『정본』의 기록에 따른다.

集解 愚謂: 反饋者, 天子諸侯之祭, 旣行朝踐之禮於堂, 乃反於室而行饋食之禮也. 樂成者, 樂至於舞而成, 合舞當饋食之節也. 上薦, 謂進也. 下薦, 謂籩·豆之實也, 此謂所進饋食之籩·豆也. 俎, 謂饋熟之俎也. 百官, 廟中助祭者. 君子, 卽百官也. 諸侯祭禮, 二灌朝踐, 君與夫人交獻而已. 至饋食而後賓長酳尸, 至爲加爵而後長兄弟·衆賓長獻尸, 於此時而君子乃致其濟濟漆漆. 蓋濟濟漆漆乃助祭者之容, 而非主祭者之容也. 慌惚, 髣髴若有見聞之意. 若事鬼神而有濟濟漆漆之容, 則情意疏遠, 而無如將見之誠矣.

번역 내가 생각하기에, '반궤(反饋)'는 천자와 제후의 제사에서 이미 당상(堂上)에서 조천(朝踐)[9]의 의례를 시행하여, 곧 묘실로 되돌아가서 궤식

---

9) 조천(朝踐)은 제례(祭禮) 의식 중 하나이다. 희생물의 피와 기름 등을 바치고, 단술을 따르게 되면, 비로소 제사를 본격적으로 시행하게 된다. 제주(祭主)의 부인이 되는 주부(主婦)는 이때 제사 때 진설해두는 제기(祭器)인 두변(豆籩) 등을 바치게 된다. '조천'은 바로 이러한 의식 절차를 가리킨다.『주례』「춘관(春官)·사존이(司尊彝)」에는 "其朝踐用兩獻尊."이라는 기록이 있고, 이 기록에 대한 정현의 주에서는 "朝踐, 謂薦血腥, 酌醴, 始行祭事, 后於是薦朝事之豆籩."이라고 풀이하였다.

의 의례를 진행한다는 뜻이다. '악성(樂成)'은 음악을 연주함에 있어서 대규
모로 합주를 하며 군무에 맞추는 것에 이르러 완성된다는 뜻이니, 군무에
맞추는 것은 궤식의 절차에 해당한다. '천기천조(薦其薦俎)'에 있어서 앞의
'천(薦)'자는 진설한다는 뜻이다. 뒤의 '천(薦)'자는 변(籩)이나 두(豆)에 남
아내는 음식을 뜻하니, 이것은 궤식을 진설하며 바치는 변(籩)과 두(豆)를
가리킨다. '조(俎)'는 궤숙(饋孰)10)에 바치는 도마를 뜻한다. '백관(百官)'은
종묘 안에서 제사를 돕는 자들이다. '군자(君子)'는 곧 백관을 뜻한다. 제후
의 제례에서는 두 차례 관례(灌禮)11)를 시행하고 조천을 하게 되면, 군주와
부인은 교대로 술잔을 따라서 바칠 따름이다. 그리고 궤식을 하게 된 이후
에는 빈객들의 수장이 시동에게 입가심하는 술을 따라서 바치고, 가작(加
爵)12)을 하게 된 이후에는 형제들의 우두머리와 여러 빈객들의 우두머리가
시동에게 술을 따라서 바치고, 이 시기에 군자들은 곧 제제(濟濟)와 칠칠
(漆漆)의 행동거지를 지극히 한다. 무릇 제제(濟濟)와 칠칠(漆漆)의 행동거
지는 제사를 돕는 자들의 행동거지에 해당하니, 제사를 주관하는 자의 행
동거지가 아니다. '황홀(慌惚)'은 어렴풋하게라도 보거나 듣고자 하는 뜻이
있는 것이다. 만약 귀신을 섬기면서 제제와 칠칠의 행동거지를 한다면, 정
감과 뜻이 소원하게 되어, 혼령을 직접 보려고 하는 진실된 마음이 없게
된다.

---

10) 궤숙(饋孰)은 '궤숙(饋熟)'이라고도 부른다. 제례(祭禮) 의식 중 하나이다. 제
사를 시행할 때에는 희생물을 잡아서 생고기를 바치고, 이후에 다시 익힌 고
기를 바치는데, '궤숙'은 바로 익힌 음식을 바치는 절차를 뜻한다.
11) 관례(灌禮)는 제례(祭禮) 의식 중 하나이다. 술을 땅에 부어서 신(神)을 강림
시키는 것이다. 『논어』「팔일(八佾)」편에는 "禘, 自旣灌而往者, 吾不欲觀之
矣."라는 기록이 있고, 이 기록에 대한 하안(何晏)의 『집해(集解)』에서는 공
안국(孔安國)의 주장을 인용하여, "灌者, 酌鬱鬯灌於太祖以降神也."라고 풀이
하였다.
12) 가작(加爵)은 술을 따라서 권한다는 뜻이다.

그림 8-1 ▣ 변(籩)

※ 출처: 상좌-『삼례도집주(三禮圖集注)』13권 ; 상우-『삼례도(三禮圖)』4권
　　　　하좌-『육경도(六經圖)』6권 ; 하우-『삼재도회(三才圖會)』「기용(器用)」2권

• 제 9 절 •

제사를 지내는 자의 태도 Ⅰ

【556c】

> 孝子將祭, 慮事不可以不豫; 比時具物, 不可以不備; 虛中以
> 治之.

직역 孝子가 將히 祭함에, 事를 慮해서는 不豫가 不可하며; 時에 比하여 物을 具함에는 不備가 不可하고; 中을 虛하여 治한다.

의역 자식이 부모의 제사를 지내려고 할 때, 일에 대해 생각할 때에는 미리 고려하지 않아서는 안 된다. 또 해당 시기에 미쳐서 기물과 음식들을 갖출 때에는 예법에 맞게 갖추지 않아서는 안 된다. 몸을 정갈하게 하고 마음을 비워서 처리해야 한다.

集說 比時, 及時也, 謂當行禮之時. 具物, 陳設器饌之屬. 虛中, 淸明在躬, 心無雜念也.

번역 '비시(比時)'는 "그 시기에 미치다."는 뜻이니, 해당 의례를 시행해야 할 때를 의미한다. '구물(具物)'은 진설하는 기물들과 음식 등을 뜻한다. '허중(虛中)'은 몸을 정갈하게 하여 마음에 잡념이 없다는 뜻이다.

大全 慶源輔氏曰: 事不可以不豫慮, 物不可以不先備, 及祭則虛中以治之耳. 一有不豫, 一有不備, 則有以動吾之心虧吾之誠, 非與神明交之道也.

번역 경원보씨가 말하길, 일에 있어서는 미리 고려해보지 않아서는 안

되고, 사물에 있어서는 미리 갖추지 않아서는 안 되며, 제사를 지내게 되면 마음을 비우고 일을 처리할 따름이다. 한 가지라도 미리 고려하지 않은 것이 있고, 한 가지라도 미리 갖추지 않은 것이 있다면, 내 마음을 흔들게 되고 내 정성을 훼손시키게 되니, 신명과 교감하는 도가 아니다.

鄭注 比時, 猶先時也. 虛中, 言不兼念餘事.

번역 '비시(比時)'는 해당 시기보다 앞선다는 뜻이다. '허중(虛中)'은 다른 일들에 대해서 생각하지 않는다는 뜻이다.

釋文 比, 必利反, 徐甫至反, 注同. 先, 悉薦反, 又如字.

번역 '比'자는 '必(필)'자와 '利(리)'자의 반절음이며, 서음(徐音)은 '甫(보)'자와 '至(지)'자의 반절음이라고 했는데, 정현의 주에 나오는 글자도 이와 같다. '先'자는 '悉(실)'자와 '薦(천)'자의 반절음이며, 또한 글자대로 읽기도 한다.

孔疏 ●"孝子"至"治之". ○正義曰: 自此以下至"成人之道", 廣明孝子祭祀之義, 今各隨文解之.

번역 ●經文: "孝子"~"治之". ○이곳 구문으로부터 그 이하로 '성인지도(成人之道)'라는 구문까지는 자식이 제사를 지내는 뜻에 대해서 폭넓게 설명하고 있으니, 각각의 문장에 따라서 풀이하겠다.

孔疏 ●"將祭慮事, 不可以不豫"者, 言孝子慮事, 不可於祭前不豫思慮之.

번역 ●經文: "將祭慮事, 不可以不豫". ○자식이 일을 고려할 때에는 제사를 지내기 이전에 미리 생각해보지 않아서는 안 된다는 뜻이다.

孔疏 ●"比時具物, 不可以不備"者, 比時謂先時. 言在祭之先, 以備具於物. 至於祭時, 不可以不備具也.

번역 ●經文: "比時具物, 不可以不備". ○'비시(比時)'는 해당 시기보다 앞선다는 뜻이다. 즉 제사를 지내기 이전에 해당 사물들에 대해서 갖춘다는 뜻이다. 제사를 지낼 때가 되었는데도 갖추지 않은 것이 있어서는 안 된다.

孔疏 ●"虛中以治之"者, 言不可兼念餘事, 心中實虛, 唯思此祭而已, 故云 "虛中以治之"也.

번역 ●經文: "虛中以治之". ○다른 일들을 함께 생각해서는 안 되니, 마음을 비우고 오직 제사에 대해서만 생각해야 한다는 뜻이다. 그렇기 때문에 "마음을 비우고서 처리한다."라고 했다.

集解 "比時"句絶.

번역 '비시(比時)'에서 구문을 끊는다.

集解 比時, 及祭時也. 虛中, 謂心無他念之雜, 專致其精明以交於神明也.

번역 '비시(比時)'는 제사를 지낼 때가 되었다는 뜻이다. '허중(虛中)'은 마음에 다른 잡념이 없고, 정신을 오로지 하여 신명과 교감한다는 뜻이다.

【556d】

宮室旣修, 牆屋旣設, 百物旣備, 夫婦齊戒·沐浴, 奉承而進之.
洞洞乎! 屬屬乎! 如弗勝, 如將失之, 其孝敬之心至也與! 薦其
薦俎, 序其禮樂, 備其百官, 奉承而進之, 於是諭其志意, 以其
慌惚以與神明交, 庶或饗之, 庶或饗之! 孝子之志也!

직역 宮室히 旣히 修하고, 牆屋이 旣히 設하며, 百物이 旣히 備하면, 夫婦는
齊戒하고 沐浴하여, 奉承하여 進한다. 洞洞이라! 屬屬이라! 勝을 弗함과 如하고,
將히 失함과 如하니, 그 孝敬의 心이 至로구나! 그 薦俎를 薦하며, 그 禮樂을 序하
고, 그 百官을 備하여, 奉承하여 進하니, 是에 그 志意를 諭하고, 그 慌惚로써 하여
神明과 與하여 交하니, 或히 饗하기를 庶하고, 或히 饗하기를 庶하리라! 孝子의
志로다!

의역 종묘의 건물이 갖춰지고 종묘의 담장과 지붕이 갖춰졌으며 모든 기물들
이 갖춰졌다면, 주인과 주부는 재계를 하고 목욕을 하여, 제물을 받들어 나아가
바친다. 공경스럽구나! 진실되구나! 마치 그 일을 감당할 수 없을 것처럼 하고,
마치 잃지는 않을까 노심초사하는 것처럼 하니, 효와 공경스러운 마음이 지극하구
나! 궤식의 음식들과 희생물을 담은 도마를 바치고, 시행하는 예악을 질서정연하게
시행하고, 또 모든 관리들이 참여하도록 하여, 제사를 돕는 자들이 제물을 받들어
나아가 바치니, 이 시기에 축관은 자식의 효를 아뢰고, 자식은 그리움에 깊이 잠겨
서 신명과 교감하니, 찾아오셔서 흠향하시기를 바라며, 찾아오셔서 흠향하시기를
바라는구나! 이것이 바로 자식의 마음이로다!

集說 洞洞·屬屬, 見禮器. 兩言奉承而進之, 上謂主人, 下謂助祭者. 諭其
志意, 祝以孝告也.

번역 '동동(洞洞)'과 '속속(屬屬)'에 대해서는 『예기』「예기(禮器)」편에
나온다.[1] 두 차례 "받들어서 나아간다."라고 했는데, 앞의 것은 주인에 대
한 내용이며, 뒤의 것은 제사를 돕는 자들에 대한 내용이다. '유기지의(諭其

志意)'는 축관이 자식의 효를 아뢴다는 뜻이다.

大全 延平周氏曰: 洞洞, 言其幽深, 屬屬, 言其聯續. 備其百官者, 言助祭
之百官也.

번역 연평주씨가 말하길, '동동(洞洞)'은 그윽하고 깊다는 뜻이며, '속속
(屬屬)'은 연속된다는 뜻이다. '비기백관(備其百官)'은 제사를 돕는 모든 관
리들을 뜻한다.

鄭注 脩·設, 謂掃2)除及黝堊. 百官助主人進之. 諭其志意, 謂使祝祝饗及
侑尸也. 或, 猶有也, 言想見其髣髴來.

번역 '수(脩)'와 '설(設)'은 청소하고 유악(黝堊)3)을 한다는 뜻이다. 모든
관리들이 주인을 도와서 제물을 받들고 나아가 바친다는 뜻이다. '유기지의
(諭其志意)'는 축관으로 하여금 축문을 통해 흠향하길 기원하고 시동에게
권유하도록 시킨다는 뜻이다. '혹(或)'자는 '유(有)'자와 같으니, 상상하여

---

1) 『예기』「예기(禮器)」【313a】의 "卿大夫從君, 命婦從夫人, 洞洞乎其敬也, 屬
屬乎其忠也, 勿勿乎其欲其饗之也."라는 문장에 대해, 진호(陳澔)의 『집설(集
說)』에서는 "洞洞, 敬之表裏無間也. 屬屬, 誠實無僞也."라고 풀이했다. 즉
"'동동(洞洞)'은 공경함을 나타냄에 겉과 속의 차이가 없는 모습을 뜻한다.
'속속(屬屬)'은 진실되고 정성스러우며 거짓됨이 없는 모습을 뜻한다."는 뜻
이다.
2) '소(掃)'자에 대하여. '소'자는 본래 없던 글자인데, 완원(阮元)의 『교감기(校
勘記)』에서는 "혜동(惠棟)의 『교송본(校宋本)』에는 '제(除)'자 앞에 '소'자가
기록되어 있다. 『악본(岳本)』·『가정본(嘉靖本)』·『송감본(宋監本)』 및 위씨
(衛氏)의 『집설(集說)』에서도 동일하게 기록했다. 『고문(考文)』에서 인용하
고 있는 『고본(古本)』과 『족리본(足利本)』에도 동일하게 기록되어 있으니,
이곳 판본에는 '소'자가 누락된 것이다."라고 했다.
3) 유악(黝堊)에서의 유(黝)자는 검은 색을 칠한 것을 뜻하며, 악(堊)자는 흰색
을 칠한 악실(堊室)을 뜻한다. 『예기』「대상기(大喪記)」편에는 "旣祥, 黝堊."
이라는 기록이 있는데, 이에 대한 공영달(孔穎達)의 소(疏)에서는 "黝, 黑色.
平治其地令黑. 堊, 白也. 新塗堊於墻壁令白."이라고 풀이했다. 즉 '유악'이
라는 것은 대상(大祥)을 치르게 되면, 바닥을 흑색으로 칠하고, 상중(喪中)에
머무는 '악실'의 벽을 흰색으로 칠하는 것을 가리킨다.

어렴풋하게 찾아오는 모습을 보게 된다는 뜻이다.

釋文 洞音動, 下同. 屬音燭, 下同. 弗, 本亦作不, 何休云"弗者, 不之深也". 勝音升. 與音餘. 黝, 於糾反. 噩, 烏路反. 祝祝, 上之六反, 下之又反; 又並之六反. 俲, 孚往反. 佛, 孚味反.

번역 '洞'자의 음은 '動(동)'이며, 아래문장에 나오는 글자도 그 음이 이와 같다. '屬'자의 음은 '燭(촉)'이며, 아래문장에 나오는 글자도 그 음이 이와 같다. '弗'자는 판본에 따라서 또한 '不'자로도 기록하는데, 하휴4)는 "'불(弗)'은 '불(不)'보다 정도가 심한 것이다."라고 했다. '勝'자의 음은 '升(승)'이다. '與'자의 음은 '餘(여)'이다. '黝'자는 '於(어)'자와 '糾(규)'자의 반절음이다. '噩'자는 '烏(오)'자와 '路(로)'자의 반절음이다. '祝祝'에서 앞의 '祝'자는 '之(지)'자와 '六(륙)'자의 반절음이며, 뒤의 '祝'자는 '之(지)'자와 '又(우)'자의 반절음이고 또한 두 글자 모두 '之(지)'자와 '六(륙)'자의 반절음으로 읽기도 한다. '俲'자는 '孚(부)'자와 '往(왕)'자의 반절음이다. '佛'자는 '孚(부)'자와 '味(미)'자의 반절음이다.

孔疏 ●"宮室"至"進之". ○正義曰: "洞洞"·"屬屬", 是嚴敬之貌. 言孝子之心, 奉承而進祭之時, 其心洞洞乎, 屬屬乎! 恭敬心盛, 如擧物之弗勝. 心所奉持, 如似將失於物, 此是孝子心敬之至極也. 按廣雅: "洞洞·屬屬, 敬也."

번역 ●經文: "宮室"~"進之". ○'동동(洞洞)'과 '속속(屬屬)'은 장엄하고 공경스러운 모습을 뜻한다. 즉 자식의 마음은 제물을 받들고 나아가 제사를 지낼 때, 그 마음에 있어서는 공경스럽고 진실된다는 뜻이다. 공경스러운 마음이 융성하니, 마치 사물을 들고 갈 때 그 무게를 감당치 못하는 것과 같고, 마음을 다잡는 것이 마치 그 사물을 놓치지는 않을까 걱정하는 것과

---

4) 하휴(何休, A.D.129~A.D.182): 전한(前漢) 때의 금문경학자(今文經學者)이다. 자(字)는 소공(邵公)이다. 『춘추공양전해고(春秋公羊傳解詁)』를 지었으며, 『효경(孝經)』, 『논어(論語)』 등에 대해서도 주를 달았고, 『춘추한의(春秋漢議)』를 짓기도 하였다.

같으니, 이것은 자식의 마음이 지극히 공경스럽다는 뜻이다. 『광아』5)를 살펴보면, "'동동(洞洞)'과 '속속(屬屬)'은 공경스러움을 뜻한다."라고 했다.

孔疏 ●"於是"至"志也". ○正義曰: 孝子旣薦其俎, 於是使其祝官啓告鬼神, 曉諭鬼神以志意.

번역 ●經文: "於是"~"志也". ○자식이 이미 도마를 바치고 나면, 이 시기에 축관으로 하여금 귀신에게 아뢰게 하여, 귀신에게 자식의 뜻과 마음을 알린다는 뜻이다.

孔疏 ●"以其慌惚以與神明交, 庶或饗之"者, 言孝子以其思念情深, 慌惚似神明交接, 庶望神明或來歆饗, 故云庶幾神明饗之者, 是孝子之志意也. 言想見其親髣髴而來也.

번역 ●經文: "以其慌惚以與神明交, 庶或饗之". ○자식은 부모를 그리워하는 마음이 깊어서, 멍하게 있어 마치 신명과 교감하는 것과 비슷하니, 신명이 찾아와서 흠향하기를 바라는 것이다. 그렇기 때문에 "신명이 흠향하기를 바라는 것이 자식의 마음이다."라고 말한 것이다. 즉 상상하여 부모의 혼령이 어렴풋하게 나타나 찾아오게 됨을 본다는 뜻이다.

訓纂 方性夫曰: 前期十日, 帥執事而卜日, 遂戒, 此慮事之所以豫也. 天之所生, 地之所産, 苟可薦者, 莫不咸在, 此具物之所以備也. 齊者, 心不苟慮, 必依於道, 凡以致其虛而已. 祝以孝告, 而諭人之志意於神, 嘏以慈告, 而諭神之志意於人. 如是而祭, 庶幾乎神或饗之. 庶者, 幸而不必之辭. 或者, 疑而不定

---

5) 『광아(廣雅)』는 위(魏)나라 때 장읍(張揖)이 지은 자전(字典)이다. 『박아(博雅)』라고도 부른다. 『이아』의 체제를 계승하고, 새로운 내용을 보충하여, 경전(經典)에 기록된 글자들을 해석한 서적이다. 본래 상·중·하 3권으로 구성되어 있었지만, 수(隋)나라 조헌(曹憲)이 재차 10권으로 편집하였다. 한편 '광(廣)'자가 수나라 양제(煬帝)의 시호였기 때문에, 피휘를 하여, 『박아』라고 부르게 되었다.

之辭. 郊特牲言"豈知神之所饗也, 主人自盡其敬而已", 正謂此也.

번역 방성부가 말하길, 기약한 날로부터 10일 이전에는 일을 맡아보는 자들을 인솔하여 제사지내는 날짜에 대해 거북점을 치고, 관리들에게 재계를 하도록 주의를 준다고 했는데,[6] 이것이 일을 생각함에 있어서 미리 하는 것들이다. 하늘이 낳아주고 땅이 길러준 것들 중 바칠 수 있는 것에 대해서는 모두 갖추지 않아서는 안 되니, 이것이 사물을 갖춤에 완비하는 이유이다. 재계를 할 때에는 마음에 구차한 생각을 품어서는 안 되며, 반드시 도의에 따라야 하니, 무릇 이를 통해 마음 비우기를 지극히 해야 할 따름이다. 축문[祝]을 올리며 효도로써 아뢰어, 자식이 신령을 생각하는 뜻을 아뢰고, 하(嘏)[7]를 할 자애로써 아뢰어, 신령이 자식을 생각하는 뜻을 아뢴다.[8] 이처럼 제사를 지내게 되면 신령이 거의 흠향하게 된다. '서(庶)'자는 요행을 바라며 기필하지 않을 때 쓰는 말이다. '혹(或)'자는 의문이 들어 확정하지 않을 때 쓰는 말이다. 『예기』「교특생(郊特牲)」편에서는 "어찌 신이 어떤 것을 흠향할 줄 알아서 이처럼 하는 것이겠는가? 주인은 제 스스로 자신의 공경하는 마음을 다하는 것일 뿐이다."[9]라고 했으니, 바로 이러한

---

6) 『주례』「천관(天官)·대재(大宰)」: 前期十日, 帥執事而卜日, 遂戒.

7) 하(嘏)자는 축복을 받는다는 뜻이다. 제사를 지내게 되면, 시동이 입가심 하는 술을 받은 다음, 술잔이 오가게 되는데, 그 일이 끝나게 되면 축관(祝官)에게 명령하여, 제주(祭主)에게 축복을 내려주도록 한다. 이 의식을 '하'라고 부른다. 시동의 명령을 받은 축관은 '하'를 하게 되는데, 그 말에서는 "황시(皇尸)가 나 축관에게 명하여, 효손인 그대에게 많은 복을 영원토록 내리게 하였다. 그대 효손으로 하여금, 하늘로부터 녹봉[祿]을 받게 하고, 많은 농토를 경작하게 할 것이며, 장수하여 천년만년 향유하도록 할 것이니, 폐망하는 일 없이 잘 이끌어가야 한다."라고 한다. 이것이 바로 '하'에 사용되는 말이다. 『의례』「소뢰궤식례(少牢饋食禮)」편에는 "卒命祝, 祝受以東, 北面于戶西, 以嘏于主人曰, "皇尸命工祝, 承致多福無疆于女孝孫. 來女孝孫, 使女受祿于天, 宜稼于田, 眉壽萬年, 勿替引之."라는 기록이 있다.

8) 『예기』「예운(禮運)」【271b】: 作其祝號, 玄酒以祭, 薦其血毛, 腥其俎, 孰其殽. 與其越席, 疏布以冪. 衣其澣帛, 醴醆以獻, 薦其燔炙. 君與夫人交獻以嘉魂魄, 是謂合莫. 然後退而合亨, 體其犬·豕·牛·羊, 實其簠·簋·籩·豆·鉶羹, <u>祝以孝告, 嘏以慈告</u>, 是謂大祥. 此禮之大成也.

9) 『예기』「교특생(郊特牲)」【343a】: 腥肆爓腍祭, <u>豈知神之所饗也? 主人自盡其敬</u>

의미를 가리킨다.

集解 愚謂: 宮室旣脩, 牆屋旣設, 慮事之豫也. 百物, 謂三牲 · 魚 · 腊及籩 · 豆之實. 百物旣備, 具物之備也. 上言"奉承而進之", 謂朝踐時; 下言"奉承而 進之", 謂饋熟時也. 洞洞 · 屬屬, 以其慌惚以與神明交, 誠意專一, 如將見之, 虛中以治之之驗也.

번역 내가 생각하기에, "궁실을 이미 수리했고, 담장과 지붕을 이미 설 치했다."는 말은 그 사안에 대해서 미리 생각한다는 뜻이다. '백물(百物)'은 세 가지 희생물 · 물고기 · 포 및 변(籩)과 두(豆) 등에 담아내는 음식들을 뜻한다. '백물기비(百物旣備)'는 사물을 완비하는 일을 뜻한다. 앞에서 "받 들고서 나아간다."라고 한 말은 조천(朝踐)의 때를 가리킨다. 뒤에서 "받들 고서 나아간다."라고 한 말은 궤숙(饋熟)의 때를 가리킨다. '동동(洞洞)'과 '속속(屬屬)'은 그리움을 깊게 하여 신명과 교감하는 일이니, 정성과 뜻이 전일하여 마치 보게 되는 것과 같아서, 마음을 비우고 그 일들을 다스려서 나타나게 된 효과이다.

【557a】

孝子之祭也, 盡其愨而愨焉, 盡其信而信焉, 盡其敬而敬焉, 盡其禮而不過失焉. 進退必敬, 如親聽命, 則或使之也.

직역 孝子의 祭함에는 그 愨을 盡하여 愨하고, 그 信을 盡하여 信하며, 그 敬을 盡하여 敬하고, 그 禮를 盡하여 過失을 不한다. 進退에는 必히 敬하여, 親히 命을 聽하면, 或히 使함과 如라.

의역 자식이 제사를 지낼 때에는 성실함을 다하여 성실을 시행하고, 신의를

而已矣. 學罄角, 詔妥尸. 古者尸無事則立, 有事而后坐也. 尸, 神象也. 祝, 將命也.

다하여 신의를 시행하며, 공경함을 다하여 공경을 시행하고, 예법을 다하여 과실을
범하지 않는다. 나아가거나 물러날 때에는 반드시 공경을 다하여, 마치 직접 부모
로부터 명령을 받아서 그 일을 하게 된 것처럼 한다.

集說 盡其慤而爲慤, 盡其信而爲信, 盡其敬而爲敬, 言無一毫之不致其極
也. 禮有常經, 不可以私意爲隆殺, 故曰盡其禮而不過失焉. 進退之間, 其敬心
之所存, 如親聆父母之命而若有使之者, 亦前章著存之意.

번역 성실함을 다하여 성실을 시행하고, 신의를 다하여 신의를 시행하
며, 공경함을 다하여 공경을 시행하는 것은 한 터럭만큼이라도 지극함을
다 하지 않음이 없다는 뜻이다. 예법에는 항상된 기준이 있으니, 자기 마음
대로 높이거나 낮출 수 없다. 그렇기 때문에 "그 예법을 다하여 과실을 범
하지 않는다."라고 말한 것이다. 나아가거나 물러날 때 공경스러운 마음이
존재한다면, 마치 직접 부모로부터 명령을 받아서 그 일을 시행하도록 한
일이 있었던 것과 같게 되니, 이 또한 앞에서 드러나고 보존된다고 했던
뜻에 해당한다.

大全 嚴陵方氏曰: 盡其慤, 所謂慤善不違身也. 盡其信, 所謂致其誠信也.
盡其敬, 所謂與其忠敬也. 盡其禮, 謂祭之以禮也. 不過則當其事, 不失則得其
道.

번역 엄릉방씨가 말하길, "성실함을 다한다."는 "성실함과 선함을 몸에
서 떠나지 않게 한다."[10]는 뜻에 해당한다. "신의를 다한다."는 "성신을 다
한다."는 뜻에 해당한다. "공경함을 다한다."는 "충심과 공경을 다한다."는
뜻에 해당한다.[11] "예법을 다한다."는 "예법에 따라 제사를 지낸다."[12]는

---

10) 『예기』「제의」【572c~d】: 孝子將祭祀, 必有齊莊之心以慮事, 以具服物, 以修
宮室, 以治百事. 及祭之日, 顔色必溫, 行必恐, 如懼不及愛然. 其奠之也, 容貌
必溫, 身必詘, 如語焉而未之然. 宿者皆出, 其立卑靜以正, 如將弗見然. 及祭之
後, 陶陶遂遂, 如將復入然. 是故慤善不違身, 耳目不違心, 思慮不違親. 結諸心,
形諸色, 而術省之, 孝子之志也.

뜻에 해당한다. 지나치지 않는다면 그 사안에 적합하게 되며, 실수를 하지 않는다면 그 도리를 얻게 된다.

大全 石林葉氏曰: 慤者, 信之始, 信者, 慤之著. 敬者, 禮之質, 禮者, 敬之文. 四者於祭祀, 無不盡, 而獨於禮, 不敢過失者, 明其誠謹與物爲稱也.

번역 석림섭씨가 말하길, 성실함은 신의의 시작이며, 신의는 성실함이 드러난 것이다. 공경함은 예법의 바탕이 되고, 예법은 공경함의 형식이 된다. 이 네 가지는 제사에 있어서 다하지 않는 것이 없지만, 유독 예법에 대해서만 감히 과실을 범하지 않는다고 한 이유는 진실과 삼감은 해당 대상과 알맞게 해야 함을 드러내기 위해서이다.

鄭注 言當盡己而已, 如居父母前, 將受命而使之.

번역 마땅히 자신을 다할 따름이라는 의미로, 마치 부모 앞에 있을 때 명령을 받아서 그 일을 시행하게끔 된 것처럼 한다는 뜻이다.

孔疏 ●"孝子"至"之也". ○正義曰: "盡其慤而慤焉"者, 盡慤, 謂心盡其慤也. 而慤焉, 謂外亦慤焉. 其信與敬, 皆處內. 內有其心, 外著於貌.

번역 ●經文: "孝子"~"之也". ○경문의 "盡其慤而慤焉"에 대하여. '진각(盡慤)'은 마음으로 성실함을 다한다는 뜻이다. '이각언(而慤焉)'은 외적

---

11) 『예기』「제통(祭統)」【574b~c】: 賢者之祭也, 必受其福. 非世所謂福也, 福者, 備也. 備者, 百順之名也. 無所不順者謂之備, 言內盡於己而外順於道也. 忠臣以事其君, 孝子以事其親, 其本一也. 上則順於鬼神, 外則順於君長, 內則以孝於親, 如此之謂備. 唯賢者能備, 能備然後能祭. 是故賢者之祭也, 致其誠信與其忠敬, 奉之以物, 道之以禮, 安之以樂, 參之以時, 明薦之而已矣, 不求其爲. 此孝子之心也.

12) 『논어』「위정(爲政)」: 孟懿子問孝. 子曰, "無違." 樊遲御, 子告之曰, "孟孫問孝於我, 我對曰, 無違." 樊遲曰, "何謂也?" 子曰, "生事之以禮, 死葬之以禮, 祭之以禮."

으로도 또한 성실하게 한다는 뜻이다. 신의와 공경함 또한 모두 내적인 면에 해당한다. 내적으로 그러한 마음이 있으므로, 외적으로도 행동을 통해 나타난다.

孔疏 ●"盡其禮而不過失焉"者, 以其禮包衆事, 非一[13]可極, 故不得云而"盡其禮焉", 云"不過失焉", 則是禮也.

번역 ●經文: "盡其禮而不過失焉". ○예법은 수많은 사안을 포함하고 있어서 모든 것을 지극히 할 수 있는 것이 아니다. 그렇기 때문에 '진기례언(盡其禮焉)'이라고 말할 수 없어서, '불과실언(不過失焉)'이라고 말했으니, 이처럼 하는 것이 그 예법에 맞다는 뜻이다.

孔疏 ●"進退必敬, 如親聽命, 則或使之也"者, 言孝子祭時, 進之與退, 必恒恭敬, 如似親聽父母之命, 而父母或使之也.

번역 ●經文: "進退必敬, 如親聽命, 則或使之也". ○자식이 제사를 지내며 나아가거나 물러날 때에는 반드시 항상 공손하게 행동하여, 마치 부모의 명령을 직접 받고, 부모가 그 일을 시킨 것처럼 한다는 뜻이다.

集解 盡其愨, 盡其信, 盡其敬, 盡其禮, 謂存於內者無不盡也. 愨焉, 信焉, 敬焉, 而不過失焉, 謂著於外者無不盡也.

번역 '진기각(盡其愨)', '진기신(盡其信)', '진기경(盡其敬)', '진기례(盡其禮)'는 내적으로 그러한 것들을 보존함에 다하지 않음이 없다는 뜻이다. '각언(愨焉)', '신언(信焉)', '경언(敬焉)', '이불과실언(而不過失焉)'은 외적으로 그러한 것들이 나타남에 다하지 않음이 없다는 뜻이다.

---

13) '일(一)'자에 대하여. '일'자는 본래 없던 글자인데, 완원(阮元)의 『교감기(校勘記)』에서는 "혜동(惠棟)의 『교송본(校宋本)』에는 '비(非)'자 뒤에 '일'자가 기록되어 있고, 『속통해(續通解)』와 위씨(衛氏)의 『집설(集說)』에도 동일하게 기록되어 있다. 따라서 이곳 판본에는 '일'자가 누락된 것이다."라고 했다.

集解　輔氏廣曰: 慤與信, 皆誠也. 慤以其固言之, 信以其實言之.

번역　보광이 말하길, 성실과 신의는 모두 성(誠)에 해당한다. '각(慤)'은 단단함을 기준으로 말한 것이며, '신(信)'은 실질을 기준으로 말한 것이다.

【557b】

孝子之祭可知也. 其立之也, 敬以詘; 其進之也, 敬以愉; 其薦之也, 敬以欲. 退而立, 如將受命, 已徹而退, 敬齊之色, 不絶於面. 孝子之祭也, 立而不詘, 固也; 進而不愉, 疏也; 薦而不欲, 不愛也; 退立而不如受命, 敖也; 已徹而退, 無敬齊之色, 而忘本也. 如是而祭, 失之矣.

직역　孝子의 祭는 可히 知라. 그 立함에는 敬하여 詘하고; 그 進함에는 敬하여 愉하며; 그 薦함에는 敬하여 欲한다. 退하여 立함에는 將히 命을 受함과 如하고, 已히 徹하여 退함에는 敬齊의 色이 面에서 不絶한다. 孝子의 祭에서, 立하되 不詘함은 固이고; 進하되 不愉함은 疏이며; 薦하되 不欲함은 不愛이고; 退하여 立하되 命을 受함과 不如함은 敖이며; 已히 徹하여 退하되, 敬齊의 色이 無함은 本을 忘함이다. 是와 如한데도 祭함은 失이다.

의역　자식이 제사를 지내는 모습을 보면, 그의 마음가짐에 대해서 알 수 있다. 서 있을 때에는 공경함에 따라 몸을 굽히고, 나아갈 때에는 공경함에 따라 얼굴에 기쁜 표정이 드러나고, 제수를 바칠 때에는 공경함에 따라 흠향하기를 바라게 된다. 또 조금 뒤로 물러 나와 서 있을 때에는 마치 명령을 받게 될 것처럼 하게 되고, 이미 치우고서 물러나게 될 때에는 공경하고 엄숙한 표정이 얼굴에서 떠나지 않는다. 이와 반대로 자식이 제사를 지내면서, 서 있을 때 몸을 굽히지 않는 것은 고루함이고, 나아가되 기쁜 표정을 짓지 않는 것은 소원함이며, 제수를 바치되 흠향하기를 바라지 않는 것은 친애하지 않는 것이고, 물러나 서 있을 때 명령을 받는 것처럼 하지 않는 것은 오만함이며, 이미 상을 치우고서 물러났는데 얼굴에 공경하고 엄숙한 표정이 없는 것은 근본을 잊은 것이다. 이처럼 제사를 지내는 것은 제사의 도의를 버리는 일이다.

集說 方氏曰: 孝子之祭可知者, 言觀其祭, 可以知其心也. 立之者, 方待事而立也. 進之者, 旣從事而進也. 薦之者, 奉物而薦也. 退而立者, 進而復退也. 已徹而退者, 旣薦而後徹也. 蓋退而立, 則少退而立; 已徹而退, 則於是乎退焉, 此其所以異也. 立之敬以詘, 則身之屈而爲之變焉, 故立而不詘, 固也. 進之敬以愉, 則色之愉而致其親焉, 故進而不愉, 疏也. 薦之敬以欲, 則心之欲而冀其享焉, 故薦而不欲, 不愛也. 退而立, 如將受命, 則順聽而無所忽焉, 故退立而不如受命, 敖也. 已徹而退, 敬齊之色, 不絶於面, 則愼終如始矣, 故已徹而退, 無敬齊之色, 而忘本也.

번역 방씨가 말하길, "자식의 제사를 알 수 있다."는 말은 그 제사를 살펴보면, 그의 마음가짐을 알 수 있다는 뜻이다. '입지(立之)'는 그 일을 시행하려고 기다리며 서 있다는 뜻이다. '진지(進之)'는 이미 그 사안을 따르게 되어 나아간다는 뜻이다. '천지(薦之)'는 제물을 받들고 나아가서 바친다는 뜻이다. '퇴이립(退而立)'은 나아갔다가 다시 물러난다는 뜻이다. '이철이퇴(已徹而退)'는 제수를 바친 뒤에 치웠다는 뜻이다. 무릇 '퇴이립(退而立)'이라면 조금 뒤로 물러나 서 있는 것이며, '이철이퇴(已徹而退)'라면 이 시기에 물러난다는 뜻으로, 이것이 그 차이점이다. 서 있을 때 공경함으로 몸을 굽힌다면, 몸을 굽혀서 그 일을 위해 변화를 주는 것이다. 그렇기 때문에 서 있되 몸을 굽히지 않는 것은 고루함이 된다. 나아가서 공경함으로 기쁜 표정을 짓는다면, 얼굴에 기쁜 표정이 나타나서 친애함을 지극히 하게 된다. 그렇기 때문에 나아가되 기쁜 표정을 짓지 않는 것은 소원함이 된다. 제수를 바침에 공경함으로 바란다면, 마음에 바라는 점이 있어서 흠향하기를 기대하는 것이다. 그렇기 때문에 제수를 바치되 바라지 않는 것은 친애하지 않는 것이다. 물러나 서 있을 때 마치 명령을 받는 것처럼 한다면, 순종적으로 따르며 소홀함이 없는 것이다. 그렇기 때문에 물러나 서 있되 명령을 받는 것처럼 하지 않는 것은 오만함이 된다. 이미 치우고 물러났을 때 공경하고 엄숙한 표정이 얼굴에서 떠나지 않는다면, 마무리를 삼감이 처음과 같은 것이다. 그렇기 때문에 이미 치우고 물러나되 공경하고 엄숙한 표정이 없다면, 근본을 잊은 것이다.

大全 毗陵慕容氏曰: 君子以所性爲本, 故能達而爲容貌. 敬齊之色不絶於面, 有本者如是也. 今無焉, 是忘其本也. 心勿忘則有本, 本存則有其容矣. 此表裏之符也. 觀其容如此, 則知非有本者, 故曰如是而祭失之矣. 由前而祭, 則可知其心, 以循其本故也. 由後而祭, 則失之, 以喪其本故也. 君子務本, 所謂本者, 孝而已, 故其言必本於孝子.

번역 비릉모용씨가 말하길, 군자는 본성으로 여기는 것을 근본으로 삼는다. 그렇기 때문에 두루 달통할 수 있어서 행동거지와 모습을 나타낼 수 있다. 공경하고 엄숙한 표정이 얼굴에서 떠나지 않는 것은 이처럼 근본을 갖췄기 때문이다. 그러나 현재 그러함이 없는 것은 근본을 잊었기 때문이다. 마음에서 잊지 않았다면 근본이 있는 것이고, 근본이 존재한다면 이러한 행동거지를 갖추게 된다. 이것이 겉과 속이 부합한다는 뜻이다. 이와 같은 행동거지를 보게 된다면, 그가 근본을 갖추지 않았다는 사실을 알 수 있다. 그렇기 때문에 "이처럼 하고서 제사를 지내는 것은 잃은 것이다."라고 말했다. 앞서 기술한 것처럼 따르며 제사를 지낸다면 그의 마음가짐에 대해서 알 수 있으니, 그가 근본에 따르기 때문이다. 뒤에 기술한 것처럼 따르며 제사를 지낸다면 잃은 것이니, 근본을 상실했기 때문이다. 군자는 근본에 힘쓰니, 이른바 근본이라는 것은 효일 따름이다. 그러므로 말한 내용은 반드시 효자에게 근본을 두고 있는 것이다.

大全 山陰陸氏曰: 立而不詘, 以其恃親, 是故謂之固. 進而不愉, 以其憚親, 是故謂之疏. 薦而不欲, 若不得已而後薦也, 不愛莫大於是. 退立而不如受命, 敖也. 凡祭以齊爲本, 方祭嫌於不愉, 祭已嫌於不齊. 已徹而忘之, 是之謂忘本.

번역 산음육씨[14]가 말하길, 서 있되 몸을 굽히지 않는 것은 친애함만을

과신하기 때문이다. 그래서 이러한 것들을 고루하다고 부른다. 나아가되 기쁜 표정을 짓지 않는 것은 부모를 꺼려하기 때문이다. 그래서 이러한 것들을 소원하다고 부른다. 제수를 바치되 흠향하기를 바라지 않는 것은 부득이하게 된 이후에야 바친 것이 되니, 친애하지 않음이 이보다 심한 것은 없다. 물러나 서 있되 명령을 받는 것처럼 하지 않는 것은 오만함이다. 무릇 제사에서는 엄숙함을 근본으로 삼는데, 제사를 지냄에 이미 기쁜 표정을 짓지 않는다는 혐의를 받으면, 제사도 이미 엄숙하지 못하다는 혐의를 받게 된다. 치우고서 잊어버리는 것을 근본을 잊는다고 부른다.

鄭注 訹, 充訹, 形容喜貌也. 進之, 謂進血腥也. 愉, 顔色和貌也. 薦之, 謂進熟也. 欲, 婉順貌. 齊15), 謂齊莊. 固, 猶質陋也. 而忘本, 而, 衍字.

번역 '굴(訹)'은 충굴(充訹)을 뜻하니, 행동거지와 표정에 기뻐함이 나타나는 모습이다. '진지(進之)'는 희생물의 피와 생고기를 바친다는 뜻이다. '유(愉)'는 안색이 온화한 모습을 뜻한다. '천지(薦之)'는 익힌 음식을 바친다는 뜻이다. '욕(欲)'은 아름답고 온순한 모습을 뜻한다. '제(齊)'는 엄숙하고 장엄하다는 뜻이다. '고(固)'는 너무 질박하고 고루하다는 뜻이다. '이망본(而忘本)'에서의 '이(而)'자는 연문이다.

釋文 訹, 求勿反, 注及下幷篇末同, 徐丘勿反. 敬齊如字, 注及下同; 王・

---

14) 산음육씨(山陰陸氏, A.D.1042~A.D.1102) : =육농사(陸農師)・육전(陸佃). 북송(北宋) 때의 유학자이다. 자(字)는 농사(農師)이며, 호(號)는 도산(陶山)이다. 어려서 집안이 매우 가난했다고 전해지며, 왕안석(王安石)에게 수학하였으나 왕안석의 신법에 대해서는 반대하였다. 저서로는 『비아(埤雅)』, 『춘추후전(春秋後傳)』, 『도산집(陶山集)』 등이 있다.

15) '제(齊)'자에 대하여. '제'자는 본래 없던 글자인데, 완원(阮元)의 『교감기(校勘記)』에서는 "혜동(惠棟)의 『교송본(校宋本)』에는 '제'자가 기록되어 있고, 『송감본(宋監本)』・『악본(岳本)』・『가정본(嘉靖本)』 및 위씨(衛氏)의 『집설(集說)』에도 동일하게 기록되어 있다. 『고문(考文)』에서 인용하고 있는 『고본(古本)』과 『족리본(足利本)』에도 동일하게 기록되어 있으니, 이곳 판본에는 글자가 누락된 것이다."라고 했다.

徐側皆反. 婉, 憂阮反. 敖也, 五報反.

번역 ‘詘’자는 ‘求(구)’자와 ‘勿(물)’자의 반절음이며, 정현의 주 및 이곳
으로부터 「제의」편 끝까지 나오는 이 글자는 모두 그 음이 같은데, 서음(徐
音)은 ‘丘(구)’자와 ‘勿(물)’자의 반절음이다. ‘敬齊’에서의 ‘齊’자는 글자대로
읽고, 정현의 주 및 아래문장에 나오는 글자도 그 음이 이와 같으며, 왕음
(王音)과 서음은 ‘側(측)’자와 ‘皆(개)’자의 반절음이다. ‘婉’자는 ‘憂(우)’자
와 ‘阮(완)’자의 반절음이다. ‘敖也’에서의 ‘敖’자는 ‘五(오)’자와 ‘報(보)’자의
반절음이다.

孔疏 ●“孝子”至“之矣”. ○正義曰: 此一節明孝子之祭, 觀其貌而知其心,
故孝子之祭可知也者, 以下諸事是也.

번역 ●經文: “孝子”~“之矣”. ○이곳 문단은 자식이 제사를 지낼 때, 그
모습을 살펴보고서 그 마음을 알 수 있다는 뜻이다. 그렇기 때문에 “자식의
제사에 대해서 알 수 있다.”라고 말한 것이니, 그 밑에 기술한 여러 사안들
이 여기에 해당한다.

孔疏 ●“其立之也, 敬以詘”者, 詘, 謂充詘, 形容歡喜之貌, 言孝子尸前而
立, 形貌恭敬, 而顔色歡喜.

번역 ●經文: “其立之也, 敬以詘”. ○‘굴(詘)’은 충굴(充詘)을 뜻하니, 행
동거지와 표정에 기뻐함이 나타나는 모습이다. 즉 자식이 시동 앞에 서 있
을 때, 행동거지가 공경스럽고 안색에 기뻐함이 나타난다는 의미이다.

孔疏 ●“其進之也, 敬以愉”者, 進, 謂進血腥. 愉, 謂顔色溫和. 言孝子薦
血腥之時, 容貌恭敬, 而顔色溫和.

번역 ●經文: “其進之也, 敬以愉”. ○‘진(進)’자는 희생물의 피와 생고기
를 바친다는 뜻이다. ‘유(愉)’자는 안색이 온화하다는 뜻이다. 즉 자식이 희

생물의 피와 생고기를 바칠 때, 행동거지가 공경스럽고 안색에 온화함이 나타난다는 의미이다.

孔疏 ●"其薦之也, 敬以欲"者, 言孝子薦熟之時, 容貌恭敬, 顔色婉順, 如欲得物然.

번역 ●經文: "其薦之也, 敬以欲". ○자식이 익힌 음식을 바칠 때, 행동거지가 공경스럽고 안색에 아름답고 온순함이 나타나니, 마치 바라던 물건을 얻었을 때와 같다는 의미이다.

孔疏 ●"退而立, 如將受命"者, 言孝子或有退之時, 如似前進將受命.

번역 ●經文: "退而立, 如將受命". ○자식이 제사를 지낼 때에는 간혹 뒤로 물러나는 때가 있는데, 이러한 때에는 마치 앞으로 나아가 명령을 받게 될 때처럼 한다는 뜻이다.

孔疏 ●"已徹而退, 敬齊之色不絶於面"者, 謂祭畢已徹饌食, 孝子退者, 恭敬齊莊之色不離絶於面.

번역 ●經文: "已徹而退, 敬齊之色不絶於面". ○제사가 끝나서 바쳤던 음식들을 치우고서 자식이 물러나게 될 때, 공경하고 장엄한 표정이 얼굴에서 떠나지 않는다는 뜻이다.

孔疏 ●"立而不詘, 固也"者, 言其固陋不知禮.

번역 ●經文: "立而不詘, 固也". ○고루하여 예법을 알지 못한다는 뜻이다.

孔疏 ●"進而不愉, 疏也"者, 言與親疏遠, 不相親附.

번역 ●經文: "進而不愉, 疏也". ○부모와 소원하여 서로 친근하게 대하지 않는다는 뜻이다.

孔疏 ●"薦而不欲, 不愛也"者, 言不愛親.

번역 ●經文: "薦而不欲, 不愛也". ○부모를 친애하지 않는다는 뜻이다.

孔疏 ●"退立而不如受命, 敖也"者, 言敖其親, 不恭敬. "已徹而退, 無敬齊之色, 而忘本也"者, 而, 衍字, 忘本, 謂不思其親.

번역 ●經文: "退立而不如受命, 敖也". ○부모에 대해 오만하게 군다는 뜻으로, 공경스럽지 않다는 의미이다. 경문의 "已徹而退, 無敬齊之色, 而忘本也"에 대하여. '이(而)'자는 연문으로 들어간 글자이며, '망본(忘本)'은 부모를 그리워하지 않는다는 뜻이다.

訓纂 王氏引之曰: 詘, 卑詘也. 下文曰"其奠之也", "身必詘", 又曰"宿者皆出, 其立卑靜以正", 皆其證. 固, 猶倨也. 立而不詘, 是倨傲也. 下文"退立而不如受命, 敖也", 亦指立言. 鄭說皆失之.

번역 왕인지[16]가 말하길, '굴(詘)'자는 낮추고 굽힌다는 뜻이다. 아래문장에서 '진설함에 있어서는'이라고 했고, "몸은 반드시 굽힌다."라고 했으며, 또 "제사를 돕는 자들이 모두 밖으로 나오면, 서 있으며 자세를 낮추고 고요하게 처신해서 올바르게 따른다."라고 했으니,[17] 이러한 말들이 모두

---

16) 왕인지(王引之, A.D.1766~A.D.1834) : 청(淸)나라 때의 훈고학자이다. 자(字)는 백신(伯申)이고, 호(號)는 만경(曼卿)이며, 시호(諡號)는 문간(文簡)이다. 왕념손(王念孫)의 아들이다. 대진(戴震), 단옥재(段玉裁), 부친과 함께 대단이왕(戴段二王)이라고 일컬어졌다. 『경전석사(經傳釋詞)』, 『경의술문(經義述聞)』 등의 저술이 있다.

17) 『예기』「제의」【572c~d】: 孝子將祭祀, 必有齊莊之心以慮事, 以具服物, 以修宮室, 以治百事. 及祭之日, 顏色必溫, 行必恐, 如懼不及愛然. 其奠之也, 容貌必溫, 身必詘, 如語焉而未之然. 宿者皆出, 其立卑靜以正, 如將弗見然. 及祭之後, 陶陶遂遂, 如將復入然. 是故慤善不違身, 耳目不違心, 思慮不違親; 結諸心, 形諸色, 而術省之. 孝子之志也.

그 증거가 된다. '고(固)'자는 "거만하다[倨]."는 뜻이다. 서 있되 굽히지 않는 것은 거만한 행동이다. 아래문장에서 "물러나서 서 있되 명령을 받는 것처럼 하지 않는 것은 오만함이다."라고 했는데, 이것은 또한 서 있을 때를 가리켜서 한 말이다. 따라서 정현의 주장은 모두 잘못되었다.

集解 孝子之祭可知也, 言觀其祭而可以知其孝也. 立, 謂立於其位也. 詘, 容之俯也. 進, 謂進至於尸前也. 愉, 色之和也. 薦, 謂奉物而進之也. 欲, 欲親之饗之也. 退, 謂反其位也. 如將受命, 如親之有所教使也. 詘言其容, 愉言其色, 欲言其心.

번역 "효자의 제사에 대해서 알 수 있다."는 말은 제사를 살펴보면 그의 효심을 알 수 있다는 뜻이다. '입(立)'은 그의 자리에 서 있다는 뜻이다. '굴(詘)'은 몸을 굽힌다는 뜻이다. '진(進)'은 나아가 시동 앞에 당도한다는 뜻이다. '유(愉)'는 얼굴빛이 온화하다는 뜻이다. '천(薦)'은 제수를 받들고 나아가 진설한다는 뜻이다. '욕(欲)'은 부모가 흠향하길 바란다는 뜻이다. '퇴(退)'는 자신의 자리로 되돌아간다는 뜻이다. '여장수명(如將受命)'은 마치 부모로부터 명령이 있을 때처럼 한다는 뜻이다. '굴(詘)'은 그 모습을 뜻하고, '유(愉)'는 그 표정을 뜻하며, '욕(欲)'은 그 마음가짐을 뜻한다.

集解 固, 謂固陋而不知禮也. 敬齊之色, 根於心之誠敬而發, 誠敬之心, 所以祭祀之本也. 忘本, 忘其所以祭祀之本, 蓋其所根於心者淺而失之速也.

번역 '고(固)'는 고루하여 예법을 모른다는 뜻이다. 공경하고 장엄한 얼굴 표정은 마음의 진실함과 공경함에 근본을 두고 나타나고, 진실하고 공경스러운 마음은 제사를 지내는 근본이 된다. 근본을 잊은 것은 제사를 지내는 근본을 잊었다는 뜻이니, 마음에 근본을 두고 있는 것이 얕아서 성급히 잘못을 저지른다는 뜻이다.

【557d】

孝子之有深愛者, 必有和氣; 有和氣者, 必有愉色; 有愉色者, 必有婉容. 孝子如執玉, 如奉盈, 洞洞屬屬然如弗勝, 如將失之. 嚴威儼恪, 非所以事親也, 成人之道也.

직역 孝子 中 深愛를 有한 者는 必히 和氣가 有하고; 和氣가 有한 者는 必히 愉色이 有하며; 愉色이 有한 者는 必히 婉容이 有하다. 孝子는 玉을 執함과 如하고, 盈을 奉함과 如하며, 洞洞하고 屬屬然하여 弗勝과 如하고, 將히 失함과 如하다. 嚴威와 儼恪은 親을 事하는 所以가 非이니, 成人의 道이다.

의역 자식 중 친애하는 마음이 깊은 자는 반드시 조화로운 기운이 있고, 조화로운 기운이 있는 자는 반드시 기쁜 표정을 짓게 되며, 기쁜 표정을 짓는 자는 반드시 유순한 태도를 갖추게 된다. 자식은 마치 옥을 들고 있을 때처럼 조심하고, 물이 가득 찬 그릇을 든 것처럼 조심하며, 공경스럽고 진실되어 마치 감당하지 못하는 것처럼 하고, 앞으로 잃게 되지는 않을까 걱정하는 것처럼 한다. 따라서 엄격한 행동거지와 공손하고 삼가는 행동거지는 부모를 섬기는 방법이 아니며, 단지 성인(成人)으로서 따라야 하는 도이다.

集說 和氣·愉色·婉容, 皆愛心之所發; 如執玉·如奉盈·如弗勝·如將失之, 皆敬心之所存. 愛敬兼至, 乃孝子之道, 故嚴威儼恪, 使人望而畏之, 是成人之道, 非孝子之道也.

번역 조화로운 기운, 기쁜 표정, 유순한 태도는 모두 친애하는 마음이 나타난 것이다. 옥을 들고 있는 것과 같고, 물이 가득 찬 것을 들고 있는 것과 같으며, 감당하지 못하는 것과 같고, 앞으로 잃게 되리라 걱정하는 것과 같은 것들은 모두 공경하는 마음이 담겨 있는 것이다. 친애함과 공경함을 모두 지극히 하는 것이 자식의 도리이다. 그렇기 때문에 엄격한 행동거지와 공손하고 삼가는 행동거지는 사람들로 하여금 그를 바라보며 외경하게 만드는 것이니, 성인(成人)의 도이지 자식의 도는 아니다.

大全 山陰陸氏曰: 和氣・愉色・婉容, 皆愛根於心, 其發見於外如此. 如執玉・如奉盈・如弗勝, 言敬, 故曰愛敬盡於事親.

번역 산음육씨가 말하길, 조화로운 기운, 기쁜 표정, 유순한 태도는 모두 친애함이 마음에 근본을 두고 있어서, 이처럼 밖으로 나타난 것이다. 옥을 들고 있는 것과 같고, 물이 가득 찬 것을 들고 있는 것과 같으며, 감당하지 못하는 것과 같다는 것은 공경함을 뜻한다. 그렇기 때문에 친애함과 공경함을 부모를 섬기는 데 다한다고 말한 것이다.

大全 延平周氏曰: 如執玉, 言其恭, 如奉盈, 言其愼.

번역 연평주씨가 말하길, 옥을 든 것처럼 한다는 말은 공손함을 뜻하며, 물이 가득 찬 그릇을 든 것처럼 한다는 말은 삼감을 뜻한다.

鄭注 和氣, 謂立而詘. 成人, 旣冠者. 然則孝子不失其孺子之心也.

번역 조화로운 기운은 서 있으면서 자신의 몸을 굽힌다는 뜻이다. '성인(成人)'은 관례(冠禮)를 치른 자이다. 그렇다면 자식은 어린아이의 마음가짐을 잃지 않는 것이다.

釋文 奉, 芳勇反. 儼, 魚檢反. 恪, 苦各反. 冠, 古亂反. 孺, 而樹反.

번역 '奉'자는 '芳(방)'자와 '勇(용)'자의 반절음이다. '儼'자는 '魚(어)'자와 '檢(검)'자의 반절음이다. '恪'자는 '苦(고)'자와 '各(각)'자의 반절음이다. '冠'자는 '古(고)'자와 '亂(란)'자의 반절음이다. '孺'자는 '而(이)'자와 '樹(수)'자의 반절음이다.

孔疏 ●"孝子"至"道也". ○正義曰: "如執玉, 如奉盈", 言孝子對神, 容貌敬愼, 如執持玉之大寶, 如奉盈滿之物.

번역 ●經文: "孝子"~"道也". ○경문의 "如執玉, 如奉盈"에 대하여. 자

식이 신을 대할 때에는 행동거지가 공경스럽고 삼가여, 마치 큰 보배인 옥을 들고 있을 때처럼 하고, 물이 가득 찬 그릇을 들고 있는 것처럼 한다는 뜻이다.

孔疏 ●"嚴威儼恪, 非所以事親也"者, 嚴, 謂嚴肅; 威, 謂威重; 儼, 謂儼正; 恪, 謂恭敬. 言四者容貌非事親之體, 事親當和順卑柔也.

번역 ●經文: "嚴威儼恪, 非所以事親也". ○'엄(嚴)'자는 엄숙하다는 뜻이다. '위(威)'자는 장중하다는 뜻이다. '엄(儼)'자는 엄격하고 단정하다는 뜻이다. '각(恪)'자는 공손하고 공경하다는 뜻이다. 이 네 가지 행동거지는 부모를 섬길 때의 태도가 아니며, 부모를 섬길 때에는 마땅히 조화롭고 온순하며 자신을 낮추고 유연하게 행동해야 한다는 뜻이다.

孔疏 ●"成人之道也"者, 言嚴·威·儼·恪, 祇是旣冠成人之道也.

번역 ●經文: "成人之道也". ○엄숙함·장중함·엄격하고 단정함·공손하고 공경한 태도는 단지 관례(冠禮)를 치러서 성인(成人)이 된 자가 따라야 하는 도리라는 뜻이다.

集解 愚謂: 孝子事死如事生, 其事親於生時者如此, 故沒而祭之, 亦必如上文之所言, 而後可以爲孝也.

번역 내가 생각하기에, 자식이 돌아가신 부모를 섬길 때에는 살아계신 부모를 섬기는 것과 같은데, 살아계실 때 부모를 섬기는 것이 이와 같았기 때문에, 돌아가신 뒤 제사를 지낼 때에도 또한 반드시 앞에서 언급한 것처럼 한 이후에야 효라고 할 수 있다.

선왕이 제정한 다섯 가지 도리

【558a~b】

先王之所以治天下者五. 貴有德, 貴貴, 貴老, 敬長, 慈幼.
此五者, 先王之所以定天下也. 貴有德, 何爲也? 爲其近於道
也. 貴貴, 爲其近於君也. 貴老, 爲其近於親也. 敬長, 爲其
近於兄也. 慈幼, 爲其近於子也. 是故至孝近乎王, 至弟近乎
霸. 至孝近乎王, 雖天子必有父. 至弟近乎霸, 雖諸侯必有兄.
先王之敎, 因而弗改, 所以領天下國家也.

직역 先王이 天下를 治한 所以의 者는 五이다. 德을 有함을 貴하며, 貴를 貴하고, 老를 貴하며, 長을 敬하고, 幼를 慈한다. 此五者는 先王이 天下를 定한 所以이다. 德을 有함을 貴함은 何히 爲리오? 그 道에 近함이 爲이다. 貴를 貴함은 그 君에 近함이 爲이다. 老를 貴함은 그 親에 近함이 爲이다. 長을 敬함은 그 兄에 近함이 爲이다. 幼를 慈함은 그 子에 近함이 爲이다. 是故로 至孝는 王에 近하고, 至弟는 霸에 近한다. 至孝는 王에 近하니, 雖히 天子라도 必히 父가 有한다. 至弟는 霸에 近하니, 雖히 諸侯라도 必히 兄이 有한다. 先王의 敎는 因하고 弗改하니, 天下와 國家를 領하는 所以이다.

의역 선왕이 천하를 다스렸던 방도는 다섯 가지이다. 덕을 갖춘 자를 존귀하게 대하며, 존귀한 자를 존귀하게 대하고, 노인을 존귀하게 대하며, 연장자를 공경스럽게 대하고, 어린 자를 자애롭게 대하는 것이다. 이 다섯 가지는 선왕이 천하를 안정시켰던 방도이다. 덕을 갖춘 자를 존귀하게 대하는 것은 어째서인가? 그는 도에 가깝기 때문이다. 존귀한 자를 존귀하게 대하는 것은 그가 군주와 가깝기 때문이다. 노인을 존귀하게 대하는 것은 그가 부모와 가깝기 때문이다. 연장자를 공경

스럽게 대하는 것은 그가 형과 가깝기 때문이다. 어린 자를 자애롭게 대하는 것은
그가 자식과 가깝기 때문이다. 이러한 까닭으로 지극한 효를 갖춘 자는 천자와 가
깝고, 지극한 우애를 갖춘 자는 패자에 가깝다. 지극한 효를 갖춘 자는 천자와 가까
우니, 비록 천자라 할지라도 반드시 효를 다하는 부모가 있다. 또 지극한 우애를
갖춘 자는 패자에 가까우니, 비록 제후라 할지라도 반드시 우애를 다하는 형이 있
다. 선왕의 가르침에 대해서는 따르기만 하고 고치지 않으니, 이를 통해서 천하와
국가를 통솔한다.

集說 應氏曰: 仁以事親, 而廣其愛, 極其至, 則王者以德行仁之心也. 義以
從兄, 而順其序, 極其至, 則霸者以禮明義之擧也. 孝弟之根本立乎一家, 王霸
之功業周乎天下, 雖未能盡王霸之能事, 而亦近之矣. 天子至尊, 內雖致睦於
兄弟, 而族人不敢以長幼齒之, 故所尊者惟父, 而諸侯特言有兄. 道渾全無跡,
德純實有方, 蓋以人行道而有得於身也, 故曰近之矣.

번역 응씨[1]가 말하길, 인(仁)에 따라 부모를 섬기고, 친애함을 넓히고
지극함을 극대화한다면, 천자가 덕에 따라 인(仁)을 행하는 마음이 된다.
의(義)에 따라 형을 따르고, 질서에 순응하고 지극함을 극대화한다면, 패자
가 예법에 따라 의를 밝히는 행동이 된다. 효제(孝悌)의 근본은 한 가정에
서 확립되고, 천자와 패자의 공업은 천하에 두루 퍼지니, 비록 천자와 패자
가 할 수 있는 일을 다 할 수 없더라도 또한 그에 가깝게 된다. 천자는 지극
히 존귀하여 내적으로 비록 형제에 대한 화목함을 지극히 하더라도, 족인
들이 감히 자신의 나이에 따라 천자와 서열을 매길 수 없다. 그렇기 때문에
존귀하게 여기는 자로는 오직 부모만 있을 뿐이고, 또 제후에 대해서는 단
지 형만 있다고 말한 것이다. 도가 완전하여 자취가 없고 덕이 순일하여
반듯함이 있으니, 무릇 사람으로서 그 도를 시행하여, 자신에게 터득함이
있었던 것이다. 그렇기 때문에 "가깝다."고 말했다.

---

1) 금화응씨(金華應氏, ?~?) : =응용(應鏞)·응씨(應氏)·응자화(應子和). 이름
   은 용(鏞)이다. 자(字)는 자화(子和)이다. 『예기찬의(禮記纂義)』를 지었다.

集說 石梁王氏曰: 王孝霸弟, 此非孔子之言.

번역 석량왕씨[2]가 말하길, 천자가 효(孝)를 하고 패자가 제(悌)를 한다는 것은 공자의 말이 아니다.

集說 劉氏曰: 道之理一而德之分殊, 人之有德者, 未必皆能盡道之大全也, 然曰有德, 則亦違道不遠矣, 此德之所以近道也.

번역 유씨[3]가 말하길, 도의 이치는 동일하지만 덕의 나뉨에 차이가 있으니, 사람들 중 덕을 갖춘 자들이 모두 도의 전체를 다할 수 있는 것은 아니다. 그런데도 "덕이 있다."라고 말했다면, 이 또한 도를 위배하는 것과는 거리가 머니, 이것은 덕이 도에 가깝다는 뜻이다.

大全 嚴陵方氏曰: 先言治天下, 後言定天下者, 治之然後定也. 德未足以盡道也, 近於道而已. 凡列於爵者, 皆謂之貴, 貴不必皆君也. 貴在外者也, 先德而後貴, 以內外爲之序也. 先老而後長, 先長而後幼, 則以尊卑小大爲之序也. 貴有位而已, 老有年而已, 不必皆有德, 則長也幼也又可知矣. 故於德特言有焉. 於長曰敬, 於幼曰慈者, 蓋敬存乎禮, 慈存乎仁而已. 至於貴則不止於是而已.

번역 엄릉방씨가 말하길, 앞서 "천하를 다스린다."라고 말하고 이후에 "천하를 안정시킨다."라고 말한 것은 다스린 뒤에야 안정시킬 수 있기 때문이다. 덕은 도를 다하기에는 부족하니 도에 가깝기만 할 따름이다. 무릇 작위의 반열에 포함된 자에 대해서는 모두 '귀(貴)'라고 부르는데, 귀(貴)에 속하는 자들이 모두 군주인 것은 아니다. 귀(貴)는 외적인 면에 해당하니,

---

2) 석량왕씨(石梁王氏, ?~?) : 자세한 이력이 남아 있지 않다.

3) 장락유씨(長樂劉氏, A.D.1017~A.D.1086) : =유씨(劉氏)・유이(劉彝)・유집중(劉執中). 북송(北宋) 때의 성리학자이다. 자(字)는 집중(執中)이다. 복주(福州) 출신이며, 어려서 호원(胡瑗)에게서 학문을 배웠다. 『정속방(正俗方)』, 『주역주(周易注)』를 지었으나 현존하지 않는다. 『칠경중의(七經中議)』, 『명선집(明善集)』, 『거이집(居易集)』 등이 남아 있다.

먼저 덕(德)에 대해서 말하고 이후에 귀(貴)에 대해서 말한 것은 내외에 따라 질서를 정했기 때문이다. 먼저 노인을 말하고 이후에 연장자를 말하며, 먼저 연장자를 말하고 이후에 어린 자를 말한 것은 존비와 대소에 따라 질서를 정한 것이다. 존귀한 자는 지위를 갖췄을 따름이며, 노인은 나이가 많을 따름이니, 이들 모두가 덕을 갖춘 것은 아니다. 따라서 연장자나 어린 자에 대한 경우도 덕을 모두 갖춘 것이 아님을 알 수 있다. 그러므로 덕(德)에 대해 말할 때에는 특별히 '유(有)'라고 말한 것이다. 연장자에 대해서는 '경(敬)'이라고 했고, 어린 자에 대해서는 '자(慈)'라고 했는데, 공경함은 예법에 달린 것이고, 자애로움은 인(仁)에 달린 것이기 때문이다. 귀(貴)에 있어서는 여기에만 그치는 것이 아닐 따름이다.

大全 慶源輔氏曰: 人人親其親, 長其長, 而天下平, 所謂定天下也. 君臣父子兄弟, 人倫之大者, 而道又人倫之總也, 故先曰貴有德. 先王之治天下, 擧斯心加諸彼而已矣. 刑名法數有不與焉, 然其所謂道者, 亦豈淸虛寂滅之謂乎?

번역 경원보씨가 말하길, 사람들이 모두 자신의 부모에 대해서 친애하고 연장자에 대해서 연장자로 대하여 천하가 편안하게 되는 것이 이른바 "천하를 안정시킨다."는 뜻이다. 군주와 신하, 부모와 자식, 형과 동생 사이에서 지켜야 하는 도리는 인륜 중에서도 큰 것이고, 도는 또한 인륜을 총괄하는 것이다. 그렇기 때문에 우선적으로 "덕을 갖춘 자를 존귀하게 대한다."라고 했다. 선왕이 천하를 다스릴 때에는 이러한 마음을 들어서 저곳에 적용했을 따름이다. 형법과 제도는 관여되지 않는 것들이 있지만, 이른바 '도(道)'라는 것이 또한 어찌 공허하고 없는 것을 뜻하겠는가?

鄭注 言治國有家道. 天子有所父事, 諸侯有所兄事, 謂若三老五更也. 天子衰, 諸侯興, 故曰"霸".

번역 나라를 다스리는 데에는 가정의 도리가 포함되어 있다는 뜻이다. 천자에게는 부친처럼 섬기는 대상이 있고, 제후에게는 형처럼 섬기는 대상이 있으니, 삼로(三老) 및 오경(五更)4)과 같은 자들이다. 천자의 힘이 쇠약해지고 제후의 힘이 강성해졌기 때문에 '패(霸)'라고 부른다.

釋文 長, 丁丈反, 下及下注皆同. 爲其, 于僞反, 下"爲其"同. 近, 附近之近. 乎王, 于況反. 弟音悌, 下同. 更, 古衡反, 下"及下更"相同.

번역 '長'자는 '丁(정)'자와 '丈(장)'자의 반절음이며, 아래문장 및 아래 정현의 주에 나오는 글자도 모두 그 음이 이와 같다. '爲其'에서의 '爲'자는 '于(우)'자와 '僞(위)'자의 반절음이며, 아래문장에 나오는 '爲其'에서의 '爲'자도 그 음이 이와 같다. '近'자는 '부근(附近)'이라고 할 때의 '近'자이다. '乎王'에서의 '王'자는 '于(우)'자와 '況(황)'자의 반절음이다. '弟'자의 음은 '悌(제)'이며, 아래문장에 나오는 글자도 그 음이 이와 같다. '更'자는 '古(고)'자와 '衡(형)'자의 반절음이며, 아래문장에 나오는 '及下更'에서의 '更'자도 그 음이 이와 같다.

孔疏 ●"先王"至"家也". ○正義曰: 此一節論貴德及孝弟之事. 皇氏云:

---

4) 삼로오경(三老五更)은 삼로(三老)와 오경(五更)을 뜻한다. 이들은 국가의 요직에 있다가 나이가 들어 퇴직한 자들이다. 정현은 '삼로'와 '오경'은 3명과 5명이 아닌 각각 1명씩이라고 풀이했다. 그리고 1명인데도 '삼(三)'자와 '오(五)'자를 붙여서 부르는 이유에 대해서, '삼진(三辰)'과 '오성(五星)'에서 명칭을 빌려왔기 때문이라고 해석하였고, 또한 '삼덕(三德)'과 '오사(五事)'를 알고 있는 자들이기 때문에, 이러한 명칭이 붙었다고 풀이하기도 한다. 『예기』「문왕세자」편에는 "適東序, 釋奠於先老, 遂設三老, 五更, 群老之席位焉."이란 기록이 있는데, 이에 대한 정현의 주에서는 "三老五更各一人也, 皆年老更事致仕者也. 天子以父兄養之, 示天下之孝悌也. 名以三五者, 取象三辰五星, 天所因以照明天下者."라고 풀이했고, 또한 『예기』「악기(樂記)」편에는 "食三老五更於大學."이란 기록이 있는데, 이에 대한 정현의 주에서는 "三老五更, 互言之耳, 皆老人更知三德五事者也."라고 풀이했다. 그리고 참고적으로 공영달(孔穎達)의 소(疏)에서는 "三德謂正直, 剛, 柔. 五事謂貌, 言, 視, 聽, 思也."라고 해석하여, '삼덕'은 정직(正直), 강직함[剛], 부드러움[柔]이라고 풀이했고, 오사(五事)는 올바른 용모[貌], 올바른 말[言], 올바르게 봄[視], 올바르게 들음[聽], 올바르게 생각함[思]이라고 풀이했다.

"此亦承上夫子答子贛之辭畢, 廣明孝弟之義." 今以皇氏說未知然否, 或是說雜錄之辭.

번역 ●經文: "先王"~"家也". ○이곳 문단은 덕을 존귀하게 여기고 효제(孝悌)로 여기는 사안을 논의하고 있다. 황간은 "이 또한 앞서 공자가 자공에게 답한 말이 끝났다는 것을 이어서 효제의 도의를 폭넓게 설명한 것이다."라고 했다. 현재 황간의 주장이 과연 그러한지 아닌지는 알 수 없고, 그것이 아니라면 뒤섞여 있던 기록이 된다.

孔疏 ●"貴有德, 何爲也? 爲其近於道也"者, 德是在身善行之名, 道者於物開通之稱. 以己有德, 能開通於物, 故云"近於道也". 凡言近者, 非是實到, 附近而已.

번역 ●經文: "貴有德, 何爲也? 爲其近於道也". ○덕(德)은 본인에게 있는 것으로 선을 시행하는 명칭이며, 도(道)는 사물에게 있어서 두루 통용되는 명칭이다. 본인이 덕을 갖추고 있어서, 다른 사물에 대해서도 통할 수 있기 때문에 "도에 가깝다."라고 말했다. 무릇 가깝다고 말한 것은 실제로 그곳에 도달했다는 뜻이 아니며 가깝다는 뜻일 뿐이다.

孔疏 ●"是故至孝近乎王, 至弟近乎霸"者, 孝能感物, 故近乎王. 弟能親愛, 故近乎霸.

번역 ●經文: "是故至孝近乎王, 至弟近乎霸". ○효는 대상을 감응시킬 수 있기 때문에 천자의 다스림과 가깝다. 우애는 친애할 수 있기 때문에 패자의 다스림과 가깝다.

孔疏 ●"雖天子必有父"者, 以聖人之德, 無加於孝乎, 故雖天子之尊, 必有事之如父者, 謂養三老也.

번역 ●經文: "雖天子必有父". ○성인의 덕은 효보다 더한 것이 없기 때문에 비록 천자처럼 존귀한 자라 할지라도 반드시 부친처럼 섬기는 대상이 있으니, 삼로(三老)를 봉양한다는 의미이다.

孔疏 ●"雖諸侯必有兄"者, 以敎民禮順莫善於弟, 故雖諸侯之貴, 必有事之如兄者, 謂養五更也.

번역 ●經文: "雖諸侯必有兄". ○백성들을 교화하고 예법에 따르게 하는 것으로는 우애보다 좋은 것이 없다. 그렇기 때문에 비록 제후처럼 존귀한 자라 할지라도 반드시 형처럼 섬기는 대상이 있으니, 오경(五更)을 봉양한다는 의미이다.

孔疏 ●"先王之敎, 因而弗改"者, 言先王設敎之原, 因人之心孝弟, 卽以孝弟敎人, 是因而不改, 從人之所欲, 故可以領天下國家也.

번역 ●經文: "先王之敎, 因而弗改". ○선왕이 교화를 만들었던 근원은 사람의 마음에 있는 효제(孝悌)에 따른 것이니, 곧 효제에 따라 사람들을 교화한 것으로, 이것이 따르고 고치지 않았던 이유이며, 곧 사람들이 바라는 것에 따른 것이다. 그렇기 때문에 이를 통해서 천하와 국가를 통솔할 수 있다.

孔疏 ◎注"天子"至"曰霸". ○正義曰: 云"天子有所父事, 諸侯有所兄事"者, 按天子·諸侯俱有養老之禮, 皆事三老五更, 故文王世子注"三老如賓, 五更如介". 但天子尊, 故以父事屬之. 諸侯卑, 故以兄事屬之. 云"天子衰, 諸侯興, 故曰霸"者, 按中候: "諸侯曰霸." 注云: "霸, 把也, 把天子之事也."

번역 ◎鄭注: "天子"~"曰霸". ○정현이 "천자에게는 부친처럼 섬기는 대상이 있고, 제후에게는 형처럼 섬기는 대상이 있다."라고 했는데, 살펴보니 천자와 제후에게는 모두 노인을 봉양해야 하는 예법이 적용되어, 삼로(三老)와 오경(五更)을 섬기게 된다. 그렇기 때문에 『예기』「문왕세자(文王

世子)」편에 대한 정현의 주에서는 "삼로는 빈객의 수장이 앉는 자리에 앉고, 오경은 개(介)[5]가 앉는 자리에 앉는다."[6]라고 한 것이다. 다만 천자는 존귀하기 때문에 부친처럼 섬긴다는 말을 한 것이다. 반면 제후는 상대적으로 미천하기 때문에 형처럼 섬긴다는 말을 한 것이다. 정현이 "천자의 힘이 쇠약해지고 제후의 힘이 강성해졌기 때문에 '패(霸)'라고 부른다."라고 했는데, 『중후』를 살펴보면, "제후를 '패(霸)'라고 부른다."라고 했고, 주에서는 "'패(霸)'자는 '가지다[把].'는 뜻이니, 천자의 일을 대신 가진다는 의미이다."라고 했다.

集解 德者, 行道而有得於心也. 人有一德, 雖未必遽盡乎道之全, 然亦道之所散而見也, 故曰"近乎道". 霸, 諸侯之長也. 事親者, 仁之實, 由仁而極之, 則王者天下一家之心也, 故曰"至孝近乎王". 從兄者, 義之實, 由義而極之, 則霸者尊主庇民之事也, 故曰"至弟近乎霸". 天子必有父, 諸侯必有兄, 言孝弟之心根於固有, 不以勢位之尊而有所異也. 先王因人心固有之孝弟而敎之, 則天下國家之人情皆統領於是而不能外矣.

번역 '덕(德)'은 도를 시행하여 마음에 터득해서 얻은 것이다. 사람에게 한 가지 덕이 있으니, 비록 도의 전체를 모두 다한 것이라 할 수 없지만, 또한 도가 흩어져서 드러난 것이다. 그렇기 때문에 "도에 가깝다."라고 했다. '패(霸)'는 제후들의 수장을 뜻한다. 부모를 섬기는 것은 인(仁)의 실질이니, 인(仁)을 통해서 지극히 한다면, 천자가 천하를 한 가정으로 여기는 마음에 해당한다. 그렇기 때문에 "지극한 효는 천자에 가깝다."라고 말한

---

5) 개(介)는 부관을 뜻한다. 빈객(賓客)이 방문했을 때 주인(主人)과 빈객 사이에서 진행되는 절차들을 보좌했던 자들이다. 계급에 따라서 '개'를 두는 숫자에도 차이가 났다. 가령 상공(上公)은 7명의 '개'를 두었고, 후작이나 백작은 5명을 두었으며, 자작과 남작은 3명의 개를 두었다. 『예기』「빙의(聘義)」편에는 "上公七介, 侯伯五介, 子男三介."라는 기록이 있다.

6) 이 문장은 『예기』「문왕세자(文王世子)」【261d~262a】의 "始之養也, 適東序, 釋奠於先老, 遂設三老 · 五更 · 群老之席位焉."이라는 기록에 대한 정현의 주이다.

것이다. 형을 따르는 것은 의(義)의 실질이니, 의(義)를 통해서 지극히 한다면, 패자가 종주를 높이고 백성들을 감싸주는 일에 해당한다. 그렇기 때문에 "지극한 우애는 패자에 가깝다."라고 말한 것이다. 천자에게는 반드시 부친이 있고, 제후에게도 반드시 형이 있는데, 이것은 효제(孝悌)의 마음은 고유하게 있는 마음에 근본을 두고 있는 것으로, 세력과 지위를 가진 존귀한 자라 할지라도 차이를 둘 수 없다는 뜻이다. 선왕은 사람의 마음에 고유하게 있는 효제를 통해서 교화를 했으니, 천하와 국가의 인정은 모두 이것에 통솔되어 벗어날 수 없다.

集解 項氏安世曰: 王者君位之極, 霸者臣位之極. 霸, 卽"伯"字, 諸侯之長也. 堯舜有四岳, 夏·殷有二伯, 文武時周·召爲二伯. 自孟子·荀子明王·霸之辨, 而後學者以霸爲羞, 不知孟·荀所闢, 謂春秋時五霸耳.

번역 항안세가 말하길, 천자는 군주 중 가장 정점에 있는 자이고, 패자는 신하 중 가장 정점에 있는 자이다. '패(霸)'는 곧 백(伯)자에 해당하니 제후들의 수장이다. 요순은 사악(四岳)을 두었고, 하나라와 은나라는 이백(二伯)을 두었으며, 문왕과 무왕 때에는 주공과 소공을 이백으로 삼았다. 맹자와 순자가 천자와 패자의 구분을 밝힌 이후로부터, 후학들은 패자를 수치로 여겼는데, 이것은 맹자와 순자가 배척했던 자들은 춘추시대 때의 오패였을 뿐임을 알지 못한 것이다.

애(愛)와 경(敬)의 도리

【558d】

子曰, "立愛自親始, 敎民睦也. 立敬自長始, 敎民順也. 敎以慈睦, 而民貴有親. 敎以敬長, 而民貴用命. 孝以事親, 順以聽命, 錯諸天下, 無所不行."

직역 子가 曰, "愛를 立함에 親으로 自하여 始함은 民에게 睦을 敎함이다. 敬을 立함에 長로 自하여 始함은 民에게 順을 敎함이다. 敎하길 慈睦으로써 하여, 民은 親이 有함을 貴한다. 敎하길 敬長으로써 하여, 民은 命을 用함을 貴한다. 孝하여 親을 事하고, 順하여 命을 聽하니, 天下에 錯하면, 不行한 所가 無라."

의역 공자는 "친애의 도리를 세울 때 자신의 부모를 친애하는 것으로부터 시작하는 것은 백성들에게 화목의 도리를 가르치는 것이다. 공경의 도리를 세울 때 자신보다 연장자를 공경하는 것으로부터 시작하는 것은 백성들에게 순종의 도리를 가르치는 것이다. 자애로움과 화목함으로 가르쳐서 백성들은 부모를 섬기는 것을 존귀하게 여긴다. 또 공경함과 어른을 따르는 것으로 가르쳐서 백성들은 윗사람의 명령 따르는 것을 존귀하게 여긴다. 효를 시행하여 부모를 섬기고, 순종함으로써 명령을 따르니, 이러한 것들을 천하에 시행하면 행하지 못할 것이 없게 된다."라고 했다.

集說 此言愛敬二道, 爲齊家治國平天下之本. 君自愛其親以敎民睦, 則民皆貴於有親; 君自敬其長以敎民順, 則民皆貴於用上命. 愛敬盡於事親事長, 而德敎加於百姓, 擧而措之而已.

번역 이 문장은 친애함과 공경함의 두 도리는 집안을 다스리고 국가를 다스리며 천하를 다스리는 근본이 됨을 뜻한다. 군주 본인이 자신의 부모를 친애하여 백성들에게 화목의 도리를 가르친다면, 백성들은 모두 부모를 친애하는 도리를 존귀하게 여긴다. 또 군주 본인이 자신보다 연장자를 공경하여 백성들에게 순종의 도리를 가르친다면, 백성들은 모두 윗사람의 명령에 따르는 것을 존귀하게 여긴다. 부모를 섬기고 연장자를 섬기는 일에서 친애함과 공경함을 다하고, 덕에 따른 교화를 백성들에게 베풀게 되니, 단지 이것을 들어서 저곳에 둘 따름이다.

大全 石林葉氏曰: 君子無不愛也, 自親而推之則有殺, 故以愛親爲始. 君子無不敬也, 自長而推之則有等, 故以敬長爲始. 始乎親而達其敎於天下, 凡有親者, 莫不敦愛而相顧也, 故曰敎以慈睦, 而民貴有親. 始乎長而達其敎於天下, 凡有上者, 莫不用命而相尊也, 故曰敎以敬長, 而民貴用命. 親親長長, 君子所自立而效至於天下平, 故曰錯諸天下, 無所不行.

번역 석림섭씨가 말하길, 군자에게는 친애하지 않는 대상이 없지만, 부모로부터 미루어나가면 줄어드는 점이 있다. 그렇기 때문에 부모를 친애하는 것을 시작점으로 삼는다. 군자에게는 공경하지 않는 대상이 없지만, 연장자로부터 미루어나가면 차등이 지어지는 점이 있다. 그렇기 때문에 연장자를 공경하는 것을 시작점으로 삼는다. 자신의 부모에 대한 것으로부터 시작하여 그 교화가 천하에 두루 퍼지게 되면, 무릇 부모를 가진 자들 중에는 친애하며 서로 살펴주지 않는 자가 없게 된다. 그렇기 때문에 "자애와 화목으로 가르쳐서 백성들은 부모가 있는 것을 존귀하게 여긴다."라고 말한 것이다. 연장자에 대한 것으로부터 시작하여 그 교화가 천하에 두루 퍼지게 되면, 무릇 연장자를 가진 자들 중에는 명령에 따르며 서로 존귀하게 높이지 않는 경우가 없게 된다. 그렇기 때문에 "공경함과 어른을 따르는 것으로 가르쳐서 백성들은 명령에 따르는 것을 존귀하게 여긴다."라고 말한 것이다. 친근한 자를 친근하게 대하고 연장자를 연장자로 대하는 것은 군자가 제 스스로를 수립하는 방법이고, 그 효과는 천하를 안정시키는 경지에 도달한다. 그렇기 때문에 "천하에 시행하면 행하지 못할 것이 없게 된다."라고 말했다.

鄭注 親·長, 父·兄也. 睦, 和厚也. 尊長出教令者.

번역 '친(親)'과 '장(長)'은 부모와 형을 뜻한다. '목(睦)'은 조화롭고 두터운 것이다. 교화와 명령을 내리는 자를 존귀하게 여겨서 높이는 것이다.

釋文 錯諸, 七路反.

번역 '錯諸'에서의 '錯'자는 '七(칠)'자와 '路(로)'자의 반절음이다.

孔疏 ●"子曰"至"不行". ○正義曰: 此一節明愛敬之道. 皇氏云: "因上答子貢之問, 別愛敬, 語更端, 故別言'子曰'. 自此以下, 皆展轉相因, 廣明其事." 今謂記者雜錄以事類相接爲次, 非本相因之辭也.

번역 ●經文: "子曰"~"不行". ○이곳 문단은 친애와 공경의 도리를 나타내고 있다. 황간은 "앞에서 자공이 물어본 것에 대해 대답한 것에 따라 친애와 공경함을 구별하여 나타낸 것인데, 단락을 새롭게 나누기 때문에 별도로 '자왈(子曰)'이라고 기록하였다. 이곳 구문으로부터 그 이하의 내용들은 모두 서로 관련되어, 그 사안들을 폭넓게 나타내고 있다."라고 했다. 내 생각에 이것은 『예기』를 기록한 자가 여러 기록들 중에서 그 사안이 서로 관련된 것들에 따라 순차적으로 배열한 것이니, 본래부터 서로 연결되는 말은 아니다.

孔疏 ●"立愛自親始"者, 言人君欲立愛於天下, 從親爲始, 言先愛親也.

번역 ●經文: "立愛自親始". ○군주가 천하에 친애의 도리를 세우고자 한다면, 부모를 섬기는 것으로부터 시작하여야 한다는 뜻으로, 즉 우선적으로 자신의 부모를 친애해야 한다는 의미이다.

孔疏 ●"敎民睦也"者, 己先愛親, 人亦愛親, 是敎民睦也.

번역 ●經文: "敎民睦也". ○본인이 우선적으로 부모를 친애하면, 남들 또한 부모를 친애하게 되니, 이것은 백성들에게 화목을 가르치는 방법이다.

孔疏 ●"立敬自長始"者, 言起敬於天下, 從長爲始, 言先自敬長.

번역 ●經文: "立敬自長始". ○천하에 공경함의 풍조를 일으키려고 한 다면, 우선적으로 연장자를 따르는 것으로부터 시작해야 한다는 뜻으로, 즉 우선적으로 제 스스로 연장자를 공경해야 한다는 의미이다.

孔疏 ●"敎民順也"者, 己能敬長, 民亦敬長, 是敎民順也.

번역 ●經文: "敎民順也". ○본인이 연장자를 공경할 수 있으면, 백성 들 또한 연장자를 공경하게 되니, 이것은 백성들에게 순종을 가르치는 방 법이다.

孔疏 ●"敎以慈睦, 而民貴有親"者, 覆上"敎民睦"也. 睦則恩慈, 故云"慈 睦"也. 民旣慈睦, 各貴所有之親.

번역 ●經文: "敎以慈睦, 而民貴有親". ○앞에서 "백성들에게 화목을 가 르친다."라고 한 말과 관련된다. 화목은 은혜롭고 자애로운 것이다. 그렇기 때문에 '자목(慈睦)'이라고 했다. 백성들이 이미 자애롭고 화목하게 되어, 각각 자신의 부모를 존귀하게 여긴다는 뜻이다.

孔疏 ●"敎以敬長, 而民貴用命"者, 覆結上文"敎民順"也. 旣敎以敬長, 民 心和順, 不有悖逆, 故貴用在上之敎命.

번역 ●經文: "敎以敬長, 而民貴用命". ○앞에서 "백성들에게 순종을 가 르친다."라고 한 말과 관련된다. 이미 공경함과 연장자를 따르는 것으로 가르쳐서, 백성들의 마음이 조화롭고 순종적으로 되어 어긋남이 생기지 않았다. 그렇기 때문에 윗사람의 가르침과 명령에 따르는 것을 존귀하게 여긴다.

孔疏　●"孝以事親, 順以聽命"者, 孝以事親, 覆說"而民貴有親"也. 順以聽命, 覆說"而民貴用命"也. 以此二者錯置於天下, 故無所不行, 言皆行也.

번역　●經文: "孝以事親, 順以聽命". ○효로 부모를 섬기니, 이것은 "백성들이 자신의 부모를 존귀하게 여긴다."라고 한 말을 재차 설명한 것이다. 순종하여 명령을 따르니, 이것은 "백성들이 명령에 따르는 것을 존귀하게 여긴다."라고 한 말을 재차 설명한 것이다. 이러한 두 가지 것들을 천하에 시행하기 때문에 시행하지 못하는 것이 없게 되니, 모두 시행된다는 뜻이다.

集解　王者無不愛也, 而愛必自親始; 王者無不敬也, 而敬必自長始. 愛敬自盡其道, 而其民則而效之, 則所以敎民者在是矣, 所謂"不出家而成敎於國"也. 民貴有親, 則睦矣. 民貴用命, 則順矣. 蓋人莫不有孝順之心, 我以人之所同然者感之, 則其聽從之易有不期然而然者矣.

번역　천자는 친애하지 않는 대상이 없지만 친애함은 반드시 자신의 부모를 친애하는 것으로부터 시작된다. 또 천자는 공경하지 않는 대상이 없지만 공경함은 반드시 제 스스로 연장자를 연장자로 섬기는 것으로부터 시작된다. 친애와 공경에 대해서 제 스스로 그 도리를 다하고, 백성들이 그것을 본받는다면, 백성들을 교화하는 방법은 여기에 있는 것이니, 바로 "집을 나서지 않고도 나라에 가르침을 완성한다."[1]는 뜻이다. 백성들이 자신의 부모를 존귀하게 여긴다면 화목의 도리가 완성된 것이다. 백성들이 윗사람의 명령에 따르는 것을 존귀하게 여긴다면 순종의 도리가 완성된

---

1) 『대학』「전(傳) 9장」: 所謂治國必先齊其家者, 其家不可敎而能敎人者無之. 故君子不出家而成敎於國. 孝者, 所以事君也. 弟者, 所以事長也. 慈者, 所以使衆也.

것이다. 사람 중에는 효와 순종의 마음을 갖추지 않은 자가 없어서, 내가 상대방과 동일하게 갖춘 것으로 느끼게 한다면, 그것을 따르는 자들도 쉽게 감화되어 억지로 기약하지 않아도 저절로 그렇게 되는 점이 있게 된다.

교(郊)제사와 경(敬)

【559a】

郊之祭也, 喪者不敢哭, 凶服者不敢入國門, 敬之至也.

직역 郊의 祭함에, 喪者는 敢히 哭을 不하고, 凶服者는 敢히 國門에 入함을 不하니, 敬의 至이다.

의역 교(郊)제사를 지낼 때, 상을 당한 자는 감히 곡(哭)을 하지 않고, 상복(喪服)을 착용한 자는 감히 나라의 문으로 들어가지 않는다. 이것은 공경함을 지극히 나타내는 행동이다.

集說 吉凶異道, 不得相干.

번역 길사와 흉사는 도리를 달리하며, 서로 간여할 수 없기 때문이다.[1]

大全 慶源輔氏曰: 人君郊天, 而人之有喪者不敢哭, 凶服者不敢入國門. 下文言祭廟則卿大夫皆序從執事, 非人君誠敬之至, 安能如是哉? 然則在我者雖敬, 而在人者弗肅, 猶非敬之至也.

번역 경원보씨가 말하길, 군주가 하늘에 대한 교(郊)제사[2]를 지내게 되

---

1) 『예기』 「상복사제(喪服四制)」 【720c】: 凡禮之大體, 體天地, 法四時, 則陰陽, 順人情, 故謂之禮. 訾之者, 是不知禮之所由生也. 夫禮吉凶異道, 不得相干, 取之陰陽也. 喪有四制, 變而從宜, 取之四時也. 有恩, 有理, 有節, 有權, 取之人情也. 恩者仁也, 理者義也, 節者禮也, 權者知也. 仁義禮知, 人道具矣.

2) 교제(郊祭)는 '교사(郊祀)'라고도 부른다. 교외(郊外)에서 천지(天地)에 제사

면, 사람들 중 상을 당한 자는 감히 곡(哭)을 하지 않고, 상복을 착용한 자는 나라 문으로 감히 들어가지 않는다. 아래문장에서는 종묘 제사를 지내게 되면, 경과 대부는 모두 순서대로 뒤따르며 일을 맡아본다고 했으니, 군주가 정성과 공경을 지극히 하지 않는다면, 어떻게 이처럼 할 수 있겠는가? 그러므로 나에게 해당하는 것을 비록 공경스럽게 행하더라도 남에게 해당하는 것에 대해 엄숙하지 않는다면, 이것은 지극한 공경함이 아니다.

鄭注 祭者告禮, 不欲聞見凶人.

번역 제사를 지낼 때 그 사안을 알리는 예법을 시행하는 것은 흉사를 치르는 자의 곡소리와 그 모습을 보고자 하지 않기 때문이다.

孔疏 ●"郊之"至"至也". ○正義曰: 此一節論祭祀之禮, 以是吉禮大事, 故喪與凶服皆辟之.

번역 ●經文: "郊之"~"至也". ○이곳 문단은 제사의 예법을 논의하고 있으니, 길례에 해당하며 중대한 일이기 때문에, 상을 치르거나 상복을 입은 자는 모두 그 사안을 피해준다.

集解 說見郊特牲.

번역 자세한 설명은 『예기』「교특생(교特牲)」편에 나온다.

를 지냈기 때문에 붙여진 명칭이다. 음양설(陰陽說)이 성행했던 한(漢)나라 때에는 하늘에 대한 제사는 양(陽)의 뜻을 따라 남교(南郊)에서 지냈고, 땅에 대한 제사는 음(陰)의 뜻을 따라 북교(北郊)에서 지냈다. 『한서』「교사지하(郊祀志下)」편에는 "帝王之事莫大乎承天之序, 承天之序莫重於郊祀. …… 祭天於南郊, 就陽之義也. 地於北郊, 卽陰之象也."라는 기록이 있다. 한편 '교사'는 후대에 제사를 범칭하는 용어로도 사용되었다. '교사' 중의 '교(郊)'자는 규모가 큰 제사를 뜻하며, '사(祀)'는 비교적 규모가 작은 제사들을 뜻한다.

종묘제사와 경(敬)

【559b】

祭之日, 君牽牲, 穆答君, 卿大夫序從. 旣入廟門, 麗于碑;
卿大夫袒, 而毛牛尙耳. 鸞刀以割, 取膟脊, 乃退; 爓祭 · 祭
腥而退, 敬之至也.

직역 祭의 日에, 君은 牲을 牽하고, 穆은 君에 答하며, 卿과 大夫는 序從한다.
旣히 廟門에 入하면, 碑에 麗하고; 卿과 大夫는 袒하며, 牛를 毛하며 耳를 尙한다.
鸞刀로 割하여, 膟脊를 取하고, 退하며; 爓으로 祭하고 腥을 祭하고서 退하니, 敬
의 至이다.

의역 종묘에서 제사를 지내는 날에 군주는 직접 희생물을 끌고, 군주의 자식은
그 옆에서 함께 희생물을 끌며, 경과 대부는 그 뒤에 서열에 따라 차례대로 뒤따른
다. 종묘의 문으로 들어가게 되면 희생물을 마당에 있는 기둥에 매어둔다. 희생물
을 도축하게 되면 경과 대부들은 상의의 한쪽 어깨를 드러내고, 소의 털을 자르는
데, 귀의 측면에 있는 털을 숭상한다. 난도(鸞刀)로 희생물을 가르고, 창자 사이에
있는 지방을 가져다가 바치며, 그 일이 끝나면 잠시 뒤로 물러난다. 희생물의 데친
고기와 생고기로 제사지내는 일이 끝나면 물러나게 되니, 이것은 공경함을 지극히
나타내는 행동이다.

集說 祭之日, 謂祭宗廟之日也. 父爲昭, 子爲穆. 穆答君, 言君牽牲之時,
子姓對君共牽也. 卿大夫佐幣, 士奉芻, 以次序在牲之後, 故云序從也. 麗牲之
碑, 在廟之中庭, 麗, 猶繫也, 謂以牽牲之紖, 繫于碑之孔也. 袒衣, 示有事也.
將殺牲, 則先取耳旁毛以薦神, 毛以告全, 耳以主聽, 欲神聽之也, 以耳毛爲上,

故云尙耳也. 鸞刀・膟膋, 並見前篇. 乃退, 謂薦毛血膟膋畢而暫退也. 燗祭, 祭湯中所燗之肉也. 祭腥, 祭生肉也. 燗腥之祭畢, 則禮終而退矣. 此皆敬心之極至也.

번역 '제지일(祭之日)'은 종묘에서 제사지내는 날을 뜻한다. 부친이 소(昭) 항렬에 해당하고, 자식은 목(穆) 항렬에 해당한 것이다. 그러므로 '목답군(穆答君)'이라는 말은 군주가 희생물을 끌고 올 때, 그의 자식은 군주를 마주보며 함께 희생물을 끌고 온다는 뜻이다. 경과 대부는 폐물 바치는 것을 돕고, 사는 희생물에게 먹일 꼴을 받들고 오는데, 등급에 따라서 희생물 뒤에 차례대로 나열한다. 그렇기 때문에 "순서에 따라 뒤따른다."라고 했다. 희생물을 묶어두는 기둥은 종묘의 마당에 있는데, '여(麗)'자는 "묶는다[繫]."는 뜻이니, 희생물을 끌고 올 때 사용한 끈을 기둥의 구멍에 연결해서 묶는 것이다. 상의의 옷을 걷는 것은 맡아서 처리하는 일이 있음을 드러내기 위해서이다. 희생물을 도축하려고 한다면, 먼저 귀의 측면에 있는 털을 잘라서 신에게 바치니, 희생물의 털이 온전한 순색임을 아뢰는 것이고, 귀는 듣는 것을 위주로 하니, 아뢰는 말을 신이 듣기를 바라기 때문에, 귀의 털을 상위로 여기는 것이다. 그렇기 때문에 "귀를 높인다."라고 말했다. '난도(鸞刀)'1)와 '율료(膟膋)'2)에 대해서는 그 설명이 앞에 나온다. '내퇴(乃

---

1) 『예기』「예기(禮器)」【309c】에는 "醴酒之用, 玄酒之尙; 割刀之用, 鸞刀之貴; 莞簟之安, 而藁鞂之設."이라는 기록이 있고, 이에 대한 진호(陳澔)의 『집설(集說)』에서는 "鸞, 鈴也. 刀鐶有鈴, 故名鸞刀, 割肉欲中其音節. 郊特牲云, '聲和而後斷也.'"라고 풀이했다. 즉 "난(鸞)은 방울[鈴]을 뜻한다. 즉 칼 손잡이 끝부분 고리에 방울이 달려 있기 때문에, 그 칼을 '난도(鸞刀)'라고 부르는 것이며, 방울을 단 이유는 고기를 자를 때, 그 음률에 맞추고자 해서이다. 『예기』「교특생(郊特牲)」편에서는 '소리가 조화를 이룬 이후에야 자른다.'"라는 뜻이다.

2) 『예기』「교특생(郊特牲)」【341d~342a】에는 "血祭, 盛氣也. 祭肺肝心, 貴氣主也. 祭黍稷加肺, 祭齊加明水, 報陰也. 取膟膋燔燎升首, 報陽也. 明水涗齊, 貴新也. 凡涗, 新之也. 其謂之明水也, 由主人之潔著此水也."라는 기록이 있고, 이에 대한 진호(陳澔)의 『집설(集說)』에서는 "膟膋, 腸間脂也. 先燔燎于爐, 至薦熟, 則合蕭與黍稷燒之."라고 풀이했다. 즉 "'율료(膟膋)'는 창자 사이에 있는 지방이다. 먼저 화로에서 그것을 태우고, 익힌 고기를 바치게 되면, 쑥과 서직을 합하여 태운다."라는 뜻이다.

退)’는 희생물의 털과 피 및 창자 사이의 지방 바치는 일이 끝나면 잠시 뒤로 물러난다는 뜻이다. ‘섬제(燖祭)’는 탕에 넣어서 데친 고기로 제사를 지낸다는 뜻이다. ‘제성(祭腥)’은 생고기로 제사를 지낸다는 뜻이다. 데친 고기와 생고기로 제사지내는 일이 끝나면 예법이 마무리되어 물러나게 된다. 이러한 것들은 모두 공경하는 마음이 지극한 것이다.

大全 延平周氏曰: 以君之尊而牽牲, 以子姓之親而答君, 可謂敬之至也.

번역 연평주씨가 말하길, 군주처럼 존귀한 자가 직접 희생물을 끌고 오고, 그의 자식이 친애함에 따라 군주를 도우니, 공경함이 지극하다고 할 수 있다.

大全 石林葉氏曰: 牽牲而入廟門, 麗于碑, 所謂納牲詔於庭也. 毛牛尙耳者, 所謂升首於室也. 刲取膟膋, 以合黍稷, 所謂臭陽達于牆屋也. 祭燖腥而退, 所謂至敬而不享味也.

번역 석림섭씨가 말하길, 희생물을 이끌고 와서 종묘의 문으로 들어와 기둥에 매어두는 것은 “종묘의 마당으로 희생물을 들여서 신에게 아뢴다.”[3)]는 뜻이다. 희생물의 털을 자르되 귀의 털을 높이는 것은 “묘실에 희생물의 머리를 올린다.”[4)]는 뜻이다. 희생물을 갈라서 지방 사이의 기름을 가져다가 곡물에 합하여 태우는 것은 “냄새를 담장과 지붕으로 두루 통하게 한다.”[5)]는 뜻이다. 데친 고기와 생고기로 제사를 지내고 물러나는 것은 “지극히 공경해야 하는 대상에 대해서는 음식의 맛을 흠향시키는 것이 아

---

3) 『예기』「예기(禮器)」【313b】: <u>納牲詔於庭</u>, 血毛詔於室, 羹定詔於堂. 三詔皆不同位, 蓋道求而未之得也.

4) 『예기』「교특생(郊特牲)」【341a】: 魂氣歸于天, 形魄歸于地, 故祭求諸陰陽之義也. 殷人先求諸陽, 周人先求諸陰. 詔祝於室, 坐尸於堂, 用牲於庭, <u>升首於室</u>. 直祭祝於主, 索祭祝於祊. 不知神之所在, 於彼乎, 於此乎? 或諸遠人乎? 祭于祊, 尙曰求諸遠者與.

5) 『예기』「교특생(郊特牲)」【340b】: 蕭合黍稷, <u>臭陽達於牆屋</u>. 故旣奠, 然後焫蕭合羶薌. 凡祭愼諸此.

니다."6)는 뜻이다.

鄭注 祭, 謂祭宗廟也. 穆, 子姓也. 答, 對也. 序, 以次第從也, 序或爲豫. 麗, 猶繫也. 毛牛尙耳, 以耳毛爲上也. 膟膋, 血與腸間脂也. 燗祭祭腥, 祭燗肉 ・腥肉也. 湯內曰燗. 燗祭祭腥, 或爲"合祭腥泄膫熟"也.

번역 ‘제(祭)’자는 종묘에서 제사를 지낸다는 뜻이다. ‘목(穆)’자는 자손을 뜻한다. ‘답(答)’자는 “마주하다[對].”는 뜻이다. ‘서(序)’자는 등급에 따라 차례대로 따른다는 뜻이며, ‘서(序)’자를 다른 판본에서는 ‘예(豫)’자로 기록하기도 한다. ‘여(麗)’자는 “묶는다[繫].”는 뜻이다. ‘모우상이(毛牛尙耳)’는 귀의 털을 상등으로 여긴다는 뜻이다. ‘율료(膟膋)’는 피와 창자 사이에 있는 지방이다. ‘섬제제성(燗祭祭腥)’은 데친 고기와 생고기로 제사를 지낸다는 뜻이다. 탕 안에 넣어서 데친 것을 ‘섬(燗)’이라고 부른다. ‘섬제제성(燗祭祭腥)’을 다른 판본에서는 ‘합제성설접숙(合祭腥泄膫熟)’이라고 기록하기도 한다.

釋文 從, 才用反, 注同. 碑, 彼皮反. 袒, 徒旦反. 鸞, 力端反. 刲, 苦圭反. 膟音律. 膋, 力彫反. 燗音尋. 泄, 息列反. 膫, 直輒反.

번역 ‘從’자는 ‘才(재)’자와 ‘用(용)’자의 반절음이며, 정현의 주에 나오는 글자도 그 음이 이와 같다. ‘碑’자는 ‘彼(피)’자와 ‘皮(피)’자의 반절음이다. ‘袒’자는 ‘徒(도)’자와 ‘旦(단)’자의 반절음이다. ‘鸞’자는 ‘力(력)’자와 ‘端(단)’자의 반절음이다. ‘刲’자는 ‘苦(고)’자와 ‘圭(규)’자의 반절음이다. ‘膟’자의 음은 ‘律(률)’이다. ‘膋’자는 ‘力(력)’자와 ‘彫(조)’자의 반절음이다. ‘燗’자의 음은 ‘尋(심)’이다. ‘泄’자는 ‘息(식)’자와 ‘列(렬)’자의 반절음이다. ‘膫’자는 ‘直(직)’자와 ‘輒(첩)’자의 반절음이다.

---

6) 『예기』「교특생(郊特牲)」【317d】: 大路繁纓一就, 先路三就, 次路五就. 郊血, 大饗腥, 三獻燗, 一獻孰, <u>至敬不饗味而貴氣臭也.</u>

孔疏 ●“祭之”至“至也”. ○正義曰: 前經郊祭之致敬, 此一節明祭廟牽牲致敬.

번역 ●經文: “祭之”~“至也”. ○앞의 경문에서는 교(郊)제사를 지낼 때 공경을 지극히 한다고 했고, 이곳 문단에서는 종묘의 제사에서 희생물을 이끌고 오며 공경을 지극히 한다고 했다.

孔疏 ●“穆答君”者, 穆, 謂子姓; 答, 對也. 言祭廟, 君牽牲之時, 子姓對君共牽牲.

번역 ●經文: “穆答君”. ○‘목(穆)’자는 자손을 뜻한다. ‘답(答)’자는 “마주한다[對].”는 뜻이다. 종묘에서 제사를 지낼 때, 군주가 희생물을 이끌고 오면, 자손은 군주를 마주하며 함께 희생물을 이끌고 온다는 뜻이다.

孔疏 ●“卿·大夫序從”者, 卿夫夫佐幣, 士奉芻, 依次第而從君也.

번역 ●經文: “卿·大夫序從”. ○경과 대부는 폐물 바치는 것을 돕고, 사는 희생물에게 먹일 꼴을 받들고 오는데, 각자의 서열에 따라 정렬하여 군주를 뒤따른다.

孔疏 ●“旣入廟門, 麗于碑”者, 麗, 繫也. 君牽牲入廟門, 繫著中庭碑也. 王肅云: “以紖貫碑中, 君從此待之也.”

번역 ●經文: “旣入廟門, 麗于碑”. ○‘여(麗)’자는 “묶는다[繫].”는 뜻이다. 군주가 희생물을 이끌고 종묘의 문으로 들어가서, 마당에 있는 기둥에 묶어둔다는 뜻이다. 왕숙은 “고삐를 기둥에 꿰어두고, 군주는 이곳에서 대기한다.”라고 했다.

孔疏 ●“卿大夫袒, 而毛牛尙耳”者, 將殺牲, 故袒取牛毛薦之, 故云“毛牛”也. 以耳毛爲上, 故云“尙耳”. 耳主聽, 欲使神聽之.

번역　●經文: "卿大夫袒, 而毛牛尙耳". ○희생물을 도축하려고 하기 때문에, 상의를 걷고 소의 털을 잘라서 바치게 된다. 그렇기 때문에 "소의 털을 취한다."라고 말한 것이다. 또 귀에 있는 털을 상등으로 여기기 때문에 "귀를 높인다."라고 했다. 귀는 듣는 것을 위주로 하니, 신으로 하여금 그 사실을 듣게끔 하기 위해서이다.

孔疏　●"鸞刀以刲, 取膟膋"者, 謂用鸞刀刲割牲體, 以取血及腸間指血以供薦, 而膋以供炙肝及焫蕭也.

번역　●經文: "鸞刀以刲, 取膟膋". ○난도(鸞刀)를 사용하여 희생물의 몸체를 가르고, 피와 내장 사이에 있는 기름을 가져다가 바치게 되며, 기름은 간을 굽고 쑥을 태울 때 공급한다.

孔疏　●"乃退"者, 謂殺牲竟, 而取卿·大夫所刲血毛膟膋薦之, 竟而退也. 祭有三節, 此一節竟, 故退.

번역　●經文: "乃退". ○희생물 도축하는 일이 끝나면 경과 대부가 갈라서 분리한 피와 털 및 지방을 가져다가 바치고, 그 일이 끝나면 물러난다는 뜻이다. 제사에는 크게 세 마디가 있는데, 이것은 첫 번째 마디가 끝난 것이다. 그렇기 때문에 물러난다.

孔疏　●"爓祭, 祭腥"者, 爓, 謂爓肉而祭. 腥, 謂以腥肉而祭. 言薦膟膋之後, 以俎載爓肉·腥肉而祭也.

번역　●經文: "爓祭, 祭腥". ○'섬(爓)'은 고기를 데쳐서 제사를 지낸다는 뜻이다. '성(腥)'은 생고기로 제사를 지낸다는 뜻이다. 즉 기름을 바친 이후 도마에 데친 고기와 생고기를 담아서 제사를 지낸다는 뜻이다.

孔疏　●"而退"者, 謂爓祭祭腥之後, 祭事旣卒而退, 是恭敬之至極也.

번역　●經文: "而退". ○데친 고기와 생고기로 제사를 지낸 이후, 제사가 이미 끝나서 물러났으니, 이것은 공경함이 지극하다는 뜻이다.

孔疏　◎注"穆, 子姓也". ○正義曰: 知穆是子姓者, 熊氏云"父昭子穆. 姓, 生也. 是昭穆所生謂子孫. 直言穆者, 文不備".

번역　◎鄭注: "穆, 子姓也". ○'목(穆)'이 자손을 뜻한다는 사실을 알 수 있는 이유에 대해 웅안생은 "부친이 소(昭)항렬이고 자식이 목(穆)항렬이다. '성(姓)'자는 '낳다[生].'는 뜻이다. 즉 소목의 항렬에 따라 낳게 된 자들이니 자손을 의미한다. 그런데도 단지 '목(穆)'이라고 말하는 것은 문장을 자세히 기록하지 않았기 때문이다."라고 했다.

孔疏　◎注"膟膋"至"熟也". ○正義曰: 按說文及字林云: 膟血·祭膋, 是牛腸間脂也. 是膟爲血, 膋爲腸間脂也. 云"燔祭祭腥, 祭燔肉·腥肉也"者, 旣疊出經文燔祭之事·祭腥之語, 然後解云謂祭燔肉也·腥肉也. "祭燔肉"卽經之"燔祭"也, 云"腥肉"卽經之"祭腥"也. 其祭腥肉·燔肉, 並當朝踐之節. 此腥肉則禮運云"腥其俎"也. 燔肉卽禮運云"熟其殽"也. 此先云"燔"者, 記者便文耳, 非先後之次. 云"湯肉曰燔"者, 以鬼神異於生, 雖曰熟殽, 但湯肉而已. 若其小祀, 則煮肉令熟, 故郊特牲云"一獻熟", 是燔與熟又別也. 云"燔祭祭腥", 或云"合祭腥泄膮熟也"者, 謂"燔祭祭腥"四字, 禮記他本爲"合祭腥·泄·膮·熟"六字者, 故云"或".

번역　◎鄭注: "膟膋"~"熟也". ○『설문』 및 『자림』7)을 살펴보면, '율혈(膟血)'과 '제료(祭膋)'는 소의 창자 사이에 있는 지방이라고 했다. 이것은 '율(膟)'은 피가 되고 '요(膋)'는 창자 사이의 지방이 됨을 뜻한다. 정현이 "'섬제제성(燔祭祭腥)'은 데친 고기와 생고기로 제사를 지낸다는 뜻이다."

7) 『자림(字林)』은 고대의 자서(字書)이다. 진(晉)나라 때 학자인 여침(呂忱)이 지었다. 원본은 일실되어 전해지지 않고, 다른 문헌들 속에 일부 기록들만 남아 있다.

라고 했는데, 이미 경문에는 데친 고기로 제사를 지내는 일과 생고기로 제사를 지낸다는 말이 중복해서 나타났고, 그런 뒤에 데친 고기로 제사를 지내는 것이며, 생고기로 제사를 지내는 것이라고 풀이했다. 따라서 "데친 고기로 제사를 지낸다."는 말은 경문에 나오는 '섭제(燖祭)'에 해당하고, "생고기로 제사를 지낸다."라고 한 말은 경문에 나오는 '제성(祭腥)'에 해당한다. 생고기로 제사를 지내고 데친 고기로 제사를 지내는 일들은 모두 조천(朝踐)의 절차에 해당한다. 이곳에서 생고기라고 한 말은 『예기』「예운(禮運)」편에서 "생고기를 도마 위에 올려서 바친다."고 한 말에 해당한다. 또 데친 고기라고 한 말은 「예운」편에서 "살점이 붙어 있는 뼈는 삶아서 익힌다."고 한 말에 해당한다.8) 그런데 이곳에서는 먼저 '데친 고기[燖]'를 언급했다. 그 이유는 『예기』를 기록한 자가 편리에 따라 문장을 기록했기 때문이니, 선후의 순서를 나타내는 것이 아니다. 정현이 "탕 안에 넣어서 데친 것을 '섭(燖)'이라고 부른다."라고 했는데, 귀신은 살아있는 자들과 다르기 때문에, 비록 "살점이 붙어 있는 뼈를 삶는다."라고 하더라도, 단지 탕에 고기를 넣어서 데친 것일 뿐이다. 만약 소사(小祀)9)의 경우라면, 고기를 삶아서 완전히 익히게 된다. 그렇기 때문에 『예기』「교특생(郊特牲)」편에서는 "일헌(一獻)에는 익힌 고기[熟]를 바친다."10)라고 말한 것이니, 이것은 '데친 고기[燖]'와 '익힌 고기[熟]'가 구별된다는 사실을 나타낸다. 정

---

8) 『예기』「예운(禮運)」【271b】：作其祝號, 玄酒以祭, 薦其血毛, 腥其俎, 孰其殽. 與其越席, 疏布以冪. 衣其澣帛, 醴醆以獻, 薦其燔炙. 君與夫人交獻以嘉魂魄, 是謂合莫. 然後退而合亨, 體其犬·豕·牛·羊, 實其簠·簋·籩·豆·鉶羹, 祝以孝告, 嘏以慈告, 是謂大祥. 此禮之大成也.

9) 소사(小祀)는 비교적 규모가 작은 제사를 가리킨다. 또한 군사(群祀)라고 부르기도 한다. 사중(司中), 사명(司命), 풍백(風伯: =風師), 우사(雨師), 제성(諸星), 산림(山林), 천택(川澤) 등에 대해 지내는 제사이다. 『주례』「춘관(春官)·사사(肆師)」편에는 "立小祀用牲."이라는 기록이 있는데, 이에 대한 정현의 주에서는 "鄭司農云 小祀司命已下. 玄謂 小祀又有司中風師雨師山川百物."이라고 풀이하였고, 『구당서(舊唐書)』「예의지일(禮儀志一)」에도 "司中司命風伯雨師諸星山林川澤之屬爲小祀."라는 기록이 있다.

10) 『예기』「교특생(郊特牲)」【317d】：大路繁纓一就, 先路三就, 次路五就. 郊血, 大饗腥, 三獻燖, 一獻孰, 至敬不饗味而貴氣臭也.

현이 "'섬제제성(燖祭祭腥)'을 다른 판본에서는 '합제성설접숙(合祭腥泄腦熟)'이라고 기록하기도 한다."라고 했는데, 이것은 '섬제제성(燖祭祭腥)'라는 네 글자를 『예기』의 다른 판본 중에는 '합제성설접숙(合祭腥泄腦熟)'이라는 여섯 글자로 기록한 것도 있다는 뜻이다. 그렇기 때문에 '혹(或)'이라고 말했다.

訓纂 說文: 膫, 牛腸脂也. 燅, 於湯中爚肉.

번역 『설문』에서 말하길, '요(膫)'는 소의 장기에 있는 지방이다. '섬(燅)'은 탕 안에 넣어서 고기를 데친 것이다.

集解 祭, 謂祭宗廟也. 君牽牲者, 謂二灌後, 君出迎牲, 牽之而入也. 穆, 謂主祭者之嗣子也. 答, 對也. 君牽上牲, 嗣子牽其次, 與君相對而牽之也. 嗣子答君牽牲者, 以其有傳重之端也. 卿大夫序從者, 卿大夫贊幣, 士奉匜, 以次序從君也. 禮器曰, "君親牽牲, 大夫贊幣而從", 祭統曰, "卿大夫從, 士執匜", 是也. 麗, 繫也. 碑在廟之中庭, 所以爲行禮之節, 繫牲於其上, 因其便而用之也. 毛牛, 取其毛以告純也. 三牲皆然, 獨言"牛"者, 以上牲爲主也. 尙耳, 以耳毛爲尙也. 鸞刀, 刀之有鈴者. 刲, 割也. 脬, 血也. 膋, 腸間脂也. 取血以告殺, 又與膋並以供爇蕭也. 乃退, 殺牲之事畢而退退也. 燗, 沈肉於湯也. 朝祭之時, 先祭腥, 次祭燗. 而退者, 朝踐之禮畢而退也.

번역 '제(祭)'자는 종묘에서 제사를 지낸다는 뜻이다. 군주가 희생물을 이끈다는 말은 두 차례 관례(灌禮)를 한 뒤에 군주가 밖으로 나가서 희생물을 맞이하고, 그것을 이끌고 안으로 들어온다는 뜻이다. '목(穆)'자는 제사를 주관하는 자의 적장자를 뜻한다. '답(答)'자는 "마주한다[對]."는 뜻이다. 군주가 가장 상등의 희생물을 이끌게 되면, 그의 적장자는 그 다음 등급의 희생물을 이끌게 되는데, 군주와 서로 마주보며 희생물을 이끈다. 군주의 적장자가 군주와 함께 마주보며 희생물을 이끄는 것은 그가 중책을 전수하는 단초를 지니고 있기 때문이다. 경과 대부가 서열에 따라 뒤따른다고 했는데, 경과 대부는 군주를 보좌하여 폐물을 들고 뒤따르고 사는 희생물에게 먹일 꼴을 들고 뒤따르는데, 서열에 따라 차례대로 군주를 뒤따른다. 『예기』「예기(禮器)」편에서 "군주는 직접 희생물을 이끌고 묘문(廟門) 안으로 들어오고, 대부는 군주를 보좌하여 폐물을 들고서 뒤따른다."[11]라고 했고, 『예기』「제통(祭統)」편에서 "경과 대부가 뒤따르고 사는 꼴을 든다."[12]라고 한 말이 바로 이러한 사실을 나타낸다. '여(麗)'자는 "묶는다[繫]."는 뜻이다. 기둥은 종묘의 마당에 있는데, 해당 의례 절차를 시행함에 있어서 그 위에 희생물을 묶어두는 것은 편리에 따라 사용하는 것이다. '모우(毛牛)'는 그 털을 잘라다가 순색의 희생물임을 아뢴다는 뜻이다. 세 가지 희생물에 대해서 모두 이처럼 하는데, 유독 소만을 언급한 것은 상등의 희생물을 중심으로 삼았기 때문이다. '상이(尙耳)'는 귀의 털을 상등으로 여긴다는 뜻이다. '난도(鸞刀)'는 칼 중에 방울이 달려 있는 것이다. '규(刲)'자는 "가른다[割]."는 뜻이다. '율(膟)'자는 피를 뜻한다. '요(膋)'자는 내장 사이에 있는 지방이다. 피를 가져다가 희생물을 도축했음을 아뢰고, 또 지방과 함께 쑥을 태우는데 사용한다. '내퇴(乃退)'는 희생물 도축하는 일이 끝나서 물러난다는 뜻이다. '섬(爓)'자는 탕 안에 고기를 넣어서 데친다는 뜻이다. 조천(朝踐)의 제사를 진행할 때에는 먼저 생고기를 바치고, 그 다음에 데친 고기를 바친다. '이퇴(而退)'는 조천의 의례가 끝나서 물러난다는 뜻이다.

11) 『예기』「예기(禮器)」【312d】: 大廟之內敬矣, <u>君親牽牲, 大夫贊幣而從</u>; 君親制祭, 夫人薦盎; 君親割牲, 夫人薦酒.
12) 『예기』「제통(祭統)」【577a~b】: 是故先期旬有一日, 宮宰宿夫人, 夫人亦散齊七日, 致齊三日. 君致齊於外, 夫人致齊於內, 然後會於大廟. 君純冕立於阼, 夫人副褘立於東房. 君執圭瓚祼尸, 大宗執璋瓚亞祼. 及迎牲, 君執紖, <u>卿大夫從. 士執芻</u>, 宗婦執盎從, 夫人薦涗水. 君執鸞刀, 羞嚌, 夫人薦豆. 此之謂夫婦親之.

그림 13-1 ▣ 제후의 오묘(五廟)

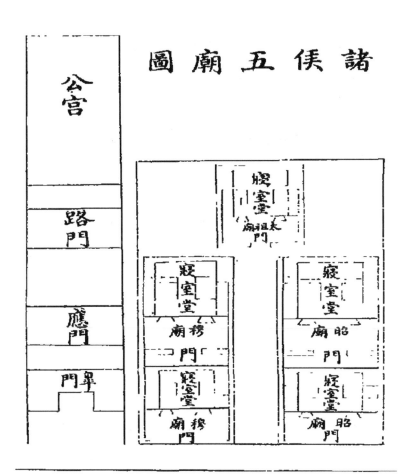

※ 출처: 『의례도(儀禮圖)』「의례방통도(儀禮旁通圖)」

그림 13-2 ▣ 종묘(宗廟) 건물의 각부 명칭

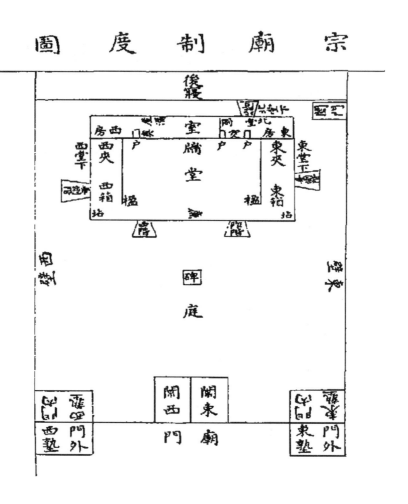

※ 출처: 『향당도고(鄕黨圖考)』 1권

그림 13-3   ■ 난도(鸞刀)

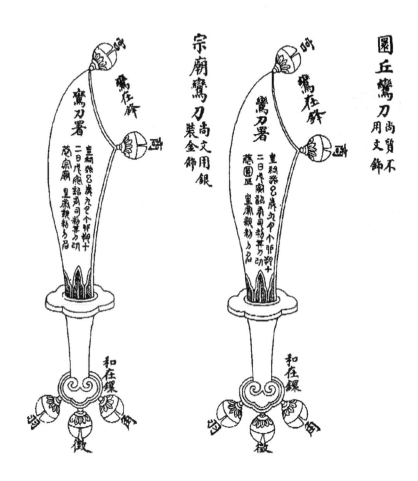

※ **출처**: 『황우신악도기(皇祐新樂圖記)』 하권

교(郊)제사의 규정

【559c】

郊之祭, 大報天而主日, 配以月. 夏后氏祭其闇, 殷人祭其陽.
周人祭日以朝及闇.

직역 郊의 祭는 天에 大報하고 日을 主하며, 配하길 月로써 한다. 夏后氏는 그
闇에 祭하고, 殷人은 그 陽에 祭했다. 周人은 祭日에 朝로부터 闇에 及했다.

의역 교(郊)제사를 지내는 것은 하늘에 대해 크게 보답하기 위해서이며, 그
제사에서는 해를 주된 신으로 삼고, 달을 함께 배향한다. 하후씨 때에는 어두워졌
을 때 제사를 지냈고, 은나라 때에는 한낮에 제사를 지냈다. 반면 주나라는 제사를
지내는 날 아침부터 해가 저물 때까지 지냈다.

集說 道之大原出於天, 而懸象著明, 莫大乎日月, 故郊以報天, 而日以主
神, 制禮之意深遠矣.

번역 도의 큰 본원은 하늘로부터 도출되었고, 하늘은 형상을 드러내어
밝게 나타냈는데, 그 중에는 해나 달보다 큰 것이 없다. 그렇기 때문에 교
(郊)제사를 지내며 하늘에 보답하고, 해를 주된 신으로 삼으니, 예법을 제
정한 뜻이 심원하다.

集說 方氏曰: 郊雖以報天, 然天則尊而無爲, 可祀之以其道, 不可主之以
其事, 故止以日爲之主焉, 猶之王燕飮則主之以大夫, 王嫁女則主之以諸侯而
已. 有其祀, 必有其配, 故又配以月也, 猶祭社則配以勾龍, 祭稷則配以周棄

焉. 闇者, 日旣沒而黑, 夏尙黑, 故祭其闇. 陽者, 日方中而白, 殷尙白, 故祭其陽也. 日初出而赤, 將落亦赤, 周尙赤, 故祭以朝及闇. 及者, 未至於闇, 蓋日將落時也. 祭日, 謂祭之日也.

번역 방씨가 말하길, 교(郊)제사가 비록 하늘에 보답하는 제사라도, 하늘은 존귀하지만 특별히 시행하는 것이 없으니, 그 도로써 제사는 지낼 수 있지만 시행하는 일을 위주로 삼을 수는 없다. 그렇기 때문에 단지 해를 주된 것으로 삼으니, 천자의 연회에서 대부를 주인으로 삼고, 천자가 딸을 시집보낼 때 제후를 주인으로 삼는 경우와 같을 따름이다. 제사를 지내게 되면 반드시 배향하는 대상이 있어야 한다. 그렇기 때문에 또한 달을 배향하니, 사(社)를 제사지낼 때 구룡(句龍)[1]을 배향하고 직(稷)을 제사지낼 때 주나라의 기(棄)를 배향했던 경우와 같다. '암(闇)'은 해가 져서 어두운 때를 뜻하는데, 하나라는 흑색을 숭상했기 때문에 어두울 때 제사를 지냈다. '양(陽)'은 해가 남중하여 밝을 때를 뜻하는데, 은나라는 백색을 숭상했기 때문에 한낮에 제사를 지낸다. 해가 처음 떠오를 때에는 적색을 띄고 일몰할 때에도 적색을 띄는데, 주나라는 적색을 숭상했기 때문에 제사를 지낼 때 아침부터 저녁때까지 지냈다.[2] '급(及)'은 아직 어두워지지는 않았다는 뜻이니, 해가 일몰하려고 하는 때이다. '제일(祭日)'은 제사를 지내는 날을 뜻한다.

大全 長樂劉氏曰: 郊之祭, 大報天而主日者, 天之爲德至廣至大, 不可得而見之也, 其可見者, 日與月爾, 故尊之以次于天, 以爲三辰之主, 而以月配焉.

번역 장락유씨가 말하길, "교(郊)제사는 하늘에 크게 보답하는 제사이

---

1) 구룡(句龍)은 공공(共工)의 아들이었다고 전해지며, 치수 사업을 잘했던 인물이다. 후세에는 그를 후토(后土)의 신(神)으로 여겨서, 그에게 제사를 지내기도 했다. 『춘추좌씨전』「소공(昭公) 29년」편에는 "共工氏有子曰句龍, 爲后土."라는 기록이 있다.
2) 『예기』「단궁상(檀弓上)」【73b】: 夏后氏尙黑, 大事斂用昏, 戎事乘驪, 牲用玄. 殷人尙白, 大事斂用日中, 戎事乘翰, 牲用白. 周人尙赤, 大事斂用日出, 戎事乘騵, 牲用騂.

지만 해를 주된 신으로 삼는다."라고 했는데, 하늘은 덕이 지극히 넓고 크지만 볼 수가 없고, 볼 수 있는 것은 해와 달일 뿐이다. 그렇기 때문에 해를 하늘 다음으로 존숭하여 삼신(三辰)[3]의 주된 신으로 삼고, 달을 배향하는 것이다.

大全 淸江劉氏曰: 周人祭日以朝及闇, 此言周人尙赤. 日出, 先日欲出之初, 猶逮及闇, 則可行祭事矣, 故季氏祭, 仲由爲宰, 晏朝而退, 仲尼謂之知禮也.

번역 청강유씨[4]가 말하길, 주나라 때에는 제사를 지내는 날 아침부터 해가 질 때까지 지냈는데, 이것은 주나라 때 적색을 숭상했다는 뜻을 나타낸다. 해가 떠오르는 것은 해가 떠오르기 전 이제 막 떠오르려고 하는 초기이니, 이 시기로부터 어두워 질 때까지라면 제사의 여러 절차들을 시행할 수 있다. 그렇기 때문에 계씨가 제사를 지낼 때 자로가 가신을 맡았고 저녁 무렵이 되자 제사가 모두 끝나 사람들이 물러가게 되었다고 했고, 공자가 이를 두고 예법을 안다고 칭찬한 것이다.[5]

鄭注 主日者, 以其光明, 天之神可見者莫著焉. 闇, 昏時也. 陽讀爲"日雨曰暘"之暘, 謂日中時也. 朝, 日出時也. 夏后氏大事以昏, 殷人大事以日中, 周人大事以日出, 亦謂此郊祭也. 以朝及闇, 謂終日有事.

번역 해를 위주로 하는 것은 해는 빛을 내고, 모습을 드러낼 수 있는 하늘에 속한 신들 중 해보다 더 드러낼 수 있는 것이 없기 때문이다. '암

---

3) 삼신(三辰)은 해[日], 달[月], 별[星]을 가리킨다. 『춘추좌씨전』「환공(桓公) 2년」편에는 "三辰旂旗, 昭其明也."라는 기록이 있는데, 이에 대한 두예(杜預)의 주에서는 "三辰, 日·月·星也."라고 풀이했다.

4) 유창(劉敞, A.D.1019~A.D.1068) : =공시선생(公是先生)·유원보(劉原父)·청강유씨(淸江劉氏). 북송(北宋) 때의 경학자이다. 자(字)는 원보(原父)이다. 유학뿐만 아니라 불교와 도교에 대해서도 연구하였고, 천문(天文), 지리(地理) 등의 방면에도 조예가 깊었다.

5) 『예기』「예기(禮器)」【316b】: 他日祭, 子路與, 室事交乎戶, 堂事交乎階, 質明而始行事, 晏朝而退. 孔子聞之曰, "誰謂由也, 而不知禮乎!"

(闇)'은 어두운 시기를 뜻한다. '양(陽)'자는 "비가 온다고 부르고, 볕이 난다고 부른다."[6]라고 했을 때의 '양(暘)'자로 풀이하니, 해가 남중했을 때를 뜻한다. '조(朝)'자는 해가 떠오르는 때를 뜻한다. 하후씨 때에는 중대한 제사에 대해서 어두웠을 때 지냈고, 은나라 때에는 중대한 제사에 대해서 해가 남중했을 때 지냈으며, 주나라 때에는 중대한 제사에 대해서 해가 떠오를 때 지냈는데, 이 또한 교(郊)제사에 대한 내용이다. '이조급암(以朝及闇)'이라는 말은 하루 종일 제사를 지냈다는 뜻이다.

釋文 神見, 賢遍反, 一本作"神可見", 則如字. 暘音陽.

번역 '神見'에서의 '見'자는 '賢(현)'자와 '遍(편)'자의 반절음이며, 다른 판본에서는 '神可見'이라고도 기록하는데, 이때의 '見'자는 글자대로 읽는다. '暘'자의 음은 '陽(양)'이다.

孔疏 ●"郊之"至"及闇". ○正義曰: 自此以下至"致天下之和", 論郊祭及日月之義. 此郊之祭一經, 止明郊祭之禮.

번역 ●經文: "郊之"~"及闇". ○이곳 구문으로부터 그 이하로 "천하의 조화로움을 이룬다."[7]라는 구문까지는 교(郊)제사 및 해와 달에 제사지내는 의미를 논의하고 있다. 이곳에서 교제사를 기록한 경문은 단지 교제사의 예법만을 나타내고 있다.

孔疏 ●"郊之祭"者, 謂夏正郊天.

번역 ●經文: "郊之祭". ○하정(夏正)[8]에 따라 하늘에 대한 교(郊)제사

---

6) 『서』「주서(周書)·홍범(洪範)」: 八, 庶徵, 曰雨, 曰暘, 曰燠, 曰寒, 曰風, 曰時, 五者來備, 各以其敍, 庶草蕃廡.

7) 『예기』「제의」【560a】: 祭日於壇, 祭月於坎, 以別幽明, 以制上下. 祭日於東, 祭月於西, 以別外內, 以端其位. 日出於東, 月生於西, 陰陽長短, 終始相巡, 以致天下之和.

8) 하정(夏正)은 하(夏)나라의 정월(正月)을 뜻한다. 이러한 뜻에서 파생되어 하

를 지낸다는 뜻이다.

孔疏 ●“大報天”者, 謂於此郊時大報天之衆神, 雖是春祈天, 生養之功大, 故稱大報天.

번역 ●經文: “大報天”. ○이처럼 교(郊)제사를 지낼 때 하늘에 속한 많은 신들에게 크게 보답을 하는데, 비록 봄에는 하늘에게 기도를 하지만, 생육하는 공이 크기 때문에 하늘에 대해 크게 보답한다고 말했다.

孔疏 ●“天主日, 配以月”者, 謂天無形體, 縣象著明不過日·月, 故以日爲百神之主, 配之以月. 自日以下皆祭, 特言月者, 但月爲重, 以對日耳. 蓋天帝獨爲壇, 其日·月及天神等共爲一壇, 故日得爲衆神之主也.

번역 ●經文: “天主日, 配以月”. ○하늘에는 정해진 형체가 없고, 형상을 드리워서 빛을 밝혀주는 것은 해와 달에 지나지 않는다. 그렇기 때문에 해를 모든 신들의 주된 신으로 삼고 달을 함께 배향한다. 해로부터 그 이하의 신들에 대해서는 모두 제사를 지내는데, 특별히 달만 언급한 것은 달은 중대한 대상이니 해와 상대가 되기 때문이다. 무릇 천상의 상제에 대해서는 단독으로 제단을 설치하지만, 해·달 및 여러 천신들에 대해서는 공동으로 하나의 제단을 만들게 된다. 그렇기 때문에 해는 뭇 신들의 주된 신이 될 수 있다.

나라의 역법(曆法)을 지칭하기도 한다. 하력(夏曆)을 기준으로 두었을 때, 은(殷)나라는 12월을 정월로 삼았으며, 주(周)나라는 11월을 정월로 삼았다.『사기(史記)』「역서(曆書)」편에서는 “秦及漢初曾一度以夏曆十月爲正月, 自漢武帝改用夏正后, 曆代沿用.”이라고 하여, 진(秦)나라와 전한초기(前漢初期)에는 하력에서의 10월을 정월로 삼았다가, 한무제(漢武帝)부터는 다시 하력을 따랐다고 전해진다. 또한 ‘하력’은 농력(農曆)이라고도 부르는데, ‘하력’에 기준을 두었을 때, 농사의 시기와 가장 잘 맞았기 때문이다. 따라서 역대 왕조에서 역법을 개정할 때에는 ‘하력’에 기준을 두게 되었다.

孔疏 ●"夏后氏祭其闇"者, 以夏后氏尙黑, 故祭在於昏時.

번역 ●經文: "夏后氏祭其闇". ○하후씨는 흑색을 숭상했기 때문에 제사도 어두웠을 때 지냈다.

孔疏 ●"殷人祭其陽"者, 以尙白, 故祭在日中時.

번역 ●經文: "殷人祭其陽". ○백색을 숭상했기 때문에 제사도 해가 남중했을 때 지냈다.

孔疏 ●"周人祭日, 以朝及闇"者, 以其尙文, 祭百神禮多, 故以朝及闇也. 故季氏之祭, 大夫之家禮儀應少, 而亦以朝及闇, 故夫子譏之.

번역 ●經文: "周人祭日, 以朝及闇". ○문채를 숭상했고 뭇 신들에 대해 제사지내는 예법은 다양하기 때문에, 아침부터 저물 때까지 지냈다. 그러므로 계씨가 제사를 지낼 때, 대부의 집에서 지내는 제례의 형식은 마땅히 적어야 하는데도 또한 아침부터 어두울 때까지 지냈기 때문에 공자가 비판했던 것이다.

孔疏 ◎注"陽讀"至"有事". ○正義曰: 按洪範"庶徵云曰雨·曰暘", 暘, 謂亢暘乾燥, 日中之時亦明. 日中乾燥, 異於昏明, 故讀從"曰雨曰暘"之暘也. 必讀之者, 恐人以夜爲陰, 晝爲陽, 恐終日而祭, 故謂從暘也. 云"亦謂此郊祭"者, 以檀弓大事非止是喪, 亦兼謂祭, 故云大事亦謂此郊祭.

번역 ◎鄭注: "陽讀"~"有事". ○『서』「홍범(洪範)」편을 살펴보면, "각종 징후에 대해서는 비가 온다고 부르고, 볕이 난다고 부른다."라고 했는데, '양(暘)'은 양기가 극성하여 건조하게 된다는 뜻이며, 해가 남중했을 때에도 빛이 밝다. 해가 남중하여 건조하게 되는 것은 어둡고 밝다고 할 때와는 차이를 보인다. 그렇기 때문에 "비가 온다고 부르고, 볕이 난다고 부른다." 라고 했을 때의 '양(暘)'자로 풀이한 것이다. 반드시 이처럼 풀이했던 이유는 사람들은 밤이 음(陰)에 해당하고 낮이 양(陽)에 해당한다고 여겨서, 하루 종일 제사를 지낸다고 오해할 수 있기 때문에 '양(暘)'자로 풀이해야 한다고 말한 것이다. 정현이 "이 또한 교(郊)제사에 대한 내용이다."라고 했는데, 『예기』「단궁(檀弓)」편에서 말한 중대한 제사는 상(喪)에만 그치는 것이 아니니, 또한 제사까지도 포함한다. 그렇기 때문에 이곳에서의 중대한 사안이 또한 교제사를 뜻한다고 말한 것이다.

訓纂 趙氏良澍曰: 鄭注闇爲"昏時", 劉原父謂"日欲出之初", 是也. 郊特牲 "鄕爲田燭", 孔疏謂"六鄕之民, 各於田首設燭, 恐王饗郊之早", 則闇在日出前, 不在日入後可知. 及, 逮也. 樂記"恐不逮事", 禮器"逮闇而祭", 與此"及闇" 並同.

번역 조량주가 말하길, 정현의 주에서는 '암(闇)'자를 '어두울 때'라고 풀이했고, 유원보는 '해가 이제 막 떠오르려고 하는 초기'라고 했는데, 이 말이 옳다. 『예기』「교특생(郊特牲)」편에서는 "육향(六鄕)[9]에 살고 있는 백성들은 밭두둑에 횃불을 밝혀 놓는다."[10]라고 했고, 공영달의 소에서는 "육향에 속한 백성들은 각자 자신의 경작지 두둑에 횃불을 설치하여 길을 밝히니, 천자가 제사를 지내러 일찍 찾아오게 될까를 염려해서이다."라고 했으니, 암(闇)은 해가 떠오르기 이전에 해당하며, 해가 지고 난 이후가 아님을 알 수 있다. '급(及)'자는 "~에 미치다[逮]."는 뜻이다. 『예기』「악기(樂記)」편에서는 "그 일에 미치지 못할 것을 염려해서이다."[11]라고 했고, 『예기』「예기(禮器)」편에서는 "동틀 무렵이 되기 전에 제사를 지내기 시작했다."[12]라고 했으니, 이곳에서 '급암(及闇)'이라고 한 말도 모두 같은 뜻

---

9) 육향(六鄕)은 주(周)나라 때 원교(遠郊)에 설치된 여섯 개의 향(鄕)을 뜻한다. 주나라의 제도에서는 국성(國城)과 가까이 있는 교외(郊外)를 근교(近郊)라고 불렀고, 근교 밖을 원교(遠郊)라고 불렀다. 그리고 원교 안에는 6개의 향(鄕)을 설치했고, 원교 밖에는 6개의 수(遂)를 설치했다.

10) 『예기』「교특생(郊特牲)」【329a~b】: 祭之日, 王皮弁以聽祭報, 示民嚴上也. 喪者不哭, 不敢凶服, 氾埽反道, 鄕爲田燭, 弗命而民聽上.

11) 『예기』「악기(樂記)」【482a】: 咏歎之, 淫液之, 何也? 對曰, 恐不逮事也.

이다.

集解 愚謂: 郊禮於經無可考. 覲禮曰"天子乘龍, 載大旂", "出拜日於東門之外, 反祀方明, 禮日於南門外, 禮月與四瀆於北門外, 禮山川‧丘陵於西門外." 祀方明以禮天地四方之神, 蓋略放郊禮而爲之者也. 拜日於東門之外者, 祭天主日, 故拜之於東門之外, 以迎其神而禮之也. 所祀之神非一, 而獨迎日者, 若鄕飮酒禮"主人迎賓"而"衆賓從之"者然也. 禮日於南門外, 禮月於北門外, 所謂"主日而配以月"也. 祭天之禮, 於天神兼祭日月, 而不及其餘, 於此可見矣. 禮日於南門外, 禮月與四瀆於北門外, 禮山川‧丘陵於西門外, 所謂"三望"者也. 春秋僖公三十一年"四卜郊, 不從, 乃免牲, 猶三望", 傳曰"望, 郊之細也." 祭天之禮, 兼及三望, 此所以終日而後畢也. 天尊, 可以統地祇, 故兼祭四瀆及山川‧丘陵. 周禮掌次"祀五帝則張大次‧小次", 鄭註云"小次, 王接祭退俟之處." 周禮祭天, 以朝及闇, 雖有强力, 孰能支之? 是以退俟, 與諸臣代有事焉, 此所以終日行禮而無跛倚之失也與.

번역 내가 생각하기에, 교(郊)제사의 예법에 대해서는 경문에서 고찰할 수 있는 자료가 없다. 『의례』「근례(覲禮)」편에서는 "천자는 용(龍)이라는 말에 멍에를 메게 하고 대기(大旂)[13]라는 깃발을 꼽는다."라고 했고, "밖으로 나가서 동문 밖에서 해에게 절을 하며, 되돌아 올 때에는 방명(方明)[14]

---

12) 『예기』「예기(禮器)」【316b】: 子路爲季氏宰. 季氏祭, <u>逮闇而祭</u>, 日不足, 繼之以燭. 雖有强力之容, 肅敬之心, 皆倦怠矣. 有司跛倚以臨祭, 其爲不敬大矣.

13) 대기(大旂)는 군주가 사용하는 깃발 중 하나이다. 구기(九旗) 중 교룡(交龍)을 수놓은 깃발인 기(旂)에 해당한다. 천자가 사용하던 것이었으므로, 크다는 의미에서 '대(大)'자를 붙여서 '대기'라고 부르는 것이다. 『주례』「춘관(春官)‧건거(巾車)」편에는 "金路, 鉤, 樊纓九就, 建<u>大旂</u>."라는 기록이 있는데, 이에 대한 정현의 주에서는 "大旂, 九旗之畫交龍者."라고 풀이했다.

14) 방명(方明)은 상하(上下)와 사방(四方)의 신명(神明)을 형상화한 것을 뜻한다. 신명(神明)을 형상화한 것이기 때문에, '명(明)'자를 붙이는 것이고, 상하(上下)와 사방(四方)을 형상화한 것이기 때문에, '방(方)'자를 붙여서, '방명'이라고 부르는 것이다. 나무를 이용해서 만들며, 사방 4척(尺)의 크기로 만들고, 여섯 가지 색깔로 만들고, 또 여섯 가지 옥을 설치한다. 고대에 제후가 천자를 조회하거나 회맹을 맺을 때, 또 천자가 제사를 지낼 때 설치했다.

에게 제사를 지내며, 남문 밖에서 해를 예우하고, 북문 밖에서 달과 사독(四瀆)15)을 예우하며, 서문 밖에서 산천과 구릉을 예우한다."라고 했다.16) 방명에게 제사를 지내서 천지 및 사방의 신들을 예우하는 것은 대체로 교제사의 예법을 모방하여 시행하는 것이다. 동문 밖에서 해에게 절을 했다는 것은 하늘에게 제사를 지내며 해를 위주로 했다는 뜻이다. 그렇기 때문에 동문 밖에서 절을 하여 그 신을 맞이하며 예우하는 것이다. 제사를 지내는 신은 하나가 아닌데도 유독 해를 맞이하는 것은 마치 『의례』「향음주례(鄕飮酒禮)」편에서 "주인이 빈객을 맞이한다."라고 했고, "여러 빈객들이 뒤따른다."라고 한 경우와 같다. 남문 밖에서 해를 예우하고, 북문 밖에서 달을 예우한다는 것은 "해를 위주로 하고 달을 배향한다."는 뜻에 해당한다. 하늘에게 제사를 지내는 예법에 있어서, 하늘의 신들에 대해서는 해와 달에도 제사를 함께 지내지만, 나머지 신들에게는 미치지 않으니, 이러한 기록을 통해서 확인할 수 있다. 남문 밖에서 해를 예우하고, 북문 밖에서 달과 사독을 예우하며, 서문 밖에서 산천과 구릉을 예우한다고 한 것은 '삼망(三望)'17)에 해당한다. 『춘추』희공(僖公) 31년에는 "네 차례 교제사에 대해

여섯 가지 색깔은 상하(上下) 및 사방(四方)을 형상화하기 위한 것으로, 동쪽에 해당하는 청색, 남쪽에 해당하는 적색, 서쪽에 해당하는 백색, 북쪽에 해당하는 흑색, 상에 해당하는 현색, 하에 해당하는 황색이 여기에 해당한다. 또 여섯 가지의 옥의 경우에도 상하(上下) 및 사방(四方)을 형상화하기 위한 것으로, 상에는 규(圭)를 설치하고, 하에는 벽(璧)을 설치하며, 남쪽에는 장(璋)을 설치하고, 서쪽에는 호(琥)를 설치하며, 북쪽에는 황(璜)을 설치하고, 동쪽에는 규(圭)를 설치한다. 『의례』「근례(覲禮)」편에는 "諸侯覲于天子, 爲宮方三百步, 四門, 壇十有二尋, 深四尺, 加方明于其上. 方明者, 木也, 方四尺. 設六色, 東方靑, 南方赤, 西方白, 北方黑, 上玄, 下黃. 設六玉, 上圭, 下璧, 南方璋, 西方琥, 北方璜, 東方圭."라는 기록이 있고, 이에 대한 정현의 주에서는 "方明者, 上下四方神明之象也."라고 풀이했으며, 가공언(賈公彦)의 소(疏)에서는 "謂合木爲上下四方, 故名方; 此則神明之象, 故名明. 此鄭解得名方明神之義也."라고 풀이했다.

15) 사독(四瀆)은 네 개의 주요 하천을 가리킨다. 장강(長江), 황하(黃河), 회하(淮河), 제수(濟水)가 여기에 해당한다.

16) 『의례』「근례(覲禮)」: 天子乘龍, 載大斾, 象日月, 升龍・降龍, 出拜日於東門之外, 反祀方明. 禮日於南門外, 禮月與四瀆於北門外, 禮山川丘陵於西門外.

17) 삼망(三望)은 제사의 명칭이다. 망(望)은 일종의 제사 형식이다. 제사 대상이

거북점을 쳤는데, 모두 불길하다는 점괘가 나와서 희생물을 풀어주었지만 오히려 삼망에 대한 제사를 지냈다."[18]라고 했고, 『좌전』에서는 "망(望)은 교제사의 작은 부분이다."[19]라고 했다. 그러므로 하늘에 대해 제사지내는 예법에서는 삼망까지도 포함하니, 이것이 바로 하루 종일 제사를 지낸 뒤에야 끝나게 된 이유이다. 하늘은 존귀하므로 땅의 신들까지도 통괄할 수 있다. 그렇기 때문에 사독과 산천·구릉의 신들에게도 함께 제사를 지낸 것이다. 『주례』「장차(掌次)」편에서는 "오제(五帝)에게 제사를 지내게 되면, 큰 휘장과 작은 휘장을 친다."[20]라고 했고, 정현의 주에서는 "소차(小次)는 천자가 제사를 지낸 뒤에 물러나서 기다리던 장소이다."라고 했다. 주나라 때의 예법에서 하늘에 대한 제사를 지낼 때에는 아침부터 저물 때까지 제사를 지냈으니, 비록 힘이 강성하더라도 누가 이것을 버틸 수 있겠는가? 그러므로 물러나서 대기하고, 여러 신하들과 교대로 해당 절차를 치렀던 것이니, 이것이 하루 종일 의례 절차를 시행하더라도 한쪽 다리에 무게를 두고 서거나 어딘가에 기대는 잘못을 저지르지 않았던 이유일 것이다.

여러 산천(山川)들일 경우, 그 중 가장 크고 높은 대상이 있는 지역에 가서, 나머지 여러 산천들을 두루 바라보며 지내는 제사이다. '삼(三)'자를 붙여 부른 것은 제후의 입장에서 '망' 제사를 지내는 대상이 3가지이기 때문이다. 참고로 천자에게는 사망(四望)의 제사가 있다.

18) 『춘추』「희공(僖公) 31년」: 夏, 四月, 四卜郊. 不從, 乃免牲, 猶三望.

19) 『춘추좌씨전』「희공(僖公) 31년」: 望, 郊之細也. 不郊, 亦無望可也.

20) 『주례』「천관(天官)·장차(掌次)」: 朝日·祀五帝, 則張大次·小次, 設重帟重案. 合諸侯亦如之.

그림 14-1 ▣ 주(周)나라 때의 왕성(王城)·육향(六鄉)·육수(六遂)

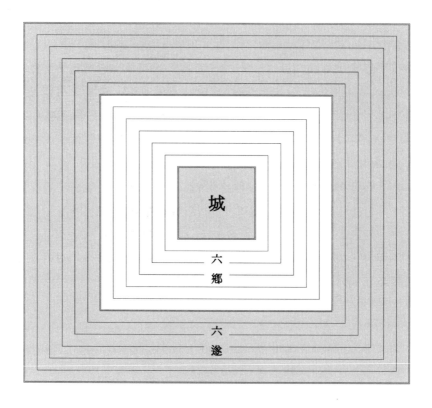

그림 14-2 ◼ 향(鄕)의 행정구역 및 담당자

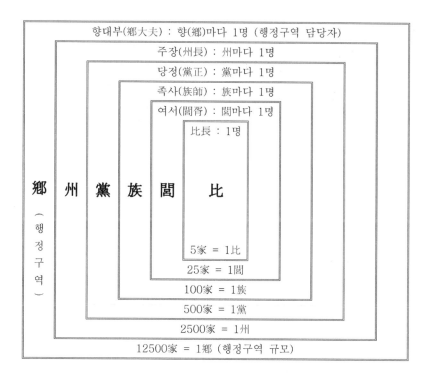

그림 14-3 ◼ 대기(大旂)

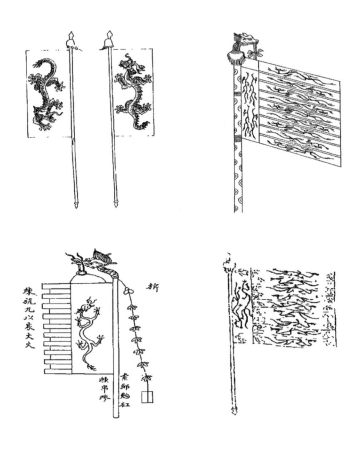

※ **출처:** 상좌-『주례도설(周禮圖說)』 하권 ; 상우-『삼례도집주(三禮圖集注)』 9권
　　　하좌-『삼례도(三禮圖)』 2권 ; 하우-『육경도(六經圖)』 7권

그림 14-4 ▣ 천신(天神)에 대한 제사

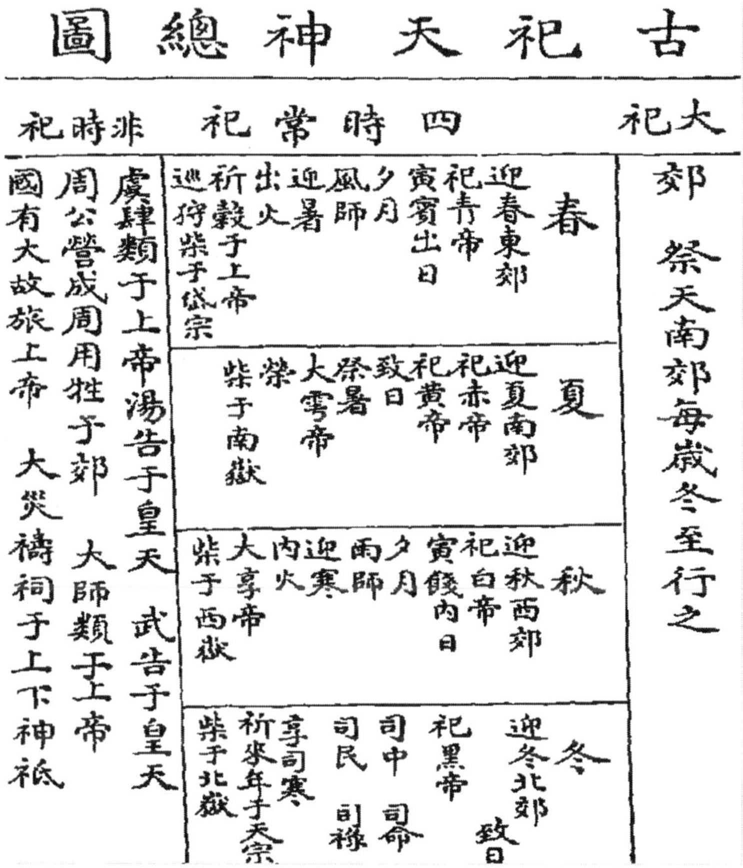

古祀天神總圖

	四時常祀				大祀
非時祀	春	夏	秋	冬	郊

大祀 郊　祭天南郊每歲冬至行之

四時常祀

春
迎春東郊
祀青帝
寅賓出日
風師
少月
出火
祈穀于上帝
巡狩柴于岱宗

夏
迎夏南郊
祀赤帝
祀黃帝
致日
祭大雩帝
榮
柴于南嶽

秋
迎秋西郊
祀白帝
寅餞內日
夕月
雨師
迎寒
內火
大享
柴于西嶽

冬
迎冬北郊
祀黑帝
致日
司中司命
司民司祿
迎寒
享司寒
祈來年于天宗
柴于北嶽

非時祀
虞肆類于上帝湯告于皇天　武告于皇天
周公營成周用牲于郊　大師類于上帝
國有大故旅上帝　大災禱祠于上下神祇

※ 출처: 『흠정사고전서(欽定四庫全書)』「도서편(圖書編)」 94권

그림 14-5 ◨ 순(舜)임금이 망제(望祭)를 지내는 모습

※ **출처:**『흠정서경도설(欽定書經圖說)』2권「망사산천도(望祀山川圖)」

일(日)·월(月)에 대한 제사 규정

【560a】

祭日於壇, 祭月於坎, 以別幽明, 以制上下. 祭日於東, 祭月
於西, 以別外內, 以端其位. 日出於東, 月生於西, 陰陽長短,
終始相巡, 以致天下之和.

직역 壇에서 日에 祭하고, 坎에서 月에 祭하여, 幽明을 別하고, 上下를 制한다.
東에서 日에 祭하고, 西에서 月에 祭하여, 外內를 別하고, 그 位를 端한다. 日은
東에서 出하고, 月은 西에서 生하며, 陰陽이 長短하고, 終始가 相히 巡하여, 이로써
天下의 和를 致한다.

의역 제단에서 해에게 제사지내고 구덩이에서 달에게 제사지내는 것은 어둠과
밝음을 구별하고 상하를 제정하는 것이다. 동쪽에서 해에게 제사지내고 서쪽에서
달에게 제사지내는 것은 내외를 구별하고 자리를 바로잡는 것이다. 해는 동쪽에서
떠오르고 달은 서쪽에서 나타나며, 음양에 따라 길어지고 짧아지며 끝과 시작이
순환하여, 천하의 조화로움을 이룬다.

集說 終始相巡, 止是終始往來, 周回不息之義, 不必讀爲沿也.

번역 '종시상순(終始相巡)'은 단지 끝과 시작이 왕래하며 순환하여 그치
지 않는다는 뜻이니, '연(沿)'자로 해석할 필요는 없다.

集說 方氏曰: 壇之形則圓而無所虧, 以象日之無所虧而盈也. 坎之形則虛
而有所受, 以象月之有所受而明也. 壇高而顯, 坎深而隱, 一顯一隱, 所以別陰

陽之幽明; 一高一深, 所以制陰陽之上下. 東動而出, 西靜而入, 出則在外, 入
則反內, 故東西所以別陰陽之外內. 東爲陽中, 西爲陰中, 中則得位, 故東西所
以端陰陽之位. 別幽明之道, 然後能制上下之分, 別外內之所, 然後能端陰陽
之位, 言之序所以如此. 且壇坎者, 人爲之形; 東西者, 天然之方. 出於人爲, 故
言制; 出於天然也, 故言以端其位而已. 日出於東, 言其象出於天地之東也; 月
生於西, 言其明生於輪郭之西也, 此又復明祭日月於東西之意也. 日言出於東,
則知爲入於西, 堯典於東曰"寅賓出日", 於西曰"寅餞納日"者以此. 月言生於
西, 則知爲死於東, 揚雄言"未望則載魄于西, 旣望則終魄于東"者以此. 日之
出入也, 歷朝夕晝夜而成一日; 月之死生也, 歷晦朔弦望而成一月. 日往則月
來, 月往則日來, 而陰陽之義配焉. 陽道常饒, 陰道常乏, 故運而爲氣, 賦而爲
形, 凡屬乎陽者皆長, 屬乎陰者皆短, 一長一短, 終則有始, 相巡而未嘗相絶,
故足以致天下之和者, 陰陽相濟之效也. 獨陰而無陽, 獨陽而無陰, 是同而已,
又何以致和乎?

번역 방씨가 말하길, 제단의 형태는 원형으로 되어 있고 찌그러진 부분
이 없으니, 해에는 이지러진 부분이 없고 가득 차 있는 모습을 상징한다.
구덩이의 형태는 비어 있어 수용할 수 있으니, 달은 받아들여서 밝게 빛남
을 상징한다. 제단은 높고 현저히 드러나며 구덩이는 깊고 숨어 있는데,
하나는 드러나고 하나는 숨어 있는 것은 음양의 어둡고 밝음을 구별하기
위해서이며, 하나는 높고 하나는 깊은 것은 음양의 위아래를 제정하기 위
해서이다. 동쪽은 활동적이고 나타나며 서쪽은 고요하고 들어가며, 나타나
면 밖에 있고 들어가면 안으로 되돌아간다. 그렇기 때문에 동쪽과 서쪽은
음양의 내외를 구별하는 것이다. 동쪽은 양중(陽中)에 해당하고 서쪽은 음
중(陰中)에 해당하는데, 가운데 있다면 자리를 얻은 것이다. 그렇기 때문에
동쪽과 서쪽은 음양의 자리를 단정하게 만드는 것이다. 어둡고 밝은 도리
를 구별한 뒤에야 상하의 구분을 제정할 수 있고, 내외의 장소를 구별한
뒤에야 음양의 자리를 단정하게 할 수 있으니, 말의 순서가 이와 같다. 또
제단과 구덩이는 사람이 인위적으로 만든 형태이고, 동쪽과 서쪽은 자연적
으로 정해진 방위이다. 인위적인 것에서 나타났기 때문에 '제(制)'라고 말했

고, 자연적인 것에서 나타났기 때문에 "그 자리를 단정하게 만든다."라고 말한 것일 뿐이다. 해는 동쪽에서 나오는데, 이것은 천지의 동쪽에서 형상이 나타난다는 뜻이다. 달은 서쪽에서 나타나는데, 이것은 전체 테두리의 서쪽에서 밝음이 생성된다는 뜻이다. 이것은 또한 동쪽과 서쪽에서 해와 달에게 제사 지내는 뜻을 재차 밝힌 것이다. 해에 대해서 동쪽에서 나온다고 말했다면 서쪽으로 들어감을 알 수 있으니, 『서』「요전(堯典)」에서 동쪽에 대해서는 "떠오르는 해를 공경스럽게 인도한다."[1]고 했고, 서쪽에 대해서는 "들어가는 해를 공경스럽게 전송한다."[2]고 했던 것도 이러한 이유 때문이다. 달에 대해서는 서쪽에서 나타난다고 말했다면 동쪽에서 사라진다는 사실을 알 수 있으니, 양웅[3]이 "아직 보름이 되지 않았다면 백(魄)은 서쪽에 실려 있고, 이미 보름이 되었다면 백(魄)은 동쪽에서 끝난다."고 했던 것도 이러한 이유 때문이다. 해가 떠오르고 들어감에 있어서 아침과 저녁 낮과 밤을 두루 거쳐서 하루를 이룬다. 달이 없어지고 나타남에 있어서 그믐 · 삭일 · 초승 · 보름을 두루 거쳐서 한 달을 이룬다. 해가 가면 달이 찾아오고 달이 가면 해가 찾아오는데, 음양의 뜻에 짝한다. 양(陽)의 도는 항상 충만하고 음(陰)의 도는 항상 결핍되어 있기 때문에 운행하여 기운이 되고 부여하여 형체를 이루는데, 무릇 양(陽)에 속한 것들은 모두 길고, 반면 음(陰)에 속한 것들은 모두 짧으니, 어느 것은 길고 어느 것은 짧은데, 끝이 나면 시작이 생겨나고 서로 순환하여 일찍이 단절된 적이 없다. 그렇기 때문에 천하의 조화로움을 이루기에 충분하니, 이것은 음양이 서로를 구제하는 효과이다. 음(陰)만 있고 양(陽)은 없으며 양(陽)만 있고 음(陰)은

---

1) 『서』「우서(虞書) · 요전(堯典)」: 分命羲仲, 宅嵎夷, 曰暘谷, <u>寅賓出日</u>, 平秩東作, 日中星鳥, 以殷仲春, 厥民析, 鳥獸孶尾.

2) 『서』「우서(虞書) · 요전(堯典)」: 分命和仲, 宅西, 曰昧谷, <u>寅餞納日</u>, 平秩西成, 宵中星虛, 以殷仲秋, 厥民夷, 鳥獸毛毨.

3) 양웅(楊雄, B.C.53~A.D.18): =양웅(揚雄) · 양자(揚子). 전한(前漢) 때의 학자이다. 자(字)는 자운(子雲)이다. 사부작가(辭賦作家)로도 명성이 높았다. 왕망(王莽)에게 동조했다는 이유로 송(宋)나라 이후부터는 배척을 당하였다. 만년에는 경학(經學)에 전념하여, 자신을 성현(聖賢)이라고 자처하였다. 참위설(讖緯說) 등을 배척하고, 유가(儒家)와 도가(道家)의 사상을 절충하였다. 저서로는 『법언(法言)』, 『태현경(太玄經)』 등이 있다.

없는 것은 동일한 것일 뿐인데, 어찌 조화로움을 이룰 수 있겠는가?

大全 毗陵慕容氏曰: 日以陽而位乎東, 東者, 陽之所也, 故曰日出乎東. 月以陰而逤日, 載魄於西而生焉, 故曰月生乎西. 日無待而明, 故謂之出, 出言無所因而特出也. 月有待而後明, 故謂之生, 生言無所因則不能生也. 生有漸而進之義, 書曰, 哉生魄哉生明, 與此同.

번역 비릉모용씨가 말하길, 해는 양(陽)으로써 동쪽에 자리하고 있으니, 동쪽은 양(陽)에 해당하는 장소이다. 그렇기 때문에 "해는 동쪽에서 떠오른다."라고 말했다. 달은 음(陰)으로써 해를 거스르니 서쪽에서 백(魄)이 실려 생겨난다. 그렇기 때문에 "달은 서쪽에서 나타난다."라고 말했다. 해는 다른 것을 기대지 않아도 밝기 때문에 '출(出)'이라고 했으니, '출(出)'은 따르는 것 없이 단독으로 솟아난다는 뜻이다. 달은 다른 것에 기댄 이후에 밝아지기 때문에 '생(生)'이라고 했으니, '생(生)'은 따르는 것이 없다면 생겨날 수 없다는 뜻이다. 생겨나는 것에는 점진적으로 나아간다는 뜻이 있으니, 『서』에서 '재생백(哉生魄: 매월 16일)'[4], '재생명(哉生明: 매월 3일 또는 2일)'[5]라고 했는데, 이곳에 나타난 의미와 동일하다.

鄭注 幽明者, 謂日照晝, 月照夜. 端, 正. 巡, 讀如"沿漢"之沿, 謂更相從道.

번역 '유명(幽明)'은 해가 낮에 빛을 비춰주고, 달이 밤에 빛을 비춰준다는 뜻이다. '단(端)'자는 "바로잡다[正]."는 뜻이다. '순(巡)'자는 "한수(漢水)를 따라가다."[6]라고 할 때의 '연(沿)'자로 풀이하니, 서로 번갈아가며 그 길을 따른다는 뜻이다.

---

4) 『서』「주서(周書)·강고(康誥)」: 惟三月哉生魄, 周公初基, 作新大邑于東國洛.
5) 『서』「주서(周書)·무성(武成)」: 厥四月哉生明, 王來自商至于豊, 乃偃武修文, 歸馬于華山之陽, 放牛于桃林之野, 示天下弗服.
6) 『춘추좌씨전』「문공(文公) 10년」: 沿漢泝江, 將入郢. 王在渚宮, 下, 見之.

釋文 別, 彼列反, 下同. 巡, 依注依音沿, 悅專反.

번역 '別'자는 '彼(피)'자와 '列(렬)'자의 반절음이며, 아래문장에 나오는 글자도 그 음이 이와 같다. '巡'자는 정현의 주에 따르면 그 음이 '沿'이니, '悅(열)'자와 '專(전)'자의 반절음이다.

孔疏 ●"祭日"至"上下". ○正義曰: 此經及下經皆據春分朝日, 秋分夕月.

번역 ●經文: "祭日"~"上下". ○이곳 경문과 아래 경문에서는 모두 춘분에 조일(朝日)[7]하고 추분에 석월(夕月)[8]하는 일을 기준으로 하고 있다.

孔疏 ●"祭日於壇", 謂春分也. "祭月於坎", 謂秋分也. 月爲幽, 日爲明. 日在壇, 月在坎, 是殊別幽明, 制定上下.

번역 ●經文: "祭日於壇". ○춘분 때를 뜻한다. 경문의 "祭月於坎"에 대하여. 추분 때를 뜻한다. 달은 어둡고 해는 밝다. 해에 대해서는 제단에서

---

7) 조일(朝日)은 고대에 제왕이 해에 대해서 지낸 제사를 뜻한다. 해가 떠오를 무렵에 해에게 절을 하였기 때문에 '조(朝)'자를 붙여서 부른 것이다. 『한서(漢書)』「교사지상(郊祀志上)」편에는 "十一月辛巳朔旦冬至. 昒爽, 天子始郊拜泰一, 朝朝日, 夕夕月, 則揖."이라는 기록에 있고, 이에 대한 안사고(顏師古)의 주에서는 "以朝旦拜日爲朝."라고 풀이하였다. 또한 '조일'은 각 계절의 기운이 도래할 때, 교외(郊外)에서 지낸 제사를 뜻하기도 한다. 『주례』「천관(天官) · 장차(掌次)」편에는 "朝日, 祀五帝, 則張大次小次, 設重帟重案."이라는 기록이 있는데, 이에 대한 정현의 주에서는, "朝日, 春分拜日於東門之外."라고 풀이하였다. 한편 제왕이 조정에서 정사를 듣는 행위 또는 그러한 날을 뜻하기도 한다. 『전국책(戰國策)』「제책육(齊策六)」편에는 "王至朝日, 宜召田單而揖之於庭, 口勞之."라는 기록이 있다.

8) 석월(夕月)은 고대에 제왕이 달에 대해서 지낸 제사를 뜻한다. 춘분(春分) 때에는 조일(朝日)을 하고, 추분(秋分) 때에는 '석월'을 했고, 서쪽 성문 밖에서 지낸 제사라고 설명하기도 한다. 『국어(國語)』「주어상(周語上)」편에는 "古者, 先王旣有天下, 又崇立於上帝 · 明神而敬事之, 於是乎有朝日 · 夕月以敎民事君."이라는 기록이 있고, 이에 대한 위소(韋昭)의 주에서는 "禮, 天子搢大圭 · 執鎭圭, 纁藉五采五就, 以春分朝日, 秋分夕月, 拜日於東門之外, 然則夕月在西門之外也."라고 풀이했다.

지내고 달에 대해서는 구덩이에서 지내는데, 이것은 어둡고 밝음에 따라 구별하여 상하를 제정한 것이다.

孔疏 ●“祭日”至“其位”. ○正義曰: 端, 正也. 日爲陽, 在外. 月爲陰, 在內. 今祭日於東, 用朝旦之時, 是爲外. 祭月於西, 鄕夕之時, 是爲內. 是以別外內以正其位也. 而崔氏云“祭日於壇, 祭月於坎, 還據上文郊祭之時”, 今謂若是郊祭, 日與月當應同處, 何得祭日於壇, 祭月於坎, 日於東, 月於西, 祭不同處? 則崔氏說非也. 崔又云: “日月有合祭之時. 謂郊祭天而主日, 配以月, 其禮大, 用牛. 合祭之時, 謂春分朝日, 秋分夕月, 其禮小, 故祭法用少牢.” 今謂小司徒云“小祭祀, 奉牛牲”, 鄭注謂“玄冕所祭”, 自玄冕皆用牛也, 何得用少牢? 今謂祭法日月用少牢, 鄭云“禱祈之祭也”, 崔氏說又非. 崔氏又云: “迎春之時, 兼日月者.” 今按: 諸文迎春迎秋無祭日月之文, 小宗伯云“兆五帝於四郊, 四望・四類亦如之”, 謂四望・四類之祭, 亦如五帝在四郊, 故鄭云“兆日於東郊, 兆月與風師於西郊”, 不謂兆五帝之時卽祭日月, 崔說又非.

번역 ●經文: “祭日”~“其位”. ○‘단(端)’자는 “바로잡다[正].”는 뜻이다. 해는 양(陽)이 되어 밖에 해당하고, 달은 음(陰)이 되어 안에 해당한다. 현재 동쪽에서 해에게 제사를 지낼 때 이른 아침 시간을 이용하는 것은 밖에 해당하기 때문이다. 반면 서쪽에서 달에게 제사를 지낼 때 저녁 시간을 이용하는 것은 안에 해당하기 때문이다. 이를 통해서 내외를 구별하여 그 자리를 바로잡았다. 그런데 최영은[9]은 “제단에서 해에게 제사를 지내고, 구덩이에서 달에게 제사를 지내는 것은 앞에서 거론한 교(郊)제사 지내는 시기를 기준으로 하고 있다.”라고 했는데, 현재 이 내용이 만약 교(郊)제사에 대한 것이라면, 해와 달에 대해서는 마땅히 동일한 장소에서 제사를 지내야 하는데, 어떻게 제단에서 해에게 제사를 지내고 구덩이에서 달에게 제

---

9) 최영은(崔靈恩, ?~?) : =최씨(崔氏). 남북조(南北朝) 때의 학자이다. 오경(五經)에 능통하였고, 다른 경전에도 두루 해박하였다고 전해진다. 『모시(毛詩)』, 『주례(周禮)』 등에 주석을 달았고, 『삼례의종(三禮義宗)』, 『좌씨경전의(左氏經傳義)』 등을 지었다.

사를 지내며, 동쪽에서 해에게 제사를 지내고 서쪽에서 달에게 제사를 지
낸다고 하여, 제사를 지내는 장소가 동일하지 않을 수 있는가? 그러므로
최영은의 주장은 잘못되었다. 최영은은 또한 "해와 달에 대해서는 함께 제
사지내는 시기가 있다. 즉 교(郊)제사를 지내며 하늘에 제사를 지낼 때에는
해를 위주로 하고 달을 배향하는데, 그 예법은 성대하므로 희생물은 소를
사용한다. 함께 제사를 지내는 시기는 춘분에 조일(朝日)을 하고 추분에
석월(夕月)을 하는 것으로, 그 예법은 상대적으로 소략하기 때문에『예기』
「제법(祭法)」편에서는 소뢰(少牢)[10]를 사용한다[11]고 했다."라고 했다. 현
재 살펴보니『주례』「소사도(小司徒)」편에서는 "작은 제사에 대해서는 희
생물 중 소를 바친다."[12]라고 했고, 정현의 주에서는 "현면(玄冕)[13]을 착용
하고 지내는 제사이다."라고 했으니, 현면으로부터 그 이상의 복장을 착용
하고 지내는 제사에서는 모두 소를 희생물로 사용했는데, 어떻게 소뢰를
사용할 수 있겠는가? 또 살펴보니「제법」편에서는 해와 달에 대해서 소뢰
를 희생물로 사용한다고 했지만, 정현은 "기도를 올리는 제사이다."라고 했
으므로, 최영은의 주장은 잘못되었다. 최영은은 또한 "봄의 기운을 맞이하
는 때에는 해와 달에게도 함께 제사를 지낸다."라고 했는데, 현재 살펴보니
여러 기록들 중에 봄의 기운을 맞이하고 가을의 기운을 맞이할 때 해와
달에게 제사를 지낸다는 기록이 없고,『주례』「소종백(小宗伯)」편에서는

---

10) 소뢰(少牢)는 제사에서 양(羊)과 돼지[豕] 두 가지 희생물을 사용하는 것을
   뜻한다.『춘추좌씨전』「양공(襄公) 22년」편에는 "祭以特羊, 殷以少牢."라는 기
   록이 있는데, 이에 대한 두예(杜預)의 주에서는 "四時祀以一羊, 三年盛祭以
   羊豕. 殷, 盛也."라고 풀이하였다.

11)『예기』「제법(祭法)」【547c~d】: 埋少牢於泰昭, 祭時也. 相近於坎壇, 祭寒暑
   也. 王宮, 祭日也. 夜明, 祭月也. 幽宗, 祭星也. 雩宗, 祭水旱也. 四坎壇, 祭四方
   也. 山林·川谷·丘陵能出雲, 爲風雨, 見怪物, 皆曰神. 有天下者祭百神. 諸侯
   在其地則祭之, 亡其地則不祭.

12)『주례』「지관(地官)·소사도(小司徒)」: 凡小祭祀, 奉牛牲, 羞其肆.

13) 현면(玄冕)은 현의(玄衣)와 면류관을 뜻한다. 본래 천자 및 제후의 제사복장
   으로, 비교적 중요성이 덜한 제사 때 입는다. '현의' 중 상의에는 무늬가 들어
   가지 않고, 하의에만 불(黻)을 수놓는다.『주례』「춘관(春官)·사복(司服)」편
   에는 "祭群小祀則玄冕."이라는 기록이 있고, 이에 대한 정현의 주에서는 "玄
   者, 衣無文, 裳刺黻而已, 是以謂玄焉."이라고 풀이했다.

"오제(五帝)14)에 대해서 사방 교외에 조(兆)15)를 설치하고, 사망(四望)16)
과 사류(四類)17)에 대해서도 이처럼 한다."18)라고 했으니, 사망과 사류의

---

14) 오제(五帝)는 천상(天上)의 다섯 신(神)을 가리킨다. 오행설(五行說)과 참위
설(讖緯說)에 영향을 받은 것으로, 중앙의 황제(黃帝)인 함추뉴(含樞紐), 동
쪽의 창제(蒼帝)인 영위앙(靈威仰), 남쪽의 적제(赤帝)인 적표노(赤熛怒), 서
쪽의 백제(白帝)인 백소구(白昭矩: =白招拒), 북쪽의 흑제(黑帝)인 협광기(叶
光紀)를 가리킨다.

15) 조(兆)는 고대에 사교(四郊)에 설치했던 일종의 제단(祭壇)이다. 또한 사교
(四郊)에서 제사를 지내는 장소를 뜻한다. 『예기』「표기(表記)」편에는 "詩曰,
后稷兆祀, 庶無罪悔, 以迄于今."이라는 기록이 있고, 이에 대한 정현의 주에
서는 "兆, 四郊之祭處也."라고 풀이했다. 한편 『예기』「예기(禮器)」편에는 "有
以下爲貴者, 至敬不壇, 埽地而祭."라는 기록이 있다. 즉 지극히 공경을 표해
야 하는 제사에서는 제단을 쌓지 않고, 단지 땅만 쓸고서 제사를 지낸다는
뜻이다. 이 문장에 대해 진호(陳澔)의 『집설(集說)』에서는 "封土爲壇, 郊祀則
不壇, 至敬無文也."라고 풀이한다. 즉 흙을 높게 쌓아서 제단을 만들게 되는
데, 교사(郊祀)와 같은 경우는 지극히 공경을 표해야 하는 제사에 해당하므
로, 제단을 만들지 않는다. 그 이유는 이러한 제사에서는 화려한 꾸밈을 하
지 않기 때문이다. 한편 『예기』「예기」편의 문장에 대해 공영달(孔穎達)의 소
(疏)에서는 "此謂祭五方之天, 初則燔柴於大壇, 燔柴訖, 於壇下掃地而設正祭,
此周法也."라고 설명한다. 즉 지극히 공경을 표해야 하는 제사는 오방(五方)
의 천신(天神)들에게 지내는 제사를 뜻하는데, 제사 초반부에는 태단(太壇)
에서 섶을 태워서 신들에게 알리고, 섶 태우는 일이 끝나면, 제단 아래에서
땅을 쓸고, 본격적인 제사를 지내게 되는데, 이것은 주(周)나라 때의 예법에
해당한다.

16) 사망(四望)은 천자가 사방(四方)의 산천(山川)에게 망(望)제사를 지내는 것
이다. 제사의 대상은 산천 중의 큰 것들로, 오악(五嶽)이나 사독(四瀆)과 같
은 것이다. 산천에 대한 제사는 일일이 그곳마다 찾아가서 제사를 지낼 수
없기 때문에, 그곳이 바라보이는 곳에 제단을 쌓고 제사를 지낸다. 그렇기
때문에 그 제사를 '망'제사라고 부르는 것이다. 그리고 천자는 사방(四方)의
산천들에 대해서 모두 제사를 지내게 되므로 '사(四)'자를 붙여서 '사망'이라
고 부르는 것이다. 『주례』「춘관(春官)·대종백(大宗伯)」편에는 "國有大故, 則
旅上帝及四望."이라는 기록이 있고, 이에 대한 가공언(賈公彦)의 소(疏)에서
는 "言四望者, 不可一往就祭, 當四向望而爲壇遙祭之, 故云四望也."라고 풀이
했다. 그리고 손이양(孫詒讓)의 『정의(正義)』에서는 "陳壽祺云, 山川之祭, 周
禮四望, 魯禮三望. 其餘諸侯祀竟內山川, 蓋無定數, 山川之大者, 莫如五嶽四
瀆."이라고 풀이했다.

17) 사류(四類)는 해[日], 달[月], 별[星], 별자리[辰]에 대한 제사이다. 해, 달, 별
및 별자리들의 운행은 각각 차이가 있으므로, 일정하지 않다. 그렇기 때문에

제사도 오제에 대한 경우와 마찬가지로 사방 교외에서 지냈다. 그렇기 때문에 정현의 주에서는 "동쪽 교외에 해에 대한 조(兆)를 만들고, 서쪽 교외에 달과 풍사(風師)에 대한 조(兆)를 만든다."라고 한 것이니, 이것은 오제에 대한 조(兆)에서 제사지내는 시기에는 곧 해와 달에게 제사를 지낸다는 뜻이 아니다. 따라서 최영은의 주장은 잘못되었다.

孔疏 ●"日出"至"之和". ○正義曰: 陰, 謂夜也. 陽, 謂晝也. 夏則陽長而陰短, 冬則陽短而陰長, 是陰陽長短.

번역 ●經文: "日出"~"之和". ○음(陰)은 밤을 뜻한다. 양(陽)은 낮을 뜻한다. 여름이 되면 낮은 길어지고 밤은 짧아지며 겨울이 되면 낮은 짧아지고 밤은 길어지니, 이것은 음양의 길어지고 짧아짐에 해당한다.

孔疏 ●"終始相巡"者, 又月之與日同行黃道, 其晦朔之時, 月與日同處. 自朔之後, 月與日先後而行, 至月終日還, 與月同處, 亦是終始相巡.

번역 ●經文: "終始相巡". ○또한 달은 해와 함께 황도(黃道)19)에 따라

기류(氣類)로써 그것의 신위(神位)를 삼아서 제사를 지냈다. 그렇기 때문에 '사류'라고 부르는 것이다. 해에 대해서는 동쪽 교외에서 제단을 쌓아서 제사를 지냈고, 달과 풍사(風師)에 대해서는 서쪽 교외에서 제단을 쌓아서 제사를 지냈으며, 사중(司中)과 사명(司命)에 대해서는 남쪽 교외에서 제단을 쌓아서 제사를 지냈고, 우사(雨師)에 대해서는 북쪽 교외에서 제단을 쌓아서 제사를 지냈다. 『주례』「춘관(春官)·소종백(小宗伯)」편의 기록에 대해서, 정현의 주에서는 "四類, 日月星辰, 運行無常, 以氣類爲之位. 兆日於東郊, 兆月與風師於西郊, 兆司中司命於南郊, 兆雨師於北郊."라고 풀이했다.

18) 『주례』「춘관(春官)·소종백(小宗伯)」: 兆五帝於四郊, 四望·四類亦如之.

19) 황도(黃道)는 일반적으로 태양의 운행 궤도를 뜻한다. 중도(中道) 또는 광도(光道)라고 부르기도 한다. 『한서(漢書)』「천문지(天文志)」편에는 "日有中道, 月有九行. 中道者, 黃道, 一曰光道."라는 기록이 있다. 즉 달의 운행 궤도에는 아홉 가지가 있는데, 태양은 '황도'를 따라서 움직이게 된다. 한편 『논형(論衡)』「설일(說日)」편에서는 "日月有九道."라고 하여, 태양 또한 달과 마찬가지로 아홉 가지 운행 궤도가 있다고 설명된다. 이때의 '황도'는 청도(靑道), 적도(赤道), 백도(白道), 흑도(黑道)의 중심축이 되는 궤도로서, 아홉 가지 운

운행하는데, 그믐과 초하루일 때 달은 해와 동일한 장소에 있다. 초하루로부터 그 이후가 되면 달은 해와 선후로 나뉘어 움직이고, 달이 끝나면 해가 되돌아와서 곧 해는 달과 같은 장소에 있으니, 이것은 또한 끝과 시작이 서로 따르는 것이다.

孔疏 ●"以致天下之和"者, 以日月交相依巡, 是陰陽和會, 故致天下之和也.

번역 ●經文: "以致天下之和". ○해와 달이 교대로 서로 따르니 이것은 음양이 화합함을 뜻한다. 그렇기 때문에 천하의 조화로움을 지극히 이루게 된다.

孔疏 ◎注"巡, 讀如沿漢之沿". ○正義曰: 按文十年左傳云"子西沿漢沂江, 將入郢", 是沿爲順流而下, 故讀從之.

번역 ◎鄭注: "巡, 讀如沿漢之沿". ○문공(文公) 10년에 대한『좌전』의 기록을 살펴보면, "자서는 한수(漢水)를 따라 내려가다가 장강(長江)을 따라 거슬러 올라가서 초(楚)나라 수도인 영(郢)으로 들어가려고 했다."라고 했는데, 이것은 '연(沿)'자가 흐름에 따라 밑으로 내려간다는 뜻이 됨을 나타낸다. 그렇기 때문에 따르는 뜻으로 풀이하였다.

集解 按: 巡今如字.

번역 살펴보니, '순(巡)'자를 이곳에서는 글자대로 읽는다.

集解 此謂春分朝日, 秋分夕月之禮也. 日照於晝爲明, 而壇亦在上而明者也. 月照於夜爲幽, 而坎亦在下而幽者也. 祭日於壇, 祭月於坎, 別日月之幽明, 而制其上下之位也. 東, 謂東郊. 西, 謂西郊. 端, 正也. 位, 所祭之兆也. 日爲陽, 陽主外, 而東方亦陽方也. 月爲陰, 陰主內, 而西方亦陰方也. 祭日於

행 궤도 중 하나를 뜻하게 된다.

東郊, 祭月於西郊, 又因日月之東西以正其外內之位也. 日生於東, 日以朝出
於東方也. 月生於西, 月晦後生明, 始見於西方也. 陰謂夜, 陽謂日. 夏陽長而
陰短, 冬陰長而陽短. 始, 謂日之朝, 月之朔; 終, 謂日之夕, 月之晦也. 巡, 行
也, 徧也, 謂其運行周徧, 代明而不已也. 以致天下之和者, 陰陽相濟, 和氣由
此而致也.

번역 이 내용은 춘분 때 조일(朝日)을 하고 추분 때 석월(夕月)을 하는
예법을 뜻한다. 해는 낮에 비춰주므로 밝고, 제단 또한 높은 곳에 있어서
밝다. 달은 밤에 비춰주므로 어둡고, 구덩이 또한 낮은 곳에 있어서 어둡다.
제단에서 해에게 제사지내고 구덩이에서 달에게 제사지내는 것은 해와 달
의 어둠과 밝음을 구별하여, 상하의 자리를 제정한 것이다. '동(東)'은 동쪽
교외를 뜻한다. '서(西)'는 서쪽 교외를 뜻한다. '단(端)'자는 "바로잡다[正]."
는 뜻이다. '위(位)'자는 제사를 지내는 조(兆)를 뜻한다. 해는 양(陽)에 해
당하고 양(陽)은 외적인 것을 위주로 하며 동쪽 또한 양(陽)의 방위가 된다.
달은 음(陰)에 해당하고 음(陰)은 내적인 것을 위주로 하며 서쪽 또한 음
(陰)의 방위가 된다. 동쪽 교외에서 해에게 제사지내고 서쪽 교외에서 달에
게 제사지내는 것은 또한 해와 달의 동서에 따라 내외의 자리를 바로잡은
것이다. "해는 동쪽에서 나타난다."는 말은 해가 아침에 동쪽에서 떠오른다
는 뜻이다. "달은 서쪽에서 나타난다."는 말은 달은 그믐이 된 이후에 빛이
생겨나는데, 최초 서쪽에서 나타난다는 뜻이다. 음(陰)은 밤을 뜻하고, 양
(陽)은 낮을 뜻한다. 여름에는 낮이 길어지고 밤이 짧아지며 겨울에는 밤이
길어지고 낮이 짧아진다. '시(始)'는 해가 떠오르는 아침과 그 달의 초하루
를 뜻하며, '종(終)'은 해가 지는 저녁과 그 달의 그믐을 뜻한다. '순(巡)'자
는 "움직인다[行]."는 뜻이며, "두루하다[徧]."는 뜻이니, 운행이 두루 순환
하여 교대로 밝아지며 그치지 않는다는 뜻이다. "이로써 천하의 조화로움
을 지극히 한다."는 말은 음양이 서로 구제하여 조화로운 기운이 이를 통해
서 지극해진다는 뜻이다.

集解 陳氏祥道曰: 祀日月之禮有六. 祭義曰"郊之祭, 大報天而主日, 配以

月", 一也. 玉藻曰"朝日於東門之外", 祭義曰"祭日於東, 祭月於西", 二也. 小
宗伯兆四類於四郊, 兆日於東郊, 兆月於西郊, 三也. 大司樂"樂六變而致天
神", 月令孟冬"祈來年於天宗", 四也. 覲禮"禮日月", 五也. "雪霜風雨之不時,
於是乎禜之", 六也. 因郊蜡而祀之, 非正祀也. 類禜而祀之, 與覲諸侯而禮之,
非常祀也. 春分朝之於東門外, 秋分夕之於西門外, 此祀之正與常也.

번역 진상도가 말하길, 해와 달에게 제사를 지내는 예법에는 여섯 종류
가 있다. 「제의」편에서 "교(郊)제사를 지내는 것은 하늘에게 크게 보답하는
것이며 해를 위주로 하고 달을 배향한다."라고 한 것이 첫 번째 경우이다.
『예기』「옥조(玉藻)」편에서 "국성(國城)의 동문 밖에서 조일(朝日)을 한
다."[20]라고 했고, 「제의」편에서 "동쪽에서 해에게 제사를 지내고, 서쪽에서
달에게 제사를 지낸다."라고 한 것이 두 번째 경우이다. 『주례』「소종백(小
宗伯)」편에서 사방 교외에 사류(四類)에 대한 조(兆)를 설치하는데, 동쪽
교외에 해에 대한 조(兆)를 설치하고, 서쪽 교외에 달에 대한 조(兆)를 설치
한다고 한 것이 세 번째 경우이다. 『주례』「대사악(大司樂)」편에서 "악곡을
여섯 차례 연주하면 천신을 이르게 한다."[21]라고 했고, 『예기』「월령(月令)」
의 맹동(孟冬) 항목에서 "천종(天宗)[22]에게 내년 한 해의 풍년을 기원하는
제사를 지낸다."[23]라고 한 것이 네 번째 경우이다. 『의례』「근례(覲禮)」편
에서 "해와 달을 예우한다."[24]라고 한 것이 다섯 번째 경우이다. 『좌전』에
서는 "눈과 서리 및 바람과 비가 때에 맞지 않으면 이때에 영제(禜祭)[25]를
지낸다."[26]라고 한 것이 여섯 번째 경우이다. 교(郊)제사와 사(蜡)제사[27]에

---

20) 『예기』「옥조(玉藻)」【371b】: 玄端而朝日於東門之外, 聽朔於南門之外.

21) 『주례』「춘관(春官)·대사악(大司樂)」: 凡六樂者, 一變而致羽物及川澤之示,
   再變而致臝物及山林之示, 三變而致鱗物及丘陵之示, 四變而致毛物及墳衍之
   示, 五變而致介物及土示, 六變而致象物及天神.

22) 천종(天宗)은 일월(日月)과 성신(星辰)을 가리킨다. 『일주서(逸周書)』「세부
   (世俘)」편에는 "武王乃翼矢珪矢憲, 告天宗上帝."이라는 기록이 있는데, 이에
   대한 주우증(朱右曾)의 교석(校釋)에서는 "天宗, 日月星辰."이라고 풀이했다.

23) 『예기』「월령(月令)」【219a】: 天子乃祈來年于天宗, 大割祠于公社及門閭, 臘
   先祖·五祀, 勞農以休息之.

24) 『의례』「근례(覲禮)」: 禮日於南門外, 禮月與四瀆於北門外, 禮山川丘陵於西門外.

25) 영제(禜祭)는 고대에 재앙을 물리칠 때 지냈던 제사를 뜻한다.

따라서 제사를 지내는 것은 정규 제사가 아니다. 또 유(類)[28]제사와 영제사를 지냄에 따라서 제사를 지내고, 제후들을 조견함에 따라서 예우하는 것은 정규적으로 지내는 제사가 아니다. 춘분 때 동문 밖에서 조일을 하고 추분 때 서문 밖에서 석월을 하는 것은 바로 해와 달에 대한 제사 중 정규 제사이자 정규적으로 지내는 제사이다.

集解 愚謂: 兆日於東郊, 兆月於西郊, 卽春秋分所祭之兆, 非有二也. 祭天宗, 乃秦禮, 以樂六變而致天神爲蜡祭, 兼祭日月, 鄭氏之誤也. 去此二祭, 則祀日月之禮凡有四, 而惟朝日·夕月乃其祀之正也.

번역 내가 생각하기에, 동쪽 교외에 해에 대한 조(兆)를 마련하고 서쪽 교외에 달에 대한 조(兆)를 마련한다고 했는데, 이것은 곧 춘분과 추분 때 제사지내는 장소인 조(兆)를 뜻하는 것이니, 별개의 것이 아니다. 천종(天宗)에게 제사를 지내는 것은 곧 진(秦)나라 때의 예법이고, 악곡을 여섯 차례 연주하여 천신이 이르도록 하는 것은 사(蜡)제사이니, 해와 달에게도 함께 제사를 지낸다고 한 것은 정현의 잘못된 주장이다. 이 두 제사를 제외하면, 해와 달에게 제사를 지내는 예법에는 총 네 종류가 있고, 그 중에서도 오직 조일(朝日)과 석월(夕月)을 하는 것만이 정규 제사가 된다.

---

26) 『춘추좌씨전』「소공(昭公) 1년」: 日月星辰之神, 則雪霜風雨之不時, 於是乎禜之.

27) 사(蜡)는 연말에 지내는 큰 제사를 뜻한다. 제사 대상은 천제(天帝) 등의 주요 신들을 제외한 나머지 하위 신들에 해당한다. 하위 신들은 그 수가 많아서, 일일이 제사를 지낼 수 없기 때문에, 연말에 합동으로 제사를 지냈던 것이다. 『예기』「잡기하(雜記下)」편에는 "子貢觀於蜡."라는 기록이 있는데, 이에 대한 정현의 주에서는 "蜡也者, 索也. 歲十二月, 合聚萬物而索饗之祭也."라고 풀이했다. 또 『예기』「교특생(郊特牲)」편에는 "蜡之祭也, 主先嗇而祭司嗇也, 祭百種, 以報嗇也."라는 기록이 있다.

28) 유(類)는 천신(天神)에게 지내는 제사의 일종이다. 『서』「우서(虞書)·순전(舜典)」편에는 "肆類于上帝."라는 기록이 있다. '유'제사와 관련된 예법들은 망실되어 전해지지 않지만, 군대를 출병하게 될 때 상제(上帝)에게 '유'제사를 지냈다는 기록이 있다. 『예기』「왕제(王制)」편에는 "天子將出, 類乎上帝, 宜乎社, 造乎禰."라는 기록이 있고, 이 문장에 대한 정현의 주에서는 "類·宜·造, 皆祭名, 其禮亡."이라고 풀이했다.

그림 15-1 ◨ 조일단(朝日壇)

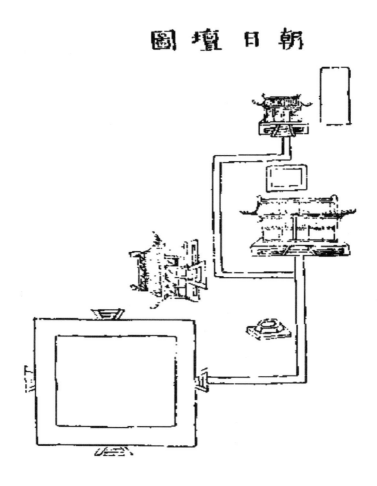

◎ 석월단(夕月壇)은 설치되는 장소만 다르며, 형태는 조일단과 동일하다.

※ 출처: 『삼재도회(三才圖會)』「궁실(宮室)」 3권

그림 15-2 ◼ 현면(玄冕)

※ **출처**:『삼례도집주(三禮圖集注)』1권

예(禮)의 다섯 가지 목적

【560d～561a】

天下之禮, 致反始也, 致鬼神也, 致和用也, 致義也, 致讓也. 致反始, 以厚其本也. 致鬼神, 以尊上也. 致物用, 以立民紀也. 致義, 則上下不悖逆矣. 致讓, 以去爭也. 合此五者, 以治天下之禮也, 雖有奇邪而不治者, 則微矣.

직역 天下의 禮는 始를 反함을 致하고, 鬼神을 致하며, 和用을 致하고, 義를 致하며, 讓을 致한다. 始를 反함을 致하여 그 本을 厚한다. 鬼神을 致하여, 上을 尊한다. 物用을 致하여, 民紀를 立한다. 義를 致하면, 上下가 悖逆을 不한다. 讓을 致하면, 爭을 去한다. 이 五者를 合하여, 天下의 禮를 治하니, 雖히 奇邪하여 不治한 者가 有하더라도, 微라.

의역 천하의 예에는 다섯 가지 목적이 있다. 첫 번째는 시초로 되돌리는 마음을 지극히 하는 것이다. 두 번째는 귀신을 존귀하게 여기는 마음을 지극히 하는 것이다. 세 번째는 재화의 쓰임을 지극히 하는 것이다. 네 번째는 도의를 지극히 이루는 것이다. 다섯 번째는 겸양의 미덕을 지극히 하는 것이다. 시초로 되돌리는 마음을 지극히 하여 근본을 두텁게 한다. 귀신을 존귀하게 여기는 마음을 지극히 하여 윗사람을 존숭한다. 재화의 쓰임을 지극히 하여 백성들의 기강을 세운다. 도의를 지극히 하면 상하 계층이 각각 질서를 거스르지 않는다. 겸양의 미덕을 지극히 하여 다툼을 없앤다. 이러한 다섯 가지 것들을 합하여 천하의 예법을 다스리니, 이처럼 한다면 비록 기이하고 사벽한 행동을 하며 다스림에 따르지 않는 자가 있다 할지라도 그 수는 매우 적을 것이다.

集說 疏曰: 和, 謂百姓和諧. 用, 謂財用豊足. 致物用以立民紀者, 民豊於物用, 則知榮辱禮節, 故可以立人紀也. 奇, 謂奇異; 邪, 謂邪惡, 皆據異行之人, 言用此五事爲治, 假令有異行不從治者, 亦當少也.

번역 공영달의 소에서 말하길, '화(和)'자는 백성들이 화목하다는 뜻이다. '용(用)'자는 재물이 풍족하다는 뜻이다. "재물을 지극히 하여 백성들의 기강을 세운다."는 말은 백성들이 재물을 사용하는데 풍족하다면, 영예와 욕됨 및 예절을 알기 때문에 사람들이 따라야 하는 기강을 세울 수 있다. '기(奇)'자는 기이하다는 뜻이며, '사(邪)'자는 사악하다는 뜻이니, 이상한 행실을 보이는 자를 기준으로 말한 것으로, 이러한 다섯 가지 사안을 사용하여 다스리는데, 만약 기이한 행동을 보이며 다스림에 따르지 않는 자가 있더라도 또한 그러한 자들은 적게 될 것이라는 의미이다.

集說 應氏曰: 致者, 推致其極也. 致反始, 所以極吾心報本之誠; 致鬼神, 所以極鬼神尊嚴之理.

번역 응씨가 말하길, '치(致)'자는 지극함을 이룬다는 뜻이다. "시초로 되돌리는 것을 이룬다."는 것은 내 마음에 있는 근본에 보답하는 정성을 지극히 이룬다는 뜻이다. 또 "귀신을 이룬다."는 것은 귀신을 존엄하게 여겨야 하는 이치를 지극히 이룬다는 뜻이다.

大全 毗陵慕容氏曰: 萬物本乎天, 人本乎祖, 報天尊祖, 所以致反始也. 齊明盛服, 致誠愼獨, 必用其極, 所以致鬼神. 百物利用, 所以養人者, 不侈於有餘, 不屈於不足, 懋遷斂散, 各適其平, 所謂致和用也. 物各有用, 用得其節, 所謂和用. 禮以節度, 民知止足於分界, 則有紀而不亂, 所謂維民者悉矣. 辨下上, 明尊卑, 定名分, 別嫌疑, 所謂致義也. 義明而不可犯, 則民志定, 故無悖逆之事.

번역 비릉모용씨가 말하길, 만물은 하늘에 근본을 두고 있고 사람은 조상에 근본을 두고 있으니, 하늘에게 보답하고 조상을 존숭하는 것은 시초로 되돌리는 일을 지극히 하는 것이다. 재계하여 밝게 하고 성복(盛服)[1]하며,[2] 정성을 지극히 하고 홀로 있을 때 삼감에 있어서 반드시 지극함을 사용하는 것은 귀신을 지극히 섬기는 것이다. 모든 사물을 이롭게 이용하는 것은 사람을 길러주는 것이며, 여유가 있는 곳으로 옮기지 않고 부족한 곳에서 거두지 않으며, 교역하며 거두고 펼치는 것이 각각 균평함에 맞는 것을 "조화로운 쓰임을 지극히 한다."고 부른다. 만물에 각각 쓰임이 있고, 쓰임이 절도에 맞는 것이 '조화로운 쓰임'이다. 예에 따라 절도를 맞추고 백성들이 자기 분수 안에서 그치고 만족할 줄 안다면, 기강이 생겨서 혼란스럽지 않으니, 백성들이 모두 이처럼 따르게 된다. 상하를 구분하고 존비를 밝히며 명분을 바로잡고 혐의를 구별하는 것이 "도의를 지극히 한다."는 뜻이다. 도의가 분명해져서 범할 수 없다면, 백성들의 뜻이 안정되기 때문에 어그러트리고 거스르는 일이 없다.

鄭注 因祭之義, 汎說禮也. 致之言至也, 使人勤行至於此也. 至於反始, 謂報天之屬也. 至於鬼神, 謂祭宗廟之屬也. 至於和用, 謂治民之事以足用也. 物, 猶事也, 變和言物, 互之也. 微, 猶少也.

번역 제사의 뜻을 설명하는 것에 따라서 예에 대해서도 폭넓게 설명한 것이다. '치(致)'자는 "이르다[至]."는 뜻이니, 사람들로 하여금 열심히 노력하여 이러한 경지에 도달하도록 한다는 뜻이다. "시초를 되돌리는데 이른다."는 말은 하늘에 보답하는 부류를 뜻한다. "귀신에 이른다."는 말은 종묘

---

1) 성복(盛服)은 격식에 맞게 갖춰 입는 옷들을 가리킨다. 주로 제례(祭禮) 및 정식 의례(儀禮)에 참여할 때 착용하는 복장들을 가리킨다. 참가자들은 이 복장을 갖춤으로써, 엄숙함과 단정함을 나타내게 된다. 『중용』「16장」에는 "使天下之人齊明盛服, 以承祭祀."라는 기록이 있고, 이에 대한 공영달(孔穎達)의 소(疏)에서는 "盛飾衣服, 以承祭祀."라고 풀이했다. 한편 '성복'은 치장을 화려하게 한 옷을 가리키기도 한다. 『순자(荀子)』「자도(子道)」편에는 "子路盛服見孔子. 孔子曰, 由! 是裾裾何也?"라는 기록이 있다.
2) 『중용』「16장」 : 使天下之人齊明盛服以承祭祀, 洋洋乎如在其上, 如在其左右.

에서 제사지내는 부류를 뜻한다. "조화로운 쓰임에 이른다."는 말은 백성들
에 대한 일을 다스려서 쓰임을 풍족하게 만든다는 뜻이다. '물(物)'자는 사
안[事]과 같고, '화(和)'자를 바꿔서 '물(物)'자로 기록한 것은 상호 그 뜻을
드러내도록 기록했기 때문이다. '미(微)'자는 적음[少]을 뜻한다.

釋文 氾說, 芳劍反. 悖, 布內反. 去, 起呂反. 爭, 爭鬪之爭. 奇, 紀宜反. 邪,
似嗟反. 治, 直吏反.

번역 '氾說'에서의 '氾'자는 '芳(방)'자와 '劍(검)'자의 반절음이다. '悖'자
는 '布(포)'자와 '內(내)'자의 반절음이다. '去'자는 '起(기)'자와 '呂(려)'자의
반절음이다. '爭'자는 '쟁투(爭鬪)'라고 할 때의 '爭'자이다. '奇'자는 '紀(기)'
자와 '宜(의)'자의 반절음이다. '邪'자는 '似(사)'자와 '嗟(차)'자의 반절음이
다. '治'자는 '直(직)'자와 '吏(리)'자의 반절음이다.

孔疏 ●"天下"至"微矣". ○正義曰: 此一節明禮之大用, 凡有五事, 若能行
之得理, 則天下治矣.

번역 ●經文: "天下"~"微矣". ○이곳 경문은 예의 큰 쓰임에는 총 다섯
가지가 있으니, 만약 이러한 것들을 시행하여 그 이치를 얻을 수 있다면
천하가 다스려진다는 사실을 나타내고 있다.

孔疏 ●"天下之禮"者, 言天下所用之禮, 所致凡有五事也.

번역 ●經文: "天下之禮". ○천하에 사용되는 예에서 이루고자 하는 것
은 모두 다섯 가지가 있다는 뜻이다.

孔疏 ●"致反始也"者, 致之言至也. 言禮之至極於天, 反報初始, 言人始於
天, 反而報之.

번역 ●經文: "致反始也". ○'치(致)'자는 "이르다[至]."는 뜻이다. 예의

지극함은 하늘에 이르니, 시초로 되돌려 보답한다는 뜻으로, 사람은 하늘에 시초를 두고 있으므로, 되돌려 보답한다는 의미이다.

孔疏 ●"致鬼神也"者, 言禮之致極至於鬼神, 謂祭宗廟之等.

번역 ●經文: "致鬼神也". ○예의 지극함은 귀신에 이르니, 종묘에서 제사지내는 부류를 뜻한다.

孔疏 ●"致和用也"者, 和, 謂百姓和諧; 用, 謂財用豐足, 言禮之至極, 治理於民, 使百姓和諧, 財用富足也.

번역 ●經文: "致和用也". ○'화(和)'자는 백성들이 화목하다는 뜻이며, '용(用)'자는 재화의 쓰임이 풍족하다는 뜻이니, 예의 지극함이 백성들을 다스림에 있어서, 백성들로 하여금 화목하게 하고 재화의 쓰임을 풍족하게 만든다는 뜻이다.

孔疏 ●"致義也"者, 義, 謂斷割得宜, 治惡討暴, 言禮之至極於義也.

번역 ●經文: "致義也". ○'의(義)'자는 판단함이 합당함을 얻어서, 사악하고 난폭함을 다스린다는 뜻으로, 예의 지극함이 의(義)에 이른다는 의미이다.

孔疏 ●"致讓也"者, 讓謂遞相推讓, 言禮之至極於讓也.

번역 ●經文: "致讓也". ○'양(讓)'은 번갈아가며 서로에게 사양한다는 뜻으로, 예의 지극함이 겸양에 이른다는 의미이다.

孔疏 ●"致反始, 以厚其本也"者, 天爲人本, 今能反始以報於天, 是厚重其本也. 上能厚本, 敎下, 下亦能厚本也.

번역 ●經文: "致反始, 以厚其本也". ○하늘은 사람의 근본이 되는데, 현재 시초로 되돌려서 하늘에 보답하니, 이것은 근본을 두텁고 중시 여기는 것이다. 윗사람이 근본을 두텁게 할 수 있고 아랫사람들을 가르치니, 아랫사람 또한 근본을 두텁게 할 수 있다.

孔疏 ●"致鬼神, 以尊上也"者, 謂至於祭祀鬼神, 是尊嚴其上也. 以此敎民, 民亦尊上也.

번역 ●經文: "致鬼神, 以尊上也". ○귀신에게 제사를 지내는 일에 있어서도 지극함에 이르니, 이것은 윗사람을 존엄하게 여기는 일에 해당한다는 뜻이다. 이를 통해 백성들을 교화하므로, 백성들 또한 윗사람을 존엄하게 여긴다.

孔疏 ●"致物用, 以立民紀也"者, 民豊物用, 則知榮辱禮節. 故至於物用, 可以立人紀也.

번역 ●經文: "致物用, 以立民紀也". ○백성들이 재화를 사용하는데 풍족하게 된다면, 영예와 욕됨 및 예절을 알게 된다. 그렇기 때문에 재물을 풍족하게 하는데 이르게 되면 인도의 기강을 확립할 수 있다.

孔疏 ●"致義, 則上下不悖逆矣"者, 義能除凶去暴, 故上下不有悖逆也.

번역 ●經文: "致義, 則上下不悖逆矣". ○의(義)는 흉포함을 제거할 수 있다. 그렇기 때문에 상하 계층이 거스르거나 어기는 일이 없다.

孔疏 ●"致讓, 以去爭也"者, 以讓, 故無爭.

번역 ●經文: "致讓, 以去爭也". ○겸양으로써 시행하기 때문에 다툼이 없다.

孔疏 ●"合此五者, 以治天下之禮也"者, 言能和合此五者以治理天下之禮.

번역 ●經文: "合此五者, 以治天下之禮也". ○이러한 다섯 가지 사안을 조화롭게 해서 천하의 예법을 다스릴 수 있다는 뜻이다.

孔疏 ●"雖有奇邪, 而不治者則微矣"者, 奇, 謂奇異; 邪, 謂邪惡, 皆據異 行之人. 言用此五事爲治, 假令有異行·不從治者, 亦當少也, 故云"則微矣".

번역 ●經文: "雖有奇邪, 而不治者則微矣". ○'기(奇)'자는 기이하다는 뜻이며, '사(邪)'자는 사악하다는 뜻이니, 모두 이상한 행실을 보이는 자를 기준으로 말한 것이다. 즉 이러한 다섯 가지 사안을 이용하여 다스린다면, 기이한 행동을 하거나 다스림에 따르지 않는 자들이 있더라도 또한 적게 된다는 뜻이다. 그렇기 때문에 "미미하다."라고 했다.

孔疏 ◎注"物猶"至"少也". ○正義曰: 上文云"致和用", 明和能立事, 是和 用互言之, 有事用也. 下文云"致物用", 物, 謂事也, 謂事須和也, 是致事用互 致和用也, 是事必須和, 和能立事, 故云"互"也.

번역 ◎鄭注: "物猶"~"少也". ○앞 문장에서는 '치화용(致和用)'이라고 했는데, 이것은 조화로움이 해당 사안을 수립할 수 있음을 나타내니, 화용 (和用)은 상호 그 뜻을 나타내도록 말한 것으로, 그 안에는 사용(事用)이라 는 의미도 포함된다. 아래문장에서는 '치물용(致物用)'이라고 했는데, '물 (物)'자는 사안[事]을 뜻하니, 사안에 있어서도 조화롭게 해야 함을 의미하 며, 이것은 '치사용(致事用)'과 '치화용(致和用)'이 상호 호환이 되도록 기록 한 것임을 나타낸다. 즉 사안은 반드시 조화롭게 해야 하며, 조화로움은 사안을 수립할 수 있다. 그렇기 때문에 '호(互)'라고 말한 것이다.

• 제**17**절 •

귀(鬼)와 신(神)의 의미

【561b】

> 宰我曰, "吾聞鬼神之名, 不知其所謂." 子曰, "氣也者, 神之盛也. 魄也者, 鬼之盛也. 合鬼與神, 教之至也."

직역 宰我가 曰, "吾는 鬼神의 名은 聞이나 그 所謂는 不知합니다." 子가 曰, "氣라는 者는 神의 盛이다. 魄이라는 者는 鬼의 盛이다. 鬼와 神을 合함은 教의 至이다."

의역 재아는 "저는 귀신(鬼神)이라는 말을 들어봤지만 그것이 무엇을 뜻하는 것인지는 모르겠습니다."라고 했다. 그러자 공자는 "기(氣)라는 것은 신(神)의 융성한 상태를 뜻한다. 백(魄)이라는 것은 귀(鬼)의 융성한 상태를 뜻한다. 귀(鬼)와 신(神)을 합해야만 교화의 지극함이 된다."라고 했다.

集說 程子曰: 鬼神天地之功用, 而造化之迹也.

번역 정자가 말하길, 귀신(鬼神)은 천지의 작용이며, 조화가 드러나는 자취이다.

集說 張子曰: 鬼神者, 二氣之良能也.

번역 장자가 말하길, 귀(鬼)와 신(神)은 두 기운의 양능(良能)이다.

集說 朱子曰: 以二氣言, 則鬼者陰之靈也, 神者陽之靈也; 以一氣言, 則至而伸者爲神, 反而歸者爲鬼, 其實一物而已.

번역 주자가 말하길, 두 기로 말을 한다면 귀(鬼)는 음(陰)의 영묘함이며 신(神)은 양(陽)의 영묘함이다. 하나의 기로 말을 한다면 지극히 이르러 펼쳐지는 것은 신(神)이고 돌아와 되돌아가는 것은 귀(鬼)이다. 그러나 실질은 한 가지 사물일 뿐이다.

集說 陳氏曰: 如口鼻呼吸是氣, 那靈處便屬魂, 視聽是體, 那聰明處便屬魄.

번역 진씨가 말하길, 예를 들어 입과 코로 숨 쉬는 것은 기(氣)이고 영묘한 것은 혼(魂)에 해당하며, 보고 듣는 것은 체(體)이고 총명한 것은 백(魄)에 해당한다.

集說 方氏曰: 魂氣歸于天, 形魄歸于地, 故必合鬼與神, 然後足以爲敎之至. 中庸曰, "使天下之人, 齊明盛服以承祭祀", 此皆敎之至也.

번역 방씨가 말하길, 혼기(魂氣)는 하늘로 되돌아가고 형백(形魄)은 땅으로 되돌아간다. 그렇기 때문에 반드시 귀(鬼)와 신(神)을 합한 뒤에야 교화의 지극함을 이룰 수 있다. 『중용』에서 "천하의 사람들로 하여금 재계하여 밝게 하고 성복(盛服)하여 제사를 받들게 한다."[1]라고 한 말은 모두 교화의 지극함에 해당한다.

鄭注 氣, 謂噓吸出入者也. 耳目之聰明爲魄. 合鬼·神而祭之, 聖人之敎致之也.

번역 기(氣)는 호흡을 통해 출입하는 것을 뜻한다. 귀와 눈이 총명하게 듣고 보는 것이 백(魄)이다. 귀(鬼)와 신(神)을 합하여 제사를 지내야만 성인의 교화가 지극해진다.

---

1) 『중용』「16장」: <u>使天下之人齊明盛服以承祭祀</u>, 洋洋乎如在其上, 如在其左右.

釋文 魄, 普白反. 噓音虛. 吸, 許及反.

번역 '魄'자는 '普(보)'자와 '白(백)'자의 반절음이다. '噓'자의 음은 '虛(허)'이다. '吸'자는 '許(허)'자와 '及(급)'자의 반절음이다.

孔疏 ●"宰我"至"至也". ○正義曰: 自此以下至"以祀先王先公, 敬之至也", 此一節明宰我問鬼神之事, 夫子答以鬼神·魂魄·祭祀之禮, 又廣明天子·諸侯耕藉及公桑之事, 今各隨文解之.

번역 ●經文: "宰我"~"至也". ○이곳 구문으로부터 그 이하로 "이로써 선왕과 선공에게 제사를 지내니 공경함이 지극한 것이다."[2]라고 한 문장까지는 재아가 귀신(鬼神)에 대한 사안을 질문하여, 공자가 귀신(鬼神)·혼백(魂魄) 및 제사의 예법으로 대답을 하고, 또 천자·제후가 경작하고 공상(公桑)[3]을 두는 사안들을 폭넓게 설명하고 있으니, 각각의 문장에 따라서 풀이하겠다.

孔疏 ●"不知其所謂"者, 宰我善問孔子: 吾唯聞鬼神之名, 不知此鬼神所謂何物爲鬼神.

번역 ●經文: "不知其所謂". ○재아가 공자에게 질문을 잘한 것으로, "저는 오직 귀신(鬼神)이라는 말만 들었고, 여기에서 말하는 귀신이 어떤 사물을 가리켜서 귀신이라고 하는지는 모르겠습니다."라고 말한 것이다.

孔疏 ●"子曰: 氣也者, 神之盛也"者, 此夫子答宰我以神名, 言神是人生

---

2) 『예기』「제의」【564d】: 及良日, 夫人繅, 三盆手, 遂布於三宮夫人·世婦之吉者, 使繅. 遂朱綠之, 玄黃之, 以爲黼黻文章. 服旣成, 君服以祀先王先公, 敬之至也.

3) 공상(公桑)은 천자나 제후가 자신의 영지 안에 설치한 뽕나무밭을 뜻한다. 『예기』「제의(祭義)」편에는 "古者, 天子諸侯必有公桑蠶室, 近川而爲之."라는 기록이 있다. 즉 천자나 제후는 자신의 영지 안에 '공상'과 누에를 치는 작업실인 잠실(蠶室)을 설치하는데, 하천 근처에 그것을 만든다고 설명한다.

有之氣, 氣者是人之盛極也.

[번역] ●經文: “子曰: 氣也者, 神之盛也”. ○이것은 공자가 재아에게 신(神)이라는 명칭을 대답해준 것이니, 신(神)은 사람이 태어날 때 가지고 있는 기(氣)에 해당하며, 기(氣)라는 것은 사람의 지극함에 해당한다는 의미이다.

[孔疏] ●“魄也者, 鬼之盛也”者, 是夫子答鬼之事, 言人形魄者, 鬼之盛極也.

[번역] ●經文: “魄也者, 鬼之盛也”. ○이것은 공자가 귀(鬼)에 대한 사안을 대답해준 것이니, 사람의 형백(形魄)은 귀(鬼)의 지극함에 해당한다는 의미이다.

[孔疏] ●“合鬼與神, 敎之至也”者, 言人死, 神上於天, 鬼降於地, 聖王合此鬼之與神以祭之, 至敎之致也, 是聖王設敎致合如此, 故云“敎之至也”.

[번역] ●經文: “合鬼與神, 敎之至也”. ○사람이 죽게 되면 신(神)은 하늘로 올라가고 귀(鬼)는 땅으로 꺼지는데, 성왕은 이러한 귀(鬼)와 신(神)을 합하여 제사를 지냈으니, 교화의 지극함을 이룬 것이다. 즉 성왕이 교화를 베풀어 이처럼 지극히 했기 때문에 “교화의 지극함이다.”라고 했다.

[孔疏] ◎注“氣謂”至“之也”. ○正義曰: “氣, 謂噓吸出入也”者, 謂氣在口噓吸出入, 此氣之體無性識也. 但性識依此氣而生, 有氣則有識, 無氣則無識, 則識從氣生, 性則神出入也. 故人之精靈而謂之神. 云“耳目之聰明爲魄”者, 魄, 體也. 若無耳目形體, 不得爲聰明, 故云“耳目聰明爲魄”. 云“合鬼神而祭之, 聖人之敎致之也”者, 人之死, 其神與形體分散各別, 聖人以生存之時神形和合, 今雖身死, 聚合鬼神, 似若生人而祭之, 是聖人設敎興致之, 令其如此也.

[번역] ◎鄭注: “氣謂”~“之也”. ○정현이 “기(氣)는 호흡을 통해 출입하는 것을 뜻한다.”라고 했는데, 기(氣)는 입에 있어서 호흡이 출입하는 것이

니 이것은 기(氣)의 본체에는 본능과 지각이 없다는 뜻이다. 다만 본능과 지각은 이러한 기에 따라서 생겨나니, 기가 있다면 지각이 있는 것이고 기가 없다면 지각이 없는 것이니, 지각이란 기를 통해서 생겨나고 본능은 곧 신(神)이 출입하는 것에 해당한다. 그렇기 때문에 사람의 정령을 '신(神)'이라고 부른다. 정현이 "귀와 눈이 총명하게 듣고 보는 것이 백(魄)이다."라고 했는데, '백(魄)'이란 육신에 해당한다. 만약 귀와 눈이라는 형체가 없다면 총명하게 보거나 들을 수 없다. 그렇기 때문에 "귀와 눈이 총명하게 듣고 보는 것이 백(魄)이다."라고 했다. 정현이 "귀(鬼)와 신(神)을 합하여 제사를 지내야만 성인의 교화가 지극해진다."라고 했는데, 사람이 죽게 되면 정신과 육체는 분리되어 각각 구별되는데, 성인은 생존했을 때 정신과 육체가 합치되어 있던 것에 따랐으니, 현재 비록 그가 죽었더라도 귀(鬼)와 신(神)을 취합하는 것은 살아있는 사람처럼 여겨서 제사를 지내는 것이다. 따라서 이것은 성인이 교화를 지극히 하여 이처럼 치르도록 했던 것이다.

集解 朱子曰: 人之精神知覺, 與夫運動云爲, 皆是神, 但氣是充盛發於外者, 故謂之神之盛. 四肢九竅, 與夫精血之屬, 皆是魄, 但耳目能視聽而精明, 故謂之鬼之盛.

번역 주자가 말하길, 사람의 정신·지각과 움직이며 말하고 행동하는 것들은 모두 '신(神)'이 되는데, 기(氣)는 밖에서 충만하고 융성하게 나타나기 때문에 "신(神)의 융성함이다."라고 했다. 사지와 신체에 있는 9개의 구멍 및 정혈 등의 부류는 모두 '백(魄)'이 되는데, 귀와 눈이 보거나 들으며 정밀할 수 있기 때문에 "귀(鬼)의 융성함이다."라고 했다.

集解 愚謂: 鬼神體物不遺, 程子所謂"天地之功用, 造化之迹", 張子所謂 "二氣之良能"也. 而夫子乃專以氣與魄言之者, 蓋宰我所問者祭祀之鬼神, 故夫子專以其在人身者言之, 以明報氣·報魄之禮所由起也.

번역 내가 생각하기에, 귀신(鬼神)은 사물의 본체가 되어 빠트릴 수 없으니,4) 정자가 "천지의 작용이며, 조화가 드러나는 자취이다."라고 했고, 장자가 "두 기운의 양능(良能)이다."라고 한 말에 해당한다. 그런데 공자는 전적으로 기(氣)와 백(魄)으로 말했으니, 아마도 재아가 물어본 내용은 제사에서의 귀신(鬼神)에 해당하기 때문에 공자는 전적으로 사람의 몸에 해당하는 것으로 말하여, 이를 통해 기(氣)에 보답하고 백(魄)에 보답하는 예법의 유래를 밝힌 것이다.

集解 朱子曰: 子産有言, "人生始化曰魄, 旣生魄, 陽曰魂." 孔子曰, "氣也者, 神之盛, 魄也者, 鬼之盛", 鄭氏注曰, "噓吸出入者氣也, 耳目之精明爲魄", 氣則魂之謂也. 淮南子曰, "天氣爲魂, 地氣爲魄", 高誘注曰, "魂, 人陽神也. 魄, 人陰神也." 此數說者, 其於魂魄之義詳矣. 物生始化云者, 謂受形之初, 精血之聚, 其間有靈者名之曰魄也. 旣生魄, 陽曰魂者, 旣生此魄, 便有暖氣, 其間有神者名之曰魂也. 二者旣合, 然後有物, 易所謂"精氣爲物", 是也. 及其散也, 則魂升而爲神, 魄降而爲鬼矣. 又曰: 陰主藏受, 陽主運用. 凡能記憶, 皆魄之所藏受也. 至於運用, 發出來是魂. 魂魄雖各自分屬陰陽, 然陰陽中又各自有陰陽也. 又曰: 魂魄是形氣之精英.

번역 주자가 말하길, 자산은 "사람이 태어나서 처음 변화된 것을 백(魄)이라고 부르고, 백(魄)이 이미 생겨난 뒤의 양(陽)을 혼(魂)이라고 부른다."5)라고 했고, 공자는 "기(氣)라는 것은 신(神)의 융성함이며, 백(魄)이라는 것은 귀(鬼)의 융성함이다."라고 했으며, 정현의 주에서는 "호흡이 출입하는 것이 기(氣)이고, 귀와 눈이 밝게 듣고 보는 것은 백(魄)이다."라고 했으니, 기(氣)는 곧 혼(魂)을 뜻한다. 『회남자』에서는 "하늘의 기는 혼(魂)이고 땅의 기는 백(魄)이다."6)라고 했고, 고유7)의 주에서는 "혼(魂)은

---

4) 『중용』「16장」: 視之而弗見, 聽之而弗聞, 體物而不可遺.
5) 『춘추좌씨전』「소공(昭公) 7년」: 子産曰, "能. 人生始化曰魄, 旣生魄, 陽曰魂. 用物精多, 則魂魄强, 是以有精爽至於神明. 匹夫匹婦强死, 其魂魄猶能馮依於人, 以爲淫厲, 況良霄, 我先君穆公之胄, 子良之孫, 子耳之子, 敝邑之卿, 從政三世矣. 鄭雖無腆, 抑諺曰'蕞爾國', 而三世執其政柄, 其用物也弘矣, 其取精也多矣, 其族又大, 所馮厚矣, 而强死, 能爲鬼, 不亦宜乎!"

사람의 양신(陽神)에 해당한다. 백(魄)은 사람의 음신(陰神)에 해당한다."
라고 했다. 이러한 여러 주장들은 혼(魂)과 백(魄)의 뜻에 대해서 상세히
나타내고 있다. 사물이 생겨나서 처음 변화되는 것을 말한다고 했는데, 이
것은 형체를 부여받은 초기에 정혈 등이 모이고, 그 사이에 있는 영묘함을
'백(魄)'이라고 부른다는 뜻이다. 또 이미 백(魄)이 생겨난 뒤에는 양(陽)을
혼(魂)이라고 부른다고 했는데, 이러한 백(魄)이 생겨났다면 곧 따뜻한 기
운이 생기게 되고, 그 사이에 있는 신(神)을 '혼(魂)이라고 부른다는 뜻이
다. 두 가지가 합한 뒤에야 사물이 생겨나니, 『역』에서 "정기는 사물이 된
다."8)라고 한 말이 이러한 뜻을 나타낸다. 그리고 그것들이 흩어지게 되면
혼(魂)은 상승하여 신(神)이 되고 백(魄)은 하강하여 귀(鬼)가 된다. 또 말
하길, 음(陰)은 보관하고 거두는 것을 위주로 하고 양(陽)은 운용하는 것
을 위주로 한다. 무릇 기억할 수 있는 것들은 모두 백(魄)이 보관하고 거두
었던 것이다. 운용함에 있어서는 발산하여 밖으로 나타나 혼(魂)이 된다.
혼(魂)과 백(魄)은 각각 구분되어 음(陰)과 양(陽)에 속하지만, 음양 중에
는 또한 각각 구분되는 음양이 있다. 또 말하길, 혼(魂)과 백(魄)은 형체와
기운의 정밀하고 영묘한 것이다.

【561c】

"衆生必死, 死必歸土, 此之謂鬼. 骨肉斃于下, 陰爲野土. 其
氣發揚于上, 爲昭明焄蒿悽愴, 此百物之精也, 神之著也."

직역 "衆이 生하면 必히 死한데, 死하면 必히 土로 歸하니, 此를 鬼라 謂한다.

---

6) 『회남자(淮南子)』「주술훈(主術訓)」: 天氣爲魂, 地氣爲魄, 反之玄房, 各處其宅.
7) 고유(高誘, ?~?): 후한(後漢) 때의 경학자(經學者)이다. 어려서부터 노식(盧
植)에게서 수학하였다고 전해진다.
8) 『역』「계사상(繫辭上)」: 仰以觀於天文, 俯以察於地理, 是故, 知幽明之故, 原
始反終, 故知死生之說, 精氣爲物, 游魂爲變, 是故, 知鬼神之情狀.

骨肉은 下에 斃하여, 陰은 野土가 爲한다. 그 氣는 上에서 發揚하여, 昭明·焄蒿·悽愴이 爲하니, 此는 百物의 精이며, 神의 著이다."

의역 공자가 계속하여 말하길, "만물은 태어나면 반드시 죽게 되는데, 죽으면 반드시 땅으로 되돌아가니 이것을 '귀(鬼)'라고 부른다. 뼈와 살은 땅에 묻히고 음(陰)이 되어 흙이 된다. 그 기(氣)는 위로 발향하여 소명(昭明), 훈호(焄蒿), 처창(悽愴)이 되니, 이것은 모든 사물의 정기이며 '신(神)'의 드러남이다."라고 했다.

集說 朱子曰: 如鬼神之露光處是昭明, 其氣蒸上處是焄蒿, 使人精神悚然是悽愴. 又曰: 昭明是光耀底, 焄蒿是袞然底, 悽愴是凜然底. 又曰: 昭明, 乃光景之屬. 焄蒿, 氣之感觸人者. 悽愴, 如漢書所謂"神君至其風颯然"之意. 又曰: 焄蒿, 是鬼神精氣交感處.

번역 주자가 말하길, 귀신(鬼神)이 드러나는 것을 '소명(昭明)'이라고 하며, 그 기(氣)가 피워 오르는 것을 '훈호(焄蒿)'라고 하고, 사람의 정신을 오싹하게 만드는 것은 '처창(悽愴)'이다. 또 말하길, '소명(昭明)'은 밝게 빛나는 것이고, '훈호(焄蒿)'는 무성한 것이며, '처창(悽愴)'은 엄숙한 것이다. 또 말하길, '소명(昭明)'은 밝게 드러나는 것들이다. '훈호(焄蒿)'는 기(氣)가 사람을 감응시키고 촉발시키는 것들이다. '처창(悽愴)'은 『한서』에서 "신군이 바람을 재빠르게 불게 한다."라고 했던 뜻과 같다. 또 말하길, '훈호(焄蒿)'는 귀신의 정기가 교감하는 것이다.

大全 慶源輔氏曰: 神以伸爲義, 則氣也者神之盛也. 鬼以歸爲義, 則魄也者鬼之盛也. 合而言之, 則鬼與神一也, 故聖人合之以制祭祀之禮而事之, 其爲敎也至矣. 魂生於氣, 魄生於體, 氣無不之, 故曰遊魂, 體則斃於下而已, 故曰體魄則降, 人亦一物也. 昭明焄蒿悽愴, 言氣之發揚如此.

번역 경원보씨가 말하길, 신(神)은 펼침을 뜻으로 삼으니, 기(氣)라는 것은 신(神)의 융성함이다. 귀(鬼)는 되돌아감을 뜻으로 삼으니, 백(魄)이라는 것은 귀(鬼)의 융성함이다. 합하여 말을 한다면 귀(鬼)와 신(神)은 하나이다. 그렇기 때문에 성인이 그 둘을 합하여 제사의 예법을 만들고 그것을 통해 섬겼으니, 가르침이 지극한 것이다. 혼(魂)은 기(氣)에서 생겨나고 백(魄)은 몸체에서 생겨나는데, 기(氣)는 가지 못하는 곳이 없기 때문에 '떠돌아다니는 혼[遊魂]'9)이라고 말한 것이고, 몸체는 땅으로 묻힐 따름이기 때문에 "몸체인 백(魄)은 하강한다."10)라고 했으니, 사람은 또한 한 부류의 사물일 뿐이다. 소명(昭明)·훈호(焄蒿)·처창(悽愴)은 기(氣)가 이처럼 발양한다는 뜻이다.

鄭注 陰, 讀爲依蔭之蔭, 言人之骨肉蔭於地中, 爲土壤. 焄, 謂香臭也. 蒿, 謂氣烝出貌也. 上言衆生, 此言百物, 明其與人同也, 不如人貴爾. 蒿, 或爲薧.

번역 '음(陰)'자는 의음(依蔭)이라고 할 때의 '음(蔭)'자로 풀이하니, 사람의 뼈와 살은 땅속에 묻혀서 토양이 된다는 뜻이다. '훈(焄)'자는 향기를 뜻한다. '호(蒿)'자는 기운이 피워 오르는 모습을 뜻한다. 앞에서는 '중생(衆生)'이라고 했는데, 이곳에서 '백물(百物)'이라고 한 것은 사람과 동일하지만 사람의 존귀함만은 못하다는 뜻을 나타낸다. '호(蒿)'자를 다른 판본에서는 '표(薧)'자로 기록하기도 한다.

釋文 斃, 本亦作弊, 婢世反. 陰, 依注音蔭, 於鴆反. 壤, 如丈反. 焄, 許云反, 香臭之氣耳. 蒿, 許羔反. 烝, 之膺反. 薧, 表驕反, 又皮表反.

번역 '斃'자는 판본에 따라서 또한 '弊'자로도 기록하는데, 그 음은 '婢(비)'자와 '世(세)'자의 반절음이다. '陰'자는 정현의 주에 따르면 그 음은 '蔭'이니, '於(어)'자와 '鴆(짐)'자의 반절음이다. '壤'자는 '如(여)'자와 '丈(장)'자의 반절음이다. '焄'자는 '許(허)'자와 '云(운)'자의 반절음이며, 냄새의 기운을 뜻한다. '蒿'자는 '許(허)'자와 '羔(고)'자의 반절음이다. '烝'자는

---

9) 『역』「계사상(繫辭上)」 : 仰以觀於天文, 俯以察於地理, 是故, 知幽明之故, 原始反終, 故知死生之說, 精氣爲物, 遊魂爲變, 是故, 知鬼神之情狀.

10) 『예기』「예운(禮運)」【269a】 : 及其死也, 升屋而號, 告曰, "皐某復!" 然後飯腥而苴孰. 故天望而地藏也, 體魄則降, 知氣在上. 故死者北首, 生者南鄕, 皆從其初.

‘之(지)’자와 ‘膺(응)’자의 반절음이다. ‘薦’자는 ‘表(표)’자와 ‘驕(교)’자의 반절음이며, 또한 ‘皮(피)’자와 ‘表(표)’자의 반절음도 된다.

孔疏 ●“衆生”至“野土”. ○正義曰: 此一經明鬼神之事.

번역 ●經文: “衆生”~“野土”. ○이곳 경문은 귀신(鬼神)에 대한 사안을 나타내고 있다.

孔疏 ●“衆生必死”者, 言物之衆賓而生必皆有死.

번역 ●經文: “衆生必死”. ○만물은 무수히 많지만 태어나면 반드시 모두 죽게 된다는 뜻이다.

孔疏 ●“死必歸土”者, 言萬物死者皆歸於土. 此一經因而言物, 實是本說人也.

번역 ●經文: “死必歸土”. ○만물 중 죽게 되는 것들은 모두 땅으로 되돌아간다는 뜻이다. 이곳 경문은 그에 따라 ‘물(物)’이라고 말했는데, 실제로는 본래 사람에 대해 설명한 것이다.

孔疏 ●“此之謂鬼”者, 鬼, 歸也, 此歸土之形, 故謂之鬼也.

번역 ●經文: “此之謂鬼”. ○‘귀(鬼)’자는 “되돌아간다[歸].”는 뜻이니, 이것은 땅으로 되돌아가는 형체를 뜻한다. 그렇기 때문에 ‘귀(鬼)’라고 부르는 것이다.

孔疏 ●“骨肉斃于下, 陰爲野土”者, 此覆說歸土之義也. 言死, 骨肉斃敗於地下, 依陰於地爲野澤土壤. 謂在田野, 故稱爲“野土”. 俗本“陰”作“蔭”字也.

번역 ●經文: “骨肉斃于下, 陰爲野土”. ○이 내용은 땅으로 되돌아가는

뜻을 재차 풀이한 것이다. 즉 죽게 되면 뼈와 살은 땅으로 숨는데, 음(陰)에 따라 땅으로 돌아가 흙이 된다는 뜻이다. 즉 땅에 있는 경우이기 때문에 '야토(野土)'라고 부른 것이다. 『속본』에서는 '음(陰)'자를 '음(蔭)'자로 기록했다.

孔疏 ●"其氣"至"著也". ○正義曰: 一經申明神也. 此科擇人氣爲神, 言人生賦形體與氣合共爲生, 其死則形與氣分.

번역 ●經文: "其氣"~"著也". ○이곳 경문은 신(神)의 뜻을 거듭 밝힌 것이다. 이곳에서는 사람의 기(氣)를 신(神)이라고 했는데, 사람이 태어날 때에는 형체와 기(氣)를 부여받아서 이것이 합쳐져 태어나는데, 죽게 되면 형체는 기(氣)와 분리된다는 뜻이다.

孔疏 ●"其氣之精魂發揚升於上, 爲昭明"者, 言此升上爲神靈光明也.

번역 ●經文: "其氣之精魂發揚升於上, 爲昭明". ○이것은 상승하여 신령의 빛남이 된다는 뜻이다.

孔疏 ●"焄蒿淒愴, 此百物之精也"者, 焄, 謂香臭也, 言百物之氣, 或香或臭. 蒿, 謂烝出貌, 言此香臭烝而上, 出其氣蒿然也. "淒愴"者, 謂此等之氣, 人聞之情有淒有愴. "百物之精也"者, 人氣揚於上爲昭明, 百物之精氣爲焄蒿淒愴, 人與百物共同, 但情識爲多, 故特謂之"神". 此經論人, 亦因人神言百物也.

번역 ●經文: "焄蒿淒愴, 此百物之精也". ○'훈(焄)'자는 냄새를 뜻하니, 모든 사물의 기(氣)는 냄새를 내게 된다는 뜻이다. '호(蒿)'자는 피워 오르는 모양을 뜻하니, 이러한 냄새가 피워 올라가서 이러한 기(氣)의 냄새를 풍긴다는 뜻이다. 경문의 "淒愴"에 대하여. 이러한 기(氣)들을 사람이 맡게 되면 정감에 처량하거나 슬픔이 떠오르게 된다는 뜻이다. 경문의 "百物之精也"에 대하여. 사람의 기(氣)가 위로 발향하여 소명(昭明)이 되고, 만물의 정기가 훈호(焄蒿)와 처창(淒愴)이 되는데, 사람은 만물과 동일하지만 정감과 지각이 많기 때문에 특별히 '신(神)'이라고 부른 것이다. 이곳 경문에서는 사람에 대한 사안을 논의했기 때문에 또한 사람의 신(神)에 따라 백물(百物)에 대해서도 말한 것이다.

孔疏 ●"神之著也"者, 人氣發揚於上爲昭明, 是人神之顯著.

번역 ●經文: "神之著也". ○사람의 기(氣)가 위로 발향하여 소명(昭明)이 되는데, 이것은 사람의 신(神)이 현저히 드러난 것이다.

集解 愚謂: 衆生, 兼人·物而言也. 陰猶掩也. 昭明, 謂其光景之著見也. 焄蒿, 謂其香臭之發越也. 悽愴, 謂其感動乎人, 而使人爲之悽愴也. 骨肉之掩於下者, 魄之降而爲鬼也. 氣之發揚於上者, 魂之升而爲神也. 此皆人·物之所同, 但人爲萬物之靈, 其魂魄爲尤盛耳.

번역 내가 생각하기에, '중생(衆生)'은 사람과 만물을 포함해서 한 말이다. '음(陰)'자는 "가린다[掩]."는 뜻이다. '소명(昭明)'은 빛이 드러난다는 뜻이다. '훈호(焄蒿)'는 냄새가 피워 오른다는 뜻이다. '처창(悽愴)'은 사람을 감동시켜서 사람으로 하여금 처량함과 슬픔을 느끼게 한다는 뜻이다. 뼈와 살이 밑으로 숨는 것은 백(魄)이 하강하여 귀(鬼)가 된 것이다. 기(氣)가 위로 발양하는 것은 혼(魂)이 상승하여 신(神)이 된 것이다. 이러한 것들은 모두 사람과 만물이 동일한 부분이지만, 사람은 만물 중에서도 영매한 존재이니, 사람의 혼(魂)과 백(魄)은 더욱 융성할 따름이다.

【561d】

"因物之精, 制爲之極, 明命鬼神, 以爲黔首則, 百衆以畏, 萬民以服."

직역 "物의 精에 因하여, 制하여 極을 爲하고, 鬼神을 明命하여, 黔首의 則으로

爲하니, 百衆은 이로써 畏했고, 萬民은 이로써 服했다."

의역 공자가 계속하여 말하길, "사물의 정령을 가릴 수 없다는 것에 따라서 그것을 제정하여 지극한 칭호를 만들었으니, '귀신(鬼神)'이라고 현저히 드러내어 불러서, 백성들의 법칙으로 삼았다. 따라서 이를 통해 백성들은 두려워하여 태만하게 구는 일이 없게 되었고, 또 복종하여 위배하는 일이 없게 되었다."라고 했다.

集說 因其精靈之不可掩者, 制爲尊極之稱, 而顯然命之曰鬼神, 以爲天下之法則, 故民知所畏而無敢慢, 知所服而無敢違.

번역 정령을 가릴 수 없다는 사실에 따라서 제정하여 지극히 존엄한 칭호로 삼고 현저히 드러내어 '귀신(鬼神)'이라고 지칭하고, 이를 천하의 법칙으로 삼았다. 그렇기 때문에 백성들은 두려워해야 할 바를 알아서 감히 태만하게 구는 일이 없게 되었고, 복종해야 할 바를 알아서 감히 위배하는 일이 없게 되었다.

集說 方氏曰: 極之爲言至也, 名曰鬼神, 則尊敬之至, 不可以復加, 是其所以制爲之極也. 且鬼神本無名也, 其名則人命之爾, 鬼神至幽, 不可測也, 命之以名, 則明而可測矣, 然後人得而則之, 故曰"以爲黔首則", 是乃所以爲敎之至也.

번역 방씨가 말하길, '극(極)'자는 "이른다[至]."는 뜻이니, '귀신(鬼神)'이라고 불렀다면 지극히 존엄하고 공경스러운 명칭이므로, 재차 더할 것이 없다. 이것이 제정하여 지극하게 만든 것이다. 또 귀신은 본래 명칭이 없는데, 귀신이라는 명칭은 사람들이 부른 것일 뿐이니, 귀신은 지극히 아득하여 헤아릴 수가 없어서, 명칭을 제정하여 불렀다면 밝게 드러나서 헤아릴 수 있게 되고, 그런 뒤에야 사람들이 본받을 수 있다. 그렇기 때문에 "백성들의 법칙으로 삼았다."라고 말한 것이니, 이것은 곧 지극한 가르침이 된다.

集說 馮氏曰: 秦稱民爲黔首, 夫子時未然也, 顯是後儒竄入.

번역 풍씨11)가 말하길, 진(秦)나라 때에는 백성들을 '검수(黔首)'라고 불렀는데, 공자 당시에는 이처럼 부르지 않았으니, 이것은 후대 학자들이 삽입한 글임을 드러낸다.

大全 延平周氏曰: 氣者, 所以歸乎天, 魄者, 所以降于地. 爲神者, 蓋有魄也, 然魄非神之盛也, 爲鬼者, 蓋有氣也, 然氣非鬼之盛也. 神譬則天道, 而鬼譬則人道而已. 合鬼與神, 敎之至也. 鬼神之爲德, 能使人齊明盛服, 而洋洋乎如在其上與其左右, 則人之所以有愧於屋漏而爲之愼獨者也, 故曰明則有禮樂, 幽則有鬼神, 是鬼神之爲敎, 同於禮樂, 而禮樂之敎, 有所不至, 則鬼神又有以助之也. 精魄爲物, 故骨肉斃于下, 陰爲野土者, 此百物之精也. 神魂爲變, 故其氣發揚于上爲昭明焄蒿悽愴者, 此神之著也. 昭明, 言其燭於物者, 焄蒿, 言其達於上者, 悽愴, 言其感於情者. 言百物之精也神之著也, 而獨言因物之精制爲之極者, 莫非物也, 雖神之著, 亦可謂之物. 鬼者, 盡人道者也, 神者, 盡天道者也. 天人之道黔首之則, 故明命鬼神以爲黔首則, 唯鬼神有以爲之則, 故百衆畏其威, 萬民服其德. 言衆者, 不特民而已, 言民則無知矣, 故屬之以服其德.

번역 연평주씨가 말하길, '기(氣)'는 하늘로 되돌아가는 것이고 '백(魄)'은 땅으로 내려가는 것이다. 신(神)이 되는 것에도 백(魄)이 있지만 백(魄)은 신(神)의 융성함이 아니며, 귀(鬼)가 되는 것에도 기(氣)이 있지만 기(氣)는 귀(鬼)의 융성함이 아니다. 신(神)은 비유하면 천도(天道)가 되고, 귀(鬼)는 비유하면 인도(人道)가 될 따름이다. 귀(鬼)와 신(神)을 합하면 교화의 지극함이 된다. 귀신의 덕은 사람들로 하여금 재계하고 밝게 하여 성복(盛服)을 시키고, 두루 흐르고 충만하여 위에 있는 듯하고 좌우에 있는 듯하니,12) 사람들이 방 귀퉁이에서도 부끄러움을 느껴서 홀로 있을 때 삼

---

11) 양헌풍씨(亮軒馮氏, ?~?) : =풍씨(馮氏). 자세한 행적이 남아 있지 않다.
12) 『중용』「16장」: 使天下之人齊明盛服以承祭祀, 洋洋乎如在其上, 如在其左右.

감으로 삼는 것이다.13) 그렇기 때문에 "밝은 인간 세상에는 예(禮)와 악(樂)이 있고, 그윽한 저 세상에는 작용인 귀(鬼)와 신(神)이 있다."14)라고 말한 것이니, 이것은 귀신을 통한 교화가 예악을 통한 교화와 동일하며, 예악을 통한 교화에 지극하지 못한 점이 있다면, 귀신을 통한 교화가 또한 그것을 돕게 됨을 뜻한다. 정백(精魄)은 사물이 된다. 그렇기 때문에 뼈와 살이 땅에 묻혀서 음(陰)이 야토가 된다는 것은 바로 만물의 정(精)을 뜻한다. 신혼(神魂)은 변화가 된다. 그렇기 때문에 그 기(氣)가 위로 발양하여 소명(昭明)·훈호(焄蒿)·처창(悽愴)이 되는 것이 신(神)의 드러남이다. '소명(昭明)'은 사물을 비춰주는 것을 뜻하며, '훈호(焄蒿)'는 위로 도달하는 것을 뜻하고, '처창(悽愴)'은 정감을 느끼게 하는 것을 뜻한다. 만물의 정(精)이자 신(神)의 드러남이라고 말했는데, 유독 만물의 정(精)에 따라서 제정하여 지극한 것으로 삼았다는 것은 만물이 아닌 것이 없기 때문이니, 비록 신(神)의 드러남이라고 했지만 이 또한 물(物)에 대한 것이라고 할 수 있다. '귀(鬼)'는 인도를 다하는 것이며 '신(神)'은 천도를 다하는 것이다. 천도와 인도는 백성들의 법칙이 된다. 그렇기 때문에 귀신을 밝게 드러내고 명명하여 백성들의 법칙으로 삼은 것인데, 오직 귀신만을 법칙으로 삼을 수 있기 때문에, 백성들이 그들의 위엄을 외경하게 되고, 또 그들의 덕에 감복하게 된다. '중(衆)'이라고 말한 것은 민(民)에만 한정될 뿐이 아니며, 민(民)이라고 말했다면 무지한 자들을 뜻한다. 그렇기 때문에 그 덕에 감복한다는 것을 해당시켰다.

鄭注 明命, 猶尊名也, 尊極於鬼神, 不可復加也. 黔首, 謂民也. 則, 法也. 爲民作法, 使民亦事其祖禰鬼神, 民所畏服.

번역 '명명(明命)'은 존귀한 명칭을 뜻하니, 존귀함은 귀신(鬼神)에 있어

---

13) 『중용』「33장」: 詩云, "相在爾室, 尚不愧于屋漏." 故君子不動而敬, 不言而信.

14) 『예기』「악기(樂記)」【462a~b】: 大樂與天地同和, 大禮與天地同節. 和故百物不失, 節故祀天祭地. 明則有禮樂, 幽則有鬼神. 如此則四海之內合敬同愛矣. 禮者殊事合敬者也. 樂者異文合愛者也. 禮樂之情同, 故明王以相沿也. 故事與時並, 名與功偕.

서 지극해 지므로, 재차 더할 것이 없다. ‘검수(黔首)’는 백성을 뜻한다. ‘칙(則)’은 법도[法]를 뜻한다. 백성들을 위해 법도를 만들고, 백성들로 하여금 또한 조부나 부친의 귀신을 섬기게 했으니, 백성들이 외경하고 감복하는 대상들이다.

釋文 黔首, 其廉反, 徐又其嚴反, 黑也. 黑首謂民也, 秦謂民爲黔首. 復, 扶又反. 爲民, 于僞反.

번역 ‘黔首’에서의 ‘黔’자는 ‘其(기)’자와 ‘廉(렴)’자의 반절음이며, 서음(徐音)은 또한 ‘其(기)’자와 ‘嚴(엄)’자의 반절음이 되며, 검다는 뜻이다. ‘黑首’는 백성을 뜻하는데, 진(秦)나라 때에는 민(民)을 ‘검수(黔首)’라고 불렀다. ‘復’자는 ‘扶(부)’자와 ‘又(우)’자의 반절음이다. ‘爲民’에서의 ‘爲’자는 ‘于(우)’자와 ‘僞(위)’자의 반절음이다.

孔疏 ●“因物”至“以服”. ○正義曰: 此一經明聖人設敎, 合鬼與神而祭之, 欲使人事其祖禰, 畏敬鬼神.

번역 ●經文: “因物”~“以服”. ○이곳 경문은 성인이 교화를 베풀어 귀(鬼)와 신(神)을 합하여 제사를 지내서 사람들로 하여금 자신의 조부나 부친을 섬기게 하고, 그 귀신들을 외경하도록 만들고자 했던 뜻을 나타낸다.

孔疏 ●“因物之精, 制爲之極”者, 言聖人因人與物死之精靈, 遂造制爲之尊極之稱.

번역 ●經文: “因物之精, 制爲之極”. ○성인은 사람과 만물이 죽은 뒤 생기는 정령에 따라서 결국 그것에 대한 존귀한 칭호를 제정했다는 뜻이다.

孔疏 ●“明命鬼神, 以爲黔首則”者, 明, 猶尊也; 命, 猶名也; 黔首, 謂萬民也; 則, 法也. 故尊名人及萬物之精, 謂之鬼神, 以爲萬民之法則也.

번역 ●經文: "明命鬼神, 以爲黔首則". ○'명(明)'자는 "존귀하다[尊]."는 뜻이다. '명(命)'자는 "명명하다[名]."는 뜻이다. '검수(黔首)'는 백성들을 뜻한다. '칙(則)'자는 법도[法]를 뜻한다. 그러므로 사람과 만물의 정령에 존귀한 명칭을 붙여서 '귀신(鬼神)'이라고 부르고, 이것을 백성들의 법칙으로 삼았다는 뜻이다.

孔疏 ●"百衆以畏萬民以服"者, "百衆", 謂百官衆庶, "萬民", 謂天下衆民. 旣敬之以鬼神, 下皆畏敬之, 故云"百衆以畏, 萬民以服".

번역 ●經文: "百衆以畏萬民以服". ○'백중(百衆)'은 모든 관료들과 하위 관리들을 뜻하며, '만민(萬民)'은 천하의 모든 백성들을 뜻한다. 이미 귀신(鬼神)으로 공경하므로, 하위 계층은 모두 외경하게 된다. 그렇기 때문에 "백중은 외경하고 만민은 복종한다."라고 했다.

孔疏 ◎注"明命"至"畏服". ○正義曰: 鬼神本是人與物之魂魄, 若直名魂魄, 其名不尊, 故尊而名之爲鬼神, 別加畏敬之也. 云"尊極於鬼神, 不可復加也"者, 解經"制爲之極". 所以明鬼神爲極者, 言物中尊極莫過鬼神, 言以外他名不可復加, 故聖王造制爲之極, 名鬼神也. 云"黔首謂民也"者, 黔, 謂黑也. 凡人以黑巾覆頭, 故謂之"黔首". 按史記云"秦命民曰黔首", 此紀作在周末秦初, 故稱黔首. 此孔子言, 非當秦世以爲黔首, 錄記之人在後變改之耳. 漢家僕隸謂蒼頭, 以蒼巾爲飾, 異於民也. 此經鬼神本爲民神, 故下文"築爲宮室, 設爲宗祧", 其實此鬼神亦兼山川五祀百物之屬, 故禮運云"列於鬼神", 注云"謂祖廟山川五祀之屬". 樂記云"幽則有鬼神", 注云"助天地成物"者, 是百物之魄謂之鬼. 對則精靈爲魂, 形體爲魄, 故昭七年左傳云: "人生始化曰魄. 旣生魄, 陽曰15)魂." 是形爲魄, 氣爲魂. 若散而言之, 魄亦性識, 識與魄無異. 故昭

---

15) '왈(曰)'자에 대하여. '왈'자는 본래 없던 글자인데, 완원(阮元)의 『교감기(校勘記)』에서는 "『모본(毛本)』에는 '왈'자가 기록되어 있고, 위씨(衛氏)의 『집설(集說)』에도 동일하게 기록되어 있으니, 이곳 판본에는 '왈'자가 누락된 것이다."라고 했다.

二十五年左傳云: "心之精爽, 是謂魂魄. 魂魄去之, 何以能久?" 又襄二十九年左傳云: "天奪伯有魄." 又對而言之, 天曰神, 地曰祇, 人曰鬼; 散而言之, 通曰鬼神.

번역　◎鄭注: "明命"~"畏服". ○귀신(鬼神)은 본래 사람과 만물의 혼백(魂魄)을 뜻하는 말인데, 만약 단지 '혼백(魂魄)'이라고만 부른다면, 그 명칭은 존귀하지 못하다. 그렇기 때문에 존귀하게 높여서 '귀신(鬼神)'이라고 부른 것이니, 별도로 외경의 뜻을 더한 것이다. 정현이 "존귀함은 귀신(鬼神)에 있어서 지극해 지므로, 재차 더할 것이 없다."라고 했는데, 이것은 경문의 '제위지극(制爲之極)'이라는 말을 풀이한 것이다. 즉 귀신(鬼神)이라고 부르는 말이 지극한 뜻이 됨은 만물 중에 귀신보다 지극히 존귀한 것이 없다는 뜻으로, 즉 외적으로 다른 명칭을 재차 더할 수 없다는 의미이다. 그렇기 때문에 성왕이 그에 따라 제정하여 지극하게 만들고, 귀신(鬼神)이라고 불렀다. 정현이 "'검수(黔首)'는 백성을 뜻한다."라고 했는데, '검(黔)'자는 "검다[黑]."는 뜻이다. 무릇 사람들은 검은 두건으로 머리를 덮기 때문에 '검수(黔首)'라고 부른 것이다. 『사기』를 살펴보면, "진(秦)나라는 민(民)을 명명하여 '검수(黔首)'라고 불렀다."[16]라고 했는데, 이 기록은 주(周)나라 말기와 진(秦)나라 초기 사이에 지어진 것이다. 그렇기 때문에 '검수(黔首)'라고 지칭한 것이다. 그런데 이것은 공자의 말이니, 진(秦)나라 때 검수(黔首)라고 불렀던 것에는 해당하지 않는다. 이것은 단지 『예기』를 기록한 자가 이후에 글자를 바꿔서 쓴 것일 뿐이다. 한(漢)나라 때에는 노예를 '창두(蒼頭)'라고 불렀는데, 푸른색의 두건으로 머리에 표식을 해서 백성들과 차이를 보였기 때문이다. 이곳 경문에서 말한 '귀신(鬼神)'은 본래 민신(民神)이 된다. 그렇기 때문에 아래문장에서 "궁실을 만들고 종묘를 만들었다."라고 한 것인데, 실제로 이곳에서 말한 귀신(鬼神)은 또한 산천(山川)[17]・오사(五祀)[18]・백물(百物)[19] 등의 부류를 포함한다. 그렇기 때문에

---

16) 『사기(史記)』「진시황본기(秦始皇本紀)」: 分天下以爲三十六郡, 郡置守・尉・監. 更名民曰, 黔首.
17) 산천(山川)은 오악(五嶽)과 사독(四瀆)의 신들을 가리키기도 하며, 산과 하천

『예기』「예운(禮運)」편에서는 "귀신(鬼神)의 도리를 본받았다."[20]라고 한
것이고, 정현의 주에서는 "조묘(祖廟)·산천·오사 등의 부류를 뜻한다."라
고 말한 것이다. 『예기』「악기(樂記)」편에서는 "그윽한 저 세상에는 작용인
귀(鬼)와 신(神)이 있다."[21]라고 했고, 정현의 주에서는 "천지가 만물을 이
루는 것을 돕는다."라고 했는데, 이것은 백물의 백(魄)을 귀(鬼)라고 부른다

의 신들을 두루 지칭하기도 한다. 오악은 대표적인 다섯 가지 산으로, 중앙
의 숭산(嵩山), 동쪽의 태산(泰山), 남쪽의 형산(衡山), 서쪽의 화산(華山), 북
쪽의 항산(恒山)을 가리킨다. 사독은 장강(長江), 황하(黃河), 회하(淮河), 제
수(濟水)를 가리킨다.

18) 오사(五祀)는 본래 주택 내외에 있는 대문[門], 방문[戶], 방 가운데[中霤], 부
뚜막[竈], 도로[行]를 주관하는 다섯 신(神)들을 가리키기도 하며, 이들에게
지내는 제사를 지칭하기도 한다. 한편 계층별로 봤을 때, 통치자 계급은 통
치 범위를 자신의 집으로 생각하여, 각각 다섯 대상에 대해서 대표적인 장소
에서 제사를 지내기도 한다. 『예기』「월령(月令)」편에는 "天子乃祈來年于天
宗, 大割祠于公社及門閭, 臘先祖五祀. 勞農以休息之."라는 기록이 있고, 이에
대한 정현의 주에서는 "五祀, 門, 戶, 中霤, 竈, 行也."라고 풀이했다. 한편 '오
사' 중 행(行) 대신 우물[井]를 포함시키기도 한다. 『회남자(淮南子)』「시칙훈
(時則訓)」편에는 "其位北方, 其日壬癸, 盛德在水, 其蟲介, 其音羽, 律中應鐘,
其數六, 其味鹹, 其臭腐. 其祀井, 祭先腎."이라는 기록이 있다. 그리고 이들에
대해 제사를 지내는 이유에 대해서, 『논형(論衡)』「제의(祭意)」편에서는 "五
祀報門·戶·井·竈·室中霤之功. 門·戶, 人所出入, 井·竈, 人所欲食, 中霤,
人所託處, 五者功鈞, 故俱祀之."라고 설명한다. 즉 '오사'에 대한 제사는 그들
에 대한 공덕에 보답을 하는 것으로, 문(門)과 호(戶)는 사람들이 출입을 하
는데 편리함을 제공해주었고, 정(井)과 조(竈)는 사람들이 음식을 먹을 수 있
도록 해주었으며, 중류(中霤)는 사람이 거처할 수 있도록 해주었기 때문에,
이들에 대해서 제사를 지내는 것이다.

19) 백물(百物)은 사방의 백신(百神)들을 지칭한다. 백신은 온갖 신들을 총칭하
는 말인데, 주요 신들은 제외되고, 주로 하위 신들을 가리킨다. 또한 고대에
는 백신들에게 지내는 제사를 사(蜡)라고 부르기도 했다.

20) 『예기』「예운(禮運)」【267c】: 言偃復問曰, "如此乎禮之急也?" 孔子曰, "夫禮,
先王以承天之道, 以治人之情, 故失之者死, 得之者生. 詩曰, '相鼠有體, 人而無
禮, 人而無禮, 胡不遄死!' 是故夫禮, 必本於天, 殽於地, 列於鬼神, 達於喪·祭·
射·御·冠·昏·朝·聘. 故聖人以禮示之, 故天下國家可得而正也."

21) 『예기』「악기(樂記)」【462a~b】: 大樂與天地同和, 大禮與天地同節. 和故百物
不失, 節故祀天祭地. 明則有禮樂, 幽則有鬼神. 如此則四海之內合敬同愛矣. 禮
者殊事合敬者也. 樂者異文合愛者也. 禮樂之情同, 故明王以相沿也. 故事與時
並, 名與功偕.

는 사실을 나타낸다. 상대적으로 말을 하면 정령(精靈)은 혼(魂)이 되고 형체는 백(魄)이 된다. 그렇기 때문에 소공(昭公) 7년에 대한『좌전』의 기록에서는 "사람이 태어나서 처음 변화된 것을 백(魄)이라고 부르고, 백(魄)이 이미 생겨난 뒤의 양(陽)을 혼(魂)이라고 부른다."[22]라고 한 것이다. 이것은 형체가 백(魄)이 되고 기(氣)가 혼(魂)이 됨을 나타낸다. 만약 범범하게 말을 한다면 백(魄) 또한 본능과 지각을 가지고 있고, 지각을 가진 것은 백(魄)과 차이가 없다. 그렇기 때문에 소공 25년에 대한『좌전』의 기록에서는 "마음의 정신[精爽]을 혼백(魂魄)이라고 한다. 혼백이 떠났다면 어찌 오래 살 수 있겠는가?"[23]라고 한 것이고, 또 양공(襄公) 29년에 대한『좌전』의 기록에서는 "하늘이 백유의 백(魄)을 빼앗았다."[24]라고 한 것이다. 또 상대적으로 말을 한다면 하늘의 신에 대해서는 신(神)이라고 부르고 땅의 신에 대해서는 지(祇)라고 부르며 사람의 혼령에 대해서는 귀(鬼)라고 부르고, 범범하게 말한다면 통괄적으로 귀신(鬼神)이라고 부른다.

---

22) 『춘추좌씨전』「소공(昭公) 7년」: 子産曰, "能. 人生始化曰魄, 既生魄, 陽曰魂. 用物精多, 則魂魄强, 是以有精爽至於神明. 匹夫匹婦强死, 其魂魄猶能馮依於人, 以爲淫厲, 況良霄, 我先君穆公之胄, 子良之孫, 子耳之子, 敝邑之卿, 從政三世矣. 鄭雖無腆, 抑諺曰'蕞爾國', 而三世執其政柄, 其用物也弘矣, 其取精也多矣, 其族又大, 所馮厚矣, 而强死, 能爲鬼, 不亦宜乎!"

23) 『춘추좌씨전』「소공(昭公) 25년」: 退而告人曰, "今茲君與叔孫其皆死乎! 吾聞之, '哀樂而樂哀, 皆喪心也.' 心之精爽, 是謂魂魄. 魂魄去之, 何以能久?"

24) 『춘추좌씨전』「양공(襄公) 29년」: 裨諶曰, "善之代不善, 天命也, 其焉辟子産? 舉不踰等, 則位班也. 擇善而舉, 則世隆也. 天又除之, 奪伯有魄, 子西卽世, 將焉辟之? 天禍鄭久矣, 其必使子産息之, 乃猶可以戾. 不然, 將亡矣."

종묘(宗廟)를 세운 이유

【562b~c】

> "聖人以是爲未足也, 築爲宮室, 設爲宗祧, 以別親疏遠邇; 敎
> 民反古復始, 不忘其所由生也. 衆之服自此, 故聽且速也."

직역 "聖人은 是를 未足이라 爲하여, 築하여 宮室을 爲하고, 設하여 宗祧를 爲
하여, 親疏遠邇를 別하고; 民에게 古를 反하고 始를 復하여, 그 由하여 生한 所를
不忘하도록 敎했다. 衆의 服은 此로 自하니, 故로 聽하고 且히 速이라."

의역 공자가 계속하여 말하길, "그러나 성인은 이러한 것들도 부족하다고 여겼
다. 그래서 궁실을 만들고 종묘를 만들어서 제사의 예법으로 친소와 멀고 가까운
관계를 구별하고, 백성들로 하여금 옛 것을 돌이켜 시초를 회복하도록 해서, 자신
의 유래를 잊지 않도록 가르쳤다. 백성들이 감복했던 것은 이를 통해서이다. 그러
므로 명령에 따르기를 매우 신속하게 했다."라고 했다.

集說 言聖人制宗廟祭祀之禮以敎民, 故衆民由此服從而聽之速也.

번역 성인은 종묘에 대한 제사의 예법을 제정하여 백성들을 교화했다.
그렇기 때문에 백성들이 이를 통해 감복하여 따르고 명령 듣기를 빠르게
했다는 뜻이다.

大全 長樂劉氏曰: 所以別其親疏者, 立祖禰之名也. 所以辨其遠邇者, 定
宗祧之數也. 敎民尊祖以時祭之, 故曰反古也. 敎民親禰以禮敬之, 故曰復始
也. 不忘其所由生者, 其謂此乎. 衆之服行聖人之德敎, 而祀其先也, 速於置

郵, 而傳命者, 各親其親, 出於天性也.

[번역] 장락유씨가 말하길, 친소관계를 구별하는 것은 조녜(祖禰)[1]의 명칭을 수립한 것이다. 멀고 가까운 관계를 구별하는 것은 종묘의 수를 정한 것이다. 백성들에게 선조를 존숭하도록 가르쳐서 계절마다 제사를 지내도록 했기 때문에 "옛 것을 돌이킨다."라고 말한 것이다. 백성들에게 부친을 친근히 여기도록 가르쳐서 예법에 따라 공경하도록 했기 때문에 "시초를 회복한다."라고 말한 것이다. "유래를 잊지 않는다."는 말은 바로 이러한 뜻을 나타낸다. 백성들이 감복하여 성인의 덕과 교화를 시행하여 선조들에게 제사를 지내고, 서신을 전달하는 것보다 빠르게 명령을 전달하는 자들은 각각 그들의 부모를 친근하게 여기니, 이것은 천성에 따른 것이다.

[鄭注] 自, 由也, 言人由此服於聖人之教也. 聽, 謂順教令也. 速, 疾也.

[번역] '자(自)'자는 '~로부터[由]'라는 뜻이니, 사람이 이를 통해 성인의 교화에 감복하게 되었다는 뜻이다. '청(聽)'자는 교화와 명령에 순종한다는 뜻이다. '속(速)'자는 "빠르다[疾]."는 뜻이다.

[釋文] 邇音爾.

[번역] '邇'자의 음은 '爾(이)'이다.

[孔疏] ●"聖人"至"速也". ○正義曰: 此一經明聖人爲鬼神立宗廟之事.

[번역] ●經文: "聖人"~"速也". ○이곳 경문은 성인이 귀신을 위해 종묘를 세웠던 사안에 대해서 나타내고 있다.

[孔疏] ●"聖人以是爲未足也"者, 謂以是尊名鬼神爲未足, 謂未稱其意也.

---

1) 조녜(祖禰)는 선조(先祖)와 선친(先親)을 말하며, 포괄적 의미로는 이들의 사당을 뜻한다.

번역 ●經文: "聖人以是爲未足也". ○이처럼 존귀하게 높여서 귀신(鬼神)이라고 부르는 것으로는 만족하지 못했다는 뜻으로, 본래의 의미에 아직 걸맞지 않다는 뜻이다.

孔疏 ●"築爲宮室, 設爲宗祧, 以別親疏遠邇, 敎民反古復始"者, 古, 謂先祖, 追而祭之, 是反古也; 始, 謂初始, 父母始生於己, 今追祭祀, 是復始也.

번역 ●經文: "築爲宮室, 設爲宗祧, 以別親疏遠邇, 敎民反古復始". ○'고(古)'자는 선조를 뜻하니, 추원하여 제사를 지내는 것이 바로 옛 것을 돌이킨다는 뜻이다. '시(始)'자는 시초를 뜻하니, 부모는 자신을 처음 낳아준 대상이며, 현재 추원하여 제사를 지내는 것은 시초를 회복하는 일이다.

孔疏 ●"不忘其所由生也"者, 追遠報祭, 是不忘其所由生也.

번역 ●經文: "不忘其所由生也". ○추원하여 보답하며 제사를 지내는 것은 자신의 유래를 잊지 않는 행동이다.

孔疏 ●"衆之所服自此"者, 自, 由也. 言衆人服從於上, 由此反古·復始而敎之也.

번역 ●經文: "衆之所服自此". ○'자(自)'자는 '~로부터[由]'이다. 즉 백성들이 윗사람에게 복종하고 따르는 것은 이처럼 옛 것을 돌이키고 시초를 회복하는 것으로부터 가르친다는 뜻이다.

孔疏 ●"故聽且速也"者, 聽, 謂順其敎令, 以此之故, 在下順其敎令, 而且疾速也.

번역 ●經文: "故聽且速也". ○'청(聽)'자는 교화와 명령에 따른다는 뜻이니, 이러한 이유 때문에 하위 계층에 속한 자들이 교화와 명령에 따르며 또 신속히 한다는 의미이다.

集解 周於外者謂之宮, 處於內者謂之室. 前爲廟謂之宗, 後爲寢謂之祧. 古・始, 皆謂祖・考也. 以其已往則曰古, 以其爲身之所自始則曰始. 反古復始, 謂設爲祭祀之禮, 以追而事之也. 聖人以明命鬼神, 其名雖尊, 而無所以事之之禮, 則於情爲未足, 於是立宗廟, 制祀典, 使天下之人莫不有以盡其報本追遠之意, 而衆莫不服之. 蓋鬼神之感人, 而人之欲敬事其祖・考, 乃出於人心之同然而不容已者, 而聖人因而導之, 故人莫不服從而速於聽命也.

번역 겉면에서 에워싸고 있는 건물을 '궁(宮)'이라고 부르고, 안에 있는 건물을 '실(室)'이라고 부른다. 앞에 묘(廟)를 두는데 이것을 '종(宗)'이라고 부르며, 뒤에 침(寢)을 두는데 이것을 '조(祧)'라고 부른다. '고(古)'와 '시(始)'는 모두 조부와 부친을 뜻한다. 이미 떠나갔으므로 '고(古)'라고 부른 것이고, 그 대상은 자신이 태어나게 된 유래가 되므로 '시(始)'라고 부른 것이다. "옛 것을 돌이키고 시초를 회복한다."는 말은 제사의 예법을 제정하여 추원하며 섬기도록 했다는 뜻이다. 성인은 귀신(鬼神)이라는 명칭을 밝혔는데, 그 명칭이 비록 존귀하지만 그 대상을 섬길 수 있는 예법이 없다면, 정감상 부족하게 되어, 종묘의 건물을 세우고 제사의 예법을 제정하여, 천하의 사람들로 하여금 근본에 보답하고 추원하는 뜻을 다하지 못하는 자가 없도록 했고, 백성들 중 감복하지 않는 자가 없도록 했다. 무릇 귀신이 사람을 감복시키고 사람이 공경스럽게 그들의 조부와 부친을 섬기고자 하는 것은 사람의 마음에 동일하게 갖춰진 것에서 비롯되므로 그만둘 수 없으니, 성인이 그에 따라 인도를 하였기 때문에 사람들 중에는 복종하지 않는 자가 없었고 명령에 따르는 것도 신속히 했다.

• 제19절 •

기(氣)와 백(魄)에게 보답하는 두 가지 의례

【562c~d】

"二端旣立, 報以二禮. 建設朝事, 燔燎羶薌, 見以蕭光, 以報
氣也. 此敎衆反始也. 薦黍稷, 羞肝肺首心, 見間以俠甒, 加
以鬱鬯, 以報魄也. 敎民相愛, 上下用情, 禮之至也."

직역　"二端이 旣히 立하면, 報하길 二禮로써 한다. 朝事를 建設하고, **羶薌**을
燔燎하여, 見하길 蕭光으로써 하니, 氣에 報하기 때문이다. 此는 衆에게 始를 反함
을 敎함이다. 黍稷을 薦하고, 肝肺首心을 羞하며, 見間하길 俠甒로써 하고, 加하길
鬱鬯으로써 하니, 魄에 報하기 때문이다. 民에게 相히 愛하고, 上下가 情을 用하길
敎함이니, 禮의 至이다."

의역　공자가 계속하여 말하길, "기(氣)가 신(神)의 융성함이며, 백(魄)이 귀
(鬼)의 융성함이라는 두 사안이 이미 수립되었다면, 이제는 두 가지 의례를 통해서
보답하게 된다. 우선 조천(朝踐)의 의례를 시행하여, 희생물의 지방을 태우되 쑥과
함께 섞어서 그 냄새를 하늘로 피워 올리고 빛을 발하도록 하는 것은 기(氣)에
보답하고자 하기 때문이다. 이러한 것들은 백성들에게 시초를 돌이키도록 가르치
는 방법이다. 또 서직 등의 곡물을 바치고 희생물의 간·폐·머리·심장을 바치며
2개의 술동이에 단술을 담아 진설하고, 또 제사 초반부에 울창주를 땅에 뿌리는
것은 백(魄)에게 보답하고자 하기 때문이다. 이러한 것들은 백성들에게 서로 친애
하고 상하 계층이 정감에 따르도록 가르치는 방법이다. 따라서 이러한 것은 예의
지극함이 된다."라고 했다.

集說　見間二字合爲覸.

번역 '견(見)'자와 '간(閒)'자를 합하여 '간(覸)'자가 된다.

集說 二端, 謂氣者神之盛, 魄者鬼之盛也. 二禮, 謂朝踐之禮與饋熟之禮也. 朝事, 謂祭之日, 早朝所行之事也. 燔燎羶薌, 謂取膟膋燎於爐炭, 使羶薌之氣上騰也. 見, 讀爲覸, 雜也. 以蕭蒿雜膟膋而燒之, 故曰覸以蕭光, 光者, 煙上則有照映之光采也. 此是報氣之禮, 所以教民反古復始也. 至饋熟之時, 則以黍稷爲薦, 而羞進肝肺首心四者之饌焉. 見間, 卽覸字, 誤分也. 俠甒, 兩甒也. 當此薦與羞, 而雜以兩甒醴酒, 故曰覸以俠甒也. 加以鬱鬯者, 魄降在地, 用鬱鬯之酒以灌地, 本在祭初, 而言於薦羞之下者, 謂非獨薦羞二者爲報魄, 初加鬱鬯, 亦是報魄也. 此言報魄之禮. 教民相愛, 上下用情者, 饋熟之時, 以酬酢爲禮, 祭之酒食, 徧及上下, 情義無間, 所以爲禮之極至也.

번역 '이단(二端)'은 기(氣)가 신(神)의 융성함이며 백(魄)이 귀(鬼)의 융성함이라는 뜻이다. '이례(二禮)'는 조천(朝踐)의 의례와 궤숙(饋熟)의 의례를 뜻한다. '조사(朝事)'는 제사를 지내는 날 아침 일찍 시행하는 절차를 뜻한다. '번료전향(燔燎羶薌)'은 희생물의 지방을 가져다가 화톳불 위에서 태우며 누린내가 위로 올라가도록 한다는 뜻이다. '견(見)'자는 간(覸)자로 풀이하니, "섞는다[雜]."는 뜻이다. 쑥을 희생물의 지방에 섞여서 태운다. 그렇기 때문에 "쑥과 빛으로 섞는다."라고 한 것이니, '광(光)'은 불에 태우게 되면 불타면서 나는 빛을 뜻한다. 이것은 기(氣)에 보답하는 예법으로, 백성들에게 옛 것을 돌이켜서 시초를 회복하는 일들을 가르치는 방법이다. 익힌 음식을 바치는 때가 되면 서직을 바치게 되고, 음식을 차릴 때 희생물의 간·폐·머리·심장을 음식으로 만들어서 바친다. '견간(見間)'은 곧 '간(覸)'자에 해당하니, 잘못하여 글자를 나눠서 기록한 것이다. '협무(俠甒)'는 2개의 술 단지를 뜻한다. 이처럼 곡물을 바치고 음식을 차릴 때에는 2개의 술 단지에 단술을 담아서 함께 차린다. 그렇기 때문에 "2개의 술단지를 섞는다."라고 말한 것이다. '가이울창(加以鬱鬯)'은 백(魄)은 땅으로 내려가 있으니 울창주를 사용하여 땅에 붓게 되는 것으로, 이것은 본래 제사를 지내는 초기에 시행하는데도 곡물과 음식을 바치는 사안 뒤에 언급한 것은 곡물과 음식을 차리는 2가지만이 백(魄)에 보답하는 사안이 아니며, 제사를 지내는 초반부에 울창주를 뿌리는 것 또한 백(魄)에 보답하는 사안이기 때문이다. 따라서 이러한 것들은 백(魄)에 보답하는 예법이라는 뜻이다. "백성들에게 서로 친애하고 상하 계층이 서로 그 정감에 따르도록 가르친다."라고 했는데, 익힌 음식을 바칠 때 술을 권하고 잔을 돌리는 것을 예법으로 정하여, 제사를 지내며 술과 음식이 상하 계층에게 골고루 돌아가서 정감과 도의에 간극이 없게 되니, 이것은 예의 지극함이 되는 이유이다.

大全 嚴陵方氏曰: 二端旣立, 謂立鬼神之名也. 報以二禮, 謂報氣報魄之禮也. 建言立其禮, 設言陳其物. 羶, 天産之臭也, 薌, 地産之臭也. 染蕭以膟膋, 故有羶, 合蕭以黍稷, 故有薌. 燔燎羶薌, 則蕭與膟膋黍稷幷合而見矣, 故曰見以蕭光. 凡此皆以臭爲主, 臭爲陽, 故曰以報氣也. 氣以陽生而有所始, 故曰敎衆反始也. 甒蓋瓦器, 有兩甒, 故曰夾, 卽司尊彝所謂間祀用大尊是矣. 言瓦甒之大尊, 則鬱鬯之爲虎彝可知. 不及時祭, 則擧大以該小爾. 以諸物見于夾甒之間, 故曰覿以夾甒. 又副之以鬱鬯之彝, 故曰加以鬱鬯. 宗廟之祭, 灌而後獻, 此於鬯言加者, 以尊尊而彝卑故也. 凡此皆以味爲主, 而味爲陰, 故曰以報魄也. 陰聚而有所愛, 故曰敎民相愛. 至於祭畢而燕酒食徧及於上下, 其情義之篤無以復加, 此所以爲上下用情而爲禮之極至也.

번역 엄릉방씨가 말하길, '이단기립(二端旣立)'은 귀(鬼)와 신(神)의 명칭을 정했다는 뜻이다. '보이이례(報以二禮)'는 기(氣)에 보답하고 백(魄)에 보답하는 예법을 뜻한다. '건(建)'자는 그 예법을 수립했다는 뜻이며, '설(設)'자는 해당 대상을 진열했다는 뜻이다. 희생물의 누린내는 하늘이 낳아준 산물의 냄새이다. 쑥을 태운 냄새는 땅이 낳아준 산물의 냄새이다. 쑥에 희생물의 지방을 묻히기 때문에 누린내가 나는 것이며, 쑥에 서직을 합쳐서 태우기 때문에 곡물 타는 냄새가 난다. '번료전향(燔燎羶薌)'은 곧 쑥과 희생물의 지방 및 서직 등을 한꺼번에 태워서 나타나는 것이다. 그렇기 때문에 "쑥의 냄새와 빛이 나타난다."라고 했다. 무릇 이러한 것들은 모두 냄새를 위주로 하는데 냄새는 양(陽)에 해당한다. 그렇기 때문에 "이로써 기

(氣)에 보답한다."라고 했다. 또 기(氣)는 양(陽)을 통해 생겨나고 시작되는
점이 있기 때문에 "백성들에게 시초를 돌이키도록 가르친다."라고 했다.
'무(甒)'는 옹기로 만든 기물이고, 2개의 무(甒)가 있기 때문에 '협(俠)'이라
고 했으니, 『주례』「사존이(司尊彝)」편에서 "간사(間祀)1)에는 대준(大尊)
을 사용한다."2)라고 한 말에 해당한다. 또 와무(瓦甒)라는 대준을 말했다면
울창주는 호이(虎彝)에 담는다는 사실을 알 수 있다. 또 사계절마다 지내는
정규 제사를 언급하지 않은 것은 중대한 제사를 제시하여 나머지 자잘한
제사까지도 포함하였기 때문이다. 여러 사물들을 2개의 술동이 사이에 드
러냈기 때문에 "2개의 술동이로 나타낸다."라고 했다. 또 울창주를 담은 술
동이를 짝하여 설치하였기 때문에 "울창주를 더한다."라고 했다. 종묘의 제
사에서는 관례(灌禮)를 한 이후에 술잔을 바치는데, 이곳에서 울창주에 대
해 추가한다고 말한 것은 술동이 중 준(尊)은 존귀하고 이(彝)는 상대적으
로 미천하기 때문이다. 무릇 이러한 것들은 모두 그 맛을 위주로 하는데
맛은 음(陰)에 해당한다. 그렇기 때문에 "이로써 백(魄)에 보답한다."라고
했다. 음(陰)이 모이게 되면 친애함이 생겨나기 때문에 "백성들에게 서로
친애하도록 가르친다."라고 했다. 제사를 끝내게 되어 연회를 하며 술과
음식을 먹을 때에는 상하 계층에게 두루 돌아가게 되어 있으니, 그때의 정
감과 도의는 독실하여 재차 더할 것이 없다. 이것이 바로 상하 계층이 정감
에 따르는 것이고, 또 예의 지극함이 되는 이유이다.

鄭注 二端既立, 謂氣也·魄也, 更有尊名云鬼神也. 二禮, 謂朝事與薦黍稷
也. 朝事, 謂薦血腥時也. 薦黍稷, 所謂饋食也. "見"及"見間", 皆當爲覸, 字之
誤也. 羶, 當爲馨, 聲之誤也. 燔燎馨香, 覸以蕭光, 取牲祭脂也. 光, 猶氣也.
有虞氏祭首, 夏后氏祭心, 殷祭肝, 周祭肺. 覸以俠甒, 謂雜之兩甒醴酒也. 相
愛用情, 謂此以人道祭之也. 報氣以氣, 報魄以實, 各首其類.

---

1) 간사(間祀)는 주로 협(祫)제사와 체(禘)제사를 뜻한다. 이 제사들은 사계절마
다 지내는 정규 제사의 사이에 지내기 때문에, '간사'라고 부른다.
2) 『주례』「춘관(春官)·사존이(司尊彝)」: 凡四時之間祀追享朝享, 祼用虎彝·蜼
彝, 皆有舟; 其朝踐用兩大尊, 其再獻用兩山尊, 皆有罍, 諸臣之所昨也.

번역 '이단기립(二端既立)'이라고 했는데, 기(氣)와 백(魄)에 대해서는 존귀한 명칭을 제정하여 귀(鬼)와 신(神)으로 불렀다는 뜻이다. '이례(二禮)'는 조사(朝事)와 서직(黍稷) 바치는 일을 뜻한다. '조사(朝事)'는 희생물의 피와 생고기를 바치는 때를 뜻한다. 서직을 바친다는 말은 궤식(饋食)할 때를 뜻한다. '견(見)'자와 '견간(見間)'은 모두 '간(覸)'자가 되어야 하니, 글자가 비슷해서 생긴 오류이다. '전(羶)'자는 마땅히 '형(馨)'자가 되어야 하니, 소리가 비슷해서 생긴 오류이다. "태워서 향기를 내고, 쑥의 냄새를 섞는다."는 말은 희생물의 지방을 가져다가 태워서 제사를 지낸다는 뜻이다. '광(光)'자는 냄새[氣]를 뜻한다. 유우씨 때에는 희생물의 머리로 먼저 제사를 지냈고, 하후씨 때에는 희생물의 심장으로 먼저 제사를 지냈으며, 은나라 때에는 희생물의 간으로 먼저 제사를 지냈고, 주나라 때에는 희생물의 폐로 먼저 제사를 지냈다.3) '간이협무(覸以俠甒)'는 단술을 담은 2개의 술동이 사이에 섞어서 진열한다는 뜻이다. 서로 친애하고 정감에 따른다는 말은 이러한 것들은 인간의 도리에 따라서 제사를 지낸다는 뜻이다. 기(氣)에게 보답할 때에는 냄새[氣]로 하고, 백(魄)에게 보답할 때에는 형체가 있는 실제의 것들로 하니, 각각 그 부류에 해당하는 것에 근본을 두기 때문이다.

釋文 燔音煩. 燎, 力召反, 又力弔反. 羶, 依注音馨, 許經反, 後"羶鄉"同. 薌音香. 見以, 依注見作覸, 音閒厠之閒, 徐古辯反. 見閒, 依注合爲覸字, 音閒厠之閒. 俠, 右洽反. 甒音武.

번역 '燔'자의 음은 '煩(번)'이다. '燎'자는 '力(력)'자와 '召(소)'자의 반절음이며, 또한 '力(력)'자와 '弔(조)'자의 반절음도 된다. '羶'자는 정현의 주에 따르면 그 음은 '馨'이니, '許(허)'자와 '經(경)'자의 반절음이고, 뒤에 나오는 '羶鄉'에서의 '羶'자도 그 음이 이와 같다. '薌'자의 음은 '香(향)'이다. '見以'에서의 '見'자는 정현의 주에 따르면 '見'자는 '覸'자가 되니, 그 음은 '간측

---

3) 『예기』「명당위(明堂位)」【405b】: 有虞氏祭首, 夏后氏祭心, 殷祭肝, 周祭肺.

(間厠)'이라고 할 때의 '間'이며, 서음(徐音)은 '古(고)'자와 '辯(변)'자의 반절음이다. '見間'은 정현의 주에 따르면 두 글자를 합하여 '覸'자가 되니, 그 음은 '간측(間厠)'이라고 할 때의 '間'이다. '俠'자는 '右(우)'자와 '洽(흡)'자의 반절음이다. '甒'자의 음은 '武(무)'이다.

孔疏 ●"二端"至"至也". ○正義曰: 此一節論氣·魄既殊, 明設祭之時, 二禮亦異.

번역 ●經文: "二端"~"至也". ○이곳 문단은 기(氣)와 백(魄)이 이미 차이를 보이므로, 제사를 제정했을 때에도 두 가지 예법이 또한 차이를 보였다는 사실을 논의하고 있다.

孔疏 ●"二端既立"者, 謂氣也·魄也, 既見已興[4]立, 尊名云鬼神也.

번역 ●經文: "二端既立". ○기(氣)와 백(魄)에 대해서는 이미 현저히 드러내고 수립하여 존귀한 명칭에 따라 귀(鬼)와 신(神)이라고 불렀다는 뜻이다.

孔疏 ●"報以二禮"者, 謂報此氣·魄以二種祭禮, 報氣, 謂朝踐之節也; 報魄, 謂饋熟之節也.

번역 ●經文: "報以二禮". ○이러한 기(氣)와 백(魄)에게 보답할 때에는 2종류의 예법이 있다는 뜻으로, 기(氣)에게 보답하는 것은 조천(朝踐)의 절차를 뜻하고, 백(魄)에게 보답하는 것은 궤숙(饋熟)의 절차를 뜻한다.

孔疏 ●"建設朝事, 燔燎羶薌, 見以蕭光, 以報氣也"者, 此明朝踐報氣之義

---

4) '이흥(已興)'은 본래 '내경(乃更)'으로 기록되어 있었는데, 완원(阮元)의 『교감기(校勘記)』에서는 "『민본(閩本)』·『감본(監本)』·『모본(毛本)』에서는 '이흥'을 '내경'으로 잘못 기록했다."라고 했다.

也. 朝事, 謂旦朝祭事. 燔燎, 謂取膟膋燎於爐炭. 羶, 謂馨香. 見以蕭光, 謂見
覸, 覸謂雜也. 光, 謂氣也. 謂燔膟膋兼爇蕭蒿, 是雜以蕭氣. 此等三祭, 是以報
氣也.

번역 ●經文: "建設朝事, 燔燎羶薌, 見以蕭光, 以報氣也". ○이것은 조천
(朝踐)의 절차를 시행하며 기(氣)에 보답하는 뜻을 나타내고 있다. '조사(朝
事)'는 아침 일찍 제사를 지내며 시행하는 사안을 뜻한다. '번료(燔燎)'는
화톳불 위에 희생물의 지방을 올려서 태운다는 뜻이다. '전(羶)'은 냄새를
뜻한다. '견이소광(見以蕭光)'이라고 했는데, '견(見)'자는 '간(覸)'자를 뜻하
며, 간(覸)자는 "섞는다[雜]."는 뜻이다. '광(光)'자는 냄새[氣]를 뜻한다. 즉
희생물의 지방을 태울 때 쑥을 함께 태워서 쑥의 냄새를 섞는다는 뜻이다.
이러한 세 가지 제사 절차들은 기(氣)에게 보답하는 것이다.

孔疏 ●"此敎衆反始也"者, 言此上之祭氣, 是古昔尚質之義. 是故敎衆之
以反於初始, 此上"反古復始", 總包之也.

번역 ●經文: "此敎衆反始也". ○이곳 앞의 내용들은 기(氣)를 통해 제사
를 지내는 것이니, 고대에 질박함을 숭상했던 뜻에 해당한다. 이러한 까닭으
로 백성들이 이를 통해 시초를 돌이켜보도록 가르친다. 이곳 문장 앞에서
"옛 것을 돌이키고 시초를 회복한다."라고 한 말은 총괄적인 내용이다.

孔疏 ●"薦黍稷, 羞肝·肺·首·心, 見間以俠甒, 加以鬱鬯, 以報魄也"者.
"薦黍稷"者, 謂饋熟時薦此黍稷.

번역 ●經文: "薦黍稷, 羞肝·肺·首·心, 見間以俠甒, 加以鬱鬯, 以報魄
也". ○경문의 "薦黍稷"에 대하여. 궤숙(饋孰)을 할 때 이러한 서직(黍稷)을
바친다는 뜻이다.

孔疏 ●"羞肝·肺·首·心"者, 羞, 進也. 謂薦黍稷之時, 進肝之與肺及首
之與心. 殷祭以肝, 周祭以肺, 有5)虞氏以首, 夏后氏以心, 皆謂祭黍稷之時,

兼此物祭也. 故郊特牲云"祭黍稷加肺", 謂周法也.

번역 ●經文: "羞肝·肺·首·心". ○'수(羞)'자는 "바친다[進]."는 뜻이
다. 즉 서직(黍稷)을 바칠 때, 희생물의 간과 폐, 머리와 심장을 바친다는
뜻이다. 은나라 때에는 제사를 지내며 간을 먼저 바쳤고, 주나라 때에는
제사를 지내며 폐를 먼저 바쳤으며, 유우씨 때에는 머리를 먼저 바쳤고,
하후씨 때에는 심장을 먼저 바쳤는데, 이러한 것들은 모두 서직으로 제사
를 지낼 때, 이러한 사물들도 함께 포함시켜서 제사를 지낸다는 뜻이다.
그러므로 『예기』「교특생(郊特牲)」편에서는 "서직으로 제사를 지낼 때 희
생물의 폐를 첨가한다."6)라고 말한 것이니, 이것은 주나라 때의 예법을 뜻
한다.

孔疏 ●"見間以俠甒"者, 見間讀爲覵, 亦雜也. "俠甒", 謂兩甒醴酒, 言祭
黍稷之時, 雜以兩甒醴酒.

번역 ●經文: "見間以俠甒". ○'견간(見間)'은 간(覵)자로 풀이하니, 이
또한 "섞는다[雜]."는 뜻이다. '협무(俠甒)'는 2개의 술동이에 단술을 담은
것을 뜻하니, 서직(黍稷)으로 제사를 지낼 때 단술을 담은 2개의 술동이도
섞어서 진열한다는 뜻이다.

孔疏 ●"加以鬱鬯"者, 謂薦此黍稷, 加肝肺之薦, 更加之以鬱鬯, 然後薦黍
稷·饋熟. 報魄之時始云加鬱鬯者, 言非但薦熟是報魄, 言祭初所以加鬱鬯,
亦是報魄也. 以魄在地下, 鬱鬯灌地, 雖是祭初, 亦是報魄, 不當薦熟之時, 故
云"加"也.

---

5) '유(有)'자에 대하여. '유'자는 본래 없던 글자인데, 완원(阮元)의 『교감기(校
勘記)』에서는 "혜동(惠棟)의 『교송본(校宋本)』에는 '유'자가 기록되어 있으
니, 이곳 판본에는 잘못하여 글자가 누락되었다."라고 했다.
6) 『예기』「교특생(郊特牲)」【341d~342a】: 血祭, 盛氣也. 祭肺肝心, 貴氣主也.
<u>祭黍稷加肺</u>, 祭齊加明水, 報陰也. 取膟脊燔燎升首, 報陽也. 明水涗齊, 貴新也.
凡涗, 新之也. 其謂之明水也, 由主人之潔著此水也.

번역 ●經文: "加以鬱鬯". ○이러한 서직(黍稷)을 바칠 때, 희생물의 간과 폐를 함께 진열하고, 재차 울창주를 더하게 되는데, 이처럼 한 뒤에는 서직을 바치고 익힌 음식을 바친다는 뜻이다. 백(魄)에게 보답할 때가 되어서야 비로소 "울창주를 더한다."라고 했는데, 단지 익힌 음식을 바치는 것만이 백(魄)에게 보답하는 것이 아니라, 제사 초반부에 울창주를 더하는 절차 또한 백(魄)에게 보답하는 것이라는 의미이다. 백(魄)은 땅속에 있고, 울창주를 이용해서 땅에 붓는데, 이것이 비록 제사 초반부에 있는 것이라도 이 또한 백(魄)에게 보답하는 것이며, 익힌 음식을 바치는 시기에 하는 것이 아니다. 그렇기 때문에 '가(加)'라고 했다.

孔疏 ●"以報魄也"者, 言薦黍以下, 皆是報祭形魄之氣.

번역 ●經文: "以報魄也". ○서직(黍稷)을 바친다는 것으로부터 그 이하의 내용들은 형백(形魄)의 기(氣)에 보답하는 제사 절차라는 뜻이다.

孔疏 ●"敎民相愛, 上下用情"者, 言此饋熟之時, 皆以飮食實味, 徧於燕飮, 是敎民相愛. 上以恩賜逮下, 下愛上恩賜, 故上下用情.

번역 ●經文: "敎民相愛, 上下用情". ○이처럼 익힌 음식을 바칠 때에는 모두 음식의 실제 형체와 맛을 통해서 지내며, 또 이것을 연회를 할 때 두루 베풀게 되니, 이것은 백성들에게 서로 친애하도록 가르치는 방법이 된다는 뜻이다. 윗사람이 은정을 아랫사람에게 베풀고 아랫사람은 윗사람이 베풀어준 은정에 대해 친애한다. 그렇기 때문에 상하 계층이 정감에 따른다.

孔疏 ●"禮之至也"者, 至, 謂至極也, 謂報氣報魄, 二禮備足, 是祀奉上王, 禮之至極也.

번역 ●經文: "禮之至也". ○'지(至)'자는 지극하다는 뜻이니, 기(氣)에 보답하고 백(魄)에 보답하는 두 예법이 충분히 갖춰졌는데, 제사를 지내며 선왕의 뜻을 받드는 것은 예의 지극함에 해당한다는 의미이다.

孔疏 ◎注"二端"至"其類". ○正義曰: 云"更有尊名云鬼神也"者, 解經"二端旣立", 氣也·魄也是二端, 更有尊名名鬼神, 是旣立, 謂尊名立也. 云"二禮, 謂朝事與薦黍稷也"者, 以經云朝事以報氣, 薦黍稷以報魄也. 云"見及見間, 皆當爲覸, 字之誤也"者, 經云"見以蕭光", 但有見字在, 旁無間, 間旁無見字, 此等據意皆是覸雜之理, 故知誤加. 以間邊加見, 凡覸者, 所見錯雜之義, 故間旁見也. 云"羶, 當爲馨", 以與香連文, 無取羶義. 羶·馨聲相近, 故云"聲之誤"也. 云"取牲祭脂也"者, 按詩·生民云"取蕭祭脂", 是取蕭與祭牲之時雜燒之. 一祭之中, 再度炳蕭, 朝踐燔膟膋之時, 亦有蕭也. 故郊特牲云"取膟膋升首報陽也", 注云"膟膋, 腸間脂也, 與蕭合燒之", 是朝踐炳蕭也. 郊特牲又云"旣奠, 祭後炳蕭合羶薌", 是饋熟炳蕭也. 云"有虞氏祭首"至"周祭肺", 皆明堂位文. 云"兩甒醴酒也"者, 以士喪禮·旣夕等皆以甒盛醴, 故知醴酒也. 此用甒者, 蓋是天子追享朝踐用大尊, 此甒卽大尊, 或可子男之禮. 禮器云"君尊瓦甒", 謂子男也. 皇氏以爲異代法也. 云"報氣以氣, 報魄以實, 各首其類"者, 燔燎馨香·蕭光之屬, 是氣也. 黍稷·肝肺之屬, 是實物也. 首, 本也. 報氣, 以氣是虛, 還以馨香·虛氣報之. 報魄以實, 還以黍稷·實物報之, 各本其事類, 故云"各首其類也".

번역 ◎鄭注: "二端"~"其類". ○정현이 "존귀한 명칭을 제정하여 귀(鬼)와 신(神)으로 불렀다는 뜻이다."라고 했는데, 이것은 경문의 '이단기립(二端旣立)'에 대해서 풀이한 것으로, 기(氣)와 백(魄)이 이단(二端)에 해당하며, 존귀한 명칭을 제정하여 귀(鬼)와 신(神)으로 불렀다는 것은 곧 기립(旣立)에 해당하니, 존귀한 명칭을 수립했다는 의미이다. 정현이 "'이례(二禮)'는 조사(朝事)와 서직(黍稷) 바치는 일을 뜻한다."라고 했는데, 경문에서 조사(朝事)로 기(氣)에게 보답하고, 서직(黍稷)을 바쳐서 백(魄)에게 보답한다고 했기 때문이다. 정현이 "'견(見)'자와 '견간(見間)'은 모두 '간(覸)'자가 되어야 하니, 글자가 비슷해서 생긴 오류이다."라고 했는데, 경문에서는 '견이소광(見以蕭光)'이라고 하여 단지 견(見)자만 있고 그 옆에 간(間)

자가 없으며 간(間)자의 옆에도 견(見)자가 없는데, 이러한 것들은 그 의미에 따르면 모두 '간(覸)'자인 섞인다는 의미가 된다. 그렇기 때문에 잘못 기록했음을 알 수 있다. 그리고 간(間)자 옆에 견(見)자를 붙인 간(覸)자는 드러나는 것이 뒤섞여 있다는 뜻이다. 그렇기 때문에 간(間)자 옆에 견(見)자를 붙여서 기록하는 것이다. 정현이 "'전(羶)'자는 마땅히 '형(馨)'자가 되어야 한다."라고 했는데, 향(香)자와 연결되어 있고, 희생물의 고기를 취한다는 뜻이 없기 때문이다. '전(羶)'자와 '형(馨)'자는 소리가 서로 비슷하다. 그렇기 때문에 "소리가 비슷해서 생긴 오류이다."라고 말한 것이다. 정현이 "희생물의 지방을 가져다가 태워서 제사를 지낸다는 뜻이다."라고 했는데, 『시』「생민(生民)」편을 살펴보면, "쑥을 취하고 지방으로 제사를 지낸다."[7]라고 했는데, 이것은 쑥을 취하는 것은 희생물로 제사를 지낼 때 함께 섞어서 태운다는 뜻을 나타낸다. 한 차례의 제사를 지낼 때에는 두 차례 쑥을 태우게 되는데, 조천(朝踐)을 하며 희생물의 지방을 태울 때에도 또한 쑥이 포함된다. 그렇기 때문에 『예기』「교특생(郊特牲)」편에서는 "희생물의 장 사이에 있는 기름을 가져다가 태우고, 희생물의 머리를 바치는 것은 양(陽)에 보답하기 위해서이다."[8]라고 말한 것이고, 정현의 주에서는 "율료(膟膋)는 내장 사이에 있는 지방이니, 쑥과 함께 태운다."라고 한 것으로, 이것은 조천을 할 때 쑥을 태운다는 사실을 나타낸다. 「교특생」편에서는 또한 "술을 따라서 진설한 뒤에는 쑥을 태워서, 고기의 기름과 곡물에 합해서 태우는 것이다."[9]라고 했는데, 이것은 익힌 음식을 바칠 때 쑥을 태운다는 사실을 나타낸다. 정현이 "유우씨 때에는 희생물의 머리로 먼저 제사를 지냈다."라고 한 말로부터 "주나라 때에는 희생물의 폐로 먼저 제사를 지냈다."라는 말까지는 모두 『예기』「명당위(明堂位)」편에 나오는 문장이다. 정현이

---

7) 『시』「대아(大雅)·생민(生民)」 : 誕我祀如何. 或春或揄, 或簸或蹂. 釋之叟叟, 烝之浮浮. 載謀載惟, 取蕭祭脂, 取羝以軷. 載燔載烈, 以興嗣歲.

8) 『예기』「교특생(郊特牲)」【341d~342a】 : 血祭, 盛氣也. 祭肺肝心, 貴氣主也. 祭黍稷加肺, 祭齊加明水, 報陰也. 取膟膋燔燎升首, 報陽也. 明水涗齊, 貴新也. 凡涗, 新之也. 其謂之明水也, 由主人之潔著此水也.

9) 『예기』「교특생(郊特牲)」【340b】 : 蕭合黍稷, 臭陽達於牆屋. 故既奠, 然後焫蕭合羶薌. 凡祭愼諸此.

"단술을 담은 2개의 술동이다."라고 했는데,『의례』「사상례(士喪禮)」편과 「기석례(旣夕禮)」편 등에서는 모두 무(甒)를 이용해서 단술을 담는다고 했다. 그렇기 때문에 단술을 담는다는 사실을 알 수 있다. 이곳에서 무(甒)를 사용한다고 했는데, 아마도 천자는 추향(追享)10)의 조천 때 대준(大尊)을 사용하니, 이곳에서 말한 무(甒)는 곧 대준에 해당하며, 혹은 자작이나 남자의 예법일 가능성도 있다. 『예기』「예기(禮器)」편에서는 "군주가 사용하는 술동이는 와무(瓦甒)이다."11)라고 했는데, 이것은 자작과 남작의 예법을 뜻한다. 황간은 이 내용을 다른 세대의 예법이라고 여겼다. 정현이 "기(氣)에게 보답할 때에는 냄새[氣]로 하고, 백(魄)에게 보답할 때에는 형체가 있는 실제의 것들로 하니, 각각 그 부류에 해당하는 것에 근본을 두기 때문이다."라고 했는데, 희생물을 태우고 쑥을 태운 냄새들은 모두 냄새[氣]에 해당한다. 서직(黍稷), 간과 폐 등은 모두 실제의 사물에 해당한다. '수(首)'자는 "근본을 둔다[本]."는 뜻이다. 기(氣)에게 보답할 때 기(氣)는 형체가 없으므로, 희생물의 지방을 태운 냄새와 그 기운으로 보답을 하는 것이다.

---

10) 추향(追享)은 추향(追饗)이라고도 부른다. 제사 명칭이며, 체(禘)제사를 뜻한다. 『주례』「춘관(春官)·사존이(司尊彝)」편에는 "凡四時之間祀, 追享·朝享."이라는 기록이 있는데, 이에 대한 정현의 주에서는 "鄭司農云, '追享·朝享, 謂禘祫也.' 杜子春云, '追享, 謂追祭遷廟之主, 以事有所請禱.'"라고 풀이했다. 즉 '추향'은 체(禘)제사를 뜻하는데, 천묘(遷廟)된 신주에게도 거슬러 올라가 제사를 지내며, 기도를 드리기 때문에, '추향'이라고 부르는 것이다. 한편 손이양(孫詒讓)의 『정의(正義)』에서는 "任啓運曰, '追享, 大禘也, 以追所自出, 故曰追享. ······ 陸淳春秋纂例, '古者喪除, 朝廟合群祖而祭焉, 故祫謂之朝享; 明年又禘其祖之所自出, 故禘謂之追享.'"이라고 풀이했다. 즉 임계운(任啓運)의 주장에 따르면, '추향'은 성대하게 지내는 체(禘)제사를 뜻하는데, 자신의 혈통이 비롯된 오래된 선조들에 대해서도 거슬러 올라가 제사를 지내기 때문에, '추향'이라고 부르는 것이다. 그리고 육순(陸淳)의 『춘추찬례(春秋纂例)』에 따르면, 고대에는 상(喪)을 끝내고 난 뒤, 여러 조상들의 신주들을 한곳에 합사하여 제사를 지냈는데, 이것을 협(祫)제사 또는 조향(朝享)이라고 부르며, 그 다음 해에는 자신의 선조가 비롯된 오래된 선조에 대해서도 성대한 제사를 지내게 되는데, 이것을 체(禘)제사 또는 '추향'이라고 부른다는 뜻이다.

11) 『예기』「예기(禮器)」【299d~300a】 : 有以大爲貴者, 宮室之量, 器皿之度, 棺槨之厚, 丘封之大, 此以大爲貴也. 有以小爲貴者, 宗廟之祭, 貴者獻以爵, 賤者獻以散, 尊者擧觶, 卑者擧角. 五獻之尊, 門外缶, 門內壺. 君尊瓦甒. 此以小爲貴也.

백(魄)에게 보답할 때에는 실제의 사물로 하니, 서직과 형체를 가진 실제 사물들로 보답을 하는데, 이것은 각각 그 부류에 근본을 두고 있는 것이다. 그렇기 때문에 "각각 그 부류에 해당하는 것에 근본을 두기 때문이다."라고 했다.

訓纂 說文, "覸, 並視也." 段氏玉裁曰, "祭義'見以蕭光', '見間以俠甒', 注云, '見及見間, 皆當爲覸, 字之誤也.' 覸不見於許書, 蓋卽覝字. 謂蕭光與燔燎, 並見, 俠甒與肝肺首心並見也. 見者, 視也."

번역 『설문』에서는 "'간(覸)'자는 보인다는 뜻이다."라고 했고, 단옥재[12]는 "「제의」편에서는 '견이소광(見以蕭光)'이라고 했고, '견간이협무(見間以俠甒)'라고 했는데, 정현의 주에서는 '견(見)자와 견간(見間)은 모두 간(覸)자로 보아야 하니, 글자가 비슷해서 생긴 오류이다.'라고 했다. '간(覸)'자는 허신[13]의 책에는 나타나지 않으니, 아마도 '요(覝)'자에 해당할 것이다. 즉 쑥을 태운 빛과 불사르는 것들이 모두 드러나고, 2개의 술동이와 간·폐·머리·심장도 모두 드러난다는 의미이다. 따라서 '현(見)'자는 드러난다는 뜻이다."라고 했다.

訓纂 說文: 鬯, 以秬釀鬱艸, 芳芬攸服以降神也. 從凵. 凵, 器也. 中象米, 匕所以扱之. 易曰, "不喪匕鬯." 鬱, 芳艸也. 十葉爲貫, 百廿貫, 築以煮之爲鬱. 從臼·缶·冂·鬯, 彡其飾也. 一曰鬱鬯, 百艸之華, 遠方鬱人所貢芳艸, 合釀之, 以降神.

---

12) 단옥재(段玉裁, A.D.1735~A.D.1815) : 청(淸)나라 때의 학자이다. 자(字)는 약응(若膺)이고, 호(號)는 무당(懋堂)이다. 저서로는 『설문해자주(說文解字注)』, 『육서음균표(六書音均表)』, 『고문상서찬이(古文尙書撰異)』 등이 있다.

13) 허신(許愼, A.D.30~A.D.124) : =허숙중(許叔重). 후한(後漢) 때의 학자이다. 자(字)는 숙중(叔重)이다. 『설문해자(說文解字)』의 저자로 널리 알려져 있으며, 다른 저서로는 『오경이의(五經異義)』가 있으나 산일되었다. 『오경이의』는 송대(宋代) 때 다시 편찬되었으나 진위를 따지기 힘들다.

번역 『설문』에서 말하길, '창(鬯)'은 검은 기장으로 술을 빚고 울금초를 넣어서 향긋한 냄새를 맡게 하여 신을 강림시키는 것이다. '감(凵)'자를 구성요소로 한다. '감(凵)'자는 그릇을 뜻한다. 가운데의 글자는 낱알[米]을 상징하고, '비(匕)'자는 모은다는 뜻이다. 『역』에서는 "울창주 모은 것을 떨어트리지 않는다."[14]라고 했다. '울(鬱)'은 향초를 뜻한다. 10개의 잎을 한 묶음으로 꿰고, 120묶음을 쌓아 삶아서 향내를 내는 즙을 만든다. 구(臼)·부(缶)·경(冂)·창(鬯)자로 구성되어 있으며, '삼(彡)'자는 장식을 뜻한다. '울창(鬱鬯)'이라고도 부르는데, 백초의 꽃으로, 멀리 떨어져 있는 울(鬱)지역 사람들이 공납한 향기가 나는 풀이며, 이것을 섞어서 술을 빚고, 이 술을 이용해서 신을 강림시킨다.

訓纂 金氏榜曰: 朝事主于報氣, 饋食主于報魄, 是謂"報以二禮". 案郊特牲"蕭合黍稷, 臭陽達于牆屋, 故旣奠, 然後炳蕭合羶薌." 此"覼以蕭光"爲饋食禮, 其時亦兼報氣. 郊特牲, "旣灌然後迎牲." 此"覼以俠甒, 加以鬱鬯"爲朝事禮, 其時亦兼報魄. 覼之言雜也, 謂其報氣報魄, 更相雜厠. 孝子祭其親, 求諸陰陽, 非一時一事, 曰覼曰加, 義取諸此.

번역 금방[15]이 말하길, 조사(朝事) 때에는 기(氣)에 보답하는 것을 위주로 하고, 궤식(饋食) 때에는 백(魄)에 보답하는 것을 위주로 하니, 이것을 "두 가지 예법으로 보답한다."라고 부른 것이다. 『예기』「교특생(郊特牲)」편을 살펴보면, "쑥을 서직(黍稷)에 합해서 태우는 것은 냄새를 올려 양(陽)에서 신을 찾음에, 그 냄새를 담장과 지붕으로 두루 통하게 하는 것이다. 그렇기 때문에 술을 따라서 진설한 뒤에는 쑥을 태워서, 고기의 지방과 곡물에 합해서 태우는 것이다."[16]라고 했는데, 이곳에서는 '간이소광(覼以蕭

---

14) 『역』「진괘(震卦)」 : 震, 亨. 震來虩虩, 笑言啞啞, 震驚百里, 不喪匕鬯.

15) 금방(金榜, A.D.1735~A.D.1801) : 청(淸)나라 때의 학자이다. 자(字)는 예중(蕊中)·보지(輔之)이다. 한림원수찬(翰林院修撰) 등을 지냈으며, 외조부(外祖父)가 죽자 복상(服喪)을 하고, 이후 두문불출하며 오로지 독서와 저술에만 전념하였다. 대진(戴震)과 동학(同學)했으며, 『예전(禮箋)』 등을 저술하였다.

16) 『예기』「교특생(郊特牲)」【340b】 : 蕭合黍稷, 臭陽達於牆屋. 故旣奠, 然後炳蕭

光)'을 궤식의 의례에 해당한다고 여겼으니, 이 시기에도 또한 기(氣)에게 보답하는 일도 함께 치른 것이다. 「교특생」편에서는 "이미 관례(灌禮)을 했다면, 그런 뒤에는 희생물을 맞이한다."[17]라고 했는데, 이곳에서는 "2개의 술동이를 섞고 울창주를 더한다."라고 한 말을 조사의 의례에 해당한다고 여겼으니, 이 시기에도 또한 백(魄)에게 보답하는 일도 함께 치른 것이다. '간(覵)'자는 "섞는다[雜]."는 뜻이니, 기(氣)에게 보답하고 백(魄)에게 보답하는 것은 서로 뒤섞여 있다는 뜻이다. 자식이 자신의 부모에게 제사를 지낼 때에는 음양에서 모두 찾게 되니,[18] 한 시기나 한 사안을 통해서만 하는 것이 아니다. 따라서 '간(覵)'이라고 말하고 '가(加)'라고 말한 뜻은 이러한 의미에서 취한 것이다.

集解 今按: 羶讀如字.

번역 현재 살펴보니, '羶'자는 글자대로 읽는다.

集解 二端, 謂鬼也神也. 二禮, 報氣·報魄之禮也. 聖人既立爲鬼神之名, 又設二禮以報之也. 朝事, 謂薦血·腥也. 羶薌, 牛羊腸間脂也. 羊膏羶, 牛膏薌. 見與見間, 鄭氏皆讀爲覵, 覵, 雜也. 蕭, 香蒿也. 蕭光, 謂熱之而有火光也. 燔燎羶·薌, 間以蕭光, 謂取膟·膋燔之, 而間雜以香蒿之光. 此饋食之初, 尸未入室時也. 以報氣者, 血·腥與燔燎皆不可以飲食, 而以其氣感神, 所以報氣之陽也. 祖·考爲人之始, 氣又爲祖·考之始, 故報氣者, 所以敎民反始也. 薦黍·稷, 謂饋熟時也. 羞, 謂熟而羞之於俎也. 肝·肺·首·心, 皆所以共尸祭. 有虞氏祭首, 夏后氏祭心, 殷祭肝, 周祭肺也. 俠, 兩也. 甒, 所以盛酒者.

合羶薌. 凡祭愼諸此.

17) 『예기』「교특생(郊特牲)」【339d~340a】: 周人尙臭, 灌用鬯臭, 鬱合鬯, 臭陰達於淵泉. 灌以圭璋, 用玉氣也. 既灌然後迎牲, 致陰氣也.

18) 『예기』「교특생(郊特牲)」【341a】: 魂氣歸于天, 形魄歸于地, 故祭求諸陰陽之義也. 殷人先求諸陽, 周人先求諸陰. 詔祝於室, 坐尸於堂, 用牲於庭, 升首於室. 直祭祝於主, 索祭祝於祊. 不知神之所在, 於彼乎, 於此乎? 或諸遠人乎? 祭于祊, 尙曰求諸遠者與.

必用兩者, 以玄酒配設也. 覸以俠甒者, 謂旣有黍稷及俎, 又間雜以甒酒以獻
尸也. 加以鬱鬯, 謂加以祭初鬱鬯之灌也. 以報魄者, 黍・稷・牲・酒之屬可以
飮食, 而以其味享神, 所以報魄之陰也. 薦黍・稷, 羞俎實, 與二灌不同時, 以
其俱所以報魄, 故合而言之. 敎民相愛者, 飮食之具, 所以致其相愛之實也. 主
人事尸, 下用情以愛其上; 尸酢主人, 上用情以愛其下也. 禮之至者, 言報氣・
報魄, 所以事鬼神之禮, 此爲至極也.

번역 '이단(二端)'은 귀(鬼)라고 부르고 신(神)이라고 부르는 것을 뜻한
다. '이례(二禮)'는 기(氣)에게 보답하고 백(魄)에게 보답하는 예법을 뜻한
다. 성인은 이미 귀(鬼)와 신(神)의 명칭을 수립하였고, 또 두 가지 예법을
만들어서 보답을 했던 것이다. '조사(朝事)'는 희생물의 피와 생고기를 바치
는 것을 뜻한다. '전향(羶薌)'은 소와 양의 내장 사이에 있는 지방을 뜻한다.
양의 지방을 '전(羶)'이라고 하고, 소의 지방을 '향(薌)'이라고 한다. '견(見)'
자와 '견간(見間)'에 대해서 정현은 모두 '간(覸)'자로 풀이했는데, 간(覸)자
는 "섞는다[雜]."는 뜻이다. '소(蕭)'는 향기를 내는 쑥을 뜻한다. '소광(蕭
光)'은 그것을 태워서 불빛을 낸다는 뜻이다. 양의 지방과 소의 지방을 태울
때 그 중간에 쑥을 섞어서 쑥의 냄새와 불빛을 내는데, 이것은 희생물의
피와 지방을 태우며 향기를 내는 쑥을 섞어서 그것을 통해 불빛이 나도록
한다는 뜻이다. 이것은 궤식(饋食)의 초반부에 해당하여, 시동이 아직 묘실
로 들어오지 않은 때이다. '이보기(以報氣)'는 희생물의 피와 생고기를 바치
고 태우는 것들은 모두 먹을 수 있는 것들이 아니니, 그 냄새를 통해 신을
감응시키게 하는 것으로, 곧 양(陽)에 해당하는 기(氣)에 보답하는 방법이
다. 조부와 부친은 사람에게 있어서 생명의 시작이 되고, 기(氣)는 또한 조
부와 부친에게 있어서 시초가 된다. 그렇기 때문에 기(氣)에 보답하는 것은
곧 백성들에게 시초를 돌이키게 교육하는 방법이 된다. 서직(黍稷)을 바친
다는 말은 궤숙(饋孰)할 때를 뜻한다. '수(羞)'는 익혀서 도마에 음식으로
바친다는 뜻이다. 간・폐・머리・심장은 모두 시동에게 바쳐서 제사지내는
것들이다. 유우씨 때에는 머리로 제사를 지냈고, 하후씨 때에는 심장으로
제사를 지냈으며, 은나라 때에는 간으로 제사를 지냈고, 주나라 때에는 폐

로 제사를 지냈다. '협(俠)'자는 둘[兩]을 뜻한다. '무(甒)'는 술을 담는 그릇이다. 반드시 2개를 한 짝으로 사용하는 것은 현주(玄酒)[19]를 함께 진열하기 때문이다. '간이협무(酳以俠甒)'라는 말은 이미 서직과 음식을 담은 도마를 진설하였다면, 그 사이에 술을 담은 술동이를 섞어서 시동에게 술을 따라 바친다는 뜻이다. '가이울창(加以鬱鬯)'은 제사 초반부에 울창주를 부어서 관례(灌禮)를 하는 것을 추가한다는 뜻이다. '이보백(以報魄)'은 서직·희생물·술 등의 부류는 먹을 수 있는 것이고, 그 맛을 통해 신을 흠향시키니, 음(陰)에 해당하는 백(魄)에 보답하는 방법이다. 서직을 바치고 도마에 음식을 담아 바치는 것과 두 차례 관례를 치르는 것은 동시에 시행하는 일이 아니다. 그러나 이러한 것들을 모두 백(魄)에게 보답하는 방법이기 때문에 함께 언급한 것이다. '교민상애(敎民相愛)'는 음식들을 갖춘 것은 서로 친애하는 실질을 지극히 이루는 것이다. 주인이 시동을 섬길 때 아랫사람은 그 정감에 따라서 윗사람을 친애하게 되고, 시동이 주인에게 술을 따라서 줄 때 윗사람은 그 정감에 따라서 아랫사람을 친애하게 된다. '예지지(禮之至)'는 기(氣)에 보답하고 백(魄)에 보답하는 것은 귀신을 섬기는 예법이며, 이것이 지극함이 된다는 뜻이다.

集解 孔疏據禮器及郊特牲注, 謂"朝踐·饋食皆有焫蕭", 長樂陳氏·草廬吳氏又謂"焫蕭專在朝踐時", 皆非也. 郊特牲曰, "旣奠, 然後焫蕭合羶·薌." 奠, 謂祝酌奠于鉶南, 乃饋熟之始, 尸在堂行朝踐禮畢, 未入室時也. 旣奠然後焫蕭, 則固不當朝踐之節, 而亦非兩度焫蕭矣. 陸農師謂"旣奠, 謂奠灌爵", 又

---

19) 현주(玄酒)는 고대의 제례(祭禮)에서 술 대신 사용한 물[水]을 뜻한다. '현주'의 '현(玄)'자는 물은 흑색을 상징하므로, 붙여진 글자이다. '현주'의 '주(酒)'자의 경우, 태고시대 때에는 아직 술이 없었기 때문에, 물을 술 대신 사용했다. 따라서 후대에는 이 물을 가리키며 '주'자를 붙이게 된 것이다. '현주'를 사용하는 것은 가장 오래된 예법 중 하나이므로, 후대에도 이러한 예법을 존숭하여, 제사 때 '현주' 또한 사용했던 것이며, '현주'를 술 중에서도 가장 귀한 것으로 여겼다. 『예기』「예운(禮運)」편에는 "故玄酒在室, 醴醆在戶."라는 기록이 있는데, 이에 대한 공영달(孔穎達)의 소(疏)에서는 "玄酒, 謂水也. 以其色黑, 謂之玄. 而太古無酒, 此水當酒所用, 故謂之玄酒."라고 풀이했다.

非也. 灌以瓚酌, 奠以斝·角, 郊特牲"擧斝·角, 詔妥尸", 是也. 豈可比而一之哉? 禮器曰"君牽牲", "夫人薦盎. 君割牲, 夫人薦酒." 此云"薦黍稷, 羞肺·肝·首·心, 間以俠甒", 則是諸侯祭惟朝踐獻盎齊, 而饋食獻以酒矣. 祭統曰, "執醴授之, 執鐙." 坊記曰, "醴酒在室, 醍酒在堂." 彼得用醴齊·醍齊者, 或上公之禮, 或大袷禮盛也. 郊特牲以升首爲報陽, 謂初殺牲時, 腥而升之者也. 此以羞首爲報魄, 謂有虞氏祭首, 熟而升之者也. 鬱鬯亦爲報魄, 則鬱鬯, 尸亦飮之明矣.

번역 공영달의 소에서는 『예기』「예기(禮器)」편 및 「교특생(郊特牲)」편에 대한 정현의 주에 근거하여, "조천(朝踐)과 궤식(饋食)에서는 모두 쑥을 태우는 절차가 있다."라고 했고, 장락진씨와 초려오씨는 또한 "쑥을 태우는 것은 전적으로 조천의 때에만 해당한다."라고 했는데, 모두 잘못된 주장이다. 「교특생」편에서는 "술을 따라서 진설한 뒤에는 쑥을 태우며, 양의 지방과 소의 지방을 함께 태운다."라고 했는데, '전(奠)'자는 축관(祝官)이 술을 따라서 형(鉶)의 남쪽에 술잔을 내려놓는 것을 뜻하니, 곧 궤숙(饋孰)의 시작이 되고, 시동은 당시 당상(堂上)에서 조천의 의례를 마친 상태이며, 아직 묘실로 들어오지 않은 때이다. 술잔 내려놓는 일을 마친 뒤에 쑥을 태운다면, 이것은 진실로 조천의 절차에는 해당하지 않고, 또 두 차례 쑥을 태우는 것도 아니다. 육농사는 "'기전(旣奠)'은 관례(灌禮)를 시행하는 술잔을 내려둔다는 뜻이다."라고 했는데, 이 또한 잘못된 주장이다. 관례를 할 때에는 찬(瓚)으로 술을 따르고, 술을 따라서 내려둘 때에는 가(斝)와 각(角)이라는 술잔을 이용하니, 「교특생」편에서 "가(斝)와 각(角)을 들어 올리면, 축관은 주인에게 아뢰어, 시동을 편안히 앉도록 만든다."[20]라고 한 말이 이러한 사실을 나타낸다. 그런데 어떻게 이러한 것들을 비교하여 동일한 것으로 여길 수 있겠는가? 「예기」편에서는 "군주는 직접 희생물을 이끌고 묘문(廟門) 안으로 들어온다."라고 했고, "군주의 부인은 앙제(盎齊)를 술

---

20) 『예기』「교특생(郊特牲)」【343a】: 腥肆爓腍祭, 豈知神之所饗也? 主人自盡其敬而已矣. 擧斝角, 詔妥尸. 古者尸無事則立, 有事而后坐也. 尸, 神象也. 祝, 將命也.

잔에 따라서 바친다. 그리고 군주는 직접 희생물을 부위별로 해체하고, 부인은 또한 술을 따라서 바친다."라고 했다.[21] 그런데 이곳에서는 "서직을 바치고 희생물의 폐·간·머리·심장을 바치며 2개의 술동이를 섞어서 진열한다."라고 했으니, 이것은 제후의 제사에서는 오직 조천의 의례 때에만 앙제를 바치고 궤식을 할 때에는 삼주(三酒)[22]에 해당하는 술을 이용해서 술을 따른다는 사실을 나타낸다. 『예기』「제통(祭統)」편에서는 "단술을 든 자가 건넬 때에는 두(豆)의 등(鐙: 하단부) 부분을 잡는다."[23]라고 했고, 『예기』「방기(坊記)」편에서는 "예주(醴酒: =醴齊[24])는 묘실에 있고 제주(醍酒: =緹齊[25])는 당에 있다."[26]라고 했다. 「방기」편에서 예제와 제제를 모두 사

---

21) 『예기』「예기(禮器)」【312d】: 大廟之內敬矣, <u>君親牽牲</u>, 大夫贊幣而從; 君親制祭, <u>夫人薦盎</u>; 君親割牲, <u>夫人薦酒</u>.

22) 삼주(三酒)는 상황에 따라 사용되는 세 가지 술을 뜻한다. 세 가지 술은 사주(事酒), 석주(昔酒), 청주(淸酒)를 가리킨다. 『주례』「천관(天官)·주정(酒正)」편에는 "辨三酒之物, 一曰事酒, 二曰昔酒, 三曰淸酒."라는 기록이 있다. 각 술들에 설명은 주석마다 약간의 차이를 보인다. 위의 기록에 대해서 정현의 주에서는 "鄭司農云, '事酒, 有事而飮也, 昔酒, 無事而飮也, 淸酒, 祭祀之酒.' 玄謂事酒, 酌有事者之酒, 其酒則今之醳酒也. 昔酒, 今之酋久白酒, 所謂舊醳者也. 淸酒, 今中山冬釀接夏而成."이라고 풀이했다. 즉 정사농(鄭司農)의 주장에 따르면, '사주'는 어떤 사안이 있어서 마시게 되는 술을 뜻하고, '석주'는 특별한 일이 없을 때 마시는 술을 뜻하며, '청주'는 제사를 지낼 때 쓰는 술을 뜻한다. 한편 정현의 주장에 따르면, '사주'는 일을 맡아본 자에게 따라주는 술을 뜻하는데, 그 술은 정현 시대의 역주(醳酒)에 해당하고, '석주'는 오래 숙성시킨 술로 백주(白酒)와 같은 것이며, '청주'는 중산(中山) 지역에서 겨울에 술을 담가서 여름쯤 다 익은 술을 뜻한다. 그리고 위의 기록에 대해서 손이양(孫詒讓)의 『정의(正義)』에서는 "三酒之中, 事酒較濁, 亦隨時釀之, 酋繹卽孰. 昔酒較淸, 則冬釀春孰. 淸酒尤淸, 則冬釀夏孰."이라고 풀이했다. 즉 손이양의 주장에 따르면, '사주'는 비교적 탁한 술이며, 또한 수시로 빚은 술을 말하는데, 술독을 열어두어서 곧바로 숙성시키는 술을 뜻한다. '석주'는 비교적 맑은 술이며, 겨울에 빚어서 봄쯤에 다 익는 술을 뜻한다. '청주'는 더욱 맑은 술이며, 겨울에 빚어서 여름쯤에 익는 술을 뜻한다.

23) 『예기』「제통(祭統)」【582d】: 君卷冕立于阼, 夫人副褘立于東房. 夫人薦豆執校, <u>執醴授之執鐙</u>. 尸酢夫人執柄, 夫人授尸執足. 夫婦相授受不相襲處, 酢必易爵, 明夫婦之別也.

24) 예제(醴齊)는 오제(五齊) 중 하나이다. 비교적 탁한 술에 해당한다. 술이 익고 나서 앙금을 한 차례 걸러낸 것으로 염주(恬酒)와 같은 술이다.

용할 수 있었던 것은 아마도 상공(上公)27)의 예법이거나 성대한 협(祫)제
사를 지내게 되어 예법도 융성하게 갖췄기 때문이다. 그리고 「교특생」편에
서는 희생물의 머리 바치는 것을 양(陽)에게 보답하는 것으로 여겼으니,
이것은 최초 희생물을 도축했을 때, 생고기 상태에서 바치는 것을 뜻한다.
이곳에서 희생물의 머리를 바치는 것을 백(魄)에게 보답하는 것으로 여긴
다고 했는데, 이것은 유우씨 때 희생물의 머리를 바쳤던 것으로, 이것은
머리를 익힌 뒤에 바치는 것을 뜻한다. 울창주 또한 백(魄)에게 보답하는
것으로 여겼다면, 울창주 또한 시동이 마셨던 것이 분명하다.

---

25) 제제(緹齊)는 오제(五齊) 중 하나이다. 비교적 맑은 술에 해당한다. 술이 익
고 나서 붉은 빛깔을 보이는 것으로 하주(下酒)와 같은 술이다.

26) 『예기』「방기(坊記)」【616b~c】: 子云, “七日戒, 三日齊, 承一人焉以爲尸, 過
之者趨走, 以敎敬也. 醴酒在室, 醍酒在堂, 澄酒在下, 示不淫也. 尸飮三, 衆賓飮
一, 示民有上下也. 因其酒肉, 聚其宗族. 以敎民睦也, 故堂上觀乎室. 堂下觀乎
上, 詩云, ‘禮儀卒度, 笑語卒獲.’”

27) 상공(上公)은 주(周)나라 제도에 있었던 관직 등급이다. 본래 신하의 관직 등
급은 8명(命)까지이다. 주나라 때에는 태사(太師), 태부(太傅), 태보(太保)와
같은 삼공(三公)들이 8명의 등급에 해당했다. 그런데 여기에 1명을 더하게
되면 9명이 되어, 특별직인 ‘상공’이 된다. 『주례』「춘관(春官)・전명(典命)」편
에는 “上公九命爲伯, 其國家宮室車旗衣服禮儀, 皆以九爲節.”이라는 기록이
있고, 이에 대한 정현의 주에서는 “上公, 謂王之三公有德者, 加命爲二伯. 二
王之後亦爲上公.”이라고 풀이하였다. 즉 ‘상공’은 삼공 중에서도 유덕(有德)
한 자에게 1명을 더해주어, 제후들을 통솔하는 ‘두 명의 백(伯)[二伯]’으로 삼
았다. 또한 제후의 다섯 등급을 나열할 경우, 공작(公爵)을 ‘상공’이라고 부르
기도 한다.

● 그림 19-1 ▣ 와무(瓦甒)

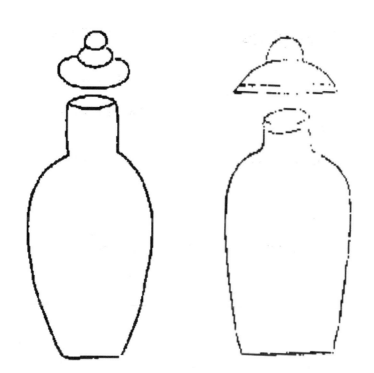

※ 출처: 우-『삼재도회(三才圖會)』「기용(器用)」2권
         좌-『삼례도집주(三禮圖集注)』12권

● 그림 19-2 ■ 태준(太尊: =大尊·瓦尊·泰)

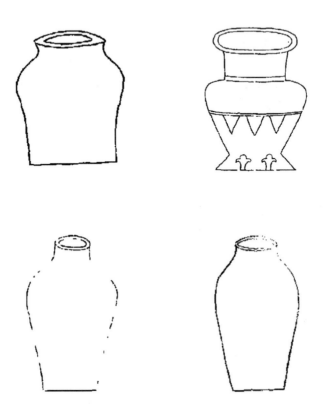

※ **출처**: 상좌-『삼례도집주(三禮圖集注)』14권 ; 상우-『삼례도(三禮圖)』4권
　　　　하좌-『육경도(六經圖)』6권 ; 하우-『삼재도회(三才圖會)』「기용(器用)」2권

그림 19-3   ■ 호이(虎彝)와 유이(蜼彝)

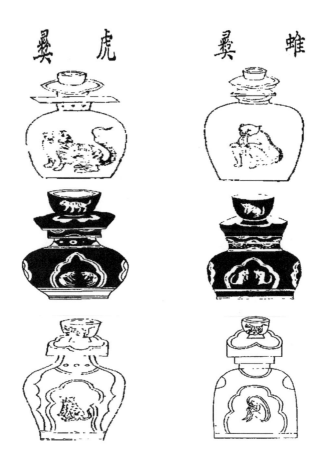

※ **출처**: 상단-『삼재도회(三才圖會)』「기용(器用)」2권
　　　　　　중단-『삼례도집주(三禮圖集注)』14권
　　　　　　하단-『육경도(六經圖)』

그림 19-4 ◼ 준(尊)과 이(彝)

※ 출처:『삼재도회(三才圖會)』「기용(器用)」1권

그림 19-5 ■ 규찬(圭瓚)

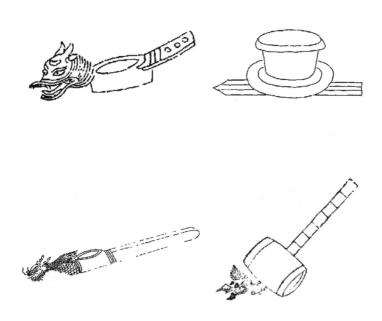

※ **출처**: 상좌-『삼례도집주(三禮圖集注)』14권 ; 상우-『삼례도(三禮圖)』3권
하좌-『육경도(六經圖)』2권 ; 하우-『삼재도회(三才圖會)』「기용(器用)」1권

그림 19-6 ◨ 가(斝)

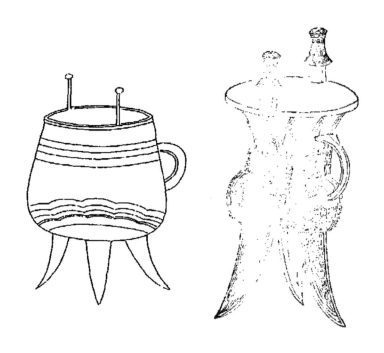

※ 출처: 좌-『삼례도(三禮圖)』3권 ; 우-『삼재도회(三才圖會)』「기용(器用)」1권

그림 19-7 ■ 각(角)

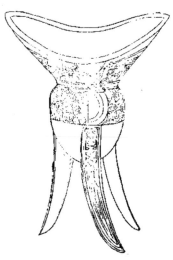

※ **출처:** 상-『삼례도집주(三禮圖集注)』12권 ; 하-『삼재도회(三才圖會)』「기용(器 用)」1권

• 제20절 •

군주가 직접 경작하는 의미

【563b~c】

> "君子反古復始, 不忘其所由生也, 是以致其敬, 發其情, 竭力
> 從事以報其親, 不敢弗盡也. 是故昔者天子爲藉千畝, 冕而朱
> 紘, 躬秉耒; 諸侯爲藉百畝, 冕而靑紘, 躬秉耒. 以事天地·
> 山川·社稷·先古, 以爲醴酪齊盛於是乎取之, 敬之至也."

직역 "君子가 古를 反하고 始를 復함은 그 由하여 生한 所를 不忘하기 때문이
니, 是以로 그 敬을 致하고, 그 情을 發하며, 力을 竭하고 事에 從하여 그 親에
報하길, 盡을 弗하길 不敢이라. 是故로 昔者에 天子는 藉를 爲하길 千畝하고, 冕하
고 朱紘하여, 躬히 耒를 秉하고; 諸侯는 藉를 爲하길 百畝하고, 冕하고 靑紘하여,
躬히 耒를 秉이라. 이로써 天地·山川·社稷·先古를 事하고, 이로써 醴酪齊盛을
爲함에 是에서 取하니, 敬의 至라."

의역 공자가 계속하여 말하길, "군자가 옛 것을 돌이키고 시초를 회복하는 것
은 자신의 유래를 잊지 않고자 했기 때문이다. 따라서 공경함을 지극히 하고 정감
을 다 드러내며, 힘을 다해 일에 종사해서 부모에게 보답을 하는데, 감히 다하지
않는 경우가 없었다. 이러한 까닭으로 예전에 천자는 자전(藉田) 1,000이랑을 마련
하여 면류관을 착용하고 주색의 끈을 달고서 직접 쟁기를 잡고 경작했으며, 제후는
자전 100이랑을 마련하여 면류관을 착용하고 청색의 끈을 달고서 직접 쟁기를 잡고
경작했다. 이를 통해 천지·산천·사직·선조에게 제사를 지냈고, 또 단술과 식초,
제성(齊盛)[1] 등을 만들 때 바로 이 경작지에서 산출된 곡식을 사용하였으니, 공경

---

1) 자성(粢盛)은 제성(齊盛)이라고도 부른다. 자(粢)자는 곡식의 한 종류인 기장
을 뜻하고, 성(盛)자는 그릇에 기장을 풍성하게 채워놓은 모양을 뜻한다. 따

함이 지극한 것이다.”라고 했다.

集說 藉, 藉田也. 紘, 冠冕之繁, 所以爲固也. 先古, 先祖也. 於是乎取之, 言皆於此藉田中取之也.

번역 ‘자(藉)’는 자전(藉田)2)을 뜻한다. ‘굉(紘)’은 관과 면류관에 매다는 끈으로, 고정시키기 위한 것이다. ‘선고(先古)’는 선조를 뜻한다. ‘어시호취 지(於是乎取之)’는 모두 이러한 자전에서 취했다는 뜻이다.

大全 嚴陵方氏曰: 敬欲有所至, 故曰致, 情欲有所愛, 故曰發. 力之用欲無 遺, 故曰竭, 事之來欲無拒, 故曰從. 致敬發情於內, 故能竭力從事於外, 凡此 則所以報其親, 不敢弗盡故也. 如上所言, 報氣報魄, 皆報親之事也. 盡, 謂內 盡志, 外盡物也. 又曰: 藉, 卽藉田也. 月令所謂躬耕帝藉是矣. 耕必冕服, 則所 以敬其事也. 躬耒, 則所以躬耕也. 天地, 則指天子言之, 山川社稷先古, 則兼 諸侯言之, 以後之所事, 故曰先, 以今之所承, 故曰古. 醴, 足以爲禮, 酪, 足以 爲酸. 以天子諸侯之尊而躬爲之, 故曰敬之至.

번역 엄릉방씨가 말하길, 공경함에는 지극한 바를 지니도록 원하기 때 문에 ‘치(致)’라고 말했고, 정감에는 친애하는 바를 지니도록 원했기 때문에 ‘발(發)’이라고 말했다. 힘을 쓸 때에는 남김이 없기를 원했기 때문에 ‘갈 (竭)’이라고 말했고, 사안이 도래할 때에는 거부함이 없기를 원했기 때문에 ‘종(從)’이라고 말했다. 내적으로 공경함을 지극히 하고 정감을 드러낼 수 있기 때문에 외적으로 힘을 다하여 일에 종사할 수 있으니, 무릇 이러한

라서 ‘자성’은 제기(祭器)에 곡물을 가득 채워놓은 것을 뜻하며, 제물(祭物) 로 사용되었다. 『춘추공양전』「환공(桓公) 14년」편에는 “御廩者何, 粢盛委之 所藏也.”라는 기록이 있는데, 이에 대한 하휴(何休)의 주에서는 “黍稷曰粢, 在器曰盛.”이라고 풀이하였다.
2) 자전(藉田)은 적전(籍田)이라고도 부른다. 천자와 제후가 백성들을 동원해서 경작하는 땅이다. 처음 농사일을 시작할 때, 천자와 제후는 이곳에서 직접 경작에 참여함으로써, 농업을 중시한다는 뜻을 보이게 된다.

것들은 자신의 부모에 대해 보답하며 감히 지극히 하지 않는 것이 없기 때문이다. 앞서 언급한 것처럼 기(氣)에 보답하고 백(魄)에 보답하는 것들은 모두 부모에게 보답하는 사안들이다. '진(盡)'자는 내적으로 그 뜻을 다하고 외적으로 사물을 모두 갖춘다는 뜻이다. 또 말하길, '자(藉)'는 제적(藉田)에 해당한다. 『예기』「월령(月令)」편에서 "제자(帝藉)3)에서 직접 경작을 한다."4)라고 한 말이 바로 이러한 사실을 나타낸다. 경작을 할 때에는 반드시 면복(冕服)5)을 착용하니, 그 사안을 공경스럽게 대하기 때문이다. 직접 쟁기를 잡으니, 직접 경작을 하기 때문이다. 천지(天地)는 천자를 기준으로 말한 것이며, 산천(山川)·사직(社稷)·선고(先古)는 제후까지도 포함시켜서 말한 것인데, 후대 사람들이 섬기는 대상이기 때문에 '선(先)'이라고 했고, 현재 받드는 대상이기 때문에 '고(古)'라고 했다. 단술로는 의례를 진행하기에 충분하고, 식초로는 신맛을 내기에 충분하다. 천자와 제후는 존귀한 신분임에도 직접 이러한 일들을 하기 때문에 "공경함이 지극한 것이다."라고 했다.

大全 毗陵慕容氏曰: 愼終追遠, 君子之所以致其厚身致其誠信, 不敢弗盡, 所以致其厚之道也. 有天下有一國, 可以取安佚, 可以役民力, 而必躬秉耒耜者, 以爲祭不自致, 非所以事神明, 以此率民而民孝敬矣. 王畿千里, 而藉亦千畝,

---

3) 제적(帝籍)은 제자(帝藉)라고도 부른다. 천자가 직접 경작하던 농작지를 뜻한다. 직접 농사를 지었다는 뜻은 아니며, 상징적인 의미를 갖는다. 이곳에서 생산된 곡식들은 천자가 지내는 제사 때 사용되었다. 『예기』「월령(月令)」편에는 "帥三公九卿諸侯大夫, 躬耕帝籍."이라는 기록이 있는데, 이에 대한 손희단(孫希旦)의 집해(集解)에서는 "天子藉田千畝, 收其穀爲祭祀之粢盛, 故曰帝藉."이라고 풀이했다. 즉 천자가 경작하는 땅은 1000무(畝)의 면적인데, 여기에서 수확되는 곡식들을 가지고 오제(五帝)에 대한 제사에 사용하였으므로, '제적'이라고 부르게 된 것이다.

4) 『예기』「월령(月令)」【190b~c】: 是月也, 天子乃以元日, 祈穀于上帝. 乃擇元辰, 天子親載耒耜, 措之于參保介之御間, 帥三公九卿諸侯大夫, 躬耕帝籍, 天子三推, 三公五推, 卿諸侯九推. 反, 執爵於太寢, 三公九卿諸侯大夫皆御, 命曰 勞酒.

5) 면복(冕服)은 대부(大夫) 이상의 계층이 착용하는 예관(禮冠)과 복식을 뜻한다. 무릇 길례(吉禮)를 시행할 때에는 모두 면류관[冕]을 착용하는데, 복장의 경우에는 시행하는 사안에 따라서 달라진다.

封疆百里, 而爲藉亦百畝, 首服莫尊於冕, 而冕以躬耕, 貴而自致, 莫勤於用力
而躬秉耒, 凡此皆自盡之道也.

번역 비릉모용씨가 말하길, 마침을 삼가하고 먼 조상을 추원하는 것은
군자가 자신을 두텁게 하고 정성과 신의를 지극히 하는 것이며, 감히 다하
지 않는 경우가 없는 것은 두텁게 하는 도리를 지극히 함이다. 천하를 소유
하고 한 나라를 소유한 자들은 편안히 처리할 수 있고 백성들을 동원해서
일을 시킬 수도 있지만, 반드시 직접 쟁기를 잡는 것은 제사를 시행하며
스스로 지극히 하지 않는 것은 신명을 섬기는 방법이 아니기 때문이니, 이
를 통해 백성들을 통솔하여 백성들은 효와 공경을 실천하게 된다. 천자의
수도는 사방 1,000리(里)의 크기인데 자전(藉田) 또한 1,000이랑이 되고, 제
후의 영지는 사방 100리의 크기인데 자전을 둠에 또한 100이랑을 두었고,
머리에 쓰는 것 중에는 면류관보다 존귀한 것이 없는데 면류관을 쓰고 직
접 경작을 하니, 존귀한 신분임에도 스스로 지극히 하는 것은 힘을 써서
직접 쟁기를 잡고 경작하는 것보다 더 부지런히 하는 것이 없기 때문이니,
무릇 이러한 것들은 모두 스스로 다하는 도리가 된다.

鄭注 從事, 謂修薦可以祭者也. 藉, 藉田也. 先古, 先祖.

번역 '종사(從事)'는 제사를 지낼 수 있는 음식들로 만든다는 뜻이다.
'자(藉)'는 자전(藉田)을 뜻한다. '선고(先古)'는 선조를 뜻한다.

釋文 藉, 在亦反. 藉田, 說文作耤. 紘音宏. 耒, 方內反. 酪音洛. 齊音咨,
本亦作齍.

번역 '藉'자는 '在(재)'자와 '亦(역)'자의 반절음이다. '藉田'에서의 '藉'자
를 『설문』에서는 '耤'자로 기록했다. '紘'자의 음은 '宏(굉)'이다. '耒'자는 '方
(방)'자와 '內(내)'자의 반절음이다. '酪'자의 음은 '洛(낙)'이다. '齊'자의 음
은 '咨(자)'이며, 판본에 따라서는 또한 '齍'자로도 기록한다.

孔疏 ●"君子"至"盡也". ○正義曰: 此一節申明反古復始·竭力報親之事.

번역 ●經文: "君子"~"盡也". ○이곳 문단은 옛 것을 돌이키고 시초를 회복하며 힘을 다하여 부모에게 보답하는 사안을 재차 나타내고 있다.

孔疏 ●"是以致其敬, 發其情"者, 以君子反古復始, 不忘其所由生, 是以故致其恭敬, 發其情性, 竭力從事, 以報其親. 謂竭盡氣力, 隨從其事, 以上報其親, 不敢不極盡也.

번역 ●經文: "是以致其敬, 發其情". ○군자가 옛 것을 돌이키고 시초를 회복하는 것은 자신의 유래를 잊지 않기 위해서이다. 이러한 까닭으로 공경함을 지극히 하고 정감과 본성을 드러내며, 힘을 다해 일에 종사하여 자신의 부모에게 보답한다. 즉 기력을 다하여 그 일에 종사해서 위로 자신의 부모에게 보답함에 감히 지극히 하지 않음이 없다는 뜻이다.

孔疏 ●"是故"至"至也". ○正義曰: 以君子報親, 不敢不盡心以事之, 故古天子·諸侯有藉田以親耕.

번역 ●經文: "是故"~"至也". ○군자는 부모에게 보답하며 감히 마음을 다하여 섬기지 않는 경우가 없다. 그렇기 때문에 옛날의 천자와 제후는 자전(藉田)을 두고 직접 경작을 했다.

孔疏 ●"以事天地·山川·社稷·先古"者, 上雖總論天子·諸侯, 此言天地者, 特據天子, 自外則通. 先古, 謂先祖也. "以爲醴酪齊盛於是乎取之"者, 爲祭祀諸神須醴酪粢盛之屬, 於是乎藉田而取之, 敬之至也.

번역 ●經文: "以事天地·山川·社稷·先古". ○앞에서는 비록 천자와 제후에 대한 내용을 총괄적으로 논의했지만, 이곳에서 '천지(天地)'라고 말한 것은 단지 천자에게 기준을 둔 말이며, 그 이외의 것들은 제후까지도 통용된다. '선고(先古)'는 선조를 뜻한다. 경문의 "以爲醴酪齊盛於是乎取

之"에 대하여. 여러 신들에게 제사를 지낼 때에는 단술·식초·자성(粢盛) 등의 부류가 필요하게 되는데, 이러한 자전(藉田)에서 취한 것을 사용하니, 공경함이 지극한 것이다.

訓纂 五經要義: 天子藉田千畝, 以供上帝之粢盛. 常孟春啓蟄既郊之後, 率公·卿·大夫而親耕焉, 所以先百姓而致孝敬.

번역 『오경요의』에서 말하길, 천자의 자전(藉田)은 1,000이랑인데, 이를 통해 상제에게 제사지낼 때 필요한 자성(粢盛)을 공급한다. 일반적으로 맹춘(孟春) 때 경칩이 지나 교(郊)제사를 지내게 되면, 그 이후에는 공·경·대부를 통솔하여 이곳에 와서 직접 경작을 하니,6) 관리들에게 모범을 보여서 효와 공경함을 지극히 하도록 하기 위해서이다.

訓纂 外傳: 藉者, 借也, 借民力治之.

번역 『국어(國語)』에서 말하길, '자(藉)'자는 "빌린다[借]."는 뜻이니, 백성들의 힘을 빌려서 처리한다는 뜻이다.7)

集解 致其敬者, 盡之於心, 發其情者, 達之於事. 竭力從事, 謂下文所言 "耕藉"·"巡牲"·"蠶"·"繅"之事也.

번역 공경함을 지극히 하는 것은 마음을 다한다는 뜻이며, 정감을 드러낸다는 것은 일에 대해서 두루 달통한다는 뜻이다. 힘을 다하여 일에 종사하는 것은 아래문장에서 말한 '경자(耕藉)'·'순생(巡牲)'·'잠(蠶)'·'소(繅)' 등의 일들에 해당한다.

---

6) 『예기』「월령(月令)」【190b~c】: 是月也, 天子乃以元日, 祈穀于上帝. 乃擇元辰, 天子親載耒耜, 措之于參保介之御間, 帥三公九卿諸侯大夫, 躬耕帝籍, 天子三推, 三公五推, 卿諸侯九推. 反, 執爵於太寢, 三公九卿諸侯大夫皆御, 命曰 勞酒.
7) 이 문장은 『국어(國語)』「주어상(周語上)」편의 "宣王卽位, 不籍千畝."라는 기록에 대한 위소(韋昭)의 주이다.

集解 藉, 藉田也. 天子藉田在南郊, 諸侯在東郊. 冕而耕者, 敬其事也. 躬秉耒者, 躬耕三推, 示親其事也. 先古, 先祖也. 稷曰明齊. 盛, 謂盛之於簋也. 祭祀兼有黍稷, 言"齊盛"者, 以稷爲主也. 酪, 酢戴也.

번역 '자(藉)'자는 자전(藉田)을 뜻한다. 천자의 자전은 남쪽 교외에 있고 제후의 자전은 동쪽 교외에 있다. 면류관을 착용하고 경작을 하는 것은 그 사안을 공경스럽게 대하기 때문이다. 직접 쟁기를 잡는 것은 직접 세 차례 밭을 갈아서, 그 사안을 직접 시행한다는 뜻을 드러낸다는 뜻이다. '선고(先古)'는 선조를 뜻한다. 직(稷)은 명제(明齊)라고 부른다. '성(盛)'은 궤(簋)에 가득 채웠다는 뜻이다. 제사에서는 서(黍)와 직(稷)을 함께 사용하는데, '제성(齊盛)'이라고 말한 것은 직(稷)을 위주로 했기 때문이다. '낙(酪)'은 식초이다.

그림 20-1 ▣ 궤(簋)

※ **출처**: 상좌-『삼례도집주(三禮圖集注)』13권 ; 상우-『삼례도(三禮圖)』4권
　　　　하좌-『육경도(六經圖)』 6권 ; 하우-『삼재도회(三才圖會)』「기용(器用)」
　　　　1권

희생물을 관리하는 의미

【563d】

"古者天子諸侯必有養獸之官, 及歲時, 齊戒沐浴而躬朝之, 犧牷祭牲必於是取之, 敬之至也. 君召牛, 納而視之, 擇其毛而卜之, 吉, 然後養之. 君皮弁素積, 朔月·月半, 君巡牲, 所以致力, 孝之至也."

직역 "古者에 天子와 諸侯는 必히 獸를 養하는 官을 有하고, 歲時가 及하면, 齊戒하고 沐浴하고서 躬히 朝하고, 犧牷祭牲은 必히 是에서 取하니, 敬의 至이다. 君은 牛를 召하여, 納하고 視하며, 그 毛를 擇하고 卜하여, 吉한 然後에 養한다. 君은 皮弁에 素積하고, 朔月과 月半에, 君은 牲을 巡하니, 力을 致하는 所以이니, 孝의 至이다."

의역 공자가 계속하여 말하길, "고대에 천자와 제후는 반드시 가축을 기르는 관리를 두었고, 각 계절이 도래하면 재계를 하고 목욕을 하고서 그들을 조회했으며, 제사에 사용하는 희생물은 반드시 이를 통해 선택했으니, 공경함이 지극한 것이다. 군주는 소를 끌고 오라고 하여, 그것을 들이게 되면 직접 살펴서, 털이 순색인 것을 골라 거북점을 쳤고, 길하다는 점괘가 나온 뒤에야 그 소를 우리에 가두어 보살피게 했다. 군주는 피변(皮弁)에 소적(素積)을 하고, 매월 초하루와 보름마다 군주가 직접 희생물들을 순시하니, 애써 힘을 다하는 것으로, 효가 지극한 것이다."라고 했다.

集說 色純曰犧, 體完曰牷, 牛羊豕曰牲. 周禮牧人掌牧六牲, 牛·馬·羊·豕·犬·雞也. 然後養之, 謂在滌三月也. 皮弁·素積, 見前.

번역 털색이 순색인 것은 '희(犧)'라고 부르고, 몸체가 온전한 것은 '전(牷)'이라고 부르며, 소·양·돼지는 '생(牲)'이라고 부른다. 『주례』「목인(牧人)」편에서는 여섯 가지 희생물 방목하는 것을 담당한다고 했으니,[1] 소·말·양·돼지·개·닭을 뜻한다. 그런 뒤에 기른다는 말은 우리에 가두어 3개월 동안 기른다는 뜻이다. 피변(皮弁)과 소적(素積)에 대해서는 앞에 그 설명이 나온다.[2]

大全 嚴陵方氏曰: 自養獸之官而下所云, 卽牧人阜蕃其物之時也. 自君召牛而下所云, 卽充人繫于牢之時也. 繫于牢, 則芻之三月而已, 故朔望巡之, 阜蕃其物, 則不止三月也, 故歲時朝之. 以其純而不雜, 故謂之犧, 以其完而無傷, 故謂之牷, 犧言其色也, 牷言其體也. 犧牷, 所以爲祭之牲, 故曰犧牷祭牲也. 君召牛納而視之, 所謂展牲是也. 卜之吉, 然後養之, 所謂帝牛不吉以爲稷牛是也. 未卜止謂之牛, 旣卜乃謂之牲, 召之則未卜, 故曰牛, 巡之則卜之矣, 故曰牲. 齊戒沐浴者, 臣見君之禮也. 臣以見君之禮而朝之, 所以致其敬也. 皮弁素積者, 君視朝之服也. 君以視朝之服而巡之, 所以極其辨也. 先王父天母地, 則以子道自處焉. 推而及於山川社稷, 亦由是也. 故凡所以事鬼神之道, 皆稱孝焉. 論語曰, 菲飮食而致孝乎鬼神. 歲時, 謂比歲比時也.

번역 엄릉방씨가 말하길, "가축 기르는 관리를 둔다."라고 한 구문으로부터 그 이하의 구문에서 언급한 내용은 곧 목인(牧人)이 가축들을 번식시키는 때에 해당한다. "군주가 소를 끌고 오라고 한다."라고 한 구문으로부터 그 이하의 구문에서 언급한 내용은 충인(充人)이 가축을 우리에 매어두

---

1) 『주례』「지관(地官)·목인(牧人)」: 牧人, 掌牧六牲而阜蕃其物, 以共祭祀之牲牷.
2) 『예기』「교특생(郊特牲)」【336b】에는 "三王共皮弁·素積."이라는 기록이 있고, 이에 대한 진호(陳澔)의 『집설(集說)』에서는 "皮弁, 以白鹿皮爲之, 其服則十五升之布也, 白與冠同, 以素爲裳, 而辟積其要中, 故云皮弁素積也."이라고 풀이했다. 즉 "'피변(皮弁)'은 백색의 사슴가죽으로 만든 것으로, 그 때 착용하는 복식은 15승(升)의 포(布)를 이용해서 만드니, 백색으로 만들어서 관(冠)의 색깔과 동일하게 하며, 흰색의 옷감으로 하의를 만들고, 이것으로 허리 중앙에 덧대기 때문에, '피변소적(皮弁素積)'이라고 말한 것이다."라는 뜻이다.

는 때에 해당한다.[3] 우리에 매어두는 것은 3개월 동안 꼴을 먹이는 것일 따름이다. 그렇기 때문에 초하루와 보름마다 순시를 하는 것이다. 가축을 번식시키는 것은 3개월의 기간에만 그치는 것이 아니다. 그렇기 때문에 한 해와 각 계절마다 조회하는 것이다. 순색이며 다른 색이 섞여있지 않기 때 문에 '희(犧)'라고 부르며 온전하며 상처가 없기 때문에 '전(牷)'이라고 부르니, 희(犧)는 가축의 색깔을 뜻하고 전(牷)은 가축의 몸체를 뜻한다. 따라서 희(犧)와 전(牷)에 해당하는 것이 제사를 치르며 사용하는 희생물이다. 그러므로 '희전제생(犧牷祭牲)'이라고 말했다. 군주가 소를 끌고 오라고 하여 관리가 안으로 들여 군주가 살펴보는 것은 "희생물을 나열하여 고른다."[4]는 뜻에 해당한다. 거북점을 쳐서 길하다는 점괘가 나온 뒤에 기르는 것은 "상제(上帝)에게 바치는 소에 대해서 점을 쳤는데, 불길하다는 점괘가 나오게 되면, 후직(后稷)에게 바치는 소로 대체한다."[5]는 뜻에 해당한다. 아직 거북점을 치지 않았을 때에는 단지 '우(牛)'라고 부르지만, 거북점을 쳤다면 '생(牲)'이라고 부르는데, 끌고 오라고 했다면 아직 거북점을 친 것이 아니기 때문에 '우(牛)'라고 했고, 순시를 한다면 이미 거북점을 친 것이기 때문에 '생(牲)'이라고 했다. 재계를 하고 목욕을 하는 것은 신하가 군주를 알현하는 예법이다. 신하가 군주를 알현하는 예법으로 조회를 하는 것은 공경함을 지극히 하기 위해서이다. 피변(皮弁)에 소적(素積)을 하는 것은 군주가 조회에 참관할 때 착용하는 복장이다. 군주가 조정에 참관할 때의 복장으로 순시를 하는 것은 변별력을 지극히 하기 위해서이다. 선왕은 하늘을 부친처럼 섬기고 땅을 모친처럼 섬겼으니, 자식의 도리로써 자처하였다. 이것을 확장하여 산천(山川)과 사직(社稷)에게 미쳤던 것 또한 이러한 이유 때문이다. 따라서 귀신을 섬기는 도에서는 모두 효(孝)를 지칭한다. 『논어』에서는 "평소의 음식에 대해서는 간략히 하면서도 귀신에게는

---

3) 『주례』「지관(地官)・충인(充人)」: 充人, 掌繫祭祀之牲牷. 祀五帝, 則繫于牢, 芻之三月.

4) 『주례』「지관(地官)・충인(充人)」: 展牲, 則告牷.

5) 『예기』「교특생(郊特牲)」【329d】: 帝牛不吉, 以爲稷牛. 帝牛必在滌三月, 稷牛唯具, 所以別事天神與人鬼也. 萬物本乎天, 人本乎祖, 此所以配上帝也. 郊之祭也, 大報本反始也.

효를 다했다."6)라고 했다. '세시(歲時)'는 한 해에 견주고 한 계절에 견준다
는 뜻이다.

鄭注 歲時齊戒沐浴而躬朝之, 謂將祭祀, 卜牲. 君朔月 · 月半巡視之, 君召
牛, 納而視之, 更本擇牲意.

번역 한 해의 각 계절마다 재계를 하고 목욕을 하며 직접 조회를 하는
것은 앞으로 제사를 지내게 되어 희생물에 대해서 거북점을 친다는 뜻이다.
군주가 매월 초하루와 보름마다 순시를 하고, 군주가 소를 끌고 오라고 하
여 안으로 들이면 직접 살피는 것은 희생물을 선별하는 뜻에 근본을 두고
있다.

釋文 朝, 直遙反, 注"躬朝"同. 牷音全.

번역 '朝'자는 '直(직)'자와 '遙(요)'자의 반절음이며, 정현의 주에 나오는
'躬朝'에서의 '朝'자도 그 음이 이와 같다. '牷'자의 음은 '全(전)'이다.

孔疏 ●"古者"至"至也". ○正義曰: 此一經明孝子報親, 竭力養牲之事.
"及歲時, 齊戒沐浴而躬朝之"者, 云"歲時", 謂每歲依時, 謂朔月 · 月半也. 躬,
親也. 旣卜牲, 吉, 在牢養之而身朝之, 言朝者, 敬辭也.

번역 ●經文: "古者"~"至也". ○이곳 경문은 자식이 부모에게 보답하
며, 힘을 다하여 희생물을 기르는 사안을 나타내고 있다. 경문의 "及歲時,
齊戒沐浴而躬朝之"에 대하여. '세시(歲時)'라고 말했는데, 이것은 매 해의
각 계절마다를 뜻하니, 각월의 초하루와 보름을 의미한다. '궁(躬)'자는 친
히[親]라는 뜻이다. 이미 희생물에 대해서 거북점을 쳐서 길하다는 점괘가
나왔다면, 우리에서 기르고 직접 살펴보는데, '조(朝)'라고 말한 것은 공경

---

6) 『논어』「태백(泰伯)」: 子曰, "禹, 吾無間然矣. 非飮食, 而致孝乎鬼神, 惡衣服,
   而致美乎黻冕, 卑宮室, 而盡力乎溝洫. 禹, 吾無間然矣."

스럽게 표현했기 때문이다.

孔疏 ●"犧·牷祭牲, 必於是取之"者, 犧, 純色, 謂天子牲也; 牷, 完也, 謂諸侯牲也. 犧·牷, 所祭之牲, 必於是養獸之官受擇取之. 養獸者, 若周禮牧人也.

번역 ●經文: "犧·牷祭牲, 必於是取之". ○'희(犧)'자는 털이 순색인 것을 뜻하니, 천자가 사용하는 희생물이며, '전(牷)'자는 몸체가 온전한 것을 뜻하니, 제후가 사용하는 희생물이다. 희(犧)와 전(牷)은 제사를 지내는데 사용하는 희생물인데, 반드시 가축을 기르는 관리가 선별한 것 중에서 간별하여 사용한다. '양수(養獸)'하는 관리는 곧『주례』에 나오는 목인(牧人) 등의 관리를 뜻한다.

孔疏 ●"君召牛, 納而視之"者, 此更本擇牲之時, 君於牧處, 更命取牛, 采納之於內而視之.

번역 ●經文: "君召牛, 納而視之". ○이것은 재차 희생물을 선별하는 때에 기준을 두고 있으니, 군주는 방목하는 장소에서 재차 명령하여 소를 선택하고, 그것을 안으로 들이게 하여 살펴본다.

孔疏 ●"君皮弁素積, 朔月·月半君巡牲"者, 卽前言歲時朝之也. 巡, 行也. 皮弁, 諸侯視朔之服. 朔月·月半, 君服此衣而巡牲.

번역 ●經文: "君皮弁素積, 朔月·月半君巡牲". ○이미 앞에서는 한 해의 각 계절마다 조회를 한다고 했다. '순(巡)'자는 "간다[行]."는 뜻이다. '피변(皮弁)'은 제후가 시삭(視朔)[7]을 할 때의 복장이다. 매월 초하루와 보름이

---

7) 시삭(視朔)은 천자 및 제후가 매월 초하루에, 종묘(宗廟)에 고하여 해당 월의 달력을 받고, 그곳에서 해당 월에 시행해야 할 정무를 처리하였던 것을 뜻한다.『춘추좌씨전』「희공(僖公) 5년」편에는 "公旣視朔, 遂登觀臺以望, 而書, 禮也."라는 기록이 있고, 이에 대한 공영달(孔穎達)의 소(疏)에서는 "視朔者, 公旣告廟受朔, 卽聽視此朔之政, 是其親告朔也."라고 풀이했다.

되면 군주는 이 복장을 착용하고 희생물이 있는 곳에 찾아가서 살펴본다.

孔疏 ●"所以致力, 孝之至也"者, 是孝道之至極. 耕藉云"敬之至", 養牲云 "孝之至", 互文也.

번역 ●經文: "所以致力, 孝之至也". ○효도의 지극함을 뜻한다. 자전 (藉田)을 경작하는 것에 대해서는 "공경의 지극함이다."라고 했고, 희생물 을 기르는 것에 대해서는 "효도의 지극함이다."라고 했는데, 상호 그 뜻을 드러내도록 기록한 것이다.

訓纂 說文: 牲, 牛完全. 牷, 牛純色. 犧, 宗廟之牲也.

번역 『설문』에서 말하길, '생(牲)'은 소의 몸체가 온전한 것을 뜻한다. '전(牷)'은 소의 털색이 순색인 것을 뜻한다. '희(犧)'는 종묘 제사에 사용하 는 희생물이다.

訓纂 方性夫曰: 上言"祭牲"者, 取之將以爲祭牲故也.

번역 방성부가 말하길, 앞에서 '제생(祭牲)'이라고 한 것은 그것을 가져 다가 제사의 희생물로 사용하기 때문이다.

集解 養獸之官, 謂充人也. 周禮充人, "掌繫祭祀之牲·牷, 祀五帝則繫于 牢, 芻之三月. 享先王亦如之." 歲時, 謂每歲依時也. 色純曰犧, 體具曰牷. "君 召牛"以下, 覆明上文之事也. 納而視之, 謂納於牧人而視之也. 擇其毛, 謂擇 其完具而不雜者也. 卜, 謂祭前三月卜牲也. 牲之未卜者養於牧人, 旣卜而後, 養之於充人也. 朔月·月牛, 卽上文所謂"歲時"也. 巡牲, 卽上文所謂"齊戒沐 浴而躬朝之", 蓋以察其芻豢之肥瘠也. 皮弁·素積, 天子視朝之服也. 以視朝 之服巡牲, 敬其事也. 天子以皮弁, 則諸侯以朝服也. 君不可自養牲, 每月巡視 之, 亦所以自致其力也. 於耕藉言"敬之至", 於養牲言"孝之至", 互相明也.

번역 가축을 기르는 관리는 충인(充人)을 뜻한다. 『주례』「충인(充人)」 편에서는 "제사에 사용하는 생(牲)과 전(牷)을 우리에 묶어서 기르는 일을 담당하니, 오제(五帝)에게 제사를 지내게 되면 희생물을 우리에 묶어 두고 3개월 동안 꼴을 먹여서 기른다. 선왕에게 제사를 지낼 때에도 이처럼 한다."[8]라고 했다. '세시(歲時)'는 각해의 계절들을 뜻한다. 털색이 순색인 것을 '희(犧)'라고 부르고, 몸체가 온전한 것을 '전(牷)'이라고 부른다. "군주가 소를 끌고 오라고 한다."라는 구문으로부터 그 이하의 말은 앞 문장의 사안을 재차 설명한 것이다. "안으로 들여서 살핀다."는 말은 목인(牧人)으로부터 인계받아 안으로 들여서 살핀다는 뜻이다. "털을 택한다."는 말은 온전하고 잡색이 섞이지 않은 것을 택한다는 뜻이다. '복(卜)'자는 제사를 지내기 3개월 전에 희생물에 대해서 거북점을 친다는 뜻이다. 희생물 중 아직 거북점을 치지 않은 것은 목인이 기르게 되고, 이미 거북점을 친 뒤에는 충인이 기르게 된다. 매월 초하루와 보름은 앞 문장에서 말한 '세시(歲時)'에 해당한다. "희생물을 살핀다."는 말은 앞 문장에서 "재계를 하고 목욕을 하고서 직접 살핀다."는 뜻에 해당하니, 꼴을 먹여서 살찌운 상태를 살피는 것이다. 피변(皮弁)과 소적(素積)은 천자가 조정에 참관할 때 착용하는 복장이다. 조정에 참관할 때의 복장으로 희생물을 살피는 것은 그 사안을 공경스럽게 여기기 때문이다. 천자가 피변복을 착용한다면 제후는 조복(朝服)[9]을 착용한다. 군주는 직접 희생물을 기를 수 없기 때문에 매월 순시를 하니, 이 또한 스스로 그 힘을 다하는 것이다. 자전(藉田)을 경작하는 것에 대해서 "공경의 지극함이다."라고 했고, 희생물을 기르는 것에 대해서 "효도의 지극함이다."라고 했으니, 상호 그 뜻을 드러내도록 한 것이 분명하다.

---

8) 『주례』「지관(地官)・충인(充人)」: 充人, 掌繫祭祀之牲牷. 祀五帝, 則繫于牢, 芻之三月. 享先王, 亦如之.

9) 조복(朝服)은 군주와 신하가 조회를 열 때 착용하는 복장을 뜻한다. 중요한 의식을 치를 때 착용하는 예복(禮服)을 가리키기도 한다.

그림 21-1 ▣ 피변(皮弁)

※ **출처:** 『삼례도집주(三禮圖集注)』 1권

그림 21-2 ▣ 제후의 조복(朝服)

※ 출처: 『삼례도집주(三禮圖集注)』 1권

양잠을 하는 의미

【564b】

> "古者天子諸侯必有公桑蠶室, 近川而爲之, 築宮仞有三尺, 棘
> 牆而外閉之. 及大昕之朝, 君皮弁素積, 卜三宮之夫人 · 世婦
> 之吉者, 使入蠶于蠶室, 奉種浴于川, 桑于公桑, 風戾以食
> 之."

직역 "古者에 天子와 諸侯는 必히 公桑과 蠶室을 有하니, 川에 近하여 爲하고, 宮을 築하여 仞하고 三尺이 有하며, 棘牆하고 外에서 閉한다. 大昕의 朝에 及하면, 君은 皮弁하고 素積하며, 三宮의 夫人과 世婦의 吉한 者를 卜하여, 使히 蠶室에 入하여 蠶하고, 種을 奉하여 川에 浴하고, 公桑에서 桑하며, 風戾하여 食한다."

의역 공자가 계속하여 말하길, "고대에 천자와 제후는 반드시 왕실에서 사용하는 뽕밭을 두었고 그 안에는 누에치는 건물을 두었는데, 반드시 하천과 가까운 곳에 설치하였고, 담장을 두르되 1인(仞)[1] 3척(尺)으로 했고, 담장 위에는 가시나무를 꼽고 문은 밖에서 잠그도록 했다. 계춘(季春)의 달 초하루 아침이 되면, 부인(夫人)들과 세부(世婦)들에 대해 점을 쳐서 길한 점괘가 나온 여자로 하여금 누에치는

---

1) 인(仞)은 길이를 재는 단위이다. 7척(尺)이 1인(仞)이 된다. 일설에는 8척(尺)을 1인(仞)이라고도 한다. 『논어』「자장(子張)」편에서는 "夫子之牆數仞, 不得其門而入者, 不見宗廟之美, 百官之富, 得其門者或寡矣."라고 했는데, 이에 대한 하안(何晏)의 『집해(集解)』에서는 "七尺曰仞也"라고 풀이했고, 『의례』「향사(鄕射)」편에는 "杠長三仞."이라고 했는데, 이에 대한 정현의 주에서는 "七尺曰仞."이라고 풀이했다. 한편 『한서(漢書)』「식화지상(食貨志上)」편에는 "神農之敎曰: 有石城十仞, 湯池百步, 帶甲百萬而亡粟, 弗能守也."라고 했는데, 이에 대한 안사고(顏師古)의 주에서는 "應劭曰: '仞, 五尺六寸也.' 師古曰: '此說非也. 八尺曰仞, 取人申臂之一尋也.'"라고 풀이했다.

곳으로 들여보내 누에를 치도록 했고, 누에를 가져다가 하천에서 씻고, 공상(公桑)에서 뽕잎을 따다가 바람에 건조시켜 누에에게 먹이도록 했다."라고 했다.

集說 公桑, 公家之桑也. 蠶室, 養蠶之室也. 近川, 便於浴種也. 棘牆, 置棘於牆上也. 外閉, 戶扇在外, 而閉則向內也. 大昕之朝, 季春朔之旦也. 三宮, 在天子則謂三夫人, 在諸侯之夫人, 則立三宮, 半后之六宮也. 桑, 采桑也. 戾, 乾也, 蠶惡濕, 故葉乾乃以食也.

번역 '공상(公桑)'은 공가(公家)2)에서 기르는 뽕나무이다. '잠실(蠶室)'은 누에를 치는 건물이다. 하천과 가까운 곳에 짓는 것은 누에를 씻기기에 편리하기 때문이다. '극장(棘牆)'은 담장 위에 가시나무를 꼽는다는 뜻이다. '외폐(外閉)'는 문이 바깥쪽에 있어서 닫게 되면 안쪽으로 닫는다는 뜻이다. '대흔지조(大昕之朝)'는 계춘(季春)의 달 초하루 아침을 뜻한다. '삼궁(三宮)'은 천자에게 있어서는 3명의 부인(夫人)을 뜻하고, 제후의 부인에게 있어서는 3개의 궁(宮)을 짓게 되니, 왕후(王后)가 세우는 6개의 궁(宮)에서 반을 세우는 것이다. '상(桑)'자는 뽕잎을 딴다는 뜻이다. '여(戾)'자는 "건조시킨다[乾]."는 뜻이니, 누에는 젖어 있는 뽕잎을 싫어하기 때문에 뽕잎을 건조시킨 뒤에야 먹인다.

集說 方氏曰: 戾, 至也, 風至則乾矣.

번역 방씨가 말하길, '여(戾)'자는 "~에 이른다[至]."는 뜻으로, 바람이 불어오면 건조된다는 뜻이다.

鄭注 大昕, 季春朔日之朝也. 諸侯夫人三宮, 半王后也. 風戾之者, 及早涼

---

2) 공가(公家)는 일반적으로 제후의 공실(公室)을 뜻한다. 즉 군주의 집안이라는 뜻이다. 또한 '공가'는 조정(朝廷), 국가(國家) 또는 관부(官府)를 가리키기도 하며, 공경(公卿)들의 집을 뜻하기도 한다. 뿐만 아니라 개인과 구별되는 말로 사용되어, 국가 및 정부라는 의미로 사용되기도 한다.

脆採之, 風戾之使露氣燥, 乃以食蠶, 蠶性惡濕.

번역 '대흔(大昕)'은 계춘(季春)의 달 초하루 아침을 뜻한다. 제후의 부인은 3개의 궁(宮)을 지으니, 왕후(王后)에 비해 반만큼 짓는 것이다. '풍려지(風戾之)'는 아침 일찍 서늘한 바람이 불 때 부드러운 잎을 따고, 바람으로 말려서 이슬이 증발되도록 한 뒤에 누에에게 먹이는 것이니, 누에의 성질은 습한 것을 싫어하기 때문이다.

釋文 近, 附近之近. 仞音刃, 七尺曰仞. 昕, 許斤反, 日欲出. 蠶, 才南反. 奉, 芳勇反, 下及注同. 種, 章勇反. 戾, 力計反, 燥也. 食音嗣. 蚤音早, 本亦作早. 脆, 七歲反. 燥, 悉皂反. 惡, 烏路反.

번역 '近'자는 '부근(附近)'이라고 할 때의 '近'이다. '仞'자의 음은 '刃(인)'이며, 7척(尺)의 길이를 인(仞)이라고 부른다. '昕'자는 '許(허)'자와 '斤(근)'자의 반절음이며, 해가 떠오르려고 할 때이다. '蠶'자는 '才(재)'자와 '南(남)'자의 반절음이다. '奉'자는 '芳(방)'자와 '勇(용)'자의 반절음이며, 아래 문장 및 정현의 주에 나오는 글자도 그 음이 이와 같다. '種'자는 '章(장)'자와 '勇(용)'자의 반절음이다. '戾'자는 '力(력)'자와 '計(계)'자의 반절음이며, 건조시킨다는 뜻이다. '食'자의 음은 '嗣(사)'이다. '蚤'자의 음은 '早(조)'이며, 판본에 따라서는 또한 '早'자로도 기록한다. '脆'자는 '七(칠)'자와 '歲(세)'자의 반절음이다. '燥'자는 '悉(실)'자와 '皂(조)'자의 반절음이다. '惡'자는 '烏(오)'자와 '路(로)'자의 반절음이다.

孔疏 ●"古者"至"至也". ○正義曰: 此一節廣明孝子報親, 養蠶爲祭服, 祀先王先公之事.

번역 ●經文: "古者"~"至也". ○이곳 문단은 자식이 부모에 대해 보답하며, 누에를 길러서 제사 복장을 마련하고, 이 복장을 착용하고 선왕과 선공에게 제사지내는 사안에 대해 폭넓게 설명하고 있다.

孔疏 ●"公桑蠶室"者, 謂官家之桑, 於處而築養蠶之室.

번역 ●經文: "公桑蠶室". ○국가에서 관리하는 뽕밭이니, 이 장소에 누에기르는 건물을 짓는다는 뜻이다.

孔疏 ●"近川而爲之"者, 取其浴蠶種便也.

번역 ●經文: "近川而爲之". ○누에를 씻기기에 편리한 장소에 따르는 것이다.

孔疏 ●"築宮仞有三尺, 棘牆而外閉之"者, 築宮, 謂築養蠶宮. 牆七尺曰仞, 言牆之七尺又有三尺, 高一丈也. 傳曰"雉有三尺", 雉字者, 誤也. 棘牆者, 謂牆上置棘. 外閉, 謂扇在戶外閉也.

번역 ●經文: "築宮仞有三尺, 棘牆而外閉之". ○'축궁(築宮)'은 누에치는 건물을 짓는다는 뜻이다. 담장의 높이가 7척(尺)인 것을 인(仞)이라고 부르니, 담장의 높이가 7척에 3척을 더한 것으로 즉 높이가 1장(丈)이라는 의미이다. 전문에서는 "1치(雉)[3]와 3척(尺)이다."라고 했는데, '치(雉)'자는 잘못 기록한 것이다. '극장(棘牆)'은 담장 위에 가시나무를 꼽는다는 뜻이다. '외폐(外閉)'는 사립문이 방문 밖에 있고 이곳을 잠근다는 뜻이다.

孔疏 ●"大昕之朝", 爲季春朔日之朝.

번역 ●經文: "大昕之朝". ○계춘(季春)의 달 초하루 아침이 되었다는 뜻이다.

孔疏 ●"卜三宮之夫人"者, 諸侯之夫人牛王后, 故三宮.

---

3) 치(雉)는 담장 등의 면적을 계산하는 단위이다. 길이가 3장(丈)이고 높이가 1장인 것을 1치(雉)라고 부른다.

번역 ●經文: "卜三宮之夫人". ○제후의 부인은 왕후(王后)가 짓는 건물의 반절을 짓기 때문에 3개의 궁(宮)을 짓는다.

孔疏 ●"世婦之吉"者, 亦諸侯世婦, 卜取之吉者. 前雖則總擧天子·諸侯, 此特擧諸侯, 互言之.

번역 ●經文: "世婦之吉". ○이 또한 제후에게 소속된 세부(世婦)를 뜻하니, 거북점을 쳐서 길한 점괘가 나온 여자를 취한 것이다. 앞에서 비록 천자와 제후에 대한 내용을 총괄적으로 제시했지만, 이곳에서는 단지 제후에 대한 내용만 거론했으니, 상호 그 뜻을 나타내도록 기록했기 때문이다.

孔疏 ●"奉種浴于川"者, 言蠶將生之時而又浴之, 初於仲春已浴之, 至此更浴之.

번역 ●經文: "奉種浴于川". ○누에가 태어나려고 할 때 재차 씻기게 되니, 최초 중춘(仲春) 때 이미 씻겼으므로, 이 시기가 되면 재차 씻기는 것이다.

孔疏 ●"風戾以食之"者, 戾, 乾也. 凌早采桑必帶露而濕, 蠶性惡濕, 故乾而食之.

번역 ●經文: "風戾以食之". ○'여(戾)'자는 "건조시키다[乾]."는 뜻이다. 이른 시기에 뽕잎을 따게 되면 반드시 이슬이 묻어서 습하게 되는데, 누에의 성질은 습한 것을 싫어하기 때문에 건조시킨 뒤에 먹인다.

集解 愚謂: 仞, 說文云"伸臂一尋, 八尺", 是也. 考工記匠人"爲溝洫", "井間廣四尺, 深四尺, 謂之溝", "成間廣八尺, 深八尺, 謂之洫", "同間廣二尋, 深二仞, 謂之澮". 溝·洫之廣·深同, 則澮之廣·深亦同, 是二仞卽二尋也. 但古人言廣者多曰尋, 言高深者多曰仞, 若七尺曰仞, 則此"仞有三尺"言"一丈"可矣, 何必繁其辭乎?

번역 내가 생각하기에, '인(仞)'에 대해서『설문』에서는 "팔을 쭉 펼쳤을 때의 길이인 1심(尋)이니, 8척(尺)의 길이이다."라고 했다.『고공기』「장인(匠人)」편에서는 "도랑[溝]과 봇도랑[洫]을 만든다."[4]라고 했고, "정전(井田)의 사이는 그 너비가 4척이고 깊이가 4척이니, 이것을 구(溝)라고 한다."라고 했으며, "사방 10리(里)의 크기인 성(成) 사이는 그 너비가 8척이고 깊이가 8척이니, 이것을 혁(洫)이라고 한다."라고 했고, "사방 8리의 크기인 동(同) 사이는 그 너비가 2심(尋)이고 깊이가 2인(仞)이니, 이것을 회(澮)라고 한다."라고 했다.[5] 따라서 구(溝)와 혁(洫)은 너비와 깊이가 같으니, 회(澮)의 너비와 깊이 또한 동일하므로, 이것은 2인(仞)이 곧 2심(尋)이 된다는 사실을 나타낸다. 다만 고대인들은 너비를 말할 때 주로 '심(尋)'이라는 단위를 붙였고, 높이와 깊이를 말할 때에는 주로 '인(仞)'이라는 단위를 붙였으니, 만약 7척을 1인(仞)이라고 한다면, 이곳에서 "1인(仞)에 3척이다."라고 한 말은 1장(丈)을 뜻한다는 말임을 알 수 있는데, 어찌하여 구차한 설명들을 붙일 필요가 있겠는가?

---

4) 『주례』「동관고공기(冬官考工記)・장인(匠人)」: 匠人爲溝洫.
5) 『주례』「동관고공기(冬官考工記)・장인(匠人)」: 九夫爲井, 井間廣四尺, 深四尺, 謂之溝. 方十里爲成, 成間廣八尺, 深八尺, 謂之洫. 方百里爲同, 同間廣二尋, 深二仞, 謂之澮.

그림 22-1 ■ 왕후(王后)의 육궁(六宮)

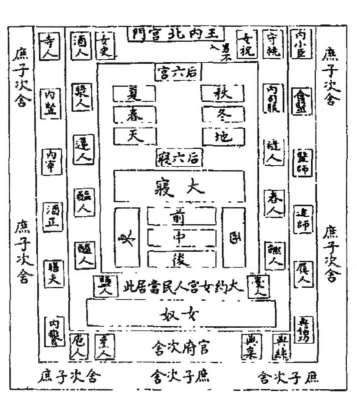

※ 출처: 『주례도설(周禮圖說)』 상권

【564c】

“歲旣單矣, 世婦卒蠶, 奉繭以示于君, 遂獻繭于夫人   夫人
曰, ‘此所以爲君服與.’ 遂副褘而受之, 因少牢以禮之   古之
獻繭者, 其率用此與.”

직역   “歲가 旣히 單하면, 世婦는 蠶을 卒하고, 繭을 奉하여 君에게 示하고, 遂
히 夫人에게 繭을 獻한다. 夫人은 曰, ‘此는 君服을 爲하는 所以이다.’ 遂히 副褘하
고 受하며, 因하여 少牢로 禮한다. 古의 繭을 獻하는 者는 그 率이 此를 用함이라.”

의역   공자가 계속하여 말하길, “누에를 치기 시작하여 3개월의 시간이 모두
지나면, 세부(世婦)는 누에치는 일을 끝내고, 누에고치를 받들고서 군주에게 보여
주며, 뒤이어 군주의 부인에게 누에고치를 헌상한다. 부인은 ‘이것은 군주의 의복
을 만들기 위한 것이다.’라고 말한다. 그리고 곧 머리장식을 하고 위의(褘衣)를 착
용하고서 헌상한 누에고치를 받고, 그 일을 계기로 소뢰(少牢)에 해당하는 가축들
로 음식을 만들어 세부들을 예우한다. 고대에 누에고치를 헌상하는 자들에 대해
대접했던 예법의 비율은 이에 따랐을 것이다.”라고 했다.

集說   單, 盡也. 副之爲言覆也, 婦人首飾, 所以覆首者. 褘, 褘衣也. 禮之,
禮待獻繭之婦人也. 率, 舊讀爲類, 今如字.

번역   ‘단(單)’자는 “다한다[盡].”는 뜻이다. ‘부(副)’자는 “덮는다[覆].”는
뜻이니, 부인(婦人)들이 하는 머리장식은 머리를 가리기 위한 것이다. ‘위
(褘)’자는 위의(褘衣)를 뜻한다. ‘예지(禮之)’는 누에고치를 헌상한 부인(婦
人)을 예우한다는 뜻이다. ‘율(率)’자를 옛 주석에서는 부류를 뜻하는 ‘유
(類)’자로 풀이했지만, 지금은 글자대로 읽는다.

集說   方氏曰: 三月之盡, 非歲單之時, 然蠶成之時也, 自去歲蠶成之後, 迄
今歲蠶成之時, 期歲矣, 故謂之歲單. 若孟夏稱麥秋者, 亦此之意.

번역 방씨가 말하길, 3개월의 시간이 다했다는 뜻이지, 한 해가 다 끝났다는 뜻이 아니니, 누에치는 일을 끝내는 시기는 이전에 누에치는 일을 끝낸 이후로부터 현재 누에치는 일을 끝낸 시간까지 1년의 시간이 된다. 그렇기 때문에 '세단(歲單)'이라고 말한 것이다. 맹하(孟夏)를 '보리에겐 가을격인 보리 익는 시기[麥秋]'6)라고 지칭하는 것도 이러한 의미이다.

大全 延平周氏曰: 蠶與繅, 婦功也. 以婦功而責於夫人, 世婦則無不可者, 而必用卜以擇其夫人世婦之吉者, 蓋先王以爲躬桑, 所以爲祭服, 而又將以勸於天下, 則不可不決於神明者也. 示於君, 告其功之成也. 獻繭不於君, 而於夫人者, 別內事也. 夫人受之以副褘, 所以敬其將爲祭服也. 禮之以少牢, 所以勞其還也.

번역 연평주씨가 말하길, 누에를 치는 일과 누에고치에서 실을 뽑아내는 일은 부인들이 하는 일이다. 부인들이 하는 일이므로 군주의 부인(夫人)에게 책임을 맡기는데, 세부(世婦)의 경우에도 하지 못하는 자가 없지만, 반드시 거북점을 쳐서 부인들과 세부들 중에서 길한 점괘가 나온 자를 선택하는 것은 선왕이 직접 누에고치를 치게 한 것은 제사복장을 만들기 위한 것이고, 또 이것을 통해 천하의 백성들에게 권장을 하려고 한다면, 신명에 대해서 분리시켜서는 안 되기 때문이다. 군주에게 보이는 것은 그 공적이 완성되었다는 사실을 아뢰는 것이다. 누에고치를 헌상할 때 군주에게 하지 않고 그의 부인에게 하는 것은 내적인 일을 구별하기 위해서이다. 부인이 그것을 받을 때 머리장식을 하고 위의(褘衣)를 착용하는 것은 그것을 통해 제복을 만들게 되므로 공경의 뜻을 표하기 위해서이다. 소뢰(少牢)로 예우하는 것은 그들이 임무를 마치고 돌아온 것에 대해서 노고를 치하하기 위한 것이다.

大全 長樂陳氏曰: 躬桑不過鞠衣, 而受繭必以副褘者, 重繭之成也.

---

6) 『예기』「월령(月令)」【201a】: 是月也, 聚畜百藥. 靡草死, 麥秋至.

번역 장락진씨가 말하길, 직접 누에를 칠 때에는 국의(鞠衣)보다 상등의 복장을 착용하지 않는데, 누에고치를 받을 때 반드시 머리장식을 하고 위의(褘衣)를 착용하는 것은 누에고치가 완성된 것을 중시 여기기 때문이다.

鄭注 歲單, 謂三月月盡之後也. 言歲者, 蠶, 歲之大功, 事畢於此也. 副・褘, 王后之服. 而云夫人, 記者容二王之後與. 禮之, 禮奉繭之世婦. 問者之辭.

번역 '세단(歲單)'은 3개월의 시간이 모두 끝난 뒤를 뜻한다. '세(歲)'라고 말한 것은 누에를 치는 일은 한 해에 시행하는 일들 중에서도 큰 사업이고, 그 사안이 이 시점이 되어서야 끝나기 때문이다. 머리장식과 위의(褘衣)는 왕후(王后)의 복장이다. 그런데도 부인(夫人)이라고 말한 것은『예기』를 기록한 자가 두 왕조의 후손국까지도 포함시키고자 했기 때문일 것이다. '예지(禮之)'는 누에고치를 받들고 온 세부(世婦)들을 예우한다는 뜻이다. 마지막 말은 질문하는 말이다.

釋文 單音丹. 繭, 古典反. 與音餘, 注同. 褘音暉. 率音類, 又音律, 又所律反.

번역 '單'자의 음은 '丹(단)'이다. '繭'자는 '古(고)'자와 '典(전)'자의 반절음이다. '與'자의 음은 '餘(여)'이며, 정현의 주에 나오는 글자도 그 음이 이와 같다. '褘'자의 음은 '暉(휘)'이다. '率'자의 음은 '類(류)'이며, 또한 그 음은 '律(률)'도 되고, '所(소)'자와 '律(률)'자의 반절음도 된다.

孔疏 ●"歲旣單矣"者, 單, 盡也. 三月之末・四月之初.

번역 ●經文: "歲旣單矣". ○'단(單)'자는 "다한다[盡]."는 뜻이다. 3월말과 4월초 사이를 뜻한다.

孔疏 ●"遂獻繭于夫人"者, 蠶是婦人之事, 故獻繭于夫人.

번역 ●經文: "遂獻繭于夫人". ○누에치는 것은 부인(婦人)들이 하는 일이다. 그렇기 때문에 누에고치는 군주의 부인(夫人)에게 헌상한다.

孔疏 ●“夫人曰: 此所以爲君服與”者, 所擧奉處重.

번역 ●經文: “夫人曰: 此所以爲君服與”. ○받들고 온 것은 중대한 사안에 사용한다는 뜻이다.

孔疏 ●“遂副·褘而受之”者, 旣擬于君之祭服, 故夫人首著副, 身著褘衣, 受此所獻之繭.

번역 ●經文: “遂副·褘而受之”. ○이미 군주의 제사복장에 견주기 때문에 군주의 부인은 머리에 머리장식을 쓰고 몸에는 위의(褘衣)를 걸치고서 헌상한 누에고치를 받는다.

孔疏 ●“因少牢以禮之”, 接獻繭之世婦.

번역 ●經文: “因少牢以禮之”. ○누에고치를 헌상한 세부(世婦)들을 대접하는 것이다.

孔疏 ●“古之獻繭者, 其率用此與”者, 率, 法也. 夫人曰: “獻繭之法, 自古如此邪.” 重事之義, 故問之也.

번역 ●經文: “古之獻繭者, 其率用此與”. ○‘율(率)’자는 법도[法]를 뜻한다. 군주의 부인은 “누에고치를 헌상하는 법도는 고대로부터 이처럼 시행했던 것이다.”라고 말한 것이다. 그 사안을 중시 여기는 뜻 때문에 의문형으로 표현하였다.

訓纂 廣雅: 殫, 盡也.

번역 『광아』에서 말하길, ‘탄(殫)’자는 “다한다[盡].”는 뜻이다.

訓纂 後漢書注: 單, 與殫同.

번역 『후한서』의 주에서 말하길, '단(單)'자는 탄(殫)자와 같다.[7]

訓纂 王氏引之曰: 歲旣單者, 春旣盡也. 釋名曰, "歲, 越也, 越故限也." 越四時謂之歲, 越一時亦可謂之歲.

번역 왕인지가 말하길, '세기단(歲旣單)'은 봄이 끝났다는 뜻이다. 『석명』[8]에서는 "세(歲)자는 월(越)자의 뜻이니 이전의 경계를 경과했다는 뜻이다."라고 했다. 사계절의 경계를 넘게 되면 '세(歲)'라고 부르는데, 한 계절의 경계를 넘게 되더라도 또한 '세(歲)'라고 부를 수 있다.

訓纂 說文: 繭, 蠶衣也.

번역 『설문』에서 말하길, '견(繭)'은 누에를 쳐서 나온 고치이다.

---

7) 이 문장은 『후한서(後漢書)』「남흉노열전(南匈奴列傳)」편의 "自後經綸失方, 畔服不一, 其爲疚毒, 胡可單言!"이라는 기록에 대한 이현(李賢)의 주이다.
8) 『석명(釋名)』은 후한(後漢) 때의 학자인 유희(劉熙)가 지은 서적이다. 오래된 훈고학 서적의 하나로 꼽힌다.

그림 22-2 ◼ 위의(褘衣)

※ **출처**:『삼례도집주(三禮圖集注)』2권

그림 22-3 ▣ 국의(鞠衣)

※ 출처:『삼례도집주(三禮圖集注)』2권

【564d】

"及良日, 夫人繅, 三盆手, 遂布於三宮夫人·世婦之吉者, 使繅. 遂朱綠之, 玄黃之, 以爲黼黻文章. 服旣成, 君服以祀先王先公, 敬之至也."

직역 "良日에 及하면, 夫人은 繅하니, 三히 手를 盆하고, 遂히 三宮夫人과 世婦의 吉한 者에게 布하여, 使히 繅한다. 遂히 朱綠하고, 玄黃하여, 黼黻文章을 爲한다. 服히 旣히 成하면, 君은 服하여 先王과 先公에게 祀하니, 敬의 至이다."

의역 공자가 계속하여 말하길, "길한 날이 도래하면 군주의 부인은 실을 뽑게 되는데, 누에고치를 담은 동이에 세 차례 손을 담그며 실의 끄트머리를 뽑아내고, 3궁(宮)의 부인들이나 세부들 중 길한 점괘가 나온 여자들에게 일감을 나눠주어 실을 뽑도록 한다. 그리고 주색과 녹색 및 현색과 황색으로 물들여서 보(黼)나 불(黻) 등의 무늬를 만든다. 복장이 완성되면, 군주는 그 복장을 착용하고 선왕과 선공9)에게 제사를 지내니, 공경함이 지극한 것이다."라고 했다.

集說 良日, 吉日也. 三盆手者, 置繭於盆中, 而以手三次淹之, 每淹則以手振出其緒, 故云三盆手也.

번역 '양일(良日)'은 길일을 뜻한다. '삼분수(三盆手)'는 동이 안에 누에 고치를 채우고 손을 세 차례 담근다는 뜻이다. 매번 손을 담그게 되면, 손으로 실의 가닥을 뽑아내기 때문에 '삼분수(三盆手)'라고 했다.

---

9) 선공(先公)은 본래 천자 및 제후의 선조들을 존귀하게 높여 부르는 말이다. 따라서 '선왕(先王)'이라는 말과 동일하게 사용된다. 그러나 주(周)나라에 대해 선왕과 대비해서 사용하게 되면, 후직(后稷)의 후손 중 태왕(太王) 이전의 선조를 지칭한다. 주나라는 건립 이후 자신의 선조에 대해 추왕(追王)을 하여 왕(王)자를 붙였는데, 태왕인 고공단보(古公亶父)까지 왕(王)자를 붙였기 때문이다.

集說 方氏曰: 夫人之繰, 止於三盆, 猶天子之耕, 止於三推.

번역 방씨가 말하길, 군주의 부인이 실을 뽑을 때 단지 3차례 동이에 손을 담그는 것에만 그치는 것은 천자가 경작을 할 때 3번 밭을 가는 것과 같다.[10]

大全 毗陵慕容氏曰: 夫躬耕親蠶, 一則以敎民致力於農桑而豊衣食之原, 一則以爲齊盛祭服而盡事神之敬, 故先王以所事者敎民, 故民之聽命也. 速以所率民者奉神, 故神饗之也. 易夫民神之主也, 成民, 然後可以致力於神, 民和而神降之福. 耕以足食, 蠶以足衣, 生民之道, 於是乎在, 所以成民而致其和, 莫先於斯二者, 故齊盛以告冕服以祀, 而成民之道盡焉, 故可以陳信於鬼神. 若夫民則棄本, 飢寒是憂, 和氣不應, 災害日至, 則是矯擧以祭, 雖潔齊豊盛, 致美乎冕服, 神亦弗饗矣.

번역 비릉모용씨가 말하길, 몸소 경작하고 직접 누에를 치는 것은 한 측면으로는 백성들에게 농업과 누에치는 일에 힘을 다하여 의복과 음식을 풍족하게 하는 근원을 가르치기 위한 것이며, 다른 측면은 제성(齊盛)과 제사 복장을 만들어서 신을 섬기는 공경함을 다하기 위한 것이다. 그렇기 때문에 선왕이 일삼는 것으로 백성들을 가르치고, 백성들도 그 명령에 따르는 것이다. 신속히 하며 백성들을 통솔하여 신을 받들기 때문에 신이 흠향한다. 『역』에서는 백성은 신의 주인이고, 백성들의 생활을 풍족하게 해준 뒤에야 신에게 힘을 다할 수 있었고, 백성들이 조화롭게 된 뒤에 신령이 복을 내려주었다고 했다.[11] 경작을 통해 양식을 풍족히 하고 누에를 쳐서

---

10) 『예기』「월령(月令)」【190b~c】: 是月也, 天子乃以元日, 祈穀于上帝. 乃擇元辰, 天子親載耒耜, 措之于參保介之御間, 帥三公九卿諸侯大夫, 躬耕帝籍. <u>天子三推</u>, 三公五推, 卿諸侯九推. 反, 執爵於太寢, 三公九卿諸侯大夫皆御, 命曰 勞酒.

11) 『춘추좌씨전』「환공(桓公) 6년」: 對曰, <u>夫民, 神之主也</u>, 是以聖王先成民而後致力於神. 故奉牲以告曰'博碩肥腯', 謂民力之普存也, 謂其畜之碩大蕃滋也, 謂其不疾瘯蠡也, 謂其備腯咸有也 ; 奉盛以告曰'絜粢豐盛', 謂其三時不害而民和年豐也 ; 奉酒醴以告曰'嘉栗旨酒', 謂其上下皆有嘉德而無違心也. 所謂馨香, 無讒慝也. 故務其三時, 修其五敎, 親其九族, 以致其禋祀, 於是乎<u>民和而神降之福</u>,

의복을 풍족히 하는데, 백성들을 살리는 도는 여기에 달려 있으니, 백성들을 풍족하게 해주고 조화롭게 만드는 것은 이러한 두 가지 것보다 뛰어난 것이 없다. 그렇기 때문에 제성을 만들어서 아뢰고 면복(冕服)을 착용하고 제사를 지내어, 백성들을 풍족하게 해주는 도를 다하게 된다. 그러므로 귀신에게 신의를 모두 펼칠 수 있다. 만약 백성에게 있어서 근본을 버리게 된다면 기근과 추위가 다가오고 조화로운 기운이 호응하지 않아서 재앙이 날마다 도래하게 될 것이니, 도리를 저버리고 억지로 제사를 시행하면, 비록 재계를 정갈히 하고 제성을 풍족히 갖추며 면복의 아름다움을 지극히 하더라도 신은 흠향하지 않는다.

鄭注 三盆手者, 三淹也. 凡繅, 每淹大揚, 而手振之, 以出緒也.

번역 '삼분수(三盆手)'는 세 차례 손을 담근다는 뜻이다. 매번 손을 담글 때마다 크게 뒤적이며 손으로 굴려 실의 끄트머리를 빼내는 것이다.

釋文 繅, 悉刀反, 下同; 說文作繹, 云抽繭出絲也, 以此爲旒, 繆字, 音所咸反. 盆, 蒲奔反, 淹也. 掩, 本亦作淹, 徐於驗反, 又於斂反.

번역 '繅'자는 '悉(실)'자와 '刀(도)'자의 반절음이며, 아래문장에 나오는 글자도 그 음이 이와 같고, 『설문』에서는 '繹'자로 기록하고, 누에고치에서 실을 뽑아내는 것이며, 이를 통해 깃발 등을 만들며, '繆'자의 음은 '所(소)'자와 '咸(함)'자의 반절음이라고 했다. '盆'자는 '蒲(포)'자와 '奔(분)'자의 반절음이며, 담근다는 뜻이다. '掩'자는 판본에 따라 또한 '淹'자로도 기록하는데, 서음(徐音)은 '於(어)'자와 '驗(험)'자의 반절음이며, 또한 '於(어)'자와 '斂(렴)'자의 반절음도 된다.

孔疏 ●"及良日, 夫人繅"者, 良日謂吉日, 宜繅之日, 明繅更擇吉利之日, 日至而後, 乃夫人自繅.

故動則有成.

번역 ●經文: "及良日, 夫人繅". ○'양일(良日)'은 길일을 뜻하니, 실을 뽑기에 합당한 날이며, 이것은 실을 뽑을 때에는 길한 날을 가려서 뽑았고, 그 날이 도래한 이후에야 군주의 부인이 직접 실을 뽑았다는 뜻을 나타낸다.

孔疏 ●"三盆手"者, 猶三淹也. 手者, 每淹以手振出其緒, 故云"三盆手".

번역 ●經文: "三盆手". ○'삼분(三盆)'은 세 차례 손을 담근다는 뜻이다. 손[手]은 매번 담글 때마다 손으로 실의 끄트머리를 뽑아낸다는 뜻이다. 그렇기 때문에 '삼분수(三盆手)'라고 했다.

孔疏 ●"遂布于三宮夫人·世婦之吉者, 使繅"者, 以夫人親繅, 三盆, 以手振出其緒訖, 遂布與三宮夫人·世婦之吉者. 既據諸侯言之, 則夫人唯一人. 世婦之吉者, 此雜互天子而言之, 以天子有三夫人, 就其中取吉者, 若諸侯唯世婦之吉者養蠶. 繅非一人而已, 唯云"世婦之吉"者, 擇其吉者以爲主領, 非唯一人而已.

번역 ●經文: "遂布于三宮夫人·世婦之吉者, 使繅". ○군주의 부인이 직접 실을 뽑으며 세 차례 손을 담그고, 손으로 뒤적여서 실의 끄트머리를 빼내는 일이 끝나면, 삼궁(三宮)의 부인들과 세부들 중 길한 점괘가 나온 자에게 나눠준다. 이미 제후에게 기준을 두고 말했으니, 부인(夫人)은 오직 1명밖에 없다. 세부(世婦)들 중 길한 자라고 한 말은 경우를 뒤섞어서 천자에 대한 경우도 나타내도록 말한 것으로, 천자에게는 3명의 부인(夫人)이 있었고, 그들 중 길한 점괘가 나온 여자를 선택했으니, 마치 제후가 세부들 중 길한 점괘가 나온 자를 택하여 누에를 기르도록 했던 것과 같다. 실을 뽑는 일은 한 사람이 하는 일이 아닌데, 단지 '세부들 중 길한 자'라고만 말한 것은 길한 점괘가 나온 자를 택하여 그들의 우두머리로 삼은 것으로, 단지 한 사람이 했다는 뜻이 아니다.

孔疏 ●"以祀先王先公, 敬之至也"者, 前云解耕藉, 男子之事, 故云"以事天地山川社稷", 兼云先祖; 養蠶, 是婦人之事, 婦人不與外祭, 故云"以祀先王先公". 其實養蠶爲衣, 亦事天地·山川·社稷.

번역 ●經文: "以祀先王先公, 敬之至也". ○앞에서는 이미 자전(藉田)을 경작하는 것은 남자의 일이라고 풀이했다. 그렇기 때문에 "이를 통해 천지·산천·사직에게 제사를 지낸다."라고 말하고, 아울러 선조에 대한 경우까지도 언급한 것이다. 반면 누에를 기르는 일은 부인들이 하는 일이고, 부인들은 외제(外祭)12)에 참여할 수 없다. 그렇기 때문에 "이를 통해 선왕과 선공에게 제사를 지낸다."라고 했다. 그러나 실제로 누에를 쳐서 만든 의복은 천지·산천·사직의 제사에서도 착용했다.

孔疏 ◎注"副褘"至"後與". ○正義曰: 按內司服注云"唯二王後褘衣", 與此注同. 按明堂位魯公夫人亦用褘衣, 此不言者, 魯爲特賜, 非常法. 此據常者, 故不言.

번역 ◎鄭注: "副褘"~"後與". ○『주례』「내사복(內司服)」편에 대한 정현의 주를 살펴보면, "오직 두 왕조의 후손국 부인만이 위의(褘衣)를 착용한다."13)라고 하여, 이곳 주석과 동일하다. 『예기』「명당위(明堂位)」편을 살펴보면, 노(魯)나라 공작의 부인 또한 위의를 사용했는데,14) 이곳에서 이 사실을 언급하지 않은 것은 노나라의 경우에는 주공(周公)으로 인해 특별히 하사를 받은 것으로, 일상적인 예법이 아니다. 그런데 이곳에서는 일상

---

12) 외제(外祭)는 내제(內祭)와 상대되는 말이다. 교사(郊祀)를 가리키기도 하며, 왕이 사냥이나 출정 등으로 밖으로 나갔을 때 지내는 제사인 표맥(表貉)과 순수(巡守)를 시행할 때 산천(山川)에 지내는 제사 등을 가리킨다. 『주례』「지관(地官)·목인(牧人)」편에 기록된 '외제'에 대해, 정현의 주에서는 "外祭, 謂表貉及王行所過山川用事者."라고 풀이했고, 또 『예기』「제통(祭統)」편에는 "外祭則郊社是也."라는 기록이 있다.

13) 이 문장은 『주례』「천관(天官)·내사복(內司服)」편의 "辨外內命婦之服, 鞠衣, 展衣, 緣衣, 素沙."라는 기록에 대한 정현의 주이다.

14) 『예기』「명당위(明堂位)」【401b】: 君卷冕立於阼, 夫人副褘立於房中. 君肉祖迎牲於門, 夫人薦豆籩, 卿大夫贊君, 命婦贊夫人, 各揚其職. 百官廢職, 服大刑, 而天下大服.

적인 경우를 기준으로 기록했기 때문에 언급하지 않은 것이다.

訓纂 說文: 繅, 繹繭爲絲也. 繹, 抽絲也.

번역 『설문』에서 말하길, '소(繅)'는 누에고치를 풀어내어 실로 만드는 것이다. '역(繹)'은 실을 뽑아내는 것이다.

訓纂 說文: 綠, 帛靑黃色也.

번역 『설문』에서 말하길, '녹(綠)'은 비단 중 청황색을 내는 것이다.

訓纂 說文: 黼, 白與黑相次文. 黻, 黑與靑相次文.

번역 『설문』에서 말하길, '보(黼)'는 백색과 흑색을 서로 교차하여 무늬를 만드는 것이다. '불(黻)'은 흑색과 청색을 서로 교차하여 무늬를 만드는 것이다.

그림 22-4 ◾ 십이장(十二章) 중 상의의 6가지 무늬

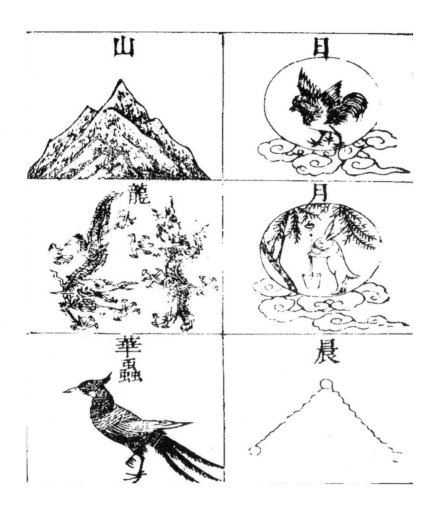

※ 출처: 『삼재도회(三才圖會)』「의복(衣服)」1권

그림 22-5 ■ 십이장(十二章) 중 하의의 6가지 무늬

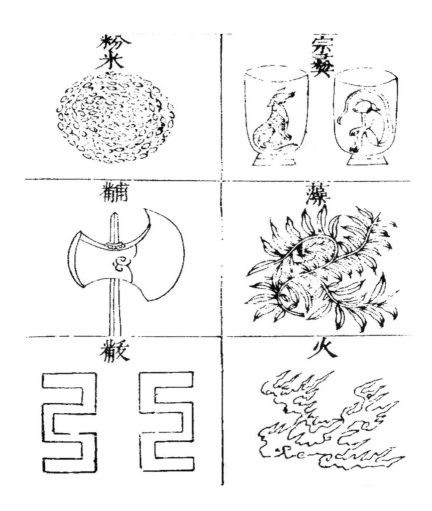

※ 출처: 『삼재도회(三才圖會)』「의복(衣服)」1권

예(禮)와 악(樂)의 작용

【565a~c】

君子曰, "禮樂不可斯須去身." 致樂以治心, 則易·直·子·諒之心油然生矣. 易·直·子·諒之心生, 則樂; 樂則安, 安則久, 久則天, 天則神. 天則不言而信, 神則不怒而威, 致樂以治心者也. 致禮以治躬則莊敬, 莊敬則嚴威. 心中斯須不和不樂, 而鄙詐之心入之矣; 外貌斯須不莊不敬, 而慢易之心入之矣. 故樂也者, 動於內者也; 禮也者, 動於外者也. 樂極和, 禮極順, 內和而外順, 則民瞻其顏色而不與爭也, 望其容貌而衆不生慢易焉. 故德輝動乎內, 而民莫不承聽; 理發乎外, 而衆莫不承順. 故曰, "致禮樂之道, 而天下塞焉, 擧而措之無難矣." 樂也者, 動於內者也; 禮也者, 動於外者也. 故禮主其減, 樂主其盈. 禮減而進, 以進爲文; 樂盈而反, 以反爲文. 禮減而不進, 則銷; 樂盈而不反, 則放. 故禮有報而樂有反. 禮得其報則樂, 樂得其反則安. 禮之報, 樂之反, 其義一也.

직역 君子는 曰, "禮樂은 斯須히 身에 去함이 不可하다." 樂을 致하여 心을 治하면, 易·直·子·諒의 心이 油然히 生한다. 易·直·子·諒의 心이 生하면 樂하고, 樂하면 安하며, 安하면 久하고, 久하면 天하며, 天하면 神한다. 天하면 不言이라도 信하고, 神하면 不怒라도 威하니, 樂을 致하여 心을 治한 者이다. 禮를 致하여 躬을 治하면 莊敬하고, 莊敬하면 嚴威한다. 心中이 斯須라도 不和하고 不樂하면, 鄙詐의 心이 入한다. 外貌가 斯須라도 不莊하고 不敬하면, 易慢의 心이 入한다. 故로 樂이라는 者는 內에서 動하는 者이다. 禮라는 者는 外에서 動하는 者이다. 樂이 和를 極하고, 禮가 順을 極하여, 內가 和하고 外가 順하면, 民은 그 顏色을

瞻하여 與하여 爭함이 不하고, 그 容貌를 望하여 民은 慢易가 不生한다. 故로 德이 內에서 煇動하여 民에 承聽을 不함이 莫하고, 理가 外에 發하여 衆에 承順을 不함이 莫한다. 故로 曰, "禮樂의 道를 致하고, 天下가 塞하니, 擧해서 錯함에 難이 無하다." 樂이라는 者는 內에서 動하는 者이다. 禮라는 者는 外에서 動하는 者이다. 故로 禮는 그 減을 主하고, 樂은 그 盈을 主한다. 禮는 減하되 進하니, 進으로써 文을 爲하고; 樂은 盈하되 反하니, 反으로써 文을 爲한다. 禮가 減하되 不進하면 銷하고, 樂이 盈하되 不反하면 放한다. 故로 禮에는 報가 有하고 樂에는 反이 有하다. 禮는 그 報를 得하면 樂하고, 樂은 그 反을 得하면 安하다. 禮의 報와 樂의 反은 그 義가 一이다.

의역 군자는 "예악은 자신에게서 잠시도 떨어트려 놓을 수 없다."라고 했다. 악(樂)을 지극히 연구하여 마음을 다스린다면, 온화하고 곧으며 자애롭고 참된 마음이 융성하게 생겨난다. 온화하고 곧으며 자애롭고 참된 마음이 생겨나면 즐겁게 되고, 즐거우면 편안하게 되며, 편안하면 오래할 수 있고, 오래할 수 있으면 하늘의 이치를 깨달으며, 하늘의 이치를 깨달으면 신묘하게 된다. 하늘의 이치를 깨닫게 되면 말을 하지 않아도 사람들이 믿고, 신묘하게 되면 화를 내지 않아도 저절로 위엄이 생기니, 이것이 바로 악(樂)을 지극히 연구하여 마음을 다스린다는 것이다. 예(禮)를 지극히 연구하여 몸을 다스린다면 장엄하고 공경스럽게 되고, 장엄하고 공경스럽게 되면 위엄을 갖추게 된다. 마음이 잠시라도 조화롭지 못하고 즐겁지 못하다면, 비루하고 거짓된 마음이 침입하게 된다. 모습이 잠시라도 장엄하지 못하고 공경스럽지 못하다면, 태만한 마음이 침입하게 된다. 그러므로 악(樂)이라는 것은 내적으로 움직이게 하는 것이다. 예(禮)라는 것은 외적으로 움직이게 하는 것이다. 악(樂)을 통해 조화로움을 지극히 하고, 예(禮)를 통해 순종함을 지극히 하여, 내적으로 조화롭고 외적으로 순종하게 되면, 백성들이 그의 안색을 살펴서 서로 다투지 않게 되고, 그 모습을 바라보면, 백성들에게 태만함이 생겨나지 않는다. 그렇기 때문에 덕이 마음에서 빛나고 움직이면 백성들 중에는 그의 말을 받들어 따르지 않는 자가 없게 되고, 이치가 밖으로 발현되면, 백성들 중에는 그를 받들고 순종하지 않는 자가 없게 된다. 그래서 "예악의 도리를 지극히 하여, 천하에 가득하니, 이것을 시행하는 데에는 어려움이 없다."고 했다. 악(樂)이라는 것은 내적으로 움직이게 하는 것이다. 예(禮)라는 것은 외적으로 움직이게 하는 것이다.

그러므로 예(禮)는 줄임을 위주로 하고 악(樂)은 채움을 위주로 한다. 예(禮)는 줄이되 나아가니 나아감을 형식으로 삼고, 악(樂)은 채우되 되돌리니 되돌림을 형식으로 삼는다. 예(禮)가 줄이기만 하고 나아가지 않는다면 사라지게 되고, 악(樂)이 채우기만 하고 되돌리지 않는다면 방만하게 된다. 그렇기 때문에 예(禮)에는 보답함이 있고 악(樂)에는 되돌림이 있다. 예(禮)가 보답함을 얻는다면 즐겁게 되고, 악(樂)이 되돌림을 얻는다면 편안하게 된다. 예(禮)의 보답함과 악(樂)의 되돌림은 의미가 동일하다.

集說 說見樂記.

번역 자세한 설명은 『예기』「악기(樂記)」편에 나온다.[1]

---

1) 『예기』「악기(樂記)」【485c】에는 "君子曰, '禮樂不可斯須去身.' 致樂以治心, 則易直子諒之心油然生矣. 易直子諒之心生則樂, 樂則安, 安則久, 久則天, 天則神. 天則不言而信, 神則不怒而威, 致樂以治心者也."라는 기록이 있고, 이에 대한 진호(陳澔)의 『집설(集說)』에서는 "致, 謂研窮其理也. 樂由中出, 故以治心言之. 子諒, 從朱子說讀爲慈良. 樂之感化人心, 至於天而且神, 可以識窮本知變之妙矣."라고 풀이했다. 즉 "'치(致)'자는 그 이치를 연구하여 궁구히 하는 것이다. 악(樂)은 마음에서 도출되기 때문에, 마음을 다스린다고 말한 것이다. '자량(子諒)'은 주자의 주장에 따르면 '자량(慈良)'으로 해석한다. 악(樂)이 사람의 마음을 감화시켜서 하늘에 이르고 또 신묘하게 되니, 근본을 궁구히 하고 변화를 아는 오묘함을 깨우칠 수 있다."는 뜻이다. 또 "朱子曰: 易直子諒之心一句, 從來說得無理會, 却因見韓詩外傳, 子諒作慈良字, 則無可疑矣."라고 했으니, "주자가 말하길, '이직자량지심(易直子諒之心)'이라는 한 구문은 기존의 해석에 따르면 이해를 할 수 없고, 『한시외전』을 살펴보면, '자량(子諒)'을 '자량(慈良)'이라고 기록했으니, '자량(慈良)'으로 해석해야 함을 의심할 수 없다."는 뜻이다. / 『예기』「악기」【486a】에는 "致禮以治躬則莊敬, 莊敬則嚴威. 心中斯須不和不樂, 而鄙詐之心入之矣. 外貌斯須不莊不敬, 而易慢之心入之矣."라는 기록이 있고, 이에 대한 진호의 『집설』에서는 "禮自外作, 故以治躬言之. 此言著誠去僞之心, 不可少有間斷."이라고 풀이했다. 즉 "예(禮)는 외부로부터 만들어지기 때문에, 이를 통해 몸을 다스린다고 말했다. 이 내용은 진실됨을 드러내어 거짓됨을 제거하는 마음에 조금이라도 틈이 생겨서는 안 된다는 뜻이다."는 뜻이다. / 『예기』「악기」【486a~b】에는 "故樂也者, 動於內者也. 禮也者, 動於外者也. 樂極和, 禮極順, 內和而外順, 則民瞻其顔色而弗與爭也, 望其容貌而民不生易慢焉. 故德煇動於內而民莫不承聽, 理發諸外而民莫不承順. 故曰, '致禮樂之道, 擧而錯之天下無難矣.'"라는 기록

이 있고, 이에 대한 진호의『집설』에서는 "動於內, 則能治心矣. 動於外, 則能治躬矣. 極和極順, 則無斯須之不和不順矣. 所以感人動物, 其效如此. 德以輝言, 乃英華發外之驗. 理發諸外, 是動容周旋之中禮. 君子極致禮樂之道, 其於治天下乎何有?"라고 풀이했다. 즉 "안에서 움직이게 한다면 마음을 다스릴 수 있다. 밖에서 움직이게 한다면 몸을 다스릴 수 있다. 조화로움을 지극히 하고 순종함을 지극히 하면, 잠시라도 조화롭지 않거나 순종하지 않는 때가 없게 된다. 예악이 사람과 사물을 감동시키는 효과가 이와 같다. 덕에 대해서 '빛나다[輝].'라고 말했으니, 영화로움이 밖으로 나타난 것을 증명한 것이다. 이치가 밖으로 드러난 것은 행동거지가 예법에 맞다는 뜻이다. 군자는 예악의 도를 지극히 하니, 천하를 다스리는데 있어서 어떤 어려움이 있겠는가?"라는 뜻이다. / 『예기』「악기」【486c】에는 "樂也者, 動於內者也. 禮也者, 動於外者也. 故禮主其減, 樂主其盈. 禮減而進, 以進爲文; 樂盈而反, 以反爲文. 禮減而不進則銷, 樂盈而不反則放, 故禮有報而樂有反. 禮得其報則樂, 樂得其反則安. 禮之報, 樂之反, 其義一也."라는 기록이 있고, 이에 대한 진호의『집설』에서는 "馬氏曰: 以體言之, 禮減樂盈; 以用言之, 禮進樂反. 樂動於內, 故其體主盈, 蓋樂由中出, 而爲人心之所喜; 禮動於外, 故其體主減, 蓋禮自外作, 而疑先王有以强世也. 禮主減, 故勉而作之, 而以進爲文; 樂主盈, 故反而抑之, 而以反爲文. 故七介以相見, 不然則已愨; 三辭三讓而至, 不然則已蹙. 一獻之禮, 而賓主百拜, 日莫人倦而齊莊正齊, 此皆勉而進之者也. 進旅退旅, 以示其和; 弦匏笙簧, 會守拊鼓, 以示其統. 治亂則以相, 訊疾則以雅, 作之以柷, 止之以敔, 此皆反而抑之者也. 減而不進, 則幾於息矣, 故銷; 盈而不反, 則至於流矣, 故放. 先王知其易偏, 故禮則有報, 樂則有反. 禮有報者, 資於樂也. 樂有反者, 資於禮也."라고 풀이했다. 즉 "마씨가 말하길, 본체로써 말을 하면 예(禮)는 줄이고 악(樂)은 채우며, 작용으로써 말을 하면 예(禮)는 나아가고 악(樂)은 되돌아온다. 악(樂)은 내적으로 움직이게 하기 때문에 그 본체는 채움을 위주로 하니, 무릇 악(樂)은 마음으로부터 도출되어, 사람의 마음에 기뻐하는 대상이 된다. 예(禮)는 외적으로 움직이게 하기 때문에 그 본체는 줄임을 위주로 하니, 무릇 예(禮)는 외부로부터 작용해서, 아마도 선왕은 이를 통해 세상의 기초를 굳세게 다질 수 있었을 것이다. 예(禮)는 줄임을 위주로 하기 때문에 독려하고 진작시켜 나아감을 형식으로 삼고, 악(樂)은 채움을 위주로 하기 때문에 되돌리고 억눌러서 되돌림을 형식으로 삼는다. 그러므로 7명의 부관을 거느리고 서로 만나보는 것이니, 그렇게 하지 않는다면 너무 소박하게 되며, 세 차례 사양을 하고 양보를 하여 도달하게 되니, 그렇게 하지 않는다면 너무 재촉하게 된다. 한 차례 술을 바치는 의례에서라도 빈객과 주인은 수차례 절을 하고, 해가 저물어서 사람들이 피로해져도 장엄하게 단정한 자세를 취하니, 이러한 것들은 모두 독려하여 나아가게 하는 것들이다. 단체로 나아가고 물러나서 이를 통해 조화로움을 드러내고, 현(弦)·포(匏)·생(笙)·황(簧) 등의 악기들을 부(拊)와 고(鼓)의 박자에 맞춰서 연주하여, 이를 통해 통솔됨

을 드러낸다. 악절의 끝을 맞출 때에는 부(拊) 소리에 맞추고, 춤사위가 지나
치게 빠르지 않도록 조절하는 것은 아(雅) 소리에 맞추며, 축(柷)을 통해 동
시에 연주하고, 어(敔)를 통해 동시에 그치니, 이러한 것들은 모두 되돌려서
억누르는 것들이다. 줄이되 나아가지 않는다면 거의 그치게 된다. 그렇기 때
문에 사라진다. 채우되 되돌리지 않으면 방탕한 곳으로 흐른다. 그렇기 때문
에 방만해진다. 선왕은 쉽게 치우치게 될 것임을 알았기 때문에 예(禮)를 통
해 보답함을 두었고 악(樂)을 통해 되돌림을 두었다. 예(禮)에 보답함이 있는
것은 악(樂)에 힘입는다. 악(樂)에 되돌림이 있는 것은 예(禮)에 힘입는다."
는 뜻이다. 또 "劉氏曰: 禮之儀動於外, 必謙卑退讓以自牧, 故主於減殺; 樂之
德動于中, 必和順充積而後形, 故主於盈盛. 蓋樂由陽來, 故盈; 禮自陰作, 故減
也. 然禮之體雖主於退讓, 而其用則貴乎行之以和, 故以進爲文也; 樂之體雖主
於充盛, 而其用則貴乎抑之以節, 故以反爲文也. 禮若過於退讓而不進, 則威儀
銷沮, 必有禮勝則離之失; 樂過於盛滿而不反, 則意氣放肆, 必有樂勝則流之弊.
故禮必有和以爲減之報. 報者, 相濟之意也. 樂必有節以爲盈之反. 反者, 知止之
謂也. 禮減而得其和以相濟, 則從容欣愛而樂矣, 此樂以和禮也. 樂盈而得其節
以知止, 則優柔平中而安矣, 此禮以節樂也. 禮樂相須並用, 而一歸於無過無不
及之中, 而合其事理之宜, 故曰禮之報, 樂之反, 其義一也."라고 풀이했으니,
"유씨가 말하길, 예(禮)에 따른 의례 절차는 외적으로 시행되니, 반드시 겸손
하게 낮추고 물러나 사양하여 스스로 다스려야 한다. 그렇기 때문에 줄임을
위주로 한다. 악(樂)의 덕은 마음에서 움직이니, 반드시 온화하고 순종하며
가득 채운 이후에야 형체를 드러낸다. 그렇기 때문에 채움을 위주로 한다.
무릇 악(樂)은 양(陽)으로부터 도래하기 때문에 채운다. 예(禮)는 음(陰)으로
부터 만들어지기 때문에 줄인다. 그러나 예(禮)의 본체가 비록 물러나고 사
양하는 것을 위주로 하지만, 그 활용은 조화로움으로써 시행하는 것을 존귀
하게 여긴다. 그렇기 때문에 나아감을 형식으로 삼는다. 악(樂)의 본체가 비
록 채움을 위주로 하지만, 그 활용은 절도로써 억누르는 것을 존귀하게 여긴
다. 그렇기 때문에 되돌림을 형식으로 삼는다. 예(禮)가 만약 물러나고 사양
하는 것에 지나쳐서 나아가지 못한다면, 격식에 맞는 행동과 위엄이 사라지
게 되어, 반드시 예(禮)가 지나쳐 사이가 멀어지는 잘못을 범하게 된다. 악
(樂)이 만약 채우는 것에 지나쳐서 되돌리지 못한다면, 뜻과 기운이 방만해
져서, 반드시 악(樂)이 지나쳐서 방탕한 데로 흐르는 폐단이 발생한다. 그렇
기 때문에 예(禮)에서는 반드시 조화로움을 두어 이것을 줄임에 대한 보답으
로 삼는다. '보(報)'라는 것은 서로 구제한다는 뜻이다. 또 악(樂)은 반드시
절도를 두어서 이것을 채움에 대한 되돌림으로 삼는다. '반(反)'이라는 것은
그칠 줄 안다는 뜻이다. 예(禮)에 따라 줄이더라도 조화로움을 얻어 이를 통
해 서로 구제한다면, 차분하고 기뻐하며 좋아하고 즐겁게 되니, 이것은 악
(樂)을 통해 예(禮)를 조화롭게 하는 것이다. 악(樂)에 따라 채우더라도 절도
를 얻어 이를 통해 그칠 줄 안다면, 여유롭고 화평하며 알맞아서 편안하게

鄭注 斯須, 猶須臾也. 子, 讀如不子之子. 諒, 信也. 油然, 物始生好美貌. 躬, 身也. 極, 至也. 理, 謂言行也. 塞, 充滿也. 減, 猶倦也. 盈, 猶溢也. 樂以統情, 禮以理行. 人之情有溢而行有倦, 倦而進之, 以能進者爲文. 溢而使反, 以能反者爲文. 文, 謂才美. 報, 皆當爲襃, 聲之誤.

번역 '사수(斯須)'는 잠시[須臾]라는 뜻이다. '자(子)'자는 "자식처럼 사랑하지 않는다."라고 할 때의 '자(子)'자처럼 해석한다. '양(諒)'자는 신의[信]를 뜻한다. '유연(油然)'은 사물이 처음으로 생겨날 때 나타나는 좋은 모습을 뜻한다. '궁(躬)'은 몸[身]을 뜻한다. '극(極)'자는 "～에 이르다[至]."는 뜻이다. '이(理)'는 사람의 언행을 뜻한다. '색(塞)'은 충만하다는 뜻이다. '감(減)'자는 고달프다는 뜻이다. '영(盈)'자는 넘친다는 뜻이다. 악(樂)으로는 정감을 통솔하고 예(禮)로는 행실을 다스린다. 사람의 정감에는 넘치는 점이 있고 행실에는 고달픈 점이 있지만, 고달프면서도 나아가니 나아갈 수 있음을 문(文)으로 삼는다. 또 넘치면서도 되돌릴 수 있으니, 되돌릴 수 있음을 문(文)으로 삼는다. '문(文)'은 재질의 아름다움을 뜻한다. '보(報)'자는 모두 나아간다는 뜻의 '포(襃)'자로 풀이해야 하니, 소리가 비슷해서 생긴 오류이다.

釋文 易, 以豉反, 下同. 子, 如字, 徐將吏反, 及下注同. 諒音亮, 下同. 油音由. 樂樂, 並音洛, 下"不樂"同. 爭, 爭鬪之爭. 煇音輝. 行, 下孟反, 下"理行"・"而行"皆同. 而措, 本又作錯, 七故反. 減, 胡斬反, 又古斬反, 下同. 銷音消. 報, 依注音襃, 保毛反, 下音同.

번역 '易'자는 '以(이)'자와 '豉(시)'자의 반절음이며, 아래문장에 나오는 글자도 그 음이 이와 같다. '子'자는 글자대로 읽는데, 서음(徐音)은 '將(장)'자와 '吏(리)'자의 반절음이고, 아래 정현의 주에 나오는 글자도 그 음이

되니, 이것은 예(禮)를 통해 악(樂)을 조절하는 것이다. 예악은 서로를 필요로 하며 함께 사용되고, 한결같이 지나치거나 모자람도 없는 알맞음으로 귀결되어, 사리의 합당함에 맞기 때문에, '예(禮)'의 보답함과 악(樂)의 되돌림은 그 의미가 동일하다.'라고 했다."라는 뜻이다.

이와 같다. '諒'자의 음은 '亮(량)'이며, 아래문장에 나오는 글자도 그 음이 이와 같다. '油'자의 음은 '由(유)'이다. '樂樂'에서 두 개의 '樂'자는 그 음이 모두 '洛(낙)'이며, 아래문장에 나오는 '不樂'에서의 '樂'자도 그 음이 이와 같다. '爭'자는 '쟁투(爭鬪)'라고 할 때의 '爭'이다. '煇'자의 음은 '輝(휘)'이다. '行'자는 '下(하)'자와 '孟(맹)'자의 반절음이며, 아래문장에 나오는 '理行'과 '而行'에서의 '行'자도 모두 그 음이 이와 같다. '而措'에서의 '措'자는 판본에 따라서 또한 '錯'자로도 기록하는데, 그 음은 '七(칠)'자와 '故(고)'자의 반절음이다. '減'자는 '胡(호)'자와 '斬(참)'자의 반절음이고, 또한 '古(고)'자와 '斬(참)'자의 반절음도 되며, 아래문장에 나오는 글자도 그 음이 이와 같다. '銷'자의 음은 '消(소)'이다. '報'자는 정현의 주에 따르면 그 음이 '褒'이니, '保(보)'자와 '毛(모)'자의 반절음이고, 아래문장에 나오는 글자도 그 음이 이와 같다.

孔疏 ●"君子"至"一也". ○正義曰: 此一節已具於樂記, 但記者別人, 故於此又記之, 其義已具在樂記故於此不繁文也.

번역 ●經文: "君子"~"一也". ○이 문단은 이미 『예기』「악기(樂記)」편에 기록되어 있는데, 단지 『예기』를 기록한 자가 편마다 각각 달라서 이곳에도 재차 기록한 것이며, 그 의미에 대해서는 이미 「악기」편에서 모두 설명을 했기 때문에, 이곳에서는 재차 설명하지 않는다.

訓纂 說文: 煇, 光也.

번역 『설문』에서 말하길, '휘(煇)'자는 빛난다는 뜻이다.

集解 說已見樂記.

번역 설명은 이미 『예기』「악기(樂記)」편에서 했다.

『예기』「악기」	『예기』「제의」
君子曰, "禮樂不可斯須去身." 致樂以治心, 則易直子諒之心油然生矣. 易直子諒之心生則樂, 樂則安, 安則久, 久則天, 天則神. 天則不言而信, 神則不怒而威, 致樂以治心者也.	君子曰, "禮樂不可斯須去身." 致樂以治心, 則易直子諒之心油然生矣. 易直子諒之心生則樂, 樂則安, 安則久, 久則天, 天則神. 天則不言而信, 神則不怒而威, 致樂以治心者也.
致禮以治躬則莊敬, 莊敬則嚴威. 心中斯須不和不樂, 而鄙詐之心入之矣. 外貌斯須不莊不敬, 而易慢之心入之矣.	致禮以治躬則莊敬, 莊敬則嚴威. 心中斯須不和不樂, 而鄙詐之心入之矣. 外貌斯須不莊不敬, 而慢易之心入之矣.
故樂也者, 動於內者也. 禮也者, 動於外者也. 樂極和, 禮極順, 內和而外順, 則民瞻其顏色而弗與爭也, 望其容貌而民不生易慢焉. 故德煇動於內而民莫不承聽, 理發諸外而民莫不承順. 故曰, "致禮樂之道, 舉而錯之天下無難矣."	故樂也者, 動於內者也. 禮也者, 動於外者也. 樂極和, 禮極順, 內和而外順, 則民瞻其顏色而不與爭也, 望其容貌而衆不生慢易焉. 故德煇動乎內而民莫不承聽, 理發乎外而衆莫不承順. 故曰, "致禮樂之道, 而天下塞焉, 舉而措之無難矣."
樂也者, 動於內者也. 禮也者, 動於外者也. 故禮主其減, 樂主其盈. 禮減而進, 以進爲文; 樂盈而反, 以反爲文. 禮減而不進則銷, 樂盈而不反則放, 故禮有報而樂有反. 禮得其報則樂, 樂得其反則安. 禮之報, 樂之反, 其義一也.	樂也者, 動於內者也. 禮也者, 動於外者也. 故禮主其減, 樂主其盈. 禮減而進, 以進爲文; 樂盈而反, 以反爲文. 禮減而不進則銷, 樂盈而不反則放, 故禮有報而樂有反. 禮得其報則樂, 樂得其反則安. 禮之報, 樂之反, 其義一也.

• 제24절 •

증자(曾子)가 설명한 효(孝)의 의미

【565c】

曾子曰, "孝有三. 大孝尊親, 其次弗辱, 其下能養." 公明儀
問於曾子曰, "夫子可以爲孝乎?" 曾子曰, "是何言與? 是何
言與? 君子之所謂孝者, 先意承志, 諭父母於道. 參直養者
也, 安能爲孝乎?"

직역 曾子가 曰, "孝에는 三이 有하다. 大孝는 親을 尊하고, 그 次는 辱을 弗하
며, 그 下는 能히 養이라." 公明儀가 曾子에게 問하여 曰, "夫子를 可히 孝라 爲합니
까?" 曾子가 曰, "是는 何言이오? 是는 何言이오? 君子가 孝라 謂한 所의 者는 意에
先하여 志를 承하고, 父母를 道에서 諭라. 參은 直히 養하는 者이니, 安히 能히
孝라 爲리오?"

의역 증자는 "효에는 세 단계가 있다. 가장 위대한 효는 부모를 존숭하는 것이
고, 그 다음 수준은 부모를 욕되게 하지 않는 것이며, 가장 낮은 수준은 봉양만
잘하는 것이다."라고 했다. 그러자 공명의는 증자에게 질문하며, "그렇다면 선생님
께서는 효를 한다고 하실 수 있습니까?"라고 했다. 증자는 "이 무슨 말인가, 이
무슨 말인가? 군자가 말하는 효는 부모의 뜻에 앞서 그 의지를 계승하고, 도리를
통해서 부모를 깨우치도록 하는 것이다. 나는 그저 봉양만 하는 자인데 어떻게 효
를 한다고 할 수 있겠는가?"라고 대답했다.

集說 大孝尊親, 嚴父配天也. 公明儀, 曾子弟子.

번역 "대효는 부모를 존숭한다."는 말은 부모를 존엄하게 여겨서 하늘

에 배향하는 것이다.1) '공명의(公明儀)'는 증자의 제자이다.

大全 馬氏曰: 先意, 所以閑其邪, 承志, 所以成其美, 此所以諭父母於道.

번역 마씨가 말하길, 부모의 뜻보다 앞서서 깨우치는 것은 삿됨을 막는 것이며, 부모의 의지를 계승하는 것은 미덕을 완성하는 것이니, 이것이 바로 도리를 통해서 부모를 깨우치도록 하는 것이다.

大全 西山眞氏曰: 父母之意未形, 而能逆之於其先, 父母之志已形, 而能承之於其後, 非深於孝愛以父母之心爲心者, 不能. 諭者, 開說曉譬之謂, 爲人子者, 平時能以理開曉其親, 置之無過之地, 猶臣之事君格其非心, 而引之當道也. 其視有過而後諫者, 功相百矣, 故君子猶難之.

번역 서산진씨2)가 말하길, 부모의 뜻은 아직 드러나지 않았지만 그보다 먼저 맞이할 수 있고, 부모의 의지는 이미 드러났으니, 그 이후에 계승할 수 있는데, 이것은 효와 친애함이 깊어서 부모의 마음을 자신의 마음으로 삼는 자가 아니라면 할 수 없다. '유(諭)'는 말을 하여 깨우친다는 뜻이니, 자식된 자는 평상시에 이치를 통해 부모의 뜻을 깨우칠 수 있고, 허물이 없는 곳으로 인도하니, 신하가 군주를 섬길 때 그릇된 마음을 바로잡고 합당한 도리로 인도하는 것과 같다. 허물이 있는 것을 본 뒤에야 간언을 하는 것은 더 많은 노력이 들기 때문에 군자도 오히려 어렵다고 여겼다.

鄭注 公明儀, 曾子弟子.

---

1) 『효경』「성치장(聖治章)」: 子曰, 天地之性人爲貴. 人之行莫大於孝, 孝莫大於嚴父. 嚴父莫大於配天, 則周公其人也.
2) 서산진씨(西山眞氏, A.D.1178~A.D.1235): =건안진씨(建安眞氏)·진덕수(眞德秀). 남송(南宋) 때의 성리학자이다. 자(字)는 경원(景元)이고, 호(號)는 서산(西山)이다. 저서로는 『독서기(讀書記)』, 『사서집론(四書集論)』, 『경연강의(經筵講義)』 등이 있다.

번역   '공명의(公明儀)'는 증자의 제자이다.

釋文   養, 羊尙反, 後皆同. 與音餘. 先, 悉薦反. 參, 徐所材反.

번역   '養'자는 '羊(양)'자와 '尙(상)'자의 반절음이며, 이후에 나오는 이 글자는 그 음이 모두 이와 같다. '與'자의 음은 '餘(여)'이다. '先'자는 '悉(실)'자와 '薦(천)'자의 반절음이다. '參'자의 서음(徐音)은 '所(소)'자와 '材(재)'자의 반절음이다.

孔疏   ●"曾子"至"禮終". ○正義曰: 此一節以下至"可謂孝矣", 廣明爲孝子之事, 今各依文解之.

번역   ●經文: "曾子"~"禮終". ○이곳 문단으로부터 그 이하로 "효라고 할 수 있다."[3]라는 구문까지는 효자의 사안에 대해서 폭넓게 나타내고 있으니, 각각의 문장에 따라서 풀이하겠다.

孔疏   ●"孝有三"者, 大孝尊親, 一也, 卽是下文云"大孝不匱", 聖人爲天子者也. 尊親, 嚴父配天也.

번역   ●經文: "孝有三". ○"대효는 부모를 존숭하는 것이다."는 말이 첫 번째 효로, 아래문장에서 "대효는 모자람이 없는 것이다."[4]라고 한 말에

---

3) 『예기』「제의」【567d~568a】: 樂正子春下堂而傷其足, 數月不出, 猶有憂色. 門弟子曰, "夫子之足瘳矣, 數月不出, 猶有憂色, 何也?" 樂正子春曰, "善如爾之問也, 善如爾之問也. 吾聞諸曾子, 曾子聞諸夫子曰, '天之所生, 地之所養, 無人爲大. 父母全而生之, 子全而歸之, 可謂孝矣. 不虧其體, 不辱其身, 可謂全矣. 故君子頃步而弗敢忘孝也.' 今予忘孝之道, 予是以有憂色也. 壹擧足而不敢忘父母, 壹出言而不敢忘父母. 壹擧足而不敢忘父母, 是故道而不徑, 舟而不游, 不敢以先父母之遺體行殆. 壹出言而不敢忘父母, 是故惡言不出於口, 忿言不反於身. 不辱其身, 不羞其親, <u>可謂孝矣</u>."

4) 『예기』「제의」【567b~c】: 孝有三. 小孝用力, 中孝用勞, <u>大孝不匱</u>. 思慈愛忘勞, 可謂用力矣. 尊仁安義, 可謂用勞矣. 博施備物, 可謂不匱矣. 父母愛之, 喜而弗忘. 父母惡之, 懼而無怨. 父母有過, 諫而不逆. 父母旣沒, 必求仁者之粟以

해당하니, 성인(聖人)이면서 천자의 자리에 오른 자에 해당한다. 부모를 존숭하는 것은 부모를 존엄하게 여겨서 하늘에 배향한다는 뜻이다.

孔疏 ●"其次弗辱", 二也, 謂賢人爲諸侯及卿大夫士也, 各保社稷宗廟祭祀, 不使傾危以辱親也. 卽與下文"中孝用勞" 亦爲一也.

번역 ●經文: "其次弗辱". ○두 번째 효이니, 현자로 제후에 오르거나 경·대부·사가 된 자들에 해당하며, 그들은 각각 사직과 종묘의 제사를 수호하여, 위태롭게 만들어서 부모를 욕되게 하지 않는다. 이것은 곧 아래문장에서 "중효는 수고를 아끼지 않는 것이다."[5]라고 한 말과 동일한 뜻이다.

孔疏 ●"其下能養", 三也, 謂庶人也, 與下文云"小孝用力"爲一. 能養, 謂用天分地, 以養父母也.

번역 ●經文: "其下能養". ○세 번째 효이니, 서인들을 뜻하며, 아래문장에서 "소효는 단순히 힘만 쓰는 것이다."[6]라고 한 말과 동일한 뜻이다. 잘 봉양한다는 것은 하늘의 길을 이용하고 땅의 이로움을 구분하여 부모를 봉양한다는 뜻이다.[7]

孔疏 ●"先意承志, 諭父母於道"者, "先意", 謂父母將欲發意, 孝子則預前逆知父母之意而爲之, 是先意也. "承志", 謂父母已有志, 己當承奉而行之.

祀之, 此之謂禮終.

5) 『예기』「제의」【567b~c】: 孝有三. 小孝用力, <u>中孝用勞</u>, 大孝不匱. 思慈愛忘勞, 可謂用力矣. 尊仁安義, 可謂用勞矣. 博施備物, 可謂不匱矣. 父母愛之, 喜而弗忘. 父母惡之, 懼而無怨. 父母有過, 諫而不逆. 父母既沒, 必求仁者之粟以祀之, 此之謂禮終.

6) 『예기』「제의」【567b~c】: 孝有三. <u>小孝用力</u>, 中孝用勞, 大孝不匱. 思慈愛忘勞, 可謂用力矣. 尊仁安義, 可謂用勞矣. 博施備物, 可謂不匱矣. 父母愛之, 喜而弗忘. 父母惡之, 懼而無怨. 父母有過, 諫而不逆. 父母既沒, 必求仁者之粟以祀之, 此之謂禮終.

7) 『효경』「서인장(庶人章)」: 用天之道. 分地之利. 謹身節用, 以養父母. 此庶人之孝也.

"諭父母於道"者, 或在父母意前, 或在父母意後, 皆曉諭父母, 將歸於正道也.

번역 ●經文: "先意承志, 諭父母於道". ○'선의(先意)'는 부모가 바라는 것에 따라 뜻을 나타내려고 할 때, 자식이 그 보다 앞서서 부모의 뜻을 깨닫고 시행하는 것을 뜻하니, 이것이 바로 "뜻보다 앞선다."는 의미이다. '승지(承志)'는 부모에게 이미 어떠한 의지가 있다면, 본인은 마땅히 그것을 받들어서 시행해야 한다는 뜻이다. 경문의 "諭父母於道"에 대하여. 부모의 뜻보다 앞서 시행하고 또는 부모의 의지가 나타난 이후에 시행하더라도 이 모두는 부모에 대해 깨우쳐서 올바른 도리로 귀의하는 것이다.

集解 黃氏裳曰: 自天子至庶人, 孝道有三. 立身行道, 有大功大德, 俾人頌美其先而尊重之, 上也. 生事葬祭之以禮, 全父母遺體, 沒身無毁者, 次也. 事父母盡其色養者, 下也.

번역 황상이 말하길, 천자로부터 서인에 이르기까지 효도에는 세 종류가 있다. 자신을 바로 세우고 도를 시행하여 큰 공덕을 세워서, 다른 사람들로 하여금 그의 선조를 칭송하고 존숭하게 만드는 것이 상등이다. 살아계실 때 예에 따라 섬기고 장례를 치르거나 제사를 치를 때에도 예에 따라 치르며, 부모가 물려주신 몸을 온전히 하여 죽을 때까지 훼손시킴이 없는 것이 그 다음 등급이다. 부모를 섬길 때 얼굴빛을 온화하게 해서 섬기는 것이 하등이다.

集解 愚謂: 下文言"小孝用力, 中孝用勞, 大孝不匱", 以位之尊卑而異者也. 此言"大孝尊親, 其次弗辱, 其次能養", 以行之優劣而分者也. 蓋大孝之極, 非天子之博施備物, 固不足以盡之, 然卽大夫士而言, 其孝亦未嘗不有大小焉. 亨熟羶薌, 嘗而薦之, 此僅能養而已者也. 使國人稱願然, 曰"幸哉有子如此", 此則能尊親者也.

번역 내가 생각하기에, 아래문장에서는 "소효는 역(力)을 쓰고, 중효는 노(勞)를 쓰며, 대효는 결핍되지 않는다."라고 했는데, 이것은 지위의 차등에 따른 차이이다. 이곳에서는 "대효는 부모를 존숭하고, 그 다음은 욕되게 하지 않으며, 그 다음은 잘 봉양한다."라고 했는데, 이것은 행실의 우열에 따른 구분이다. 대효의 지극함에 있어서 천자처럼 널리 베풀고 모든 사물을 갖출 수 있는 자가 아니라면 진실로 다하기에 부족하지만, 대부와 사의 입장에서 말을 해본다면, 그들의 효에도 일찍이 대소의 구분이 없었던 적이 없다. 삶고 익힌 음식을 바치고 희생물의 지방과 곡물을 태우며, 음식을 맛보고 바치는 것은 단지 잘 봉양하는 것에만 해당할 따름이다. 나라 사람들로 하여금 칭송하도록 만들어서, "그 부모는 참으로 행복하겠구나, 그와 같은 자식을 두었으니."라고 한다면 이것은 부모를 존숭할 수 있는 자이다.

集解 諭, 猶曉也. 善承父母之意, 能諭之於道, 蓋非大舜之得親順親不足以當此. 直, 但也.

번역 '유(諭)'자는 "깨우치다[曉]."는 뜻이다. 부모의 뜻을 잘 받들면서도, 도를 통해 부모를 잘 깨우치게 할 수 있다는 뜻이니, 순임금처럼 부모의 뜻에 따르고 순종하는 자가 아니라면 이처럼 할 수 없다. '직(直)'자는 단지[但]라는 뜻이다.

【565d】

曾子曰, "身也者, 父母之遺體也. 行父母之遺體, 敢不敬乎? 居處不莊, 非孝也. 事君不忠, 非孝也. 涖官不敬, 非孝也. 朋友不信, 非孝也. 戰陳無勇, 非孝也. 五者不遂, 菑及於親, 敢不敬乎?"

직역 曾子가 曰, "身이라는 者는 父母의 遺體이다. 父母의 遺體를 行함에, 敢히 不敬이리오? 居處에 不莊함은 孝가 非이다. 君을 事함에 不忠함은 孝가 非이다. 官에 涖함에 不敬함은 孝가 非이다. 朋友에 不信함은 孝가 非이다. 戰陳에 勇이

無함은 孝가 非이다. 五者를 不遂하면 烖가 親에게 及하니, 敢히 不敬이리오?"

의역 증자는 "자신의 몸은 부모가 물려주신 몸이다. 따라서 부모가 물려주신 몸을 가지고 행동함에 있어서 어찌 감히 공경스럽지 않을 수 있겠는가? 따라서 거처할 때 장중하게 행동하지 않는 것은 효가 아니다. 군주를 섬길 때 충심을 다하지 않는 것은 효가 아니다. 관직에 임하여 공경스럽게 행동하지 않는 것은 효가 아니다. 벗 사이에서 신의를 지키지 않는 것은 효가 아니다. 전쟁에 임하여 용맹하게 행동함이 없는 것은 효가 아니다. 이러한 다섯 가지를 제대로 이루지 못하면, 재앙이 부모에게까지 미치니, 어찌 감히 공경스럽지 않을 수 있겠는가?"라고 했다.

集說 承上文弗辱與養而言. 此五者, 皆足以辱親, 故曰烖及於親.

번역 앞 문장에서 욕되게 하지 않고 봉양한다고 했던 뜻을 이어서 말한 것이다. 이러한 다섯 가지는 모두 부모를 욕되게 하기에 충분하다. 그렇기 때문에 "재앙이 부모에게 미친다."라고 말한 것이다.

大全 延平周氏曰: 居處莊, 禮也. 事君忠, 涖官敬, 義也. 朋友信, 信也. 戰陳勇, 强也. 凡此五者皆遂, 則烖不及其身, 烖不及其身, 則是不及其親, 蓋吾之身, 即父母之身也. 居處莊者, 愼其獨者也. 能愼其獨, 故以之在上, 則事君忠, 涖官敬, 以之在下, 則友信戰陳者, 非君子之先務, 故其序如此.

번역 연평주씨가 말하길, 거처함에 장중하게 행동하는 것은 예(禮)에 해당한다. 군주를 섬길 때 충심을 다하고 관직에 임하여 공경스럽게 행동하는 것은 의(義)에 해당한다. 벗 사이에서 신의를 지키는 것은 신(信)에 해당한다. 전쟁에 임하여 용맹하게 행동하는 것은 강(强)에 해당한다. 무릇 이러한 다섯 가지 것들을 모두 이루게 된다면 재앙이 자신에게 미치지 않고, 재앙이 자신에게 미치지 않는다면 부모에게도 미치지 않으니, 나의 몸은 곧 부모가 물려주신 몸이기 때문이다. 거처함에 장중하게 행동하는 것은 홀로 있을 때 삼가는 것이다. 홀로 있을 때 삼갈 수 있기 때문에 이것을 가장 앞에 나열한 것이고, 군주를 섬길 때 충심을 다하고 관직에 임하여 공경스럽게 행동하는 것은 그 뒤에 나열하였으니, 벗 사이에서 신의를 지키고 전쟁에 임하여 용맹하게 행동하는 것은 군자가 우선순위로 삼는 것이 아니다. 그렇기 때문에 순서가 이와 같다.

鄭注 遂, 猶成也.

번역 '수(遂)'자는 "완성하다[成]."는 뜻이다.

釋文 莅音利, 又音類, 本又作涖. 陳, 直覲反. 烖音災. "於親", 本又作"灾及於身".

번역 '莅'자의 음은 '利(리)'이며, 또한 '類(류)'도 되는데, 판본에 따라서는 또한 '涖'자로도 기록한다. '陳'자는 '直(직)'자와 '覲(근)'자의 반절음이다. '烖'자의 음은 '災(재)'이다. '於親'은 판본에 따라서 또한 '灾及於身'이라고도 기록한다.

孔疏 ●"五者不遂, 灾及於親, 敢不敬乎"者, 遂, 猶成也. 若行在上五者事不成, 其如是, 灾害必及親, 所以爲非孝. 然則君子於上五者, 豈敢不敬而承之者乎?

번역 ●經文: "五者不遂, 灾及於親, 敢不敬乎". ○'수(遂)'자는 "완성하다[成]."는 뜻이다. 만약 자신의 행실이 앞서 기술한 다섯 가지 사안을 완성시키지 못한다면, 이와 같은 경우에는 재해가 반드시 부모에게까지 미치니, 효가 아니게 된다. 그러므로 군자는 이러한 다섯 가지 사안에 대해서 어찌 공경스럽게 받들지 않을 수 있겠는가?

集解 方氏慤曰: 身者, 父母之遺體, 五者不遂, 則烖及其身, 烖及其身, 是及其親也, 豈孝也哉?

번역 방각이 말하길, 몸은 부모가 물려준 것이니, 다섯 가지 사안을 이

루지 못한다면 재앙이 자신에게 미치고, 재앙이 자신에게 미치면 이것은
자신의 부모에게도 미치게 하는 것이니, 어찌 효라 할 수 있겠는가?

【566a~b】

> "亨孰羶薌, 嘗而薦之, 非孝也, 養也. 君子之所謂孝也者, 國
> 人稱願然曰, '幸哉有子如此.' 所謂孝也已. 衆之本教曰孝, 其
> 行曰養. 養可能也, 敬爲難. 敬可能也, 安爲難. 安可能也, 卒
> 爲難. 父母旣沒, 愼行其身, 不遺父母惡名, 可謂能終矣. 仁者
> 仁此者也, 禮者履此者也, 義者宜此者也, 信者信此者也, 强
> 者强此者也. 樂自順此生, 刑自反此作."

직역 "亨孰羶薌하고 嘗하여 薦함은 孝가 非이며, 養이다. 君子가 孝라 謂한
所의 者는 國人이 稱願하여 然曰, '幸哉라 子를 有하길 此와 如라.' 孝라 謂한 所일
뿐이다. 衆의 本教를 孝라 曰하며, 그 行을 養이라 曰한다. 養은 可히 能이나,
敬은 難이 爲한다. 敬은 可히 能이나, 安은 難이 爲한다. 安은 可히 能이나, 卒은
難이 爲한다. 父母가 旣히 沒이라도, 그 身을 愼行하여, 父母에게 惡名을 不遺함은
可히 能히 終이라 謂한다. 仁者는 此를 仁하는 者이며, 禮者는 此를 履하는 者이고,
義者는 此를 宜하는 者이며, 信者는 此를 信하는 者이고, 强者는 此를 强하는 者이
다. 樂은 此를 順함으로 自하여 生하고, 刑은 此를 反함으로 自하여 作한다."

의역 증자가 계속하여 말하길, "삶고 익힌 음식을 바치고 희생물의 지방과 곡
물을 태우며, 음식을 맛보고 바치는 것은 효(孝)가 아니며 봉양[養]이다. 군자가
말하는 효(孝)라는 것은 나라 사람들이 칭송하고 흠모하며, '그 부모는 참으로 행복
하겠구나, 그와 같은 자식을 두었으니.'라고 말하게 되어야만 효라고 할 수 있을
따름이다. 백성들을 가르치는 근본을 효라고 부르며, 그것을 시행하는 것을 봉양이
라고 부른다. 봉양이라는 것은 비교적 수월하게 할 수 있지만 공경을 시행하기는
어렵다. 또 공경은 비교적 수월하게 할 수 있지만 편안하게 여기며 시행하는 것은
어렵다. 편안하게 여기며 시행하는 것은 비교적 수월하게 할 수 있지만 본인이 죽

을 때까지 지속적으로 시행하는 것은 어렵다. 부모가 이미 돌아가셨더라도 자신의 행실을 신중히 하여, 부모에게 오명을 끼쳐서는 안 되니, 이처럼 하는 것을 끝까지 잘한다고 할 수 있다. 인(仁)이라는 것은 친애한 마음으로 효를 시행하는 것이다. 예(禮)는 효를 실천하는 것이다. 의(義)는 효를 합당하게 시행하는 것이다. 신(信)은 신의를 가지고 효를 시행하는 것이다. 강(强)은 효를 굳건하게 시행하는 것이다. 즐거움이란 이러한 것들을 따르는 것으로부터 생겨나고, 형벌은 이러한 것들을 거스르는 것으로부터 만들어진다."라고 했다.

集說 願, 猶羨也. 稱願, 稱揚羨慕也. 然, 猶而也. 孝經曰, "夫孝, 德之本也, 敎之所由生也." 衆之本敎曰孝, 亦此意, 言孝爲敎衆之本也. 其行曰養, 行, 猶用也, 言用之於奉養之間也. 安爲難者, 謂非勉强矯拂之敬也. 卒爲難者, 謂不特終父母之身, 孝子亦自終其身也. 能終, 卽說上文"卒"字. 仁者仁此者也以下, 凡七"此"字, 皆指孝而言也.

번역 '원(願)'자는 "부러워한다[羨]."는 뜻이다. '칭원(稱願)'은 칭송하며 흠모한다는 뜻이다. '연(然)'자는 '이(而)'자와 같다.『효경』에서는 "효는 덕의 근본이며, 가르침이 생겨나오는 바탕이다."[8]라고 했다. "백성들이 근본으로 삼는 가르침을 효(孝)라고 부른다."고 한 말도 이러한 뜻이니, 효는 백성들을 가르치는 근본이라는 의미이다. "그 행(行)을 양(養)이라고 부른다."라고 했는데, '행(行)'자는 "사용한다[用]."는 뜻이니, 봉양하는 때에 사용한다는 의미이다. "편안하게 하는 것이 어렵다."는 말은 억지로 시행하며 자신의 뜻과 상반되게 시행하는 공경이 아니라는 의미이다. "끝까지 하는 것이 어렵다."는 말은 단지 부모가 돌아가실 때까지만 하는 것이 아니라, 자식 본인이 죽을 때까지 시행한다는 뜻이다. '능종(能終)'은 앞에서 말한 '졸(卒)'자의 뜻을 설명한 것이다. '인자인차자야(仁者仁此者也)'라는 구문으로부터 그 이하의 구문에 나온 7개의 '차(此)'자는 모두 효(孝)를 가리켜서 한 말이다.

---

8)『효경』「개종명의장(開宗明義章)」: 子曰, <u>夫孝德之本也. 敎之所由生也.</u> 復坐吾語汝.

大全 嚴陵方氏曰: 亨言天産, 故其臭爲羶. 孰言地産, 故其臭爲薌. 嘗旨否而後薦之, 是孝之一端而已. 稱者, 口稱其所爲, 願者, 志願其如此, 此則予之之詞也. 幸哉有子如此, 言其有子如此, 乃父母之幸也. 孝者, 盡子道而已. 人言如此, 故曰所謂孝也已. 已則言其盡於此也. 敎亦多術矣, 特爲之本者孝也, 故曰衆之本敎曰孝. 孝經云, 夫孝德之本也, 敎之所由生也, 正謂是矣. 論語曰, 至於犬馬, 皆能有養, 不敬, 何以別乎, 故曰敬爲難. 揚子曰, 孝莫大於寧親, 故曰安爲難. 孝經曰, 立身行道, 揚名於後世, 以顯父母, 孝之終也, 故曰卒爲難. 哀公問曰, 君子也者人之成名也, 百姓歸之名謂君子之子, 是使其親爲君子也, 是成其親之名也已, 故曰父母旣沒, 愼行其身, 不遺父母惡名, 可謂能終矣. 夫孝旣爲德之本, 故仁非仁於孝, 不足以爲仁之德, 禮非履於孝, 不足以爲禮之德. 以至義也信也强也, 亦若此而已.

번역 엄릉방씨가 말하길, 형(亨)은 하늘이 낳아준 산물에 해당한다. 그렇기 때문에 그 냄새는 전(羶)이 된다. 숙(孰)은 땅이 길러준 산물에 해당한다. 그렇기 때문에 그 냄새는 향(薌)이 된다. 맛을 보고 맛이 있는지 없는지를 가늠한 뒤에야 바치는 것은 효(孝)의 한 부분일 따름이다. '칭(稱)'은 입으로 그가 시행한 것을 칭송하는 것이며, '원(願)'은 뜻이 이와 같은 것을 원하는 것이니, 이것은 남이 그에게 부여하는 말에 해당한다. "그 부모는 참으로 행복하겠구나, 그와 같은 자식을 두었으니."라는 말은 이와 같은 자식을 둔 것은 부모의 행복이라는 뜻이다. 효(孝)라는 것은 자식의 도리를 다하는 것일 따름이다. 사람들이 이처럼 말하기 때문에 "이른바 효라는 것일 뿐이다."라고 말한 것이다. '이(已)'자는 이러한 일들에 대해서 모두 다한다는 뜻이다. 가르침에는 다양한 방법이 있는데, 특히 그것의 근본이 되는 것은 효이다. 그렇기 때문에 "많은 것들 중 근본적인 가르침을 효라고 부른다."라고 했다.『효경』에서 "효는 덕의 근본이며, 가르침이 생겨나오는 바탕이다."라고 한 말이 바로 이러한 뜻을 나타낸다.『논어』에서는 "개나 말에 있어서도 모두 잘 봉양한다고 할 수 있으니, 공경스럽지 못하다면 무엇을 가지고 구별하겠는가?"[9]라고 했기 때문에 "공경이 어렵다."라고 했다. 양웅은 "효는 부모를 편안히 모시는 것보다 큰 것이 없다."라고 했다. 그렇기 때문에 "편안히 함이 어렵다."라고 했다. 『효경』에서는 "자신을 수립하고 도를 시행하여 후세에 이름을 떨쳐서 부모를 영광스럽게 하는 것이 효의 끝이다."10)라고 했다. 그렇기 때문에 "끝내는 것이 어렵다."라고 했다. 『예기』「애공문(哀公問)」편에서는 "군자(君子)라는 것은 남이 붙여주는 명칭이니, 백성들이 그에게 명칭을 붙여주며 군자의 자식이라고 한다면, 이것은 자신의 부모를 군자로 만드는 것이니, 이것은 부모의 이름을 완성하는 것일 뿐입니다."11)라고 했다. 그렇기 때문에 "부모가 돌아가셨더라도 자신의 행실을 신중히 하여 부모에게 오명을 끼치지 않아야만 잘 끝맺었다고 부른다."라고 한 것이다. 효는 덕의 근본이 되기 때문에 인(仁)에 있어서 효에 따른 친애함이 아니라면, 인(仁)의 덕이라 하기에는 부족하고, 예(禮)에 있어서 효에 따른 실천이 아니라면 예(禮)의 덕이라 하기에는 부족하다. 의(義)·신(信)·강(強)에 있어서도 이와 같을 따름이다.

大全 石林葉氏曰: 孟子曰, 不得乎親, 不可以爲人, 不順乎親, 不可以爲子, 蓋誠身則能有得乎親, 是在我者也, 故爲人道, 唯有義. 誠身未能順親, 是非在我者也, 故爲子道, 唯有命. 以舜爲聖人, 猶以瞽瞍底豫爲難, 則國人稱願, 然曰辛哉有子如此, 君子亦不謂性也. 莊愼忠信, 災不及其親, 所謂能敬也. 不能安之則無以安其親, 先意承志, 諭父母於道, 所謂能安也. 不能卒之則無以盡大事, 愼終追遠, 所謂能卒之也. 一人之身, 物所爲備, 其先得者愛親, 此孝所以爲本也, 故仁以仁之則曰仁此者也, 禮以體之則曰履此者也, 義有理則曰宜此者也, 信不欺則曰信此者也, 强者不息則曰强此者也. 五者備矣, 强而不變已. 忘其倦則樂矣. 樂所以順此而生者也, 小人反是, 則入於刑, 刑由於反此而作也.

---

9) 『논어』「위정(爲政)」: 子游問孝. 子曰, "今之孝者, 是謂能養. <u>至於犬馬, 皆能有養, 不敬, 何以別乎?</u>"

10) 『효경』「개종명의장(開宗明義章)」: 立身行道, 揚名於後世, 以顯父母, 孝之終也.

11) 『예기』「애공문(哀公問)」【596b~c】: 公曰, "敢問何謂成親?" 孔子對曰, "<u>君子也者人之成名也. 百姓歸之名謂之君子之子, 是使其親爲君子也, 是爲成其親之名也已.</u>" 孔子遂言曰, "古之爲政, 愛人爲大. 不能愛人, 不能有其身. 不能安土. 不能安土, 不能樂天. 不能樂天, 不能成其身."

번역 석림섭씨가 말하길, 『맹자』는 "부모로부터 기쁨을 얻지 못하면 사람이라 할 수 없고, 부모를 도에 따르도록 할 수 없다면 자식이라 할 수 없다."[12]라고 했으니, 자신을 진실되게 한다면 부모로부터 기쁨을 얻을 수 있는데, 이것은 나에게 달린 문제이기 때문에 사람의 도리에는 의로움만 있을 뿐이다. 그러나 자신을 진실되게 하는 것으로는 부모를 도에 따르도록 할 수 없으니, 이것은 나에게 달려 있는 문제가 아니다. 그렇기 때문에 자식된 도리에는 천명이 있을 뿐이다. 순임금은 성인이었음에도 여전히 고수를 기쁘게 만드는 일을 어렵게 여겼으니,[13] 나라 사람들이 칭송을 하며, "그 부모는 참으로 행복하겠구나, 그와 같은 자식을 두었으니."라고 하는 것을 또한 군자는 본성이라고 부르지 않는다.[14] 장엄하고 신중하며 충심을 다하고 신의를 지키게 되면 재앙이 부모에게까지 미치지 않으니, "공경함을 잘 실천한다."라고 하는 것이다. 편안하게 시행할 수 없으면 부모를 편안하게 모실 수 없으니, 부모의 뜻을 먼저 헤아려서 그 의지를 계승하고, 부모를 도로 인도하는 것은 "편안하게 함을 잘한다."라고 하는 것이다. 끝까지 지속적으로 할 수 없다면 중대한 사안을 모두 다할 수 없으니, 끝남을 신중히 하고 추원하는 것은 "잘 마무리한다."라고 하는 것이다. 한 사람의 몸에는 모든 만물이 구비되어 있으니,[15] 부모의 뜻을 먼저 헤아리고 부모로부터 기쁨을 얻는 것은 부모를 친애하는 것이니, 이것이 효가 근본이 되는 이유이다. 그렇기 때문에 인(仁)으로써 친애한다면 "효를 친애롭게 시행한다."라고 부르는 것이고, 예(禮)로써 체득한다면 "효를 실천한다."라고 부르는 것이며, 의(義)에 이치를 갖춘다면 "효를 마땅하게 한다."라고 부르는 것이고, 신의를 갖추고 속이지 않는다면 "효를 신의롭게 시행한다."라고

---

12) 『맹자』「이루상(離婁上)」: 孟子曰, 天下大悅而將歸己, 視天下悅而歸己, 猶草芥也, 惟舜爲然. 不得乎親, 不可以爲人, 不順乎親, 不可以爲子.

13) 『맹자』「이루상(離婁上)」: 舜盡事親之道而瞽瞍底豫, 瞽瞍底豫而天下化, 瞽瞍底豫而天下之爲父子者定, 此之謂大孝.

14) 『맹자』「진심하(盡心下)」: 孟子曰, 口之於味也, 目之於色也, 耳之於聲也, 鼻之於臭也, 四肢於安佚也, 性也, 有命焉, 君子不謂性也.

15) 『맹자』「등문공상(滕文公上)」: 然則治天下獨可耕且爲與? 有大人之事, 有小人之事. 且一人之身, 而百工之所爲備, 如必自爲而後用之, 是率天下而路也.

부르는 것이며, 굳셈을 쉼 없이 실천한다면 "효를 굳세게 시행한다."라고 부르는 것이다. 다섯 가지를 구비하고 있으면 강압적으로 하더라도 변하게 할 수 없을 따름이다. 나태함을 잊게 되면 즐겁게 되니 즐거움은 이러한 것들을 따름으로써 생겨나는 것이다. 소인은 이와 반대로 하니, 형벌에 빠지게 되는데, 형벌은 이것을 반대로 시행하는 것으로부터 만들어진다.

鄭注 然, 猶如也.

번역 '연(然)'자는 '예를 들어[如]'라는 뜻이다.

釋文 亨, 普彭反. 薦, 將見反.

번역 '亨'자는 '普(보)'자와 '彭(팽)'자의 반절음이다. '薦'자는 '將(장)'자와 '見(견)'자의 반절음이다.

孔疏 ●"亨·熟·羶·薌, 嘗而薦之, 非孝也, 養也"者, 言亨·熟·羶·薌之美, 先自口嘗而後薦之父母. 此非孝也, 唯是供養.

번역 ●經文: "亨·熟·羶·薌, 嘗而薦之, 非孝也, 養也". ○삶고 익힌 음식을 바치고 희생물의 지방과 곡물을 태우는 것처럼 맛있는 제수들에 대해서는 먼저 입으로 그것들을 맛본 뒤에 부모에게 바친다는 뜻이다. 그러나 이것은 효가 아니며 단지 봉양을 하는 것일 뿐이다.

孔疏 ●"君子之所謂孝也者, 國人稱願然, 曰: 幸哉, 有子如此! 所謂孝也已"者, 言嘗薦美食, 但是養也, 非論孝子. 言若人將爲孝, 曰此子百行皆美, 一國之人稱揚羨願. 然曰如此, 是羨願之. 云: 此子父母有幸遇哉, 而有孝子如此! 所謂孝也已, 謂然而令人羨願如此, 乃所謂孝也.

번역 ●經文: "君子之所謂孝也者, 國人稱願然, 曰: 幸哉, 有子如此! 所謂孝也已". ○맛있는 음식을 먼저 맛보고 바치는 것은 단지 봉양에 해당하니,

효자에 대한 사안을 논의하는 것이 아니다. 즉 어떤 사람이 효를 시행하고자 할 때, 자식의 모든 행실이 아름답다고 말하여, 온 나라의 사람들이 그를 칭송하고 흠모한다는 뜻이다. 즉 이처럼 말하게 된다면 이것은 그를 흠모하는 것이다. 그리고 "이러한 자식이 있는 것은 부모에게 얼마나 다행인가, 이와 같은 효자가 있구나!"라고 말하게 되는데, 이것이 바로 효일 따름이니, 사람들로 하여금 이처럼 흠모하게 만들어야만 곧 효라고 할 수 있다는 의미이다.

孔疏 ●"衆之本教曰孝"者, 言孝爲衆行之根本, 以此根本而教於下, 名之曰孝16), 則孝經云"孝者德之本", 又云"教民親愛, 莫善於孝", 是衆行之根本以教於民, 故謂之孝也.

번역 ●經文: "衆之本教曰孝". ○효는 모든 행실의 근본이 되는데, 이러한 근본을 통해서 백성들을 가르치며, 이것을 '효(孝)'라고 불렀다는 뜻이다. 이것은 곧 『효경』에서 "효는 덕의 근본이다."라고 말한 뜻에 해당한다. 또 『효경』에서는 "백성들에게 친애함을 가르칠 때에는 효보다 좋은 것이 없다."17)라고 했는데, 이것은 모든 행실의 근본을 통해서 백성들을 가르친다는 뜻이다. 그렇기 때문에 '효(孝)'라고 부른다.

孔疏 ●"其行曰養"者, 言不能備孝之德, 其唯行奉上之禮, 但謂之養者也.

번역 ●經文: "其行曰養". ○효의 덕목을 갖출 수 없다면 이것은 단지 윗사람을 받드는 예법에만 해당하니, '양(養)'이라고만 부른다는 뜻이다.

---

16) '효(孝)'자에 대하여. '효'자 뒤에는 본래 '효(孝)'자가 중복 기록되어 있었는데, 완원(阮元)의 『교감기(校勘記)』에서는 "혜동(惠棟)의 『교송본(校宋本)』에는 '효'자가 중복 기록되어 있지 않고, 위씨(衛氏)의 『집설(集說)』에서도 동일하게 기록되어 있다. 따라서 이곳 판본에서는 잘못하여 '효'자를 중복 기록한 것이며, 『민본(閩本)』·『감본(監本)』에도 동일하게 중복 기록되어 있고, 『모본(毛本)』에는 '명지왈교효(名之曰教孝)'라고 기록되어 있는데, 이 또한 잘못된 기록이다."라고 했다.

17) 『효경』「광요도장(廣要道章)」: 子曰, <u>教民親愛, 莫善於孝</u>, 教民禮順, 莫善於悌.

孔疏 ●"養18)可能也, 敬爲難"者, 言供養父母可能爲也, 但尊敬父母是爲難也.

번역 ●經文: "養可能也, 敬爲難". ○부모를 봉양하는 일은 시행할 수 있지만, 부모를 존경하는 것은 어렵다는 뜻이다.

孔疏 ●"敬可能也, 安爲難"者, 其敬雖難, 猶可爲也, 但使父母安樂爲難也.

번역 ●經文: "敬可能也, 安爲難". ○공경하는 일이 비록 어렵다고 하더라도 여전히 상대적으로 수월하게 시행할 수 있다. 그러나 부모를 편안하고 즐겁게 만드는 일은 어렵다.

孔疏 ●"安可能也, 卒爲難"者, 卒, 終也, 父母在日, 使之安樂, 猶可能也; 但父母沒後, 終身行孝, 是爲難也.

번역 ●經文: "安可能也, 卒爲難". ○'졸(卒)'자는 마침[終]을 뜻하니, 부모가 생존해 계실 때 부모를 편안하고 즐겁게 만드는 일은 오히려 상대적으로 수월하게 시행할 수 있다. 그러나 부모가 돌아가신 이후 종신토록 효를 시행하는 것은 어렵다.

孔疏 ●"父母既沒, 愼行其身, 不遺父母惡名, 可謂能終矣"者, 解卒爲難之事. 其卒者, 謂父母既沒之後, 謹愼奉行其身, 恒在善道, 不遺與父母惡名. 孝子如此, 可謂能卒矣.

번역 ●經文: "父母既沒, 愼行其身, 不遺父母惡名, 可謂能終矣". ○"끝마칠 때까지 하는 일은 어렵다."는 사안을 풀이한 말이다. '졸(卒)'이라는 것은 부모가 돌아가신 이후에도 자신의 몸가짐을 신중하게 하며 공경스럽게 받

---

18) '양(養)'자에 대하여. '양'자 뒤에는 본래 '현(賢)'자가 기록되어 있었는데, 완원(阮元)의 『교감기(校勘記)』에서는 "'현'자는 잘못하여 연문으로 들어간 글자이다."라고 했다.

들어서 항상 선한 도리에 따르게 하여, 부모에게 오명을 끼쳐서는 안 된다
는 뜻이다. 자식이 이처럼 할 수 있다면 "잘 끝맺는다."라고 할 수 있다.

孔疏 ●"仁者仁此者也", 此, 謂孝也. 言欲行仁者, 先仁恩於此孝也. 言欲
行仁於外, 必須行仁恩於父母也. 故云"仁者仁此者也".

번역 ●經文: "仁者仁此者也". ○'차(此)'자는 효(孝)를 뜻한다. 즉 인
(仁)을 시행하고자 한다면 먼저 효의 실천에 대해서 인자하고 은혜롭게 해
야 한다는 뜻이다. 그리고 외적으로 인(仁)을 시행하고자 할 때에는 반드시
자신의 부모에 대해서 인자함과 은혜로움을 시행해야만 한다. 그렇기 때문
에 "인(仁)은 효에 대해서 인자하게 실천한다."라고 했다.

孔疏 ●"禮者履此者也", 履, 踐履也. 言欲行禮於外者, 必須履踐此孝者也.

번역 ●經文: "禮者履此者也". ○'이(履)'자는 실천한다는 뜻이다. 외적
으로 예(禮)를 시행하고자 할 때에는 반드시 효에 대해서 실천해야만 한다
는 뜻이다.

孔疏 ●"義者宜此者也", 言欲行義於外者, 必須得宜於此孝也. 行孝得宜,
乃可施義於外.

번역 ●經文: "義者宜此者也". ○외적으로 의(義)를 시행하고자 할 때에
는 반드시 효에 대해서 마땅함을 얻어야만 한다는 뜻이다. 효를 시행하며
마땅함을 얻는다면 곧 외적으로 의(義)를 베풀 수 있다.

孔疏 ●"信者信此者也", 言欲行誠信於外, 須誠信於孝道. 言行孝道誠信,
始可誠信於外.

번역 ●經文: "信者信此者也". ○외적으로 신의를 시행하고자 할 때에
는 반드시 효도에 대해서 신의를 가지고 시행해야 한다는 뜻이다. 즉 효도

를 시행하며 신의를 보이게 되면 비로소 외적으로 신의를 시행할 수 있다
는 의미이다.

孔疏 ●"强者强此者也", 言欲强盛於外者, 必須强盛於孝道. 言行孝道强
盛, 則能强盛於外.

번역 ●經文: "强者强此者也". ○외적으로 굳셈을 시행하고자 할 때에
는 반드시 효도에 대해서 굳세게 실천해야 한다는 뜻이다. 즉 효도를 굳세
게 실천하게 된다면 외적으로 굳세게 행동할 수 있다는 의미이다.

孔疏 ●"樂自順此生"者, 自, 由也. 言身之和樂, 由順從孝道而生. 若能順
從孝道, 則身和樂. "刑自反此作"者, 言身受刑戮, 由反此孝道而興作. 若違反
孝道, 則刑戮及身.

번역 ●經文: "樂自順此生". ○'자(自)'자는 '~로부터[由]'이다. 즉 자신
의 화락함은 효도에 순종함으로부터 생겨난다는 뜻이다. 만약 효도에 순종
할 수 있다면 자신이 화락하게 된다. 경문의 "刑自反此作"에 대하여. 본인
이 형벌을 받게 되는 것은 이러한 효도에 대해 거스르는 일로부터 발생하
게 된다는 뜻이다. 만약 효도를 위반하게 된다면 형벌이 자신에게 미치게
된다.

集解 愚謂: 衆之本敎曰孝, 言聖人之敎衆人, 其根本在於孝也. 其行曰養
者, 言孝之見於行事之實者謂之養也. 養固未足以盡孝, 而孝未有離乎養者,
故首以此言之, 而遞推之以及其至焉. 曰養・曰安・曰卒, 皆事親之事也, 卒
則守身之事也, 能以守身爲事親, 則其爲孝也大矣. "仁此"以下, 七"此"字, 皆
指孝而言. 仁・禮・義・信・强, 五者之德, 無所不在, 而無非所以成其孝也.
順乎此則樂, 而至於手舞足蹈, 樂之所以生也. 反乎此, 則三千之罪莫大, 刑之
所以作也.

번역 내가 생각하기에, '중지본교왈효(衆之本教曰孝)'라는 말은 성인이 백성들을 가르칠 때에는 그 근본을 효에 둔다는 뜻이다. '기행왈양(其行曰養)'이라는 말은 효에 있어서 실제의 사안을 시행하며 나타나는 것을 봉양[養]이라고 부른다는 뜻이다. 봉양으로는 효를 다했다고 하기에는 부족하고, 효는 봉양과 떨어지지 않기 때문에 먼저 이러한 것들을 말하고, 차례대로 확장하여 지극함까지도 언급한 것이다. '양(養)'·'안(安)'·'졸(卒)'이라고 말한 것들은 모두 부모를 섬기는 사안에 해당한다. 졸(卒)은 곧 자신을 온전히 지키는 일에 해당하니, 자신을 온전히 지키며 부모를 섬길 수 있다면, 효가 매우 큰 것이다. '인차(仁此)'로부터 그 이하의 구문에 나오는 7개의 '차(此)'자는 모두 효(孝)를 가리켜서 한 말이다. 인(仁)·예(禮)·의(義)·신(信)·강(强)이라는 다섯 가지 덕목은 해당하지 않는 것이 없고, 또 효의 도리를 완성하는 방법이 아닌 것들이 없다. 이러한 것들에 순종하면 즐겁게 되어, 자신도 모르게 손과 발을 너울거리며 춤사위를 밟게 되니, 바로 즐거움이 생겨나는 것이다. 이와 반대로 한다면 삼천여 가지의 죄목 중에서 이보다 큰 것이 없으니, 형벌이 만들어지는 것이다.

【566d~567a】

> 曾子曰, "夫孝, 置之而塞乎天地, 溥之而橫乎四海, 施諸後世而無朝夕, 推而放諸東海而準, 推而放諸西海而準, 推而放諸南海而準, 推而放諸北海而準. 詩云, '自西自東, 自南自北, 無思不服.' 此之謂也."

직역 曾子가 曰, "夫히 孝를 置하면 天地에 塞하고, 溥하면 四海에 橫하며, 後世에 施하면 朝夕이 無하니, 推하여 東海에 放하면 準하고, 推하여 西海에 放하면 準하며, 推하여 南海에 放하면 準하고, 推하여 北海에 放하면 準한다. 詩에서 云, '西로 自하고 東으로 自하며, 南으로 自하고 北으로 自하여, 思에 不服함이 無라.' 此를 謂함이라."

의역 증자는 "효를 수립하면 천지 사이에 가득차고, 펼치게 되면 사해에 두루 퍼지며, 후세에 전하게 되면 하루라도 시행되지 않는 날이 없으니, 미루어 나가면 동해·서해·남해·북해에 이르러 사람들이 준칙으로 삼게 된다. 『시』에서 '서쪽으로부터 하고 동쪽으로부터 하며, 남쪽으로부터 하고 북쪽으로부터 하여, 복종하지 않는 자가 없다.'라고 했는데, 바로 이러한 뜻을 말한다."라고 했다.

集說 溥, 舊讀爲敷, 今如字. 詩, 大雅文王有聲之篇.

번역 '부(溥)'자를 옛 주석에서는 '부(敷)'자로 풀이했는데, 현재는 글자대로 읽는다. 『시』는 「대아(大雅)·문왕유성(文王有聲)」편이다.[19]

集說 方氏曰: 置者, 直而立之. 溥者, 敷而散之. 施, 言其出無窮. 推, 言其進不已. 放, 與孟子放乎四海之放同. 準, 言人以是爲準.

번역 방씨가 말하길, '치(置)'자는 수립한다는 뜻이다. '부(溥)'자는 펼친다는 뜻이다. '시(施)'자는 나타남에 끝이 없다는 뜻이다. '추(推)'자는 나아가길 그치지 않는다는 뜻이다. '방(放)'자는 『맹자』에서 "사해에 이른다."[20]라고 했을 때의 '방(放)'자와 같다. '준(準)'자는 사람들이 이것을 준칙으로 삼는다는 뜻이다.

大全 石林葉氏曰: 塞乎天地, 所謂窮高厚也. 橫乎四海, 所謂極深遠也. 施諸後世而無朝夕, 所謂悠久無疆也.

번역 석림섭씨가 말하길, "천지에 가득 찬다."는 말은 "높고 두터운 것을 다한다."는 뜻이다. "사해에 두루 퍼진다."는 말은 "깊고 먼 곳까지 지극히 한다."는 뜻이다.[21] "후세에 전하면 하루라도 시행되지 않는 날이 없다."

---

19) 『시』「대아(大雅)·문왕유성(文王有聲)」 : 鎬京辟廱, <u>自西自東. 自南自北, 無思不服</u>. 皇王烝哉.
20) 『맹자』「이루하(離婁下)」 : 孟子曰, 原泉混混, 不舍晝夜, 盈科而後進, <u>放乎四海</u>. 有本者如是, 是之取爾.

는 말은 "유구하여 다함이 없다."[22)]는 뜻이다.

大全 山陰陸氏曰: 夫孝出於同然, 故推而放諸四海如此, 卽有不準, 是背類反倫者也.

번역 산음육씨가 말하길, 효는 모두가 동일하게 부여받은 본성에서 비롯된다. 그렇기 때문에 이와 같이 이것을 확장하여 사해에 이르게 되니, 준칙으로 삼지 않는 자가 있다면, 이것은 인륜의 도리를 위배하는 것이다.

大全 慶源輔氏曰: 曾子推言孝之爲道至此, 所謂誠則形, 形則著, 著則明, 明則動, 動則變, 變則化, 是矣.

번역 경원보씨가 말하길, 증자는 효의 도리가 이러한 경지에 이른다고 미루어 말했으니, "성실하면 드러나고, 드러나면 현저히 나타나며, 현저히 나타나면 밝아지고, 밝아지면 감동하며, 감동하면 변하고, 변하면 화(化)한다."[23)]는 뜻에 해당한다.

鄭注 無朝夕, 言常行無輟時也. 放, 猶至也. 準, 猶平也.

번역 '무조석(無朝夕)'은 항상 시행하여 끊기는 때가 없다는 뜻이다. '방(放)'자는 "~에 이른다[至]."는 뜻이다. '준(準)'자는 "균평하게 하다[平]."는 뜻이다.

釋文 遺, 如字, 又于季反. 樂音岳, 皇五孝反. 溥, 本亦作敷, 同芳于反. 放,

---

21) 『예기』「악기(樂記)」【467a】: 及夫禮樂之極乎天, 而蟠乎地, 行乎陰陽, 而通乎鬼神, <u>窮高極遠而測深厚</u>. 樂著太始而禮居成物. 著不息者, 天也. 著不動者, 地也. 一動一靜者, 天地之間也. 故聖人曰禮樂云.

22) 『중용』「26장」: 博厚配地, 高明配天, <u>悠久無疆</u>.

23) 『중용』「23장」: 其次致曲曲能有誠. <u>誠則形, 形則著, 著則明, 明則動, 動則變, 變則化</u>. 唯天下至誠爲能化.

甫往反, 下同, 至也. 準, 諸尹反, 平也. 輟, 張劣反.

번역 '遺'자는 글자대로 읽으며, 또한 '于(우)'자와 '季(계)'자의 반절음도 된다. '樂'자의 음은 '岳(악)'이고, 황음(皇音)은 '五(오)'자와 '孝(효)'자의 반절음이다. '溥'자는 판본에 따라서 또한 '敷'자로도 기록하는데, 두 글자는 모두 '芳(방)'자와 '于(우)'자의 반절음이다. '放'자는 '甫(보)'자와 '往(왕)'자의 반절음이고, 아래문장에 나오는 글자도 그 음이 이와 같으며, 이른다는 뜻이다. '準'자는 '諸(제)'자와 '尹(윤)'자의 반절음이며, 균평하게 한다는 뜻이다. '輟'자는 '張(장)'자와 '劣(렬)'자의 반절음이다.

孔疏 ●"曾子曰: 夫孝, 置之而塞乎天地"者, 自此以前, 皆曾子之言, 但此以下事異, 故更言"曾子曰".

번역 ●經文: "曾子曰: 夫孝, 置之而塞乎天地". ○이곳 구문으로부터 그 이전의 내용들은 모두 증자의 말이다. 다만 이곳 문장으로부터 그 이하의 내용들은 사안이 달라졌기 때문에, 재차 '증자왈(曾子曰)'이라고 했다.

孔疏 ●"夫孝, 置之而塞乎天地"者, 置, 謂措置也, 言孝道措置於天地之間, 塞滿天地. 言上至天, 下至地, 謂感天地神明也.

번역 ●經文: "夫孝, 置之而塞乎天地". ○'치(置)'자는 두고 설치한다는 뜻으로, 효도를 천지 사이에 두게 되면 천지를 가득 채운다는 뜻이다. 즉 위로는 하늘에 이르고 아래로는 땅에 이른다는 의미로, 천지의 신명을 감동시킨다는 뜻이다.

孔疏 ●"溥之而行乎四海"者, 溥, 布也. 布此孝道而橫被於四海, 言孝道廣遠也. "溥"字, 而定本作"傅". 傅, 溥古字, 溥著之名, 義俱通, 其義如此一也.

번역 ●經文: "溥之而行乎四海". ○'부(溥)'자는 "베푼다[布]."는 뜻이다. 이러한 효도를 베풀어서 사해에 두루 미치게 한다는 뜻이니, 효도가 멀고 널리 퍼진다는 의미이다. '부(溥)'자를 『정본』에서는 '부(傅)'자로 기록했다. 부(傅)자는 부(溥)자의 고자(古字)이니, 펼치고 드러낸다는 뜻으로 그 의미가 모두 통하므로, 그 의미를 이처럼 해석하는 것도 동일한 뜻이 된다.

孔疏 ●"施諸24)後世而無朝夕"者, 諸, 於也, 謂施此孝道於後世, 而無一朝一夕而不行也. 終長行之, 言長久.

번역 ●經文: "施諸後世而無朝夕". ○'저(諸)'자는 어(於)자의 뜻이니, 이러한 효도를 후세에 베풀게 되면, 하루라도 시행되지 않는 때가 없게 된다는 의미이다. 장구하게 시행하는 것으로 마친다는 뜻으로, 장구하게 시행된다는 의미이다.

孔疏 ●"推而放諸東海而準"至"北海而準"者, 推, 謂推排也; 放, 至也. 諸, 於也. 言推排孝道至於四海, 能以爲法, 準平而法象之, 無所不從也.

번역 ●經文: "推而放諸東海而準"~"北海而準". ○'추(推)'자는 미루어 나아간다는 뜻이며, '방(放)'자는 "~에 이른다[至]."는 뜻이다. '저(諸)'자는 어(於)자의 뜻이다. 즉 효도를 미루어 나아가 사해에 미치게 되면 법도로 삼을 수 있어서, 균평하게 되어 모두가 본받게 되니, 따르지 않는 자가 없게 된다는 뜻이다.

孔疏 ●"詩云: 自西自東, 自南自北, 無思不服"者, 詩·大雅·文王有聲之詩, 美武王也. 言武王之德能如此, 今孝道亦然, 四海之內, 悉以準法而行之, 與武王同, 故引以證之.

번역 ●經文: "詩云: 自西自東, 自南自北, 無思不服". ○『시』「대아(大雅)·문왕유성(文王有聲)」편의 시이니, 무왕을 찬미한 것이다. 즉 무왕의 덕이

---

24) '제(諸)'자에 대하여. '제'자 뒤에는 본래 '세(世)'자가 기록되어 있었는데, 완원(阮元)의 『교감기(校勘記)』에서는 "'세'자는 잘못하여 연문으로 들어간 글자이다."라고 했다.

이와 같을 수 있었기 때문임을 뜻하니, 현재 효도 또한 이와 같아서, 사해 이내에서는 모두 준칙으로 삼아 시행하여, 무왕과 동일하게 따르고자 하는 것이다. 그렇기 때문에 이 내용을 인용하여 증명하였다.

訓纂 王氏引之曰: 置, 讀爲植. 植, 立也, 以上下言之也. 下文"敷之而橫乎四海", 敷, 布也, 以四旁言之也. 大戴禮曾子大孝篇, "夫孝, 置之而塞於天地." 盧注, "置, 猶立也." 淮南原道篇, "植之而塞于天地." 高注, "植, 立也." 古字植與置通.

번역 왕인지가 말하길, '치(置)'자는 식(植)자로 풀이하니, '식(植)'자는 "세운다[立]."는 뜻으로, 상하의 관계에 따라 말한 것이다. 아래문장에서 '부지이횡호사해(敷之而橫乎四海)'라고 했는데, '부(敷)'자는 "베푼다[布]."는 뜻으로, 네 방면을 기준으로 말한 것이다. 『대대례기』「증자대효(曾子大孝)」편에서는 "무릇 효를 치(置)하면 천지에 가득 찬다."[25]라고 했고, 노식[26]의 주에서는 "'치(置)'자는 입(立)자와 같다."라고 했다. 또『회남자』「원도훈(原道訓)」편에서는 "식(植)하면 천지에 가득 찬다."[27]라고 했고, 고유의 주에서는 "'식(植)'자는 입(立)자이다."라고 했다. 고자(古字)에서 식(植)자와 치(置)자는 통용해서 사용했다.

---

25) 『대대례기(大戴禮記)』「증자대효(曾子大孝)」: 夫孝者, 天下之大經也. 夫孝置之而塞於天地, 衡之而衡於四海, 施諸後世而無朝夕, 推而放諸東海而準, 推而放諸西海而準, 推而放諸南海而準, 推而放諸北海而準. 詩云, "自西自東, 自南自北, 無思不服." 此之謂也.

26) 노식(盧植, A.D.159?~A.D.192): =노씨(盧氏). 후한(後漢) 때의 유학자이다. 자(字)는 자간(子幹)이다. 어려서 마융(馬融)을 스승으로 섬겼다. 영제(靈帝)의 건녕(建寧) 연간(A.D.168~A.D.172)에 박사(博士)가 되었다. 채옹(蔡邕) 등과 함께 동관(東觀)에서 오경(五經)을 교정했다. 후에 동탁(董卓)이 소제(少帝)를 폐위시키자, 은거하며『상서장구(尙書章句)』,『삼례해고(三禮解詁)』를 저술했지만, 남아 있지 않다.

27) 『회남자(淮南子)』「원도훈(原道訓)」: 原流泉浡, 沖而徐盈; 混混滑滑, 濁而徐淸. 故植之而塞于天地, 橫之而彌于四海, 施之無窮而無所朝夕.

訓纂 釋詁: 溥, 大也.

번역 『이아』「석고(釋詁)」편에서 말하길, '부(溥)'자는 크다는 뜻이다.[28]

訓纂 王氏引之曰: 溥, 本作敷, 或作傅. 傅與敷, 古字通. 群書治要·初學記人部上·太平御覽人事部五十二並引祭義"敷之而橫乎四海."

번역 왕인지가 말하길, '부(溥)'자는 판본에 따라서 '부(敷)'자로도 기록하고, 또 '부(傅)'자로도 기록한다. 부(傅)자와 부(敷)자는 고자(古字)에서는 통용해서 사용했다. 『군서치요』·『초학기』「인부상(人部上)」·『태평어람(太平御覽)』「인사부(人事部)」 52 항목에서는 모두 「제의」편의 기록을 인용하며, '부지이횡호사해(敷之而橫乎四海)'라고 기록했다.

集解 愚謂: 孝之德本乎天地, 協乎人心, 無古今之殊, 無遠近之異, 此所以置之·溥之·施之·推之而無所不同也. 放, 至也.

번역 내가 생각하기에, 효의 덕은 천지에 근본을 두고 있고 사람의 마음에 합치되니, 고금의 차이가 없고 지역에 따른 차이가 없다. 이것이 바로 수립하고 펼치며 베풀고 미루었을 때 동일하지 않은 점이 없는 이유이다. '방(放)'자는 "~에 이른다[至]."는 뜻이다.

---

28) 『이아』「석고(釋詁)」: 弘·廓·宏·溥·介·純·夏·幠·厖·墳·嘏·丕·弈·洪·誕·戎·駿·假·京·碩·濯·訏·宇·穹·壬·路·淫·甫·景·廢·壯·冢·簡·箌·昄·晊·將·業·席, 大也.

【567a~b】

曾子曰, "樹木以時伐焉, 禽獸以時殺焉. 夫子曰, '斷一樹, 殺
一獸, 不以其時, 非孝也.'"

직역 曾子가 曰, "樹木은 時로써 伐하고, 禽獸는 時로써 殺한다. 夫子가 曰,
'一樹를 斷하고, 一獸를 殺함에, 그 時로써 함을 不하면, 孝가 非이다.'"

의역 증자는 "나무는 때에 맞게 벌목하고, 짐승은 때에 맞게 잡는다. 공자께서
는 '한 그루의 나무를 베고 한 마리의 짐승을 잡더라도, 정해진 때에 하지 않는다면
효가 아니다.'라고 하셨다."라고 했다.

集說 上言仁者仁此者也, 此二者亦爲惡其不仁, 故言非孝, 曾子又引夫子
之言以爲證.

번역 앞에서는 "인(仁)이라는 것은 효를 친애하는 마음으로 시행하는
것이다."라고 했는데, 이곳에서 말한 두 가지 것들 또한 불인(不仁)함을 싫
어했기 때문이다. 그래서 "효가 아니다."라고 말했는데, 증자는 또한 공자
의 말을 인용하여 증명한 것이다.

大全 嚴陵方氏曰: 王制曰, 草木零落, 然後入山林, 所謂樹木以時伐也. 又
曰, 豺祭獸, 然後田獵, 鳩化爲鷹, 然後設罻羅, 所謂禽獸以時殺也. 孟子曰, 君
子親親而仁民, 仁民而愛物, 故斷一樹殺一獸, 不以其時非孝也.

번역 엄릉방씨가 말하길, 『예기』「왕제(王制)」편에서는 "초목의 낙엽이
떨어진 연후에야 산림에 벌목하러 들어간다."라고 했으니, "나무는 때에 맞
게 벌목한다."는 뜻이다. 또 "승냥이가 고기를 제사지낸 연후에야 사냥을
한다. 비둘기가 변화해서 매가 된 연후에야 새 잡는 그물을 설치한다."라고
했으니, "짐승은 때에 맞게 잡는다."는 뜻이다.[29] 『맹자』에서는 "군자는 친
족을 친애하고서 백성들을 인(仁)하게 하고, 백성들을 인(仁)하게 하고서

만물을 사랑한다.”30)라고 했다. 그렇기 때문에 한 그루의 나무를 베고 한 마리의 짐승을 잡을 때에도 정해진 때에 하지 않는 것을 효가 아니라고 했던 것이다.

鄭注　夫子, 孔子也, 曾子述其言以云.

번역　‘부자(夫子)’는 공자를 뜻하니, 증자는 공자의 말을 조술해서 이처럼 말한 것이다.

釋文　斷, 丁管反.

번역　‘斷’자는 ‘丁(정)’자와 ‘管(관)’자의 반절음이다.

孔疏　●“曾子曰: 樹木以時伐焉”者至“此之謂禮終”, 亦是曾子之言, 以語更端, 故更云“曾子”.

번역　●經文: “曾子曰: 樹木以時伐焉”~“此之謂禮終”. ○이 또한 증자의 말에 해당하는데, 말이 새롭게 시작되기 때문에 재차 ‘증자(曾子)’라고 기록했다.

集解　“夫子曰”以下, 曾子述孔子之言也. 君子親親而仁民, 仁民而愛物, 故由愛親之心而推之, 則雖一物之微, 有不可不愛者, 而況其大焉者乎?

번역　‘부자왈(夫子曰)’로부터 그 이하의 내용들은 증자가 공자의 말을 조술한 것이다. 군자는 친족을 친애하고서 백성들을 인(仁)하게 하고 백성들을 인(仁)하게 하고서 만물을 사랑한다. 그렇기 때문에 친족을 친애하는

---

29) 『예기』「왕제(王制)」【156c】: 獺祭魚然後, 虞人入澤梁. <u>豺祭獸, 然後田獵.</u> 鳩化爲鷹, <u>然後設罛羅.</u> 草木零落, 然後入山林. 昆蟲未蟄, 不以火田. 不麛, 不卵, 不殺胎, 不殀夭, 不覆巢.

30) 『맹자』「진심상(盡心上)」: 孟子曰, “君子之於物也, 愛之而弗仁, 於民也, <u>仁之而弗親. 親親而仁民, 仁民而愛物.</u>”

마음을 미루게 되면, 한갓 미물일지라도 사랑하지 않을 수가 없는데, 하물며 중대한 것에 있어서는 어떻겠는가?

【567b~c】

"孝有三. 小孝用力, 中孝用勞, 大孝不匱. 思慈愛忘勞, 可謂用力矣. 尊仁安義, 可謂用勞矣. 博施備物, 可謂不匱矣. 父母愛之, 喜而弗忘. 父母惡之, 懼而無怨. 父母有過, 諫而不逆. 父母旣沒, 必求仁者之粟以祀之, 此之謂禮終."

직역　"孝에는 三이 有하다. 小孝는 力을 用하고, 中孝는 勞를 用하며, 大孝는 不匱한다. 慈愛를 思하여 勞를 忘하면, 可히 力을 用이라 謂한다. 仁을 尊하고 義를 安하면, 可히 勞를 用이라 謂한다. 博히 施하고 物을 備하면, 可히 不匱라 謂한다. 父母가 愛하면, 喜하고 弗忘한다. 父母가 惡하면, 懼하고 無怨한다. 父母에게 過가 有하면, 諫하되 不逆한다. 父母가 旣히 沒하면, 必히 仁者의 粟을 求하여 祀하니, 此를 禮終이라 謂한다."

의역　증자가 계속하여 말하길, "효에는 세 등급이 있다. 소효는 단순히 힘만 쓰는 것이고, 중효는 수고를 아끼지 않는 것이며, 대효는 모자람이 없는 것이다. 부모의 자애로운 마음을 생각하여 힘든 일도 잊게 되니, 이처럼 하면 힘을 쓰는 소효라고 할 수 있다. 인(仁)을 존숭하고 의(義)를 편안히 여겨 시행하면, 수고를 아끼지 않는 중효라 할 수 있다. 은혜를 널리 베풀고 온갖 사물을 갖추게 되면, 모자람이 없는 대효라 할 수 있다. 부모가 친애한다면 기뻐하며 그 마음을 잊지 않는다. 부모가 미워하면 두려워하되 원망하지 않는다. 부모에게 과실이 있다면 간언을 올리되 거스르지 않는다. 부모가 돌아가셨다면 반드시 인(仁)한 자에게서 곡식을 구해 이를 통해 제사를 지내니, 이처럼 하는 것을 예법에 따라 마친다고 부른다."라고 했다.

集說　庶人思父母之慈愛, 而忘己躬耕之勞, 可謂用力矣, 此其下能養之事也. 諸侯・卿・大夫・士, 尊重於仁, 安行於義, 功勞足以及物, 可謂用勞矣, 此其次弗辱之事也. 匱, 乏也. 博施, 謂德敎加於百姓, 刑於四海也; 備物, 謂四海之內, 各以其職來助祭, 可謂不匱矣; 此卽大孝尊親之事也.

번역 서인들은 부모의 자애로운 마음을 생각하며 자신이 몸소 경작하는 수고로움을 잊게 되니, 이러한 것들은 "힘을 쓴다."라고 말할 수 있지만, 이것은 봉양만 잘하는 하등에 해당한다. 제후・경・대부・사는 인(仁)에 대해서 존중하고 의(義)에 대해서 편안하게 시행하며, 그 노력과 수고로움이 다른 대상에게까지 미치기에 충분하니, 이러한 것들은 "수고로움을 쓴다." 라고 말할 수 있지만, 이것은 오명을 끼치지 않는 다음 등급에 해당한다. '궤(匱)'자는 "모자라다[乏]."는 뜻이다. '박시(博施)'는 덕행과 교화를 백성들에게 베풀고, 사해에 속한 사람들에게 모범이 되도록 한다는 뜻이다.[31] '비물(備物)'은 "천하의 모든 제후들이 각각 그들의 직무에 따라 찾아와서 제사를 돕는다."[32]라는 뜻이다. 이러한 것들은 "부족하지 않다."라고 말할 수 있다. 이것은 곧 대효이며 부모를 존숭하는 일에 해당한다.

大全 慶源輔氏曰: 孝子之心, 兢兢業業, 無一息或違, 無一物不體, 豈有非時害理之事? 博施則用勞不足言矣, 備物則用力不足言矣, 此聖人達孝之事也. 喜故不忘, 懼故無怨. 柔行巽入, 期父母之順於理, 而不期父母之從乎我. 至於此, 則其誠至矣.

번역 경원보씨가 말하길, 자식의 마음은 전전긍긍하여 한 차례라도 위배함이 없고 또 하나의 대상이라도 체득하지 않는 것이 없는데, 어찌 때에 맞지 않게 하여 이치를 해치는 일이 있겠는가? 널리 베푼다면 수고를 아끼지 않는다는 말은 할 필요가 없고, 만물을 갖춘다면 힘을 쓴다는 말은 할 필요가 없다. 이것이 바로 성인의 달효(達孝)에 대한 사안이다. 기뻐하기

---

31) 『효경』「천자장(天子章)」 : 子曰, 愛親者, 不敢惡於人. 敬親者, 不敢慢於人. 愛敬盡於事親, 而<u>德敎加於百姓, 刑于四海</u>. 蓋天子之孝也.

32) 『효경』「성치장(聖治章)」 : 是以<u>四海之內, 各以其職來祭</u>. 夫聖人之德, 又何以加於孝乎.

때문에 잊지 않는 것이며, 두려워하기 때문에 원망하지 않는 것이다. 유순하게 행동하고 겸손하게 받아들이며, 부모가 이치대로 따르기를 바라지만 부모가 나의 뜻에 따르기를 기필하지 않는다. 이러한 경지에 도달한다면 진실됨이 지극한 것이다.

大全 廬陵胡氏曰: 用力, 所謂竭力耕田, 共爲子職也. 懼而無怨, 孟子言舜怨慕何也? 曰小弁, 親之過大者也, 凱風, 親之過小者也. 親之過大而不怨, 是愈疏也, 親之過小而怨, 是不可磯也. 舜之怨慕孝也. 不逆, 所謂又敬不違. 父母旣沒, 雖貧困, 猶不取惡人物, 以祀親, 然則孟子之受饗, 可以祀與. 曰其交也以道, 君子受之矣. 受之而以祀, 可也. 然孝子之心, 有所不安, 故必仁者之栗爲孝.

번역 여릉호씨[33]가 말하길, "힘을 쓴다."는 말은 "힘을 다해 경작하여 공손하게 자식의 직분을 다한다."[34]는 뜻이다. "두려워하되 원망함이 없다."는 말에 대해서 맹자가 "순임금은 원망하면서도 사모했다."[35]고 말한 것은 어째서인가? 맹자는 "『시』「소변(小弁)」편의 내용은 부모의 과실이 큰 것이며, 「개풍(凱風)」편의 내용은 부모의 과실이 적은 것이다. 부모의 과실이 큰데도 원망하지 않는다면 이것은 더욱 소원하게 대하는 것이며, 부모의 과실이 적은데도 원망하는 것은 조금도 거스를 수 없음이다."[36]라고 했다. 따라서 순임금이 원망하면서도 사모했다는 것은 효에 해당한다. "거스르지 않는다."는 말은 "더욱 공경하여 어기지 않는다."[37]는 뜻이다. 부모가

---

33) 호전(胡銓, A.D.1102~A.D.1180) : =여릉호씨(廬陵胡氏)·호방형(胡邦衡). 남송(南宋) 때의 정치가이자 문학가이다. 자(字)는 방형(邦衡)이고, 호(號)는 담암(澹庵)이다. 충신으로 명성이 높았다.

34) 『맹자』「만장상(萬章上)」 : 夫公明高以孝子之心, 爲不若是恝, 我竭力耕田, 共爲子職而已矣, 父母之不我愛, 於我何哉?

35) 『맹자』「만장상(萬章上)」 : 萬章問曰, "舜往于田, 號泣于旻天, 何爲其號泣也?" 孟子曰, "怨慕也."

36) 『맹자』「고자하(告子下)」 : 凱風, 親之過小者也, 小弁, 親之過大者也. 親之過大而不怨, 是愈疏也, 親之過小而怨, 是不可磯也.

37) 『논어』「이인(里仁)」 : 子曰, "事父母幾諫, 見志不從, 又敬不違, 勞而不怨."

돌아가셨을 때 비록 빈곤한 상태라도 여전히 나쁜 사람의 물건을 취하여 부모에게 제사를 지내지 않는다. 그렇다면 『맹자』에서 "강도로부터 물건을 받는다."[38]라고 했는데, 이것으로 제사를 지낼 수 있는가? 맹자는 "사귐에 도로써 했다면 군자도 받았다."[39]라고 했다. 따라서 물건을 받아서 제사를 지내는 것은 괜찮다. 그러나 자식의 마음에는 불안한 점이 있기 때문에, 반드시 인(仁)한 자에게서 곡식을 얻어 지내는 것을 효로 여긴다.

鄭注 勞, 猶功也. 思慈愛忘勞, 思父母之慈愛己而自忘己之勞苦. 無怨, 無怨於父母之心. 順而諫之. 喩貧困猶不取惡人物以事亡親.

번역 '노(勞)'자는 공력[功]과 같다. '사자애망로(思慈愛忘勞)'는 부모가 자신을 자애롭게 대한 것을 생각하여 스스로 자신이 수고롭게 일한 것을 잊는다는 뜻이다. '무원(無怨)'은 부모에 대해 원망하는 마음이 없다는 뜻이다. 순종하며 간언을 한다. 마지막 말은 빈곤하더라도 나쁜 자의 물건을 취하여 돌아가신 부모에게 제사를 지내지 않는다는 사실을 비유한 말이다.

釋文 匱, 其媿反, 下同. 施, 始豉反. 惡, 烏路反.

번역 '匱'자는 '其(기)'자와 '媿(괴)'자의 반절음이며, 아래문장에 나오는 글자도 그 음이 이와 같다. '施'자는 '始(시)'자와 '豉(시)'자의 반절음이다. '惡'자는 '烏(오)'자와 '路(로)'자의 반절음이다.

孔疏 ●"思慈愛忘勞, 可謂用力矣"者, 以庶人思父母慈愛, 忘躬耕之勞, 可謂用力矣.

번역 ●經文: "思慈愛忘勞, 可謂用力矣". ○서인들이 부모의 자애로움을 생각하여 자신이 수고롭게 경작하는 것을 잊기 때문에, "힘을 쓴다."라

---

38) 『맹자』「만장상(萬章上)」: 萬章曰, "今有禦人於國門之外者, 其交也以道, 其餽也以禮, 斯可受禦與?"
39) 『맹자』「만장상(萬章上)」: 曰, "其交也以道, 其接也以禮, 斯孔子受之矣."

고 말할 수 있다.

孔疏 ●"尊仁安義, 可謂40)用勞矣"者, 諸侯·卿·大夫·士尊重於仁, 安行於義, 心無勞倦, 是可謂用勞矣.

번역 ●經文: "尊仁安義, 可謂用勞矣". ○제후·경·대부·사는 인(仁)에 대해서 존중하고, 의(義)에 대해서 편안하게 시행하여, 마음에 억지로 노력하거나 태만함이 없으니, 이처럼 하면 "수고를 아끼지 않는다."라고 할 수 있다.

孔疏 ●"博施備物, 可謂不匱矣"者, 匱, 乏也, 廣博於41)施, 則德教加於百姓, 刑于四海是也. 備物, 謂四海之內, 各以其職來助祭, 如此卽是大孝不匱也.

번역 ●經文: "博施備物, 可謂不匱矣". ○'궤(匱)'자는 "모자라다[乏]."는 뜻이다. 베풂에 대해서 널리 시행한다면, 백성들에게 덕행과 교화를 펼칠 수 있고, 사해에 속한 사람들에게 모범이 될 수 있다. '비물(備物)'은 "천하의 모든 제후들이 각각 그들의 직무에 따라 찾아와서 제사를 돕는다."라고 한 말에 해당한다. 이처럼 한다면 "대효는 모자람이 없다."는 경우에 해당한다.

集解 愚謂: 不匱, 言其所及者遠, 而所致者大也. 思父母之慈愛, 而忘其躬耕之勞, 庶人之孝也. 尊仁安義, 則體不虧而名不辱, 士大夫之孝也. 博施, 謂德教加於四海, 刑於百姓. 備物, 謂天地之間, 可薦者無不咸在, 人君之孝也.

---

40) '위(謂)'자에 대하여. '위'자는 본래 없던 글자인데, 완원(阮元)의『교감기(校勘記)』에서는 "'가(可)'자 뒤에 잘못하여 '위'자가 누락된 것이다."라고 했다.

41) '어(於)'자에 대하여. '어'자는 본래 없던 글자인데, 완원(阮元)의『교감기(校勘記)』에서는 "혜동(惠棟)의『교송본(校宋本)』에는 '박(博)'자 뒤에 '어'자가 기록되어 있다. 따라서 이곳 판본에는 잘못하여 글자가 누락된 것이며,『민본(閩本)』·『감본(監本)』·『모본(毛本)』도 동일하게 글자가 누락되어 있다."라고 했다.

번역 내가 생각하기에, "모자라지 않다."는 말은 미치는 범위가 멀고 이루는 것이 크다는 뜻이다. 부모의 자애로움을 생각하고 자신이 직접 경작하는 수고로움을 잊는 것은 서인의 효이다. 인(仁)을 존중하고 의(義)를 편안하게 여긴다면 몸을 훼손시키지 않고 명예도 욕되게 하지 않으니, 사ㆍ대부의 효이다. "널리 베푼다."는 말은 덕행과 교화를 천하에 베풀고 백성들에게 모범이 된다는 뜻이다. "사물을 갖춘다."는 말은 천지 사이에 바칠 수 있는 것은 모두 진설한다는 뜻이니, 군주의 효이다.

集解 雖困窮不能備祭禮, 然猶不敢苟取以事其親, 則其平日之謹身守道可見矣. 禮終, 所謂"能卒"也. 此言中孝用勞之事, 蓋君子旣不能爲不匱之孝, 又不可止爲用力之孝, 所當自勉者, 用勞而已.

번역 비록 곤궁하여 제례를 제대로 갖출 수 없더라도 구차하게 사물을 얻어서 부모를 섬길 수 없으니, 평소에도 몸을 삼가고 도를 지킨다는 사실을 알 수 있다. '예종(禮終)'은 곧 능졸(能卒)에 해당한다. 이곳에서는 "중효는 수고로움을 아끼지 않는다."는 사안을 언급했는데, 군자는 모자라지 않는 효만을 시행할 수 없고 또 힘만 쓰는 효로만 그칠 수가 없으니, 마땅히 힘써야 할 것은 수고로움을 아끼지 않는 것일 뿐이다.

集解 黃氏曰: 粟者, 祿也. 父母旣沒, 必仕於仁諸侯ㆍ賢大夫之朝, 立身行道, 以終祭祀, 恐辱先也.

번역 황상이 말하길, '속(粟)'은 녹봉이다. 부모가 돌아가시면 반드시 인(仁)한 제후나 현명한 대부의 조정에서 벼슬을 하고, 자신을 수립하고 도를 시행하여 자신이 죽을 때까지 제사를 지내고, 선조를 욕되게 하지 않을까를 염려한다.

【567d~568a】

樂正子春下堂而傷其足, 數月不出, 猶有憂色. 門弟子曰, "夫子之足瘳矣, 數月不出, 猶有憂色, 何也?" 樂正子春曰, "善如爾之問也, 善如爾之問也. 吾聞諸曾子, 曾子聞諸夫子曰, '天之所生, 地之所養, 無人爲大. 父母全而生之, 子全而歸之, 可謂孝矣. 不虧其體, 不辱其身, 可謂全矣. 故君子頃步而弗敢忘孝也.' 今予忘孝之道, 予是以有憂色也. 壹擧足而不敢忘父母, 壹出言而不敢忘父母. 壹擧足而不敢忘父母, 是故道而不徑, 舟而不游, 不敢以先父母之遺體行殆. 壹出言而不敢忘父母, 是故惡言不出於口, 忿言不反於身. 不辱其身, 不羞其親, 可謂孝矣."

직역 樂正子春은 堂에서 下함에 그 足을 傷했는데, 數月이나 不出한데도, 猶히 憂色이 有라. 門弟子가 曰, "夫子의 足은 瘳한데, 數月이나 不出하며, 猶히 憂色이 有함은 何오?" 樂正子春이 曰, "善如라 爾의 問이여, 善如라 爾의 問이여. 吾는 曾子에게서 聞하고, 曾子는 夫子에게서 聞하니 曰, '天이 生한 所와 地가 養한 所에, 人이 大를 爲함이 無라. 父母가 全하여 生하니, 子가 全하여 歸함을 可히 孝라 謂한다. 그 體를 不虧하고, 그 身을 不辱함을 可히 全이라 謂한다. 故로 君子는 頃步라도 敢히 孝를 忘함을 弗이라.' 今에 予는 孝의 道를 忘이라, 予는 是以로 憂色이 有라. 壹히 足을 擧라도 敢히 父母를 忘함을 不하고, 壹히 言을 出하더라도 敢히 父母를 忘함을 不한다. 壹히 足을 擧라도 敢히 父母를 忘함을 不하니, 是故로 道하고 不徑하며, 舟하고 不游하여, 敢히 先父母의 遺體로 殆를 行함을 不이라. 壹히 言을 出하더라도 敢히 父母를 忘함을 不하니, 是故로 惡言이 口에서 不出하고, 忿言이 身에 不反한다. 그 身을 不辱하고, 그 親을 不羞함을 可히 孝라 謂한다."

의역 악정자춘은 당하(堂下)로 내려가다가 발을 다쳤는데, 수개월이나 지났는데도 밖으로 나가지 않았고, 여전히 근심스러운 표정을 지었다. 그의 제자는 "선생님의 발은 이미 다 나았는데도, 수개월이나 밖으로 나가지도 않으시고 여전히 얼굴에 수심이 가득한 것은 어째서입니까?"라고 물었다. 그러자 악정자춘은 "너의 질문이 참으로 좋구나, 너의 질문이 참으로 좋구나. 나는 스승이신 증자께 들었고, 증자께서는 공자께 들었는데, '하늘이 낳아준 대상과 땅이 나아준 대상 중에는 사람만큼 존귀한 것이 없다. 부모가 온전히 자신을 낳아주었으니, 자식이 자신의 몸을 온전히 하여 땅으로 되돌려주는 것을 효라고 할 수 있다. 몸을 훼손시키지 않고 자신을 욕되게 하지 않는 것을 온전히 한다고 할 수 있다. 그러므로 군자는 반걸음을 뗄 때에도 감히 효를 잊지 않는다.'라고 하셨다. 그러므로 나는 효의 도리를 잊은 것이니, 이러한 이유로 근심스러운 표정을 지은 것이다. 한 걸음을 뗄 때라도 감히 부모를 잊지 않아야 하고, 한 마디 말을 할 때라도 감히 부모를 잊지 않아야 한다. 한 걸음을 뗄 때라도 감히 부모를 잊지 않아야 하기 때문에 올바른 길로만 다니고 지름길로 다니지 않으며, 배를 타고 강을 건너며 헤엄을 치지 않으니, 감히 부모가 물려주신 몸으로 위험한 일을 시행할 수 없기 때문이다. 한 마디 말을 할 때라도 감히 부모를 잊지 않아야 하기 때문에 나쁜 말을 내뱉지 않고, 원망하는 말도 자신에게 돌아오지 않는다. 자신을 욕되게 하지 않고 부모를 부끄럽게 하지 않는 것을 효라고 할 수 있다."라고 대답했다.

集說 無人爲大, 言無如人最爲大, 蓋天地之性, 人爲貴也. 道, 正路也. 徑, 捷出邪徑也. 游, 徒涉也. 惡言不出於口, 己不以惡言加人也. 忿言不反於身, 則人自不以忿言復我也. 如此則不辱身, 不羞親矣.

번역 '무인위대(無人爲大)'라는 말은 사람만큼 가장 중대한 사물은 없다는 뜻이니, 천지 사이의 생명체 중에서 사람이 가장 존귀하기 때문이다. '도(道)'자는 올바른 길을 뜻한다. '경(徑)'자는 빨리 가는 샛길이다. '유(游)'자는 헤엄친다는 뜻이다. "나쁜 말이 입에서 나오지 않는다."는 말은 본인이 남에게 나쁜 말을 하지 않는다는 뜻이다. "원망하는 말이 자신에게 돌아오지 않는다."는 것은 남도 자신에게 원망하는 말을 하지 않은 것이다. 이처럼 한다면 자신을 욕되게 하지 않고 부모를 부끄럽게 하지 않는다.

大全 長樂劉氏曰: 樂正子春, 可謂能改過者也. 失之於初, 而戒之於終焉. 唯人之身, 氣以體全, 德以性全者也. 體具而弗傷, 則氣無不全者也. 性存而弗

拂, 則德無不備者也. 非禮不視聽言動, 不曰內全其德性, 而外全其氣體之道
歟? 是可謂之弗忘其父母者也. 然則舍坦塗以由徑, 緩舟渡以游淵, 不愼其言,
不羞其辱者, 小人之事, 豈足以孝其親?

번역 장락유씨가 말하길, 악정자춘은 잘못을 잘 고치는 자라 할 수 있
다. 처음에는 잘못을 저질렀지만 끝까지 조심하였기 때문이다. 오직 사람의
몸에 있어서, 기운은 몸체를 통해 온전해지고 덕은 본성을 통해 온전해진
다. 몸체가 온전하고 훼손시키지 않는다면 기운도 온전하지 않은 것이 없
다. 본성이 보존되고 거스르지 않는다면 덕에도 갖춰지지 않은 것이 없다.
예가 아니면 보고 듣고 말하고 행동하지 말아야 하는데, 이것은 내적으로
덕과 본성을 온전히 하고 외적으로 기운과 몸체를 온전히 하는 도를 뜻하
는 말이 아니겠는가? 이처럼 할 수 있다면 부모를 잊지 않는다고 평가할
수 있다. 그러므로 평탄한 길을 놔두고 지름길로 가며 배로 건너지 않고
헤엄을 치며, 말을 신중히 하지 않고 욕됨을 부끄럽게 여기지 않는 것은
소인들의 일인데, 어찌 효로써 부모를 섬긴다고 하겠는가?

大全 嚴陵方氏曰: 天之所生, 地之所養, 無人爲大者, 生養乎天地之間者,
人道最爲大. 孝經言天地之性人爲貴, 泰誓言惟人萬物之靈, 蓋大以言其道,
貴以言其性, 靈以言其德, 互相明耳. 父母全而生之, 謂生其形也. 子全而歸
之, 謂歸於土也. 不虧其體, 所以全其形, 不辱其身, 所以全其德, 故曰可謂全
矣. 壹擧足而不敢忘父母, 則念其親於動止之間也. 壹出言而不敢忘父母, 則
念其親於語默之際也. 道大而徑小, 故道而不徑, 舟安而游危, 故舟而不游, 則
不敢以先父母之遺體行殆故也. 殆, 亦危也. 惡言不出於口者, 己之言也. 忿言
不反於身者, 人之言也. 唯己之惡言不出於口, 故人之忿言不反於身也. 以忿
言不反於身, 故不辱其身, 而身者, 親之枝也, 不辱其身, 故不羞其親.

번역 엄릉방씨가 말하길, "하늘이 낳아주고 땅이 길러주는 것 중에는
사람보다 큰 것이 없다."라고 했는데, 천지사이에서 생장하는 것들 중에는
사람의 도리가 가장 크다는 뜻이다. 『효경』에서는 "천지의 성(性) 중에서

사람이 가장 존귀하다."[42]라고 했고, 『서』「태서(泰誓)」편에서는 "사람은 만물의 영장이다."[43]라고 했다. 크다는 것은 그 도리를 말한 것이고 존귀하다는 것은 본성을 말한 것이며 영장이라는 것은 그 덕을 말한 것이니, 상호 그 뜻을 드러내도록 말한 것일 뿐이다. "부모가 온전히 하여 낳아주었다."는 말은 형체를 만들어주었다는 뜻이다. "자식이 온전히 하여 되돌아간다."는 말은 죽어서 땅으로 되돌아간다는 뜻이다. 몸체를 훼손시키지 않는 것은 형체를 온전히 하는 것이며, 자신을 욕되게 하지 않는 것은 덕을 온전히 하는 것이다. 그렇기 때문에 "온전히 한다고 할 수 있다."라고 말했다. 한 차례 발을 뗄 때에도 감히 부모를 잊지 않는 것은 움직이거나 가만히 있는 사이에도 부모를 생각하는 것이다. 한 차례 말을 할 때에도 감히 부모를 잊지 않는 것은 말하거나 침묵하는 사이에도 부모를 생각하는 것이다. 바른 길은 크고 지름길은 작기 때문에 바른 길로 다니고 지름길로 다니지 않으며, 배는 안전하고 헤엄치는 것은 위험하기 때문에 배로 가고 헤엄치지 않으니, 감히 부모가 물려주신 몸으로 위험한 일을 시행할 수 없기 때문이다. '태(殆)'자 또한 위태롭다는 뜻이다. "나쁜 말을 내뱉지 않는다."는 것은 자신이 하는 말에 해당한다. "원망하는 말이 자신에게 되돌아오지 않는다."는 것은 남들이 하는 말에 해당한다. 자신이 나쁜 말을 내뱉지 않았기 때문에 남들도 원망하는 말을 자신에게 돌리지 않는 것이며, 원망하는 말이 자신에게 되돌아오지 않기 때문에 자신을 욕되게 하지 않는 것이고, 자신의 몸은 부모로부터 파생된 것이니, 자신을 욕되게 하지 않기 때문에 부모를 부끄럽게 하지 않는다.

大全 馬氏曰: 身體髮膚, 不敢毀傷, 所以不虧其體. 立身揚名於後世, 所以不辱其身. 昔曾子啓手足之際, 然後釋淵冰之懼, 樂正子春, 門人也, 安得而不憂乎?

---

42) 『효경』「성치장(聖治章)」: 子曰, 天地之性人爲貴. 人之行莫大於孝, 孝莫大於嚴父. 嚴父莫大於配天, 則周公其人也.

43) 『서』「주서(周書)·태서상(泰誓上)」: 王曰, 嗟, 我友邦冢君越我御事庶士, 明聽誓. 惟天地萬物父母, 惟人萬物之靈, 亶聰明作元后, 元后作民父母.

번역 마씨가 말하길, "몸과 털 및 피부는 감히 훼손시킬 수 없다."44)는 것은 몸을 훼손시키지 않는 것이다. "자신을 수립하여 명성을 후세에 떨친다."45)는 것은 자신을 욕되게 하지 않는 것이다. 예전에 증자는 제자들에게 이불을 걷어 자신의 손과 발을 보라고 한 뒤에야 엷은 얼음 위를 걷는 듯한 두려움을 떨쳐낼 수 있었는데,46) 악정자춘은 그의 제자였으니, 어찌 근심하지 않을 수 있었겠는가?

鄭注 曾子聞諸夫子, 述曾子所聞於孔子之言. 頃當爲跬, 聲之誤也. 予, 我也. 徑, 步邪趨疾也. 忿言不反於身, 人不能無忿怒, 忿怒之言, 當由其直, 直則人服, 不敢以忿言來也.

번역 증자는 공자에게서 이러한 내용을 들었던 것이며, 증자가 공자에게서 들었던 말을 조술한 것이다. '경(頃)'자는 마땅히 반걸음을 뜻하는 '규(跬)'자가 되어야 하니, 소리가 비슷해서 생긴 오류이다. '여(予)'자는 나[我]를 뜻한다. '경(徑)'은 샛길로 가며 빠르게 걷는다는 뜻이다. "원망하는 말이 자신에게 돌아오지 않는다."는 것은 사람에게 있어서 원망하는 마음이 없을 수 없지만, 원망하는 말은 마땅히 올바른 경로를 통해 나와야 하니, 올바른 경로를 통해 나온다면 사람들이 수긍할 것이며, 감히 원망하는 말을 다른 경로를 통해 전하지 않을 것이다.

釋文 數, 色主反, 下同. 瘳, 丑留反, 差也. 頃, 讀爲跬, 缺婢反, 又丘弭反. 一擧足爲跬, 再擧足爲步. 徑, 古定反. 邪, 似嗟反. 趨, 七俱反.

번역 '數'자는 '色(색)'자와 '主(주)'자의 반절음이며, 아래문장에 나오는 글자도 그 음이 이와 같다. '瘳'자는 '丑(축)'자와 '留(류)'자의 반절음이며, 병이 낫다는 뜻이다. '頃'자는 '跬'자로 풀이하니, '缺(결)'자와 '婢(비)'자의

---

44) 『효경』「개종명의장(開宗明義章)」: 身體髮膚, 受之父母, 不敢毀傷, 孝之始也.
45) 『효경』「개종명의장(開宗明義章)」: 立身行道, 揚名於後世, 以顯父母, 孝之終也.
46) 『논어』「태백(泰伯)」: 曾子有疾, 召門弟子曰, "啓予足! 啓予手! 詩云, '戰戰兢兢, 如臨深淵, 如履薄氷.' 而今而後, 吾知免夫! 小子!"

반절음이며, 또한 '丘(구)'자와 '弭(미)'자의 반절음도 된다. 한 차례 발을 떼는 것을 규(跬)라고 하고 재차 다른 발을 떼는 것을 보(步)라고 한다. '徑'자는 '古(고)'자와 '定(정)'자의 반절음이다. '邪'자는 '似(사)'자와 '嗟(차)'자의 반절음이다. '趨'자는 '七(칠)'자와 '俱(구)'자의 반절음이다.

孔疏 ●"樂正"至"孝矣". ○正義曰: 此一節論樂正子春傷其足而憂, 因明父母遺體不可損傷之事.

번역 ●經文: "樂正"~"孝矣". ○이곳 문단은 악정자춘이 자신의 발을 다치게 하여 근심했음을 논의하며, 이를 통해 부모가 물려주신 몸에 대해서는 손상시킬 수 없다는 사안을 나타내고 있다.

孔疏 ●"無人爲大"者, 言天地生養萬物之中, 無如人最爲大. 故孝經云"天地之性, 人爲貴", 是也.

번역 ●經文: "無人爲大". ○천지가 낳은 모든 생명체 중에서 사람만큼 중대한 존재가 없다는 뜻이다. 그렇기 때문에 『효경』에서는 "천지의 성(性) 중에서 사람이 가장 존귀하다."라고 했다.

孔疏 ●"不虧其體, 不辱其身, 可謂全矣"者, 非直體全, 又須善名得全. 若能不虧損, 形體得全, 不損辱其身, 是善名得全也.

번역 ●經文: "不虧其體, 不辱其身, 可謂全矣". ○단지 몸을 온전히 하는 것뿐만 아니라 또한 좋은 명성을 온전히 유지해야 한다. 만약 훼손을 시키지 않을 수 있다면 이것은 몸을 온전히 할 수 있는 것이며, 자신을 욕되게 하지 않는다면 좋은 명성을 온전히 유지할 수 있는 것이다.

孔疏 ●"故君子頃步而弗敢忘孝也"者, 頃, 跬也, 謂一擧足. 君子於一擧足之間, 不敢忘父母也. 言念47)之恐有傷損.

번역 ●經文: "故君子頃步而弗敢忘孝也". ○'경(頃)'자는 반걸음[跬]을 뜻하니, 한 차례 발을 뗀다는 뜻이다. 군자는 한 차례 발을 떼는 사이에도 감히 부모를 잊지 않는다. 즉 부모를 떠올리며 몸을 손상시키지 않을까 염려한다는 뜻이다.

孔疏 ●"是故道而不徑"者, 謂於正道而行, 不游邪徑. 正道平易, 於身無損傷. 邪徑險阻, 或於身有患.

번역 ●經文: "是故道而不徑". ○올바른 길을 통해 걸어가며 샛길로 다니지 않는다는 뜻이다. 올바른 길은 평탄하여 몸을 손상시킬 일이 없다. 샛길은 험준하여 간혹 몸을 다치게 만든다.

孔疏 ●"舟而不游"者, 言渡水必依舟船, 不浮游水上. 乘舟則安, 浮水則危.

번역 ●經文: "舟而不游". ○물을 건널 때에는 반드시 배를 이용해야 하며 물에서 헤엄쳐서는 안 된다는 뜻이다. 배에 오르면 안전하지만, 헤엄을 친다면 위험하다.

孔疏 ●"不敢以先父母之遺體行殆"者, 以其不忘父母之遺體, 故不敢以先父母遺餘之體而行歷危患處.

번역 ●經文: "不敢以先父母之遺體行殆". ○부모가 물려주신 몸을 소홀히 할 수 없기 때문에, 감히 부모가 물려주신 몸으로 위험한 곳을 다니지 않는 것이다.

---

47) '념(念)'자에 대하여. '념'자는 본래 '망(忘)'자로 기록되어 있었는데, 완원(阮元)의 『교감기(校勘記)』에서는 "『고문(考文)』에서 인용하고 있는 송나라 때의 판본에서는 '념'자로 기록했했다. 따라서 이곳 판본과 『민본(閩本)』·『감본(監本)』·『모본(毛本)』에서는 '념'자를 '망'자로 잘못 기록한 것이다."라고 했다.

孔疏 ●"惡言不出於口"者, 悖逆惡戾之言不出於口, 爲人所賤也.

번역 ●經文: "惡言不出於口". ○거스르거나 잘못된 말이 자신의 입 밖으로 나가지 않으니, 남들에게 천시받기 때문이다.

孔疏 ●"忿言不反於身"者, 謂己之言必能正直, 人則服之, 故他人瞋忿之言不反於身. 定本反於身, 作"及"字.

번역 ●經文: "忿言不反於身". ○자신의 말을 반드시 정직하게 할 수 있어야만 남들도 복종하게 된다. 그렇기 때문에 다른 사람이 원망하는 말도 자신에게 되돌아오지 않는다. 『정본』에서는 '반어신(反於身)'에서의 '반(反)'자를 '급(及)'자로 기록했다.

孔疏 ●"不辱其身, 不羞其親, 可謂孝矣"者, 總結擧足·出言二事, 身及親竝不羞辱, 可謂孝矣也.

번역 ●經文: "不辱其身, 不羞其親, 可謂孝矣". ○발을 떼고 말을 하는 두 사안에 대해서 총괄적으로 결론을 내린 것이니, 자신과 부모에 대해서 모두 욕되게 하지 않고 부끄럽게 하지 않아야만 효라고 할 수 있다는 의미이다.

訓纂 說文作"趌", "半步也. 讀若跬同."

번역 『설문』에서는 '규(跬)'자를 '趌'자로 기록했고, "반걸음을 뜻한다. '규(跬)'자로 풀이하더라도 동일하다."라고 했다.

訓纂 釋詁: 殆, 危也.

번역 『이아』「석고(釋詁)」편에서 말하길, '태(殆)'자는 위태롭다는 뜻이다.[48]

訓纂 王氏引之曰: 正義, "定本'反'作'及'". 謹案群書治要及白帖二十五引此竝作"及". 大戴禮曾子大孝篇曰, "惡言不出於口, 忿言不及於己", 則當以作"及"爲是. 此謂人之忿言, 非己之忿言也.

번역 왕인지가 말하길, 『정의』에서는 "『정본』에서는 '반(反)'자를 '급(及)'자로 기록했다."라고 했다. 내가 살펴보니 『군서치요』와 『백첩』 25항목에서는 모두 이곳의 문장을 인용하며, '급(及)'자로 기록했다. 『대대례기』「증자대효(曾子大孝)」편에서도 '악언불출어구(惡言不出於口)', '분언불급어기(忿言不及於己)'라고 기록했으니, '급(及)'자로 기록하는 것이 옳다. 이것은 남이 내뱉는 원망하는 말을 뜻하며, 자신의 원망하는 말이 아니다.

集解 天地之間, 無人爲大, 以其全天地之心, 而爲萬物之靈也. 父母全而生之, 子全而歸之, 蓋無媿於天地, 然後能無忝於父母也. 頃當作"跬", 字亦作"蹞". 荀子曰, "不積蹞步, 無以致千里." 徑, 步邪趨疾也. 游, 川行也. 言悖而出者, 亦悖而入, 惡言不出於口, 則忿言不反於身矣.

번역 천지 사이에 사람이 가장 크다는 것은 천지의 마음을 온전히 갖추고 있어서 만물의 영장이 되기 때문이다. 부모가 온전히 낳아주었고, 자식이 온전히 유지하여 되돌아간다고 했는데, 천지 사이에 부끄러울 것이 없는 뒤에야 부모에게 욕보일 일이 없게 된다. '경(頃)'자는 마땅히 '규(跬)'자로 기록해야 하며, 또 이 글자는 '규(蹞)'자로도 기록한다. 『순자』에서는 "반걸음을 쌓아가지 않는다면 천리에 이를 수 없다."[49]라고 했다. '경(徑)'자는 샛길을 가며 빠르게 걷는다는 뜻이다. '유(游)'자는 하천을 헤엄친다는 뜻이다. 말이 어그러져서 나오게 되면 또한 어그러진 말이 들어오게 되니, 나쁜 말을 내뱉지 않는다면 원망하는 말도 자신에게 되돌아오지 않는다.

---

48) 『이아』「석고(釋詁)」: 嘯·幾·災·殆, 危也.

49) 『순자(荀子)』「권학(勸學)」: 積土成山, 風雨興焉, 積水成淵, 蛟龍生焉, 積善成德, 而神明自得, 聖心備焉. 故不積蹞步, 無以致千里, 不積小流, 無以成江海.

集解 自"曾子曰, 孝有三"至此, 明孝之道, 而多爲曾子之言, 其義與孝經相
爲表裏.

번역 "증자가 효에는 세 가지가 있다."50)라고 한 말로부터 이곳 문장까
지는 효의 도리를 나타내고 있고, 대체로 증자의 말이 되는데, 그 의미는
『효경』과 서로 상보관계가 된다.

---

50) 『예기』「제의」【565c】: 曾子曰, "孝有三. 大孝尊親, 其次弗辱, 其下能養." 公
明儀問於曾子曰, "夫子可以爲孝乎?" 曾子曰, "是何言與? 是何言與? 君子之所
謂孝者, 先意承志, 諭父母於道. 參直養者也, 安能爲孝乎?"

• 제25절 •

나이를 숭상하는 의미

【568c】

> 昔者, 有虞氏貴德而尙齒, 夏后氏貴爵而尙齒, 殷人貴富而尙
> 齒, 周人貴親而尙齒. 虞・夏・殷・周, 天下之盛王也, 未有
> 遺年者. 年之貴乎天下久矣, 次乎事親也.

직역 昔者에, 有虞氏는 德을 貴했고 齒를 尙했으며, 夏后氏는 爵을 貴했고 齒를 尙했으며, 殷人은 富를 貴했고 齒를 尙했으며, 周人은 親을 貴했고 齒를 尙했다. 虞・夏・殷・周는 天下의 盛王인데, 年을 遺한 者는 未有라. 年이 天下에 貴함은 久이니, 親을 事에 次라.

의역 예전에 유우씨 때에는 덕을 존귀하게 여겼고 나이를 숭상했으며, 하후씨 때에는 작위를 존귀하게 여겼고 나이를 숭상했으며, 은나라 때에는 부귀하게 함을 존귀하게 여겼고 나이를 숭상했으며, 주나라 때에는 친애하는 것을 존귀하게 여겼고 나이를 숭상했다. 우・하・은・주를 통치했던 자들은 천하의 성왕들이었는데, 나이가 많은 자를 챙기지 않았던 자가 없었다. 그러므로 나이가 천하에서 존귀하게 대접받은 것은 매우 오래된 일이니, 부모를 섬기는 것 다음으로 오래되었다.

集說 劉氏曰: 大舜貴以德化民, 有天下如不與, 而民化之, 幾於不知爵之爲貴矣, 故禹承之以爵爲貴, 而使民知貴貴之道也. 然貴爵之弊, 其終也, 在上者過於尤, 而澤不及下, 故湯承之以務富其民爲貴. 然富民之弊, 終也, 民各私其財, 而不知親親之道, 故武王承之以親親爲貴, 所謂"周之宗盟, 異姓爲後", 是也. 四代之治, 隨時救弊, 所貴雖不同, 而尙齒則同也, 未有遺年齒而不尙者. 齒居天下之達尊久矣, "老吾老以及人之老", 故尊高年, 次於事親也. 然四

者之所貴, 亦四代之所同, 記者但主自古尙齒爲言耳, 讀者不以辭害意可也.

번역 유씨가 말하길, 순임금은 덕으로 백성들을 교화하는 것을 존귀하게 여겼고, 천하를 소유하였음에도 관여하지 않는 것처럼 하여, 백성들이 교화되면서도 작위를 존귀하게 여겨야 한다는 사실을 거의 몰랐다. 그렇기 때문에 우임금은 순임금을 계승하며 작위를 존귀하게 여겼고, 백성들로 하여금 존귀한 자를 존귀하게 여기는 도를 알게끔 했다. 그러나 작위를 존귀하게 여기는 폐단은 그 끝에 이르러서 윗자리에 있는 자들은 높은 곳을 지나치게 추구했고 그 은택이 백성들에게까지 미치지 못했다. 그렇기 때문에 탕임금은 우임금을 계승하며 백성들을 부유하게 하는데 힘쓰는 것을 존귀하게 여겼다. 그러나 백성들을 부유하게 만드는 폐단은 그 끝에 이르러서 백성들이 각각 그들의 재산을 사유물로 여기고, 친근한 자를 친애해야 하는 도를 알지 못하게 되었다. 그렇기 때문에 무왕은 탕임금을 계승하며 친근한 자를 친애해야 하는 도를 존귀하게 여겼으니, "주나라 때 제후들과 회맹을 함에는 천자와 동성인 자를 먼저 기록하고 이성인 자를 뒤에 기록했다."[1]라고 한 뜻에 해당한다. 사대 때의 통치는 그 시기에 따라 폐단을 구제하여, 존귀하게 여기는 것이 비록 달랐지만, 나이를 존숭하는 것은 동일하여, 나이가 많은 자를 챙기지 않거나 숭상하지 않았던 자가 없었다. 따라서 나이가 천하의 모든 사람들이 공동으로 높이는 대상이 된 것은 오래된 일이니,[2] "나의 어르신을 어르신으로 모셔서 남의 어르신에게까지 미친다."[3]라고 한 것이다. 그러므로 나이가 많은 자를 존귀하게 높였던 것이고, 부모를 섬겼던 것 다음으로 존귀하게 여겼다. 그러나 존귀하게 높였던 네 가지 또한 사대 때 동일하게 여겼던 것이지만, 『예기』를 기록한 자는 고대로부터 나이를 숭상했다는 것에 주안점을 두어 말했기 때문에 이처럼

---

1) 『춘추좌씨전』「은공(隱公) 11년」: 公使羽父請于薛侯曰, "君與滕侯辱在寡人, 周諺有之曰, '山有木, 工則度之; 賓有禮, 主則擇之.' 周之宗盟, 異姓爲後. 寡人若朝于薛, 不敢與諸任齒. 君若辱貺寡人, 則願以滕君爲請."
2) 『맹자』「공손추하(公孫丑下)」: 天下有達尊三, 爵一, 齒一, 德一.
3) 『맹자』「양혜왕상(梁惠王上)」: 老吾老, 以及人之老, 幼吾幼, 以及人之幼. 天下可運於掌.

기록한 것이니, 독자들은 표면적인 기록에 의해 참된 뜻을 놓치지 말아야
한다.

大全 嚴陵方氏曰: 四代之所貴不同, 由救弊之政異也. 貴德之弊, 有至於
忘君, 故夏后氏救之以貴爵, 蓋爵所以明貴賤故也. 貴爵之弊, 有至於忘功, 故
殷人救之以貴富, 蓋富者所以務富其民也. 三者之弊, 有至於忘親, 故周人救
之以貴親. 至於尙齒, 則未嘗易者, 以年之貴乎天下久矣, 次乎事親, 萬世而無
弊故也.

번역 엄릉방씨가 말하길, 사대 때 존귀하게 높이던 것이 다른 것은 당시
의 폐단을 구제하는 정치가 달랐기 때문이다. 덕을 존귀하게 높이는 폐단
은 군주를 잊는 지경에 이르게 된다. 그렇기 때문에 하후씨 때에는 작위를
존귀하게 여김으로써 폐단을 구제했으니, 작위는 귀천의 구별을 밝히기 때
문이다. 작위를 존귀하게 여기는 폐단은 공덕을 잊는 지경에 이르게 된다.
그렇기 때문에 은나라 때에는 부유하게 함을 존귀하게 여김으로써 폐단을
구제했으니, 부유함은 백성들을 부유하게 하는데 노력하는 것이기 때문이
다. 세 가지 폐단은 결국 부모를 잊어버리는 지경에 이르게 된다. 그렇기
때문에 주나라 때에는 친애함을 존귀하게 여김으로써 폐단을 구제했다. 나
이를 숭상하는 것에 있어서는 일찍이 바꾼 적이 없었으니, 나이가 천하에
존귀하게 여겨짐은 오래된 일이며, 부모를 섬기는 것 다음으로 오래되었는
데, 수많은 시대가 흐르더라도 폐단이 없었기 때문이다.

大全 慶源輔氏曰: 有德者, 必有爵, 有爵者, 必有富, 此虞夏殷之所貴如此.
至於周, 則又厚親以反本焉. 此其世變使然, 聖人因時定制, 有不得不然者也.
若夫年齒之尙, 行乎萬世而不可變者, 蓋敬老慈幼, 人之性也. 四代之王, 不失
其性而已, 卽四王之事而反求諸一心, 則知年之果不可遺, 次乎事親之義明矣.

번역 경원보씨가 말하길, 덕을 갖춘 자는 반드시 작위를 갖게 되고, 작
위를 갖춘 자는 반드시 부유함을 얻게 되니, 이것이 우·하·은 때 존귀하

게 여겼던 것이 이와 같은 이유이다. 주나라 때에 이르게 되면 또한 친애함을 두텁게 하여 근본을 돌이키도록 했다. 이것은 시대가 변화하여 이처럼 만든 것이니, 성인이 때에 따라 제도를 정함에 있어서 부득이하게 했던 점이 있던 것이다. 나이를 숭상했던 것은 수많은 세대를 거치더라도 바꿀 수 없으니, 노인을 공경하고 어린이를 자애롭게 여기는 것은 사람의 본성이기 때문이다. 사대 때의 천자는 자신의 본성을 잃지 않았을 뿐이니, 네 왕조의 일들을 통해 한결같은 마음을 돌이켜 구한다면, 나이가 많은 자를 챙기지 않을 수 없다는 것을 알 수 있으니, 이것이 부모를 섬기는 것 다음으로 오래된 도의임이 분명하다.

鄭注 貴, 謂燕賜有加於諸臣也. 尙, 謂有事尊之於其黨也. 臣能世祿曰富. 舜時多仁聖有德, 後德則在小官. 言其先老也.

번역 '귀(貴)'는 여러 신하들에게 연회를 베풀고 하사품을 준다는 뜻이다. '상(尙)'자는 어떤 사안을 치를 때, 그 무리들 속에서 존귀하게 섬긴다는 뜻이다. 신하가 대대로 녹봉을 받을 수 있다면 '부(富)'라고 부른다. 순임금 때에는 인(仁)한 성인과 덕을 갖춘 자들이 많아서, 이후에 나타난 큰 덕을 갖춘 자는 말단 관직에 올랐다. 마지막 말은 노인을 우선한다는 뜻이다.

孔疏 ●"昔者"至"尙齒". ○正義曰: 此前經明孝, 以下至"不敢犯", 又兼明孝弟, 故下云"孝弟發諸朝廷", 事兼孝弟也. 各隨文解之. 今此一經, 論四代悌順尙齒之義.

번역 ●經文: "昔者"~"尙齒". ○이곳 앞의 경문에서는 효에 대해서 밝혔는데, 이곳 구문으로부터 그 아래로 "감히 범하지 않는다."⁴⁾라는 구문까지는 또한 효와 공경을 함께 나타냈다. 그렇기 때문에 아래문장에서는 "효제가 조정에서 나타난다."라고 말한 것이니, 그 사안은 효와 공경을 겸하고

---

4) 『예기』「제의」【570a】: 孝弟發諸朝廷, 行乎道路, 至乎州巷, 放乎獀狩, 修乎軍旅, 衆以義死之而弗敢犯也.

있다. 이곳에서는 각각의 문장에 따라 풀이하겠다. 이곳 경문은 사대 때 공경함에 따라 나이를 숭상했던 뜻을 논의하고 있다.

孔疏 ●“有虞氏貴德而尙齒”者, 虞氏帝德弘大, 故貴德. 德之中, 年高者在前, 是德中尙齒.

번역 ●經文: “有虞氏貴德而尙齒”. ○유우씨 때의 제왕은 덕이 매우 컸기 때문에 덕을 존귀하게 여겼다. 덕을 존귀하게 여기는 가운데에도 나이가 많은 자는 앞에 위치하였으니, 이것은 덕을 존귀하게 여기는 가운데에도 나이를 높인 것이다.

孔疏 ●“夏后氏貴爵而尙齒”者, 夏后之世漸澆薄, 不能貴德而尙功, 功高則爵高. 旣貴其官爵, 德雖下而爵高者則貴之, 由道劣故也. 故貴爵之中, 年高者在前, 故云尙齒.

번역 ●經文: “夏后氏貴爵而尙齒”. ○하후씨 때에는 점차 야박하게 변해가서 덕을 존귀하게 높일 수 없어서 공력을 숭상했으니, 공력이 높으면 작위가 높아졌다. 이미 작위를 존귀하게 여겼으니, 덕이 비록 하등에 해당한다고 하더라도 작위가 높은 자는 존귀하게 여겨졌는데, 도가 미약해졌기 때문이다. 그래서 작위를 존귀하게 여기는 가운데에도 나이가 많은 자는 앞에 위치하였다. 그러므로 “나이를 숭상한다.”고 했다.

孔疏 ●“殷人貴富而尙齒”者, 殷人又劣於夏, 但身有功, 則與之重爵. 殷家累世有功, 世爵而富, 乃貴之, 故云貴富. 亦年高者在前, 故云尙齒.

번역 ●經文: “殷人貴富而尙齒”. ○은나라 때에는 하나라 때보다 도가 미약해졌다. 다만 본인에게 공적이 있으면, 중대한 작위가 부여되었다. 은나라 때에는 대대로 공적을 세우면 대대로 작위를 물려받아서 부유해졌으니, 곧 부유함을 존귀하게 여기게 되었다. 그렇기 때문에 “부유함을 존귀하게 여겼다.”라고 했다. 이러한 경우에도 또한 나이가 많은 자가 앞에 위치하였기 때문에 "나이를 숭상한다."고 했다.

孔疏 ●"周人貴親而尙齒"者, 周人又劣於殷, 敬愛彌狹. 殷人疏而富者, 猶貴之, 周人於己有親乃貴之. 就此之中, 亦年高者在前, 故云尙齒.

번역 ●經文: "周人貴親而尙齒". ○주나라 때에는 은나라 때보다 도가 미약해졌고, 공경함과 친애함이 협소하게만 미쳤다. 은나라 때에는 소원하더라도 부유한 자는 오히려 존귀하게 높였는데, 주나라 때에는 본인과 가까운 관계가 되어야만 존귀하게 높였다. 이러한 경우에도 나이가 많은 자가 앞에 위치하였기 때문에 "나이를 숭상한다."고 했다.

孔疏 ◎注"貴謂"至"小官". ○正義曰: 鄭恐經云貴者, 皆班序在上, 故名之"貴, 謂燕賜有加於諸臣". 凡四代朝位班序, 皆以官爵爲次, 悉皆重爵, 而夏后氏貴者, 但於爵高者加恩賜. 云"尙, 謂有事尊之於其黨也"者, 謂德·爵·富·親各於其黨類之中而被尊也. 云"舜時多仁聖有德, 後德則在小官"者, 鄭解虞氏貴德之意, 以舜時仁聖者多, 人皆有德, 其德小先來者已居大官, 其德大後來者則在小官, 是小官而德尊者, 故有虞氏貴之, 所以燕賜加於大官. 俗本"後德"多作"小得"字.

번역 ◎鄭注: "貴謂"~"小官". ○정현은 경문에서 '귀(貴)'라고 한 것이 모두 작위의 서열이 상등에 위치한다고 오해할 것을 염려했기 때문에, 그 의미를 명명하여, "'귀(貴)'는 여러 신하들에게 연회를 베풀고 하사품을 준다는 뜻이다."라고 말한 것이다. 무릇 사대 때 조정에서의 작위 서열은 모두 관직과 작위 자체로 서열을 정했기 때문에 실상은 모두가 작위를 중시한 것인데, 하후씨 때 존귀하게 여긴 것은 다만 작위가 높은 자에 대해서 은혜와 하사품을 더 베풀었던 것이다. 정현이 "'상(尙)'자는 어떤 사안을 치를 때, 그 무리들 속에서 존귀하게 섬긴다는 뜻이다."라고 했는데, 덕·작위·부유함·친애함은 각각 그들의 무리들 속에서 존귀하게 여겨졌던 것이라는 뜻이다. 정현이 "순임금 때에는 인(仁)한 성인과 덕을 갖춘 자들이

많아서, 이후에 나타난 큰 덕을 갖춘 자는 말단 관직에 올랐다.”라고 했는
데, 정현은 유우씨 때 덕을 존귀하게 높인 뜻을 풀이한 것이니, 순임금 때에
는 인(仁)한 성인이 많았고, 사람들은 모두 덕을 갖추고 있었는데, 그들 중
덕이 작으면서도 먼저 나타난 자들은 이미 중대한 관직에 올랐고, 덕이 크
지만 이후에 나타난 자들은 말단 관직에 머물렀다. 이것이 말단 관직에 있
더라도 덕이 존귀한 경우이다. 그렇기 때문에 유우씨 때에는 그들을 존귀
하게 높여서 중대한 관직에 있는 자들보다 연회나 하사품을 더 베풀었던
것이다.『속본』에서는 ‘후덕(後德)’이라는 글자를 대부분 ‘소득(小得)’이라
고 기록했다.

孔疏 ●“虞夏”至“事親也”. ○正義曰: 此一經覆述虞·夏以來尙年之事.
虞·夏·殷·周, 天下之盛王也. “未有遺年”者, 言虞·夏·殷·周雖是明盛之
王也, 未有遺棄其年者, 悉皆尙齒, 更無他善以加之.

번역 ●經文: “虞夏”~“事親也”. ○이곳 경문은 유우씨와 하나라 이래
로 나이를 숭상했던 사안을 재차 조술한 것이다. 우·하·은·주 때의 군주
는 천하의 성군들이었다. 경문의 “未有遺年”에 대하여. 우·하·은·주는
비록 융성한 덕을 갖춘 성왕이 통치하던 때였더라도, 나이가 많은 자를 챙
기지 않은 적이 없었으니, 모두들 나이를 숭상했던 것이며, 재차 다른 좋은
것들을 더하지 않았다.

孔疏 ●“年之貴乎天下久矣”者, 從虞·夏以來, 貴年是久矣.

번역 ●經文: “年之貴乎天下久矣”. ○유우씨와 하나라로부터 그 이래로
나이를 존귀하게 여겼으니, 나이를 존귀하게 여기는 것은 매우 오래된 일
이다.

孔疏 ●“次乎事親也”者, 言貴年之次弟, 近於事親之孝, 除孝則次弟也.

번역 ●經文: “次乎事親也”. ○나이를 존귀하게 여기는 것은 부모를 섬

기는 효와 가까우니, 효를 제외하면 나이를 존귀하게 여기는 것이 다음이
된다.

集解　愚謂: 左傳曰, "周之宗盟, 異姓爲後", 周禮, "王天揖同姓, 時揖異姓,
土揖庶姓", 周人之尙親者然也. 貴與尙, 皆尊之也. 四代之所貴不同, 而無不
尙齒者, 言各於其所貴之中, 而又皆以齒爲尙也.

번역　내가 생각하기에,『좌전』에서는 "주나라 때 제후들과 회맹을 함에
는 천자와 동성인 자를 먼저 기록하고 이성인 자를 뒤에 기록했다."라고
했고,『주례』에서는 "천자는 자신과 동성인 자에 대해서는 손을 조금 올려
서 읍(揖)을 하고, 이성인 자에 대해서는 손을 가운데 두고 읍을 했으며,
친족관계가 전혀 없는 자에 대해서는 손을 조금 내려서 읍을 했다."[5]라고
했으니, 주나라 때에는 이처럼 친근한 자를 숭상했던 것이다. '귀(貴)'자와
'상(尙)'자는 모두 존귀하게 높인다는 뜻이다. 사대 때에는 존귀하게 높인
대상이 달랐지만, 나이를 높이지 않은 적이 없었으니, 각각 존귀하게 높인
대상들 중에서도 또한 모두들 나이가 많은 자를 숭상했다는 뜻이다.

【569a】

是故朝廷同爵則尙齒. 七十杖於朝, 君問則席, 八十不俟朝,
君問則就之, 而弟達乎朝廷矣.

직역　是故로 朝廷에서는 爵이 同하면 齒를 尙한다. 七十은 朝에서
杖하며, 君이 問하면 席하며, 八十은 朝를 不俟하고, 君이 問하면 就하니,
弟가 朝廷에 達한다.

의역　이러한 까닭으로 조정에서는 작위가 같으면 나이가 많은 자를 높인다.

---

5)『주례』「추관(秋官)·사의(司儀)」: 詔王儀, 南鄕見諸侯, <u>土揖庶姓, 時揖異姓,
<u>天揖同姓.

또 70세가 된 신하는 조정에서 지팡이를 짚을 수 있고, 군주가 그에게 하문하게 되면 그를 위해 자리를 펴고 그를 자리에 앉게 한다. 또 80세가 된 신하는 조정의 일이 모두 끝날 때까지 기다리지 않고 군주에게 읍(揖)을 하면 물러가며, 군주가 그에게 하문하게 되면 그의 집으로 찾아가니, 어른을 공경함이 조정에서 두루 시행되었던 것이다.

集說 古者視朝之禮, 君臣皆立, 七十杖於朝, 據杖而立也. 君問則席, 謂君若有問, 則爲之布席於堂而使之坐也. 不俟朝, 謂見君而揖之卽退, 不待朝事畢也. 就之, 卽其家也.

번역 고대에 조정에 참여하는 예법에서는 군주와 신하가 모두 자리에 서 있었으니, 70세인 자가 조정에서 지팡이를 잡는다고 한 것은 지팡이에 의지하여 서 있다는 뜻이다. '군문즉석(君問則席)'은 군주가 만약 하문할 일이 있다면, 그를 위해 당상(堂上)에 자리를 펴고 그로 하여금 자리에 앉게 만든다는 뜻이다. '불사조(不俟朝)'는 군주를 알현하고 읍(揖)을 하면 곧 물러나며, 조정의 일이 모두 끝날 때까지 기다리지 않는다는 뜻이다. '취지(就之)'는 그의 집으로 찾아간다는 뜻이다.

大全 嚴陵方氏曰: 爵同, 故以齒爲上爾. 爵異, 則以爵爲上也. 孟子曰, 朝廷莫如爵, 鄕黨莫如齒. 蓋朝廷雖以爵爲上, 然未嘗廢齒, 此所言者是也. 鄕黨雖以齒爲上, 然亦未嘗廢爵, 則後言三命而不齒者是也. 要之朝廷以爵爲主, 鄕黨以齒爲主, 故孟子以爲莫如也. 就, 謂就其家而不敢召也. 凡此皆朝廷禮敬之事, 故曰弟達乎朝廷矣.

번역 엄릉방씨가 말하길, 작위가 같기 때문에 나이를 높이는 것일 뿐이다. 작위가 차이를 보인다면 작위를 높이게 된다. 『맹자』에서는 "조정에서는 작위만한 것이 없고 향당에서는 나이만한 것이 없다."[6]라고 했다. 조정

---

6) 『맹자』「공손추하(公孫丑下)」 : 天下有達尊三, 爵一, 齒一, 德一. 朝廷莫如爵, 鄕黨莫如齒, 輔世長民莫如德. 惡得有其一以慢其二哉?

에서 비록 작위를 높였더라도 일찍이 나이에 대한 존귀함을 폐지한 적이 없었으니, 이곳에서 말한 내용이 바로 그 뜻에 해당한다. 또 향당에서도 비록 나이를 높였지만 이러한 경우에도 작위에 대한 존귀함을 폐지한 적이 없었으니, 뒤의 문장에서 "명(命)의 등급을 가진 자는 나이에 따라 서열을 정하지 않는다."라고 한 말이 바로 그 뜻에 해당한다. 요약하자면, 조정에서는 작위에 따른 서열을 위주로 하고 향당에서는 나이에 따른 서열을 위주로 한다. 그렇기 때문에 맹자가 "~만한 것이 없다."라고 여긴 것이다. '취(就)'자는 그의 집으로 찾아가며 감히 그를 부르지 않는다는 뜻이다. 무릇 이러한 것들은 모두 조정에서 예법에 따라 공경하는 사안에 해당한다. 그렇기 때문에 "어른에 대한 공경이 조정에서 두루 시행되었다."라고 했다.

鄭注 同爵尙齒, 老者在上也. 君問則席, 爲之布席於堂上, 而與之言. 凡朝位立於庭, 魯哀公問於孔子, 命席. 不俟朝, 君揖之卽退, 不待朝事畢也. 就之, 就其家也. 老而致仕, 君或不許, 異其禮而已.

번역 작위가 같으면 나이를 숭상하니, 나이가 많은 자가 상등의 자리에 위치한다. '군문즉석(君問則席)'은 그를 위해 당상(堂上)에 자리를 펴고 그와 말을 한다는 뜻이다. 무릇 조정에서 위치할 때에는 마당에 서 있게 되는데, 노나라 애공은 공자에게 하문하며 자리를 펴도록 명령했다.[7] '불사조(不俟朝)'는 군주가 그에게 읍(揖)을 하면 곧 물러나며, 조정의 일이 모두 끝날 때까지 기다리지 않는다는 뜻이다. '취지(就之)'는 그의 집으로 찾아간다는 뜻이다. 나이가 연로하여 관직에서 물러날 때, 군주는 간혹 사임을 허락하지 않는 경우가 있으니, 이러한 경우에는 예법을 남다르게 하여 대우할 따름이다.

釋文 於朝, 直遙反, 後皆同. 弟音悌, 下及下注同. 爲, 于僞反.

---

7) 『예기』「유행(儒行)」【680c】: 哀公曰, "敢問儒行?" 孔子對曰, "遽數之不能終其物, 悉數之乃留. 更僕未可終也." 哀公命席, 孔子侍, 曰, "儒有席上之珍以待聘, 夙夜强學以待問, 懷忠信以待擧, 力行以待取. 其自立有如此者.

번역 '於朝'에서의 '朝'자는 '直(직)'자와 '遙(요)'자의 반절음이며, 이후에 나오는 이 글자도 모두 그 음이 이와 같다. '弟'자의 음은 '悌(제)'이며, 아래문장 및 아래 정현의 주에 나오는 글자도 그 음이 이와 같다. '爲'자는 '于(우)'자와 '僞(위)'자의 반절음이다.

孔疏 ●"是故"至"廷矣". ○正義曰: 此一經明朝廷之中行於弟也.

번역 ●經文: "是故"~"廷矣". ○이곳 경문은 조정에서 어른에 대한 공경을 시행한다는 사안을 나타내고 있다.

孔疏 ●"是故朝廷同爵則尙齒"者, 此因前文尙年, 以是之故, 朝廷之中同爵則尙齒, 官爵同者則貴尙於齒, 四代皆然.

번역 ●經文: "是故朝廷同爵則尙齒". ○이곳 문단은 앞의 경문에서 나이를 숭상한다는 것에 따르고 있으니, 이러한 까닭으로 인해 조정에서 작위가 같다면 나이를 숭상하여, 관직과 작위가 같은 자의 경우 나이가 많은 자를 존귀하게 높이는 것으로, 사대 때에는 모두 이처럼 시행했다.

孔疏 ●"七十杖於朝, 君問則席"者, 以其尙齒, 故七十者許之據杖於朝. 若君有問, 則布席令坐也.

번역 ●經文: "七十杖於朝, 君問則席". ○나이를 숭상하기 때문에 70세가 된 자에게는 조정에서 지팡이를 짚는 것을 허용한다. 만약 군주가 그에게 하문할 일이 있다면 자리를 펴서 그를 앉게 한다.

孔疏 ●"八十不俟朝, 君問則就之"者, 年已八十, 不但杖於朝而已, 見君揖則退, 不待朝事畢也. 若君有事問之, 則就其室, 是遜弟敬老之道通達於朝廷矣.

번역 ●經文: "八十不俟朝, 君問則就之". ○나이가 이미 80세가 되었다

면 조정에서 지팡이를 짚을 수 있을 뿐만 아니라 군주가 읍(揖)하는 것을 보게 되면 물러나며, 조정의 일이 모두 끝날 때까지 기다리지 않는다. 만약 군주에게 어떠한 일이 발생하여 하문하게 된다면 그의 집에 찾아가니, 이것 은 나이가 많은 자를 공경하는 도리가 조정에 두루 시행되었음을 나타낸다.

孔疏 ◎注"凡朝"至"而已". ○正義曰: 知"朝位立於庭"者, 按燕禮大射, 君 與卿大夫皆立, 卿大夫立於庭, 君立于阼階上. 是也. 云"魯哀公問於孔子, 命 席"者, 儒行文. 云"不俟朝, 君揖之卽退"者, 按燕禮: 大射, 卿·大夫立于庭, 北面. 君降自阼階, 南向, 爾卿. 卿西面, 爾大夫. 大夫皆少進, 皆北面. 爾, 謂揖 也. 於時老臣, 君揖則退, 不待朝事畢也. 則於路寢門外, 曰視朝, 亦揖竟卽退, 不待朝事畢也. 云"老而致仕, 君或不許, 異其禮而已"者, 按曲禮"大夫七十 而致仕, 若不得謝", 是或不許也. 此經中所云, 是君不許者, 故"七十杖於朝, 君問則席", 又"八十不俟朝", 是異其禮. 若其致事, 君許, 則王制云"七十不俟 朝, 八十杖於朝", 是君許者與此異.

번역 ◎鄭注: "凡朝"~"而已". ○정현이 "조정에서 위치할 때에는 마당 에 서 있게 된다."라고 했는데, 이 말이 사실임을 알 수 있는 이유는『의례』 「연례(燕禮)」편을 살펴보면, 대사례(大射禮)[8]를 시행할 때 군주는 경·대 부와 함께 모두 자리에 서 있게 되고, 경과 대부는 마당에 서 있으며, 군주

---

8) 대사례(大射禮)는 제사를 지낼 때, 제사를 돕는 자들을 채택하기 위해 시행 하는 활쏘기 대회이다. 천자의 경우에는 '교외 및 종묘[郊廟]'에서 제사를 지 낼 때, 제후 및 군신(群臣)들과 미리 활쏘기를 하여, 적중함이 많은 자를 채 택하고, 채택된 자로 하여금 천자가 주관하는 제사에 참여하도록 하는 의례 (儀禮)이다.『주례』「천관(天官)·사구(司裘)」편에는 "王大射, 則共虎侯, 熊侯, 豹侯, 設其鵠."이라는 기록이 있는데, 이에 대한 정현의 주에서는 "大射者, 爲祭祀射. 王將有郊廟之事, 以射擇諸侯及群臣與邦國所貢之士可以與祭者. …… 而中多者得與於祭."라고 풀이하였다. 한편 각 계급에 따라 '대사례'의 예법에는 차등이 있었는데, 예를 들어 천자가 시행하는 '대사례'에서는 표적 으로 호후(虎侯), 웅후(熊侯), 표후(豹侯)가 사용되었고, 표적지에는 곡(鵠)을 설치했다. 그리고 제후가 시행하는 '대사례'에서는 웅후(熊侯), 표후(豹侯)가 사용되었고, 표적지에 곡(鵠)을 설치했다. 경(卿)과 대부(大夫)의 경우에는 미후(麋侯)를 사용하였고, 표적지에 곡(鵠)을 설치했다.

는 동쪽 계단 위에 서 있기 때문이다. 정현이 "노나라 애공은 공자에게 하문하며 자리를 펴도록 명령했다."라고 했는데, 이것은 『예기』「유행(儒行)」편의 문장이다. 정현이 "'불사조(不俟朝)'는 군주가 그에게 읍(揖)을 하면 곧 물러난다는 뜻이다."라고 했는데, 「연례」편을 살펴보면, 대사례를 할 때 경과 대부는 마당에 서 있으며 북쪽을 바라본다. 군주는 동쪽 계단으로부터 내려와서 남쪽을 바라보며, 경과 가까운 위치에 서 있게 된다. 경은 서쪽을 바라보며 대부와 가까운 위치에 서 있게 된다. 대부들은 모두 조금 앞으로 나아가서 북쪽을 바라본다. 가까이 위치한다는 것은 상대에게 읍(揖)을 하는 것이다. 이 시기에 노신은 군주가 읍을 하면 물러나며, 조정의 일이 모두 끝날 때까지 기다리지 않는다. 노침(路寢)[9]의 문밖에서 조정에 참관하는 것을 '시조(視朝)'라고 하는데, 이러한 경우에도 또한 읍하는 일이 끝나면 곧바로 물러나며, 조정의 일이 모두 끝날 때까지 기다리지 않는다. 정현이 "나이가 연로하여 관직에서 물러날 때, 군주는 간혹 사임을 허락하지 않는 경우가 있으니, 이러한 경우에는 예법을 남다르게 하여 대우할 따름이다."라고 했는데, 『예기』「곡례(曲禮)」편을 살펴보면, "대부는 70세가 되면 사직을 청원하고, 만약 사직을 허락받지 못하면"[10]이라고 했는데, 이것이 바로 허락을 하지 않는 경우에 해당한다. 이곳 경문에서 언급한 내용은 군주가 사임을 허락하지 않은 경우이다. 그렇기 때문에 "70세가 된 신하는 조정에서 지팡이를 짚고, 군주가 하문하게 되면 자리를 편다."라고 한 것이고, "80세가 된 신하는 조정의 일이 모두 끝날 때까지 기다리지 않는다."라고 한 것이니, 이것은 예법을 남다르게 하여 대우한다는 뜻이다. 만약 사직을 청원하고 군주가 받아들인 경우라면 『예기』「왕제(王制)」편에서 "70세가 되면 나라 안에서 지팡이를 짚을 수 있고, 80세가 되면 조정에서도

---

9) 노침(路寢)은 천자나 제후가 정무를 처리하던 정전(正殿)이다. 『시』「노송(魯頌)·민궁(閟宮)」편에는 "松桷有舄, 路寢孔碩."이라는 기록이 있는데, 이에 대한 모전(毛傳)에서는 "路寢, 正寢也."라고 풀이했고, 『문선(文選)』에 수록된 장형(張衡)의 '서경부(西京賦)'에는 "正殿路寢, 用朝群辟."이라는 기록이 있는데, 이에 대한 설종(薛綜)의 주에서는 "周曰路寢, 漢曰正殿."이라고 하여, 주(周)나라에서는 '정전'을 '노침'으로 불렀다고 풀이했다.

10) 『예기』「곡례상(曲禮上)」【13a】: 大夫, 七十而致事. 若不得謝, 則必賜之几杖.

지팡이를 짚을 수 있다."[11]라고 한 경우처럼 되니, 이것은 군주가 사직을 허락한 자들의 경우로, 이곳의 내용과 차이를 보인다.

集解　愚謂: 席, 謂席於路寢之堂也. 凡朝, 君旣揖群臣, 退適路寢聽政, 卿大夫亦就治朝左右而治事. 君有疑, 召而問之, 則入至路寢之堂. 若七十者, 則君命爲之布席, 而使之坐焉, 所以優禮之也. 卿大夫在朝, 皆待治事畢而後退, 八十不俟朝, 謂不待朝事畢而先退, 君有疑則使人就其家而問之, 彌優之也.

번역　내가 생각하기에, '석(席)'은 노침(路寢)의 당상(堂上)에 자리를 편다는 뜻이다. 무릇 조회를 할 때 군주가 모든 신하들에게 읍(揖)을 하면 물러나 노침으로 가서 정사를 듣게 되는데, 경과 대부 또한 치조(治朝)[12]의 좌우측 관부로 가서 일을 처리한다. 군주가 의문점이 생겨 관련이 있는 자들을 불러서 하문하게 되면, 신하들은 안으로 들어가 노침의 당상으로 나아간다. 만약 70세인 자라면 군주가 명령하여 그를 위해 자리를 펴게 하고, 그로 하여금 자리에 앉게 하니, 그를 우대하는 방법이다. 경과 대부는 조정에 있을 때 모두 일처리가 끝날 때까지 기다린 뒤에야 물러나는데, 80세인 자라면 일이 끝날 때까지 기다리지 않으니, 조정의 일이 끝날 때까지 기다리지 않고 먼저 물러간다는 의미이며, 군주가 의문점이 생기면, 사람을 시켜서 그의 집으로 찾아가 묻게 되는 것으로, 더욱 우대하는 것이다.

---

11) 『예기』「왕제(王制)」【177d】: 五十始衰, 六十非肉不飽, 七十非帛不煖, 八十非人不煖, 九十雖得人不煖矣. 五十杖於家, 六十杖於鄕, <u>七十杖於國, 八十杖於朝</u>, 九十者, 天子欲有問焉, 則就其室, 以珍從.

12) 치조(治朝)는 천자 및 제후에게 있었던 내조(內朝) 중 하나를 뜻한다. 천자 및 제후는 3개의 조(朝)를 두는데, 1개는 외조(外朝)이며, 나머지 2개는 내조가 된다. 내조 중에서도 노문(路門) 밖에 있던 것을 '치조'라고 부르며, 천자 및 제후가 정사를 처리하던 장소이다.

그림 25-1 ■ 신하들의 명(命) 등급

	천자(天子) 신하	대국(大國) 신하	차국(次國) 신하	소국(小國) 신하
9명(九命)	상공(上公=二伯) 하(夏)의 후손 은(殷)의 후손			
8명(八命)	삼공(三公) 주목(州牧)			
7명(七命)	후작[侯] 백작[伯]			
6명(六命)	경(卿)			
5명(五命)	자작[子] 남작[男]			
4명(四命)	부용군(附庸君) 대부(大夫)	고(孤)		
3명(三命)	원사(元士=上士)	경(卿)	경(卿)	
2명(再命)	중사(中士)	대부(大夫)	대부(大夫)	경(卿)
1명(一命)	하사(下士)	사(士)	사(士)	대부(大夫)
0명(不命)				사(士)

◎ 『예기』와 『주례』의 기록에는 다소 차이가 있다.

※ **참조**: 『주례』「춘관(春官)·전명(典命)」 및 『예기』「왕제(王制)」

●그림 25-2 ◼ 천자오문삼조도(天子五門三朝圖)

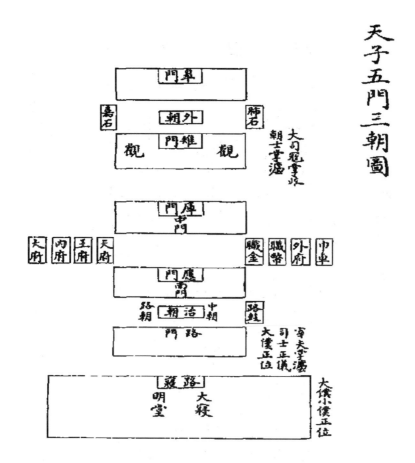

※ 출처: 『주례도설(周禮圖說)』 상권

그림 25-3 ■ 천자의 침(寢) 제도

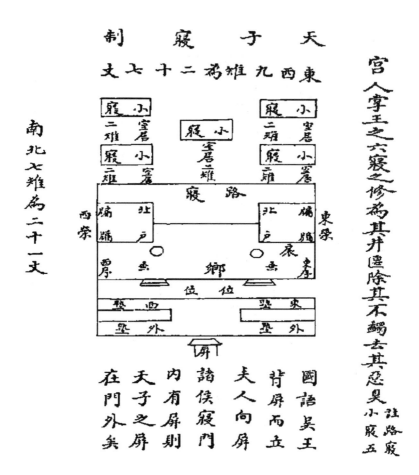

※ 출처: 『삼례도(三禮圖)』 1권

【569b~c】

行肩而不倂, 不錯則隨, 見老者則車徒辟, 斑白者不以其任行乎道路, 而弟達乎道路矣.

직역 行에는 肩하되 不倂하며, 不錯하면 隨하고, 老者를 見하면 車徒가 辟하며, 斑白者는 그 任으로 道路에서 行함을 不하니, 弟가 道路에서 達한다.

의역 도로에서 나이가 어린 자와 많은 자가 함께 걸어가게 되면 나이가 어린 자는 나이가 많은 자와 어깨를 나란히 해서 걷지 않고, 상대가 자신의 형 연배에 해당한다면 대각선 방향으로 물러나서 걷고, 자신의 부친 연배에 해당한다면 바로 뒤쪽 방향으로 물러나서 걷는다. 또 도로에서 노인을 보게 된다면 수레에 탔거나 도보로 걷는 자들은 모두 그를 피해준다. 머리가 반백인 자들은 짐을 지고 도로에서 걷지 않으니, 어른을 공경함이 도로에서 두루 시행되었던 것이다.

集說 此言少者與長者同行之禮. 倂, 並也, 肩而不倂, 謂少者不可以肩齊並長者之肩, 當差退在後也. 不錯則隨, 謂此長者若是兄之輩, 則爲雁行之差錯, 稍偏而後之; 若是父之輩, 則直隨從其後矣. 車徒辟, 言或乘車, 或徒行, 皆當避之也. 任, 所負戴之物也, 不以任行道路, 卽孟子"頒白者不負戴於道路矣."

번역 이것은 나이가 어린 자와 많은 자가 함께 걸어갈 때의 예법을 뜻한다. '병(倂)'자는 나란히[並]라는 뜻이니, '견이불병(肩而不倂)'은 나이가 어린 자는 자신의 어깨를 나이가 많은 자의 어깨와 나란히 두고 걸을 수 없으므로, 마땅히 뒤로 조금 물러나야 한다는 뜻이다. '불착즉수(不錯則隨)'는 나이가 많은 자가 만약 자신의 형과 동년배라고 한다면 기러기가 날아갈 때 삼각형으로 대열을 짜서 날아가는 것처럼 하니, 조금 측면으로 치우쳐서 뒤로 물러나서 걷고, 만약 자신의 부친과 동년배라고 한다면 그와 일직선상에서 그 뒤를 따라간다는 뜻이다. '거도피(車徒辟)'는 수레에 탔거나 도보로 걷는 자들은 모두 그를 피해주어야 한다는 뜻이다. '임(任)'은 등에 짊어지거나 머리에 얹은 물건이니, 짐을 들고 도로를 걷지 않는 것은 『맹자』에서 "머리가 반백인 자는 도로에서 짐을 짊어지거나 머리에 얹지 않는다."13)라고 한 말에 해당한다.

大全 嚴陵方氏曰: 車以言其貴, 徒以言其賤, 言見老者, 則貴賤無不避也. 斑白者不以任行道路, 所謂斑白者不提挈也. 凡此皆道路禮順之事, 故曰弟違乎道路.

번역 엄릉방씨가 말하길, 수레는 신분이 존귀한 자를 말한 것이고, 도보는 신분이 미천한 자를 말한 것이니, 노인을 보게 된다면 신분에 상관없이 그를 피해주지 않는 자가 없다는 뜻이다. 머리가 반백인 자는 짐을 지고 도로에서 움직이지 않으니, "머리가 반백인 자는 짐을 가지고 길을 다니지 않는다."14)는 뜻에 해당한다. 무릇 이러한 것들은 모두 도로에서 예법에 따라 순종하는 일에 해당한다. 그렇기 때문에 "공경함이 도로에서 두루 시행되었다."라고 말했다.

鄭注 錯, 鴈行也. 父黨隨行, 兄黨鴈行. 車徒辟, 乘車·步行, 皆辟老人也. 斑白者, 髮雜色也. 任, 所擔持也. 不以任, 少者代之.

번역 '착(錯)'은 기러기가 대열을 짜고 날아가는 모습을 뜻한다. 자신의 부친과 동년배인 자와 걸을 때에는 뒤에서 따라가고 자신의 형과 동년배인 자와 걸을 때에는 기러기가 대열을 짜듯 대각선 방향에서 따라간다. '거도피(車徒辟)'는 수레에 탔거나 도보로 걷는 자들이 모두 노인을 피해준다는 뜻이다. '반백(斑白)'은 흰색과 검은색의 머리카락이 뒤섞인 것을 뜻한다. '임(任)'은 짊어지는 짐이다. 짐을 지고 걷지 않는다는 것은 나이가 어린 자가 대신 짊어진다는 뜻이다.

---

13) 『맹자』「양혜왕상(梁惠王上)」 : 謹庠序之敎, 申之以孝悌之義, <u>頒白者不負戴於道路矣</u>.
14) 『예기』「왕제(王制)」【181b】 : 輕任幷, 重任分, <u>斑白者不提挈</u>.

釋文 倂, 步頃反, 徐扶頂反. 辟音避, 注同. 行, 戶剛反, 下同. 擔, 都甘反. 少, 詩照反, 下同.

번역 '倂'자는 '步(보)'자와 '頃(경)'자의 반절음이며, 서음(徐音)은 '扶(부)'자와 '頂(정)'자의 반절음이다. '辟'자의 음은 '避(피)'이며, 정현의 주에 나오는 글자도 그 음이 이와 같다. '行'자는 '戶(호)'자와 '剛(강)'자의 반절음이며, 아래문장에 나오는 글자도 그 음이 이와 같다. '擔'자는 '都(도)'자와 '甘(감)'자의 반절음이다. '少'자는 '詩(시)'자와 '照(조)'자의 반절음이며, 아래문장에 나오는 글자도 그 음이 이와 같다.

孔疏 ●"行肩"至"巷矣". ○正義曰: 此一節明弟通達於道路.

번역 ●經文: "行肩"~"巷矣". ○이곳 문단은 어른을 공경함이 도로에서 두루 시행되었다는 사실을 나타내고 있다.

孔疏 ●"行, 肩而不倂"者, 謂老少並行, 言肩臂不得倂行, 少者差退在後, 則朋友肩隨是也.

번역 ●經文: "行, 肩而不倂". ○나이가 많은 자와 적은 자가 함께 걸을 때에는 어깨를 나란히 해서 걸을 수 없으니, 젊은 자가 조금 뒤로 물러나서 걷는 것은 곧 "나이 차이가 조금 나는 자에 대해서 조금 뒤로 물러서서 따라간다."15)는 뜻에 해당한다.

孔疏 ●"不錯則隨"者, 若兄黨爲鴈行之差錯, 是父黨則隨從而爲行.

번역 ●經文: "不錯則隨". ○만약 상대가 자신의 형과 같은 연배라면 기러기가 대오를 짜서 날아가듯이 대각선 방향으로 물러나서 걷고 자신의 부친과 같은 연배라면 그의 뒤에서 따라가며 걷는다는 뜻이다.

---

15) 『예기』「곡례상(曲禮上)」【15a】: 年長以倍, 則父事之, 十年以長, 則兄事之, <u>五年以長, 則肩隨之.</u>

孔疏 ●"見老者則車·徒辟"者, 謂少者或乘車, 或徒步, 若逢見老者則辟之.

번역 ●經文: "見老者則車·徒辟". ○나이가 어린 자가 수레에 탔거나 도보로 걸어갈 때 만약 노인을 보게 된다면 피해준다는 뜻이다.

孔疏 ●"班白者不以其任行乎道路"者, 任, 謂擔持, 言班白不以所任之物 行于道路. 少者必代之, 是弟通達於道路.

번역 ●經文: "班白者不以其任行乎道路". ○'임(任)'자는 짊어진다는 뜻이니, 머리가 반백인 자는 짊어지는 짐을 가지고 도로에서 걷지 않는다는 뜻이다. 나이가 어린 자가 대신 짊어지니, 이것은 어른을 공경함이 도로에서 두루 시행되는 것이다.

孔疏 ◎注"錯鴈"至"鴈行". ○正義曰: 錯, 參差, 假鴈行爲行. "父黨隨行", 王制文.

번역 ◎鄭注: "錯鴈"~"鴈行". ○'착(錯)'자는 참차(參差)라는 뜻으로 마치 기러기가 대오를 짜서 날아가는 것과 같다는 의미이다. 정현이 "자신의 부친과 동년배인 자와 걸을 때에는 뒤에서 따라간다."라고 했는데, 이것은 『예기』「왕제(王制)」편의 문장이다.16)

【569c】

居鄕以齒, 而老窮不遺, 强不犯弱, 衆不暴寡, 而弟達乎州巷矣.

직역 鄕에 居함에는 齒로써 하고, 老窮하여도 不遺하며, 强이 弱을 不犯하고, 衆이 寡를 不暴하니, 弟가 州巷에서 達한다.

---

16) 『예기』「왕제(王制)」【181a】: 父之齒, 隨行, 兄之齒, 鴈行, 朋友, 不相踰.

의역 향리에 있을 때에는 나이에 따라 서열을 정하고, 나이가 들거나 궁벽한 자라도 버려두지 않는다. 또 강한 자가 약한 자를 범하지 않고 다수가 소수에게 난폭하게 굴지 않으니, 어른을 공경함이 향리에서 두루 시행되었던 것이다.

集說 遺, 棄也.

번역 '유(遺)'자는 "버린다[棄]."는 뜻이다.

集說 鄭氏曰: 一鄕者, 五州. 巷, 猶閭也.

번역 정현이 말하길, 1개의 향(鄕)은 5개의 주(州) 단위이다. '항(巷)'은 여(閭)라는 행정단위와 같다.

大全 嚴陵方氏曰: 若耆耋艾耄之類, 所謂老. 若鰥寡孤獨之類, 所謂窮. 不遺, 謂養之有政也. 强弱以力言, 衆寡以數言. 凡此皆州巷禮順之事, 故曰弟達乎州巷.

번역 엄릉방씨가 말하길, 60세인 자[耆], 80세인 자[耋], 50세인 자[艾], 80이나 90세인 자[耄] 등은 '노(老)'라고 부르는 자들이다. 홀아비[鰥], 과부[寡], 고아[孤], 자식이 없는 자[獨] 등은 '궁(窮)'에 해당한다. "버리지 않는다."는 말은 그들을 부양함에 정해진 법령이 있다는 뜻이다. 강(强)과 약(弱)은 힘을 기준으로 한 말이고, 중(衆)과 과(寡)는 수를 기준으로 한 말이다. 무릇 이러한 것들은 모두 향리에서 예법에 따라 순종하는 사안이 된다. 그렇기 때문에 "공경함이 향리에 두루 시행된다."라고 말했다.

大全 石林葉氏曰: 先之則不錯, 不錯則隨. 敬之則車徒避, 愛之則斑白不以任, 此弟所以達乎道路. 强以力言, 衆以人言. 老而窮者, 猶所不棄, 則寡弱者固不患於無告, 此弟所以達乎州巷.

번역 석림섭씨가 말하길, 그를 우선하므로 어긋나지 않으며, 어긋나지 않으므로 뒤따르는 것이다. 그를 공경하므로 수레를 타거나 도보로 걷는 자가 피해주고, 그를 친애하므로 머리가 반백인 자는 짐을 짊어지지 않으니, 이것은 어른을 공경함이 도로에서 두루 시행되는 것이다. 강(强)은 힘을 기준으로 한 말이고, 중(衆)은 사람의 수를 기준으로 한 말이다. 늙고 궁벽한 자라도 여전히 버림을 받지 않으니, 수가 적고 약한 자도 진실로 하소연할 곳이 없다는 걱정을 하지 않는다. 이것은 어른을 공경함이 향리에서 두루 시행되는 것이다.

鄭注 老窮不遺, 以鄕人尊而長之. 雖貧且無子孫, 無棄忘也. 一鄕者五州. 巷, 猶閭也.

번역 늙고 궁벽하더라도 버리지 않는 것은 마을 사람들이 그를 존숭하고 어른으로 대접하기 때문이다. 비록 가난하고 자손이 없더라도 버림받는 일이 없다. 1개의 향(鄕)은 5개의 주(州) 단위이다. '항(巷)'은 여(閭)라는 행정단위와 같다.[17]

釋文 遺如字, 一本作匱, 其媿反. 長, 丁丈反, 下文皆同.

번역 '遺'자는 글자대로 읽으며, 다른 판본에서는 '匱'자로도 기록하는데, 그 음은 '其(기)'자와 '媿(괴)'자의 반절음이다. '長'자는 '丁(정)'자와 '丈(장)'자의 반절음이며, 아래문장에 나오는 글자도 모두 그 음이 이와 같다.

---

17) 『주례』「지관(地官)·대사도(大司徒)」: 令五家爲比, 使之相保. 五比爲閭, 使之相受. 四閭爲族, 使之相葬. 五族爲黨, 使之相救. 五黨爲州, 使之相賙. <u>五州爲鄕</u>, 使之相賓.

【569d】

古之道, 五十不爲甸徒, 頒禽隆諸長者, 而弟達乎搜狩矣.

직역 古의 道에, 五十은 甸徒를 不爲하고, 禽를 頒함에 長者에게 隆하니, 弟가 搜狩에서 達한다.

의역 고대의 도리에 있어서, 50세가 된 자는 사냥의 몰이꾼으로 동원되지 않는다. 사냥을 끝내고 짐승들을 나눠줄 때에는 나이가 많은 자에게 더 많이 분배하니, 어른을 공경함이 사냥에서 두루 시행되었던 것이다.

集說 四井爲邑, 四邑爲丘, 四丘爲甸, 君田獵, 則起其民爲卒徒, 故曰甸徒, 五十始衰, 故不供此役也. 頒, 猶分也. 隆, 猶多也. 田畢分禽, 則長者受賜多於少者. 春獵爲搜, 冬獵爲狩, 擧此則夏秋可知.

번역 4개의 정(井)은 1개의 읍(邑)이 되고, 4개의 읍(邑)은 1개의 구(丘)가 되며, 4개의 구(丘)는 1개의 전(甸)이 되는데, 군주가 사냥을 하게 되면 그 지역에 속한 백성들을 동원하여 몰이꾼으로 삼는다. 그렇기 때문에 '전도(甸徒)'라고 부른 것이며, 50세가 되면 비로소 쇠약해지기 시작하기 때문에 이러한 부역에 참여하지 않는다. '반(頒)'자는 "나눠준다[分]."는 뜻이다. '융(隆)'자는 "많다[多]."는 뜻이다. 사냥이 끝나면 포획한 짐승들을 나눠주는데, 나이가 많은 자는 나이가 어린 자보다 많이 받는다는 뜻이다. 봄의 사냥을 '수(搜)'라고 부르고, 겨울의 사냥을 '수(狩)'라고 부르니, 이 두 말을 제시하였다면, 여름과 가을의 사냥에서도 이처럼 했음을 알 수 있다.

鄭注 四井爲邑, 四邑爲丘, 四丘爲甸, 甸六十四井也, 以爲軍田出役之法. 五十始衰, 不從力役之事也. 頒之言分也. 隆, 猶多也. 及田者分禽, 多其老者, 謂竭作未五十者. 春獵爲搜, 冬獵爲狩.

번역 4개의 정(井)은 1개의 읍(邑)이 되고, 4개의 읍(邑)은 1개의 구(丘)

가 되며, 4개의 구(丘)는 1개의 전(甸)이 되니, 1개의 전(甸)은 총 64개의 정(井) 규모가 되며, 이것을 군대와 사냥 때 동원되는 부역의 규모로 삼는다. 50세가 되면 비로소 쇠약해지므로 힘이 필요한 부역에는 참여하지 않는다. '반(頒)'자는 "나눠준다[分]."는 뜻이다. '융(隆)'자는 "많다[多]."는 뜻이다. 사냥을 해서 짐승들을 나눠줄 때에는 나이가 많은 자에게 많이 주니, 아직 50세가 되지 않은 자들을 뜻한다. 봄의 사냥을 '수(獀)'라고 부르고, 겨울의 사냥을 '수(狩)'라고 부른다.

釋文 甸, 田見反. 頒音班. 獀, 本亦作廋, 音蒐, 所求反. 狩音獸.

번역 '甸'자는 '田(전)'자와 '見(견)'자의 반절음이다. '頒'자의 음은 '班(반)'이다. '獀'자는 판본에 따라서 또한 '廋'자로도 기록하는데, 그 음은 '蒐'로 '所(소)'자와 '求(구)'자의 반절음이다. '狩'자의 음은 '獸(수)'이다.

孔疏 ●"古之"至"旅矣". ○正義曰: 此一節明弟道達於獀狩.

번역 ●經文: "古之"~"旅矣". ○이곳 경문은 어른을 공경함이 사냥에서 두루 시행되었다는 사실을 나타내고 있다.

孔疏 ●"古之道"者, 謂作記之人在於周末, 於時力役煩重, 却道周初之事, 故云"古之道"也.

번역 ●經文: "古之道". ○『예기』를 기록한 자는 주나라 말기에 생존했던 자이며, 당시 부역에 동원되는 일이 번다하고 혹독하였는데, 주나라 초기의 사안을 언급했기 때문에 '고지도(古之道)'라고 했다.

孔疏 ●"五十不爲甸徒"者, 謂方八里之甸. 徒謂步卒. 軍法: 八里出長轂一乘, 步卒七十二人. 謂之甸者, 以供軍賦及田役之事. 五十者氣力始衰, 不爲此甸役徒卒.

번역 ●經文: "五十不爲甸徒". ○사방 8리(里)의 크기를 1전(甸)이라고 한다. '도(徒)'는 동원되는 자들을 뜻한다. 군대의 법도에서는 사방 8리(里)의 땅에서는 전쟁용 수레 1승(乘)을 출자하며, 병졸은 72명을 동원한다. 이것을 '전(甸)'이라고 부른 이유는 군대의 부역과 사냥의 부역에 참여하기 때문이다. 50세가 된 자는 기력이 비로소 쇠약해지기 시작하여, 이러한 부역의 일꾼으로 참여하지 않는다.

孔疏 ●"頒禽隆諸長"者, 謂四十九以下, 田畢頒禽之時, 多長者.

번역 ●經文: "頒禽隆諸長". ○나이가 49세로부터 그 이하의 경우에 해당하니, 사냥이 끝나고 포획한 짐승을 나눠줄 때, 연장자에게 많이 준다는 뜻이다.

孔疏 ◎注"四井"至"爲狩". ○正義曰: "四井爲邑"至"六十四井也", 司馬法文. 云"以爲軍田出役之法"者, 謂一甸之中, 出長轂一乘, 甲士三人, 步卒七十二人, 供君田役事, 故云"以爲軍田出役之法". 云"五十始衰, 不從力政之事也"者, 王制文. 云"謂竭作未五十"者, 按小司徒云"凡起徒役, 毋過家一人, 以其餘爲羨. 唯田與追胥竭". 作若田與追胥竭作之時, 此未五十者猶任田役, 故頒禽之時, 多此長者. 云"春獵爲搜, 冬獵爲狩", 爾雅‧釋天文. 經云"搜‧狩", 夏苗‧秋獮可知也.

번역 ◎鄭注: "四井"~"爲狩". ○정현이 "4개의 정(井)은 1개의 읍(邑)이 된다."라고 한 말로부터 "총 64개의 정(井) 규모가 된다."라는 말까지는 『사마법』의 문장이다. 정현이 "이것을 군대와 사냥 때 동원되는 부역의 규모로 삼는다."라고 했는데, 1전(甸)의 행정 구역 안에서는 수레 1승(乘)과 무사 3명, 병졸 72명을 동원하여, 군주가 시행하는 사냥에 참여시킨다. 그렇기 때문에 "이것을 군대와 사냥 때 동원되는 부역의 규모로 삼는다."라고 한 것이다. 정현이 "50세가 되면 비로소 쇠약해지므로 힘이 필요한 부역에는 참여하지 않는다."라고 했는데, 이것은 『예기』「왕제(王制)」편의 문장이다.[18] 정현이 "아직 50세가 되지 않은 자들을 뜻한다."라고 했는데,『주례』「소사도(小司徒)」편을 살펴보면, "무릇 부역의 인원들을 동원할 때 한 집에서 1명을 초과하지 않도록 하고, 나머지 인원들을 예비로 삼는다. 오직 사냥과 도적을 쫓아내는 일에 있어서만 모두 동원한다."[19]라고 했다. 만약 사냥이나 도적 등을 방비하기 위해 동원되는 때라면 아직 50세가 되지 않은 자들은 여전히 사냥의 동원인력으로 충당된다. 그렇기 때문에 짐승을 나눠줄 때에는 나이가 많은 자에게 많이 주는 것이다. 정현이 "봄의 사냥을 '수(蒐)'라고 부르고, 겨울의 사냥을 '수(狩)'라고 부른다."라고 했는데, 이것은『이아』「석천(釋天)」편의 문장이다.[20] 경문에서는 '수(蒐)'와 '수(狩)'라고 했으니, 여름 사냥인 묘(苗)와 가을 사냥인 선(獮)에서도 동일하게 시행했음을 알 수 있다.

集解 今按: 甸讀爲田.

번역 현재 살펴보니 '전(甸)'자는 '전(田)'자로 풀이한다.

集解 甸讀爲田, 周禮小宗伯"若大甸, 則帥有司而饁獸于郊", 肆師"凡師甸, 用牲于社宗, 則爲位", 是也. 小司徒"凡起徒役, 毋過家一人, 以其餘爲羨, 唯田與追胥竭作." 五十不爲甸徒, 免於竭作之役也. 頒, 分也. 隆, 多也. 頒禽隆諸長者, 謂未五十而與於田役者, 則計其年之長者, 而多與之禽也.

번역 '전(甸)'자는 사냥을 뜻하는 '전(田)'자로 풀이하니,『주례』「소종백(小宗伯)」편에서는 "만약 대규모의 사냥을 시행하면, 유사(有司)[21]를 이끌

---

18) 『예기』「왕제(王制)」,【177d】: 五十始衰, 六十非肉不飽, 七十非帛不煖, 八十非人不煖, 九十雖得人不煖矣. 五十杖於家, 六十杖於鄉, 七十杖於國, 八十杖於朝, 九十者, 天子欲有問焉, 則就其室, 以珍從.

19) 『주례』「지관(地官)·소사도(小司徒)」: 凡起徒役, 毋過家一人, 以其餘爲羨, 唯田與追胥竭作.

20) 『이아』「석천(釋天)」: 春獵爲蒐, 夏獵爲苗, 秋獵爲獮, 冬獵爲狩.

21) 유사(有司)는 관리를 뜻하는 용어이다. '사(司)'자는 담당한다는 뜻이다. 관리들은 각자 담당하고 있는 업무가 있었으므로, 관리를 '유사'라고 불렀던 것이

고 교(郊)제사에 짐승을 바친다."[22]라고 했고, 『주례』「사사(肆師)」편에서
는 "모든 대규모의 사냥에서 사주(社主)[23]와 천주(遷主)[24]에게 희생물을
바치면 자리를 마련한다."[25]라고 했다. 『주례』「소사도(小司徒)」편에서는
"무릇 부역의 인원들을 동원할 때 한 집에서 1명을 초과하지 않도록 하고,
나머지 인원들을 예비로 삼는다. 오직 사냥과 도적을 쫓아내는 일에 있어
서만 모두 동원한다."라고 했는데, 50세인 자는 사냥의 일꾼으로 동원되지
않으니, 모두 동원되는 대상에서 제외가 된다. '반(頒)'자는 "나눠준다[分]."
는 뜻이다. '융(隆)'자는 "많다[多]."는 뜻이다. "짐승들을 나눠줄 때 나이가
많은 자에게 많이 준다."는 말은 아직 50세가 되지 않아서 사냥에 동원된
자들을 뜻하니, 그들 중 나이가 많은 자를 가려내서 그들에게 더 많은 짐승
을 준다는 의미이다.

【570a】

軍旅什五, 同爵則尚齒, 而弟達乎軍旅矣.

직역 軍旅의 什五에서, 爵이 同하면 齒를 尙하니, 弟가 軍旅에서 達한다.

의역 군대의 대오에서 계급이 같다면 나이가 많은 자를 숭상하니, 어른을 공경

다. 일반적으로 하위관료들을 지칭하여, 실무자를 뜻하는 용어로 많이 사용
된다. 그러나 때로는 고위관료까지도 지칭하는 용어로 사용되기도 한다.
22) 『주례』「춘관(春官)·소종백(小宗伯)」: <u>若大旬, 則帥有司而臚獸于郊, 遂頒禽.</u>
23) 사주(社主)는 군사(軍社)라고도 부른다. 군대 내에서 제사를 지내게 되는 사
(社)의 신주를 뜻한다. 군대를 출정시킬 때 군주는 우선 사(社)에서 제사를
지내고, 그곳에 봉안된 신주를 모시고 떠나며, 군대 내에서는 이 신주에게
제사를 지낸다.
24) 천주(遷主)는 천묘(遷廟)의 신주를 뜻한다. '천묘'는 대수(代數)가 다한 신주
(神主)를 모시는 묘(廟)를 뜻하는데, 군주가 군대를 출정시킬 때 종묘에서 제
사를 지내고, 천묘에 봉안된 신주를 받들고 떠나게 되며, 군대 내에서 이 신
주에게 제사를 지내게 된다.
25) 『주례』「춘관(春官)·사사(肆師)」: 凡師甸用牲于社宗, 則爲位.

함이 군대에서 두루 시행되었던 것이다.

集說 五人爲伍, 二伍爲什.

번역 5명은 1오(伍)가 되고, 2오(伍)는 1십(什)이 된다.

大全 石林葉氏曰: 軍旅什伍, 所致者勇, 而爵同者, 猶尙以齒, 所謂軍旅有禮, 則武功成也.

번역 석림섭씨가 말하길, 군대의 대오에서 지극히 해야 하는 것은 용맹이지만, 계급이 같은 경우에는 여전히 나이를 숭상하니, "군대에 예법이 있으면 무공이 완성된다."[26)는 뜻에 해당한다.

鄭注 什伍, 士卒部曲也. 少儀曰: "軍尙左, 卒尙右."

번역 '십오(什伍)'는 병사들의 편제 단위이다. 『예기』「소의(少儀)」편에서는 "장수에게 있어서는 좌측을 높이고, 병사들에게 있어서는 우측을 높인다."[27)라고 했다.

釋文 卒, 子忽反, 下同.

번역 '卒'자는 '子(자)'자와 '忽(홀)'자의 반절음이며, 아래문장에 나오는 글자도 그 음이 이와 같다.

孔疏 ◎注"什伍"至"部也". ○正義曰: 五人爲伍, 二伍爲什. 士謂甲, 士卒謂步卒. 在軍旅之中時, 主帥部領團曲而聚, 故云部曲.

---

26) 『예기』「중니연거(仲尼燕居)」【599d】: 是故以之居處有禮, 故長幼辨也. 以之閨門之內有禮, 故三族和也. 以之朝廷有禮, 故官爵序也. 以之田獵有禮, 故戎事閑也. 以之軍旅有禮, 故武功成也.
27) 『예기』「소의(少儀)」【439c】: 乘兵車, 出先刃, 入後刃. 軍尙左, 卒尙右.

번역 ◎鄭注: "什伍"~"部也". ○5명은 1오(伍)가 되고 2오(伍)는 1십(什)이 된다. 사 계급은 갑(甲)이라고 부르고, 병졸들은 보졸(步卒)이라고 부른다. 군대 안에 있을 때에는 주로 편제 단위를 위주로 병사들을 집합시킨다. 그렇기 때문에 '부곡(部曲)'이라고 했다.

集解 什伍, 謂士卒部曲也. 五人曰伍, 二伍曰什.

번역 '십오(什伍)'는 병사들의 편제 단위이다. 5명을 1오(伍)라고 부르고, 2오(伍)를 1십(什)이라고 부른다.

【570a】

> 孝弟發諸朝廷, 行乎道路, 至乎州巷, 放乎蒐狩, 修乎軍旅, 衆以義死之而弗敢犯也.

직역 孝弟가 朝廷에서 發하여, 道路에서 行하고, 州巷에 至하며, 蒐狩에 放하고, 軍旅에서 修하면, 衆은 義로써 死하고 敢히 犯을 弗이라.

의역 효제의 도리가 조정에서 지켜지기 시작하여, 도로에서 행해지고, 향리에서 시행되며, 사냥과 군대에서까지 지켜지면, 모두가 효제의 도리에 따라 죽음을 무릅쓰고 감히 범하지 않는다.

集說 自朝廷至軍旅, 其人可謂衆矣, 然皆以通達孝弟之義, 死於孝弟而不敢干犯也.

번역 조정으로부터 군대에 이르기까지 그 안에 포함된 사람들은 '중(衆)'이라고 부를 수 있다. 그런데 모두가 효제의 도의에 통달함으로써 효제를 위해 죽음을 무릅쓰고 감히 범하지 않는다.

大全 嚴陵方氏曰: 先朝延而後道路, 自內而之外也. 先道路而後州巷, 行乎大, 又盡乎小也. 獀狩軍旅, 則又以有事之時言之. 朝廷者, 政之所出, 故言發. 道路者, 人之所由, 故言行. 州巷則委曲而有所盡, 故曰至. 獀狩則馳聘而有所從, 故曰放. 軍旅則嚴飭而有所治, 故曰修. 合而言之, 皆所以達之而已. 衆死乎孝弟之義, 而弗敢犯之也.

번역 엄릉방씨가 말하길, 조정에 대해 먼저 말하고 이후에 도로에 대해 말한 것은 안으로부터 밖으로 이른 것이다. 도로에 대해 먼저 말하고 이후에 향리에 대해 말한 것은 큰 곳에서 시행되고 또 작은 곳에서도 모두 시행되기 때문이다. 사냥과 군대의 경우는 또한 특정 사안을 치를 때를 기준으로 말한 것이다. 조정이라는 곳은 정령이 나오는 곳이기 때문에 '발(發)'이라고 했다. 도로는 사람들이 다니는 곳이기 때문에 '행(行)'이라고 했다. 향리는 구석구석 모두 다하는 것이기 때문에 '지(至)'라고 했다. 사냥은 내달리며 불러들여서 따르는 것이기 때문에 '방(放)'이라고 했다. 군대는 엄격하고 정돈하여 다스려지기 때문에 '수(修)'라고 했다. 종합적으로 말을 한다면 이 모두는 두루 통하는 것일 뿐이다. 대중들이 효제의 도의에 죽음을 무릅쓰고 지켜서 감히 범하지 않는다.

鄭注 死之, 死此孝弟之禮.

번역 '사지(死之)'는 효제의 예법에 목숨을 건다는 뜻이다.

釋文 放, 方往反.

번역 '放'자는 '方(방)'자와 '往(왕)'자의 반절음이다.

孔疏 ●"孝弟"至"犯也". ○正義曰: 此一節總論結上文.

번역 ●經文: "孝弟"~"犯也". ○이곳 문단은 앞 문장의 뜻을 총괄적으로 결론 맺은 것이다.

孔疏 ●“孝弟發諸朝廷”者, 卽上文“而弟達乎朝廷”, 是也. 在上諸文但云
“弟”, 此兼云“孝”者, 以孝故能弟, 弟則孝之次也. 此經總結前諸文, 故云“孝
弟”也.

번역 ●經文: “孝弟發諸朝廷”. ○앞 문장에서 “어른을 공경하는 도의가
조정에 두루 시행된다.”라고 한 말에 해당한다. 앞 문장에서는 단지 ‘제(弟)’
라고만 말했는데, 이곳에서는 ‘효(孝)’까지 함께 언급했다. 그 이유는 효를
할 수 있기 때문에 제를 시행할 수 있고, 제의 경우는 효의 다음 수순이
되기 때문이다. 이곳 경문은 앞의 여러 문장에 대해서 총괄적으로 결론을
맺었기 때문에 ‘효제(孝弟)’라고 했다.

孔疏 ●“衆以義死之, 而弗敢犯也”者, 言孝弟之道通於朝廷, 行於道路·
州巷·搜狩·軍旅, 無處不行孝弟以敎衆庶也. 故衆以道理之義死於孝弟也.
言行孝弟, 雖死不捨, 不敢犯此孝弟而不行也.

번역 ●經文: “衆以義死之, 而弗敢犯也”. ○효제의 도의가 조정에서 두
루 시행되고, 도로·향리·사냥·군대에서 시행되어 효제를 시행하여 대중
들에게 가르치지 않은 곳이 없다. 그렇기 때문에 대중들은 도의의 의로움
에 따라 효제에 목숨을 바친다. 즉 효제를 시행하여 비록 죽게 되더라도
도의를 버리지 않으니, 감히 효제를 범하지 않고 또 그러한 일도 시행하지
않는다는 뜻이다.

訓纂 王氏念孫曰: 修乎軍旅, 修亦當爲循. 放, 亦至也. 循, 亦行也. 家語正
論篇正作“循于軍旅”.

번역 왕념손이 말하길, ‘수호군려(修乎軍旅)’라고 했는데, ‘수(修)’자는
마땅히 ‘순(循)’자가 되어야 한다. ‘방(放)’자 또한 “~에 이르다[至].”는 뜻
이다. ‘순(循)’자 또한 “시행한다[行].”는 뜻이다. 『공자가어』「정론(正論)」편
에서는 ‘순우군려(循于軍旅)’[28]라고 바로잡아 기록했다.

集解 吳氏澄曰: 朝廷, 政令所自出, 故先言之. 道路, 民所行. 州巷, 民所居. 蒐狩, 用衆於內. 軍旅, 用衆於外. 義, 謂所宜行. 衆人以孝弟爲所宜行, 故寧死而不敢犯不孝不弟之事也.

번역 오징이 말하길, 조정은 정령이 나오는 곳이기 때문에 먼저 언급했다. 도로는 백성들이 다니는 곳이다. 마을은 백성들이 머무는 곳이다. 사냥은 안쪽에 해당하는 장소에서 백성들을 부리는 일이다. 군대는 외지에서 백성들을 부리는 일이다. '의(義)'는 마땅히 시행해야 하는 것을 뜻한다. 백성들이 효제를 마땅히 시행해야 할 것으로 여기기 때문에, 차라리 죽을지언정 감히 불효와 불경의 일들을 범하지 않는다.

---

28) 『공자가어(孔子家語)』「정론해(正論解)」 : 夫聖王之敎, 孝悌發諸朝廷, 行於道路, 至於州巷, 放於蒐狩, 循於軍旅, 則衆感以義, 死之而弗敢犯.

• 제26절 •

효(孝)·제(弟)·덕(德)·양(養)·신(臣)의 교화

【570b】

> 祀乎明堂, 所以教諸侯之孝也. 食三老·五更於大學, 所以教
> 諸侯之弟也. 祀先賢於西學, 所以教諸侯之德也. 耕藉, 所以
> 教諸侯之養也. 朝覲, 所以教諸侯之臣也. 五者天下之大教也.

직역 明堂에서 祀함은 諸侯의 孝를 教하는 所以이다. 大學에서 三老와 五更을 食함은 諸侯의 弟를 教하는 所以이다. 西學에서 先賢을 祀함은 諸侯의 德을 教하는 所以이다. 藉를 耕함은 諸侯의 養을 教하는 所以이다. 朝覲함은 諸侯의 臣을 教하는 所以이다. 五者는 天下의 大教이다.

의역 명당(明堂)1)에서 제사를 지내는 것은 제후들이 지녀야 할 효의 도리를 가르치는 방법이다. 태학에서 삼로와 오경에게 식사를 대접하는 것은 제후들이 지녀야 할 공경의 도리를 가르치는 방법이다. 서학에서 선현에게 제사를 지내는 것은 제후들이 지녀야 할 덕을 가르치는 방법이다. 자전을 경작함은 제후들이 시행해야 할 봉양의 도리를 가르치는 방법이다. 조근의 의례를 시행하는 것은 제후들이 지녀야 할 신하의 도리를 가르치는 방법이다. 이러한 다섯 가지는 천하를 다스리는 큰 교화이다.

---

1) 명당(明堂)은 일반적으로 고대 제왕이 정교(政教)를 베풀던 장소를 지칭하는 용어로 사용되었다. 이곳에서는 조회(朝會), 제사(祭祀), 경상(慶賞), 선사(選士), 양로(養老), 교학(教學) 등의 국가 주요 업무가 시행되었다. 『맹자』「양혜왕하(梁惠王下)」편에는 "夫明堂者, 王者之堂也."라는 용례가 있고, 『옥태신영(玉台新詠)』「목난사(木蘭辭)」편에도 "歸來見天子, 天子坐明堂."이라는 용례가 있다. '명당'의 규모나 제도는 시대마다 다르다. 또한 '명당'이라는 건물군 중에서 남쪽의 실(室)을 가리키는 용어로도 사용되었다.

集說 西學, 西郊之學, 周之小學也. 王制云, "虞庠在國之西郊", 是也.

번역 '서학(西學)'은 서쪽 교외에 설치한 학교이니, 주나라 때의 소학(小學)이다. 『예기』「왕제(王制)」편에서 "우상(虞庠)[2]은 수도의 서쪽 교외에 위치했다."[3]라고 한 말에 해당한다.

集說 方氏曰: 先賢, 則樂祖是也. 西學, 則瞽宗是也. 樂祖有道德者, 故曰教諸侯之德. 耕藉, 所以事神致養之道, 故曰教諸侯之養. 朝覲, 所以尊天子, 故曰教諸侯之臣. 樂記先朝覲而後耕藉者, 武王初有天下, 君臣之分, 辨之不可不早也.

번역 방씨가 말하길, '선현(先賢)'은 악조(樂祖)[4]에 해당한다. '서학(西學)'은 고종(瞽宗)[5]에 해당한다. 악조는 도덕을 갖춘 자이기 때문에 "제후

---

2) 우상(虞庠)은 주(周)나라 때의 소학(小學)으로 서교(西郊)에 위치하였다. 주나라에서는 유우씨(有虞氏) 때의 상(庠)에 대한 제도를 본떠서, 소학을 지은 것이기 때문에, 그 학교를 '우상'이라고 부른 것이다. 『예기』「왕제(王制)」편에는 "周人養國老於東膠, 養庶老於虞庠. 虞庠在國之西郊."라는 기록이 있고, 이에 대한 정현의 주에서는 "虞庠亦小學也. 西序在西郊, 周立小學於西郊 …… 周之小學爲有虞氏之庠制, 是以名庠云."이라고 풀이했다. 한편 '우상'에는 두 가지 뜻이 포함되어 있는데, 하나는 태학(太學)의 건물들 중 북쪽에 있는 학교를 뜻하는 것으로, 이것을 또한 상상(上庠)이라고도 불렀고, 다른 하나는 앞서 설명한 것처럼 교외(郊外)에 설치했던 소학을 뜻한다. 『주례』「춘관(春官)・대사악(大司樂)」편에는 "掌成均之澧."이라는 기록이 있는데, 이에 대한 손이양(孫詒讓)의 『정의(正義)』에서는 "案虞庠有二, 一爲大學之北學, 亦曰上庠, 一爲四郊之小學, 曰虞庠."이라고 풀이했다.

3) 『예기』「왕제(王制)」【179a~b】: 周人, 養國老於東膠, 養庶老於虞庠, 虞庠在國之西郊.

4) 악조(樂祖)는 예악(禮樂)을 가르쳤던 선사(先師)들이다. 예전에는 도덕(道德)을 갖춘 인물로 태학(太學)에 들여보내서, 국자(國子)들을 가르치도록 하였다. 그리고 그들이 죽게 되면 '악조'로 삼아서, 고종(瞽宗)에서 제사를 지냈다. 『주례』「춘관(春官)・대사악(大司樂)」편에는 "凡有道者有德者, 使教焉. 死則以爲樂祖, 祭於瞽宗."이라는 기록이 있다.

5) 고종(瞽宗)은 본래 은(殷)나라 때의 학교 명칭이다. 주(周)나라 때에는 태학의 건물들 중 하나로 여겼다.

들이 지녀야 할 덕을 가르친다."라고 했다. "자전(藉田)을 경작한다."는 것
은 신을 섬기며 봉양을 다하는 도리이다. 그렇기 때문에 "제후들이 지녀야
할 봉양의 도리를 가르친다."라고 했다. '조근(朝覲)'6)은 천자를 존숭하는
것이다. 그렇기 때문에 "제후들이 지녀야 할 신하의 자세를 가르친다."라고
했다. 『예기』「악기(樂記)」편에서 조근을 먼저 언급하고 자전 경작하는 일
을 뒤에 말한 것7)은 무왕이 최초 천하를 소유했을 때, 군신간의 구분에
있어서 하루빨리 구별하지 않을 수 없었기 때문이다.

大全 延平周氏曰: 先王之於敎, 豈必諄諄而命之也哉? 蓋行禮於此, 而人
得於彼而不知者, 乃敎之至也. 故五者天下之大敎, 而其所以爲敎者如此而已
矣. 五者以德爲主, 養者孝之屬, 臣者弟之屬, 故其序如此.

번역 연평주씨가 말하길, 선왕은 교화에 대해서 어찌 간절하고 자세하
게 명령을 했었겠는가? 이곳에서 이러한 예법을 시행하면 백성들이 그것
을 터득하면서도 제 스스로 깨닫지 못하는 것이니, 이것이 바로 교화의 지
극함이다. 그렇기 때문에 다섯 가지는 천하를 다스리는 큰 교화가 되는데
도 교화를 시행하는 방법은 이처럼 간단했을 따름이다. 앞서 말한 다섯 가
지 것들은 덕을 위주로 하는데, 봉양은 효에 해당하고 신하의 도의는 공경
에 해당한다. 그렇기 때문에 그 순서가 이와 같다.

---

6) 조근(朝覲)은 군주가 신하를 만나보는 예법(禮法)을 뜻한다. 군주가 신하를
   만나보는 예법에는 조(朝), 근(覲), 종(宗), 우(遇), 회(會), 동(同) 등이 있었는
   데, 이것을 총칭하여 '조근'으로 부르기도 한다. 한편 '조근'은 신하가 군주를
   찾아뵙는 예법을 뜻하기도 한다. 고대에는 제후가 천자를 찾아뵐 때, 각 계
   절별로 그 명칭을 다르게 불렀다. 봄에 찾아뵙는 것을 조(朝)라고 부르며, 여
   름에 찾아뵙는 것을 종(宗)이라고 부르고, 가을에 찾아뵙는 것을 근(覲)이라
   고 부르며, 겨울에 찾아뵙는 것을 우(遇)라고 부른다. '조근'은 이러한 예법들
   을 총칭하는 말이다.
7) 『예기』「악기(樂記)」【484d】: 散軍而郊射, 左射貍首, 右射騶虞, 而貫革之射
   息也. 裨冕搢笏, 而虎賁之士說劒也. 祀乎明堂, 而民知孝. <u>朝覲, 然後諸侯知所以
   臣. 耕藉, 然後諸侯知所以敬.</u> 五者天下之大敎也.

鄭注 祀乎明堂, 宗祀文王. 西學, 周小學也. 先賢, 有道德, 王所使敎國子者.

번역 명당에서 제사를 지낸다는 것은 문왕을 종주로 삼아 제사를 지낸다는 뜻이다. '서학(西學)'은 주나라 때의 소학이다. '선현(先賢)'은 도덕을 갖춘 자이니, 천자가 명령을 내려 국자(國子)[8]들을 가르치게 했던 자이다.

釋文 食音嗣, 下同. 更, 古衡反, 下同. 大學音泰, 下"大學"・注"大下"皆同.

번역 '食'자의 음은 '嗣(사)'이며, 아래문장에 나오는 글자도 그 음이 이와 같다. '更'자는 '古(고)'자와 '衡(형)'자의 반절음이며, 아래문장에 나오는 글자도 그 음이 이와 같다. '大學'에서의 '大'자는 그 음이 '泰(태)'이며, 아래문장에 나오는 '大學'에서의 '大'자와 정현의 주에 나오는 '大下'에서의 '大'자도 모두 그 음이 이와 같다.

孔疏 ●"祀乎"至"敎也". ○正義曰: 此一節廣明孝弟之道, 養三老五更及齒學之事.

번역 ●經文: "祀乎"~"敎也". ○이곳 문단은 효제의 도의를 폭넓게 설명하며, 삼로와 오경을 봉양하고 학교에서 나이에 따라 서열을 나누는 사안을 설명하고 있다.

---

8) 국자(國子)는 천자 및 공(公), 경(卿), 대부(大夫)의 자제들을 말한다. 때론 상황에 따라 천자의 태자(太子) 및 왕자(王子)를 포함시키지 않는 경우도 있다. 『주례』「지관(地官)・사씨(師氏)」편에는 "以三德敎國子"라는 기록이 있고, 이에 대한 정현의 주에서 "國子, 公卿大夫之子弟."라고 풀이한 용례와 『한서(漢書)』「예악지(禮樂志)」편에서 "朝夕習業, 以敎國子. 國子者, 卿大夫之子弟也."라고 풀이한 용례가 바로 여기에 해당한다. 그러나 이것은 천자에 대한 언급을 가급적 회피했기 때문에, 생략하여 기술하지 않은 것이다. 청대(淸代) 유서년(劉書年)의 『유귀양설경잔고(劉貴陽說經殘稿)』「국자증오(國子證誤)」편에서 "國子者, 王大子, 王子, 諸侯公卿大夫士之子弟, 皆是, 亦曰國子弟."라고 풀이하고 있는 것처럼, '국자'에는 천자의 태자와 왕자들까지도 포함된다.

孔疏 ●"祀乎明堂, 所以敎諸侯之孝也"者, 於周言之, 祀文王也. 故樂記云
"祀文王於明堂", 是也.

번역 ●經文: "祀乎明堂, 所以敎諸侯之孝也". ○주나라를 기준으로 말
을 한다면, 문왕에게 제사를 지낸다는 뜻이다. 그렇기 때문에 『예기』「악기
(樂記)」편에서는 "명당(明堂)에서 문왕에게 제사를 지낸다."[9]라고 했다.

孔疏 ●"食三老五更於大學, 所以敎諸侯之弟也"者, 按孝經云"雖天子必
有父"也, 注"謂養老也". 父, 謂君老也. 此食三老而屬弟者, 以上文祀文王於
明堂爲孝, 故以食三老五更爲弟, 文有所對也.

번역 ●經文: "食三老五更於大學, 所以敎諸侯之弟也". ○『효경』을 살펴
보면, "비록 천자라 하더라도 반드시 부친처럼 존귀하게 여겨야 할 자가
있다."[10]라고 했고, 주에서는 "노인을 봉양한다는 뜻이다."라고 했다. '부
(父)'자는 군주가 노인으로 섬기는 자들을 뜻한다. 이곳에서는 삼로(三老)
에게 식사를 대접한다고 하였는데, 이것을 공경에 포함시킨 것은 앞 문장
에서 명당(明堂)에서 문왕에게 제사를 지내는 것을 효로 여겼기 때문이다.
그래서 삼로와 오경(五更)에게 식사 대접하는 것을 공경으로 여겼으니, 문
장에 대비되는 점이 있다.

孔疏 ●"祀先賢於西學, 所以敎諸侯之德也"者, 以先賢有德, 故祀之, 令諸
侯尊敬有德, 故云"敎諸侯之德". 此西學, 鄭注云"周小學", 則周之小學在西
郊, 則王制云"養庶老於虞庠, 虞庠在國之西郊", 是也.

번역 ●經文: "祀先賢於西學, 所以敎諸侯之德也". ○선현들은 덕을 갖
췄기 때문에 그들에게 제사를 지내서, 제후들로 하여금 덕을 갖춘 자를 존

---

9) 『예기』「악기(樂記)」,【484d】: 散軍而郊射, 左射貍首, 右射騶虞, 而貫革之射
   息也. 裨冕搢笏, 而虎賁之士說劒也. 祀乎明堂, 而民知孝. 朝覲, 然後諸侯知所
   以臣. 耕藉, 然後諸侯知所以敬. 五者天下之大敎也.
10) 『효경』「감응장(感應章)」: 故雖天子必有尊也, 言有父也, 必有先也, 言有兄也.

경하도록 만드는 것이다. 그렇기 때문에 "제후들에게 덕을 가르친다."라고
했다. 이곳에서는 서학(西學)이라고 했는데, 정현의 주에서는 "주나라 때의
소학이다."라고 했으니, 주나라 때의 소학은 서쪽 교외에 있었다. 따라서
『예기』「왕제(王制)」편에서 "우상(虞庠)에서 서로(庶老)11)들을 봉양하는
데, 우상은 수도의 서쪽 교외에 있다."라고 한 말에 해당한다.

孔疏 ◎注"祀乎"至"子者". ○正義曰: 云"祀乎明堂, 宗祀文王"者, 鄭以樂
記武王伐紂, 稱祀乎明堂, 而民知孝. 彼謂文王廟制如明堂, 武王伐紂後而祀
之. 恐此"祀乎明堂", 亦與彼同, 故云謂"宗祀文王"也, 實於明堂之中. 知者,
以此經廣明周法, 故五者天下之大敎, 明不獨論武王, 是指周公制禮之後·宗
祀文王也. 云"西學, 周之小學也"者, 謂虞庠也. 以祀先賢, 明於虞庠小學, 故
大司樂云"凡有道者有德者, 使敎焉. 死則以爲樂祖, 祭於瞽宗". 文王世子又
云: "書在上庠." 以此知祭先賢所通之經, 各於所習之學. 若瞽宗則在國, 虞庠
爲小學者, 則在西郊. 今祀先賢, 則於西郊也.

번역 ◎鄭注: "祀乎"~"子者". ○정현이 "명당(明堂)에서 제사를 지낸다
는 것은 문왕을 종주로 삼아 제사를 지낸다는 뜻이다."라고 했는데, 정현은
『예기』「악기(樂記)」편의 기록은 무왕이 주임금을 정벌하고 명당에서 제사
를 지낸다는 것을 지칭하여 백성들이 효를 알게 되었다고 했기 때문에 이
처럼 설명한 것이다. 즉 「악기」편의 기록은 문왕에 대한 묘(廟)를 명당처럼
만들었고, 무왕이 주임금을 정벌한 이후에 제사지낸 것을 뜻한다. 아마도
이곳에서 "명당에서 제사를 지낸다."라고 한 기록 또한 「악기」편의 내용과
동일하다고 여겼기 때문에 "문왕을 종주로 삼아 제사를 지낸다."라고 말한
것이니, 실제로는 명당 안에서 제사를 지낸 것이 된다. 이러한 사실을 알
수 있는 이유는 이곳 경문에서는 주나라 때의 예법을 폭넓게 설명하고 있
다. 그렇기 때문에 "다섯 가지가 천하의 큰 가르침이다."라고 했는데, 이것
은 무왕에 대한 것만을 논의한 것이 아님을 나타내니, 곧 주공이 예법을

---

11) 서로(庶老)는 고대에 사(士)의 벼슬을 하다가 노년이 되어 물러난 자를 경칭
하는 말이다.

제정한 이후 문왕을 종주로 삼아 제사지낸 사안을 가리킨다. 정현이 "'서학 (西學)'은 주나라 때의 소학이다."라고 했는데, 이것은 우상(虞庠)을 뜻한 다. 이곳에서 선현들에게 제사를 지냈다고 했는데, 우상인 소학에서 지냈음 을 나타낸다. 그러므로『주례』「대사악(大司樂)」편에서는 "무릇 도와 덕을 갖춘 자로 하여금 학생들을 가르치도록 했다. 그들이 죽으면 악조(樂祖)로 삼고, 고종(瞽宗)에서 제사를 지냈다."[12]라고 했다.『예기』「문왕세자(文王 世子)」편에서는 또한 "『서』는 상상(上庠)[13]에서 가르친다."[14]라고 했는데, 이 기록을 통해서 제사를 지내게 되는 선현들은 각각 능통한 경전이 있어 서, 각각 학생들이 해당 경전을 익히는 학교 건물에서 제사지낸다는 사실 을 알 수 있다. 고종과 같은 경우에는 수도에 있고, 우상은 소학이 되어 서쪽 교외에 있다. 그런데 이곳에서 선현들에게 제사를 지낸다고 했으니, 이것은 서쪽 교외의 학교에서 지낸 것이다.

集解 祀乎明堂, 宗祀文王於明堂以配上帝也. 大學, 成均也. 先賢, 謂學之 先師也. 西學, 瞽宗也. 祀先賢於西學, 周禮大司樂"掌成均之法", "有道者有 德者使敎焉, 死則以爲樂祖, 祭于瞽宗", 是也. 先賢有德, 尊而祀之於學, 所以 敎諸侯, 使自勉於德也.

번역 "명당(明堂)에서 제사를 지낸다."라는 말은 명당에서 문왕을 종주 로 삼아 제사를 지내며 상제에게 배향한다는 뜻이다. '대학(大學)'은 성균 (成均)[15]이다. '선현(先賢)'은 학교에서 모시는 선사들이다. '서학(西學)'은

---

12)『주례』「춘관(春官) · 대사악(大司樂)」 : 凡有道者有德者, 使敎焉, 死則以爲樂 祖, 祭於瞽宗.

13) 상상(上庠)은 본래 유우씨(有虞氏) 때의 태학(太學)을 가리킨다. 서교(西郊) 에 위치하였다. 참고적으로 유우씨 때의 소학(小學)은 하상(下庠)이다.『예기』 「왕제(王制)」편에는 "有虞氏, 養國老於上庠, 養庶老於下庠."이라는 기록이 있 고, 이에 대한 정현의 주에서는 "上庠右學, 大學也, 在西郊, 下庠左學, 小學也, 在國中王宮之東."이라고 풀이했다. 또한 '상상'은 주(周)나라 태학에 건립된 건물들 중 하나를 가리키기도 한다.

14)『예기』「문왕세자(文王世子)」【249d】 : 春誦, 夏弦, 大師詔之瞽宗. 秋學禮, 執 禮者詔之, 冬讀書, 典書者詔之, 禮在瞽宗, 書在上庠.

고종(瞽宗)이다. 서학에서 선현들에게 제사를 지낸다고 했는데, 이것은『주
례』「대사악(大司樂)」편에서 "성균에 대한 법도를 담당한다."[16]라고 말하
고, "무릇 도와 덕을 갖춘 자로 하여금 학생들을 가르치도록 했다. 그들이
죽으면 악조(樂祖)로 삼고, 고종에서 제사를 지냈다."라고 한 말에 해당한
다. 선현들은 덕을 지니고 있어서, 존귀하게 높여서 학교에서 제사를 지내
게 했으니, 이것은 제후들로 하여금 덕에 대해서 스스로 노력하도록 가르
치는 방법이다.

---

15) 성균(成均)은 고대의 태학(太學) 명칭이다. 오제(五帝) 때 태학의 명칭을 '성
　균'으로 정했다고 전해진다.
16)『주례』「춘관(春官)·대사악(大司樂)」: 大司樂掌成均之法, 以治建國之學政, 而
　合國之子弟焉.

그림 26-1 ▣ 주나라의 명당(明堂)

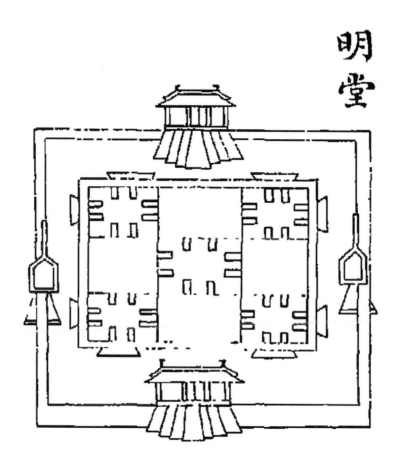

明堂

※ 출처: 『삼례도집주(三禮圖集注)』 4권

그림 26-2 ■ 주나라의 명당(明堂)-『삼재도회』

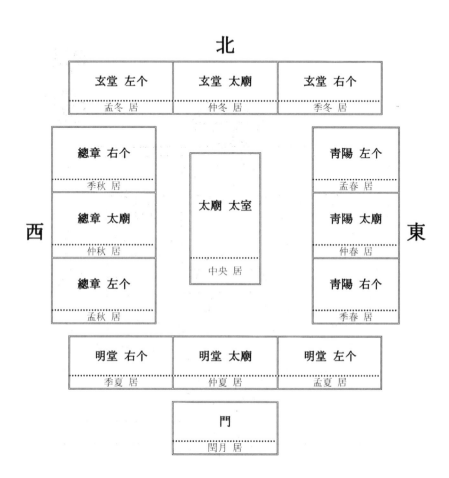

※ 참고: 『삼재도회(三才圖會)』

그림 26-3 ◼ 주나라의 명당(明堂)-주자의 설

北

玄堂 左个 總章 右个 季秋·孟冬 居	玄堂 太廟 仲冬 居	玄堂 右个 靑陽 左个 孟春·季冬 居
總章 太廟 仲秋 居	太廟 太室 中央 居	靑陽 太廟 仲春 居
總章 左个 明堂 右个 季夏·孟秋 居	明堂 太廟 仲夏 居	靑陽 右个 明堂 左个 季春·孟夏 居

西 　　　　　　　　　　　　　　　　　　　 東

南

※ 참고: 『주자어류(朱子語類)』

●그림 26-4 ▣ 천자의 오학(五學)

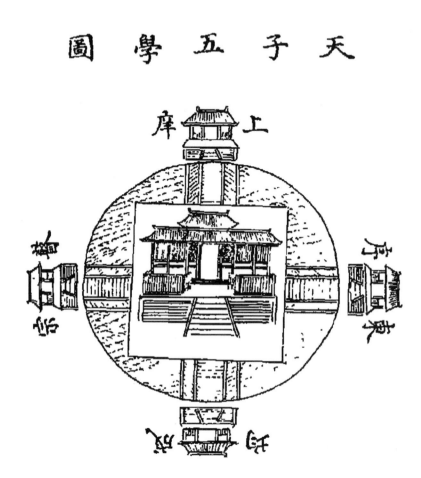

※ 출처: 『가산도서(家山圖書)』

그림 26-5 ◼ 제후의 반궁(泮宮: =頖宮)

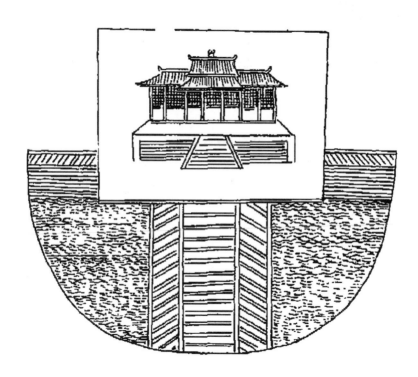

圖　宮　泮　侯　諸

※ **출처**: 『가산도서(家山圖書)』

학교제도와 나이의 숭상

【570c~d】

> 食三老 · 五更於大學, 天子袒而割牲, 執醬而饋, 執爵而酳,
> 冕而總干, 所以敎諸侯之弟也. 是故鄕里有齒, 而老窮不遺,
> 强不犯弱, 衆不暴寡, 此由大學來者也.

직역 大學에서 三老와 五更에게 食함에, 天子는 袒하여 牲을 割하고, 醬을 執하여 饋하며, 爵을 執하여 酳하고, 冕하여 干을 總하니, 諸侯의 弟를 敎하는 所以이다. 是故로 鄕里에서는 齒가 有하여, 老窮이 不遺하며, 强은 弱을 不犯하고, 衆은 寡를 不暴하니, 此는 大學으로 由하여 來한 者이다.

의역 대학에서 삼로(三老)와 오경(五更)에게 식사를 대접할 때, 천자는 옷을 걷고 희생물을 직접 자르고, 장 등을 들고서 음식을 바쳤으며, 술잔을 들고서 입가심하는 술을 따랐고, 면류관을 쓰고 방패를 들고서 춤을 추었으니, 제후들이 지녀야 할 공경의 도리를 가르치는 방법이다. 이러한 까닭으로 향리에서는 나이에 따른 서열을 지키게 되어서, 나이가 들거나 궁벽한 자라도 버려두지 않았으며, 강한 자가 약한 자를 범하지 않았고, 다수가 소수에게 난폭하게 굴지 않았으니, 이러한 도리는 모두 태학의 가르침으로부터 나타난 것이다.

集說 袒而割牲者, 袒衣而割制牲體爲俎實也. 饋, 進食也. 酳, 食畢而以酒虛口也. 總干, 總持干盾以立於舞位也. 鄕里有齒, 言人皆知長少之序也.

번역 '단이할생(袒而割牲)'은 옷을 걷고 희생물의 몸체를 갈라 도마에 올린다는 뜻이다. '궤(饋)'자는 음식을 바친다는 뜻이다. '윤(酳)'은 식사를 끝내면 술로 입을 헹군다는 뜻이다. '총간(總干)'은 방패를 들고 무용수들의 대열에 위치한다는 뜻이다. '향리유치(鄕里有齒)'는 사람들이 모두 나이에 따른 서열을 안다는 뜻이다.

鄭注 割牲, 制俎實也. 冕而總干, 親在舞位, 以樂侑食也. 教諸侯之弟, 次事親.

번역 '할생(割牲)'은 희생물을 잘라서 도마에 채운다는 뜻이다. '면이총간(冕而總干)'은 직접 무용수들의 대열에 서서 악무를 통해 식사를 권유한다는 뜻이다. 제후들에게 공경의 도의를 가르치는 것은 부모를 섬기는 일 다음으로 중요하다.

釋文 酳音胤, 又事覲反.

번역 '酳'자의 음은 '胤(윤)'이며, 또한 '事(사)'자와 '覲(근)'자의 반절음도 된다.

孔疏 ●"食三"至"子齒". ○正義曰: 此一節明養三老五更之禮而竭其力, 下象其德.

번역 ●經文: "食三"~"子齒". ○이곳 경문은 삼로(三老)와 오경(五更)을 봉양하는 예법을 시행하며 힘을 다하게 되면, 아랫사람들이 그 덕을 본받는다는 뜻을 나타내고 있다.

孔疏 ●"天子袒而割牲"者, 謂牲入之時, 天子親割也.

번역 ●經文: "天子袒而割牲". ○희생물이 들어왔을 때, 천자는 직접 희생물을 가른다는 뜻이다.

孔疏 ●"執醬而饋"者, 謂食之時, 親執醬而饋也.

번역 ●經文: "執醬而饋". ○식사를 대접할 때, 천자가 직접 장을 들고 음식을 바친다는 뜻이다.

孔疏 ●"執爵而酳"者, 謂食罷, 親執爵而酳之也.

번역 ●經文: "執爵而酳". ○식사가 끝나면 천자가 직접 술잔을 들고 입 가심하는 술을 따른다는 뜻이다.

孔疏 ●"冕而總干"者, 干, 盾也. 親在舞位, 持盾而舞也.

번역 ●經文: "冕而總干". ○'간(干)'자는 방패[盾]를 뜻한다. 천자가 직 접 무용수들의 대열에 위치하여, 방패를 들고 춤을 춘다는 뜻이다.

孔疏 ●"是故鄕里有齒"者, 以天子敬老, 鄕里化之, 故有齒也.

번역 ●經文: "是故鄕里有齒". ○천자가 노인을 공경하여 향리에서도 그에 따라 감화되기 때문에, 나이에 따른 서열이 지켜지게 된다.

孔疏 ●"老窮不遺"者, 老而被養, 故在下年老及困窮者, 皆化上而養之, 故 不見遺棄. 作記者以老弱被尊養, 人皆化上, 故"强不犯弱, 衆不暴寡".

번역 ●經文: "老窮不遺". ○노년이 되면 봉양을 받기 때문에 백성들은 노인이 되었거나 궁벽하게 된 자들에 대해서 모두 윗사람에게 감화되어 그들을 봉양하게 된다. 그렇기 때문에 버려지는 일이 없다. 『예기』를 기록 한 자는 노인은 연약한데도 존귀하게 높여지고 봉양을 받는 것은 사람들이 모두 윗사람에게 감화되었기 때문임을 기록하였기 때문에, "강한 자가 약 한 자를 범하지 않고, 다수가 소수에게 난폭하게 굴지 않는다."라고 했다.

孔疏 ●"此由大學來者也", 所致此養三老五更於大學, 故此化而來.

번역 ●經文: "此由大學來者也". ○태학에서 삼로(三老)와 오경(五更)

을 봉양하길 지극히 했기 때문에, 이러한 것들은 모두 그것에 감화되어 나타난 것이다.

集解 由大學來者, 言由天子躬行尙齒之敎於大學, 故天下化之, 而孝弟無所不達也.

번역 '유대학래(由大學來)'라는 말은 천자가 직접 태학에서 나이가 많은 자를 숭상하는 가르침을 시행하였기 때문에, 천하의 백성들이 그것에 감화되어, 효제의 도리가 두루 통용되지 않는 곳이 없다는 뜻이다.

【570d】

天子設四學, 當入學而大子齒.

직역 天子는 四學을 設이나, 學에 入함에 當해서는 大子도 齒한다.

의역 천자는 사대(四代) 때의 학교를 세우지만, 태자가 학교에 입학하게 되면 동급생들과 함께 나이에 따라 서열을 정한다.

集說 四學, 虞·夏·殷·周四代之學也. 大子齒, 謂大子與同學者序長幼之位, 不以貴加人也.

번역 '사학(四學)'은 우·하·은·주 사대 때의 학교를 뜻한다. '대자치(大子齒)'는 태자는 동급생들과 함께 나이에 따른 서열을 정하며, 신분의 고귀함을 빌미로 남보다 위에 있지 않다는 뜻이다.

大全 嚴陵方氏曰: 由大學來者, 言敎化之原出自大學也. 四學, 謂周設四代之學, 卽有虞氏之庠, 夏后氏之序, 殷之瞽宗, 周之辟雍, 是矣.

번역 엄릉방씨가 말하길, '유대학래(由大學來)'라는 말은 교화의 근원이 태학에서부터 나온다는 뜻이다. '사학(四學)'은 주나라에서 사대 때의 학교를 설치했다는 의미로, 유우씨 때의 상(庠), 하후씨 때의 서(序), 은나라 때의 고종(瞽宗), 주나라 때의 벽옹(辟雍)이 여기에 해당한다.

鄭注 四學, 謂周四郊之虞庠也. 文王世子曰: "行一物而三善皆得, 唯世子而已. 其齒於學之謂也."

번역 '사학(四學)'은 주나라 때 사방의 교외에 세웠던 우상(虞庠)을 뜻한다. 『예기』「문왕세자(文王世子)」편에서는 "'한 가지 선(善)한 일[一物]'을 시행하여, '세 가지 선한 도리[三善]'를 모두 얻게 할 수 있는 자는 오직 세자(世子) 밖에 없다. '한 가지 선한 일'이라는 것은 바로 세자가 태학에서 국자(國子)들과 지위가 아닌 나이에 따라 겸양을 하는 것을 뜻한다."[1]라고 했다.

孔疏 ●"天子設四學"者, 謂設四代之學. 周學也, 殷學也, 夏學也, 虞學也.

번역 ●經文: "天子設四學". ○사대(四代) 때의 학교를 세웠다는 뜻이다. 즉 주나라 때의 학교, 은나라 때의 학교, 하나라 때의 학교, 유우씨 때의 학교를 의미한다.

孔疏 ●"當入學而大子齒", 天子設四學, 以有虞庠爲小學, 設置於四郊, 是

---

1) 『예기』「문왕세자(文王世子)」【255d~256a】: <u>行一物, 而三善皆得者, 唯世子而已. 其齒於學之謂也.</u> 故世子齒於學, 國人觀之曰, 將君我, 而與我齒讓, 何也. 曰, 有父在, 則禮然. 然而衆知父子之道矣. 其二曰, 將君我, 而與我齒讓, 何也. 曰, 有君在, 則禮然. 然而衆著於君臣之義也. 其三曰, 將君我, 而與我齒讓, 何也. 曰, 長長也. 然而衆知長幼之節矣. 故父在, 斯爲子, 君在, 斯謂之臣, 居子與臣之節, 所以尊君親親也. 故學之爲父子焉, 學之爲君臣焉, 學之爲長幼焉. 父子・君臣・長幼之道得而國治. 語曰, 樂正司業, 父師司成, 一有元良, 萬國以貞. 世子之謂也.

天子設四學, 據周言之. "當入學而大子齒"者, 當入學之時, 而大子齒於國人, 故云"而大子齒".

번역 ●經文: "當入學而大子齒". ○천자는 사대 때의 학교를 설치하는 데, 유우씨 때의 우상(虞庠)을 소학으로 삼아서 사방의 교외에 설치한다. 따라서 이곳에서 천자가 사학(四學)을 세운다고 한 말은 주나라 때를 기준으로 한 말이다. 경문의 "當入學而大子齒"에 대하여. 학교에 들어갈 때가되면 태자는 국인들과 함께 나이에 따라 서열을 정한다. 그렇기 때문에 "태자는 나이에 따라 서열을 정한다."라고 했다.

孔疏 ◎注"四學"至"庠也". ○正義曰: 皇氏云: "四郊虞庠, 以爲四郊皆有虞庠."

번역 ◎鄭注: "四學"~"庠也". ○황간은 "사방 교외에 세운 우상(虞庠)이라는 말은 사방 교외에 모두 우상을 세웠다는 뜻이다."라고 했다.

訓纂 胡氏渭曰: 禮書謂, "天子設四學", 謂周制東膠卽東序, 瞽宗卽右學, 最爲精覈. 唯謂辟雍卽成均, 而不言上庠, 未免滲漏. 董仲舒云, "成均, 五帝之學. 故虞之成均別名上庠, 而周之上庠亦曰成均", 則成均卽上庠可知. 蓋惟辟雍建在水中, 而三學環之於外, 水北爲上庠, 一名成均; 水東爲東序, 一名東膠; 水西爲右學, 一名瞽宗, 又稱西學. 蓋皆存舊制, 而被之以新號, 是爲天子設四學也.

번역 호위[2]가 말하길, 『예서』에서는 "천자가 사학(四學)을 세웠다."라고 했는데, 이것은 주나라 때의 법제로, 동교(東膠)가 곧 동서(東序)에 해당하고, 고종(瞽宗)이 우학(右學)을 뜻한다고 한다면, 가장 정확한 설명이 된

---

2) 호위(胡渭, A.D.1633~A.D.1714): 청(淸)나라 때의 학자이다. 초명(初名)은 연생(涓生)이다. 자(字)는 굴명(朏明)이고, 호(號)는 동초(東樵)이다. 경학에 능통했다고 전해지며, 전서로는 『대학익진(大學翼眞)』・『역도명변(易圖明辨)』・『우공추지(禹貢錐指)』 등이 있다.

다. 다만 벽옹(辟雍)이 성균(成均)이 된다고 말하며 상상(上庠)에 대해서 언급하지 않는다면, 부족한 설명이 된다. 동중서3)는 "성균(成均)은 오제 때의 학교이다. 그렇기 때문에 유우씨 때의 성균은 별도로 상상(上庠)이라고 부르고, 주나라 때의 상상(上庠)을 또한 성균(成均)이라고 부른다."라고 했으니, 성균은 곧 상상에 해당함을 알 수 있다. 무릇 벽옹(辟雍)만 물가에 건설하게 되고, 나머지 세 학교는 그 외부에 둘러서 건설하게 되는데, 물의 북쪽에 세운 학교는 상상(上庠)이 되니, 이것을 일명 성균(成均)이라고 부르고, 물의 동쪽에 세운 학교는 동서(東序)가 되니, 이것을 일명 동교(東膠)라고 부르며, 물의 서쪽에 세운 학교는 우학(右學)이 되니, 이것을 일명 고종(瞽宗)이라고 부르고 또 서학(西學)이라고 부른다. 이러한 것들은 모두 옛 제도를 보존한 것이며, 그것에 새로운 명칭을 부여한 것이니, 이것이 바로 천자가 사학을 세웠다는 뜻이다.

集解 天子立四學, 周制也. 周立四代之學, 虞庠在北, 瞽宗在西, 東序在東, 而當代之學居中, 南面, 謂之成均. 齒, 謂與學士以年齒爲次序也.

번역 천자는 사학(四學)을 세우는데, 이것은 주나라 때의 제도이다. 주나라 때에는 사대 때의 학교를 세웠으니, 우상(虞庠)은 북쪽에 두었고, 고종(瞽宗)은 서쪽에 두었으며, 동서(東序)는 동쪽에 두었고, 주대의 학교는 그 가운데 두어서 남쪽을 바라보도록 설치했으니, 이것을 성균(成均)이라고 부른다. '치(齒)'는 학생들과 함께 나이에 따라 서열을 정했다는 뜻이다.

---

3) 동중서(董仲舒, B.C.179~B.C.104) : 전한(前漢) 때의 유학자이다. 호(號)는 계암자(桂巖子)이다. 『공양전(公羊傳)』을 공부하여, 박사(博士)를 지냈으며, 유학의 관학화에 기여를 하였다. 저서로는 『춘추번로(春秋繁露)』, 『동자문집(董子文集)』 등이 있다.

• 제28절 •

순수(巡守)와 나이의 숭상

【571a】

天子巡守, 諸侯待於竟, 天子先見百年者. 八十九十者東行, 西行者弗敢過; 西行, 東行者弗敢過. 欲言政者, 君就之可也.

직역 天子가 巡守를 하면, 諸侯는 竟에서 待하고, 天子는 先히 百年인 者를 見한다. 八十九十인 者가 東히 行하면, 西히 行하는 者는 敢히 過를 弗하고; 西히 行하면, 東히 行하는 者는 敢히 過를 弗한다. 政을 言하고자 欲하는 者에 대해서, 君이 就함이 可하다.

의역 천자가 순수(巡守)[1]를 하게 되면 제후는 국경까지 마중 나와서 기다리며,

---

1) 순수(巡守)는 '순수(巡狩)'라고도 부른다. 천자가 수도를 벗어나 제후의 나라를 시찰하는 것을 뜻한다. '순수'의 '순(巡)'자는 그곳으로 행차를 한다는 뜻이고, '수(守)'자는 제후가 지키는 영토를 뜻한다. 제후는 천자가 하사해준 영토를 대신 맡아서 수호하는 것이기 때문에, 천자가 그곳에 방문하여, 자신의 영토를 어떻게 관리하고 있는지를 시찰하게 된다. 『서』「우서(虞書)·순전(舜典)」편에는 "歲二月, 東巡守, 至于岱宗, 柴."라는 기록이 있고, 이에 대한 공안국(孔安國)의 전(傳)에서는 "諸侯爲天子守土, 故稱守. 巡, 行之."라고 풀이했으며, 『맹자』「양혜왕하(梁惠王下)」편에서는 "天子適諸侯曰巡狩. 巡狩者, 巡所守也."라고 기록하였다. 한편 『예기』「왕제(王制)」편에는 "天子, 五年, 一巡守."라는 기록이 있고, 『주례』「추관(秋官)·대행인(大行人)」편에는 "十有二歲王巡守殷國."이라는 기록이 있다. 즉 「왕제」편에서는 천자가 5년에 1번 순수를 시행하고, 「대행인」편에서는 12년에 1번 순수를 시행한다고 기록하고 있는데, 이러한 차이점에 대해서 정현은 「왕제」편의 주에서 "五年者, 虞夏之制也. 周則十二歲一巡守."라고 풀이했다. 즉 5년에 1번 순수를 하는 제도는 우(虞)와 하(夏)나라 때의 제도이며, 주(周)나라에서는 12년에 1번 순수를 했다.

천자가 제후국에 들어가면 우선적으로 나이가 100세인 자를 만나본다. 80세나 90세인 자가 동쪽으로 가게 되면 서쪽으로 가던 일행은 감히 그를 앞질러서 가지 않는다. 또 그들이 서쪽으로 가게 되면 동쪽으로 가던 일행은 감히 그를 앞질러서 가지 않는다. 노인 중 정치적 의견을 진술하고자 하는 자가 있다면 군주는 그에게 찾아가서 그 말을 듣는 것이 옳다.

集說 應氏曰: 彼向東, 此向西; 彼西行, 此趨東. 是相違而不相值, 然必駐行反, 迂謁而見之, 不敢超越徑過也.

번역 응씨가 말하길, 상대가 동쪽을 향해 가고 본인이 서쪽을 향해 가며, 상대가 서쪽을 향해 가고 본인이 동쪽을 향해 간다는 뜻이다. 이러한 경우에는 거리를 두어서 서로 겹치지 않도록 하니, 반드시 가던 것을 멈추어 되돌아오고 우회하여 청해서 만나보며, 감히 상대를 앞질러 빨리 가서는 안 된다.

鄭注 問其國君以百年者所在, 而往見之. 弗敢過者, 謂道經之則見之.

번역 제후국의 군주에게 그 나라에 100세인 자가 어디에 있는지를 묻고서 찾아가 그를 만나본다. "감히 앞질러 가지 않는다."는 말은 올바른 도로를 경유하여 그를 만나본다는 뜻이다.

釋文 守, 手又反, 本亦作狩. 竟, 居領反.

번역 '守'자는 '手(수)'자와 '又(우)'자의 반절음이며, 판본에 따라서는 또한 '狩'자로도 기록한다. '竟'자는 '居(거)'자와 '領(령)'자의 반절음이다.

孔疏 ●"天子"至"可也". ○正義曰: 此一節亦明尙齒貴老之義.

번역 ●經文: "天子"~"可也". ○이곳 문단은 또한 나이를 숭상하고 노인을 존귀하게 대하는 뜻을 나타내고 있다.

孔疏 ●“天子巡守”者, 謂巡行守土諸侯.

번역 ●經文: “天子巡守”. ○순수(巡守)를 하여 제후들이 지키고 있는 토지를 살펴본다는 뜻이다.

孔疏 ●“諸侯待于竟, 天子先見百年”者, 謂天子問此諸侯之國內有百年之 人, 天子則先往就見百年者.

번역 ●經文: “諸侯待于竟, 天子先見百年”. ○천자는 찾아간 제후국에 대해서, 그 나라 안에 100세인 자가 있는지를 묻고, 천자는 먼저 100세인 자에게 찾아가서 그를 만나본다는 뜻이다.

孔疏 ●“八十九十者東行, 西行者弗敢過”者, 旣未滿百歲, 不可一一就見. 若天子·諸侯因其行次, 或東行·西行至八十九十者, 或閭里之旁, 不敢過越 而去, 必往就見之.

번역 ●經文: “八十九十者東行, 西行者弗敢過”. ○아직 100세가 되지 않 았다면, 일일이 그들에게 찾아가서 만나볼 수 없다. 만약 천자와 제후가 행차를 하는 것에 따라서 동쪽이나 서쪽으로 가서 80이나 90세인 자가 있 는 곳에 도달했거나 그들이 사는 마을 주변에 도착하게 되면, 감히 그들을 무시하고 지나길 수 없으며, 반드시 그들에게 찾아가서 만나본다는 뜻이다.

孔疏 ●“欲言政者, 君就之可也”者, 謂八十九十之人, 雖不當道路左右, 欲 共言論政敎, 君卽往就之可也.

번역 ●經文: “欲言政者, 君就之可也”. ○80세나 90세인 자들 중 비록 도로에 있으면서 천자나 제후를 만나보지 않았지만, 그들 중 정치와 교화 에 대해 의론하고자 하는 자가 있다면, 군주는 곧 그에게 찾아가는 것이 옳다는 뜻이다.

訓纂 郝楚望曰: 老者東去, 則西來者弗敢過, 西行則東來者弗敢過, 引却道旁, 俟老者過而後行也.

번역 학초망[2]이 말하길, 노인이 동쪽으로 갈 때 서쪽에서 오는 자는 감히 그를 지나갈 수 없고, 노인이 서쪽으로 갈 때 동쪽에서 오는 자는 감히 그를 지나갈 수 없으니, 도로의 측면으로 물러서서 노인이 지나갈 때까지 기다린 뒤에야 간다.

訓纂 鄭氏元慶曰: 蓋天下之人見天子貴老如此, 於是群然化之, 見老者於道, 皆各致其尊敬. 而其國君亦尙齒德, 若八十九十者欲言政事, 則親就其家而請敎之可也.

번역 정원경[3]이 말하길, 이처럼 천자가 노인을 존귀하게 높인다는 사실을 천하의 백성들이 보게 되면, 그들은 모두들 감화되어 도로에서 노인을 보게 되면 모두들 각각 존경의 뜻을 다하게 된다. 그리고 제후국의 군주 또한 나이와 덕을 숭상하게 되어, 80세나 90세인 자들 중 정사에 대해 말하고자 하는 자가 있다면, 군주가 직접 그들의 집에 찾아가서 가르침을 청하는 것이 옳다.

集解 百年者, 齒之最尊者也. 天子巡守, 諸侯待于竟, 天子未見諸侯而先見百年者, 急於致敬而不敢稍緩也.

번역 100세는 가장 존귀하게 여겨지는 나이이다. 천자가 순수를 할 때

---

2) 학경(郝敬, A.D.1558~A.D.1639): =학중여(郝仲興)・학초망(郝楚望). 명(明) 나라 때의 학자이다. 자(字)는 중여(仲興)이고, 호(號)는 초망(楚望)이다. 경학에 능통하여, 수많은 저서를 남겼다.

3) 정원경(鄭元慶, A.D.1660~A.D.1730): =정경원(鄭慶元). 청(淸)나라 때의 학자이다. 자(字)는 자여(子余)・지휴(芷畦)이다. 부친 정준손(鄭駿孫)의 영향으로 어려서부터 역학(易學)과 예학(禮學)을 연구하였다. 금석문(金石文)에도 정통하였다. 모기령(毛奇齡)・주이존(朱彝尊) 등과 교유하였다. 저서로는 『예기집설참동(禮記集說參同)』・『주례집설(周禮集說)』 등이 있다.

제후는 국경에서 기다리는데, 천자는 제후를 아직 보지 않은 상태에서 우선적으로 100세인 자를 만나보니, 공경을 지극히 하는 일은 급선무이므로, 감히 느슨하게 시행할 수 없기 때문이다.

集解 八十九十者, 齒之尊次乎百年者也. 其行乎道路之中, 若東行, 則西行之人皆駐立以待之, 而不敢過; 若西行, 則東行之人皆駐立以待之, 而不敢過也. 前言"見老者則車徒辟", 謂辟之而旁行也. 此遇之而弗敢過, 則不但辟之而已. 君就之, 謂君親就其家也. 前云"八十不俟朝, 有問焉則就之", 謂不許致仕者也. 此云"欲言政者, 君就之", 謂已致仕者也.

번역 80세나 90세인 자들은 100세인 자 다음 등급으로 나이에 따라 존귀하게 여겨지는 자이다. 그들이 도로에서 이동할 때 만약 동쪽으로 가게 된다면 서쪽으로 가는 자들은 모두 가던 것을 멈추고서 기다리며 감히 그를 지나칠 수 없고, 서쪽으로 가게 된다면 동쪽으로 가는 자들은 모두 가던 것을 멈추고서 기다리며 감히 그를 지나칠 수 없다. 앞에서는 "노인을 보게 되면 수레에 타거나 도보로 걷던 자가 피한다."라고 했는데, 피해서 도로의 측면에 있다는 뜻이다. 이곳에서 그를 만나면 감히 그를 지나칠 수 없다고 했으니, 이것은 단지 피하기만 할 따름이 아니다. 군주가 나아간다는 것은 군주가 직접 그의 집으로 찾아간다는 뜻이다. 앞에서는 "80세인 자는 조정의 일이 끝날 때까지 기다리지 않고, 군주가 하문할 일이 있으면 그에게 찾아간다."라고 했는데, 이것은 사임을 허락받지 못한 자의 경우이다. 이곳에서 "정치에 대해 언급하고자 하는 자에 대해서는 군주가 찾아간다."라고 했는데, 이것은 이미 사임을 한 자의 경우이다.

작위와 나이의 숭상

【571a~b】

壹命齒於鄕里, 再命齒於族, 三命不齒, 族有七十者弗敢先.
七十者不有大故不入朝; 若有大故而入, 君必與之揖讓, 而後
及爵者.

직역 壹命은 鄕里에서 齒하고, 再命은 族에서 齒하며, 三命은 不齒하나, 族에
七十者가 有하면 敢히 先을 弗한다. 七十者는 大故가 不有하면 朝에 不入하고; 若
히 大故가 有하여 入하면, 君은 必히 之와 與하여 揖讓하고, 後에 爵者에 及한다.

의역 1명(命)의 등급을 가진 자는 향리에서 나이에 따라 서열을 정한다. 2명
(命)의 등급을 가진 자는 족인들과 나이에 따라 서열을 정한다. 3명(命)의 등급을
가진 자는 나이에 따라 서열을 정하지 않지만, 족인들 중 70세인 자가 있다면, 감히
그보다 먼저 자리에 앉지 않는다. 70세인 자는 중대한 이유가 있지 않으면 입조하
지 않는다. 만약 중대한 이유가 있어서 입조하게 되면, 군주는 조정에 참관하여
우선적으로 그와 읍(揖)을 해서 겸양의 뜻을 나타내야 하며, 그 이후에는 작위를
가진 자들에게 읍을 한다.

集說 方氏曰: 一命齒於鄕里, 非其鄕里, 則以爵而不以齒可知. 再命齒於
族, 非其族, 則以爵而不以齒亦可知. 三命不齒, 雖於其族, 亦不得而齒之矣,
則鄕里又可知. 然此特貴貴之義耳, 至於老老之仁, 又不可得而廢焉, 故族有
七十者弗敢先也. 先, 謂鄕飮之席, 待七十者先入而後入也. 君與之揖讓而後
及爵者, 豈族之三命得以先之乎? 五州爲鄕, 五鄰爲里, 於遠擧鄕, 則近至於
五比之閭可知; 於近擧里, 則遠達於五縣之遂可知. 六鄕六遂, 足以互見也. 此

言族, 周官所謂父族也. 蓋有天下者謂之王族, 有國者謂之公族, 有家者則謂
之官族, 以傳世言之則曰世族, 以主祭言之則言宗族.

번역 방씨가 말하길, "1명(命)의 등급을 가진 자는 향리에서 나이에 따
라 서열을 정한다."라고 했는데, 향리가 아니라면 작위에 따라 서열을 정하
며 나이에 따라 서열을 정하지 않는다는 사실을 알 수 있다. "2명(命)의
등급을 가진 자는 족인들과 나이에 따라 서열을 정한다."라고 했는데, 족인
들과의 자리가 아니라면 작위에 따라 서열을 정하며 나이에 따라 서열을
정하지 않는다는 사실 또한 알 수 있다. "3명(命)의 등급을 가진 자는 나이
에 따라 서열을 정하지 않는다."라고 했는데, 비록 그의 족인들과 있는 자리
라도 또한 나이에 따라 서열을 정할 수 없으니, 향리에서도 나이에 따라
서열을 정하지 않는다는 사실 또한 알 수 있다. 그러나 이것은 단지 존귀한
자를 존귀하게 대하는 도의일 따름이니, 노인을 노인으로 대하는 인(仁)은
또한 폐지할 수 없다. 그렇기 때문에 족인들 중 70세인 자가 있다면 감히
그보다 먼저 자리에 앉지 않는 것이다. '선(先)'은 향음주례 등을 시행할
때의 자리이니, 70세인 자가 먼저 들어갈 때까지 기다린 뒤에야 들어간다
는 뜻이다. 군주는 그와 함께 읍(揖)을 하며 겸양의 뜻을 나타내고 그 이후
에 작위를 가진 자들에게 읍을 한다고 했으니, 어찌 족인들 중 3명(命)의
등급을 가진 자가 70세인 자보다도 먼저 자리에 위치할 수 있겠는가? 5개
의 주(州)는 1개의 향(鄕)이 되고, 5개의 인(鄰)은 1개의 리(里)가 되는데,
먼 지역에 대해서 향(鄕)을 거론했다면, 가까이 5개의 비(比)가 되는 1개의
여(閭)에 있어서도[1] 이처럼 하게 된다는 사실을 알 수 있고, 가까운 지역에
대해 리(里)를 거론했다면, 멀리 5개의 현(縣)이 되는 1개의 수(遂)에 있어
서도[2] 이처럼 하게 된다는 사실을 알 수 있다. 따라서 육향(六鄕)과 육수
(六遂)를 거론한 것은 이를 통해 상호 그 뜻을 보완적으로 나타낼 수 있다.

---

1) 『주례』「지관(地官)・대사도(大司徒)」: 令五家爲比, 使之相保. 五比爲閭, 使
   之相受. 四閭爲族, 使之相葬. 五族爲黨, 使之相救. 五黨爲州, 使之相賙. 五州
   爲鄕, 使之相賓.
2) 『주례』「지관(地官)・수인(遂人)」: 五家爲鄰, 五鄰爲里, 四里爲酇, 五酇爲鄙,
   五鄙爲縣, 五縣爲遂.

이곳에서 '족(族)'이라고 한 말은『주례』에서 말한 '부족(父族)'3)에 해당한 다. 무릇 천하를 소유한 자의 친족에 대해서는 '왕족(王族)'이라고 부르고, 제후국을 소유한 자의 친족에 대해서는 '공족(公族)'이라고 부르며, 대부의 영지를 소유한 자의 친족에 대해서는 '관족(官族)'이라고 부르고, 세대를 계승한 것을 기준으로 말한다면 '세족(世族)'이라고 부르며, 제사를 주관하 는 것을 기준으로 말한다면 '종족(宗族)'이라고 부른다.

大全 石林葉氏曰: 三命不齒, 貴貴也. 七十者不敢先, 長長也. 先王之道並 行而不相悖者如此.

번역 석림섭씨가 말하길, "3명(命)의 등급을 가진 자는 나이에 따라 서 열을 정하지 않는다."는 말은 존귀한 자를 존귀하게 대한다는 뜻이다. "70 세인 자에 대해서는 감히 그보다 먼저 자리에 앉지 않는다."는 말은 연장자 를 연장자로 대한다는 뜻이다. 이처럼 선왕의 도는 함께 시행되면서도 서 로 어그러트리지 않는다.

鄭注 此謂鄕射飮酒時也. 齒者, 謂以年次立若坐也. 三命, 列國之卿也, 不 復齒, 席之於賓東. 不敢先族之七十者, 謂旣一人擧觶乃入也, 雖非族亦然, 承 "齒乎族", 故言族爾. 謂致仕在家者, 其入朝, 君先與之爲禮, 而后揖卿·大夫 ·士.

번역 이것은 향사례 및 음주를 시행할 때를 뜻한다. '치(齒)'는 나이에 따라 서열을 정하여 자리에 서 있거나 앉는 것을 뜻한다. '삼명(三命)'은 제후국에 소속된 경(卿)을 뜻하니, 이들은 재차 나이에 따른 서열을 따지지 않고 빈객의 동쪽에 자리를 마련하여 앉는다. 족인들 중 70세인 자보다 감 히 먼저 자리하지 않는다는 말은 한 사람이 치(觶)를 들어 올리게 되면 들 어온다는 뜻이니, 비록 족인들과의 자리가 아니라도 또한 이처럼 하며, 앞

---

3)『주례』「지관(地官)·당정(黨正)」: 國索鬼神而祭祀, 則以禮屬民, 而飮酒于序 以正齒位: 壹命齒于鄕里, 再命齒于父族, 三命而不齒.

에서 '치호족(齒乎族)'이라고 한 말과 연결해서 말했기 때문에 '족(族)'이라고 말한 것일 뿐이다. 관직에서 물러나 집에 머물러 있는 자가 입조를 하게되면, 군주는 우선적으로 그와 읍(揖)을 하여 의례절차를 시행하고, 그 이후에 경·대부·사에게 읍을 한다는 뜻이다.

釋文 復, 扶又反, 下文注"將復入"同. 觶, 之豉反.

번역 '復'자는 '扶(부)'자와 '又(우)'자의 반절음이며, 아래문장의 주에 나오는 '將復入'에서의 '復'자도 그 음이 이와 같다. '觶'자는 '之(지)'자와 '豉(시)'자의 반절음이다.

孔疏 ●"一命"至"爵者". ○正義曰: 此一節明鄕里之中敬齒之法.

번역 ●經文: "一命"~"爵者". ○이곳 문단은 향리에서 나이든 자를 공경하는 예법을 나타내고 있다.

孔疏 ●"一命齒于鄕里"者, 此謂鄕射飮酒之時, 身有一命官者, 或立或坐, 齒與鄕人同.

번역 ●經文: "一命齒于鄕里". ○이 내용은 향사례 및 음주를 시행할 때에 해당하는데, 본인이 1명(命)의 등급을 받아 관직에 몸담고 있는 자라면, 그가 서 있거나 자리에 앉을 때에는 나이에 따라 서열을 정하여, 향인들과 함께 있을 때와 동일하게 된다.

孔疏 ●"再命齒于族"者, 謂身有再命之官, 其命旣高, 鄕人疏者, 雖復年高, 不與之齒. 但族親之內, 計長幼爲班序.

번역 ●經文: "再命齒于族". ○본인이 2명(命)의 등급을 받아 관직에 몸담고 있다면, 그의 명(命) 등급은 이미 높아서 향인들과 거리를 두어, 비록 향인들의 나이가 높더라도 그와는 나이에 따라 서열을 정하지 않는다. 다만 친족 안에서는 나이를 셈하여 서열을 정한다는 뜻이다.

孔疏 ●“三命不齒”者, 謂身在三命官, 其命轉尊, 不復齒於親族, 謂特坐賓東.

번역 ●經文: “三命不齒”. ○본인이 3명(命)의 등급을 받아 관직에 몸담고 있다면, 그의 명(命) 등급은 2명(命)보다 더욱 높으니, 친족과의 자리에서도 재차 나이에 따라 서열을 정하지 않는다는 의미로, 빈객의 동쪽에 단독으로 자리를 마련하여 앉는다는 뜻이다.

孔疏 ●“族有七十者, 弗敢先”者, 若此飲酒之時, 族親之內有年七十者, 令其先入, 此三命者乃始後入, 故云“不敢先”也.

번역 ●經文: “族有七十者, 弗敢先”. ○이처럼 음주를 할 때, 친족들 중 70세인 자가 있다면, 그로 하여금 먼저 들어가도록 하며, 3명(命)의 등급을 가진 자는 그 이후에야 들어간다. 그렇기 때문에 “감히 먼저 들어가지 않는다.”라고 말한 것이다.

孔疏 ◎注“此謂”至“族爾”. ○正義曰: 此經云齒于鄕里, 齒于族, 未知何時如此, 故明之云“謂鄕射飮酒時”, 鄕射, 謂鄕人詢衆庶而爲射, 於時先行飮酒之禮, 是鄕射有飮酒者也. 又云飮酒者, 謂鄕人飮酒及黨正飮酒. 此注鄕射飮酒, 兼此三義也. 今按儀禮·鄕飮酒及鄕射無“一命齒于鄕里, 再命齒于族”之文. 此一命·再命之文, 在黨正. 故鄭注鄕飮酒云“此篇無正齒位之事”, 是也. 雖無正齒位之事, 其實鄕射·鄕飮酒亦有正齒位之禮, 但文不備也. 故此云鄕射飮酒, 以總正齒位之事也. 云“齒者, 謂以年次立若坐也”者. 士立於堂, 下大夫坐於堂上. 知者, 鄕射云“大夫受獻訖, 及衆賓皆升就席”. 於時雖立, 至徹俎卽坐. 鄕射記又云“旣旅, 士不入”, 不見士坐之文, 明立于堂下. 云“三命, 列國之卿也”者, 據諸侯言之, 謂當飮酒之時, 若天子國黨正飮酒, 三命不齒, 謂上士也. 以天子上士三命故也. 此經雖據諸侯, 亦謂黨正飮酒, 故云“三命不齒”. 鄭注: “三命, 列國之卿.” 若其鄕飮酒, 諸侯之國, 但爵位爲卿大夫, 雖再命一命, 皆得不齒, 以鄕飮酒賓賢能, 其賓必少, 其得爵爲卿大夫者, 必年長於賓, 故在賓東, 西面, 而不齒. 若黨正飮酒"以正齒位", 其賓必長, 故天子·諸侯之 國, 三命乃不齒. 知鄕飮酒爵爲卿大夫乃不齒者, 按鄕飮酒云: "席于賓東, 公 三重, 大夫再重." 注云: "席此二者於賓東, 尊之, 不與鄕人齒也." 天子之國, 三命者乃不齒. 於諸侯之國, 爵爲大夫則不齒. 是大夫坐於上, 士立於下者, 謂 諸侯之國. 若天子黨正飮酒, 一命下士立於下; 再命中士齒於父族, 坐於堂上; 三命上士席於賓東. 云"不敢先族之七十者, 謂旣一人擧觶乃入也"者, 族七十 者初飮酒之時, 則與衆賓先入, 此三命者, 得爲待獻賓獻介獻衆賓之後, 至一 人擧觶之時, 乃始入也. 故鄕飮酒·鄕射記皆大夫樂作之前·一人擧觶之後, 乃始得入也. 若然, 大夫之入, 依禮自當一人擧觶之時, 縱令無族人七十者亦 當如此. 又族之七十者及鄕人少者於先已入, 今特云"族有七十者不敢先", 記 人之意, 以身有三命, 應合在族人七十者之先, 欲明敬齒上老, 故云"不敢先" 爾, 是以鄭注云"雖非族亦然", 但鄕人長老皆上之, 旣入, 然後始入. 此有"族 有七十"者, 熊氏云"謂黨正飮酒, 故'正齒位', 故有七十. 若鄕飮酒之禮, 則無 七十者. 故鄕飮酒明日'乃息司正', '告于先生君子', 是老者明日乃入也".

번역 ◎鄭注: "此謂"~"族爾". ○이곳 경문에서 "향리에서 나이에 따라 서열을 정한다."라고 했고, "족인들과 나이에 따라 서열을 정한다."라고 했 는데, 어느 시기에 이처럼 하는지 알 수 없기 때문에, "향사례 및 음주를 시행할 때이다."라고 명확히 밝힌 것이다. 향사례(鄕射禮)의 경우 향인들은 백성들과 상의하여 활쏘기를 시행하는데,[4] 이러한 시기에는 우선적으로 음주의 의례를 시행하니, 이것은 향사례에도 음주를 하게 된다는 사실을 나타낸다. 또 '음주(飮酒)'라고 했는데, 향인들과 음주를 하거나 당정(黨 正)[5]이 마련한 자리에서 음주를 하는 경우를 뜻한다. 이곳 주석에서 '향사

4) 『주례』「지관(地官)·향대부(鄕大夫)」: 退而以鄕射之禮五物詢衆庶, 一曰和, 二曰容, 三曰主皮, 四曰和容, 五曰興舞.
5) 당정(黨正)은 주(周)나라 때의 지방 행정구역을 담당했던 수장을 뜻한다. 500가(家)의 규모가 1당(黨)이 되며, 수장을 뜻하는 '정(正)'자를 붙여서, 그 곳의 수장을 '당정'이라고 부르는 것이다. 『주례』「지관(地官)·당정(黨正)」편 에는 "黨正, 各掌其黨之政令敎治."라는 기록이 있는데, 이에 대한 정현의 주

음주(鄕射飮酒)'라고 한 말은 이러한 세 가지 의례를 모두 포함한다. 현재 『의례』「향음주례(鄕飮酒禮)」편과 「향사례(鄕射禮)」편을 살펴보면, "1명 (命)의 등급을 가진 자는 향리에서 나이에 따라 서열을 정하고, 2명(命)의 등급을 가진 자는 족인들과 나이에 따라 서열을 정한다."라는 문장이 없다. 이곳에서 1명(命)의 등급과 2명(命)의 등급이라고 한 말은『주례』「당정(黨 正)」편에 기록된 문장이다. 그렇기 때문에 「향음주례」편에 대한 정현의 주 에서는 "이곳 편에는 나이에 따른 자리를 바로잡는 일이 기록되어 있지 않다."6)라고 한 것이다. 비록 나이에 따른 자리를 바로잡는 일이 기록되어 있지 않더라도, 실제로 「향사례」와 「향음주례」편의 내용 또한 나이에 따라 자리를 바로잡는 의례에 해당한다. 다만 문장을 자세히 기록하지 않은 것 일 뿐이다. 그러므로 이곳에서는 '향사음주(鄕射飮酒)'라고 말하여, 나이에 따라 자리를 바로잡는 사안들을 총괄적으로 나타낸 것이다. 정현이 "'치 (齒)'는 나이에 따라 서열을 정하여 자리에 서 있거나 앉는 것을 뜻한다."라 고 했는데, 사는 당상(堂上)에서 서 있고, 하대부는 당상에서 앉아 있다. 이러한 사실을 알 수 있는 이유는 「향사례」편에서 "대부가 술잔 받는 것을 끝내면 뭇 빈객들과 함께 당상으로 올라가 자리로 나아간다."7)라고 했기 때문이다. 이 시기에 비록 서 있더라도 도마를 치우게 되면 자리에 앉는다. 「향사례」편의 기문(記文)에서는 또한 "여수(旅酬)8)가 끝나면 사는 들어가 지 않는다."9)라고 했고, 사가 자리에 앉는다는 문장이 나타나지 않으니, 이 것은 당하(堂下)에 서 있게 된다는 사실을 나타낸다. 정현이 "'삼명(三命)' 은 제후국에 소속된 경(卿)을 뜻한다."라고 했는데, 이것은 제후를 기준으

에서는 정사농(鄭司農)의 주장을 인용하여, 五百家爲黨."이라고 풀이했다.

6) 이 문장은 『의례』「향음주례(鄕飮酒禮)」편의 "鄕飮酒之禮. 主人就先生而謀賓 ·介."라는 기록에 대한 정현의 주이다.

7) 『의례』「향사례(鄕射禮)」: 揖·讓升. 賓厭衆賓, 升. 衆賓皆升就席.

8) 여수(旅酬)는 제사가 끝난 후에, 제사에 참가했던 친족 및 빈객(賓客)들이 술 잔을 들어 술을 마시고, 서로 공경의 예(禮)를 표하며, 잔을 권하는 의례(儀 禮)이다.

9) 『의례』「향사례(鄕射禮)」: 凡旅不洗. 不洗者不祭. 旣旅, 士不入. 大夫後出, 主 人送于門外, 再拜.

로 한 말이니, 음주를 시행해야 할 때, 천자에게 소속된 당정(黨正)이 음주를 시행하게 되면 3명(命)의 등급을 가진 자는 나이에 따라 서열을 정하지 않는데, 이들은 상사(上士)를 가리킨다. 천자에게 소속된 상사는 3명(命)의 등급이기 때문이다. 이곳 경문이 비록 제후를 기준으로 하고 있지만, 또한 당정이 마련하는 음주를 뜻하기도 한다. 그렇기 때문에 "3명(命)의 등급을 가진 자는 나이에 따라 서열을 정하지 않는다."라고 말한 것이다. 정현의 주에서는 "'삼명(三命)'은 제후국에 소속된 경(卿)을 뜻한다."라고 했는데, 향음주례를 시행할 때 제후국에서 작위를 가진 자의 자리는 경과 대부에 대해서만 마련하니, 비록 2명(命)이나 1명(命)의 등급을 가진 자라 할지라도 모두 나이에 따라 서열을 정하지 않을 수 있으니, 향음주례에서는 현자와 능력이 출중한 자를 빈객으로 우대하고, 빈객의 수는 반드시 적게 되며, 작위를 가져서 경이나 대부가 될 수 있는 자는 반드시 빈객보다 연장자가 된다. 그렇기 때문에 빈객의 동쪽에 위치하고, 서쪽을 바라보며, 나이에 따라 서열을 정하지 않는다. 『주례』「당정」편에서 음주에 대해 설명하며, "나이에 따른 자리를 바로잡는다."라고 했는데, 이러한 경우에 빈객은 반드시 연장자가 된다. 그렇기 때문에 천자나 제후의 나라에서 3명(命)을 가진 자는 나이에 따라 서열을 정하지 않는다. 향음주례를 할 때 작위를 가져서 경이나 대부가 된 자가 나이에 따라 서열을 정하지 않는다는 사실을 알 수 있는 이유는 「향음주례」편을 살펴보면, "빈객의 동쪽에 자리를 마련하는데, 공(公)의 자리는 삼중으로 하고 대부의 자리는 이중으로 한다."[10]라고 했고, 정현의 주에서는 "이러한 두 자리는 빈객의 동쪽에 마련하여, 그들을 존귀하게 대하니, 향인들과 나이에 따라 서열을 정하지 않는다."라고 했기 때문이다. 천자국의 경우 3명(命)의 등급을 가진 자는 나이에 따른 서열을 정하지 않는다. 제후국의 경우 작위를 받아 대부가 되었다면 나이에 따른 서열을 정하지 않는다. 따라서 대부가 당상에 자리를 깔고 앉으며 사가 당하에 서 있게 된다는 것은 제후국에 대한 경우이다. 만약 천자에게

---

10) 『의례』「향음주례(鄕飮酒禮)」 : 賓若有遵者, 諸公‧大夫, 則旣一人擧觶乃入. 席于賓東, 公三重, 大夫再重.

소속된 당정이 음주를 마련할 때라면, 1명(命)의 등급인 하사(下士)는 당하에 서 있게 되고, 2명(命)의 등급을 가진 중사(中士)는 부친의 친족과 나이에 따라 서열을 정하고 당상에 앉으며, 3명(命)의 등급을 가진 상사(上士)는 빈객의 동쪽에 자리를 마련하게 된다. 정현이 "족인들 중 70세인 자보다 감히 먼저 자리하지 않는다는 말은 한 사람이 치(觶)를 들어 올리게 되면 들어온다는 뜻이다."라고 했는데, 족인들 중 70세인 자가 최초 음주를 할 때라면, 빈객 무리들과 함께 먼저 들어가게 되는데, 3명(命)의 등급을 가진 자는 빈객·개(介)·빈객 무리들에게 술을 따라서 바칠 때까지 기다리니, 한 사람이 나와서 치(觶)를 들어 올리게 되면 그제야 들어가게 된다. 그렇기 때문에 「향음주례」 및 「향사례」편의 기문에서는 모두 대부는 음악이 연주되기 이전과 한 사람이 치(觶)를 들어 올린 이후에야 비로소 들어올수 있다고 했던 것이다. 이처럼 따르게 되면, 대부가 들어가는 것은 예법상 마땅히 한 사람이 치(觶)를 들어 올리는 시기로부터 시작되어, 가령 족인들 중 70세인 자가 없을 때라도 마땅히 이처럼 하게 된다. 또 족인들 중 70세인 자와 향인들 중 나이가 어린 자는 먼저 들어가게 되는데, 이곳에서는 특별히 "족인들 중 70세인 자가 있다면 감히 먼저 들어가지 않는다."라고 말했다. 그 이유는『예기』를 기록한 자의 의도는 본인이 3명(命)의 등급이라면 마땅히 족인들 중 70세인 자보다 먼저 들어가야 한다고 생각했기 때문에, 나이가 많은 자를 공경하고 노인을 높인다는 뜻을 드러내고자 해서 "감히 먼저 들어가지 않는다."라고 말한 것일 뿐이며, 이러한 까닭으로 정현의 주에서는 "비록 족인들과의 자리가 아니라도 또한 이처럼 한다."라고 말한 것인데, 다만 향인들 중 연로한 자들에 대해서는 모두 높이게 되어, 그들이 모두 들어간 뒤에야 비로소 들어가게 된다. 이곳에서는 "족인들 중 70세인 자가 있다."라고 했는데, 웅안생은 "당정이 음주를 마련했을 때를 뜻한다. 그렇기 때문에 '나이에 따른 자리를 바로잡는다.'라고 했으니, 70세인 자가 있는 것이다. 향음주례의 예법이라면, 70세인 자가 없다. 그러므로 「향음주례」편에서는 향음주례를 시행한 다음날, '곧 의례의 진행을 감독한 자를 위로한다.'라고 한 것이고, '선생과 군자에게 청한다.'라고 한 것이니,[11] 이것은 노인들은 그 다음날이 되어야 들어오게 됨을 나타낸다."라고 했다.

集解 壹命齒于鄕里, 再命齒于族, 三命而不齒, 此周禮黨正職之文, 據天子之國, 蜡祭正齒位禮言之也. 天子下士一命, 中士再命, 上士三命. 齒於鄕里, 謂與其同鄕里之人以年齒爲次序也. 族, 同高祖之親也. 齒於族, 謂與其同族之人以年齒爲次序也. 不齒, 謂雖有同族之人, 不與之計年齒也. 弗敢先, 不敢先之而入也. 雖有三命之尊, 然猶不敢先七十者而入, 所以深明七十者之尊也.

번역 "1명(命)의 등급을 가진 자는 향리에서 나이에 따른 서열을 정하고, 2명(命)의 등급을 가진 자는 족인들과 나이에 따른 서열을 정하며, 3명(命)의 등급을 가진 자는 나이에 따른 서열을 정하지 않는다."라고 한 말은 『주례』「당정(黨正)」편에 기록된 직무 기록이며, 이것은 천자의 나라에서 시행하는 사(蜡)제사에서 나이에 따른 자리를 올바르게 하는 예법을 기준으로 한 말이다. 천자에게 소속된 하사(下士)는 1명(命)의 등급이고, 중사(中士)는 2명(命)의 등급이며, 상사(上士)는 3명(命)의 등급이다. '치어향리(齒於鄕里)'는 같은 향리의 사람들과 나이에 따라 서열을 정한다는 뜻이다. '족(族)'은 고조가 같은 친족으로부터 그 이하의 무리들을 뜻한다. '치어족(齒於族)'은 같은 친족 사람들과 나이에 따라 서열을 정한다는 뜻이다. '불치(不齒)'는 비록 같은 친족 사람들이 있더라도, 그들과 나이를 따지지 않는다는 뜻이다. '불감선(弗敢先)'은 감히 그보다 먼저 들어가지 않는다는 뜻이다. 비록 3명(命)이라는 존귀한 등급을 가지고 있더라도, 여전히 70세인 자보다 먼저 들어가지 않으니, 이것은 70세인 자의 존귀함을 확실히 나타내는 것이다.

集解 此據周禮黨正之文. 三命不齒者, 天子之上士也. 鄕飮酒禮據諸侯之國, 故云"諸公大夫", "皆席於賓東". 三等之國, 卿或三命, 或再命, 大夫或再

---

11) 『의례』「향음주례(鄕飮酒禮)」 : 明日賓服鄕服以拜賜. 主人如賓服以拜辱. 主人釋服. 乃息司正. 無介, 不殺, 薦脯醢, 羞唯所有. 徵唯所欲, 以告於先生・君子可也. 賓・介不與. 鄕樂唯欲.

命, 或一命, 而皆席於賓東, 是卿大夫皆不齒, 不以命數爲限也. 鄕飮酒雖據賓
賢能之禮, 其實黨正正齒位亦然. 孔疏謂“列國鄕飮酒, 卿大夫皆得不齒, 黨正
‘正齒位’, 三命乃不齒”, 非也. 正齒位之禮, 六十者坐, 五十者立於堂下. 諸侯
之黨正, 士也. 若子男之國, 正齒位之禮, 黨正坐於堂上爲主人, 而其卿再命,
大夫一命, 反位於堂下, 可乎?

번역 이 내용은 『주례』「당정(黨正)」편의 기록에 기준을 둔 것이다. “3
명(命)의 등급을 가진 자는 나이에 따른 서열을 정하지 않는다.”라고 했는
데, 이것은 천자에게 소속된 상사(上士)를 뜻한다. 『의례』「향음주례(鄕飮
酒禮)」편의 기록은 제후국에 기준을 둔 내용이다. 그렇기 때문에 ‘여러 공
들과 대부’라고 말하고, “모두 빈객의 동쪽에 자리를 마련한다.”라고 말한
것이다.12) 세 등급의 제후국에 있어서 경(卿)은 3명(命)의 등급이거나 2명
(命)의 등급이고, 대부는 2명(命)의 등급이거나 1명(命)의 등급인데, 이들은
모두 빈객의 동쪽에 자리를 마련하고 앉으니, 이 말은 경과 대부는 모두
나이에 따른 서열을 정하지 않으며, 명(命)의 등급에 따라 제한하지 않는다
는 사실을 나타낸다. 「향음주례」편의 내용이 비록 현인과 재능이 뛰어난
자를 빈객으로 대접하는 예법을 기준으로 하고 있지만, 실제로는 당정이
나이에 따른 자리를 바로잡는 것처럼 하게 된다. 그런데 공영달의 소에서
는 “제후국에서 시행하는 향음주례에서 경과 대부는 모두 나이에 따른 서
열을 정하지 않을 수 있고, 「당정」편에서 ‘나이에 따른 자리를 바르게 한다.’
라고 한 말은 3명(命)의 등급을 가진 자가 나이에 따른 서열을 정하지 않는
다는 뜻이다.”라고 했는데, 이것은 잘못된 주장이다. 나이에 따른 자리를
바로잡는 예법은 60세인 자는 자리에 앉고 50세인 자는 당하에 서 있는
것이다. 제후에게 소속된 당정은 사의 신분이다. 만약 자작이나 남작의 나
라에서 나이에 따른 자리를 바르게 하는 예법을 시행하면, 당정은 당상에
자리를 바로잡고 앉아서 주인의 역할을 시행하는데, 2명(命)의 등급을 가
진 경과 1명(命)의 등급을 가진 대부는 도리어 당하에 서 있게 되니, 이것이

---

12) 『의례』「향음주례(鄕飮酒禮)」 : 賓若有遵者, 諸公·大夫, 則旣一人擧觶乃入. 席
于賓東, 公三重, 大夫再重.

가능하겠는가?

集解 此謂致仕在家者也. 大故, 謂兵寇. 讓猶辭也. 君旣先揖之, 則辭讓令退, 不欲久勞之也.

번역 관직에서 물러나 집에 머무는 자의 경우를 뜻한다. '대고(大故)'는 전쟁이나 도적 등이 발생했을 때이다. '양(讓)'자는 "사양한다[辭]."는 뜻이다. 군주가 먼저 읍(揖)을 한다면 사양하며 물러나게 하니, 오래도록 머물러 그를 수고롭게 하고 싶지 않기 때문이다.

集解 自"有虞氏貴德而尙齒"至此, 明弟長之義.

번역 "유우씨 때에는 덕을 존귀하게 높이고 나이를 숭상했다."[13]라고 한 구문으로부터 이곳 문장까지는 연장자를 공경하는 뜻을 나타내고 있다.

---

13) 『예기』「제의」【568c】: 昔者, 有虞氏貴德而尙齒, 夏后氏貴爵而尙齒, 殷人貴富而尙齒, 周人貴親而尙齒. 虞·夏·殷·周, 天下之盛王也, 未有遺年者. 年之貴乎天下久矣, 次乎事親也.

●그림 29-1 ▣ 수(遂)의 행정구역 및 담당자

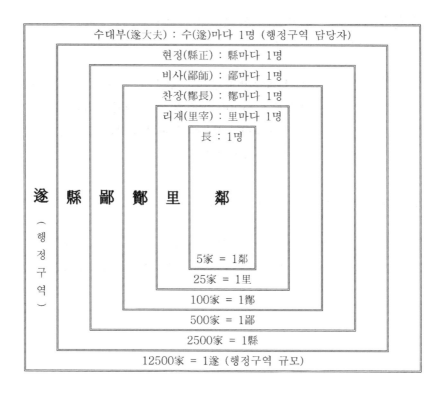

그림 29-2 ◼ 치(觶)

※ **출처**: 좌-『삼재도회(三才圖會)』「기용(器用)」1권
상우-『삼례도집주(三禮圖集注)』12권 ; 하우-『육경도(六經圖)』9권

공덕(功德)을 사양하는 의미

【571c】

天子有善, 讓德於天. 諸侯有善, 歸諸天子. 卿大夫有善, 薦於諸侯. 士庶人有善, 本諸父母, 存諸長老. 祿爵慶賞, 成諸宗廟, 所以示順也.

직역 天子에게 善이 有하면, 天에게 德을 讓한다. 諸侯에게 善이 有하면, 天子에게 歸한다. 卿과 大夫에게 善이 有하면, 諸侯에게 薦한다. 士와 庶人에게 善이 有하면, 父母에게 本하고, 長老에게 存한다. 祿爵과 慶賞는 宗廟에서 成하니, 順을 示하는 所以이다.

의역 천자에게 좋은 일이 있으면 하늘에게 그 덕을 양보한다. 제후에게 좋은 일이 있으면 천자에게 그 공을 돌린다. 경과 대부에게 좋은 일이 있으면 제후에게 그 공을 돌린다. 사와 서인에게 좋은 일이 있으면, 부모에게서 비롯되었음을 알리고, 친족 중의 연장자에게 그 공을 돌린다. 군주가 녹봉과 작위 및 상을 하사하는 것을 종묘에서 시행하는 것은 순종함을 드러내는 방법이다.

集說 成諸宗廟, 言於宗廟中命之也, 詳在祭統十倫章.

번역 '성저종묘(成諸宗廟)'는 종묘 안에서 명령을 내린다는 뜻으로, 상세한 설명은 『예기』「제통(祭統)」편의 '십륜장(十倫章)'에 나온다.[1]

---

1) 『예기』「제통(祭統)」【580b~c】에는 "夫祭有十倫焉. 見事鬼神之道焉, 見君臣之義焉, 見父子之倫焉, 見貴賤之等焉, 見親疏之殺焉, 見爵賞之施焉, 見夫婦之別焉, 見政事之均焉, 見長幼之序焉, 見上下之際焉. 此之謂十倫."이라는 기록이 나온다. 즉 "무릇 제사에는 10가지 도의가 포함된다. 첫 번째는 귀신을

大全 嚴陵方氏曰: 善者, 人之所欲, 惡者, 人之所惡, 於人之所欲而能推原於彼, 此善所以日進, 於人之所惡而能自及於此, 此惡所以日消, 古之君子能全其德, 用此道而已. 天子, 受命於天者也, 故有善則讓德於天. 諸侯, 受命於天子者也, 故有善則歸諸天子. 卿大夫, 受命於諸侯者也, 故有善則薦於諸侯. 士庶人, 旣卑且賤, 故有善焉, 內則本諸父母, 外則存諸長老而已. 祿則施之及賤, 爵則制之以貴. 慶所以爲禮, 賞所以爲利. 成諸宗廟者, 謂必卽諸宗廟中, 然後得以成其事也. 祭統曰, 古者明君爵有德而祿有功, 必賜爵祿於太廟, 示不敢專也. 其曰所以示順, 則示順之義, 盡於此矣.

번역 엄릉방씨가 말하길, 선함은 사람들이 바라는 것이고 악함은 사람들이 싫어하는 것인데, 사람들이 바라는 것에 대해서 상대에게 그 원인을 돌릴 수 있다면, 이것은 선함을 날로 증진시키는 방법이다. 또 사람들이 싫어하는 것에 대해서 자신에게 그 원인을 돌릴 수 있다면, 이것은 악함을 날로 줄어들게 하는 방법이다. 고대의 군자가 덕을 온전히 할 수 있었던 것은 이러한 도리에 따랐기 때문이다. 천자는 하늘로부터 명령을 받은 자이기 때문에 선한 일이 있으면 그 덕을 하늘에게 양보한다. 제후는 천자로부터 명령을 받은 자이기 때문에 선한 일이 있으면 그 공을 천자에게 돌린다. 경과 대부는 제후로부터 명령을 받은 자이기 때문에 선한 일이 있으면 그 공을 제후에게 돌린다. 사와 서인은 지위가 낮고 천한 자이기 때문에 선한이 일이 있더라도 내적으로는 그 공을 부모에게서 비롯되었다고 하며 외적으로는 집안의 연장자에게 돌릴 따름이다. 녹봉은 미천한 자에게까지 베푸는 것이며, 작위는 존귀한 자를 기준으로 제정하는 것이다. 경하는 예우하는 것이고, 상은 이롭게 해주는 것이다. '성저종묘(成諸宗廟)'는 반드시

섬기는 도가 나타난다. 두 번째는 군신관계에서 지켜야 하는 의가 나타난다. 세 번째는 부자관계에서 지켜야 하는 윤리가 나타난다. 네 번째는 신분의 귀천에 따른 등급이 나타난다. 다섯 번째는 친하고 소원한 관계에 따른 차등이 나타난다. 여섯 번째는 작위와 상을 하사하는 것이 아나타난다. 일곱 번째는 부부의 유별함이 나타난다. 여덟 번째는 정치의 균등한 시행이 나타난다. 아홉 번째는 장유관계의 질서가 나타난다. 열 번째는 상하계층의 사귐을 나타난다. 이것을 바로 '십륜(十倫)'이라고 부른다."는 뜻이다.

종묘 안으로 가서 시행하니, 그런 뒤에야 그 일을 완성할 수 있다는 뜻이다.
『예기』「제통(祭統)」편에서는 "고대의 현명한 군주는 덕을 갖춘 자에게 작
위를 내리고 공이 있는 자에게 봉록을 내렸는데, 반드시 태묘 안에서 작위
와 봉록을 하사했던 것은 감히 자기 마음대로 결정하지 않았음을 드러내는
것이다."2)라고 했다. 이곳에서 "순종함을 드러내는 방법이다."라고 했으니,
순종함을 드러내는 뜻은 바로 이러한 것에서 다하게 된다.

大全 延平周氏曰: 天子有善, 讓於天, 則諸侯有善, 歸諸天子. 諸侯有善,
歸諸天子, 則卿大夫有善, 薦於諸侯. 有是天子諸侯, 則士庶人有善, 所以本諸
父母, 存諸長老, 蓋上之人不有於我, 故其化然也.

번역 연평주씨가 말하길, 천자는 선한 일이 있으면 하늘에게 양보하니,
제후도 선한 일이 있으면 천자에게 그 공을 돌린다. 제후는 선한 일이 있으
면 천자에게 그 공을 돌리니, 경과 대부도 선한 일이 있으면 제후에게 그
공을 돌린다. 이러한 천자와 제후가 있다면 사와 서인도 선한 일이 있을
때, 부모에게 근본 했음을 알리고 친족의 연장자에게 그 공을 돌리게 되는
것이니, 윗사람이 그 공덕을 자신의 것으로만 여기지 않았기 때문에 이처
럼 교화된 것이다.

鄭注 薦, 進也. 成諸宗廟, 於宗廟命之. 祭統有十倫, 六曰見爵賞之施焉.

번역 '천(薦)'자는 "바친다[進]."는 뜻이다. '성저종묘(成諸宗廟)'는 종묘
에서 명령한다는 뜻이다. 『예기』「제통(祭統)」편에는 십륜(十倫)3)이라는

---

2) 『예기』「제통(祭統)」【582b~c】: 古者明君爵有德而祿有功, 必賜爵祿於大廟, 示
 不敢專也. 故祭之日, 一獻, 君降立于阼階之南, 南鄕, 所命北面, 史由君右, 執策
 命之, 再拜稽首, 受書以歸, 而舍奠于其廟. 此爵賞之施也.
3) 십륜(十倫)은 제사 때 드러내게 되는 10개의 도리(道理)를 뜻한다. 귀신(鬼神)
 을 섬기는 도(道), 군신(君臣)의 의(義), 귀천(貴賤)의 등급[等], 친소(親疏)에
 따른 차별[殺], 작위(爵)와 상(賞)의 베풂[施], 부부(夫婦)의 유별[別], 정사(政
 事)의 균평[均], 장유(長幼)의 질서[序], 상하(上下)의 조화[際]를 뜻한다.

것이 있는데, 여섯 번째 항목에서는 "작위와 상을 하사하는 것이 나타난
다."4)라고 했다.

釋文 見, 賢遍反. 施, 始豉反.

번역 '見'자는 '賢(현)'자와 '遍(편)'자의 반절음이다. '施'자는 '始(시)'자
와 '豉(시)'자의 반절음이다.

孔疏 ●"天子"至"順也". ○正義曰: 此一節明有善讓於尊上, 示以敬順之
道, 不敢專也.

번역 ●經文: "天子"~"順也". ○이곳 경문은 선한 일이 있을 때 존귀한
자에게 양보하여, 공경하고 순종하는 도의를 드러내며, 감히 자기마음대로
하지 않는다는 뜻을 나타내고 있다.

訓纂 王氏念孫曰: 存亦爲薦. 士庶人有善, 進於長老, 亦猶卿大夫有善, 進
於諸侯耳. 薦, 或作荐. 因譌而爲存. 管子君臣篇, "民有善本於父, 薦之於長
老."

번역 왕념손이 말하길, '존(存)'자 또한 '천(薦)'자가 된다. 사와 서인은
선한 일이 있으면 연장자에게 그 공을 돌리니, 이것은 또한 경과 대부에게
선한 일이 있을 때, 제후에게 그 공을 돌리는 것과 같을 따름이다. '천(薦)'
자는 또한 '천(荐)'자로도 기록한다. 이러한 이유 때문에 잘못하여 '존(存)'
자로 기록한 것이다. 『관자』「군신(君臣)」편에서는 "백성에게 선한 일이 있
으면 부친에게 근본한다고 알리고 연장자에게 돌린다."5)라고 했다.

---

4) 『예기』「제통(祭統)」【580b~c】: 夫祭有十倫焉. 見事鬼神之道焉, 見君臣之義
焉, 見父子之倫焉, 見貴賤之等焉, 親疎之殺焉, 見爵賞之施焉, 見夫婦之別焉,
見政事之均焉, 見長幼之序焉, 見上下之際焉. 此之謂十倫.
5) 『관자(管子)』「군신상(君臣上)」: 是故天子有善, 讓德於天. 諸侯有善, 慶之於
天子. 大夫有善, 納之於君. 民有善, 本於父. 慶之於長老, 此道法之所從來, 是治

【571d~572a】

昔者, 聖人建陰陽天地之情, 立以爲易. 易抱龜南面, 天子卷冕北面, 雖有明知之心, 必進斷其志焉, 示不敢專, 以尊天也; 善則稱人, 過則稱己, 敎不伐, 以尊賢也.

직역 昔者에 聖人은 陰陽과 天地의 情을 建하여, 立하여 易으로 爲했다. 易은 龜를 抱하고 南面하며, 天子는 卷冕하고 北面하니, 雖히 明知의 心을 有라도, 必히 進하여 그 志를 斷하니, 敢히 專을 不함을 示하여, 이로써 天을 尊하며; 善은 人을 稱하고, 過는 己를 稱하니, 敎를 不伐하여, 이로써 賢을 尊한다.

의역 예전에 성인은 음양과 천지의 실정을 세워서 『역』을 만들었다. 역관(易官)은 거북점을 들고 남쪽을 바라보며, 천자는 곤면(袞冕)을 착용하고 북쪽을 바라보는데, 비록 밝은 지혜를 갖추고 있더라도, 반드시 거북점을 쳐서 그 뜻을 결정하니, 이를 통해 감히 자기마음대로 한 것이 아님을 드러내어 하늘을 존귀하게 높인다. 또 좋은 일이 있으면 남에게 그 공을 돌리고, 과실이 발생하면 자신을 탓하니, 자랑하지 않음을 가르쳐서 이를 통해 현자를 존귀하게 높인다.

集說 方氏曰: 明吉凶之象者莫如易, 示吉凶之象者莫如龜. 南, 則明而有所示之方也, 故易抱龜南面焉. 天子北面, 則以臣禮自處而致其尊也. 南面, 內也; 北面, 外也. 自外至內謂之進, 故曰進斷其志.

번역 방씨가 말하길, 길흉의 형상을 밝히는 것 중에는 『역』만한 것이 없고, 길흉의 형상을 드러내는 것 중에는 거북껍질만한 것이 없다. 남쪽을 향한다면 밝아서 드러내는 방향이 있게 된다. 그렇기 때문에 역관(易官)은 거북껍질을 들고 남쪽을 바라본다. 천자가 북쪽을 바라본다면 신하의 예법으로 자처하여 존경함을 지극히 나타내는 것이다. 남쪽을 바라보는 것은 안쪽에 해당하고 북쪽을 바라보는 것은 바깥쪽에 해당한다. 바깥쪽으로부

本也.

터 안쪽으로 향하기 때문에 '진(進)'이라고 했다. 그렇기 때문에 "나아가서 그 뜻을 결정한다."라고 말한 것이다.

集說 應氏曰: 易, 書也; 抱龜者, 人也. 不曰掌易之人, 而直以爲易者, 蓋明 以示天下者易也. 易之道不可屈, 故不於北而於南. 明此以北面者, 臣也, 臣之 位不可踰, 故不曰人而曰易, 蓋有深意焉.

번역 응씨가 말하길, 『역』은 책이며, 거북껍질을 들고 있는 자는 사람이 다. 그런데 『역』을 담당하는 자라고 말하지 않고 단지 '역(易)'이라고만 말 한 것은 천하에 드러내는 것이 『역』임을 나타내기 위해서이다. 『역』의 도 는 굽힐 수 없기 때문에 북쪽을 향하도록 하지 않고 남쪽을 향하도록 하는 것이다. 이를 통해서 북쪽을 바라보는 것은 신하임을 드러내니, 신하의 자 리로는 뛰어넘을 수가 없다. 그렇기 때문에 사람을 언급하지 않고 『역』이 라고 말한 것이니, 깊은 뜻이 숨어 있다.

集說 石梁王氏曰: 此說卜者之位, 與儀禮不合, 亦近於張大之辭.

번역 석량왕씨가 말하길, 이것은 거북점을 치는 자의 자리를 설명한 것 인데, 『의례』의 기록과 부합되지 않으니, 아마도 과장된 말에 가까운 것 같다.

集說 劉氏曰: 易代天地鬼神以吉凶告天子, 故南面, 如祭祀之尸, 代神之 尊也. 天子北面問卜以斷其志, 蓋尊天事神之禮也.

번역 유씨가 말하길, 『역』은 천지의 귀신을 대신하여 길흉을 통해 천자 에게 알려준다. 그렇기 때문에 남쪽을 바라보니 마치 제사의 시동이 신의 존귀함을 대신하는 것과 같다. 천자는 북쪽을 바라보며 거북점을 쳐서 묻 고, 이것을 통해 그 뜻을 결정하니, 하늘을 존귀하게 높이고 귀신을 섬기는 예법에 해당한다.

大全 嚴陵方氏曰: 陰陽天地, 莫不有情, 必待聖人建之, 然後能有所立焉. 然易無體也, 體之於言, 則其書謂之易, 體之於人, 則其官謂之易, 故曰立以爲 易. 明吉凶之象者, 莫如易, 示吉凶之象者, 莫如龜. 有自知之明, 而又有知人 之知, 則其事固可以無疑矣, 然猶斷之以龜者, 以吉凶悔吝生乎動故也. 前言 建陰陽天地之情, 而後止言尊天者, 蓋一陰一陽之謂道, 而道則出於天而已, 故後言尊天以該之. 稱己之過, 所以敎不伐, 稱人之善, 所以敎尊賢. 伐, 與矜 伐之伐同字, 有其善而矜之, 祇所以自傷其善故也.

번역 엄릉방씨가 말하길, 음양과 천지는 실정이 없는 것이 없지만, 반드 시 성인이 세워주기를 기다린 뒤에야 건립할 수 있다. 그런데『역』에는 본 체가 없으니, 말을 통해서 본체를 드러내게 된다면 그 책을『역』이라고 부 르는 것이며, 사람을 통해서 본체를 드러내게 된다면 그 관리를 '역(易)'이 라고 부르는 것이다. 그렇기 때문에 "세워서 역(易)으로 삼는다."라고 했다. 길흉의 상을 드러내는 것 중에는『역』만한 것이 없고, 길흉의 상을 보여주 는 것 중에는 거북껍질만한 것이 없다. 자신을 아는 지혜를 갖추고 있고 또 남을 알아볼 줄 아는 지혜를 갖추고 있다면, 그 사안에 대해서는 진실로 의심할 것이 없다. 그러나 여전히 거북점을 통해서 결정하는 것은 길흉과 후회 및 부끄러움은 움직임에서 나타나기 때문이다.[6] 앞에서는 음양과 천 지의 실정을 세운다고 말했는데, 뒤에서는 단지 "하늘을 존귀하게 높인다." 라고 말한 것은 한 번 음(陰)이 되고 한 번 양(陽)이 되는 것을 도(道)라고 부르는데,[7] 도라는 것은 하늘에서 나오기 때문이다. 그래서 뒤에서는 "하 늘을 존귀하게 높인다."라고 말하여 나머지 부분도 포함시킨 것이다. 자신 의 과실이라고 지칭하는 것은 자랑하지 않음을 가르치는 방법이고, 남의 선함이라 돌리는 것은 현자를 존귀하게 높임을 가르치는 방법이다. '벌(伐)' 자는 "자랑한다."라고 했을 때의 '벌(伐)'자와 동일하니, 선한 일이 있다고

---

6) 『역』「계사하(繫辭下)」: 八卦成列, 象在其中矣, 因而重之, 爻在其中矣, 剛柔 相推, 變在其中矣, 繫辭焉而命之, 動在其中矣. 吉凶悔吝者, 生乎動者也, 剛柔 者, 立本者也, 變通者, 趣時者也.
7) 『역』「계사상(繫辭上)」: 一陰一陽之謂道. 繼之者善也, 成之者性也.

하더라도 그것을 자랑하는 것은 단지 제 스스로 자신의 선함을 손상시키는 방법이기 때문이다.

大全 延平周氏曰: 聖人無非事, 亦無非敎. 以天子之尊, 卷冕北面, 而聽於卜, 非時斷其一時之事而已, 又將示人之不敢專, 而且以尊乎天也.

번역 연평주씨가 말하길, 성인은 일삼지 않는 것이 없고 또 교화를 펴지 않는 것이 없다. 천자처럼 존귀한 신분이라 하더라도 곤면(袞冕)8)을 착용하여 북쪽을 바라보고 거북점을 쳐서 점괘를 들으니, 특정 시기에 따라 일시적인 사안을 처리하는 것일 뿐만 아니라 또한 이를 통해 사람들에게 감히 자기 마음대로 하지 않음을 드러내고 또 이를 통해 하늘을 존귀하게 높이기 때문이다.

大全 石林葉氏曰: 陰陽天地之情, 不可見, 其可見者, 易與龜也, 故曰物生而後有象, 象而後有滋, 滋而後有數. 龜則象, 而易則數也. 斷其志則謀於己, 進而詔以吉凶則謀於鬼神, 而天道所以尊也. 過者, 人所畏, 善稱人, 則能尊人, 過稱己, 則能卑己, 非有志於仁者, 不能及之此. 其敎不伐, 以尊賢也. 伐者, 自有其善以害於己, 則不足以爲賢. 舜稱禹之賢, 亦曰不矜不伐.

번역 석림섭씨가 말하길, 음양과 천지의 실정은 볼 수 없는 대상인데, 볼 수 있는 것은 『역』과 거북점이다. 그렇기 때문에 "사물이 생겨난 이후에 형상이 생겼고, 형상이 있은 뒤에 사물이 번성하게 되었으며, 사물이 번성

---

8) 곤면(袞冕)은 곤룡포와 면류관을 뜻한다. 본래 천자의 제사복장으로, 비교적 중요한 제사 때 입는다. 윗옷과 아랫도리에 새겨진 무늬 등은 9가지이다. 『주례』「춘관(春官)·사복(司服)」편에는 "享先王則袞冕."이라는 기록이 있다. 이에 대한 정현의 주에서는 "冕服九章, 登龍於山, 登火於宗彝, 尊其神明也. 九章, 初一曰龍, 次二曰山, 次三曰華蟲, 次四曰火, 次五曰宗彝, 皆畫以爲繢. 次六曰藻, 次七曰粉米, 次八曰黼, 次九曰黻, 皆希以爲繡. 則袞之衣五章, 裳四章, 凡九也."라고 풀이했다. 즉 '곤면'의 윗옷에는 용(龍), 산(山), 화충(華蟲), 화(火), 종이(宗彝) 등 5가지 무늬를 그려놓고, 아랫도리에는 조(藻), 분미(粉米), 보(黼), 불(黻) 등 4가지를 수놓았다.

한 이후에 많고 적은 수가 생겨났다."9)라고 한 것이다. 거북껍질은 형상을 드러내고 『역』은 책수를 나타낸다. 그 뜻을 결정하는 것은 자신이 계책을 모의하는 것인데, 나아가 길흉을 묻는다면, 귀신에게 상의하는 것이고, 천도를 존귀하게 여기는 것이다. 과실은 사람들이 꺼려하는 대상인데, 선한 일에 대해서 남에게 돌린다면 남을 존중할 수 있는 것이고, 과실을 자신의 탓으로 돌린다면 자신을 낮출 수 있는 것이니, 인(仁)에 뜻을 두고 있는 자가 아니라면 이러한 경지에 이를 수 없다. 자랑하지 않도록 가르치는 것은 이를 통해 현자를 존숭하는 것이다. 자랑이라는 것은 자신에게 선함이 있다고 여겨서 자신을 해치는 것이니, 현자라 여기기에는 부족하다. 순임금은 우임금의 현명함을 칭찬하며 또한 "자랑하지 말며, 과시하지 말아라."10)라고 했다.

鄭注 立以爲易, 謂作易. 易抱龜, 易, 官名, 周禮曰"大卜", 大卜主三兆·三易·三夢之占.

번역 '입이위역(立以爲易)'은 『역』을 만들었다는 뜻이다. '역포귀(易抱龜)'라고 했는데, 이때의 '역(易)'자는 관직명이니, 『주례』에서는 '대복(大卜)'이라는 관직을 언급하며, 대복은 삼조(三兆)·삼역(三易)·삼몽(三夢)의 점에 대해서 주관한다고 했다.11)

釋文 卷, 古本反. 知音智. 斷, 丁亂反.

번역 '卷'자는 '古(고)'자와 '本(본)'자의 반절음이다. '知'자의 음은 '智

---

9) 『춘추좌씨전』「희공(僖公) 15년」 : 龜, 象也; 筮, 數也. <u>物生而後有象, 象而後有滋, 滋而後有數.</u> 先君之敗德, 及可數乎? 史蘇是占, 勿從何益?

10) 『서』「우서(虞書)·대우모(大禹謨)」 : 帝曰, 來禹, 降水儆予, 成允成功, 惟汝賢, 克勤于邦, 克儉于家, 不自滿假, 惟汝賢, 汝惟不矜, 天下莫與汝爭能, 汝惟<u>不伐</u>, 天下莫與汝爭功, 予懋乃德, 嘉乃丕績.

11) 『주례』「춘관(春官)·대복(大卜)」 : 大卜掌三兆之法, 一曰玉兆, 二曰瓦兆, 三曰原兆. …… 掌三易之法, 一曰連山, 二曰歸藏, 三曰周易. …… 掌三夢之法, 一曰致夢, 二曰觭夢, 三曰咸陟.

(지)'이다. '斷'자는 '丁(정)'자와 '亂(란)'자의 반절음이다.

孔疏 ●"昔者"至"賢也". ○正義曰: 此一節亦明其不敢專輒尊賢之事也.

번역 ●經文: "昔者"~"賢也". ○이곳 문단 또한 감히 자기 마음대로 현자를 존귀하게 높이지 않는다는 사안을 나타내고 있다.

孔疏 ●"立以爲易"者, 聖人謂伏羲·文王之屬, 興建陰陽天地之情, 仰觀天文, 俯察地理, 立此陰陽, 以作易, 卽今時易也. "易抱龜南面, 天子卷冕北面"者, 立爲占易之官, 抱龜南面. 尊其神明, 故南面. 天子親執卑道, 服袞冕北面.

번역 ●經文: "立以爲易". ○성인은 복희나 문왕 등을 뜻하니, 이들은 음양과 천지의 실정을 세워서, 위로는 천문을 살피고 아래로는 지리를 살펴서 이러한 음양을 세워 『역』을 만들었으니, 바로 현재의 『주역』을 의미한다. 경문의 "易抱龜南面, 天子卷冕北面"에 대하여. 『역』을 점치는 관리를 세워서 거북껍질을 들고 남쪽을 바라보게 한다는 뜻이다. 신명을 존귀하게 높이기 때문에 남쪽을 바라본다. 천자는 직접 미천한 자의 도리에 따르니, 곤면(袞冕)을 착용하고 북쪽을 바라본다.

孔疏 ●"必進斷其志焉"者, 言天子雖有顯明哲知之心, 必進於龜之前, 令龜斷決其己之所有爲之志, 示不敢自專, 以尊敬上天也.

번역 ●經文: "必進斷其志焉". ○천자는 비록 현명한 지혜를 갖추고 있지만, 반드시 거북껍질 앞에 나아가서 거북껍질을 통해 자신이 뜻한 바를 뜻으로 삼도록 결정하니, 이를 통해 감히 자기 마음대로 하지 않음을 드러냄으로써, 상천을 존경하는 것이다.

孔疏 ●"敎不伐以尊賢也"者, 有善稱人, 有過稱己, 敎在下不自伐其善, 以尊敬賢人也.

번역 ●經文: "教不伐以尊賢也". ○선한 일이 있으면 남에게 돌리고 과실이 있으면 자기 탓으로 돌리니, 이것은 백성들에게 스스로 선함을 자랑하지 않도록 가르침으로써 현인을 존경하는 것이다.

孔疏 ◎注"周禮"至"之占". ○正義曰: 此稱官者, 於周禮稱大卜. 三兆者, 玉・瓦・原也. 鄭注云: "言兆形似玉・瓦・原之釁罅原田也." 杜子春云: "玉兆, 帝顓頊之兆; 瓦兆, 帝堯之兆; 原兆, 有周之兆." 三易者, 連山・歸藏・周易, 杜子春云: "連山, 宓戲. 歸藏, 黃帝." 鄭作易贊云: "夏曰連山, 殷曰歸藏, 周曰周易." 三夢: 一曰致夢, 二曰觭夢, 三曰咸陟.

번역 ◎鄭注: "周禮"~"之占". ○이것은 관직을 지칭한 것이니, 『주례』의 체제에 따르면 대복(大卜)을 뜻한다. '삼조(三兆)'는 옥(玉)・와(瓦)・원(原)을 뜻한다. 정현의 주에서는 "갈라진 조짐의 형태가 옥(玉)・와(瓦)・원(原)의 갈라진 틈과 유사함을 뜻하니, 원(原)은 평탄하고 넓은 모습을 뜻한다."라고 했다. 두자춘[12]은 "'옥조(玉兆)'는 제왕 전욱(顓頊)의 조짐이며, '와조(瓦兆)'는 제왕 요의 조짐이고, '원조(原兆)'는 주나라의 조짐이다."라고 했다. '삼역(三易)'은 『연산』・『귀장』・『주역』을 뜻하는데, 두자춘은 "『연산』은 복희씨 때의 역이고, 『귀장』은 황제 때의 역이다."라고 했다. 정현은 『역찬』을 저술하며, "하나라 때의 역을 『연산』이라고 부르고, 은나라 때의 역을 『귀장』이라고 부르며, 주나라 때의 역을 『주역』이라고 부른다."라고 했다. '삼몽(三夢)'은 치몽(致夢), 기몽(觭夢), 함척(咸陟)이다.

訓纂 王氏引之曰: 謹案陰陽天地之情, 非人所能建立也, 建字義不可通, 當爲達字, 形相近而誤. 達者, 通也. 乾文言曰, "六爻發揮, 旁通情也." 正謂徧通陰陽天地之情也.

번역 왕인지가 말하길, 살펴보니 음양과 천지의 실정은 사람이 세울 수

---

12) 두자춘(杜子春, B.C.30?~A.D.58?): 후한(後漢) 때의 학자이다. 유흠(劉歆)에게서 수학하였다. 정중(鄭衆)과 가규(賈逵)에게 학문을 전수하였다.

있는 것이 아니니, '건(建)'자는 의미가 통용되지 않으므로, 마땅히 '달(達)'자가 되어야 하며, 자형이 서로 비슷해서 생긴 오류이다. '달(達)'자는 "달통한다[通]."는 뜻이다.『역』건괘(乾卦)의「문언전(文言傳)」에서는 "여섯 효로 발휘함은 두루 실정에 통하는 것이다."[13]라고 했으니, 바로 음양과 천지의 실정에 두루 통한다는 의미이다.

集解 建, 立也. 天地言其體, 陰陽言其氣. 情, 謂吉凶之著見也. 易, 謂卜筮之書也. 周禮卜有"三兆", 筮有"三易", 此言"易"而不言"兆", 下言"抱龜"而不言"蓍", 皆互相備也. 易抱龜南面, 此"易"謂卜筮之官也. 按士冠禮·特牲·少牢筮日, 主人與筮者皆西面, 士喪禮"卜日", "主人北面", 而卜者"席于闑西·闑外", 則西面. 此卜者南面, 天子北面, 蓋卜郊之禮, 與特牲禮"筮日主人玄端", 少牢禮筮日"朝服", 是卜筮祭日者皆用其祭之服. 此云"天子袞冕", 蓋十二章之冕服也. 此因上言天子讓善於天, 因擧卜筮一事, 以見聖人之尊天, 又因聖人之尊天, 而言聖人之尊賢, 皆所以敎天下以謙讓之德也.

번역 '건(建)'자는 "수립한다[立]."는 뜻이다. 천지(天地)는 그 본체를 가리켜서 한 말이고, 음양(陰陽)은 그 기운을 가리켜서 한 말이다. '정(情)'은 길흉이 드러난 것을 뜻한다. '역(易)'은 거북점과 시초점을 치는 책이다. 『주례』에서는 거북점에 대해 '삼조(三兆)'가 있다고 했고, 시초점에 대해서는 '삼역(三易)'이 있다고 했다. 이곳에서 '역(易)'만 말하고 '조(兆)'를 말하지 않고, 또 그 뒤의 문장에서 "거북껍질을 든다."라고 말하고 '시초'을 언급하지 않은 것은 모두 상호 그 뜻을 보완적으로 나타내도록 기록했기 때문이다. '역포구남면(易抱龜南面)'이라고 했는데, 이때의 '역(易)'자는 거북점과 시초점을 치는 관리이다. 『의례』「사관례(士冠禮)」·「특생궤식례(特牲饋食禮)」·「소뢰궤식례(少牢饋食禮)」편을 살펴보면, 시초점을 치는 날, 주인은 시초점을 치는 관리와 함께 모두 서쪽을 바라본다고 했고, 『의례』「사상례(士喪禮)」편에서는 "날짜에 대해 거북점을 친다."라고 했고, "주인은 북쪽

---

13) 『역』「건괘(乾卦)」: 六爻發揮, 旁通情也, 時乘六龍, 以御天也, 雲行雨施, 天下平也.

을 바라본다."라고 했으며, 거북점을 치는 자에 대해서는 "얼(闃)의 서쪽과 역(閾)의 바깥쪽에 자리를 마련한다."라고 했으니, 서쪽을 바라보는 것이다. 이곳에서는 거북점을 치는 자가 남쪽을 바라보고 천자가 북쪽을 바라본다고 했는데, 이것은 아마도 교(郊)제사에 대해 거북점을 치는 예법이기 때문이다. 「특생궤식례」편에서 "날짜에 대해 시초점을 치며 주인은 현단복(玄端服)[14]을 착용한다."라고 말하고, 「소뢰궤식례」편에서 "조복(朝服)을 착용한다."라고 말했으니, 거북점과 시초점에 있어서 그 날짜를 점치는 자는 모두 해당 제사 때의 복장을 사용하는 것이다. 이곳에서 "천자는 곤면(袞冕)을 착용한다."라고 했는데, 아마도 12가지 무늬가 생겨진 면복(冕服)에 해당할 것이다. 이곳에서는 앞에서 "천자는 하늘에게 선함을 양보한다."라고 한 문장에 따라서, 거북점과 시초점을 치는 한 가지 사안을 열거하여, 성인이 하늘을 존숭한다는 사실을 드러내고, 또 성인이 하늘을 존숭한다는 사실에 따라서 성인이 현자를 존숭한다는 사실을 말한 것이니, 이 모두는 천하에 겸양의 덕을 가르치는 방법이다.

集解 此上二節, 又因弟長之意而推廣言之.

번역 이상의 두 문단은 또한 어른을 공경한다는 뜻에 따라서 그것을 확장하여 폭넓게 설명한 것이다.

---

14) 현단(玄端)은 고대의 예복(禮服) 중 하나이다. 흑색으로 만든 옷이다. 주로 제사 때 사용했으며, 천자 및 제후로부터 대부(大夫)와 사(士) 계급에 이르기까지 모두 이 복장을 착용할 수 있었다. '현단'은 상의와 하의 및 관(冠)까지 포함하는 용어이다. 한편 손이양(孫詒讓)의 주장에 따르면, '현단'은 의복에만 해당하는 용어이며, 관(冠)은 포함하지 않는다고 주장한다. 그리고 천자로부터 사 계급에 이르기까지 이 복장을 제복(齊服)으로 사용했다고 설명한다. 『주례』「춘관(春官)·사복(司服)」편에는 "其齊服有玄端素端."이라는 기록이 있는데, 손이양의『정의(正義)』에서는 "玄端素端是服名, 非冠名, 蓋自天子下達至於士通用爲齊服, 而冠則尊卑所用互異."라고 풀이하였다. 그리고 '현단'은 천자가 평소 거처할 때 착용했던 복장을 가리키기도 한다. 『예기』「옥조(玉藻)」편에는 "卒食, 玄端而居."라는 기록이 있고, 이에 대한 정현의 주에서는 "天子服玄端燕居也."라고 풀이하였다.

그림 30-1 ■ 곤면(袞冕)

※ **출처:** 『삼례도집주(三禮圖集注)』 1권

그림 30-2 ◼ 거북점의 도구와 시초

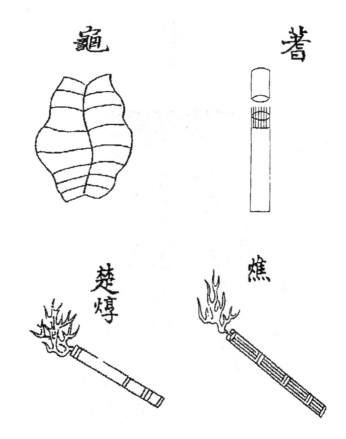

※ 출처: 『삼례도집주(三禮圖集注)』 17권

●그림 30-3 ▣ 현단복(玄端服)

※ **출처**: 『삼례도집주(三禮圖集注)』 1권

• 제31절 •

제사를 지내는 자의 태도 Ⅱ

【572c~d】

孝子將祭祀, 必有齊莊之心以慮事, 以具服物, 以修宮室, 以治百事. 及祭之日, 顏色必溫, 行必恐, 如懼不及愛然. 其奠之也, 容貌必溫, 身必詘, 如語焉而未之然. 宿者皆出, 其立卑靜以正, 如將弗見然. 及祭之後, 陶陶遂遂, 如將復入然. 是故慤善不違身, 耳目不違心, 思慮不違親; 結諸心, 形諸色, 而術省之. 孝子之志也.

직역 孝子는 將히 祭祀하면, 必히 齊莊의 心이 有하여 이로써 事를 慮하고, 이로써 服物을 具하며, 이로써 宮室을 修하고 이로써 百事를 治한다. 祭의 日에 及하면, 顏色은 必히 溫하고, 行은 必히 恐하여, 愛에 不及을 懼然함과 如하다. 그 奠함에는 容貌는 必히 溫하고, 身은 必히 詘하여, 語하되 之를 未然과 如하다. 宿者가 皆히 出하면, 그 立는 卑靜하여 正하여, 將히 見을 弗然함과 如하다. 祭의 後에 及하면, 陶陶하고 遂遂하여, 將히 復히 入然함과 如하다. 是故로 慤善이 身에서 不違하고, 耳目이 心에서 不違하며, 思慮가 親에서 不違하고; 心에서 結하고, 色에서 形하며, 術省한다. 孝子의 志이다.

의역 자식이 제사를 지내려고 할 때에는 반드시 재계하고 엄숙한 마음을 지니고, 이를 통해 일들에 대해 계획하고, 의복과 사물들을 갖추며, 종묘를 수리하고, 모든 사안들을 처리한다. 제사를 치르는 당일이 되면, 안색은 반드시 온화하고 행동은 반드시 두려움이 있는 것처럼 조심스러우니, 마치 친애함에 부족함이 있을까 염려하는 것처럼 한다. 제수를 진설할 때에는 행동은 반드시 온화하게 되고 몸은 반드시 굽히게 되니, 마치 부모가 무언가를 말하고자 하시나 아직 말하지 않은 것처럼 한다. 중요 절차가 끝나고 머물던 자들이 모두 밖으로 나가면, 자식은 서 있으며 자세를 낮추고 고요하게 처신해서 올바르게 따르니, 마치 앞으로는 다시 볼 수 없을 것처럼 한다. 제사가 모두 끝나게 되면, 안팎으로 부모를 그리워하는 마음이 두루 통하니, 마치 부모가 다시 찾아올 때처럼 한다. 이러한 까닭으로 정성과 선함이 몸에서 떠나지 않아서 항상 공경스럽게 행동하고, 보고 듣는 것들도 마음을 위배하지 않아서 마음에 보존된 친애함을 혼란스럽게 만들지 않는다. 마음에 그리워하는 마음이 맺혀 있고 형색을 통해 나타나고, 매사를 신중히 생각하고 살핀다. 이것이 바로 자식의 뜻이다.

集説 愨善不違身, 周旋升降, 無非敬也. 耳目不違心, 所聞所見, 不得以亂其心之所存也. 結者, 不可解之意. 術, 與述同, 述省, 猶循省也, 謂每事思省.

번역 '각선불위신(愨善不違身)'은 몸을 움직이고 오르고 내릴 때 공경스럽지 않은 것이 없다는 뜻이다. '이목불위심(耳目不違心)'은 듣고 보는 것이 마음에 보존된 것을 혼란스럽게 만들 수 없다는 뜻이다. '결(結)'은 풀 수 없다는 뜻이다. '술(術)'자는 술(述)자와 동일하니, '술성(述省)'은 자세히 살핀다는 의미로, 매사를 자세히 고려하고 살핀다는 뜻이다.

集説 方氏曰: 於其來也, 如懼不及愛然; 及既來也, 又如語而未之然. 於其往也, 如將弗見然; 及既往也, 又如將復入然. 則是孝子之思其親, 無物足以慊其心, 無時可以絶其念. 如懼不及愛然, 卽前經所謂"致愛則存", 是矣. 如語而而未之然, 卽所謂"如親聽命", 是矣. 如將弗見然, 卽所謂"如將失之", 是矣. 如將復入然, 卽所謂"又從而思之", 是矣. 愛者, 愛其親也; 懼不及愛者, 懼愛親之心有所未至也. 語者, 親之語也; 語而未之然, 如親欲有所語而未發也. 陶陶, 言思親之心存乎內; 遂遂, 言思親之心達乎外. 祭後猶如此者, 以其如將復入故也.

번역 방씨가 말하길, 신령이 찾아오는 것에 대해서 마치 친애함이 미치지 못할 것을 걱정하는 것처럼 하고, 신령이 이미 도래했을 때에는 또한 말을 하려고 하나 아직 하지 않은 것처럼 한다. 또 신령이 떠나갈 때에는 마치 앞으로 보지 못할 것처럼 하고, 이미 떠나갔을 때에는 또한 다시 찾아올 것처럼 한다. 이러한 것은 자식이 부모를 그리워함에, 그 어떤 것도 그 마음을 흡족하게 만들 수 없고 또 어느 때이건 부모에 대한 생각을 끊을 수 없음을 뜻한다. "마치 친애함이 미치지 못할 것을 걱정하는 것처럼 한다."는 말은 앞의 경문에서 "친애함을 지극히 하면 보존된다."[1]라고 한 말에 해당한다. "마치 말을 하되 아직 하지 않은 것처럼 한다."는 말은 "마치 부모로부터 직접 명령을 받는 것처럼 한다."[2]라고 한 말에 해당한다. "마치 앞으로 보지 못할 것처럼 한다."는 말은 "마치 앞으로 잃게 되는 것처럼 한다."[3]라고 한 말에 해당한다. "마치 다시 찾아오는 것처럼 한다."는 말은 "또 그에 따라 부모를 생각한다."[4]라고 한 말에 해당한다. '애(愛)'는 부모를 친애한다는 뜻이며, '구불급애(懼不及愛)'는 부모를 친애하는 마음에 지극하지 못한 점이 있을까를 염려한다는 뜻이다. '어(語)'는 부모의 말이며, '어이미지연(語而未之然)'은 부모가 하고 싶은 말이 있지만 아직 하지 않은 것과 같다는 뜻이다. '도도(陶陶)'는 부모를 그리워하는 마음이 내면에 보존되어 있음을 뜻하고, '수수(遂遂)'는 부모를 그리워하는 마음이 외적으로 두루 나타난 것을 뜻한다. 제사를 지낸 이후에도 여전히 이와 같은 것은 마치 다시 찾아올 것처럼 여기기 때문이다.

---

1) 『예기』「제의」【554b~c】: 是故先王之孝也, 色不忘乎目, 聲不絶乎耳, 心志嗜欲不忘乎心; <u>致愛則存</u>, 致愨則著, 著存不忘乎心, 夫安得不敬乎? 君子生則敬養, 死則敬享, 思終身弗辱也.

2) 『예기』「제의」【557a】: 孝子之祭也, 盡其愨而愨焉, 盡其信而信焉, 盡其敬而敬焉, 盡其禮而不過失焉. 進退必敬, <u>如親聽命</u>, 則或使之也.

3) 『예기』「제의」【557d】: 孝子之有深愛者, 必有和氣; 有和氣者, 必有愉色; 有愉色者, 必有婉容. 孝子如執玉, 如奉盈, 洞洞屬屬然如弗勝, <u>如將失之</u>. 嚴威儼恪, 非所以事親也, 成人之道也.

4) 『예기』「제의」【555b~c】: 文王之祭也, 事死者如事生, 思死者如不欲生, 忌日必哀, 稱諱如見親, 祀之忠也. 如見親之所愛, 如欲色然, 其文王與. 詩云, "明發不寐, 有懷二人." 文王之詩也. 祭之明日, 明發不寐, 饗而致之, <u>又從而思之</u>. 祭之日, 樂與哀半, 饗之必樂, 已至必哀.

大全 石林葉氏曰: 顔色溫者, 有愉色也. 容貌溫者, 有婉容也. 卑靜以正者, 有深思也. 蓋有愉色, 則若將及之, 故行必恐, 有婉容, 則若將聽之, 故身必詘, 有深思, 則若將見之, 故立必正. 陶陶者, 其氣和也, 遂遂者, 其志得也. 愨善於內, 而言不違身者, 以其有應於外, 耳目在外, 而言不違心者, 以其有主於內. 內外定而後, 爲愛親之至, 此其序所以與前相反也. 謹是三者, 而固守之, 則曰結. 發是三者於色, 則曰形. 察是三者, 不失其行, 則曰術. 此先王所謂孝也.

번역 석림섭씨가 말하길, "안색이 온화하다."는 말은 기뻐하는 표정을 짓는다는 뜻이다. "용모가 온화하다."는 말은 유순한 태도를 갖춘다는 뜻이다.5) "낮추고 고요하게 하여 바르게 한다."는 것은 깊이 생각함이 있다는 뜻이다. 무릇 기뻐하는 표정을 짓는다면 마치 앞으로 찾아올 것처럼 대하기 때문에 행동할 때에는 반드시 조심하게 되고, 유순한 태도를 갖춘다면 마치 명령을 듣게 될 것처럼 대하기 때문에 몸은 반드시 굽히게 되고, 깊이 생각하게 되면 마치 볼 수 있을 것처럼 대하기 때문에 서 있을 때에는 반드시 바른 자세로 있게 된다. '도도(陶陶)'는 기운이 조화롭다는 뜻이며, '수수(遂遂)'는 뜻한 바를 얻은 것이다. 정성과 선함은 내적인 것인데, "몸을 위배하지 않는다."라고 한 것은 외적으로 호응하는 점이 있기 때문이며, 귀와 눈은 외적인 것인데, "마음을 위배하지 않는다."라고 한 것은 내적인 것에 주관하는 것이 있기 때문이다. 내외가 안정된 이후에야 부모를 친애함이 지극해지니, 이것이 앞과 순서가 상반된 이유이다. 이러한 세 가지 것들에 대해 조심하며 고수하게 된다면 맺혀진다고 부른다. 이러한 세 가지 것들을 안색을 통해 나타내면 드러난다고 부른다. 이러한 세 가지 것들을 살펴서 행실을 잃지 않는다면 법도라고 부른다. 이것은 선왕이 효라고 했던 것이다.

鄭注 謂齊之前後也. 如懼不及見其所愛者. 奠之, 謂酌尊酒奠之, 及酳之

---

5) 『예기』「제의」【557d】: 孝子之有深愛者, 必有和氣; 有和氣者, 必有愉色; 有愉色者, 必有婉容. 孝子如執玉, 如奉盈, 洞洞屬屬然如弗勝, 如將失之. 嚴威儼恪, 非所以事親也, 成人之道也.

屬. 如語焉而未之然, 如有所以語親而未見答. 宿者皆出, 謂賓助祭者事畢出去也. 如將弗見然, 祭事畢, 而不知親所在, 思念之深, 如不見出也. 思念旣深, 如覩親將復入也. 陶陶遂遂, 相隨行之貌. 術當爲述, 聲之誤也.

번역 재계를 하는 전후의 상황을 뜻한다. 마치 친애함을 드러내지 못할 것처럼 염려한다는 뜻이다. '전지(奠之)'는 술을 따라서 진설하고, 입가심하는 술을 따르는 부류를 뜻한다. '여어언이미지연(如語焉而未之然)'은 마치 부모에 대해 말을 했지만 아직 대답을 듣지 못한 것처럼 한다는 뜻이다. '숙자개출(宿者皆出)'은 빈객들 중 제사를 돕는 자들이 그 사안이 끝나자 모두 밖으로 나갔다는 뜻이다. '여장불견연(如將弗見然)'은 제사가 끝났는데도 부모가 어디에 계신지 알 수 없어서, 부모를 그리워하는 마음이 깊어 마치 나가는 것을 보지 못한 것처럼 한다는 뜻이다. 부모를 그리워하는 마음이 이미 깊어서 마치 부모가 다시 찾아오게 됨을 보는 것처럼 한다는 뜻이다. '도도수수(陶陶遂遂)'는 서로 따라서 시행하는 모습을 뜻한다. '술(術)'자는 마땅히 '술(述)'자가 되어야 하니, 소리가 비슷해서 생긴 오류이다.

釋文 恐, 曲勇反. 以語, 魚預反. 陶音遙. 遂, 本又作燧, 音遂. 思, 息嗣反. 術, 義作述.

번역 '恐'자는 '曲(곡)'자와 '勇(용)'자의 반절음이다. '以語'에서의 '語'자는 '魚(어)'자와 '預(예)'자의 반절음이다. '陶'자의 음은 '遙(요)'이다. '遂'자는 판본에 따라서 또한 '燧'자로도 기록하는데, 그 음은 '遂(수)'이다. '思'자는 '息(식)'자와 '嗣(사)'자의 반절음이다. '術'자는 의미에 따르면 '述'자로 기록한다.

孔疏 ●"孝子"至"志也". ○正義曰: 此一節明孝子將祭祀之時, 顏色容貌務在齊莊卑詘, 思念其親存也.

번역 ●經文: "孝子"~"志也". ○이곳 문단은 자식이 제사를 지내려고 할 때 안색 및 용모가 재계를 하여 장엄하고 낮추고 굽히며, 부모를 그리워하는 마음이 보존되어 있음을 나타내고 있다.

孔疏 ●"以慮事"者, 言孝子先齊莊其心, 以謀慮祭事.

번역 ●經文: "以慮事". ○자식은 우선 그 마음을 재계하고 장엄하게 해서 제사의 일들에 대해 계획한다는 뜻이다.

孔疏 ●"以具服物"者, 以備具衣服及祭物.

번역 ●經文: "以具服物". ○이를 통해 의복 및 제물들을 갖춘다는 뜻이다.

孔疏 ●"以治百事"者, 謂齊前後, 凡治百衆之事.

번역 ●經文: "以治百事". ○재계를 하기 전과 후에 수많은 일들을 처리한다는 뜻한다.

孔疏 ●"行必恐, 如懼不及愛然"者, 言孝子色必溫和, 行必戰恐, 其形貌如似畏懼不及見親之所愛然. 止由如是, 言心貌必溫.

번역 ●經文: "行必恐, 如懼不及愛然". ○자식의 안색은 반드시 온화하게 되고, 행동은 반드시 조심스럽게 되니, 그 모습은 마치 부모를 친애하는 마음이 드러나지 못할 것을 걱정하는 것처럼 한다는 뜻이다. 다만 이와 같은 것으로부터 비롯되므로, 마음과 행동이 반드시 온화하게 됨을 의미한다.

孔疏 ●"身必詘"者, 言孝子設奠及酳之時, 容貌溫和, 身形必卑詘.

번역 ●經文: "身必詘". ○자식이 술동이를 진설하고 입가심하는 술을 따를 때, 용모가 온화하게 되어, 몸은 반드시 낮추고 굽히게 된다는 뜻이다.

孔疏 ●"如語焉而未之然"者, 如以語諮白於親, 而未之見報答者.

번역　●經文: "如語焉而未之然". ○마치 부모에게 말을 했으나 아직 대답을 듣지 못한 것처럼 한다는 뜻이다.

孔疏　●"宿者皆出"者, 謂助祭所宿之賓, 今祭事已畢, 並皆出去. 孝子其立, 卑柔靜默, 然後以正定心意, 以思念其親, 如似將不復見顏色出然.

번역　●經文: "宿者皆出". ○제사를 도우며 머물던 빈객들을 뜻하는데, 현재 제사의 절차들이 끝나서 모두가 밖으로 나간 것을 의미한다. 자식이 서 있을 때에는 자신을 낮추고 조용하게 되니, 그런 뒤에야 마음을 바르게 다잡고, 이를 통해 부모를 그리워하게 되는데, 마치 다시는 부모의 안색을 볼 수 없는 것처럼 한다는 뜻이다.

孔疏　●"及祭之後, 陶陶遂遂, 如將復入然"者, 孝子思念親深, 及至祭後想像親來形貌, 陶陶遂遂, 如似親將復反, 更入然.

번역　●經文: "及祭之後, 陶陶遂遂, 如將復入然". ○자식이 부모를 그리워하는 마음이 깊어서, 제사를 끝낸 뒤에도 부모가 찾아오는 모습을 떠올리게 되니, 화락하고 편안하여, 마치 부모가 되돌아와 다시 들어오는 것처럼 한다는 뜻이다.

孔疏　●"是故慤善不違身"者, 以孝子思念親深, 爲是之故精慤純善之, 故行不違離於身, 言恒慤善也.

번역　●經文: "是故慤善不違身". ○자식이 부모를 그리워하는 마음이 깊어서, 이러한 까닭으로 뜻이 정성스럽고 순일하며 선하게 되기 때문에, 행실이 몸에서 위배되지 않으니, 항상 정성되고 선하다는 뜻이다.

孔疏　●"耳目不違心"者, 言忠心思慮不違於親, 無時歇也.

번역　●經文: "耳目不違心". ○충심을 다한 생각이 부모에게서 떠나지 않으니, 그 생각은 그친 적이 없다는 뜻이다.

孔疏 ●"結諸心"者, 言思念深結積於心.

번역 ●經文: "結諸心". ○그리워하는 마음이 깊어서 마음에 맺혀 있다는 뜻이다.

孔疏 ●"形諸色", 思念其親, 形見於色.

번역 ●經文: "形諸色". ○부모를 그리워하는 마음이 안색을 통해 나타난다는 뜻이다.

孔疏 ●"而術省之"者, 術, 述; 省, 視也. 言思念其親, 但徧循述而省視之, 反覆不忘也. 此乃孝子思念親之志也.

번역 ●經文: "而術省之". ○'술(術)'자는 술(述)자의 뜻이며, '성(省)'자는 시(視)자의 뜻이다. 즉 부모를 그리워하여, 단지 두루 펼치고 자세히 살피며 반복해서 떠올려 잊지 않는다는 뜻이다. 이처럼 하는 것이 바로 자식이 부모를 그리워하는 뜻이다.

訓纂 釋訓: 遂遂, 作也.

번역 『이아』「석훈(釋訓)」편에서 말하길, '수수(遂遂)'는 일어난다는 뜻이다.[6]

訓纂 王伯厚曰: 賈山至言, "術追厥功." 術與述同.

번역 왕백후[7]가 말하길, 가산의 「지언」에서는 "그의 공적을 추종한다."

---

6) 『이아』「석훈(釋訓)」: 烝烝·遂遂, 作也.
7) 왕응린(王應麟, A.D.1223~A.D.1296): =왕백후(王伯厚). 남송(南宋) 때의 학

라고 했으니, '술(術)'자와 '술(述)'자는 동일한 뜻이다.

集解 今按: 陶如字.

번역 현재 살펴보니, '陶'자는 글자대로 읽는다.

集解 顔色必溫者, 爲親之將饗之, 而和顔以承之也. 行必恐, 如懼不及愛然者, 又恐親之不果饗, 而不及致其愛親之心也. 此謂初祭時也. 奠之, 謂奠置祭饌於神前也. 容貌必溫, 身必詘者, 爲親之已饗, 而若受命於其前也. 如語焉而未之然, 如親之將語己而猶未語然. 此皆謂正祭時也. 宿者, 謂助祭之賓也. 助祭之賓, 於祭前必宿之, 宿者皆出, 謂祭畢而出也. 祭畢而親往, 故其立卑靜以正, 如將弗復見親, 而致其送之之意也. 陶, 如"鬱陶"之陶. 陶陶, 思之結於中也. 遂遂, 思之達於外也. 如將復入然者, 思之深, 而如親將復入也. 行必恐, 身必詘, 立必卑, 靜以正者, 身容之慤也. 顔色容貌必溫者, 身容之善也. 術與述同. 思慮不違親, 故結諸心而發於耳目; 耳目不違心, 故形諸色而著爲慤善. 術則循乎慤善者而無所違也, 省則察乎慤善者而不敢失也.

번역 "안색은 반드시 온화하다."는 말은 부모가 장차 흠향을 하게 되므로, 안색을 온화하게 해서 받들어야 하기 때문이다. "행동은 반드시 두려워하여, 마치 친애함이 이르지 못할 것을 걱정하는 것처럼 한다."는 말은 또한 부모가 흠향을 하실지 장담할 수 없어서, 부모를 친애하는 마음을 지극히 나타낼 수 없음을 염려한다는 뜻이다. 이것은 제사를 지내는 초반부에 해당한다. '전지(奠之)'는 신령 앞에 제수들을 진설한다는 뜻이다. "용모를 반드시 온화하게 하며 몸은 반드시 굽힌다."는 말은 부모가 이미 흠향을 하여 그 앞에서 명령을 받을 때처럼 한다는 뜻이다. '여어언이미지연(如語焉而未之然)'은 부모가 자신에게 말을 하려고 하는데 아직 말을 하지 않았을 때처럼 한다는 뜻이다. 이것은 정규 제사 절차를 진행하는 시기에 해당한

자이다. 자(字)는 백후(伯厚)이고, 호(號)는 심녕거사(深寧居士)이다. 저서로는 『한제고(漢制考)』, 『곤학기문(困學紀聞)』, 『옥해(玉海)』 등이 있다.

다. '숙자(宿者)'는 제사를 돕는 빈객들을 뜻한다. 제사를 돕는 빈객은 제사
를 지내기 이전에 반드시 그곳에 머물게 되는데, '숙자개출(宿者皆出)'은
제사가 끝나서 밖으로 나갔다는 뜻이다. 제사가 끝나서 부모가 떠나가기
때문에, 서 있을 때 낮추고 고요하게 해서 올바르게 처신하니, 마치 부모를
다시 볼 수 없을 때처럼 하여, 전송의 뜻을 지극히 하는 것이다. '도(陶)'자
는 "매우 답답하고 근심스럽다[鬱陶]."라고 할 때의 '도(陶)'자와 같다. 따라
서 '도도(陶陶)'는 부모를 그리워하는 마음이 가슴에 맺혔다는 뜻이다. '수
수(遂遂)'는 부모를 그리워하는 마음이 밖으로 나타난다는 뜻이다. "마치
다시 들어오는 것처럼 한다."라고 했는데, 부모를 그리워하는 마음이 깊어
서, 마치 부모가 다시 들어오는 것을 본 것처럼 한다는 뜻이다. 행실은 반드
시 두려워하고, 몸은 반드시 굽히며, 서 있을 때에는 반드시 낮추고, 고요히
하여 올바르게 하는 것은 몸가짐을 정성스럽게 하는 것이다. 안색과 용모
를 반드시 온화하게 하는 것은 행동거지의 선함이다. '술(術)'자는 술(述)자
와 동일하다. 그리워하고 생각함이 부모에게서 떠나지 않기 때문에 마음에
맺혀지며 귀와 눈을 통해 나타나고, 귀와 눈으로 보고 듣는 것이 마음에서
떠나지 않기 때문에 안색을 통해 나타나서 정성과 선함으로 드러난다. '술
(術)'은 정성과 선함에 따라서 위배함이 없다는 뜻이며, '성(省)'은 정성과
선함을 살펴서 감히 어기지 않는다는 뜻이다.

• 제**32**절 •

사직(社稷)과 종묘(宗廟)의 제도

【573b】

建國之神位, 右社稷而左宗廟.

직역 國의 神位를 建함에, 社稷을 右하고 宗廟는 左한다.

의역 나라의 신위를 세울 때, 사직은 궁실의 우측에 두고, 종묘는 좌측에 둔다.

集說 方氏曰: 神無方也, 無方則無位, 所謂神位者, 亦人位之耳, 故以建言之, 建之斯有矣. 王氏謂"右, 陰也, 地道所尊, 故右社稷; 左, 陽也, 人道之所鄕, 故左宗廟." 位宗廟於人道所鄕, 亦不死其親之意.

번역 방씨가 말하길, 신령은 정해진 장소가 없는데, 정해진 장소가 없다면 신령을 모시는 자리가 없으니, 이른바 신위라는 것은 또한 사람이 그 자리를 마련한 것일 뿐이다. 그렇기 때문에 "세운다."라고 말한 것으로, 세웠으므로 생긴 것이다. 왕씨는 "우측은 음(陰)에 해당하고 땅의 도에서 존귀하게 높이는 것이기 때문에 사직(社稷)을 우측에 둔 것이다. 좌측은 양(陽)에 해당하고 사람의 도리에서 지향하는 바이기 때문에 종묘(宗廟)를 좌측에 둔다."라고 했다. 사람의 도리에서 지향하는 방위에 종묘를 세우는 것 또한 부모를 죽은 자로만 대하지 않는다는 뜻에 해당한다.

大全 長樂陳氏曰: 周官小宗伯 · 禮記祭義, 皆曰建國之神位, 右社稷, 左宗廟, 考工記匠人, 營國左祖右社, 蓋宗廟陽也, 故居左, 社稷陰也, 故居右. 陰故社稷皆北嚮, 陽故宗廟皆南嚮. 君祭社, 南嚮於北墉下, 而薄社亦北墉, 則社

稷北嚮可知. 廟所以象王之朝, 而朝必南面, 則廟皆南嚮可知. 廟皆南嚮而昭
南面穆北面者, 禘祫之位也.

번역 　장락진씨가 말하길, 『주례』「소종백(小宗伯)」편과 『예기』「제의」편
에서는 모두 "나라의 신위를 세우며, 사직을 우측에 두고 종묘를 좌측에
둔다."1)라고 했고, 『고공기』2)「장인(匠人)」편에서는 "수도를 건설함에 종
묘를 좌측에 두고 사직을 우측에 둔다."3)라고 했다. 종묘는 양(陽)에 해당
하기 때문에 좌측에 두고, 사직은 음(陰)에 해당하기 때문에 우측에 둔다.
음(陰)이기 때문에 사직은 모두 북쪽을 향하도록 설치하고, 양(陽)이기 때
문에 종묘는 모두 남쪽을 향하도록 설치한다. 군주가 사직에서 제사를 지
내게 되면 북쪽 들창 아래에서 남쪽을 향해 지내고, 박사(薄社)에도 북쪽
들창이 있으니,4) 사직은 북쪽을 향하도록 설치한다는 사실을 알 수 있다.
또 종묘는 천자의 조정을 본뜬 것이고, 군주는 조정에서 반드시 남쪽을 향
하게 되니, 종묘도 모두 남쪽을 향하도록 설치함을 알 수 있다. 종묘가 모두
남쪽을 향해 설치되어 있는데, 소묘(昭廟)에 해당하는 신주가 남쪽을 바라
보게 되고 목묘(穆廟)에 해당하는 신주가 북쪽을 바라보게 되는 것은 체
(禘)제사5)나 협(祫)제사6)를 지낼 때의 신주 방향이다.

---

1) 『주례』「춘관(春官)·소종백(小宗伯)」 : 小宗伯之職, 掌建國之神位, 右社稷,
   左宗廟.
2) 『고공기(考工記)』는 『동관고공기(冬官考工記)』라고도 부른다. 공인(工人)들
   에 대한 공예기술(工藝技術) 서적이다. 작자는 미상이다. 강영(江永)은 『고공
   기』의 작자를 제(齊)나라 사람으로 추정하였고, 곽말약(郭沫若)은 춘추시대
   (春秋時代) 말기에 제나라에서 제작된 관서(官書)와 관련이 깊다고 추정하였
   다. 『주례(周禮)』는 천관(天官), 지관(地官), 춘관(春官), 하관(夏官), 추관(秋
   官), 동관(冬官) 등 육관(六官)의 체제로 구성되어 있는데, 그 중 '동관'에 대
   한 기록이 누락되어 있어서, 한(漢)나라 무제(武帝) 때, 『고공기』를 가지고
   누락된 부분을 보충하게 되었다. 그렇기 때문에 『고공기』를 또한 『동관고공
   기』라고도 부르는 것이다. 각종 공인들의 직책과 직무들이 기록되어 있다.
3) 『주례』「동관고공기(冬官考工記)·장인(匠人)」 : 匠人營國, 方九里, 旁三門. 國
   中九經九緯, 經涂九軌. 左祖右社, 面朝後市.
4) 『예기』「교특생(郊特牲)」【325c】 : 天子大社, 必受霜露風雨, 以達天地之氣也.
   是故喪國之社屋之, 不受天陽也. 薄社北牖, 使陰明也.
5) 체제(禘祭)는 천신(天神) 및 조상신(祖上神)에게 지내는 '큰 제사[大祭]'를 뜻

鄭注 周尙左也.

번역 주나라 때에는 좌측을 숭상했기 때문이다.

孔疏 ●"建國"至"宗廟". ○正義曰: 此一節明神位所在, 周人尙左, 故宗廟在左, 社稷在右. 按桓二年: "取郜大鼎, 納於大廟." 何休云: "質家右宗廟, 尙親親, 文家右社稷, 上尊尊." 此說與鄭合, 故鄭云"周尙左"也.

번역 ●經文: "建國"~"宗廟". ○이곳 문단은 신위가 있는 곳을 나타내고 있는데, 주나라 때에는 좌측을 숭상했기 때문에 종묘가 좌측에 위치했고 사직이 우측에 위치했다. 환공(桓公) 2년의 기록을 살펴보면, "송나라의 고대정(郜大鼎)을 취하여 태묘에 들여놓았다."[7]라고 했고, 하휴는 "질박함을 숭상하는 국가에서는 종묘를 우측에 두어 친근한 이를 친애하는 도리를 숭상했고, 격식을 숭상하는 국가에서는 사직을 우측에 두어 존귀한 자를 존귀하게 대하는 도리를 숭상했다."[8]라고 했다. 이러한 주장은 정현의 설명과 합치된다. 그렇기 때문에 정현은 "주나라 때에는 좌측을 숭상했다."라고 했다.

訓纂 郝楚望曰: 社稷成物, 居右, 陰也. 祖考生人, 居左, 陽也, 亦不忍死其親之意.

한다. 『이아』「석천(釋天)」편에는 "禘, 大祭也."라는 기록이 있고, 이에 대한 곽박(郭璞)의 주에서는 "五年一大祭."라고 풀이하여, 대제(大祭)로써의 체제사는 5년마다 1번씩 지낸다고 설명한다. 그러나 『예기』「왕제(王制)」에 수록된 각종 제사들에 대한 기록을 살펴보면, 체제사는 큰 제사임에는 분명하나, 반드시 5년마다 1번씩 지내는 제사는 아니었다.

6) 협제(祫祭)는 협(祫)이라고도 부른다. 신주(神主)들을 태조(太祖)의 묘(廟)에 모두 모셔놓고 지내는 제사이다. 『춘추공양전』「문공(文公) 2년」에 "八月, 丁卯, 大事于大廟, 躋僖公. 大事者何. 大祫也. 大祫者何. 合祭也, 其合祭奈何. 毁廟之主, 陳于大祖."라는 기록이 있다.

7) 『춘추』「환공(桓公) 2년」 : 夏四月, 取郜大鼎于宋. 戊申, 納于大廟.

8) 이 문장은 『춘추공양전』「환공(桓公) 2년」의 "戊申, 納于大廟. 何以書? 譏. 何譏爾? 遂亂受賂, 納于大廟, 非禮也."라는 기록에 대한 하휴의 주이다.

번역 학초망이 말하길, 사직은 만물을 완성시켜주며 우측에 위치하니 음(陰)에 해당한다. 조부와 부친은 사람을 태어나게 해주고 좌측에 위치하니 양(陽)에 해당하고, 또 부모를 차마 죽은 자로만 대할 수 없는 뜻에도 해당한다.

集解 右, 路門外之西. 左, 路門外之東也.

번역 우측은 노문(路門)9) 밖의 서쪽을 뜻한다. 좌측은 노문 밖의 동쪽을 뜻한다.

集解 戴氏震曰: 聘禮曰, "公出送賓, 及大門內", 周官司儀曰, "出, 及中門之外", 廟在中門內明矣. 春秋, "桓宮·僖宮災", 火自司鐸踰公宮, 至桓·僖二廟, 廟邇公宮也. "季桓子至, 御公立於象魏之外", 立當遠火也. 春秋穀梁傳曰, "禮, 送女, 父不下堂, 母不出祭門, 諸母·兄弟不出闕門." 廟門謂之祭門, 雉門謂之闕門. 闕門在外, 祭門在內, 不出闕門者, 得出祭門者也. 春秋左氏傳曰, "間于兩社, 爲公室輔", 以朝廷執政所在爲言, 宜繫君臣日見之朝, 社在中門內明矣.

번역 대진10)이 말하길, 『의례』「빙례(聘禮)」편에서는 "공이 밖으로 나가서 빈객을 전송함에 대문 안에 이르렀다."11)라고 했고, 『주례』「사의(司儀)」편에서는 "밖으로 나가서 중문 밖에 이르렀다."12)라고 했으니, 종묘가 중문

---

9) 노문(路門)은 고대 궁실(宮室) 건축물 중에서도 가장 안쪽에 있었던 정문이다. 여러 문들 중에서 노침(路寢)에 가장 가까운 위치에 있었기 때문에, '노문'이라는 명칭이 붙게 되었다. 『주례』「동관고공기(冬官考工記)·장인(匠人)」편에는 "路門不容乘車之五个."라는 기록이 있는데, 이에 대한 정현의 주에서는 "路門者, 大寢之門."라고 풀이하였고, 가공언(賈公彦)의 소(疏)에서는 "路門以近路寢, 故特小爲之."라고 풀이하였다.

10) 대진(戴震, A.D.1724~A.D.1778) : =동원대씨(東原戴氏). 청(淸)나라 때의 학자이다. 자(字)는 동원(東原)이다. 훈고학에 조예가 깊었다. 저서로는 『이아문자고(爾雅文字考)』, 『맹자자의소증(孟子字義疏證)』, 『원선(原善)』 등이 있다.

11) 『의례』「빙례(聘禮)」 : 擯者出請. 賓告事畢. 擯者入告. <u>公出送賓, 及大門內</u>, 公問君.

(中門)13)의 안쪽에 있었음이 분명하다. 『춘추』에서는 "환공(桓公)의 묘(廟)와 희공(僖公)의 묘에 화재가 발생했다."14)라고 했고, 화재는 사탁(司鐸)으로부터 공궁으로 번져서 환공과 희공의 2묘를 태웠다고 했으니,15) 종묘가 공궁과 가까이 있었기 때문이다. 또 "계환자가 당도하여 군주를 수레에 태우고 상위(象魏)16) 밖에 서 있었다."17)라고 했는데, 서 있을 때에는 마땅히 불과 거리를 멀리 벌리게 된다. 『춘추곡량전』에서는 "예법에 따르면 딸자식을 시집보낼 때, 부친은 당하(堂下)로 내려가지 않고, 모친은 제문(祭門) 밖으로 나가지 않으며, 제모와 형제들은 궐문(闕門) 밖으로 나가지 않는다."18)라고 했다. '묘문(廟門)'19)을 제문이라고 부르고 '치문(雉門)'20)을 궐문

---

12) 『주례』「추관(秋官)·사의(司儀)」: <u>出, 及中門之外</u>, 問君, 客再拜對, 君拜, 客辟而對; 君問大夫, 客對; 君勞客, 客再拜稽首, 君答拜, 客趨辟.

13) 중문(中門)은 내(內)와 외(外) 사이에 있는 문을 뜻한다. 궁(宮)에 있어서는 혼문(閽門)을 뜻하기도 한다. 또 천자(天子)의 궁성(宮城)에는 다섯 개의 문이 있었다고 전해지는데, 가장 밖에 있는 문부터 순차적으로 나열해보면, 고문(皋門), 치문(雉門), 고문(庫門), 응문(應門), 노문(路門)이다. 이러한 다섯 개의 문들 중 노문(路門)은 가장 안쪽에 있으므로, 내문(內門)로 여기고, 고문(皋門)은 가장 밖에 있으므로, 외문(外門)으로 여긴다. 따라서 나머지 치문(雉門), 고문(庫門), 응문(應門)은 내외(內外)의 사이에 있으므로, 이 세 개의 문을 '중문'으로 여기기도 한다. 『주례』「천관(天官)·혼인(閽人)」편에는 "掌守王宮<u>之中門</u>之禁."이라는 기록이 있는데, 이에 대한 손이양(孫詒讓)의 『정의(正義)』에서는 "此中門實不專屬雉門. 當兼庫·雉·應三門言之. 蓋五門以路門爲內門, 皋門爲外門, 餘三門處內外之間, 故通謂之中門."이라고 풀이했다. 한편 정중앙에 있는 문을 '중문'이라고도 부른다.

14) 『춘추』「애공(哀公) 3년」: 五月, 辛卯, 桓宮僖宮災.

15) 『춘추좌씨전』「애공(哀公) 3년」: 夏五月辛卯, 司鐸火. 火踰公宮, 桓·僖災.

16) 상위(象魏)는 고대에 천자나 제후가 자신의 궁문(宮門) 밖에 세워둔 큰 건축물을 가리킨다. '궐(闕)' 또는 '관(觀)'으로도 불렸으며, 이곳에 법령을 게시하여 사람들이 확인하도록 했다. 『주례』「천관(天官)·대재(大宰)」편에는 "乃縣治象之灋于象魏, 使萬民觀治象, 挾日而斂之."라는 기록이 있고, 이에 대해 정현의 주에서는 정사농(鄭司農)의 주장을 인용하여, "象魏, 闕也."라고 풀이했다.

17) 『춘추좌씨전』「애공(哀公) 3년」: <u>季桓子至, 御公立于象魏之外</u>, 命救火者傷人則止, 財可爲也.

18) 『춘추곡량전』「환공(桓公) 3년」: <u>禮送女, 父不下堂, 母不出祭門, 諸母兄弟不出闕門</u>, 父戒之曰, 謹愼從爾舅之言, 母戒之曰, 謹愼從爾姑之言, 諸母般申之曰, 謹愼從爾父母之言.

19) 묘문(廟門)은 종묘(宗廟)의 정문을 뜻한다. 『서』「주서(周書)·고명(顧命)」편

이라고 부른다. 궐문은 밖에 있고 제문은 안에 있는데, 궐문 밖으로 나가지 않는다는 것은 제문 밖으로 나갈 수 있는 것이다. 『춘추좌씨전』에서는 "양사(兩社)[21] 사이에서 공실을 보좌할 것이다."[22]라고 했는데, 집무를 처리하는 조정의 위치를 기준으로 말한 것이니, 마땅히 군주와 신하가 날마다 조회했던 조정을 의미하므로, 사직은 중문 안쪽에 있었던 것이 분명하다.

集解 愚謂: 縣之詩曰, "乃立皐門, 皐門有伉. 乃立應門, 應門將將. 乃立冢土, 戎醜攸行." 冢土, 大社也. 君子將營宮室, 宗廟爲先. 此詩上章先言"作廟",

에는 "諸侯出廟門俟."라는 용례가 나온다. 한편 '묘문'은 빈궁(殯宮)의 문을 뜻하는 용어로도 사용된다. 『예기』「상복소기(喪服小記)」편에는 "無事不辟廟門, 哭皆於其次."라는 기록이 있는데, 이에 대한 공영달(孔穎達)의 소(疏)에서는 "廟門, 殯宮門也."라고 풀이했다.

20) 치문(雉門)에 대해서는 크게 두 가지 해설이 있다. 첫 번째는 제후의 궁(宮)에 있는 문으로, 천자의 궁에 있는 응문(應門)에 해당한다는 주장이다. 두 번째는 천자의 궁에는 다섯 개의 문이 있는데, 그 중 네 번째 위치한 문으로, 바깥쪽에 위치한 문을 가리킨다는 주장이다. 첫 번째 주장은 『예기』「명당위(明堂位)」편의 "大廟, 天子明堂. 庫門, 天子皐門. 雉門, 天子應門."이라는 기록에 근거한 해설이다. 이 기록에 대한 손희단(孫希旦)의 『집해(集解)』에서는 유창(劉敞)의 말을 인용하여, "此經有五門之名, 而無五門之實. 以詩書禮春秋考之, 天子有皐, 應, 畢, 無庫, 雉, 路. 諸侯有庫, 雉, 路, 無皐, 應, 畢. 天子三門, 諸侯三門, 門同而名不同."이라고 했다. 즉 천자의 궁에는 5개의 문이 있다고 하지만, 실제적으로 천자나 제후는 모두 3개의 문만을 설치해었다. 『시(詩)』, 『서(書)』, 『예(禮)』, 『춘추(春秋)』에 나타난 기록들을 고증해보면, 천자는 고(皐), 응(應), 필(畢)이라는 3개의 문을 설치하고, 고(皐), 치(雉), 노(路)라는 문은 없다. 또한 제후는 고(庫), 치(雉), 노(路)라는 3개의 문을 설치하고, 고(皐), 응(應), 필(畢)이라는 문은 없다. 두 번째 주장은 『주례』「천관(天官)·혼인(閽人)」편의 "閽人掌守王宮之中門之禁."이라는 기록에 근거한 해설이다. 이 기록에 대해 정현은 정사농(鄭司農)의 말을 인용하여, "王有五門, 外曰皐門, 二曰雉門, 三曰庫門, 四曰應門, 五曰路門."이라고 풀이하였다. 즉 천자는 5개의 문을 설치하는데, 가장 안쪽에 있는 노문(路門)으로부터 응문(應門), 고문(庫門), 치문(雉門), 고문(皐門) 순으로 설치해 두었다.

21) 양사(兩社)는 춘추시대 노(魯)나라에 있었던 주사(周社)와 박사(亳社)를 합쳐서 부르는 말이다. '양사'의 사이는 조정이 위치하여 이곳에서 정무를 처리했다.

22) 『춘추좌씨전』「민공(閔公) 2년」: 男也, 其名曰友, 在公之右; 間于兩社, 爲公室輔. 季氏亡, 則魯不昌.

此章乃以自外及內之序言之, 首作皐門, 次作應門, 次立社稷. 社稷與宗廟左右相對, 天子在應門內, 諸侯在雉門內, 曉然可見矣.

번역 내가 생각하기에, 『시』「면(緜)」편에서는 "이에 고문(皐門)[23]을 세우니, 고문이 높기만 하구나. 이에 응문(應門)[24]을 세우니, 응문이 장엄하기만 하구나. 이에 총토(冢土)를 세우니, 큰 무리가 출행하리라."[25]라고 했다. '총토(冢土)'는 태사[26]를 뜻한다. 군자가 궁실을 건설하려고 할 때에는 종묘를 우선적으로 세운다. 「면」편의 시에서도 앞서 "종묘를 세운다."[27]라고 했고, 인용한 문장은 곧 바깥쪽으로부터 안쪽 순으로 언급한 것이니, 먼저 고문을 만들고 이후에 응문을 만들며, 그 이후에 사직을 세우는 것이다. 사직과 종묘는 좌우 대칭이 되는데, 천자의 경우에는 응문 안쪽에 있었고, 제후의 경우에는 치문 안쪽에 있었음을 분명히 알 수 있다.

---

23) 고문(皐門)은 천자의 궁(宮)에 설치된 문들 중에서 가장 바깥쪽에 설치하는 문이다. 높다는 의미의 '고(高)'자가 '고(皐)'자와 통용되므로, 붙여진 명칭이다. 『시』「대아(大雅)·면(緜)」편에는 "迺立皐門, 皐門有伉."이라는 용례가 있고, 『예기』「명당위(明堂位)」편의 "大廟, 天子明堂. 庫門, 天子皐門. 雉門, 天子應門."이라는 기록에 대해, 정현의 주에서는 "皐之言高也."라고 풀이했다.

24) 응문(應門)은 궁(宮)의 정문을 가리킨다. 『시』「대아(大雅)·면(緜)」편에는 "迺立應門, 應門將將."이라는 기록이 있는데, 이에 대한 모전(毛傳)에서는 "王之正門曰應門."이라고 풀이하였다.

25) 『시』「대아(大雅)·면(緜)」: 迺立皐門, 皐門有伉. 迺立應門, 應門將將. 迺立冢土, 戎醜攸行.

26) 태사(太社)는 천자가 토지신이나 곡신(穀神)에게 제사 드리던 장소를 뜻한다.

27) 『시』「대아(大雅)·면(緜)」: 乃召司空, 乃召司徒, 俾立室家. 其繩則直, 縮版以載, 作廟翼翼.

●그림 32-1 ■ 천자의 궁성과 종묘(宗廟)·사직(社稷)

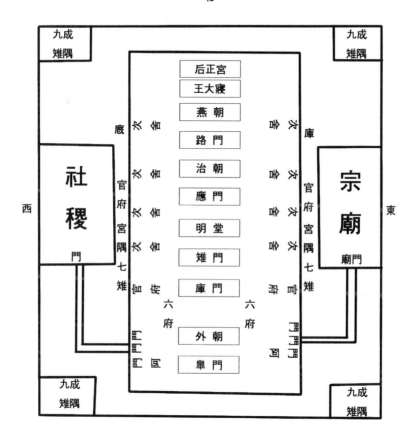

※ 참조: 『삼재도회(三才圖會)』「궁실(宮室)」 2권

그림 32-2 ◼ 사직단(社稷壇)

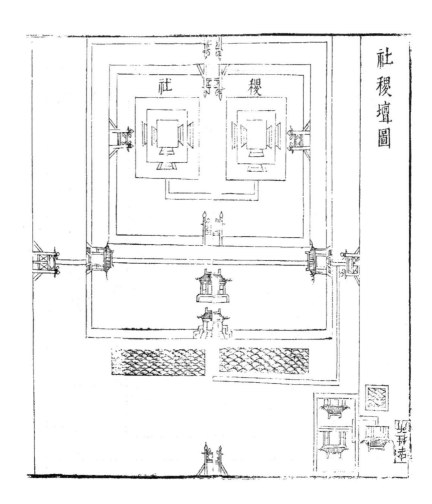

※ **출처:** 『삼재도회(三才圖會)』「궁실(宮室)」 2권

그림 32-3 ■ 궐(闕)

闕

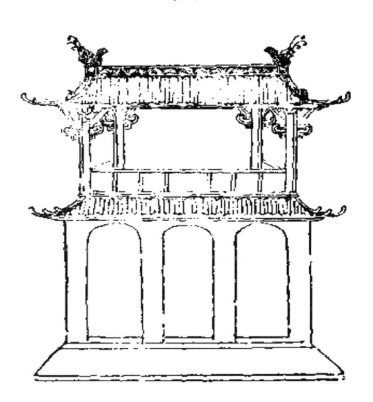

※ 출처: 『삼재도회(三才圖會)』「궁실(宮室)」 1권

祭義 人名 및 用語 辭典

◎ 가작(加爵) : '가작'은 술을 따라서 권한다는 뜻이다.

◎ 가정본(嘉靖本) : 『가정본(嘉靖本)』에는 간행한 자의 정보가 기록되어 있지 않다. 『십삼경주소(十三經注疏)』의 판본이다. 20권으로 구성되어 있으며, 각 권의 뒤편에는 경문(經文)과 그에 따른 주(注)를 간략히 기록하고 있다. 단옥재(段玉裁)는 이 판본이 가정(嘉靖) 연간에 송본(宋本)을 모방하여 간행된 것이라고 여겼다.

◎ 간사(間祀) : '간사'는 주로 협(祫)제사와 체(禘)제사를 뜻한다. 이 제사들은 사계절마다 지내는 정규 제사의 사이에 지내기 때문에, '간사'라고 부른다.

◎ 감본(監本) : 『감본(監本)』은 명(明)나라 국자감(國子監)에서 간행한 『십삼경주소(十三經注疏)』의 판본이다.

◎ 강릉항씨(江陵項氏, A.D.1129~A.D.1208) : =항씨(項氏)·항안세(項安世)·항평보(項平父)·항평보(項平甫). 남송(南宋) 때의 학자이다. 자(字)는 평보(平甫)이다. 세간에서는 평암선생(平菴先生)이라고도 칭해졌다. 『역(易)』에 조예가 깊었다. 저서로는 『주역완사(周易玩辭)』, 『항씨가설(項氏家說)』 등이 있다.

◎ 개(介) : '개'는 부관을 뜻한다. 빈객(賓客)이 방문했을 때 주인(主人)과 빈객 사이에서 진행되는 절차들을 보좌했던 자들이다. 계급에 따라서

'개'를 두는 숫자에도 차이가 났다. 가령 상공(上公)은 7명의 '개'를 두었고, 후작이나 백작은 5명을 두었으며, 자작과 남작은 3명의 개를 두었다. 『예기』「빙의(聘義)」편에는 "上公七介, 侯伯五介, 子男三介."라는 기록이 있다.

◎ 개성석경(開成石經) : 『개성석경(開成石經)』은 당(唐)나라 만들어진 석경(石經)을 뜻한다. 돌에 경문(經文)을 새겼기 때문에, '석경'이라고 부른다. 당나라 때 만들어진 '석경'은 대화(大和) 7년(A.D.833)에 만들기 시작하여, 개성(開成) 2년(A.D.837)에 완성되었기 때문에, '개성석경'이라고도 부르는 것이다.

◎ 건안진씨(建安眞氏) : =서산진씨(西山眞氏)

◎ 경원보씨(慶源輔氏, ?~?) : =보광(輔廣)・보한경(輔漢卿). 남송(南宋) 때의 학자이다. 자(字)는 한경(漢卿)이고, 호(號)는 잠암(潛庵)・전이(傳貽)이다. 여조겸(呂祖謙)과 주자(朱子)에게서 학문을 배웠다. 저서로는『사서찬소(四書纂疏)』,『육경집해(六經集解)』등이 있다.

◎ 고공기(考工記) : 『고공기(考工記)』는『동관고공기(冬官考工記)』라고도 부른다. 공인(工人)들에 대한 공예기술(工藝技術) 서적이다. 작자는 미상이다. 강영(江永)은『고공기』의 작자를 제(齊)나라 사람으로 추정하였고, 곽말약(郭沫若)은 춘추시대(春秋時代) 말기에 제나라에서 제작된 관서(官書)와 관련이 깊다고 추정하였다. 『주례(周禮)』는 천관(天官), 지관(地官), 춘관(春官), 하관(夏官), 추관(秋官), 동관(冬官) 등 육관(六官)의 체제로 구성되어 있는데, 그 중 '동관'에 대한 기록이 누락되어 있어서, 한(漢)나라 무제(武帝) 때,『고공기』를 가지고 누락된 부분을 보충하게 되었다. 그렇기 때문에『고공기』를 또한『동관고공기』라고도 부르는 것이다. 각종 공인들의 직책과 직무들이 기록되어 있다.

◎ 고문(皋門) : '고문'은 천자의 궁(宮)에 설치된 문들 중에서 가장 바깥쪽에 설치하는 문이다. 높다는 의미의 '고(高)'자가 '고(皋)'자와 통용되므로, 붙여진 명칭이다. 『시』「대아(大雅)・면(緜)」편에는 "迺立皋門, 皋門有伉."이라는 용례가 있고, 『예기』「명당위(明堂位)」편의 "大廟, 天子明堂. 庫門, 天子皋門. 雉門, 天子應門."이라는 기록에 대해, 정현의 주에서는 "皋之言高也."라고 풀이했다.

◎ 고문송판(考文宋板) : 『고문송판(考文宋板)』은 일본 학자 산정정(山井鼎) 등이 출간한『칠경맹자고문보유(七經孟子考文補遺)』에 수록된『예기

정의(禮記正義)』를 뜻한다. 산정정은 『예기정의』를 수록할 때, 송(宋)나라 때의 판본을 저본으로 삼았다.

◎ 고유(高誘, ?~?) : 후한(後漢) 때의 경학자(經學者)이다. 어려서부터 노식(盧植)에게서 수학하였다고 전해진다.

◎ 고종(瞽宗) : '고종'은 본래 은(殷)나라 때의 학교 명칭이다. 주(周)나라 때에는 태학의 건물들 중 하나로 여겼다.

◎ 곤면(袞冕) : '곤면'은 곤룡포와 면류관을 뜻한다. 본래 천자의 제사복장으로, 비교적 중요한 제사 때 입는다. 윗옷과 아랫도리에 새겨진 무늬 등은 9가지이다. 『주례』「춘관(春官)·사복(司服)」편에는 "享先王則袞冕."이라는 기록이 있다. 이에 대한 정현의 주에서는 "冕服九章, 登龍於山, 登火於宗彝, 尊其神明也. 九章, 初一曰龍, 次二曰山, 次三曰華蟲, 次四曰火, 次五曰宗彝, 皆畫以爲繢. 次六曰藻, 次七曰粉米, 次八曰黼, 次九曰黻, 皆希以爲繡. 則袞之衣五章, 裳四章, 凡九也."라고 풀이했다. 즉 '곤면'의 윗옷에는 용(龍), 산(山), 화충(華蟲), 화(火), 종이(宗彝) 등 5가지 무늬를 그려놓고, 아랫도리에는 조(藻), 분미(粉米), 보(黼), 불(黻) 등 4가지를 수놓았다.

◎ 공가(公家) : '공가'는 일반적으로 제후의 공실(公室)을 뜻한다. 즉 군주의 집안이라는 뜻이다. 또한 '공가'는 조정(朝廷), 국가(國家) 또는 관부(官府)를 가리키기도 하며, 공경(公卿)들의 집을 뜻하기도 한다. 뿐만 아니라 개인과 구별되는 말로 사용되어, 국가 및 정부라는 의미로 사용되기도 한다.

◎ 공상(公桑) : '공상'은 천자나 제후가 자신의 영지 안에 설치한 뽕나무밭을 뜻한다. 『예기』「제의(祭義)」편에는 "古者, 天子諸侯必有公桑蠶室, 近川而爲之."라는 기록이 있다. 즉 천자나 제후는 자신의 영지 안에 '공상'과 누에를 치는 작업실인 잠실(蠶室)을 설치하는데, 하천 근처에 그것을 만든다고 설명한다.

◎ 공시선생(公是先生) : =유창(劉敞)

◎ 공씨(孔氏) : =공영달(孔穎達)

◎ 공영달(孔穎達, A.D.574~A.D.648) : =공씨(孔氏). 당대(唐代)의 경학자이다. 자(字)는 중달(仲達)이고, 시호(諡號)는 헌공(憲公)이다. 『오경정의(五經正義)』를 찬정(撰定)하는데 중심적인 역할을 했다.

◎ 곽경순(郭景純) : =곽박(郭璞)

◎ 곽박(郭璞, A.D.276~A.D.324) : =곽경순(郭景純). 진(晉)나라 때의 학자
이다. 자(字)는 경순(景純)이다. 저서로는『이아주(爾雅注)』,『방언주
(方言注)』,『산해경주(山海經注)』 등이 있다.

◎ 관례(灌禮) : ‘관례’는 제례(祭禮) 의식 중 하나이다. 술을 땅에 부어서
신(神)을 강림시키는 것이다.『논어』「팔일(八佾)」편에는 “禘, 自旣灌而
往者, 吾不欲觀之矣.”라는 기록이 있고, 이 기록에 대한 하안(何晏)의
『집해(集解)』에서는 공안국(孔安國)의 주장을 인용하여, “灌者, 酌鬱鬯
灌於太祖以降神也.”라고 풀이하였다.

◎ 광아(廣雅) :『광아(廣雅)』는 위(魏)나라 때 장읍(張揖)이 지은 자전(字
典)이다.『박아(博雅)』라고도 부른다.『이아』의 체제를 계승하고, 새로
운 내용을 보충하여, 경전(經典)에 기록된 글자들을 해석한 서적이다.
본래 상·중·하 3권으로 구성되어 있었지만, 수(隋)나라 조헌(曹憲)이
재차 10권으로 편집하였다. 한편 ‘광(廣)’자가 수나라 양제(煬帝)의 시
호였기 때문에, 피휘를 하여,『박아』라고 부르게 되었다.

◎ 교감기(校勘記) :『교감기(校勘記)』는 완원(阮元)이 학자들을 모아서 편
차했던『십삼경주소교감기(十三經註疏校勘記)』를 뜻한다.

◎ 교기(校記) :『교기(校記)』는 손이양(孫詒讓)이 지은『십삼경주소교기
(十三經注疏校記)』를 뜻한다.

◎ 교제(郊祭) : ‘교제’는 ‘교사(郊祀)’라고도 부른다. 교외(郊外)에서 천지
(天地)에 제사를 지냈기 때문에 붙여진 명칭이다. 음양설(陰陽說)이
성행했던 한(漢)나라 때에는 하늘에 대한 제사는 양(陽)의 뜻을 따라
남교(南郊)에서 지냈고, 땅에 대한 제사는 음(陰)의 뜻을 따라 북교(北
郊)에서 지냈다.『한서』「교사지하(郊祀志下)」편에는 “帝王之事莫大乎
承天之序, 承天之序莫重於郊祀. …… 祭天於南郊, 就陽之義也. 地於北
郊, 卽陰之象也.”라는 기록이 있다. 한편 ‘교사’는 후대에 제사를 범칭
하는 용어로도 사용되었다. ‘교사’ 중의 ‘교(郊)’자는 규모가 큰 제사를
뜻하며, ‘사(祀)’는 비교적 규모가 작은 제사들을 뜻한다.

◎ 구룡(句龍) : ‘구룡’은 공공(共工)의 아들이었다고 전해지며, 치수 사업
을 잘했던 인물이다. 후세에는 그를 후토(后土)의 신(神)으로 여겨서,
그에게 제사를 지내기도 했다.『춘추좌씨전』「소공(昭公) 29년」편에는
“共工氏有子曰句龍, 爲后土.”라는 기록이 있다.

◎ 국자(國子) : ‘국자’는 천자 및 공(公), 경(卿), 대부(大夫)의 자제들을 말

한다. 때론 상황에 따라 천자의 태자(太子) 및 왕자(王子)를 포함시키지 않는 경우도 있다. 『주례』「지관(地官)・사씨(師氏)」편에는 "以三德敎國子"라는 기록이 있고, 이에 대한 정현의 주에서 "國子, 公卿大夫之子弟."라고 풀이한 용례와 『한서(漢書)』「예악지(禮樂志)」편에서 "朝夕習業, 以敎國子. 國子者, 卿大夫之子弟也."라고 풀이한 용례가 바로 여기에 해당한다. 그러나 이것은 천자에 대한 언급을 가급적 회피했기 때문에, 생략하여 기술하지 않은 것이다. 청대(淸代) 유서년(劉書年)의 『유귀양설경잔고(劉貴陽說經殘稿)』「국자증오(國子證誤)」편에서 "國子者, 王大子, 王子, 諸侯公卿大夫士之子弟, 皆是, 亦曰國子弟."라고 풀이하고 있는 것처럼, '국자'에는 천자의 태자와 왕자들까지도 포함된다.

◎ 궤숙(饋孰)：'궤숙'은 '궤숙(饋熟)'이라고도 부른다. 제례(祭禮) 의식 중 하나이다. 제사를 시행할 때에는 희생물을 잡아서 생고기를 바치고, 이후에 다시 익힌 고기를 바치는데, '궤숙'은 바로 익힌 음식을 바치는 절차를 뜻한다.

◎ 궤식(饋食)：'궤식'은 음식을 바친다는 뜻이다. 고대에는 천자 및 제후들이 매월 초하루마다 종묘(宗廟)에서 음식을 바치는 의식을 치렀는데, 이것을 '궤식'이라고도 부른다. 『주례』「춘관(春官)・대종백(大宗伯)」편에는 "以饋食享先王."이라는 기록이 있다. 한편 조사(朝事)를 시행할 때, 조천(朝踐)을 끝낸 뒤, 생고기를 삶아서 재차 바치는 의식을 가리키기도 한다.

◎ 금방(金榜, A.D.1735~A.D.1801)：청(淸)나라 때의 학자이다. 자(字)는 예중(蕊中)・보지(輔之)이다. 한림원수찬(翰林院修撰) 등을 지냈으며, 외조부(外祖父)가 죽자 복상(服喪)을 하고, 이후 두문불출하며 오로지 독서와 저술에만 전념하였다. 대진(戴震)과 동학(同學)했으며, 『예전(禮箋)』 등을 저술하였다.

◎ 금화응씨(金華應氏, ?~?)：=응용(應鏞)・응씨(應氏)・응자화(應子和). 이름은 용(鏞)이다. 자(字)는 자화(子和)이다. 『예기찬의(禮記纂義)』를 지었다.

◎ 길제(吉祭)：'길제'는 상례(喪禮)의 단계를 뜻한다. 우제(虞祭)를 지낸 뒤, 졸곡(卒哭)을 하며 제사를 지내게 되는데, 이 단계부터 지내는 제사를 '길제'라고 부른다. 상(喪)은 흉사(凶事)에 해당하는데, 그 이전까지는 슬픔에서 벗어나기 힘들기 때문에 흉제(凶祭) 또는 상제(喪祭)라

고 부르며, 이 단계부터는 평상시처럼 길(吉)한 때로 접어들기 때문에 '길제'라고 부른다. 『예기』「단궁하(檀弓下)」편에는 "是月也, 以虞易奠, 卒哭曰成事. 是日也, 以吉祭易喪祭."라는 기록이 있다. 또한 평상시 정규적으로 지내는 제사를 '길제'라고도 부른다.

◎ 남송석경(南宋石經) : 『남송석경(南宋石經)』은 송(宋)나라 고종(高宗) 때 돌에 새긴 『십삼경주소(十三經注疏)』의 판본이다. 그러나 『예기(禮記)』에 대해서는 「중용(中庸)」 1편만을 기록하고 있다.

◎ 노문(路門) : '노문'은 고대 궁실(宮室) 건축물 중에서도 가장 안쪽에 있었던 정문이다. 여러 문들 중에서 노침(路寢)에 가장 가까운 위치에 있었기 때문에, '노문'이라는 명칭이 붙게 되었다. 『주례』「동관고공기(冬官考工記)・장인(匠人)」편에는 "路門不容乘車之五个."라는 기록이 있는데, 이에 대한 정현의 주에서는 "路門者, 大寢之門."라고 풀이하였고, 가공언(賈公彦)의 소(疏)에서는 "路門以近路寢, 故特小爲之."라고 풀이하였다.

◎ 노식(盧植, A.D.159?~A.D.192) : =노씨(盧氏). 후한(後漢) 때의 유학자이다. 자(字)는 자간(子幹)이다. 어려서 마융(馬融)을 스승으로 섬겼다. 영제(靈帝)의 건녕(建寧) 연간(A.D.168~A.D.172)에 박사(博士)가 되었다. 채옹(蔡邕) 등과 함께 동관(東觀)에서 오경(五經)을 교정했다. 후에 동탁(董卓)이 소제(少帝)를 폐위시키자, 은거하며 『상서장구(尙書章句)』, 『삼례해고(三禮解詁)』를 저술했지만, 남아 있지 않다.

◎ 노씨(盧氏) : =노식(盧植)

◎ 노침(路寢) : '노침'은 천자나 제후가 정무를 처리하던 정전(正殿)이다. 『시』「노송(魯頌)・민궁(閟宮)」편에는 "松桷有舄, 路寢孔碩."이라는 기록이 있는데, 이에 대한 모전(毛傳)에서는 "路寢, 正寢也."라고 풀이했고, 『문선(文選)』에 수록된 장형(張衡)의 '서경부(西京賦)'에는 "正殿路寢, 用朝群辟."이라는 기록이 있는데, 이에 대한 설종(薛綜)의 주에서는 "周曰路寢, 漢曰正殿."이라고 하여, 주(周)나라에서는 '정전'을 '노침'으로 불렀다고 풀이했다.

ㄷ

◎ 단옥재(段玉裁, A.D.1735~A.D.1815) : 청(淸)나라 때의 학자이다. 자(字)는 약응(若膺)이고, 호(號)는 무당(懋堂)이다. 저서로는 『설문해자주(說文解字注)』, 『육서음균표(六書音均表)』, 『고문상서찬이(古文尙書撰異)』 등이 있다.

◎ 당정(黨正) : '당정'은 주(周)나라 때의 지방 행정구역을 담당했던 수장을 뜻한다. 500가(家)의 규모가 1당(黨)이 되며, 수장을 뜻하는 '정(正)'자를 붙여서, 그곳의 수장을 '당정'이라고 부르는 것이다. 『주례』「지관(地官)·당정(黨正)」편에는 "黨正, 各掌其黨之政令敎治."라는 기록이 있는데, 이에 대한 정현의 주에서는 정사농(鄭司農)의 주장을 인용하여, 五百家爲黨."이라고 풀이했다.

◎ 대기(大旂) : '대기'는 군주가 사용하는 깃발 중 하나이다. 구기(九旗) 중 교룡(交龍)을 수놓은 깃발인 기(旂)에 해당한다. 천자가 사용하던 것이었으므로, 크다는 의미에서 '대(大)'자를 붙여서 '대기'라고 부르는 것이다. 『주례』「춘관(春官)·건거(巾車)」편에는 "金路, 鉤, 樊纓九就, 建大旂."라는 기록이 있는데, 이에 대한 정현의 주에서는 "大旂, 九旗之畫交龍者."라고 풀이했다.

◎ 대사례(大射禮) : '대사례'는 제사를 지낼 때, 제사를 돕는 자들을 채택하기 위해 시행하는 활쏘기 대회이다. 천자의 경우에는 '교외 및 종묘[郊廟]'에서 제사를 지낼 때, 제후 및 군신(群臣)들과 미리 활쏘기를 하여, 적중함이 많은 자를 채택하고, 채택된 자로 하여금 천자가 주관하는 제사에 참여하도록 하는 의례(儀禮)이다. 『주례』「천관(天官)·사구(司裘)」편에는 "王大射, 則共虎侯, 熊侯, 豹侯, 設其鵠."이라는 기록이 있는데, 이에 대한 정현의 주에서는 "大射者, 爲祭祀射. 王將有郊廟之事, 以射擇諸侯及群臣與邦國所貢之士可以與祭者. …… 而中多者得與於祭."라고 풀이하였다. 한편 각 계급에 따라 '대사례'의 예법에는 차등이 있었는데, 예를 들어 천자가 시행하는 '대사례'에서는 표적으로 호후(虎侯), 웅후(熊侯), 표후(豹侯)가 사용되었고, 표적지에는 곡(鵠)을 설치했다. 그리고 제후가 시행하는 '대사례'에서는 웅후(熊侯), 표후(豹侯)가 사용되었고, 표적지에 곡(鵠)을 설치했다. 경(卿)과 대부(大夫)의 경우에는 미후(麋侯)를 사용하였고, 표적지에 곡(鵠)을 설치

했다.

◎ 대진(戴震, A.D.1724~A.D.1778) : =동원대씨(東原戴氏). 청(淸)나라 때의
학자이다. 자(字)는 동원(東原)이다. 훈고학에 조예가 깊었다. 저서로
는 『이아문자고(爾雅文字考)』, 『맹자자의소증(孟子字意疏證)』, 『원선
(原善)』 등이 있다.

◎ 동중서(董仲舒, B.C.179~B.C.104) : 전한(前漢) 때의 유학자이다. 호(號)는
계암자(桂巖子)이다. 『공양전(公羊傳)』을 공부하여, 박사(博士)를 지냈
으며, 유학의 관학화에 기여를 하였다. 저서로는 『춘추번로(春秋繁露)』,
『동자문집(董子文集)』 등이 있다.

◎ 두자춘(杜子春, B.C.30?~A.D.58?) : 후한(後漢) 때의 학자이다. 유흠(劉歆)
에게서 수학하였다. 정중(鄭衆)과 가규(賈逵)에게 학문을 전수하였다.

ㅁ

◎ 마씨(馬氏) : =마희맹(馬晞孟)

◎ 마언순(馬彦醇) : =마희맹(馬晞孟)

◎ 마희맹(馬晞孟, ?~?) : =마씨(馬氏)·마언순(馬彦醇). 자(字)는 언순(彦
醇)이다. 『예기해(禮記解)』를 찬술했다.

◎ 만무(萬舞) : '만무'는 고대의 악무(樂舞) 명칭이다. 먼저 무용수들은 손에
병장기를 들고 무무(武舞)를 추고, 이후에 깃털과 악기 등을 들고 문
무(文舞)를 춘다. '만무'는 또한 악무를 범칭하는 용어로도 사용되었다.

◎ 면복(冕服) : '면복'은 대부(大夫) 이상의 계층이 착용하는 예관(禮冠)과
복식을 뜻한다. 무릇 길례(吉禮)를 시행할 때에는 모두 면류관[冕]을
착용하는데, 복장의 경우에는 시행하는 사안에 따라서 달라진다.

◎ 명당(明堂) : '명당'은 일반적으로 고대 제왕이 정교(政敎)를 베풀던 장
소를 지칭하는 용어로 사용되었다. 이곳에서는 조회(朝會), 제사(祭
祀), 경상(慶賞), 선사(選士), 양로(養老), 교학(敎學) 등의 국가 주요
업무가 시행되었다. 『맹자』「양혜왕하(梁惠王下)」편에는 "夫明堂者, 王
者之堂也."라는 용례가 있고, 『옥태신영(玉台新詠)』「목난사(木蘭辭)」
편에도 "歸來見天子, 天子坐明堂."이라는 용례가 있다. '명당'의 규모나
제도는 시대마다 다르다. 또한 '명당'이라는 건물군 중에서 남쪽의 실
(室)을 가리키는 용어로도 사용되었다.

◎ 모본(毛本) : 『모본(毛本)』은 명(明)나라 말기 급고각(汲古閣)에서 간행된 『십삼경주소(十三經注疏)』의 판본이다. 급고각은 모진(毛晉)이 지은 장서각이었으므로, 이러한 명칭이 생겼다.

◎ 목록(目錄) : 『목록(目錄)』은 정현이 찬술했다고 전해지는 『삼례목록(三禮目錄)』을 가리킨다. 『십삼경주소(十三經注疏)』에서 인용되고 있지만, 이 책은 『수서(隋書)』가 편찬될 당시에 이미 일실되어 존재하지 않았다. 『수서』「경적지(經籍志)」편에는 "三禮目錄一卷, 鄭玄撰, 梁有陶弘景注一卷, 亡."이라는 기록이 있다.

◎ 묘문(廟門) : '묘문'은 종묘(宗廟)의 정문을 뜻한다. 『서』「주서(周書)·고명(顧命)」편에는 "諸侯出廟門俟."라는 용례가 나온다. 한편 '묘문'은 빈궁(殯宮)의 문을 뜻하는 용어로도 사용된다. 『예기』「상복소기(喪服小記)」편에는 "無事不辟廟門, 哭皆於其次."라는 기록이 있는데, 이에 대한 공영달(孔穎達)의 소(疏)에서는 "廟門, 殯宮門也."라고 풀이했다.

◎ 민본(閩本) : 『민본(閩本)』은 명(明)나라 가정(嘉靖) 연간 때 이원양(李元陽)이 간행한 『십삼경주소(十三經注疏)』 판본이다. 한편 『칠경맹자고문보유(七經孟子考文補遺)』에서는 이 판본을 『가정본(嘉靖本)』으로 지칭하고 있다.

ㅂ

◎ 방각(方慤) : =엄릉방씨(嚴陵方氏)

◎ 방명(方明) : '방명'은 상하(上下)와 사방(四方)의 신명(神明)을 형상화한 것을 뜻한다. 신명(神明)을 형상화한 것이기 때문에, '명(明)'자를 붙이는 것이고, 상하(上下)와 사방(四方)을 형상화한 것이기 때문에, '방(方)'자를 붙여서, '방명'이라고 부르는 것이다. 나무를 이용해서 만들며, 사방 4척(尺)의 크기로 만들고, 여섯 가지 색깔로 만들고, 또 여섯 가지 옥을 설치한다. 고대에 제후가 천자를 조회하거나 회맹을 맺을 때, 또 천자가 제사를 지낼 때 설치했었다. 여섯 가지 색깔은 상하(上下) 및 사방(四方)을 형상화하기 위한 것으로, 동쪽에 해당하는 청색, 남쪽에 해당하는 적색, 서쪽에 해당하는 백색, 북쪽에 해당하는 흑색, 상에 해당하는 현색, 하에 해당하는 황색이 여기에 해당한다. 또 여섯 가지의 옥의 경우에도 상하(上下) 및 사방(四方)을 형상화하기

위한 것으로, 상에는 규(圭)를 설치하고, 하에는 벽(璧)을 설치하며, 남쪽에는 장(璋)을 설치하고, 서쪽에는 호(琥)를 설치하며, 북쪽에는 황(璜)을 설치하고, 동쪽에는 규(圭)를 설치한다. 『의례』「근례(覲禮)」편에는 "諸侯覲于天子, 爲宮方三百步, 四門, 壇十有二尋, 深四尺, 加方明于其上. 方明者, 木也, 方四尺. 設六色, 東方靑, 南方赤, 西方白, 北方黑, 上玄, 下黃. 設六玉, 上圭, 下璧, 南方璋, 西方琥, 北方璜, 東方圭."라는 기록이 있고, 이에 대한 정현의 주에서는 "方明者, 上下四方神明之象也."라고 풀이했으며, 가공언(賈公彦)의 소(疏)에서는 "謂合木爲上下四方, 故名方; 此則神明之象, 故名明. 此鄭解得名方明神之義也."라고 풀이했다.

◎ 방성부(方性夫) ： =엄릉방씨(嚴陵方氏)

◎ 방씨(方氏) ： =엄릉방씨(嚴陵方氏)

◎ 백물(百物) ： '백물'은 사방의 백신(百神)들을 지칭한다. 백신은 온갖 신들을 총칭하는 말인데, 주요 신들은 제외되고, 주로 하위 신들을 가리킨다. 또한 고대에는 백신들에게 지내는 제사를 사(蜡)라고 부르기도 했다.

◎ 별록(別錄) ： 『별록(別錄)』은 후한(後漢) 때 유향(劉向)이 찬(撰)했다고 전해지는 책이다. 현재는 일실되어 존재하지 않으며, 『한서(漢書)』「예문지(藝文志)」편을 통해서 대략적인 내용만을 추측해볼 수 있다.

◎ 보광(輔廣) ： =경원보씨(慶源輔氏)

◎ 보한경(輔漢卿) ： =경원보씨(慶源輔氏)

◎ 비릉모용씨(毗陵慕容氏, ?~?) ： =모용언달(慕容彦達)·모용숙우(慕容叔遇). 이름은 언달(彦達)이고, 자(字)는 숙우(叔遇)이다. 자세한 이력은 남아 있지 않다.

ㅅ

◎ 사(蜡) ： '사'는 연말에 지내는 큰 제사를 뜻한다. 제사 대상은 천제(天帝) 등의 주요 신들을 제외한 나머지 하위 신들에 해당한다. 하위 신들은 그 수가 많아서, 일일이 제사를 지낼 수 없기 때문에, 연말에 합동으로 제사를 지냈던 것이다. 『예기』「잡기하(雜記下)」편에는 "子貢觀於蜡."라는 기록이 있는데, 이에 대한 정현의 주에서는 "蜡也者, 索也.

歲十二月, 合聚萬物而索饗之祭也."라고 풀이했다. 또 『예기』「교특생(郊特牲)」편에는 "<u>蜡之祭也</u>, 主先嗇而祭司嗇也, 祭百種, 以報嗇也."라는 기록이 있다.

◎ 사독(四瀆) : '사독'은 네 개의 주요 하천을 가리킨다. 장강(長江), 황하(黃河), 회하(淮河), 제수(濟水)가 여기에 해당한다.

◎ 사류(四類) : '사류'는 해[日], 달[月], 별[星], 별자리[辰]에 대한 제사이다. 해, 달, 별 및 별자리들의 운행은 각각 차이가 있으므로, 일정하지 않다. 그렇기 때문에 기류(氣類)로써 그것의 신위(神位)를 삼아서 제사를 지냈다. 그렇기 때문에 '사류'라고 부르는 것이다. 해에 대해서는 동쪽 교외에서 제단을 쌓아서 제사를 지냈고, 달과 풍사(風師)에 대해서는 서쪽 교외에서 제단을 쌓아서 제사를 지냈으며, 사중(司中)과 사명(司命)에 대해서는 남쪽 교외에서 제단을 쌓아서 제사를 지냈고, 우사(雨師)에 대해서는 북쪽 교외에서 제단을 쌓아서 제사를 지냈다. 『주례』「춘관(春官)·소종백(小宗伯)」편의 기록에 대해서, 정현의 주에서는 "四類, 日月星辰, 運行無常, 以氣類爲之位. 兆日於東郊, 兆月與風師於西郊, 兆司中司命於南郊, 兆雨師於北郊."라고 풀이했다.

◎ 사망(四望) : '사망'은 천자가 사방(四方)의 산천(山川)에게 망(望)제사를 지내는 것이다. 제사의 대상은 산천 중의 큰 것들로, 오악(五嶽)이나 사독(四瀆)과 같은 것이다. 산천에 대한 제사는 일일이 그곳마다 찾아가서 제사를 지낼 수 없기 때문에, 그곳이 바라보이는 곳에 제단을 쌓고 제사를 지낸다. 그렇기 때문에 그 제사를 '망'제사라고 부르는 것이다. 그리고 천자는 사방(四方)의 산천들에 대해서 모두 제사를 지내게 되므로 '사(四)'자를 붙여서 '사망'이라고 부르는 것이다. 『주례』「춘관(春官)·대종백(大宗伯)」편에는 "國有大故, 則旅上帝及四望."이라는 기록이 있고, 이에 대한 가공언(賈公彦)의 소(疏)에서는 "言四望者, 不可一往就祭, 當四向望而爲壇遙祭之, 故云四望也."라고 풀이했다. 그리고 손이양(孫詒讓)의 『정의(正義)』에서는 "陳壽祺云, 山川之祭, 周禮四望, 魯禮三望. 其餘諸侯祀竟內山川, 蓋無定數, 山川之大者, 莫如五嶽四瀆."이라고 풀이했다.

◎ 사주(社主) : '사주'는 군사(軍社)라고도 부른다. 군대 내에서 제사를 지내게 되는 사(社)의 신주를 뜻한다. 군대를 출정시킬 때 군주는 우선 사(社)에서 제사를 지내고, 그곳에 봉안된 신주를 모시고 떠나며, 군대

내에서는 이 신주에게 제사를 지낸다.

◎ 산음육씨(山陰陸氏, A.D.1042~A.D.1102) : =육농사(陸農師)·육전(陸佃). 북송(北宋) 때의 유학자이다. 자(字)는 농사(農師)이며, 호(號)는 도산(陶山)이다. 어려서 집안이 매우 가난했다고 전해지며, 왕안석(王安石)에게 수학하였으나 왕안석의 신법에 대해서는 반대하였다. 저서로는『비아(埤雅)』,『춘추후전(春秋後傳)』,『도산집(陶山集)』등이 있다.

◎ 산재(散齋) : =산제(散齊)

◎ 산제(散齊) : '산제'는 산재(散齋)라고도 부른다. '산제'는 제사를 지낼 때 제사보다 앞서 7일 동안 수레도 몰지 않고, 음악도 연주하지 않으며, 조문도 하지 않으면서, 재계를 하는 것이다. 『예기』「제의(祭義)」편에는 "致齊於內, 散齊於外."라는 기록이 있고, 이에 대한 정현의 주에서는 "散齊, 七日不御不樂不弔耳."라고 풀이했다. 또한 『예기』「제통(祭統)」편에도 "散齊七日以定之, 致齊三日以齊之."라는 기록이 있다.

◎ 산천(山川) : '산천'은 오악(五嶽)과 사독(四瀆)의 신들을 가리키기도 하며, 산과 하천의 신들을 두루 지칭하기도 한다. 오악은 대표적인 다섯 가지 산으로, 중앙의 숭산(嵩山), 동쪽의 태산(泰山), 남쪽의 형산(衡山), 서쪽의 화산(華山), 북쪽의 항산(恒山)을 가리킨다. 사독은 장강(長江), 황하(黃河), 회하(淮河), 제수(濟水)를 가리킨다.

◎ 삼로오경(三老五更) : '삼로오경'은 삼로(三老)와 오경(五更)을 뜻한다. 이들은 국가의 요직에 있다가 나이가 들어 퇴직한 자들이다. 정현은 '삼로'와 '오경'은 3명과 5명이 아닌 각각 1명씩이라고 풀이했다. 그리고 1명씩인데도 '삼(三)'자와 '오(五)'자를 붙여서 부르는 이유에 대해서, '삼진(三辰)'과 '오성(五星)'에서 명칭을 빌려왔기 때문이라고 해석하였고, 또한 '삼덕(三德)'과 '오사(五事)'를 알고 있는 자들이기 때문에, 이러한 명칭이 붙었다고 풀이하기도 한다. 『예기』「문왕세자」편에는 "適東序, 釋奠於先老, 遂設三老, 五更, 群老之席位焉."이란 기록이 있는데, 이에 대한 정현의 주에서는 "三老五更各一人也, 皆年老更事致仕者也. 天子以父兄養之, 示天下之孝悌也. 名以三五者, 取象三辰五星, 天所因以照明天下者."라고 풀이했고, 또한 『예기』「악기(樂記)」편에는 "食三老五更於大學."이란 기록이 있는데, 이에 대한 정현의 주에서는 "三老五更, 互言之耳, 皆老人更知三德五事者也."라고 풀이했다. 그리고 참고적으로 공영달(孔穎達)의 소(疏)에서는 "三德謂正直, 剛, 柔. 五事

謂貌, 言, 視, 聽, 思也."라고 해석하여, '삼덕'은 정직(正直), 강직함[剛], 부드러움[柔]이라고 풀이했고, 오사(五事)는 '올바른 용모[貌]', '올바른 말[言]', '올바르게 봄[視]', '올바르게 들음[聽]', '올바르게 생각함[思]' 이라고 풀이했다.

◎ 삼망(三望) : '삼망'은 제사의 명칭이다. 망(望)은 일종의 제사 형식이다. 제사 대상이 여러 산천(山川)들일 경우, 그 중 가장 크고 높은 대상이 있는 지역에 가서, 나머지 여러 산천들을 두루 바라보며 지내는 제사이다. '삼(三)'자를 붙여 부른 것은 제후의 입장에서 '망' 제사를 지내는 대상이 3가지이기 때문이다. 참고로 천자에게는 사망(四望)의 제사가 있다.

◎ 삼신(三辰) : '삼신'은 해[日], 달[月], 별[星]을 가리킨다. 『춘추좌씨전』「환공(桓公) 2년」편에는 "三辰旂旗, 昭其明也."라는 기록이 있는데, 이에 대한 두예(杜預)의 주에서는 "三辰, 日·月·星也."라고 풀이했다.

◎ 삼주(三酒) : '삼주'는 상황에 따라 사용되는 세 가지 술을 뜻한다. 세 가지 술은 사주(事酒), 석주(昔酒), 청주(淸酒)를 가리킨다. 『주례』「천관(天官)·주정(酒正)」편에는 "辨三酒之物, 一曰事酒, 二曰昔酒, 三曰淸酒."라는 기록이 있다. 각 술들에 설명은 주석마다 약간의 차이를 보인다. 위의 기록에 대해서 정현의 주에서는 "鄭司農云, '事酒, 有事而飮也, 昔酒, 無事而飮也, 淸酒, 祭祀之酒.' 玄謂事酒, 酌有事者之酒, 其酒則今之醳酒也. 昔酒, 今之酋久白酒, 所謂舊醳者也. 淸酒, 今中山冬釀接夏而成."이라고 풀이했다. 즉 정사농(鄭司農)의 주장에 따르면, '사주'는 어떤 사안이 있어서 마시게 되는 술을 뜻하고, '석주'는 특별한 일이 없을 때 마시는 술을 뜻하며, '청주'는 제사를 지낼 때 쓰는 술을 뜻한다. 한편 정현의 주장에 따르면, '사주'는 일을 맡아본 자에게 따라주는 술을 뜻하는데, 그 술은 정현 시대의 역주(醳酒)에 해당하고, '석주'는 오래 숙성시킨 술로 백주(白酒)와 같은 것이며, '청주'는 중산(中山) 지역에서 겨울에 술을 담가서 여름쯤 다 익은 술을 뜻한다. 그리고 위의 기록에 대해서 손이양(孫詒讓)의 『정의(正義)』에서는 "三酒之中, 事酒較濁, 亦隨時釀之, 酋繹卽孰. 昔酒較淸, 則冬釀春孰. 淸酒尤淸, 則冬釀夏孰."이라고 풀이했다. 즉 손이양의 주장에 따르면, '사주'는 비교적 탁한 술이며, 또한 수시로 빚은 술을 말하는데, 술독을 열어두어서 곧바로 숙성시키는 술을 뜻한다. '석주'는 비교적 맑은 술이며,

겨울에 빚어서 봄쯤에 다 익는 술을 뜻한다. '청주'는 더욱 맑은 술이
며, 겨울에 빚어서 여름쯤에 익는 술을 뜻한다.

◎ 상공(上公) : '상공'은 주(周)나라 제도에 있었던 관직 등급이다. 본래 신
하의 관직 등급은 8명(命)까지이다. 주나라 때에는 태사(太師), 태부(太
傅), 태보(太保)와 같은 삼공(三公)들이 8명의 등급에 해당했다. 그런데
여기에 1명을 더하게 되면 9명이 되어, 특별직인 '상공'이 된다.『주례』
「춘관(春官)·전명(典命)」편에는 "上公九命爲伯, 其國家宮室車旗衣服
禮儀, 皆以九爲節."이라는 기록이 있고, 이에 대한 정현의 주에서는 "上
公, 謂王之三公有德者, 加命爲二伯. 二王之後亦爲上公."이라고 풀이하
였다. 즉 '상공'은 삼공 중에서도 유덕(有德)한 자에게 1명을 더해주어,
제후들을 통솔하는 '두 명의 백(伯)[二伯]'으로 삼았다. 또한 제후의 다
섯 등급을 나열할 경우, 공작(公爵)을 '상공'이라고 부르기도 한다.

◎ 상상(上庠) : '상상'은 본래 유우씨(有虞氏) 때의 태학(太學)을 가리킨다.
서교(西郊)에 위치하였다. 참고적으로 유우씨 때의 소학(小學)은 하상
(下庠)이다.『예기』「왕제(王制)」편에는 "有虞氏, 養國老於上庠, 養庶老
於下庠."이라는 기록이 있고, 이에 대한 정현의 주에서는 "上庠右學, 大
學也, 在西郊, 下庠左學, 小學也, 在國中王宮之東."이라고 풀이했다. 또한
'상상'은 주(周)나라 태학에 건립된 건물들 중 하나를 가리키기도 한다.

◎ 상위(象魏) : '상위'는 고대에 천자나 제후가 자신의 궁문(宮門) 밖에 세
워둔 큰 건축물을 가리킨다. '궐(闕)' 또는 '관(觀)'으로도 불렀으며, 이
곳에 법령을 게시하여 사람들이 확인하도록 했다.『주례』「천관(天官)
·대재(大宰)」편에는 "乃縣治象之灋于象魏, 使萬民觀治象, 挾日而斂
之."라는 기록이 있고, 이에 대해 정현의 주에서는 정사농(鄭司農)의
주장을 인용하여, "象魏, 闕也."라고 풀이했다.

◎ 상제(嘗祭) : '상제'는 가을에 종묘(宗廟)에서 지내는 제사를 뜻한다.『이
아』「석천(釋天)」편에는 "春祭曰祠, 夏祭曰礿, 秋祭曰嘗, 冬祭曰烝."이
라는 기록이 있다. 즉 봄에 지내는 제사를 '사(祠)'라고 부르며, 여름에
지내는 제사를 '약(礿)'이라고 부르고, 가을에 지내는 제사를 '상(嘗)'이
라고 부르며, 겨울에 지내는 제사를 '증(烝)'이라고 부른다. 한편 '상'제
사는 성대한 규모로 거행하였기 때문에, '대상(大嘗)'이라고도 불렸으
며, 가을에 지낸다는 뜻에서, '추상(秋嘗)'이라고도 불렸다. 또한『춘추
번로(春秋繁露)』「사제(四祭)」편에서는 "四祭者, 因四時之所生孰而祭其

先祖父母也. 故春日祠, 夏日礿, <u>秋日嘗</u>, 冬日烝. …… 嘗者, 以七月嘗黍稷也."이라고 하여, 가을 제사인 상(嘗)제사는 7월에 시행하며, 서직(黍稷)을 흠향하도록 지낸다는 뜻에서 맛본다는 뜻의 '상'자를 붙였다고 설명한다.

◎ 서로(庶老) : '서로'는 고대에 사(士)의 벼슬을 하다가 노년이 되어 물러난 자를 경칭하는 말이다.

◎ 서산진씨(西山眞氏, A.D.1178~A.D.1235) : =건안진씨(建安眞氏)·진덕수(眞德秀). 남송(南宋) 때의 성리학자이다. 자(字)는 경원(景元)이고, 호(號)는 서산(西山)이다. 저서로는 『독서기(讀書記)』, 『사서집론(四書集論)』, 『경연강의(經筵講義)』 등이 있다.

◎ 석경(石經) : 『석경(石經)』은 당(唐)나라 개성(開成) 2년(A.D.714)에 돌에 새긴 『십삼경주소(十三經注疏)』의 판본이다. 당나라 국자학(國子學)의 비석에 새겨졌다는 판본이 바로 이것을 가리킨다.

◎ 석량왕씨(石梁王氏, ?~?) : 자세한 이력이 남아 있지 않다.

◎ 석림섭씨(石林葉氏, ?~A.D.1148) : =섭몽득(葉夢得)·섭소온(葉少蘊). 남송(南宋) 때의 유학자이다. 자(字)는 소온(少蘊)이고, 호(號)는 몽득(夢得)이다. 박학다식했다고 전해지며, 『춘추(春秋)』에 대한 조예가 깊었다.

◎ 석명(釋名) : 『석명(釋名)』은 후한(後漢) 때의 학자인 유희(劉熙)가 지은 서적이다. 오래된 훈고학 서적의 하나로 꼽힌다.

◎ 석월(夕月) : '석월'은 고대에 제왕이 달에 대해서 지낸 제사를 뜻한다. 춘분(春分) 때에는 조일(朝日)을 하고, 추분(秋分) 때에는 '석월'을 했고, 서쪽 성문 밖에서 지낸 제사라고 설명하기도 한다. 『국어(國語)』 「주어상(周語上)」편에는 "古者, 先王旣有天下, 又崇立於上帝·明神而敬事之, 於是乎有朝日·夕月以敎民事君."이라는 기록이 있고, 이에 대한 위소(韋昭)의 주에서는 "禮, 天子搢大圭·執鎭圭, 繅藉五采五就, 以春分朝日, 秋分夕月, 拜日於東門之外, 然則夕月在西門之外也."라고 풀이했다.

◎ 선공(先公) : '선공'은 본래 천자 및 제후의 선조들을 존귀하게 높여 부르는 말이다. 따라서 '선왕(先王)'이라는 말과 동일하게 사용된다. 그러나 주(周)나라에 대해 선왕과 대비해서 사용하게 되면, 후직(后稷)의 후손 중 태왕(太王) 이전의 선조를 지칭한다. 주나라는 건립 이후 자신의 선조에 대해 추왕(追王)을 하여 왕(王)자를 붙였는데, 태왕인 고공단보(古公亶父)까지 왕(王)자를 붙였기 때문이다.

◎ 설문(說文) : =설문해자(說文解字)

◎ 설문해자(說文解字) : 『설문해자(說文解字)』는 후한(後漢) 때의 학자인 허신(許愼)이 찬(撰)했다고 전해지는 자서(字書)이다. 『설문(說文)』이라고도 칭해진다. A.D.100년경에 완성되었다고 전해진다. 글자의 형태, 뜻, 음운(音韻)을 수록하고 있다.

◎ 섭몽득(葉夢得) : =석림섭씨(石林葉氏)

◎ 섭소온(葉少薀) : =석림섭씨(石林葉氏)

◎ 성균(成均) : '성균'은 고대의 태학(太學) 명칭이다. 오제(五帝) 때 태학의 명칭을 '성균'으로 정했다고 전해진다.

◎ 성복(盛服) : '성복'은 격식에 맞게 갖춰 입는 옷들을 가리킨다. 주로 제례(祭禮) 및 정식 의례(儀禮)에 참여할 때 착용하는 복장들을 가리킨다. 참가자들은 이 복장을 갖춤으로써, 엄숙함과 단정함을 나타내게 된다. 『중용』「16장」에는 "使天下之人齊明盛服, 以承祭祀."라는 기록이 있고, 이에 대한 공영달(孔穎達)의 소(疏)에서는 "盛飾衣服, 以承祭祀."라고 풀이했다. 한편 '성복'은 치장을 화려하게 한 옷을 가리키기도 한다. 『순자(荀子)』「자도(子道)」편에는 "子路盛服見孔子. 孔子曰, 由! 是裾裾何也?"라는 기록이 있다.

◎ 소뢰(少牢) : '소뢰'는 제사에서 양(羊)과 돼지[豕] 두 가지 희생물을 사용하는 것을 뜻한다. 『춘추좌씨전』「양공(襄公) 22년」편에는 "祭以特羊, 殷以少牢."라는 기록이 있는데, 이에 대한 두예(杜預)의 주에서는 "四時祀以一羊, 三年盛祭以羊豕. 殷, 盛也."라고 풀이하였다.

◎ 소사(小祀) : '소사'는 비교적 규모가 작은 제사를 가리킨다. 또한 군사(群祀)라고 부르기도 한다. 사중(司中), 사명(司命), 풍백(風伯: =風師), 우사(雨師), 제성(諸星), 산림(山林), 천택(川澤) 등에 대해 지내는 제사이다. 『주례』「춘관(春官)·사사(肆師)」편에는 "立小祀用牲."이라는 기록이 있는데, 이에 대한 정현의 주에서는 "鄭司農云 小祀司命已下. 玄謂 小祀又有司中風師雨師山川百物."이라고 풀이하였고, 『구당서(舊唐書)』「예의지일(禮儀志一)」에도 "司中司命風伯雨師諸星山林川澤之屬爲小祀."라는 기록이 있다.

◎ 순수(巡守) : '순수'는 '순수(巡狩)'라고도 부른다. 천자가 수도를 벗어나 제후의 나라를 시찰하는 것을 뜻한다. '순수'의 '순(巡)'자는 그곳으로 행차를 한다는 뜻이고, '수(守)'자는 제후가 지키는 영토를 뜻한다. 제

후는 천자가 하사해준 영토를 대신 맡아서 수호하는 것이기 때문에, 천자가 그곳에 방문하여, 자신의 영토를 어떻게 관리하고 있는지를 시찰하게 된다. 『서』「우서(虞書)·순전(舜典)」편에는 "歲二月, 東巡守, 至于岱宗, 柴."라는 기록이 있고, 이에 대한 공안국(孔安國)의 전(傳)에서는 "諸侯爲天子守土, 故稱守. 巡, 行之."라고 풀이했으며, 『맹자』「양혜왕하(梁惠王下)」편에서는 "天子適諸侯曰巡狩. 巡狩者, 巡所守也."라고 기록하였다. 한편 『예기』「왕제(王制)」편에는 "天子, 五年, 一巡守."라는 기록이 있고, 『주례』「추관(秋官)·대행인(大行人)」편에는 "十有二歲王巡守殷國."이라는 기록이 있다. 즉 「왕제」편에서는 천자가 5년에 1번 순수를 시행하고, 「대행인」편에서는 12년에 1번 순수를 시행한다고 기록하고 있는데, 이러한 차이점에 대해서 정현은 「왕제」편의 주에서 "五年者, 虞夏之制也. 周則十二歲一巡守."라고 풀이했다. 즉 5년에 1번 순수를 하는 제도는 우(虞)와 하(夏)나라 때의 제도이며, 주(周)나라에서는 12년에 1번 순수를 했다.

◎ 시삭(視朔) : '시삭'은 천자 및 제후가 매월 초하루에, 종묘(宗廟)에 고하여 해당 월의 달력을 받고, 그곳에서 해당 월에 시행해야 할 정무를 처리하였던 것을 뜻한다. 『춘추좌씨전』「희공(僖公) 5년」편에는 "公旣視朔, 遂登觀臺以望, 而書, 禮也."라는 기록이 있고, 이에 대한 공영달(孔穎達)의 소(疏)에서는 "視朔者, 公旣告廟受朔, 卽聽視此朔之政, 是其親告朔也."라고 풀이했다.

◎ 식간(食間) : '식간'은 식사를 하는데 걸리는 시간을 뜻한다. 구체적으로 말하자면, 제사 때 시동이 한 차례 식사를 하면서 수저를 뜨는 횟수를 뜻하는데, 수저를 뜨는 횟수는 각 계급에 따라 차이가 있었다. 그 중 사(士) 계급에 해당하는 예법에서는 시동이 한 차례 식사를 하면서 아홉 번 수저를 뜨게 되는데, '사' 계급에 대한 내용을 대표적인 기준으로 삼아서, 이러한 예법을 진행하면서 걸리는 시간을 '식간'이라고 부르게 되었다.

◎ 십륜(十倫) : '십륜'은 제사 때 드러내게 되는 10개의 도리(道理)를 뜻한다. 귀신(鬼神)을 섬기는 도(道), 군신(君臣)의 의(義), 귀천(貴賤)의 등급[等], 친소(親疏)에 따른 차별[殺], 작위[爵]와 상(賞)의 베풂[施], 부부(夫婦)의 유별[別], 정사(政事)의 균평[均], 장유(長幼)의 질서[序], 상하(上下)의 조화[際]를 뜻한다. 『예기』「제통(祭統)」편에는 "夫祭有

十倫焉. 見事鬼神之道焉, 見君臣之義焉, 見父子之倫焉, 見貴賤之等焉, 見親疏之殺焉, 見爵賞之施焉, 見夫婦之別焉, 見政事之均焉, 見長幼之序焉, 見上下之際焉. 此之謂十倫."이라는 기록이 있다.

◎ 악본(岳本) : 『악본(岳本)』은 송(頌)나라 악가(岳珂)가 간행한 『십삼경주소(十三經注疏)』의 판본이다.

◎ 악조(樂祖) : '악조'는 예악(禮樂)을 가르쳤던 선사(先師)들이다. 예전에는 도덕(道德)을 갖춘 인물로 태학(太學)에 들여보내서, 국자(國子)들을 가르치도록 하였다. 그리고 그들이 죽게 되면 '악조'로 삼아서, 고종(瞽宗)에서 제사를 지냈다. 『주례』「춘관(春官)・대사악(大司樂)」편에는 "凡有道者有德者, 使敎焉. 死則以爲樂祖, 祭於瞽宗."이라는 기록이 있다.

◎ 앙제(盎齊) : '앙제'는 오제(五齊) 중 하나이다. '오제'는 술의 맑고 탁한 정도에 따라서 다섯 가지 등급으로 분류한 술로, 주로 제사 때 사용한다. '앙제'는 오제 중에서도 중간에 해당하는 술로, '앙제'부터 맑은 술이 된다. '앙제'는 술이 익고 나서 새파란 빛깔을 보이는 것으로 찬백(鄼白)과 같은 술이다.

◎ 양사(兩社) : '양사'는 춘추시대 노(魯)나라에 있었던 주사(周社)와 박사(亳社)를 합쳐서 부르는 말이다. '양사'의 사이는 조정이 위치하여 이곳에서 정무를 처리했다.

◎ 양염(陽厭) : '양염'은 염제(厭祭)의 절차 중 하나이다. '염제'에는 음염(陰厭)과 '양염'이 있다. '양염'은 시동이 묘실(廟室)을 빠져 나간 이후에, 시동에게 바쳤던 조(俎)와 돈(敦) 등을 거둬들여서, 서북쪽 모퉁이에 다시 진설을 하는 것이다.

◎ 양웅(楊雄, B.C.53~A.D.18) : =양웅(揚雄)・양자(揚子). 전한(前漢) 때의 학자이다. 자(字)는 자운(子雲)이다. 사부작가(辭賦作家)로도 명성이 높았다. 왕망(王莽)에게 동조했다는 이유로 송(宋)나라 이후부터는 배척을 당하였다. 만년에는 경학(經學)에 전념하여, 자신을 성현(聖賢)이라고 자처하였다. 참위설(讖緯說) 등을 배척하고, 유가(儒家)와 도가(道家)의 사상을 절충하였다. 저서로는 『법언(法言)』, 『태현경(太玄經)』

등이 있다.

◎ 양웅(揚雄) : =양웅(楊雄)

◎ 양자(揚子) : =양웅(楊雄)

◎ 양헌풍씨(亮軒馮氏, ?~?) : =풍씨(馮氏). 자세한 행적이 남아 있지 않다.

◎ 엄릉방씨(嚴陵方氏, ?~?) : =방각(方慤)·방씨(方氏)·방성부(方性夫). 송대(宋代)의 유학자이다. 이름은 각(慤)이다. 자(字)는 성부(性夫)이다. 『예기집해(禮記集解)』를 지었고, 『예기집설대전(禮記集說大全)』에는 그의 주장이 많이 인용되고 있다.

◎ 여릉호씨(盧陵胡氏) : =호전(胡銓)

◎ 여수(旅酬) : '여수'는 제사가 끝난 후에, 제사에 참가했던 친족 및 빈객(賓客)들이 술잔을 들어 술을 마시고, 서로 공경의 예(禮)를 표하며, 잔을 권하는 의례(儀禮)이다.

◎ 역제(繹祭) : '역제'는 일종의 제례 의식 중 하나이다. 정규 제사를 지낸 다음날 지내는 제사이다.

◎ 연평주씨(延平周氏, ?~?) : =주서(周諝)·주희성(周希聖). 송(宋)나라 때의 유학자이다. 이름은 서(諝)이다. 자(字)는 희성(希聖)이다. 『예기설(禮記說)』 등의 저서가 있다.

◎ 연평황씨(延平黃氏) : =황상(黃裳)

◎ 영제(禜祭) : '영제'는 고대에 재앙을 물리칠 때 지냈던 제사를 뜻한다.

◎ 예제(醴齊) : '예제'는 오제(五齊) 중 하나이다. 비교적 탁한 술에 해당한다. 술이 익고 나서 앙금을 한 차례 걸러낸 것으로 염주(恬酒)와 같은 술이다.

◎ 오사(五祀) : '오사'는 본래 주택 내외에 있는 대문[門], 방문[戶], 방 가운데[中霤], 부뚜막[竈], 도로[行]를 주관하는 다섯 신(神)들을 가리키기도 하며, 이들에게 지내는 제사를 지칭하기도 한다. 한편 계층별로 봤을 때, 통치자 계급은 통치 범위를 자신의 집으로 생각하여, 각각 다섯 대상에 대해서 대표적인 장소에서 제사를 지내기도 한다.『예기』「월령(月令)」편에는 "天子乃祈來年于天宗, 大割祠于公社及門閭, 臘先祖五祀. 勞農以休息之."라는 기록이 있고, 이에 대한 정현의 주에서는 "五祀, 門, 戶, 中霤, 竈, 行也."라고 풀이했다. 한편 '오사' 중 행(行) 대신 우물[井]를 포함시키기도 한다. 『회남자(淮南子)』「시칙훈(時則訓)」편에는 "其位北方, 其日壬癸, 盛德在水, 其蟲介, 其音羽, 律中應鐘, 其數

六, 其味鹹, 其臭腐. 其祀井, 祭先腎."이라는 기록이 있다. 그리고 이들
에 대해 제사를 지내는 이유에 대해서,『논형(論衡)』「제의(祭意)」편에
서는 "五祀報門・戶・井・竈・室中霤之功. 門・戶, 人所出入, 井・竈,
人所欲食, 中霤, 人所託處, 五者功鈞, 故俱祀之."라고 설명한다. 즉 '오
사'에 대한 제사는 그들에 대한 공덕에 보답을 하는 것으로, 문(門)과
호(戶)는 사람들이 출입을 하는데 편리함을 제공해주었고, 정(井)과
조(竈)는 사람들이 음식을 먹을 수 있도록 해주었으며, 중류(中霤)는
사람이 거처할 수 있도록 해주었기 때문에, 이들에 대해서 제사를 지
내는 것이다.

◎ 오유청(吳幼淸) : =오징(吳澄)

◎ 오제(五帝) : '오제'는 천상(天上)의 다섯 신(神)을 가리킨다. 오행설(五
行說)과 참위설(讖緯說)에 영향을 받은 것으로, 중앙의 황제(黃帝)인
함추뉴(含樞紐), 동쪽의 창제(蒼帝)인 영위앙(靈威仰), 남쪽의 적제(赤
帝)인 적표노(赤熛怒), 서쪽의 백제(白帝)인 백소구(白昭矩: =白招拒),
북쪽의 흑제(黑帝)인 협광기(叶光紀)를 가리킨다.

◎ 오징(吳澄, A.D.1249~A.D.1333) : =임천오씨(臨川吳氏)・오유청(吳幼淸)
・초려오씨(草廬吳氏). 송원대(宋元代)의 유학자이다. 이름은 징(澄)이
다. 자(字)는 유청(幼淸)이다. 저서로『예기해(禮記解)』가 있다.

◎ 왕념손(王念孫, A.D.1744~A.D.1832) : 청(淸)나라 때의 학자이다. 자(字)
는 회조(懷租)이고, 호(號)는 석구(石臞)이다. 부친은 왕안국(王安國)
이고, 아들은 왕인지(王引之)이다. 대진(戴震)에게 학문을 배웠다. 저
서로는『독서잡지(讀書雜志)』등이 있다.

◎ 왕백후(王伯厚) : =왕응린(王應麟)

◎ 왕숙(王肅, A.D.195~A.D.256) : =왕자옹(王子雍). 위진남북조(魏晉南北
朝) 때의 위(魏)나라 경학자이다. 자(字)는 자옹(子雍)이다. 출신지는 동
해(東海)이다. 부친 왕랑(王朗)으로부터 금문학(今文學)을 공부했으나,
고문학(古文學)의 고증적인 해석을 따랐다.『상서(尙書)』,『시경(詩經)』,
『좌전(左傳)』,『논어(論語)』및 삼례(三禮)에 대한 주석을 남겼다.

◎ 왕응린(王應麟, A.D.1223~A.D.1296) : =왕백후(王伯厚). 남송(南宋) 때의
학자이다. 자(字)는 백후(伯厚)이고, 호(號)는 심녕거사(深寧居士)이다.
저서로는『한제고(漢制考)』,『곤학기문(困學紀聞)』,『옥해(玉海)』등이
있다.

◎ 왕인지(王引之, A.D.1766~A.D.1834) : 청(淸)나라 때의 훈고학자이다. 자(字)는 백신(伯申)이고, 호(號)는 만경(曼卿)이며, 시호(諡號)는 문간(文簡)이다. 왕념손(王念孫)의 아들이다. 대진(戴震), 단옥재(段玉裁), 부친과 함께 대단이왕(戴段二王)이라고 일컬어졌다. 『경전석사(經傳釋詞)』, 『경의술문(經義述聞)』 등의 저술이 있다.

◎ 왕자옹(王子雍) : =왕숙(王肅)

◎ 외제(外祭) : '외제'는 내제(內祭)와 상대되는 말이다. 교사(郊祀)를 가리키기도 하며, 왕이 사냥이나 출정 등으로 밖으로 나갔을 때 지내는 제사인 표맥(表貉)과 순수(巡守)를 시행할 때 산천(山川)에 지내는 제사 등을 가리킨다. 『주례』「지관(地官)・목인(牧人)」편에 기록된 '외제'에 대해, 정현의 주에서는 "外祭, 謂表貉及王行所過山川用事者."라고 풀이했고, 또 『예기』「제통(祭統)」편에는 "外祭則郊社是也."라는 기록이 있다.

◎ 우상(虞庠) : '우상'은 주(周)나라 때의 소학(小學)으로 서교(西郊)에 위치하였다. 주나라에서는 유우씨(有虞氏) 때의 상(庠)에 대한 제도를 본떠서, 소학을 지은 것이기 때문에, 그 학교를 '우상'이라고 부른 것이다. 『예기』「왕제(王制)」편에는 "周人養國老於東膠, 養庶老於虞庠. 虞庠在國之西郊."라는 기록이 있고, 이에 대한 정현의 주에서는 "虞庠亦小學也. 西序在西郊, 周立小學於西郊 …… 周之小學爲有虞氏之庠制, 是以名庠云."이라고 풀이했다. 한편 '우상'에는 두 가지 뜻이 포함되어 있는데, 하나는 태학(太學)의 건물들 중 북쪽에 있는 학교를 뜻하는 것으로, 이것을 또한 상상(上庠)이라고도 불렀고, 다른 하나는 앞서 설명한 것처럼 교외(郊外)에 설치했던 소학을 뜻한다. 『주례』「춘관(春官)・대사악(大司樂)」편에는 "掌成均之瀍."이라는 기록이 있는데, 이에 대한 손이양(孫詒讓)의 『정의(正義)』에서는 "案虞庠有二, 一爲大學之北學, 亦曰上庠, 一爲四郊之小學, 曰虞庠."이라고 풀이했다.

◎ 우제(虞祭) : '우제'는 장례(葬禮)를 치르고 난 뒤에 지내는 제사를 뜻한다.

◎ 웅씨(熊氏) : =웅안생(熊安生)

◎ 웅안생(熊安生, ?~A.D.578) : =웅씨(熊氏). 북조(北朝) 때의 경학자이다. 자(字)는 식지(植之)이다. 『주례(周禮)』, 『예기(禮記)』, 『효경(孝經)』 등 많은 전적에 의소(義疏)를 남겼지만, 모두 산일되어 남아 있지 않다. 현재 마국한(馬國翰)의 『옥함산방집일서(玉函山房輯佚書)』에 『예기웅

씨의소(禮記熊氏義疏)』 4권이 남아 있다.

◎ 위소(韋昭, A.D.204~A.D.273) : 삼국시대(三國時代) 때 오(吳)나라의 학자이다. 자(字)는 홍사(弘嗣)이다. 사마소(司馬昭)의 이름을 피휘하여, 요(曜)로 고쳤다. 저서로는 『국어주(國語注)』 등이 있다.

◎ 유(類) : '유'는 천신(天神)에게 지내는 제사의 일종이다. 『서』「우서(虞書)・순전(舜典)」편에는 "肆類于上帝."라는 기록이 있다. '유'제사와 관련된 예법들은 망실되어 전해지지 않지만, 군대를 출병하게 될 때 상제(上帝)에게 '유'제사를 지냈다는 기록이 있다. 『예기』「왕제(王制)」편에는 "天子將出, 類乎上帝, 宜乎社, 造乎禰."라는 기록이 있고, 이 문장에 대한 정현의 주에서는 "類・宜・造, 皆祭名, 其禮亡."이라고 풀이했다.

◎ 유사(有司) : '유사'는 관리를 뜻하는 용어이다. '사(司)'자는 담당한다는 뜻이다. 관리들은 각자 담당하고 있는 업무가 있었으므로, 관리를 '유사'라고 불렀던 것이다. 일반적으로 하위관료들을 지칭하여, 실무자를 뜻하는 용어로 많이 사용된다. 그러나 때로는 고위관료까지도 지칭하는 용어로 사용되기도 한다.

◎ 유씨(劉氏) : =장락유씨(長樂劉氏)

◎ 유악(黝堊) : '유악'에서의 유(黝)자는 검은 색을 칠한 것을 뜻하며, 악(堊)자는 흰색을 칠한 악실(堊室)을 뜻한다. 『예기』「대상기(大喪記)」편에는 "旣祥, 黝堊."이라는 기록이 있는데, 이에 대한 공영달(孔穎達)의 소(疏)에서는 "黝, 黑色. 平治其地令黑也. 堊, 白也. 新塗堊於墻壁令白."이라고 풀이했다. 즉 '유악'이라는 것은 대상(大祥)을 치르게 되면, 바닥을 흑색으로 칠하고, 상중(喪中)에 머무는 '악실'의 벽을 흰색으로 칠하는 것을 가리킨다.

◎ 유원보(劉原父) : =유창(劉敞)

◎ 유이(劉彝) : =장락유씨(長樂劉氏)

◎ 유집중(劉執中) : =장락유씨(長樂劉氏)

◎ 유창(劉敞, A.D.1019~A.D.1068) : =공시선생(公是先生)・유원보(劉原父)・청강유씨(淸江劉氏). 북송(北宋) 때의 경학자이다. 자(字)는 원보(原父)이다. 유학뿐만 아니라 불교와 도교에 대해서도 연구하였고, 천문(天文), 지리(地理) 등의 방면에도 조예가 깊었다.

◎ 유향(劉向, B.C77~A.D.6) : 전한(前漢) 때의 학자이다. 자(字)는 자정(子政)이다. 유흠(劉歆)의 부친이다. 비서성(秘書省)에서 고서들을 정리하

였다. 저서로는『설원(說苑)』·『신서(新序)』·『열녀전(列女傳)』·『별록
(別錄)』등이 있다.

◎ 육기(陸機, A.D.261~A.D.303) : 서진(西晉) 때의 학자이다. 자(字)는 사
형(士衡)이다. 저서로는『변망론(辯亡論)』·『육사형집(陸士衡集)』등
이 있다.

◎ 육농사(陸農師) : =산음육씨(山陰陸氏)

◎ 육덕명(陸德明, A.D.550~A.D.630) : =육원랑(陸元朗). 당대(唐代)의 경학
자이다. 이름은 원랑(元朗)이고, 자(字)는 덕명(德明)이다. 훈고학에 뛰
어났으며,『경전석문(經典釋文)』등을 남겼다.

◎ 육원랑(陸元朗) : =육덕명(陸德明)

◎ 육전(陸佃) : =산음육씨(山陰陸氏)

◎ 육향(六鄕) : ‘육향’은 주(周)나라 때 원교(遠郊)에 설치된 여섯 개의 향
(鄕)을 뜻한다. 주나라의 제도에서는 국성(國城)과 가까이 있는 교외
(郊外)를 근교(近郊)라고 불렀고, 근교 밖을 원교(遠郊)라고 불렀다.
그리고 원교 안에는 6개의 향(鄕)을 설치했고, 원교 밖에는 6개의 수
(遂)를 설치했다.

◎ 은제(殷祭) : ‘은제’는 성대한 제사를 뜻한다. 3년마다 지내는 협(祫)제
사와 5년마다 지내는 체(禘)제사 등을 ‘은제’라고 부른다.『예기』「증자
문(曾子問)」편에는 “孔子曰, 有君喪服於身, 不敢私服, 又何除焉. 於是
乎有過時, 而弗除也. 君之喪服除, 而后殷祭, 禮也.”라는 용례가 있다.

◎ 음염(陰厭) : ‘음염’은 본래 염제(厭祭)의 절차 중 하나이다. ‘염제’는 정
규 제사를 진행하는 절차인데, 정규 제사의 본격적인 의식은 시동을
통해 진행된다. ‘염제’는 시동을 이용하지 않고, 본식 이전과 이후에
간략히 지내는 제사를 뜻한다. ‘염(厭)’자는 신을 흠향시킨다는 뜻이다.
‘염제’에는 ‘음염’과 양염(陽厭)이 있다. ‘음염’은 시동을 맞이하기 이전
에 축관이 술을 따라서 바치고, 그 술잔을 올려서 신을 흠향하게 만드
는 것이다. 또한 적장자가 아직 성년이 되지 않은 상태에서 죽었을 때,
그에 대한 제사는 종묘(宗廟)의 그윽하고 음(陰)한 장소에서 간략하게
치르게 되는데, 이것을 ‘음염’이라고 부른다.

◎ 응문(應門) : ‘응문’은 궁(宮)의 정문을 가리킨다.『시』「대아(大雅)·면
(緜)」편에는 “迺立應門, 應門將將.”이라는 기록이 있는데, 이에 대한
모전(毛傳)에서는 “王之正門曰應門.”이라고 풀이하였다.

◎ 응씨(應氏) : =금화응씨(金華應氏)

◎ 응용(應鏞) : =금화응씨(金華應氏)

◎ 응자화(應子和) : =금화응씨(金華應氏)

◎ 인(仞) : '인'은 길이를 재는 단위이다. 7척(尺)이 1인(仞)이 된다. 일설에는 8척(尺)을 1인(仞)이라고도 한다. 『논어』「자장(子張)」편에서는 "夫子之牆數仞, 不得其門而入者, 不見宗廟之美, 百官之富, 得其門者或寡矣."라고 했는데, 이에 대한 하안(何晏)의 『집해(集解)』에서는 "七尺曰仞也"라고 풀이했고, 『의례』「향사(鄕射)」편에는 "杠長三仞."이라고 했는데, 이에 대한 정현의 주에서는 "七尺曰仞."이라고 풀이했다. 한편 『한서(漢書)』「식화지상(食貨志上)」편에는 "神農之敎曰: 有石城十仞, 湯池百步, 帶甲百萬而亡粟, 弗能守也."라고 했는데, 이에 대한 안사고(顏師古)의 주에서는 "應劭曰: '仞, 五尺六寸也.' 師古曰: '此說非也. 八尺曰仞, 取人申臂之一尋也.'"라고 풀이했다.

◎ 임천오씨(臨川吳氏) : =오징(吳澄)

ㅈ

◎ 자림(字林) : 『자림(字林)』은 고대의 자서(字書)이다. 진(晉)나라 때 학자인 여침(呂忱)이 지었다. 원본은 일실되어 전해지지 않고, 다른 문헌들 속에 일부 기록들만 남아 있다.

◎ 자성(粢盛) : '자성'은 제성(齊盛)이라고도 부른다. 자(粢)자는 곡식의 한 종류인 기장을 뜻하고, 성(盛)자는 그릇에 기장을 풍성하게 채워놓은 모양을 뜻한다. 따라서 '자성'은 제기(祭器)에 곡물을 가득 채워놓은 것을 뜻하며, 제물(祭物)로 사용되었다. 『춘추공양전』「환공(桓公) 14년」편에는 "御廩者何, 粢盛委之所藏也."라는 기록이 있는데, 이에 대한 하휴(何休)의 주에서는 "黍稷曰粢, 在器曰盛."이라고 풀이하였다.

◎ 자전(藉田) : '자전'은 적전(籍田)이라고도 부른다. 천자와 제후가 백성들을 동원해서 경작하는 땅이다. 처음 농사일을 시작할 때, 천자와 제후는 이곳에서 직접 경작에 참여함으로써, 농업을 중시한다는 뜻을 보이게 된다.

◎ 장락유씨(長樂劉氏, A.D.1017~A.D.1086) : =유씨(劉氏)·유이(劉彝)·유집중(劉執中). 북송(北宋) 때의 성리학자이다. 자(字)는 집중(執中)이다.

복주(福州) 출신이며, 어려서 호원(胡瑗)에게서 학문을 배웠다. 『정속방(正俗方)』, 『주역주(周易注)』를 지었으나 현존하지 않는다. 『칠경중의(七經中議)』, 『명선집(明善集)』, 『거이집(居易集)』 등이 남아 있다.

◎ 장락진씨(長樂陳氏) : =진상도(陳祥道)

◎ 장자(張子) : =장재(張載)

◎ 장재(張載, A.D.1020~A.D.1077) : =장자(張子)·장횡거(張橫渠). 북송(北宋) 때의 유학자이다. 북송오자(北宋五子) 중 한 사람으로 칭해진다. 자(字)는 자후(子厚)이다. 횡거진(橫渠鎭) 출신으로, 이곳에서 장기간 강학을 했기 때문에 횡거선생(橫渠先生)으로 일컬어지기도 한다.

◎ 정강성(鄭康成) : =정현(鄭玄)

◎ 정경원(鄭慶元) : =정원경(鄭元慶)

◎ 정씨(鄭氏) : =정현(鄭玄)

◎ 정원경(鄭元慶, A.D.1660~A.D.1730) : =정경원(鄭慶元). 청(淸)나라 때의 학자이다. 자(字)는 자여(子余)·지휴(芷畦)이다. 부친 정준손(鄭駿孫)의 영향으로 어려서부터 역학(易學)과 예학(禮學)을 연구하였다. 금석문(金石文)에도 정통하였다. 모기령(毛奇齡)·주이존(朱彝尊) 등과 교유하였다. 저서로는 『예기집설참동(禮記集說參同)』·『주례집설(周禮集說)』 등이 있다.

◎ 정의(正義) : 『정의(正義)』는 『예기정의(禮記正義)』 또는 『예기주소(禮記注疏)』를 뜻한다. 당(唐)나라 때에는 태종(太宗)이 공영달(孔穎達) 등을 시켜서 『오경정의(五經正義)』를 편찬하였는데, 이때 『예기정의』에는 정현(鄭玄)의 주(注)와 공영달의 소(疏)가 수록되었다. 송대(宋代)에는 『오경정의』와 다른 경전(經典)에 대한 주석서를 포함한 『십삼경주소(十三經注疏)』가 편찬되어, 『예기주소』라는 명칭이 되었다.

◎ 정현(鄭玄, A.D.127~A.D.200) : =정강성(鄭康成)·정씨(鄭氏). 한대(漢代)의 유학자이다. 자(字)는 강성(康成)이다. 『주역(周易)』, 『상서(尙書)』, 『모시(毛詩)』, 『주례(周禮)』, 『의례(儀禮)』, 『예기(禮記)』, 『논어(論語)』, 『효경(孝經)』 등에 주석을 하였다.

◎ 제적(帝籍) : '제적'은 제자(帝藉)라고도 부른다. 천자가 직접 경작하던 농작지를 뜻한다. 직접 농사를 지었다는 뜻은 아니며, 상징적인 의미를 갖는다. 이곳에서 생산된 곡식들은 천자가 지내는 제사 때 사용되었다. 『예기』 「월령(月令)」편에는 "帥三公九卿諸侯大夫, 躬耕帝籍."이

라는 기록이 있는데, 이에 대한 손희단(孫希旦)의 집해(集解)에서는 "天子藉田千畝, 收其穀爲祭祀之粢盛, 故曰帝藉."이라고 풀이했다. 즉 천자가 경작하는 땅은 1000무(畝)의 면적인데, 여기에서 수확되는 곡식들을 가지고 오제(五帝)에 대한 제사에 사용하였으므로, '제적'이라고 부르게 된 것이다.

◎ 제제(緹齊) : '제제'는 오제(五齊) 중 하나이다. 비교적 맑은 술에 해당한다. 술이 익고 나서 붉은 빛깔을 보이는 것으로 하주(下酒)와 같은 술이다.

◎ 제제(制祭) : '제제'는 울창주로 희생물의 간장을 씻어서 굽고, 이것을 신주 앞에서 손질을 하는 등의 절차를 뜻한다. 『예기』「예운(禮運)」편에는 "故玄酒在室, 醴醆在戶, 粢醍在堂, 澄酒在下, 陳其犧牲, 備其鼎俎, 列其琴瑟管磬鐘鼓, 脩其祝嘏, 以降上神與其先祖, 以正君臣, 以篤父子, 以睦兄弟, 以齊上下, 夫婦有所, 是謂承天之祜."라는 기록이 있는데, 이에 대한 공영달(孔穎達)의 소(疏)에서는 "王乃洗肝於鬱鬯而燔之, 以制於主前, 所謂制祭."라고 풀이했다.

◎ 조(兆) : '조'는 고대에 사교(四郊)에 설치했던 일종의 제단(祭壇)이다. 또한 사교(四郊)에서 제사를 지내는 장소를 뜻한다. 『예기』「표기(表記)」편에는 "詩曰, 后稷兆祀, 庶無罪悔, 以迄于今."이라는 기록이 있고, 이에 대한 정현의 주에서는 "兆, 四郊之祭處也."라고 풀이했다. 한편 『예기』「예기(禮器)」편에는 "有以下爲貴者, 至敬不壇, 埽地而祭."라는 기록이 있다. 즉 지극히 공경을 표해야 하는 제사에서는 제단을 쌓지 않고, 단지 땅만 쓸고서 제사를 지낸다는 뜻이다. 이 문장에 대해 진호(陳澔)의 『집설(集說)』에서는 "封土爲壇, 郊祀則不壇, 至敬無文也."라고 풀이한다. 즉 흙을 높게 쌓아서 제단을 만들게 되는데, 교사(郊祀)와 같은 경우는 지극히 공경을 표해야 하는 제사에 해당하므로, 제단을 만들지 않는다. 그 이유는 이러한 제사에서는 화려한 꾸밈을 하지 않기 때문이다. 한편 『예기』「예기」편의 문장에 대해 공영달(孔穎達)의 소(疏)에서는 "此謂祭五方之天, 初則燔柴於大壇, 燔柴訖, 於壇下掃地而設正祭, 此周法也."라고 설명한다. 즉 지극히 공경을 표해야 하는 제사는 오방(五方)의 천신(天神)들에게 지내는 제사를 뜻하는데, 제사 초반부에는 태단(太壇)에서 섶을 태워서 신들에게 알리고, 섶 태우는 일이 끝나면, 제단 아래에서 땅을 쓸고, 본격적인 제사를 지내게 되는데, 이것은 주(周)

나라 때의 예법에 해당한다.

◎ 조근(朝覲) : '조근'은 군주가 신하를 만나보는 예법(禮法)을 뜻한다. 군주가 신하를 만나보는 예법에는 조(朝), 근(覲), 종(宗), 우(遇), 회(會), 동(同) 등이 있었는데, 이것을 총칭하여 '조근'으로 부르기도 한다. 한편 '조근'은 신하가 군주를 찾아뵙는 예법을 뜻하기도 한다. 고대에는 제후가 천자를 찾아뵐 때, 각 계절별로 그 명칭을 다르게 불렀다. 봄에 찾아뵙는 것을 조(朝)라고 부르며, 여름에 찾아뵙는 것을 종(宗)이라고 부르고, 가을에 찾아뵙는 것을 근(覲)이라고 부르며, 겨울에 찾아뵙는 것을 우(遇)라고 부른다. '조근'은 이러한 예법들을 총칭하는 말이다.

◎ 조녜(祖禰) : '조녜'는 선조(先祖)와 선친(先親)을 말하며, 포괄적 의미로는 이들의 사당을 뜻한다.

◎ 조량주(趙良澍, ?~?) : 청(淸)나라 때의 학자이다. 저서로는『독예기(讀禮記)』가 있다.

◎ 조복(朝服) : '조복'은 군주와 신하가 조회를 열 때 착용하는 복장을 뜻한다. 중요한 의식을 치를 때 착용하는 예복(禮服)을 가리키기도 한다.

◎ 조사(朝事) : '조사'는 종묘(宗廟)에서 새벽에 지내는 제사를 가리킨다.『예기』「제의(祭義)」편에는 "建設朝事, 燔燎羶薌."이라는 기록이 있고, 이에 대한 진호(陳澔)의『집설(集說)』에서는 "朝事, 謂祭之日, 早朝而行之事也."라고 풀이했다.

◎ 조일(朝日) : '조일'은 고대에 제왕이 해에 대해서 지낸 제사를 뜻한다. 해가 떠오를 무렵에 해에게 절을 하였기 때문에 '조(朝)'자를 붙여서 부른 것이다.『한서(漢書)』「교사지상(郊祀志上)」편에는 "十一月辛巳朔旦冬至. 昒爽, 天子始郊拜泰一, 朝朝日, 夕夕月, 則揖."이라는 기록에 있고, 이에 대한 안사고(顏師古)의 주에서는 "以朝旦拜日爲朝."라고 풀이하였다. 또한 '조일'은 각 계절의 기운이 도래할 때, 교외(郊外)에서 지낸 제사를 뜻하기도 한다.『주례』「천관(天官)·장차(掌次)」편에는 "朝日, 祀五帝, 則張大次小次, 設重帟重案."이라는 기록이 있는데, 이에 대한 정현의 주에서는, "朝日, 春分拜日於東門之外."라고 풀이하였다. 한편 제왕이 조정에서 정사를 듣는 행위 또는 그러한 날을 뜻하기도 한다.『전국책(戰國策)』「제책육(齊策六)」편에는 "王至朝日, 宜召田單而揖之於庭, 口勞之."라는 기록이 있다.

◎ 조천(朝踐) : '조천'은 제례(祭禮) 의식 중 하나이다. 희생물의 피와 기

름 등을 바치고, 단술을 따르게 되면, 비로소 제사를 본격적으로 시행하게 된다. 제주(祭主)의 부인이 되는 주부(主婦)는 이때 제사 때 진설해두는 제기(祭器)인 두변(豆籩) 등을 바치게 된다. '조천'은 바로 이러한 의식 절차를 가리킨다. 『주례』「춘관(春官)・사존이(司尊彝)」에는 "其朝踐用兩獻尊."이라는 기록이 있고, 이 기록에 대한 정현의 주에서는 "朝踐, 謂薦血腥, 酌醴, 始行祭事, 后於是薦朝事之豆籩."이라고 풀이하였다.

◎ 좌식(佐食) : '좌식'은 제사를 지낼 때, 시동의 옆에서 시동이 제사 음식을 흠향할 수 있도록 시중을 드는 사람이다. 『의례』「특생궤식례(特牲饋食禮)」편에는 "佐食北面, 立於中庭."이라는 기록이 있는데, 이에 대한 정현의 주에서는 "佐食, 賓佐尸食者."라고 풀이했다.

◎ 주서(周諝) : =연평주씨(延平周氏)

◎ 주희성(周希聖) : =연평주씨(延平周氏)

◎ 중문(中門) : '중문'은 내(內)와 외(外) 사이에 있는 문을 뜻한다. 궁(宮)에 있어서는 혼문(閽門)을 뜻하기도 한다. 또 천자(天子)의 궁성(宮城)에는 다섯 개의 문이 있었다고 전해지는데, 가장 밖에 있는 문부터 순차적으로 나열해보면, 고문(皐門), 치문(雉門), 고문(庫門), 응문(應門), 노문(路門)이다. 이러한 다섯 개의 문들 중 노문(路門)은 가장 안쪽에 있으므로, 내문(內門)로 여기고, 고문(皐門)은 가장 밖에 있으므로, 외문(外門)으로 여긴다. 따라서 나머지 치문(雉門), 고문(庫門), 응문(應門)은 내외(內外)의 사이에 있으므로, 이 세 개의 문을 '중문'으로 여기기도 한다. 『주례』「천관(天官)・혼인(閽人)」편에는 "掌守王宮之中門之禁."이라는 기록이 있는데, 이에 대한 손이양(孫詒讓)의 『정의(正義)』에서는 "此中門實不專屬雉門. 當兼庫・雉・應三門言之. 蓋五門以路門爲內門, 皐門爲外門, 餘三門處內外之間, 故通謂之中門."이라고 풀이했다. 한편 정중앙에 있는 문을 '중문'이라고도 부른다.

◎ 진덕수(眞德秀) : =서산진씨(西山眞氏)

◎ 진상도(陳祥道, A.D.1159~A.D.1223) : =장락진씨(長樂陳氏)・진씨(陳氏)・진용지(陳用之). 북송대(北宋代)의 유학자이다. 자(字)는 용지(用之)이다. 장락(長樂) 지역 출신으로, 1067년에 과거에 급제하여 태상박사(太常博士) 등을 지냈다. 왕안석(王安石)의 제자로, 그의 학문을 전파하는데 공헌하였다. 저서에는 『예서(禮書)』, 『논어전해(論語全解)』 등이 있다.

◎ 진씨(陳氏) : =진상도(陳祥道)

◎ 진용지(陳用之) : =진상도(陳祥道)

ㅊ

◎ 천종(天宗) : '천종'은 일월(日月)과 성신(星辰)을 가리킨다. 『일주서(逸周書)』「세부(世俘)」편에는 "武王乃翼矢珪矢憲, 告天宗上帝."라는 기록이 있는데, 이에 대한 주우증(朱右曾)의 교석(校釋)에서는 "天宗, 日月星辰."이라고 풀이했다.

◎ 천주(遷主) : '천주'는 천묘(遷廟)의 신주를 뜻한다. '천묘'는 대수(代數)가 다한 신주(神主)를 모시는 묘(廟)를 뜻하는데, 군주가 군대를 출정시킬 때 종묘에서 제사를 지내고, 천묘에 봉안된 신주를 받들고 떠나게 되며, 군대 내에서 이 신주에게 제사를 지내게 된다.

◎ 청강유씨(淸江劉氏) : =유창(劉敞)

◎ 체제(禘祭) : '체제'는 천신(天神) 및 조상신(祖上神)에게 지내는 '큰 제사[大祭]'를 뜻한다. 『이아』「석천(釋天)」편에는 "禘, 大祭也."라는 기록이 있고, 이에 대한 곽박(郭璞)의 주에서는 "五年一大祭."라고 풀이하여, 대제(大祭)로써의 체제사는 5년마다 1번씩 지낸다고 설명한다. 그러나 『예기』「왕제(王制)」에 수록된 각종 제사들에 대한 기록을 살펴보면, 체제사는 큰 제사임에는 분명하나, 반드시 5년마다 1번씩 지내는 제사는 아니었다.

◎ 초려오씨(草盧吳氏) : =오징(吳澄)

◎ 최씨(崔氏) : =최영은(崔靈恩)

◎ 최영은(崔靈恩, ?~?) : =최씨(崔氏). 남북조(南北朝) 때의 학자이다. 오경(五經)에 능통하였고, 다른 경전에도 두루 해박하였다고 전해진다. 『모시(毛詩)』, 『주례(周禮)』 등에 주석을 달았고, 『삼례의종(三禮義宗)』, 『좌씨경전의(左氏經傳義)』 등을 지었다.

◎ 추향(追享) : '추향'은 추향(追饗)이라고도 부른다. 제사 명칭이며, 체(禘)제사를 뜻한다. 『주례』「춘관(春官)·사존이(司尊彛)」편에는 "凡四時之間祀, 追享·朝享."이라는 기록이 있는데, 이에 대한 정현의 주에서는 "鄭司農云, '追享·朝享, 謂禘祫也.' 杜子春云, '追享, 謂追祭遷廟之主, 以事有所請禱.'"라고 풀이했다. 즉 '추향'은 체(禘)제사를 뜻하는

데, 천묘(遷廟)된 신주에게도 거슬러 올라가 제사를 지내며, 기도를 드리기 때문에, '추향'이라고 부르는 것이다. 한편 손이양(孫詒讓)의 『정의(正義)』에서는 "任啓運曰, '追享, 大禘也, 以追所自出, 故曰追享. …… 陸淳春秋纂例, '古者喪除, 朝廟合群祖而祭焉, 故祫謂之朝享; 明年又禘其祖之所自出, 故禘謂之追享.'"이라고 풀이했다. 즉 임계운(任啓運)의 주장에 따르면, '추향'은 성대하게 지내는 체(禘)제사를 뜻하는데, 자신의 혈통이 비롯된 오래된 선조들에 대해서도 거슬러 올라가 제사를 지내기 때문에, '추향'이라고 부르는 것이다. 그리고 육순(陸淳)의 『춘추찬례(春秋纂例)』에 따르면, 고대에는 상(喪)을 끝내고 난 뒤, 여러 조상들의 신주들을 한곳에 합사하여 제사를 지냈는데, 이것을 협(祫)제사 또는 조향(朝享)이라고 부르며, 그 다음 해에는 자신의 선조가 비롯된 오래된 선조에 대해서도 성대한 제사를 지내게 되는데, 이것을 체(禘)제사 또는 '추향'이라고 부른다는 뜻이다.

◎ 치(雉) : '치'는 담장 등의 면적을 계산하는 단위이다. 길이가 3장(丈)이고 높이가 1장인 것을 1치(雉)라고 부른다.

◎ 치문(雉門) : '치문'에 대해서는 크게 두 가지 해설이 있다. 첫 번째는 제후의 궁(宮)에 있는 문으로, 천자의 궁에 있는 응문(應門)에 해당한다는 주장이다. 두 번째는 천자의 궁에는 다섯 개의 문이 있는데, 그중 네 번째 위치한 문으로, 바깥쪽에 위치한 문을 가리킨다는 주장이다. 첫 번째 주장은 『예기』「명당위(明堂位)」편의 "大廟, 天子明堂. 庫門, 天子皋門. 雉門, 天子應門."이라는 기록에 근거한 해설이다. 이 기록에 대한 손희단(孫希旦)의 『집해(集解)』에서는 유창(劉敞)의 말을 인용하여, "此經有五門之名, 而無五門之實. 以詩書禮春秋考之, 天子有皋, 應, 畢, 無皋, 雉, 路. 諸侯有庫, 雉, 路, 無皋, 應, 畢. 天子三門, 諸侯三門, 門同而名不同."이라고 했다. 즉 천자의 궁에는 5개의 문이 있다고 하지만, 실제적으로 천자나 제후는 모두 3개의 문만을 설치해었다. 『시(詩)』, 『서(書)』, 『예(禮)』, 『춘추(春秋)』에 나타난 기록들을 고증해 보면, 천자는 고(皋), 응(應), 필(畢)이라는 3개의 문을 설치하고, 고(皋), 치(雉), 노(路)라는 문은 없다. 또한 제후는 고(庫), 치(雉), 노(路)라는 3개의 문을 설치하고, 고(皋), 응(應), 필(畢)이라는 문은 없다. 두 번째 주장은 『주례』「천관(天官)・혼인(閽人)」편의 "閽人掌守王宮之中門之禁."이라는 기록에 근거한 해설이다. 이 기록에 대해 정현은 정사

농(鄭司農)의 말을 인용하여, "王有五門, 外曰皐門, 二曰雉門, 三曰庫門, 四曰應門, 五曰路門."이라고 풀이하였다. 즉 천자는 5개의 문을 설치하는데, 가장 안쪽에 있는 노문(路門)으로부터 응문(應門), 고문(庫門), 치문(雉門), 고문(皐門) 순으로 설치해 두었다.

◎ **치재(致齋)** : =치제(致齊)

◎ **치제(致齊)** : '치제'는 치재(致齋)라고도 부른다. '치제'는 제사를 지내기 이전 3일 동안 몸과 마음을 정숙하게 재계하는 의식이다. '치제' 이전에는 '산제(散齊)'를 하여 7일 동안 정숙하게 한다. '치제'는 그 이후 3일 동안 몸과 마음을 더욱 정숙하게 재계하여, 신과 소통할 수 있도록 준비하는 것이다. 『예기』「제통(祭統)」편에는 "故散齊七日以定之, 致齊三日以齊之. 定之之謂齊, 齊者精明之至也, 然後可以交于神明也."라는 기록이 있다.

◎ **치조(治朝)** : '치조'는 천자 및 제후에게 있었던 내조(內朝) 중 하나를 뜻한다. 천자 및 제후는 3개의 조(朝)를 두는데, 1개는 외조(外朝)이며, 나머지 2개는 내조가 된다. 내조 중에서도 노문(路門) 밖에 있던 것을 '치조'라고 부르며, 천자 및 제후가 정사를 처리하던 장소이다.

ㅌ

◎ **태사(太社)** : '태사'는 천자가 토지신이나 곡신(穀神)에게 제사 드리던 장소를 뜻한다.

ㅍ

◎ **풍씨(馮氏)** : =양헌풍씨(亮軒馮氏)

◎ **하(嘏)** : '하'자는 축복을 받는다는 뜻이다. 제사를 지내게 되면, 시동이 입가심 하는 술을 받은 다음, 술잔이 오가게 되는데, 그 일이 끝나게 되면 축관(祝官)에게 명령하여, 제주(祭主)에게 축복을 내려주도록 한다. 이 의식을 '하'라고 부른다. 시동의 명령을 받은 축관은 '하'를 하게

되는데, 그 말에서는 "황시(皇尸)가 나 축관에게 명하여, 효손인 그대에게 많은 복을 영원토록 내리게 하였다. 그대 효손으로 하여금, 하늘로부터 녹봉[祿]을 받게 하고, 많은 농토를 경작하게 할 것이며, 장수하여 천년만년 향유하도록 할 것이니, 폐망하는 일 없이 잘 이끌어가야 한다."라고 한다. 이것이 바로 '하'에 사용되는 말이다. 『의례』「소뢰궤식례(少牢饋食禮)」편에는 "卒命祝, 祝受以東, 北面于戶西, 以嘏于主人曰, "皇尸命工祝, 承致多福無疆于女孝孫. 來女孝孫, 使女受祿于天, 宜稼于田, 眉壽萬年, 勿替引之."라는 기록이 있다.

◎ 하정(夏正) : '하정'은 하(夏)나라의 정월(正月)을 뜻한다. 이러한 뜻에서 파생되어 하나라의 역법(曆法)을 지칭하기도 한다. 하력(夏曆)을 기준으로 두었을 때, 은(殷)나라는 12월을 정월로 삼았으며, 주(周)나라는 11월을 정월로 삼았다. 『사기(史記)』「역서(曆書)」편에서는 "秦及漢初曾一度以夏曆十月爲正月, 自漢武帝改用夏正后, 曆代沿用."이라고 하여, 진(秦)나라와 전한초기(前漢初期)에는 하력에서의 10월을 정월로 삼았다가, 한무제(漢武帝)부터는 다시 하력을 따랐다고 전해진다. 또한 '하력'은 농력(農曆)이라고도 부르는데, '하력'에 기준을 두었을 때, 농사의 시기와 가장 잘 맞았기 때문이다. 따라서 역대 왕조에서 역법을 개정할 때에는 '하력'에 기준을 두게 되었다.

◎ 하휴(何休, A.D.129~A.D.182) : 전한(前漢) 때의 금문경학자(今文經學者)이다. 자(字)는 소공(邵公)이다. 『춘추공양전해고(春秋公羊傳解詁)』를 지었으며, 『효경(孝經)』, 『논어(論語)』 등에 대해서도 주를 달았고, 『춘추한의(春秋漢議)』를 짓기도 하였다.

◎ 학경(郝敬, A.D.1558~A.D.1639) : =학중여(郝仲輿)·학초망(郝楚望). 명(明)나라 때의 학자이다. 자(字)는 중여(仲輿)이고, 호(號)는 초망(楚望)이다. 경학에 능통하여, 수많은 저서를 남겼다.

◎ 학중여(郝仲輿) : =학경(郝敬)

◎ 학초망(郝楚望) : =학경(郝敬)

◎ 항씨(項氏) : =강릉항씨(江陵項氏)

◎ 항안세(項安世) : =강릉항씨(江陵項氏)

◎ 항평보(項平父) : =강릉항씨(江陵項氏)

◎ 항평보(項平甫) : =강릉항씨(江陵項氏)

◎ 허숙중(許叔重) : =허신(許愼)

◎ 허신(許愼, A.D.30~A.D.124) : =허숙중(許叔重). 후한(後漢) 때의 학자이다. 자(字)는 숙중(叔重)이다.『설문해자(說文解字)』의 저자로 널리 알려져 있으며, 다른 저서로는『오경이의(五經異義)』가 있으나 산일되었다.『오경이의』는 송대(宋代) 때 다시 편찬되었으나 진위를 따지기 힘들다.

◎ 현단(玄端) : '현단'은 고대의 예복(禮服) 중 하나이다. 흑색으로 만든 옷이다. 주로 제사 때 사용했으며, 천자 및 제후로부터 대부(大夫)와 사(士) 계급에 이르기까지 모두 이 복장을 착용할 수 있었다. '현단'은 상의와 하의 및 관(冠)까지 포함하는 용어이다. 한편 손이양(孫詒讓)의 주장에 따르면, '현단'은 의복에만 해당하는 용어이며, 관(冠)은 포함하지 않는다고 주장한다. 그리고 천자로부터 사 계급에 이르기까지 이 복장을 제복(齊服)으로 사용했다고 설명한다.『주례』「춘관(春官)·사복(司服)」편에는 "其齊服有玄端素端."이라는 기록이 있는데, 손이양의『정의(正義)』에서는 "玄端素端是服名, 非冠名, 蓋自天子下達至於士通用爲齊服, 而冠則尊卑所用互異."라고 풀이하였다. 그리고 '현단'은 천자가 평소 거처할 때 착용했던 복장을 가리키기도 한다.『예기』「옥조(玉藻)」편에는 "卒食, 玄端而居."라는 기록이 있고, 이에 대한 정현의 주에서는 "天子服玄端燕居也."라고 풀이하였다.

◎ 현면(玄冕) : '현면'은 현의(玄衣)와 면류관을 뜻한다. 본래 천자 및 제후의 제사복장으로, 비교적 중요성이 덜한 제사 때 입는다. '현의' 중 상의에는 무늬가 들어가지 않고, 하의에만 불(黻)을 수놓는다.『주례』「춘관(春官)·사복(司服)」편에는 "祭群小祀則玄冕."이라는 기록이 있고, 이에 대한 정현의 주에서는 "玄者, 衣無文, 裳刺黻而已, 是以謂玄焉."이라고 풀이했다.

◎ 현주(玄酒) : '현주'는 고대의 제례(祭禮)에서 술 대신 사용한 물[水]을 뜻한다. '현주'의 '현(玄)'자는 물은 흑색을 상징하므로, 붙여진 글자이다. '현주'의 '주(酒)'자의 경우, 태고시대 때에는 아직 술이 없었기 때문에, 물을 술 대신 사용했다. 따라서 후대에는 이 물을 가리키며 '주'자를 붙이게 된 것이다. '현주'를 사용하는 것은 가장 오래된 예법 중 하나이므로, 후대에도 이러한 예법을 존숭하여, 제사 때 '현주' 또한 사용했던 것이며, '현주'를 술 중에서도 가장 귀한 것으로 여겼다.『예기』「예운(禮運)」편에는 "故玄酒在室, 醴醆在戶."라는 기록이 있는데, 이에 대한 공영달(孔穎達)의 소(疏)에서는 "玄酒, 謂水也. 以其色黑, 謂

之玄. 而太古無酒, 此水當酒所用, 故謂之玄酒."라고 풀이했다.

◎ 협제(祫祭) : '협제'는 협(祫)이라고도 부른다. 신주(神主)들을 태조(太祖)의 묘(廟)에 모두 모셔놓고 지내는 제사이다.『춘추공양전』「문공(文公) 2년」에 "八月, 丁卯, 大事于大廟, 躋僖公, 大事者何. 大祫也. 大祫者何. 合祭也, 其合祭奈何. 毀廟之主, 陳于大祖."라는 기록이 있다.

◎ 호방형(胡邦衡) : =호전(胡銓)

◎ 호위(胡渭, A.D.1633~A.D.1714) : 청(淸)나라 때의 학자이다. 초명(初名)은 연생(渭生)이다. 자(字)는 굴명(朏明)이고, 호(號)는 동초(東樵)이다. 경학에 능통했다고 전해지며, 저서로는『대학익진(大學翼眞)』・『역도명변(易圖明辨)』・『우공추지(禹貢錐指)』등이 있다.

◎ 호전(胡銓, A.D.1102~A.D.1180) : =여릉호씨(廬陵胡氏)・호방형(胡邦衡). 남송(南宋) 때의 정치가이자 문학가이다. 자(字)는 방형(邦衡)이고, 호(號)는 담암(澹庵)이다. 충신으로 명성이 높았다.

◎ 황간(皇侃, A.D.488~A.D.545) : =황씨(皇氏). 남조(南朝) 때 양(梁)나라의 경학자이다.『주례(周禮)』,『의례(儀禮)』,『예기(禮記)』등에 해박하여,『상복문구의소(喪服文句義疏)』,『예기의소(禮記義疏)』,『예기강소(禮記講疏)』등을 지었지만, 현재는 전해지지 않는다. 그 일부가 마국한(馬國翰)의『옥함산방집일서(玉函山房輯佚書)』에 수록되어 있다.

◎ 황도(黃道) : '황도'는 일반적으로 태양의 운행 궤도를 뜻한다. 중도(中道) 또는 광도(光道)라고 부르기도 한다.『한서(漢書)』「천문지(天文志)」편에는 "日有中道, 月有九行. 中道者, 黃道, 一曰光道."라는 기록이 있다. 즉 달의 운행 궤도에는 아홉 가지가 있는데, 태양은 '황도'를 따라서 움직이게 된다. 한편『논형(論衡)』「설일(說日)」편에서는 "日月有九道."라고 하여, 태양 또한 달과 마찬가지로 아홉 가지 운행 궤도가 있다고 설명된다. 이때의 '황도'는 청도(靑道), 적도(赤道), 백도(白道), 흑도(黑道)의 중심축이 되는 궤도로서, 아홉 가지 운행 궤도 중 하나를 뜻하게 된다.

◎ 황면중(黃冕仲) : =황상(黃裳)

◎ 황상(黃裳, A.D.1044~A.D.1130) : =연평황씨(延平黃氏)・황면중(黃冕仲). 북송(北宋) 때의 학자이다. 자(字)는 도부(道夫)・면중(冕仲)이다. 저서로는『연산선생문집(演山先生文集)』등이 있다.

◎ 황씨(皇氏) : =황간(皇侃)

번역 참고문헌

- 『禮記』, 서울 : 保景文化社, 초판 1984 (5판 1995) / 저본으로 삼은 책이다.
- 『禮記正義』1~4(전4권, 『十三經注疏 整理本』12~15), 北京 : 北京大學出版社, 초판 2000 / 저본으로 삼은 책이다.
- 朱彬 撰, 『禮記訓纂』上・下(전2권), 北京 : 中華書局, 초판 1996 (2쇄 1998) / 저본으로 삼은 책이다.
- 孫希旦 撰, 『禮記集解』上・中・下(전3권), 北京 : 中華書局, 초판 1989 (4쇄 2007) / 저본으로 삼은 책이다.
- 服部宇之吉 評點, 『禮記』, 東京 : 富山房, 초판 1913 (증보판 1984) / 鄭玄注 번역에 대해 참고했던 서적이다.
- 竹內照夫 著, 『禮記』上・中・下(전3권), 東京 : 明治書院, 초판 1975 (3판 1979) / 經文에 대한 이해에 참고했던 서적이다.
- 市原亨吉 외 2명 著, 『禮記』上・中・下(전3권), 東京 : 集英社, 초판 1976 (3쇄 1982) / 經文에 대한 이해에 참고했던 서적이다.
- 陳澔 注, 『禮記集說』, 北京 : 中國書店, 초판 1994 / 『集說』에 대한 번역에 참고했던 서적이다.
- 王文錦 譯解, 『禮記譯解』上・下(전2권), 北京 : 中華書局, 초판 2001 (4쇄 2007) / 經文 및 주석 번역에 참고했던 서적이다.
- 錢玄・錢興奇 編著, 『三禮辭典』, 南京 : 江蘇古籍出版社, 초판 1998 / 용어 및 器物 등에 대해 참고했던 서적이다.
- 張撝之 外 主編, 『中國歷代人名大辭典』上・下권(전2권), 上海 : 上海古籍出版社, 초판 1999 / 인명에 대해 참고했던 서적이다.
- 呂宗力 主編, 『中國歷代官制大辭典』, 北京 : 北京出版社, 초판 1994 (2쇄 1995) / 관직명에 대해 참고했던 서적이다.
- 中國歷史大辭典編纂委員會 編纂, 『中國歷史大辭典』上・下(전2권), 上海 : 上海辭書出版社, 초판 2000 / 용어 및 인명에 대해 참고했던 서적이다.
- 羅竹風 主編, 『漢語大詞典』1~12(전12권), 上海 : 漢語大詞典出版社, 초판 1988 (4쇄 1995) / 용어에 대해 참고했던 서적이다.
- 王思義 編集, 『三才圖會』上・中・下(전3권), 上海 : 上海古籍出版社, 초판 1988 (4쇄 2005) / 器物 등에 대해 참고했던 서적이다.
- 聶崇義 撰, 『三禮圖集注』(四庫全書 129책) / 器物 등에 대해 참고했던 서적이다.
- 劉績 撰, 『三禮圖』(四庫全書 129책) / 器物 등에 대해 참고했던 서적이다.

역자 **정병섭(鄭秉燮)**

- 1979년 출생
- 2002년 성균관대학교 유교철학과 졸업
- 2004년 성균관대학교 대학원 유학과 석사
- 2013년 성균관대학교 대학원 유학과 철학박사
- 현재 『역주 예기집설대전』 완역을 위해 번역중이며,
  이후 『의례』, 『주례』, 『대대례기』 시리즈 번역과
  한국유학자들의 예학 관련 저작들의 번역을 계획 중이다.

예기집설대전 목록

譯註
禮記集說大全 祭義

編 陳澔(元)
附 正義・訓纂・集解

초판 인쇄 2015년 9월 1일
초판 발행 2015년 9월 11일

역 자 | 정병섭
펴 낸 이 | 하운근
펴 낸 곳 | 學古房

주 소 | 경기도 고양시 덕양구 통일로 140 삼송테크노밸리 A동 B224
전 화 | (02)353-9908 편집부(02)356-9903
팩 스 | (02)6959-8234
홈페이지 | http://hakgobang.co.kr/
전자우편 | hakgobang@naver.com, hakgobang@chol.com
등록번호 | 제311-1994-000001호

ISBN 978-89-6071-534-9 94150
978-89-6071-267-6 (세트)

값 : 32,000원

이 도서의 국립중앙도서관 출판시도서목록(CIP)은 서지정보유통지원시스템 홈페이지(http://seoji.
nl.go.kr)와 국가자료공동목록시스템(http://www.nl.go.kr/kolisnet)에서 이용하실 수 있습니다.
(CIP제어번호: CIP2015020335)